U0630314

世界传世藏书

【图文珍藏版】

心理学全书

刘凯⊙主编

线装书局

二、潜意识带给决策的神奇魔力

小心就能驶得万年船吗

在超市结账的时候，觉得排在哪个队，隔壁的队就会变快，而自己的队始终是最慢的；家里有些东西放了很久都没用，然后扔掉了，第二天发现又需要这些东西；身边总有倒霉事发生——股票买哪个哪个跌，抛哪个哪个涨；平时努力工作，偶尔偷懒玩下游戏却被老板发现；公交车上担心丢钱包，所以非常小心地看管，但结果还是丢了……小心就能驶得万年船吗？

告诉你，不是你倒霉，而是你遇到了心理学中的“墨菲定律”。

1. 为什么受伤的总是我

小吴觉得自己最近很倒霉。用笔记本做设计的时候，她叮嘱自己一定要记得备份，千万别把辛苦了一周的成果给浪费了。结果就在她伸手拿优盘的时候，不小心把咖啡洒到了笔记本键盘上——设计成果浪费了不说，新买的笔记本也坏掉了。回到家后玩命地赶设计，结果又赶上小区突然停电。小吴觉得自己简直倒霉透了，搬着电脑到了朋友家。

第二天她睡过头了。平时不打车的时候空车一趟趟的，今天轮到自己打车，等了半个小时才打到。好不容易到公司楼下，小吴心里暗想：走楼梯吧，碰不到老板。于是怀着侥幸心理爬楼梯上 8 楼。刚爬到 4 楼的时候，前面有个人转过头来看她。她抬头一看，这不是老板吗？在非常尴尬的境遇里，小吴到了老板的办公室。

怎么不顺的事情都让她赶上了呢？真是个不折不扣的倒霉蛋。

1949 年，美国一名工程师爱德华·墨菲曾进行过一次试验。这个试验项目的内容是将 16 个火箭加速度计装备在接受实验的人的上方。受试者有两种方式可以固定加速度计。但是令人出乎意料的是，竟然有受试者把 16 个加速度计都装在了错误的地方。于是墨菲做出了一个论断：如果这个事情能向坏的方面发展，那么它一定会朝着坏的方面发展。

越是担心，事情就越容易发生。比如，我们新买了手机，担心公交车上被小偷偷走，于是隔几分钟便摸一下口袋。其实刚开始的时候，可能小偷并没有注意你，更不知道你的口袋里有一款新手机。但是你反复摸手机的动作提醒了他——你的口袋里可能有贵重的东西。于是他靠近你，趁你不注意偷走了。或者根本没有小偷偷你的手机，在你反复掏手机的过程中，不小心滑了出来，丢在了公交车上。

墨菲定律告诉我们：人都会犯错，错误的发生是与生俱来的。而且越是担心，越是容易发生。小心并不能驶得万年船。

爱德华·墨菲

2. **不要忽视小概率**

中国航空所用的运载火箭的零件，可靠度都在0.9999以上，也就是说，故障发生的概率在万分之一以下，可是在1996年和1997年多次发射失败。一种东西的合格率是99.99%，可是还有0.0l%的机会让你碰到残次品。墨菲定律告诉大家，存在侥幸心理是非常容易失败的。

小心虽然不能驶得万年船，但是不小心肯定开不了船。我们在日常的生活和工作中，一定不要忽视小概率的事情，不能存在侥幸心理。比如小区的防火演习——这个小区是个非常安全的小区，从来没发生过火灾事故，有些人对这样的防火演习就不认真参加了，总觉得发生火灾也发生不到自己身上。可是偏偏不久家里就发生了火灾。

这都是因为忽视小概率的事情——在不该松懈的时候松懈，不该粗心的时候麻痹大意，才导致了坏事的发生。

墨菲定律可以应用到各个领域，不仅仅是日常生活，也包括企业的质量管理、风险管理和危机管理等各个方面。墨菲定律不是消极地告诉我们灾难和坏事是不可能避免的，而是告诉我们，只要这个事情存在一线向坏的发展机会，我们就一定要引起重视，绝对不能大意，要小心再小心。

在企业管理方面也是，管理者不能有丝毫的松懈，一定要建立全面的预防和警示措施，只要存在危险，这个危险迟早会变成现实，所以一定要加紧防范，建立完善的措施和制度，用积极的态度去应对坏事的发生。

3. **得之不喜，失之不忧**

人们总是希望好事发生，不希望坏事降临，甚至因为不希望坏事发生而在潜意识里将隐患忽视。在知道墨菲定律之后，有些人转变了观念：既然坏事无法避免，也就不做任何应对了，消极地听天由命。其实墨菲定律并不是很神秘的，它跟人们的选择性记忆和心理暗示有关系。

人的选择性记忆会自动将日常发生的事情当成理所当然的，并且很少会真正存储在人的大脑之中，好像这些事情发生都是应该的，合情合理的。但是一旦发生了一些事情，引起了比较严重的后果，那么人的选择性记忆就会将它深深地刻在脑子里。就拿停电这件事情来说——小区说维修电路，所以今晚停电。这时，你最多会将手机、笔记本充好电，备好蜡烛和手电筒，度过一晚，但是你不会对自己说“今天真倒霉，要停电了”。同时，在平时不停电的364天内，你也不会对自己说“今天真幸运，竟然没有停电”。因为这些事对你来说都是很平常的，不涉及倒霉和不倒霉。但是你在家里开夜班，结果停电了，你肯定会哀叹一声：“我怎么这么倒霉。”因为这次停电给你造成了一定的麻烦、一定的损失。更重要的是，你之前发生了一件不好的事情，你的心情处在不好的状态中，只要发生一点点事情，你都会觉得“屋漏偏逢连夜雨”，自己简直太倒霉了。

墨菲定律说，越是害怕的事情越会发生，这跟心理暗示也有很大关系。你总是给自己消极的心理暗示，那么很可能事情就朝着消极的方面发展了。比如，你在公交车站等车，你心里总对自己说“车怎么还不来，这趟公交车真慢”。车子10分钟后来了，但是对你来说，好像等了一个小时那么久。如果你对自己说“车子马上就来了，我可以先喝杯豆浆等等”，结果一杯豆浆没喝完，车子就来了。同样是10分钟，你可能觉得后者只有5分钟。

心理暗示的作用是非常明显的——乐观的人看到了杯子里的半杯水，而悲观的人却只会注意杯子空了半杯。

面对墨菲定律，应该有个正确的心态。概率很小的坏事会发生，反过来想概率很小的好事也会发生。你能在偶尔迟到的时候遇到老板，说不定你也能在楼下彩票店中奖。世间万物，皆处在一个得到和失去相互交替的状态。面对得到和失去，只有抱着一颗平常心，做到得之不喜，失之不忧，才能体会人生在世的乐趣，否则便会终日惶惶不安或者抑郁消极。

同时，我们要注意给自己积极的心理暗示，转变我们看问题的角度。塞翁失马焉知非福，我们永远不知道接下来人生会给我们怎样的惊喜。与其担心明天上班工作烦琐，不如今晚泡个美美的澡、做个美美的面膜早早睡下，明天用饱满的精神去面对工作，说不定好多困难都会迎刃而解。如果你站在公交车站等车，你等的车恰好来到，那么请对自己有个积极的心理暗示。

抢来的东西怎么那么好吃

一样的果子，为什么人家的吃着那么甜？

别人家的饭菜为什么比自己家的香？

不管是什么，只要是抢来的就是好东西？

1. 抢来的东西就是好吃

爸爸买回了一袋糖果，分给笑笑和甜甜吃。两个人手里都拿着一样的糖果，可是

笑笑看着甜甜手里的糖果，总觉得她手里的糖果好吃，于是扔掉自己的糖果，一把就把甜甜手里的糖果抢了过来，跑到自己的房间里吃了起来。这抢来的糖果，笑笑觉得吃在嘴里特别甜。

看上去这像是笑话一样，明明糖果是一样的，却非要抢别人的，还觉得抢来的糖果好吃，这是多么可笑啊！其实，这并不可笑，仔细想想，自己是不是也经常做这种傻事呢？总觉得抢来的东西就是好的。

人们总是误以为别人手中的东西就是比自己的好——别人的食物、别人的成果、别人的幸福……于是羡慕、嫉妒、恨等情绪都产生了。小到一颗糖果，大到一个生命，甚至一场战争，似乎只要是抢来的，不管是什么，俨然成了世界上最好的东西。

从小我们就在“排排坐，吃果果”的歌谣中长大，但我们要面临的更多的情况是争抢与被争抢的局面——一支铅笔、一本图书、一朵红花……似乎争抢成了幼时玩伴间的主旋律。而不论争抢的是什么，或者为什么争抢，只要是抢来了就是好样的！

我们似乎乐此不疲，总认为抢来的就是好东西。孩童时期，我们就在这种争抢中长大，也是在这种“抢来的就是好东西”的认识中长大的。然而，越长大越发现，这种游戏不仅仅是幼儿园的玩伴才会做的事，大人的世界里更是——在此起彼伏的抢夺中“厮杀”。你死我活的明争、钩心斗角的暗斗，时时上演。而这般争抢的背后，又是怎样的怪诞心理在作祟呢？

2. 得来不易才珍惜

很多箴言都教我们要多珍惜自己身边的事物，这是为什么？因为人们总是不懂得珍惜，尽管看了那么多名言警句，知道这个道理，可是能做到的没有几个人。

越是容易得到的东西，就越是不珍惜，比如说学习，家长把孩子送到学校去读书，孩子却十分不珍惜学习的机会，因为这太容易得到了，父母已经为他准备好了一切。反而越是不容易得到的东西，在得到之后就越是珍惜，比如说一段感情，如果男人费尽了千辛万苦才把一个女人追求到手，他势必会十分珍惜这段感情，因为这是他努力的结果，谁也不希望将自己的心血付之东流。因而，在和女人交往的过程中，男人的潜意识里就会不断提醒自己，这是好不容易才追求到的，可千万不能出差错，再让她溜走。

抢来的东西也是这个道理。当看见别人面带笑容，手中拿着东西，首先是嫉妒在作祟，如果这个东西自己没有，那是直接的嫉妒；如果这个东西自己有，就是间接的嫉妒。转而会想：为什么自己拿着这个东西高兴不起来，为什么别人拿着这个东西就那么高兴呢？是不是他手里的东西比自己的好？一连串的问题就会激起内心的嫉妒，从而产生想要抢过来的意念。

在这种意念不断的刺激下，人就展开了“抢”的活动。其实，之所以会抢，追根到底是人的嫉妒心在作祟。仔细想想，别人的东西就真的那么好吗？也许，当你正望着别人手里的东西流口水、萌生想要抢夺的念头时，有人也在盯着你手里的东西垂涎三尺。

世间就是如此，你嫉妒我，我嫉妒他，他又嫉妒你。如此，嫉妒来嫉妒去，有什么意思呢？一味地抢夺别人的东西，只会让自己失去更多的东西——说不定哪一天你就会发现，自己抢夺来的正是自己当初拥有的。所以，还是要学会珍惜，珍惜手中拥有的一切。别人拥有的未必就是好的，自己拥有的也未必就是坏的。一味贬低自己拥有的，而羡慕他人拥有的，岂不是灭自己志气、长他人威风吗？

3. 别人的座位真的那么好吗

一个阳光灿烂的午后，小苏来到楼下咖啡厅闲坐。她清爽的面容、安静的姿态，无不给人一种安逸、舒适的亲切感。不久，邻桌来了一对男女。女生小玉突然发现男伴小志的眼睛总是时不时地往小苏那儿瞟，于是突然发难——叫来服务员要求换桌，而且点名要换小苏坐的那桌。

小志连忙出言制止，并说小玉是在无理取闹。小玉听后，更是恼怒，声音也不由得大了起来。这个原本安静、惬意的咖啡馆，顿时变得嘈杂。此时，小苏不得不抬起头来，刚才闲适的心情一扫而光。而当她发现矛头直指自己时，更是不由得皱起了眉头，小苏只好招手叫来服务员。

早已被小玉的无理要求折磨得“遍体是伤”的服务员，瞬间像被打了鸡血似的直奔小苏。一阵诚恳的道歉之后，硬着头皮向小苏转达了小玉的要求。

小苏觉得，其实换不换座位问题并不大，大的是小玉的强硬态度，毕竟是自己先来，要换座至少该有个恰当的说法。因此，她觉得有必要表明自己的立场，于是请服务员叫来了小玉，询问理由。小玉也不正面回答，就说觉得这个座位的视野比较好。可是小苏觉得小玉和自己都是靠窗的座位，且两人是邻座，不存在太大的视野差别。小玉不耐烦起来，还埋怨小苏把自己叫过来又不肯让座。小苏顿时觉得很可笑，反倒是自己成了“罪魁祸首”。

“我就想坐你的这个座位！”小玉的声音再次大了起来。

小志终于看不下去了，打断了小玉，忙对小苏道歉，然后拉着小玉走回了自己的座位。

“没关系的，反正我已经打算走了，你们坐吧，再见！”小苏微微一笑，然后站起身，转头就走。

此刻，小玉终于不说话了。她也终于坐上了自己想坐的位置。可是坐在刚才小苏

坐过的座位上，小玉却依旧高兴不起来。小志叹了口气，道："如你所愿，换了座位了，你这回高兴了吧！"

小玉一肚子憋闷说不出口，在喝下一大杯黑咖啡后，把小志偷看小苏的事情说了出来。而听到这个原因的小志简直哭笑不得，只好解释道："我哪里是在看她，就是因为她手上拿了一本书，那本书上的图片我觉得挺有意思的，所以下意识地多看了几眼。你也太小心眼儿了吧？"

"啊……原来是这样啊！"小玉开始后悔自己的唐突，也意识到自己刚才的无理取闹，的确有些幼稚，不好意思地低下了头。

其实，仔细看来，小玉的这种行为就是一种争抢——她觉得小苏的位置比较好，或许两个人的位子并没有本质上的差别，但是她就是想要坐小苏的位子。可是这抢来的位子，小玉觉得好吗？没错，抢来了小苏的位子，小玉并不觉得这个位子好在哪里，反倒觉得自己方才真是失了分寸。

4. 抢夺来自潜意识

小玉非要坐上小苏的位置，这件事虽然过去了，但是我们记住了一句话：我就要坐你坐的这个座位！一句简单的感叹句，却是抢夺心理的最好诠释。抢夺心理的发生是在潜意识驱动下寻求内心刺激的结果。究其根源，是人作为一种生物在抢夺过程中，潜意识会受到复杂的理性支配和理性典范控制的双重刺激，将界限外的刺激因素作为攻击对象，造成破坏、伤害或是征服的动力。

故事中的小志多看了几眼小苏，就让小玉有了醋意——小志为什么要多看几眼小苏？是因为小苏比自己长得漂亮吗？

因为这多看了几眼，小玉就萌生了醋意，于是盯上了小苏的位子。她认为自己坐在那个位子上，或许小志也会多看自己。这就是对小玉的刺激因素，于是才让小玉产生了争夺位子的动力。

其实，关于抢夺心理还可以这样看，可以看作是一种弹性的解压，是一直存活于你我心中的小恶魔。因此，任何一个结点都有可能激发，虽然会给周遭带来一定的损伤。但只要在可控范围内，抢夺之后的快感，就像是被父母管束多年的青春期少年突然被松了绑，会激动、兴奋，会跳起来用力大喊！然后释放出内心的负能量，微笑前行。

这就是抢来东西的魅力所在。怎一个"抢"字了得！

为什么"完美主义"很不完美

完美主义者也许从来不曾思考过，一个五彩缤纷的世界和一个洁白无瑕的世界，究竟哪一个更符合自己的心意。他们接受这个世界的丰富多彩，又对一些无伤大雅的

细节百般挑剔。他们知道这个世界的不完美，又向往生活在极度完美之中。如此矛盾，难以自拔。

1. 一棵韭菜引发的颠覆性结果

也许，我们都曾听说过这样一个故事：有一对情侣，原本十分恩爱。结婚之后，过着甜蜜的生活。然而某天，女人忽然之间感觉自己不再爱这个朝夕相处的男人，随即向对方提出离婚。令人感到不可思议的是，爱情消失和最终导致婚姻破裂的理由，竟然是因为一颗“韭菜”。那天，男人碰巧吃了带有韭菜的食物，却没能将牙齿清理干净。于是，当女人看见对面站着的男人，牙缝里还存在着一颗绿色植物的残留时，她觉得他已经不再是自己心中的那个完美男人。而她又实在不能接受不完美，就只好选择分道扬镳。

如此荒诞的事件看似只能出现在故事里，但却在现实生活中实实在在地发生了。追求完美的人，眼中很难容得下一粒微小的沙子。他们是完完全全的“细节狂”，不能接受自己身边的任何一点瑕疵，对自己、对别人、对周围的事物基本上都是如此。

特别是对于自己能够做到而别人做不到的事，要求得格外严格。所以，哪怕仅仅是一点点“意外状况”，他们也不愿接受。

上文中的男主角实在令人同情，稍不留意就失去了心爱的女人。不过，从另一种角度来看，这又未尝不是一个好结果。生活中的琐碎细节实在太多，倘若在家里，守着自己最亲近的人，还要关注到每一个微小的细节，岂不是太过辛苦。

身处这种生活状态下，就算不是一颗韭菜，也许还会是一颗别的什么油菜、菠菜、洋白菜。总之，对于一个心思不像女人那么精细的男人来说，生活中的陷阱无处不在。如果不能说服女人接受自己的不完美，那倒不如华丽转身，果断走开。

完美主义者就像一个陷阱，里面布满荆棘，轻易碰不得。他们对细枝末节的要求就像一根刺扎进皮肤里的时候，即使造不成很大的伤害，也终归是不太舒服。

2. 纯洁无瑕的理想世界

爱干净是一件好事，但如果想要保持自己身处的环境达到一尘不染的境界，这种理想化的态度就是洁癖。拥有洁癖的人通常是极端的完美主义者，他们无法忍受任何看起来“污秽”的东西，不允许自己的世界有脏污的痕迹。哪怕只是一粒细小的灰尘，只要被他们撞见，都要拒之千里之外。

明朝有一位洁癖到极致的人物。对平日生活环境的要求之高自然不必说，就连自己每天使用的文房四宝，都要有两个用人专门负责随时擦拭和清理。自家院落里种的树，也要每天派人用清水擦洗干净。

某天，家里来了一位好朋友要留宿。他害怕这位朋友弄脏了自家的东西和环境，

竟然在夜里起身好几次，查看朋友的动静。当他偶然听见朋友的咳嗽声，立刻紧张起来，但又不想惊扰朋友，只是兀自担心得一夜没睡。

第二天，他一定要用人找到朋友的痰迹，找不到便不肯罢休。可事实上，那位朋友根本没有留下痰迹，让用人何处去找呢。最终，用人们因为害怕挨骂，只好随便找了个树叶上的痕迹应付过去。

如此洁癖之人，自然在生活中少不了要得罪周围的人。不管是敌人还是朋友，都对他的洁癖敬而远之，甚至被激怒。据说，此人晚年时境况不好，过世时秽物缠身，颇有几分报复的意味。

洁癖的人总是有一种强迫性的人格，性格古板、冷酷、孤傲、不可理喻。自己认为不干净的东西，就一定要远离或者一再清洁，直到自己满意为止。在他们的眼中，除了自己，世界上再没有哪个人是“干净的”，于是用要求自己的标准来要求周围的人。可普通人哪里禁得起这类人的折磨，更何况纯粹的“干净”根本就不存在，也根本毫无意义。

从科学的角度来看，细菌是人类生活中不能缺少的生物，有很多细菌对人体是有益的，与“不洁”或者“污秽”完全不沾边儿。洁癖的人除了给别人带来影响，对自己的伤害也难以避免。因为过于注重清洁而带来的体内和环境的微生物失衡，会导致大量有害细菌的繁殖。不仅不能让自己越来越干净，反而容易患上多种疾病。

曾经遇到过一个女孩，小时候被人称赞“爱干净”，父母也千方百计帮她创造一个洁净的成长环境。随着年龄的增长，女孩慢慢开始接触外面的世界。读大学时住校，毕业后进入社会。一路走来，身边却没有什么朋友。与她相处的人，在熟悉之后也都渐渐躲开。其原因是无法忍受她的洁癖。

女孩相貌甜美，待人亲切有礼。原本应该有很不错的人缘，但她多年来保持的洁癖习惯使她无法融入普通人的生活。大学时，她觉得同宿舍的女孩不够干净，时常抱着挑剔的眼光要求别人收拾个人和房间卫生。有一次，宿舍里组织周末聚会，当大家买了很多零食、糕点、饮料，准备好好吃喝一番时，她却忽然指着饮料瓶盖上的灰尘大叫。之后，她觉得同学们买的东西不够“干净”，整个晚上独自坐在那里，什么都没吃。从那以后，大家一起玩的时候再也不会邀请她，甚至连走路时都要躲着她。

毕业之后，她留在外地工作。起初与人合租房子，后来因为她的习惯令人难以忍受，先后换了好几个伙伴都不能维系。只好自己在环境比较好的地段独自租下了一套小房子，忍受着高昂的房租辛苦工作。虽然她明白自己的“洁癖”是一种不正常的心理，却无法克服。她也不明白，为什么小时候“爱干净”被长辈表扬，长大以后会与这个世界格格不入。难道爱干净有错吗？

自古，女人的洁癖通常被看作是美德，是光荣的。当“纯真、贞洁、洁净”这些词语被用在女人身上时，对女人来说就是一种褒奖和称赞，这原本没有什么问题。然而，当它们成为咒语，禁锢着女人的思想，令人感到如果不这样做就会影响自身的需求时，便会走向极端。

纯洁无瑕的理想化世界是不复存在的。不管自身多么努力，都不可能达到预期目标，又何必为了一座海市蜃楼艰难跋涉于世。放下对所谓“完美”的追求，才能真正得到自身需要的东西。

3. 世上无绝对，怎样证明都是徒劳

“注重细节、追求完美”是很多人愿意为自己贴上的标签。仿佛只要拥有了这样一个标签，就能证明自己的品位和能力比别人高出一个层级，是生活在精致中的人。这类自我标榜，故作姿态的完美主义者，虽然与真正的完美主义者相比，少了些病态的执迷不悟，却更令人感到厌烦。

如果有人整日在耳边唠叨，诸如“我是个追求完美的人，选东西当然要挑最好的”“这个虽然贵一点，但是比较精致，我比较看重细节”“这件事一定要按照我说的来做，才算得上完美”之类的话，是不是让人觉得很可笑？难道一个追求完美的人手中的东西就一定是最好的吗？价格昂贵的东西就一定是精致的吗？一件事真的能够做到完美吗？实在看不出，此类完美主义者的自信和优越感究竟来自何方。

有位女孩告诉过我，自己的生活用品从来都是追求精致完美的，家里的东西件件都是大品牌。言语间充满自豪，仿佛自己生活在别人触及不到的世界。后来才知道，其实她不过是喜欢以“完美”来证明自己的优秀。

工作中，她反复强调自己注重品质和细节，经手的方案都要是公司里最好的。下属们时常被迫按照她的要求加班加点赶制方案，但结果其实并没有预想中那么出彩。

生活中，她的服饰、鞋子、包包及生活用品都十分讲究，摆出一副自己从来不用中低端产品的姿态。可是，一个个网购包裹却成为无法掩饰的秘密。

无论是面对工作，还是面对生活精益求精的态度，这些都没有错，谁都希望自己能够过得好一些，只是评判“好”与“不好”的标准和一个人是否是完美主义者并没有直接的联系。懂得生活，并且能坦然接受生活中的那些不完美，才能真正享受生活。而懂得享受生活的人，往往才能过上精致的生活。绝对的“一尘不染”是不存在的，想要证明世界上根本就不存在的东西，这种行为本身就是愚蠢和荒诞的。与其将精力用在打造自身的“完美”形象上，不如用来感受生活的五味杂陈。

一个纷乱的世界，不是更值得去探索吗？

为何周四老出事

四，这个简单的数字，为何中国人集体不喜欢？

同样是工作八小时，怎么没到周四就觉得度日如年，怎么都过不完呢？

按照数据统计，周四交通事故总是比较多，交警连连发问："这是怎么了？"

1. 何为不吉祥数字

四，应该是所有数字中最委屈的一个，因为它和"死"同音。而中国人最忌讳谈"死"，这样，四也就跟着下了"地狱"，并且被注上了特殊记号——不吉祥数字。然后，我们就会发现这样的现象：楼房的四楼最难卖，即便是价格跌了又跌，如不是手头吃紧的人，也绝对不会购买；电话号码最后一位是四的怎么也卖不出去，运营公司不得不提出许多优惠政策，促使这些号码卖出去；车牌号码就更不用说了，凡是带四的号码均不好卖出去；细心的人也会发现，一些酒店内绝对没有带四这个号码的房间。周四恰恰也是人们最难度过的一天。于是，四楼被巧妙地改了名称，带四的电话号码和车牌号总要送一大堆颇具诱惑力的大礼包。然而，只有星期四最委屈，无法掩盖自己的名称。

其实数字只是一个标示，是人们赋予了它太多的意义，然后内心又要陷入这数字之中，无法解惑。数字本无错，错就错在人对事物的认识有偏见，而且这偏见已经在每个中国人的内心中根深蒂固。

不仅是中国人，外国人也会对数字存在偏见。他们不喜欢数字"13"，尤其怕星期五与"13号"赶在一起。不仅普通人，名人也是谈此色变——每到13号，罗斯福拒绝出行、拿破仑绝不用兵、俾斯麦不签署任何条约、歌德果断放弃一切只选择睡觉……这样看来，所谓的不祥数字或吉祥数字只是人们玩的文字游戏而已。偏见与民族的历史、文化有关，而数字本身却是素来干净、一尘不染。

人们常说，周一是休假综合征，周二、周三尽力拼搏，周五之后又是一个黄金小周末，只有周四最"悲催"，正所谓"前不着村儿，后不着店儿"。很多人工作到周四已经身心疲惫，明明还差一天就到周末，可内心却感觉离放松的日子依旧那么遥远……

小黎就是一个十分在意"四"这个数字的人，他的手机号码曾经最后一位是"四"，本来是因为运营公司做活动，如果购买带"四"的号码，就赠送一百元话费，谁知道自从有了这个手机号，小黎在一个月之内，遭遇了两次手机被盗，以及一连串不顺心的事情，于是小黎换掉了手机号。而后，小黎还发现凡是和"四"有关系的都会带来霉运，可是号码可以更换，这周四是怎么也躲不过去的。于是小黎就发现，自己的周四总是出问题——一个周四，他开车差点儿撞了车；一个周四，一单明明已经谈好的生意给黄了；一个周四，因为一点儿小差错被老板狠狠骂了一顿，扣了一个月的奖金……所以，小黎是恨透了周四！

难道周四真的是被下了咒的，每逢周四必然出事？其实，小黎发生的一系列事情当然是和星期四本身无关的。这些事重在人们的意识和内心，心理学对此定义为杜利奥定律。它指的是一种当精神状态不佳的时候，所有的一切都会随着处于不佳状态的定律，就像作家、哲学家杜利奥所说："没有什么比失去热忱更让人觉得垂垂老矣。"就像之前说的，为什么别的时候不容易出事呢？周四处于一个前不着村儿后不着店儿的位置，这个时候人们处于一种身心疲惫、渴望假期，又觉得假期遥遥无期的状态，精神状态可以说是这几天中最差的一天。在这样的精神状态下工作，多出一些问题也就在所难免了。

众所周知，职场新人是最有激情和斗志的，浑身充满了勇气和力气。他们并不像一些老员工那样，每逢周四容易出事，是因为他们充满斗志，周几对于他们来说，并没有太大的意义。但试用期一结束，当他成为一名正式的员工时，心态就会明显不同，已不像刚来时那么热忱。而当他工作一年之后，每到"周四"的逆反期，他的心态就会发生更大的变化，如果老板不给予升职加薪，他这颗不安定的心就会产生逆反。一旦找到跳槽的机会，就算公司不给他安排工作，也会度日如年，甚至感觉心理压力与生活压力"双管齐下"。这时其实就是杜利奥定律开始在他的心理上"作威作福"了。

如果这时有良师益友的指点和鼓励，让他们鼓起勇气，坚持奋斗，那么他们所期待的"黄金周末"就会来到眼前。

2. 瓶颈与"周四"

工作尚且如此，学习也不例外。

曾经学习英语是无数人"淘金梦"的必经之路，但是成年人学习英语的困难堪比登顶"珠峰"。一开始背诵单词就像度过周一、周二一样，周三也能勉强度过，但到了周四，突然翻开书本，发现前面背熟的单词突然"消失"。口语在有同伴陪练的情况下，还可以说上几句，待"搁浅"一段时间，又被打回原形，成为经典的"哑巴英语"。

前面的学习已经付出很多精力和物力，如今的效果"不咸不淡"，以后要走的路有多长，无法估计，令人茫然与惆怅，"周四"这个奇怪的瓶颈就此出现。创业更是如此，它的身上也上演着"周四"现象。

林华做了八年的手机销售经理，最后决定自己单干——代理公司手机销售，但终因积货太多，导致公司倒闭。首次创业以失败告终，林华从此一蹶不振，在"周四"

这一天决然放弃一切。

马云曾经说："今天很残酷，明天更残酷，后天很美好，但大多数人死在明天晚上，看不见后天的太阳。"如果林华再坚持一下，或许有一天能追上马云的步伐。

怎样才能不让自己在美好的后天前骤然"陨落"呢？怎样才能不被"周四"现象影响呢？怎样突破瓶颈、摆脱杜利奥定律而走向成功呢？

答案只有一个：摆正心态。

要认识到一切绝非偶然，在今天残酷的旅程中，只有你不懈怠，才能有机会和资格走向明天的新战场，风雨之后才能享受美好的彩虹。只有摆正心态，才能意识到周四并非是不吉祥的日子；只有内心坦然并怀有勇气，才能明白杜利奥定律真正的内涵。

3. 如何度过周四

周四总是事故频发，既然不是因为什么"不吉利"和"咒语"，而是人的心理在作怪，这就为如何度过周四这一天增添了困难，既是心理问题，还需要从心理上寻求解决良方。那么，如何让自己安然度过周四这个倒霉的日子和瓶颈呢？

首先，让自己忙碌起来。是不是当自己越来越充实的时候，就会忘记许多事情呢？比如说今天是周四，今天是倒霉的日子。有人会觉得周二、周三已经十分忙碌了，此刻的自己已经十分疲惫，如何才能充实呢？疲惫是自然的，但是何不让周四做一些简单又可以填满时间的工作呢？比如说这一周的总结和下一周的计划。周五必定是处于一个想要放假的状态，做任何事情都没有劲头，所以说周四是最佳之选。

其次，给自己心理暗示。当你感觉自己内心不安和疲惫的时候，当你觉得这一天有不好的事情要发生的时候，不如给自己一些心理暗示。如果周四总是处于这种状态，必定会出事，还是打起精神来好好工作，安然度过这一天吧！不停地给自己这样的心理暗示，心情就会慢慢平复，精神自然也就越来越好了。

最后，从心里鄙视数字咒语。做到这一点，说难也不难，但是也绝非易事。几千年来，中国人都十分忌讳这个不吉利的数字。现在，要让自己彻底告别这个数字的梦魇并非易事。但是，想想看，如今早已告别了过去的封建思想，早就应该在数字上有新的认识。如果总是觉得"四"不吉利，那么外国人为什么就没事呢？他们对"四"可是不忌讳的，是不是越是忌讳，就越是灵验呢？那么，干脆就别忌讳了。还有，"四"在音符中排列的发音是"发"，这似乎也预示着要"发"，按照传统来说，这也是个好兆头。

不要因为一两次的巧合，就把一切的罪责都归到数字身上，巧合就是巧合，是不会成为必然的。所以，还是摆正心态，改变对数字的看法，重新建立起对数字的认识吧！

字看久了为什么竟会不认识

有没有一个字，突然之间你怎么想也写不出来？

有没有一个人，你绞尽脑汁也记不起他的样子？

这种熟悉的陌生感究来自哪里？

1. 你熟知的字在闹脾气

有一个很好玩的小笑话：有一个同学在语文考试的时候，需要用到“惠”字，但是怎么也想不起这个字如何写，在纸上画了半天，也没能想起这个字到底怎么写。正在焦头烂额之际，他惊喜地看到桌上有个“××冰红茶”的瓶子（那时候正盛行“再来一瓶”的活动。他想着自己没有一次买中的经历，暗自窃喜。因为没有中奖的瓶子里面通常都会有“谢谢惠顾”的字样，这样一来他的难题便解决了）。于是他满心欢喜地打开瓶子，想要看看里面的“惠”字是怎么写的。结果“悲剧”来了——里面写着“再来一瓶”。屡屡不中奖，却在这一次不需要中奖的时候中奖了。

希望这个小笑话会让你开心一笑。但是这一次我想和你讨论的并不是“再来一瓶”的惊喜。而是你有没有和故事中的同学一样，突然发现自己对这个再正常不过、使用频率颇高的“惠”字觉得非常陌生了呢？你有没有发现你可以非常快地记起一个刚刚认识几天的人的模样，却无法回忆起自己最亲近、最熟悉的人的模样？当你把一个字写了好几遍的时候，突然觉得这个字很陌生，于是便求助别人这个字到底写得对不对。很多时候，明明是自己非常熟悉的东西，却在某一个时刻，当你绞尽脑汁的时候，它却拼命跟你玩起了捉迷藏。究竟是什么造成了我们熟悉的老朋友在跟我们“闹脾气”呢？

晓宁今年八岁半了，上学识的字也不多，但是，晓宁十分喜欢写字，每次一回家，他就把自己新学会的字练上好几遍。有一天，他又在自己的房间里练字，一个“明”字，他写了整整一页，却发现自己写的这个字怎么就不像字了呢？晓宁吓哭了，自己辛辛苦苦练了一整页的字，怎么就越练越不会写了呢？听到哭声，晓宁的妈妈赶紧跑了过来。晓宁把自己写了一整页的字给妈妈看，妈妈一个字一个字地检查，检查到最后，也觉得这写的不像是“明”字了。晓宁妈妈说这个字不对，晓宁就请妈妈写一个给自己看看，可是晓宁的妈妈拿起笔来，却发现自己连一个最简单的“明”字都不会写了。

晓宁和妈妈的情况也说明汉字开始闹脾气了，闹得母子两个，连一个最简单的“明”字都不会写了。其实闹脾气的并不是那些汉字，而是我们的脑神经元提出了“抗议”。这种对于非常熟悉的事物反而记忆不清楚全貌的现象叫作“完形崩溃”，也被有些学者称作“语意饱和”，同时也跟心理学上的“超限效应”密切相关。

2. 为什么如此陌生

小慧是一家公司的文员，每天接触的东西就是公司里的各种表格——她要负责把很多东西整理出来，做成容易被人理解的表格或者图表。其实大家也都知道，文员的工作并不是很累，有时候非常清闲。小慧也是如此，每次都是月底的时候忙个三五天，之前都是清闲的日子。

这一年公司决定对这几年公司内部的运营情况进行总结，这可把小慧忙坏了。

她有一大堆的表格需要制作和整理，这几天忙得不可开交，夜里经常加班，甚至一闭眼睛，脑子里全都是方方正正、大大小小的格子。结果有一天，小慧上班的时候，发现自己打开EXCEL不知道该怎么办了。这些表格她闭着眼睛都能做好，可是今天怎么看都觉得自己做的表格不顺眼，也不知道是哪里出了问题。

起初小慧觉得是自己的眼睛太疲劳，有些看花了，于是揉了揉眼睛，滴了眼药水，可是还是觉得自己的表格做得不对。她只好寻求同事的帮忙，结果同事告诉她，表格并没有问题。此时，小慧就更加不明白了——怎么自己看都不顺眼，为什么同事却说没问题呢？

其实，小慧这种情况和我们平时见多了一个字就觉得不认识了是一样的道理。那么，让我们对熟悉的字和事物瞬间变得陌生的原因，究竟有哪些呢？我们一起来看看。

首先，我们对字或者人和事情的记忆，来自我们的视觉刺激。当我们的眼睛接收到外界信息的时候，就会对脑神经元发出信号，提醒它要进行记忆了。于是尽责的脑神经元就会将这些图像一一进行整理和记忆。

其次，如果经常与这些字和事物接触，我们聪明的脑神经元就会不断接受刺激，同时它们也会对自己接收到的信息进行收集，将长时间接触的东西进行想象，把它们形成一个特定的形象进行记忆。比如我们家里天花板上的一块污渍，你看得久了会发现它好像一朵花或者一个人的脸；而你总是盯着天上的云彩发愣的时候，也会发现天上的云彩变成了一匹马或是一只羊。你的大脑就是这样通过不断的联想对已看到的图像进行记忆。这一层面的脑部活动就是将我们的视觉信号转化为可记忆的对应的“语意”。

最后，当大脑将视觉信号翻译过来并利用对应的“语意”存储在心里的时候，就会有一个定性的思维方式。假如你这个时候非要刻意地对某个字或者某个人盯着看，眼部就会再次接受强烈的视觉信息，同时冲击着你的大脑神经元。时间久了，记忆神经元就会感觉到疲倦和懈怠。这时候，脾气不怎么好的它们便开始“罢工”，即使再熟悉的东西也会使你开始觉得陌生。

因此，持续的、长久的强烈刺激并不是一件好事情。聪明的大脑尚且会感觉到疲惫，更何况是我们的心灵呢？生理上的“完形崩溃”以及“语意饱和”，提醒着我们心理上的“超限效应”是值得关注的。

3. 给自己的心灵减减压

心理上的超限效应在刺激过多、过强或者作用的时间过久的情况下，非但不会帮助你行动更加积极，反而会引起极不耐烦或者逆反的心理。

这种心理现象提醒我们：凡事都应该有一个“度”，不能让我们的心灵过于操劳。俗话说“心急吃不了热豆腐”，过于沉重的负担会让心灵偶尔“死机”，甚至让人崩溃。

超限效应在我们的生活中并不少见。一些父母在教育孩子的时候，通常会走向两种极端：有些人一味地溺爱孩子，无论什么时候，只要是孩子提出来的要求，不管对错，都会答应。这样对他们不但没有激励的正面作用，反而滋生了他们懒惰和不负责任的消极心态，让这些孩子成了“衣来伸手，饭来张口”、稍有不顺就哭闹的“小祖宗”。

但是有些父母又会对孩子非常严苛，当孩子出现一些小错误的时候，会严加惩治。他们对于小孩的过高期望没能让孩子们树立远大的理想，反而会产生一种对抗和叛逆的心理，让孩子时刻处于恐惧或者仇恨当中，性格也渐渐扭曲。

这种由父母施加的“超限效应”在家庭中比比皆是。为了避免超限效应的不良后果，父母需要掌控教育施加的心理额度，让孩子们的心在仍有余地的程度上自由地发展。别让你美好的期待变成孩子们看久了不认识的那个字。

作为社会中的我们，面临诸多的压力。这些压力当然不是来自父母，而是来自我们自身。所以在我们的工作和生活里面，同样不需要对自己要求太高，把自己的日程排得太满。心灵偶尔也需要放个假。

心灵就像是一根弹簧，当你觉得弹簧太松的时候，可以压一压弹簧，让弹簧紧一些；当你觉得弹簧太紧的时候，也要及时把弹簧拽一拽，让弹簧松一些。弹簧太松，等到达到了一定的限度，就会失去弹性，也就失去了弹簧的意义。而弹簧被压得太紧，也会成为废铁，再也没有翻身之地。

人也是如此，当感觉自己毫无压力的时候，就想想这个快节奏的社会，给自己一些压力，也增添一些动力。当感觉自己快要喘不过气来的时候，就给自己松松绑。人生不过百年，终究化作一抔黄土，何必自己给自己找不痛快呢！

经常喝个心灵鸡汤，让紧张的身体和意识都能够得到休息，会更有效地保证我们的大脑正常而有效地运行，让一切回忆都更加清晰，前途也更加光明。否则，只是让大脑超负荷工作，时不时地罢工，真是让我们吃不消。

为什么丑事传千里

为什么好事不出门，坏事可以传千里呢？

为什么好奇是人的天性？

要想别人不再传播一些你不希望别人知道的事情，最好的方法就是适度地公开它。

1. 坏事传千里

网络推手，这个词在近几年非常流行。什么是网络推手？他们亦称为“网络策划师”，就是一些懂得网络操作规则和推广宣传的人们。他们可以通过网络，把客户的企业、商品和人，推广到网络上。使他们在一夜之间，从现实中的普通人变为网络的红人，然后再把背后的企业和产品进行推广。网络推手非常了解大众的接受心理，知道什么东西，通过什么样的方式，就可以达到一个热点。

之前的干露露事件，就是网络推手在幕后操作的。还有早两年曾经成为各大论坛焦点话题的“小月月”，也是有一帮网络推手推动的。但能够使得这些网络名人爆红的，不是一些值得我们学习的正面导向，而是在背后藏着很多见不得人的事情，往往都是通过各种各样的丑闻，将他们捧上神坛的。

一些网络推手坦言，要想能够迅速抓住别人眼球，就需要想出一些“前无古人，后无来者”的事，事情的本身也需要猎奇。

我们都说，家丑不可外扬。但是干露露和她妈妈能够爆红的原因，就是因为她们乐于在镜头前面展现自己的家丑，甚至无底线地涉及一些道德的边缘。这样加起来，就足以引起人们的关注。

网络推手深谙“好事不出门，坏事传千里”背后的大众心理。这也是一种常见的社会心理学行为。每个人都倾向于做出正确的决策，也会想方设法逃避错误，即使犯下了，也会尽量去掩饰。不止这样，人们还喜欢在别人的面前树立自己的威信。这种威信，可以通过证明自己的决策是正确的、别人的决策是错误的而建立起来。

而我们所说的坏事，就是决策错误导致的后果，这也包括行为上的决策错误。如果遇到别人的错误，即使我们能够在别人面前很有修养地收敛起自己的优越感，但是在心底里我们还是会觉得自己高人一等。人们喜欢在别人的面前，发现自己的优越感，这也是为什么有些人那么热衷于攀比。他们可以在攀比的过程中，获得一种心理上的优越，这种优越感能够让他们自我感觉良好。

所以我们在犯错之后，就会急于否定自己的错误，急于掩饰自己犯错的行为。而当我们发现别人的错误之后，就能够在无形之中培养出自己的优越感。这也就是为什么大多数人更倾向于说别人的坏话的原因。

2. **好奇是人的天性**

有这样一个笑话。一位对未知世界充满好奇心的人，走在路上发现前面的十字路口，发生了一宗交通事故。他从远处望过去，觉得事情似乎很严重——路面出现了一大摊血迹，周围的路人把事故现场里里外外地围了三层。

天生瘦小的他，怎么也挤不进里面。他垫高脚尖，也没有办法看清事故现场的样子。天生好奇心很重的他，越是看不到越是想看。于是，他灵机一动，想了一个办法。他首先憋了一股气，然后大声地叫喊道："大家请让一让，里面撞到的是我的孩子!"众人一听这句话，马上就像被分流的水一样，为他开出一条小道，而且还用一种非常奇怪的眼神看着他。这人一看这样的阵势，自然是开心地钻进去了。可是，等他进去一看却傻了眼，原来被撞的是一只小狗。

这样的笑话，如果发生在现实的生活中，不知道他该怎样下台。不过，这也从一个很好的角度说明了人真的是具有好奇心的动物。其实，这只不过是一宗普通的车祸，他也不过是一位路人而已，可是就因为他的好奇心作祟，越是看不到那个车祸的情景，越是心痒难耐，希望可以看到。深谙自己心理活动的他，也懂得来利用别人的好奇心，想出一个装爸爸的小把戏，却没料想给自己弄了一个大笑话。

好奇是人类的天性。人类的好奇最早是出现在婴儿的探究反射行为中。婴儿有三种探究行为，一种就是感官探究。是在面对一个陌生环境或者遇到新奇神秘、充满矛盾性的事物时，他们就会用眼睛去看，用鼻子去闻；第二种是动作探究，他们会用手触摸或者用舌头去舔；最后他们会通过语言去探究，例如模仿或者询问。在这个过程中，他们就是在探究这个未知的世界。通过一系列的探究，他们在慢慢地探索着周围的世界，也在慢慢认知这个世界。

换句话说，好奇是每一个人在成长阶段，都必须要有的一种天性，而不只是幼儿需要好奇心。好奇心是创造力得以展现的源泉之一。爱因斯坦说过，自己没有什么特殊的才能，只是有着比一般人要旺盛的好奇心。但是，世界上还有很多好奇心旺盛的人，为什么他们没有变成爱因斯坦呢?

原因很简单，他们把自己的好奇心发挥在一个错误的地方。有些人把自己的好奇心浪费在一些琐碎事上。例如，好奇邻居为什么吵架，好奇谢霆锋和张柏芝为什么分手等，我们把自己的好奇心放在了关注人和人的关系上面，浪费在了别人和别人的社会关系上。这也就是为什么爱因斯坦只有一个，但是好奇邻居私生活的人却有千千万万。这也就是为什么越是不想让人知道的事情，越是能够让别人知道。

3. **与其禁止，不如公开**

从前有个国王，他有两个儿子。大儿子整天游手好闲，不务正业；小儿子满腔热血，满腹经纶。在国王的眼里，小儿子才是他心目中最佳的国王继承者。可是大儿子是国王和皇后所生，而小儿子是国王和情妇所生的孩子。根据他们国家的法律规定，为了保证血统的高贵，只有皇后所生的儿子才能当国王。如今国王的身体越来越不好，他知道自己时日无多，必须尽快选出一位王位继承人。经过各种衡量，国王决定无视法律规定，选择自己的小儿子作为国王的继承人。

虽然这样的决定获得了大臣们的赞成，但是却无法获得大儿子的谅解。在他们的父亲死后，大儿子想方设法夺得王位。他的心腹告诉他，不如造谣说新国王为了获得王位，谋杀了自己的父亲。这样可让他先获得民心。

大儿子听后觉得这个计谋很好，连夜叫人印刷有关弟弟暗杀自己父亲的密报，然后叫人趁天亮之前，把密报派发到各家各户中。果不其然，不到一天的时间，全国上下都在谈论新国王谋杀自己父亲的事。

一时之间，新国王还没有坐稳王位，就遭到了世人的厌弃。可是，足智多谋的新国王并不急着捉拿主谋，反而当机立断下令属下再照着密报多加印一倍的数量。在他的登基典礼那天，他拿着一沓厚厚的密报，笑着说："昨天，我发现了一则很好笑的谣传。我想"独乐乐不如众乐乐"，现在我把这则密报发给各位看一看。"说罢，就把手中的密报往天空一扔，瞬间漫天有关新国王丑闻的消息在天上乱飞。而他的国民则再也不相信这样的丑闻了。

为什么国王不禁止有关自己的丑闻，反而是大大方方地和自己的国民"分享"呢？因为足智多谋的他明白，越是不想让人知道的东西，越是容易被人知道，而且还会信以为真。聪明的他，清楚人好奇的天性、盲目跟从的心态，所以他不仅不去禁止谣传，还要公开这样的谣传，以证明自己的清白。

好奇心是人类的天性——越是不能知道的事情，越是有着一股奇怪的驱动力，令我们想去知道。就像魔术表演一样，坐在台下的观众，在不知道魔术的奥秘之前，就会觉得这样的魔术神秘又吸引人。等魔术师一揭开谜底，观众就会失望，原来魔术不过是这样简单而已。

有些魔术师说，最好的魔术就是永远让你猜不透的魔术。魔术真正的奥妙，不是魔术表演有多么复杂，而是在一个简单的魔术里，却能吊足你的胃口，让你百思不得其解。

同样的道理，越是众说纷纭的事情，人们的好奇心越是强烈，这件事情的传播速度也越是迅速。因此，想让人们不再去议论它，最好的方法就是公开事情的真相，解放人们好奇的天性。

"经验之谈"真的有用吗

衡量丑小鸭"丑"的标准是什么？

百闻真的不如一见吗？为什么会“横看成岭侧成峰，远近高低各不同”？

这些有趣的故事和现象隐含着一个心理效应——晕轮效应。

1. 为什么白天鹅成了丑小鸭

《丑小鸭》的故事相信许多人都读过，之所以被认为是“丑”小鸭，是因为它长得不像其他的小鸭那样漂亮。丑陋的外表让人耻笑，就连丑小鸭自己都觉得自己很丑。丑小鸭受尽排挤和折磨，最后离开了鸭群，才发现自己原来是只白天鹅，并从此获得新生。

以普通人的眼光来看，白天鹅无疑要比小鸭更高贵、更优美、更恬静，按道理来说，一只白天鹅出现在了鸭群里，应该受到的是赞美和拥护，可是，这只处于童年的白天鹅，不但没有受到赞美和拥护，却处处被刁难和排挤，这究竟是为什么呢？

或许有人会说它是进错了“圈子”，也就是人们常说的“物以类聚”。它聚错团体，团体内的人自然要排挤团体外的人。或许又有人说是因为其他小鸭以“鸭”的标准来衡量它，而它达不到它们的标准，所以就被否定了。因此处处遭到排挤也是情理之中的事情。

很明显，这里小鸭子们的标准过于“狭窄”，达不到它们的标准并不等于“丑”。可是，究其根源，在小鸭子中流行的那一套标准又是从何而来的呢？从心理学角度说，这便是“晕轮效应”，亦称“光环效应”。美国心理学家凯利指出，“晕轮效应”是以个人喜好来判断对象和认知一切的。

在“晕轮效应”的作用下，当一个人被贴上“卓越”标签的时候，他就像被“卓越”的光环笼罩着，大家也会对他赞许不已。就像现在的一些作家那样，当他在连续发表几部作品之后，突然有一天，新作品获得了一致的好评，那么，随后他先前的那些作品也会受到一致的好评，哪怕这些作品在之前是无人问津的。同样，当白天鹅被鉴定为“丑小鸭”的时候，它从此就笼罩在“丑”的阴影中，所有的鸭子都觉得它奇丑无比，除非它离开鸭群，否则前途堪忧。

因此，现实生活中我们会看到越来越多的人喜欢给自己贴标签，更喜欢给别人贴标签，如“毒舌评委”“高富帅”“小清新”等。似乎贴了标签就可以找到自己的“定位”了，而有了定位似乎就能事半功倍。其实这都是晕轮效应的“功劳”。

2. 经验中也存在陷阱

人们说在失败中吸取教训，可以吃一堑，长一智，可以少走一些弯路。一些企业为了推广自己的产品，各出奇招，但效果甚微。当企业无意中请名人代言一次或者做一次广告，发现效果很好，那么以后这些企业就会继续请名人代言和宣传他们的产品，并一路延续这个做法。但是随着时间的推移，这些企业的产品也慢慢被淘汰。这时候，

人们不禁会问："为什么曾经的辉煌、保持的纪录和苦苦总结出来的经验不再管用了呢？"

有一个小孩，在农场搬小木块。他搬了许多小木块，很顺利。后来他遇到一块大木块，怎么也搬不动，于是他走到了自己的爸爸面前，对爸爸说："爸爸，大木块搬不动，我该怎么办呢？"

爸爸笑了笑说："孩子，你应该自己想办法，要知道所有的事情都有解决的办法，只要你耐心一点儿，办法肯定是有的。"

这个孩子高高兴兴地回到了自己原来的位置，开始对着大木块想办法，他想用小车把它拉走，可是自己也弄不动小车；想推着木块走，可是力气还是太小，怎么也推不动……最后，孩子想尽各种办法，还是无济于事。他实在想不出别的办法了，于是垂头丧气地走到了自己的爸爸面前："对不起，爸爸，我失败了。"

爸爸笑了笑："你是按照我说的，想尽了一切办法吗？"

孩子回答说："是的，我想了一切办法。"于是，孩子把自己想到的办法，以及办法的实施和失败都讲给了爸爸，最后爸爸还是摇了摇头："孩子，你还有一个办法没有想到。"

孩子十分疑惑："我都用了这么多办法了，难道还有办法吗？"

爸爸笑着说："儿子，你还没有请我帮忙呢！"

生活中人们往往认为经验就是宝藏，就如同这个小孩和一些企业，紧紧抓住"曾经的好方法"不松手，可是回过头一看，却忽略掉了不断创新的"活方法"。

的确，经验有的时候可以让我们少走弯路，可以让我们节省更多的时间。可是，经验有的时候就是一个陷阱。我们中的很多人就是因为陷进了经验的旋涡中无法自拔，才让自己陷入了万劫不复之地——总把眼光向后看，盯着过去的老方法探个究竟，却忘了研究新的方法，忘了把眼光向前看一看。俗话说，今时不同往日，我们再也找不出和昨日一模一样的一天来。过去的经验是在过去恰当的时间、环境以及各方面因素的作用下得来的，和今日的情况并不完全相符，怎么能完全生搬硬套呢？

3. 借助经验，需小心谨慎

人们为什么会相信经验之谈呢？究其根本，有两个原因，一是因为内心深处的懒惰，已经有了前人的经验摆在那里，为何我还要自己探寻呢？直接拿来岂不是更加节省时间？所以因为懒惰，大家将经验拿来，也就是情理之中的事情了。二是因为迫切地渴望成功，前人总结的经验，必定是经过一番论证的。前人已经取得了成功，这就证明这种经验是成功的，所以在人处于迫切想要成功的时候，自然愿意使用前人留下的成功之法——经验。

经验是前人根据自己的成功或者失败的经历，苦心孤诣总结而来的，是为了后人能够借鉴，少走弯路。但是，在上文中，我们也提到了，今时不同往日，在借鉴经验的时候，不可以完全地生搬硬套。现在这个社会正在高速地发展，这一秒到下一秒就可能有着天翻地覆的变化，所以，昔日的经验放在今天，必定是不妥的。

难道就要完全摒弃经验之谈吗？当然不是，前人总结的经验是有着非常重要的意义的。在使用时，必定首先克服内心的懒惰，不能生搬硬套，又不可因迫切渴望成功而完全拿来不假思索。当遇见困难的时候，需要将经验拿出来，对照昔日的大环境进行比对，取经验中的精华为今日所用。而且，一些经验也是可以完全用在今日的，但是在使用之前一定要万般小心，需仔细考量才可照搬。如果能将昔日的经验再做推敲，加以创新，那么这经验才是用得恰如其分。所以说，借助经验，需小心谨慎，正确使用经验确实能够节省不少的时间，要知道时间就是金钱啊！

4. 差异中存在“火花”

在日常生活中，医生或家中的长辈常会叮嘱：饮食要均衡，避免只食用自己喜欢的食物。科学已经证明，一种食物无论它具备多么充足的营养，对人体多么有益，如果长期食用，也会产生毒素，对人身体产生危害。所以说，“多元化”的食物确实有益健康。

经常旅行、游山玩水的人们一定能体会到一句古诗的妙处——横看成岭侧成峰，远近高低各不同。同样是一个人的所见，因角度和距离的不同会产生不同的视觉效果，这是何等的奇妙！但是如果你是住在对面山上的一个小屋，看到的永远只是“成岭”，而别人告诉你既可“成岭”也可“成峰”时，你一定会觉得可疑。因为你不可能花大量时间踏遍“千山万水”来证实所有的疑问。所以你需要一个开阔的胸怀，集思广益。人们常说“百闻不如一见”，其实这里的“见”也要区别对待，要看是谁的“见”、在何种情况下的“见”。踏遍“千山万水”后的“见”可以相对借鉴，而住在山对面的小屋里的“见”，则要慎重考虑。

企业也好，健康也罢，关键是具体情况具体分析，避免依赖个人的喜好、外界贴的标签和曾经成功过的经验。企业用对人，就如同身体得到均衡的营养一样至关重要。虽然求贤若渴，必要的调查研究、实践鉴别、严格考验，还是十分重要的。而他曾属的“圈子”、有何“标签”要退居次位。这样可以减少“晕轮效应”，也可以避免“偏食”，最终让“多元化”的人才为企业提供源源不断的活力和动力。

大家都选择的就是好的吗

还记得小时候学过的那篇课文吗？

兔子在森林里听到“咕咚”的一声，被吓了一跳，然后大叫着：“快跑，咕咚来了，快逃呀！”结果森林里的狐狸、小熊、小猴甚至大象、老虎等动物，都不明所以跟着一起逃跑。结果，那只是木瓜掉进水里的声音而已。

2003年“非典”时期，有人说板蓝根可以防治非典，结果大家一哄而上，把板蓝根抢了个精光；张悟本说绿豆可以包治百病，结果引发绿豆荒，绿豆的价格直线上升；2011年日本地震引发核污染，有人说食盐将会奇缺，结果很多人的家里现在还有没吃完的存盐……事实上，这些现象都反映了心理学的一个奇妙理论——从众心理。

1. 从众有多厉害

一位钻石大亨死后进入天堂，发现已经没有位置。于是他大喊：“地狱里发现钻石矿了！”周围的人听了，一个个抢着往地狱跑。很快，天堂只剩下这位大亨了。他随口而出的话，竟然让大家都跑光了，这让他有些疑惑——难道地狱里真的有钻石？于是，这位谎言的始作俑者也跟着去了地狱，结果他跟前面的人一样，都陷入了苦海中。

对于幽默故事，我们可以一笑了之，但是如果放在瞬息万变的股票市场，从众心理引起的真金白银的损失，可就不那么轻松了。

在如今的社会交流中，“谈股论金”已成为最热的话题之一。无论是在餐桌上还是新朋老友的聚会上，围绕着股票、基金的讨论总是不绝于耳。其中也不乏“成功人士”的侃侃而谈。每当这个时候，小王总是很苦恼：“我炒股的时间不比他们短，下的功夫也不比他们少，为什么他们就能获得那么大的成功，而我总是停留在小打小闹的层面上呢？”

也难怪他会这么想。虽然小王买的几只股票给自己带来了一定的经济效益，但不能称得上是成功。尤其是与同事相比，这种感觉就愈加强烈：同事小刘买的一只股票10元建仓，如今已经涨到60元；老同学小李买的一只股票连续四天涨停，全仓买入，结果赚了十几万……

渐渐地，小王放弃了自己的选股眼光，不再买入行业龙头股票。每当身边的“成功人士”提到哪只股票有潜力的时候，他都会记在心里，然后加入“自选股”中。长此以往，小王的买股策略由“稳扎稳打”逐渐向周围人群“宁可犯错，也不能错过”的潮流转变。但让他想不明白的是，自己“犯错”的概率总是大于“错过”的概率，收益比以前大幅下滑。

股市是能让人一夜暴富的地方，许多人觉得这里遍地黄金。但股市的成功关键就是眼光和信息，于是“宁可犯错，也不能错过”已经成为广大散户共有的心理。就像小王一样，放弃自己的眼光，盲目跟从身边的投资高手和小道信息。正如股神巴菲特说的那样：逆反行为和从众行为一样愚蠢。我们需要的是思考，而不是投票表决。从众心理让投资者放弃了自己的思考能力，成了无独立意识的投资行为者，其中必然蕴含了极大的风险。

2. 大众的就是正确的吗

人们常说“群众的眼睛是雪亮的”。通常情况下，大多数人的意见是正确的。但是，缺乏独立的理性思考，盲目选择跟从就形成了消极的从众心理：大家都这么认为，如果你不这么认为的话，那你就成了大家眼中的“另类”。而当你的行为与大众的行为保持一致的时候，即使这种行为是错的，你也会有“没有错误”的安全感。街头有两个人在吵架，这本不是什么大事，但是人越来越多，后面的人看到这种情况，也想凑上去看看发生了什么事情，结果逐渐造成了交通堵塞。当大家一哄而散的时候，有谁会为造成了交通堵塞而感到内疚？

福尔顿是一名物理学家，为了科研工作的需要，他运用最新的测量方法测试固体氦的热传导度。结果，按照这种方法测试出的比按照传统理论计算出的高出500倍！福尔顿感到不可思议，这个结果与大家认可的结果相差太大了，如果把它公布出去，难免会被科学界认为是哗众取宠。出于这种心理，福尔顿没有对此声明。不久之后，美国的一名年轻的科学家在试验工程中也发现了这个现象。经过试验，得出的结果跟福尔顿的研究成果一致。这名年轻的科学家立即将这一结果公布出去，结果引起了科学界的广泛关注。福尔顿后悔莫及，以至于在后来写道：“如果当时我摘掉名为‘习惯’的帽子，而戴上‘创新’的帽子，那个年轻人就绝不可能抢走我的荣誉。”就这样，福尔顿一时的从众心理，把这一科研成果拱手让给了别人。

对从众心理我们要“具体问题具体分析”，不能认为“从众”就是无主见，“墙上一棵草，风吹一边倒”。因此，不论是在生活中还是在其他方面，我们都要发扬“从众”的积极面，避免“从众”的消极面，不断提高自己的独立思考和明辨是非的能力。分析问题的时候，既要慎重考虑大众的行为，也要保持自己的思考和分析，确保自己的判断保持客观正确性，以此来指引自己的行动。都“从众”或者都“反从众”的观点和行为都是不正确的。

3. 坚持己见，不盲从

从众心理是一种很复杂的心理学行为，造成从众心理的原因也是多种多样。一般我们认为主要有三个方面：一是历史文化的沉淀。不同区域、不同国家的历史文化都不相同，经过上百年甚至上千年的沉淀，已经逐步形成了自己的一套风俗、道德、宗教、信仰等规范，并充当着历史遗传基因的角色，世代流传下来。二是社会环境的影响。我们从小到大，不断地受到周围社会环境的影响，自己的行为也渐渐融入社会大群体中。心理咨询师还发现，群体越大，对个人的压力越大，越容易产生从众行为。

有多少有个性、有棱角的大学生在社会这个大染缸中逐渐迷失了自我，失去了个性！三是个性心理的差异。心理素质低下、性格内向、内心自卑的人往往更容易受从众心理的影响。

凡事都要按照辩证的思维来看待。从众心理有其积极的作用：它能促使团队成员产生一致的行为，有助于实现团队的整体目标；它能促使群体内部的团结稳定，增强群体的凝聚力，维持群体的良好秩序；有利于改变群体内个体的不当行为与错误观点，确保成员行为的规范性和安全感。同样的，从众心理的消极作用也是显而易见的：它压制了个体的个性发展，束缚了思维的发散能力，使个体逐渐变成没有独立思想、墨守成规的行为个体。

对于消极的从众心理，我们应该采取积极的措施，努力克服。

一是加强自身的心理素质锻炼。很多时候，不从众意味着要和大多数人的行为观点发生冲突，这时候，我们要做好受挫折的心理准备。就连伟大的物理学家伽利略，都曾被拥护亚里士多德的对手们排挤打压过。但是伽利略没有放弃自己的观点，不断地进行实验，终于开创了以实验事实为根据并具有严密逻辑体系的近代科学。

二是养成独立思考的能力，做一个有主见的人。要本着“唯实”的科学精神，选择符合自己情况的方案，不唯上，不唯书。1984 年的春节联欢晚会，张明敏以一首《我的中国心》红透大江南北。更早之前，《我的中国心》被香港演艺界的大腕们一致认为土气，不愿意唱。而身为电厂工人的张明敏喜欢这首歌，觉得这首歌唱出了中华儿女的豪情，于是他不顾别人眼光，录制了这首歌曲，从而有了众人皆知的《我的中国心》。

三是要从根本上改变自己的观念、意识。大家都去追随的东西不一定是好的，大家都认为正确的观点不一定是对的。哥白尼提出的“日心说”挑战了传统“地心说”的权威地位，颠覆了人们长久以来的观念。思考问题、采取行动的时候，不要用“别人是怎么想的”或者“别人会怎么做”来制约自己的思想、行动，从而在根本上改变自己的思维方式。

张明敏

四是敢为人先，勇于尝试。第一个吃螃蟹的人、第一个玩蹦极的人是谁，我们无从得知。我们能知道的是，他们肯定享受了前所未有的美味、刺激。对于我们大多数人来说，我们真正感到遗憾的，不是那些失败，而是那些自己没有敢于尝试的事情。《大话西游》中说：如果再给我重来一次的机会，我会对那个女孩说三个字——我爱你。很多时候，打破常规，敢于尝试身边的人不敢做的事情，也是克服从众心理的一种方式，走自己的路，让别人说去吧！

赢得起，输不起，大家都一样

遇到重要的决策会患得患失，担心万一失败怎么办；在麻将桌上输了钱，会觉得十分窝火，万分沮丧；不要过分怪自己小气——赢得起，输不起，大家都一样。

1. 蛋壳里的烦恼

王小姐家添了新成员——一个活泼可爱的儿子。这一大喜讯给家里带来了无穷的欢乐——王小姐夫妇自不必说，他的爷爷奶奶、姥姥姥爷更是天天给买这买那，唯恐照顾不周。一家人围绕着这个小宝贝各种操心，恨不得摘下天上的星星、月亮给他玩。随着时间的流逝，小孩子开始学习走路、说话。家长却发现，教他说话的时候，只要遇到第二遍不会念的情况，他就会闭口不学或是大发脾气。面对发着小脾气的儿子，王小姐又好气又好笑，还担心长期如此，会对孩子幼小的心灵产生不好的影响，十分着急。

其实，在小孩的成长历程中，这是十分正常的情况。很多孩子喜欢赞美和成功，一旦失败，就会无法接受，甚至做出极端的举动。这种像鸡蛋壳一样脆弱敏感的心理状态，就被称为蛋壳心理。

为什么会出现这样的心理呢？多年以来，孩子变成了家庭的中心，父母即使省吃俭用也会给孩子最好的照顾。无论吃喝玩乐，都要精挑细选，使孩子受到无微不至的照顾，过着“饭来张口，衣来伸手”的生活。这样在蜜罐里泡大的孩子，从未体验过批评和失败的感觉，一旦失败，就会产生严重的不适应。

另一方面，孩子正处在一个快速学习的阶段，他们在本能上就希望自己能把一切都做好。然而，由于大脑和各项身体机能还没有发育完全，他们并不能很好地支配自己的身体、不了解自己的优劣势、不能承受失败带来的心理上的沮丧感。

教育是一个严肃的主题，因为这关系到每个家庭的未来。父母应该明白，温室里的花朵是无法面对严峻的现实的。适当给予批评，也是孩子成长的必要条件。因为这样的小挫折，会让孩子意识到有些事情并不是心想事成，世界并不是他的游乐场，也不会围绕他转动。这样锻炼出来的孩子，就会有更强的心理素质，对将面对的困难有所预期并进行准备。

让孩子有更多同龄的玩伴也是很好的办法。很多家长担心，自己的孩子在幼儿园

不会被照顾得很好。现在，每个家庭都只有一个孩子，在家里都是小皇帝、小公主，容易养成以自我为中心的习惯。在孩子堆里玩耍，能够组建起他们的集体意识和协作意识，并学会忍让、分享等可贵品质。

孩子会表现出承受能力差的一面，成年人也难免如此。

老高工作之余，唯一的爱好就是打麻将。他也不玩大的，都是邻居间一块两块地打着玩。赢了自然开心，但是输了滋味就很不好受了。

有一天，他运气特别差，连着打了十几圈，居然一次都没有赢，输了二百多块钱。老高的脸色有点臭了，然后一个牌友打了一张他想要的牌，又收回去了。老高很不高兴，死活都要他打出来，言辞间有点趁机出气的意思。其他几个人看情势不对，赶紧提议牌局散了。从这件事之后，牌友们很少再主动叫他一起打牌了。

二百多块钱，在平时不过是老高一顿饭的价格，他本来不会在乎的。为什么现在竟然不惜和熟悉的牌友们恶语相向呢？

这还是输不起的心理在作怪。老高之所以会觉得输得太多，承受不了，其实是有一个相对的比较。二百多块钱去吃一顿饭，是一个非常正常的价格，但是一次输二百多是没有过的经历，他不能接受的是在牌桌上发生了从未有过的失败。

2. 战战兢兢，如履薄冰

心理学家、经济学家卡尼曼做过这样一个心理调查：假设爆发了一种罕见的传染病，估计在这场爆发中会有 600 人丧生。有两个方案可供选择。采用方案一，将会有 200 人获救；采用方案二，那么有 1/3 的可能会使 600 人获救，也有 2/3 的可能没有人能获救。你会选择哪一种呢？

请自己思考这个问题，然后做出判断。

在不看下面结论的情况下，你做出了怎样的决策呢？

在这个调查中，绝大多数的被试者选择了方案一。

接下来看另一个测验：同样的情况下，有两种方案可供选择。如果采用方案一，将会有 400 人死去；采用方案二，有 1/3 的可能不死人，2/3 的可能使 600 人死亡。你选哪一种呢？

请自己思考这个问题，然后做出判断。

你是不是又转而支持方案二了呢？

在这两种测验中，尽管两种方案造成的后果没有实质性的变化，但是人们根据表达方式的不同，做出了不同的反应。人们总是倾向于选择确定能有人获救的选项。“有人能获救”是判断哪个选项正确的最显著特征。人的天性中趋利避害的本能，使我们尽量避免做出具有很大风险的举动。这种直觉判断因显著因素影响而受局限的现象被

称为“框架效应”。

通过这种效应，我们可以看到，生活中很多进退两难的决策，都是因为我们害怕风险，害怕承受挫折。我们通常过于详细地考虑某件事的不良后果，因而不愿意为此冒险，也就是“输不起”。这种不良后果，包括害怕失败后被人嘲笑、生活陷入困境、失恋后无法适应自己一个人生活……

3. 放宽心，有一个开放包容的胸怀

有时候，我们也会觉得自己气量不够大，不能承受失败。其实，我们需要适当宽慰自己。光明背后是黑暗，一个事情总是有两面。在中国，北京、上海、广州是最繁华的城市，人们纷纷涌入这几个繁华都会，导致城市更加膨胀。生活压力的增加使一些人喊出了“逃离北上广”的口号。其实，无论去留都有利弊。逃离的人看到了它们的高物价和强压力，进来的人看到了它们的发达交通和包罗万象。这是每个人的自我选择，并没有对错。重要的是你自己看中什么、追求什么。如果你得到了想要的，那么你就是幸福的，你就是一个成功人士。

如果你有想追求的事情，但是因为顾虑而缩手缩脚，怎么办呢？我们很多人都有这样的经验：遇上一场比较重要的考试，考试前都非常紧张——有人频繁去厕所，有人会碎碎念，还有人一句话都不说，心情非常差。但是到了答题的时候，反而就忘记紧张了。很多事情都是类似的，真的身临其境了，反而就能正常应对了，可能还会应对得非常好，所谓“兵来将挡，水来土掩”。我们往往会为自己的行动设置很多人为的障碍，在思想上就把自己锁死了，其实事情并没有想象的那么可怕。

秦末的西楚霸王项羽就是一个非常输得起的人。在巨鹿之战中，他命人渡过河流之后，把所有的船沉了，锅砸了，营帐烧了，以示必死之心。将士们看到这样的情景，想到退无可退，都奋勇杀敌，取得了战争胜利。被刘邦困在垓下，四周都是楚地悲伤的歌曲，虞姬自刎于怀中，他仍然冲出营帐奋勇杀敌，战至最后一兵一卒。

他杀出重围来到乌江边上，江边的一个楚地的老头给他小船叫他过江去，养精蓄锐，卷土重来。他却说：“我当年率领楚国子弟七百人起义，如今只剩我一个人，我有何面目去见江东父老！”自刎而死。

成败皆英雄，这样轰轰烈烈的人生，才是一个有追求的人应该过的人生。

脑白金的创始人史玉柱，在做保健品之前从事 IT 行业。他创立的“巨人”公司，曾是中国最著名的软件公司，一度成为万众瞩目的明星企业，他本人被评为“十大改革风云人物”。但是由于投资巨人大厦亏损严重，巨人轰然倒下，只留给他巨额的债务。换成别人，面对巨大产业丧失殆尽的惨烈现实，绝大部分都会精神崩溃。然而成功人士之所以成功，就是他们拥有一点异于常人的优势，那就是不怕失败。挫折算什

么，不过是从头再来。他毫不畏惧，最终决定投身保健品行业，并开始了大规模的营销活动，在电视广告上砸重金轰炸人们的眼球。脑白金成功了。如今，中国已经很少有人不会说那段耳熟能详的广告词了，甚至已经成为网络热词，被广泛使用。

如果拥有这种霸气的态度，相信所谓的困难，也就不能称为困难了。一个人能成什么程度的大事，总是要看他有多大的气量。输得起才能赢得起，这也是成功的法则。希望每一个人都能有一颗有容乃大的强大内心，从而获得自己满意的人生。

为何咬着笔会更快乐

公司会议上，似乎只有不断咬着自己的笔，这无聊的时光才能迅速溜走？

竞争激烈的考场上，咬着笔似乎才能让自己文思如泉涌？

大家聚在一起，为何咬着笔才能耐心听完他们的歌唱，要不然就会觉得浑身不舒服呢？

1. “无聊”的强迫症倾向

仔细想想，生活中每个人都有一个小嗜好：坐在你右边的男同事只要一打电话就会不断撕纸，你的好朋友阿楠只要一坐下来就不由自主地晃腿，你洗澡的时候一定要看着沐浴液的使用说明，你爸爸总是拿着老花镜却从不戴上，而你楼上的邻居每天早晨起床之后都要在地板上踩上好一阵子……

曾经风靡一时的转笔也是如此——许多学生都会转笔，无论是上课还是下课，无论是做作业还是考试，在不需要写字的时候，笔总是拿在手里转来转去。

阿亮就是这样一个学生，他自己也说不清楚自己到底是从什么时候开始转笔的，不知不觉就学会了，而且也经常是不知不觉就开始转了起来。课堂上，老师是十分讨厌转笔的学生的，站在讲台上看着学生们一边听课，一边转笔，老师的心里会莫名的烦躁。但是，阿亮却道出了许多学生的心声，他说我们转笔，并不代表我们没有听课，如果我们不转笔，那才会影响我们听课，笔在手上转，就好像自己的思路也跟随自己的笔一起转似的，只要自己的笔一停下来，脑子似乎也就跟着停下来。尤其是做作业的时候、想不出问题的时候，必须转笔，要不然这辈子别想把问题的答案想出来。

对此，老师甚为不解，但是有一些老师却十分理解，因为这些老师也有一些特殊的小动作——当在讲台上突然不知道说些什么的时候，他们就会拿起粉笔来折断、再折断，似乎这样才能让他们内心平静下来，从而想起自己要讲的内容。

无论是像阿亮一样喜欢转笔，还是像一些老师那样喜欢折断粉笔或者有着其他小动作，这些可有可无的小动作对人们的生活并无影响，但如果要他们停止这些无聊的小动作，他们肯定会感到不舒服，甚至会产生无所适从的感觉。因为不断重复这些无聊的小动作，好像已经成为他们情绪宣泄的一个出口——只有重复做这件事才会让他们觉得放松或快乐。

这说明，我们每个人多少都有一些轻微的“强迫症”。这些轻微的强迫症并不会影响我们的日常生活。如果断然不让他们继续的话，反而会影响心情。

事实上，人类从婴儿时期开始认识这个世界的时候，第一个动作就是嘴巴的吮吸——弗洛伊德称之为口唇期，这个动作一直要持续到三岁的时候才会逐渐消失。如果不消失，也许就演变成了一种病态的表现，一直持续到成年时期。当然，我们在此讨论的并非是顽固的强迫症，因为咬着笔只是一种放松的方式，能有效地缓解我们的压力，或者只是陪我们度过一些无聊的时光而已。也许，当生活有了更多的乐趣，或是时光中又填充进来了别的东西，这些小动作自然而然也就消失在时光里了。

2. 生活在此，精神在别处

小艾是一个特别喜欢咬笔杆的人，大概是从小学的时候就开始，笔的一端总是因为她的频繁咬来咬去而变形，所以小艾换笔的频率比别人多得多。小时候她咬笔杆，家长都夸奖她“以后肯定能考上大学，是个靠笔吃饭的人”。不出所料，小艾先是考上了名牌大学，又找了一份令人羡慕的工作。工作之后的小艾并没有改掉自己咬笔的习惯，一些同事甚至笑话她——怎么长这么大了还像个小孩似的咬笔玩。

可是工作不久、还没通过试用期，小艾就被主管开除了！开除小艾的时候，主管还十分气愤，“你知道吗？上次客户来洽谈工作，你不但不认真听，不认真发言，还在一边咬笔玩，客户说你这样的态度是对人家的不尊重，几十万的合同就这么没了！”

后来，主管私下里了解了一下，小艾不仅在开会时咬笔，就是平时工作，也经常咬笔杆，无奈之下，主管只好开除了小艾。小艾怎么也没有想到，自己被开除的理由竟然是因为自己喜欢咬笔杆，也难怪主管要开除她，因为小艾咬笔杆从来不分场合，实在影响公司形象。

小艾感到很迷惑，为什么小时候大家都夸奖的“咬笔杆”，工作后却成了受人歧视、影响公司形象的“祸害”呢……

其实，大家也不必疑惑，因为你那些习惯的小动作并不一定是每个人都能接受的！甚至有些人会相当鄙夷你多余的小动作，会觉得你不顾个人形象、有伤大雅，比如说一些人十分受不了别人的抖腿动作，每当看见别人抖腿的时候，就会因为那轻微的晃动而心神不宁，甚至会头痛，而有些人就特别讨厌别人咬笔杆，每当看见别人咬笔杆的时候，就觉得这样的人特别幼稚，如果看见笔杆上的口水，更会让他们觉得十分恶心。

因为别人的鄙夷，很多人都曾像小艾一样努力改掉这些坏毛病，变成大家眼中优

雅而淑娴的女子，可是你却发现怎么也丢不掉它，就算某天丢了，还会在某一时间捡回来，这些本来无伤大雅的小动作，却成了让自己处处碰壁的大伤痕了。

其实，你努力想摆脱的这个小尾巴，就是在摆脱一个让你舒服的情境。仔细留意下，你就会发现：当你开始咬笔杆时，正是你感觉最自在、最舒服的时候，尽管周围有很多人。他们说什么你不一定能听见，但你能感受到你的内心，这才是最重要的。

3. 学会自己和自己相处

每一次开会，达明都会不由自主地咬笔杆，或在自己的笔记本上写写画画。他不会在意那些无聊的会议上，大家都在莫名其妙地说些什么，但是一旦让他发言，他总会提出一些富有建设性的意见。大家很奇怪：为什么心不在焉的达明会有这么多的灵感和建议呢？

其实达明只是找到了一个自己和自己相处的方式——那个时候，他最安静，注意力也最集中。虽然会议上的他显得有些心不在焉，但当他咬笔杆的时候，确是他思维活跃的时刻，也是他集中思考的时刻；当他在纸上不断地写写画画时，也正是他意见形成的时刻。这不比那些在会议上发呆、打盹儿、说悄悄话甚至打毛衣的同事要强上很多吗？

现实生活中，达明也喜欢这两个小动作，尽管家人一直要求他戒掉它们，他却坚持“我行我素”，因为这是他和自己相处、与自己心灵沟通的一种重要方式。

达明的这种情况和之前的阿亮是一样的，只有在做这个小动作的时候，才是他们思维活跃、身体放松的时候，这个时候最容易产生新的思路和新的想法，这就是为什么，达明可以一下子说出有建设性的话，而阿亮也能解出自己不会的题目。

在这个嘈杂的世界里，想要安静下来实属不易，更何况静听自我呢？那些你认为可恶的小动作，也许就是你找到自己灵魂的一种方式，也许就是能让自己安静下来的一种途径。

快乐还是快意，有的小动作会让人显得可爱、俏皮，但桑尼的小动作未免有些过火。他喜欢下班之后在公共场所的墙壁上乱写乱画。对于自己的这种“恶劣”行为，他称之为“行为艺术”。桑尼说：“上了一天的班，人太压抑了，需要找个地方、找种方式释放一下。每次坐地铁时，我都会产生一种欲望——在车厢空白处肆意作画。”朋友们都不理解桑尼内心里究竟在想些什么，因此，唯有远离才能避开这个有点神经质的男人……

桑尼在公共场所乱画的这种快意和达明咬着笔杆的那种快乐有着本质的不同：桑尼不是绘画师，也没人请他为墙壁绘画，这样做完全是为了追求心理上的快意。快意无错，可不应当建立在损害公众利益的基础上。而达明的“咬笔杆”，不但不会影响他人，反而会刺激他的思维、激发他无限的灵感。二者作用截然相反。朋友们的不理解和远离，说明当一个人的小动作变成恶意破坏，对他人产生不利影响的时候，就会变得不那么可爱了，甚至可以称为“不良恶习”。

人贵在找到让自己放松的方式，不管你是爱咬笔杆、爱抖腿、爱撕纸等，只要这个动作能让你觉得快乐、自在、舒服，在无碍别人的前提下，继续保持吧！但是，千万要记住，不要像小艾那样，不分场合地随意咬笔杆，那样只会让别人觉得你不顾个人形象、不识大体。

三、让人无奈的心理学效应

为什么“三个和尚没水喝”

“一个和尚挑水喝，两个和尚抬水喝，三个和尚没水喝”，人们常说“人多力量大”，可是为什么和尚越多越没水喝呢？

法国心理学家林格尔曼做过一个“拔河”实验。他组织一些青年人分别以单独、两人、3 人直到 8 人小组的形式拔河，同时测量不同小组的用力情况。得出的结论是：群体的力量总是小于单人力量叠加的总和。这种现象就是“责任分享效应”，也叫“旁观者效应”。

对某一件事来说，如果是单个个体被要求单独完成任务，责任感就会很强，会做出积极的反应。但如果要求一个群体共同完成任务，群体中的每个个体的责任感就会很弱，面对困难时往往会退缩。因为前者独立承担责任，后者是大家分担责任。

格洛维斯案例是旁观者效应的经典案例。1964 年，格洛维斯小姐半夜回家途中被杀人犯用刀捅死。开始时，她大声呼救，她的邻居至少有 38 个人听到呼救声，打开灯从窗口向下张望。凶手吓跑了，但是一切恢复平静之后，凶手又返回作案。当她再次喊叫的时候，又有人开灯，凶手又吓跑了，但是没有一个人下来保护她，也没有人报警。当她走进公寓大门的时候，凶手冲上去把她杀死在楼梯上。

心理学家认为，如果当时只有一个人看到格洛维斯遇到危险，那么她很可能会得救。人们之所以漠视不管，因为看到的人太多了。“也许我不去，别人会去的”，大家都这么想，结果就造成了群体的冷漠。只要有他人在场，个体帮助别人的利他行为就会减少，旁观者越多，利他行为就越少。

如果每个人都是冷漠的旁观者，这个世界将是一个冷酷而可怕的世界。海明威曾经说：所有人都是一个整体，别人的不幸就是你的不幸，没有旁观者。

“人来疯”背后的心理动机

在空旷的路上走，当有人从后面赶上的时候，你会不会加快脚步？自行车比赛时，多人同时比赛比一个人单独计时成绩更好。运动员在啦啦队的“加油”声中表现得更加出色。明星举办演唱会，观众越多，他们就越卖力。

人越多的场合，表现得越来劲儿，这就是俗称的“人来疯”。社会心理学家把这种“有人在场”与“单独行动”时，个体绩效差异的心理现象，称之为“观众效应”。

清华大学的学者曾经做过一个实验，蚂蚁在单独、成对或三只，甚至一群时挖掘沙土的数量是很不一样的。3 只蚂蚁一起挖掘沙土时，每一只蚂蚁的工作量是一只蚂蚁单独工作时的 3 倍。

每个人都希望别人喜欢和接受自己，尤其是和别人在一起的时候，这种动机就更强烈。每个人都关心别人对自己的评价，为了获取积极的评价，就会最大限度地发挥自己的潜能。每个人都不同程度地争强好胜，在群体中会不自觉地展开竞争，人越多越爱“逞能”。

“观众效应”和竞争心理这两大刺激因素为社会发展做出了很大贡献。人类的进化、计算机的发明，乃至人类登上月球，全都是在这两大因素的推动下完成的。他人的在场让我们有强大的精神动力，好像有一只看不见的手挥动鞭子促使我们不停地快跑。

“观众效应”和“旁观者效应”并不矛盾。旁观者效应是指大家一起做一件事的时候合力小于每个人相加的力量，而观众效应则指每个人完成自己的任务时，有人在场比独自一人完成效率更高。

想象周围有很多人在关注你的工作，你就会干劲十足。

为什么明星走红之后就离婚

人生如戏，戏如人生。明星们在影视剧中演绎了分分合合的爱情故事，在现实中同样上演。不可思议的是，很多明星走红之后就会离婚。是因为配偶觉得配不上大红大紫的明星伴侣，还是因为当红明星心高气傲决定另攀高枝呢？我们从心理学角度来解释。

心理学家津巴多做了一个监狱模拟实验。一半志愿者扮演“看守”，一半志愿者扮演“犯人”。几天之后，所有“演员”全部进入角色。看守们变得粗鲁，用各种酷刑和体罚对付犯人。犯人要么变得循规蹈矩，要么开始反抗。实验原计划进行两周，但是不得不提前结束，因为有些人已经不能区分角色与真实自我之间的差别。这种现象叫作“角色认同效应”。

生活中我们也扮演着各种角色，当人置身于某个角色的时候，就不得不按照角色的要求做事。心理和行为也会随着角色的不同而发生变化。当明星走红之后，他（她）的气场、行为举止、交际范围都会发生很大的变化。为了让别人认可自己在社会中担当的角色，他会超越自己的原则和价值观。他们会采取一些积极的行为，使自己更加适合现在的角色。他们可能做事更加高调，生活更加奢华，工作更加繁忙，脾气可能也变大，这些变化难免让身边的人不适应。再加上他们与粉丝的互动多了，与另一半的交流少了，聚少离多，感情不和就成了离婚的最佳借口。

同样因为角色转变，某个昔日和蔼的长辈升任局长之后突然变得严厉起来，某个可以随便开玩笑的好友一夜暴富之后变得盛气凌人。当你通过别人扮演的角色来理解他的行为时就容易多了。

人生不像戏剧那样演坏了可以重来，我们应该珍惜机会，成功扮演属于自己的角色。

为什么很多人抱怨怀才不遇

美国作家戴夫·巴里曾经一针见血地指出：“无论年龄、性别、信仰、地位或种族多么不同，有一样东西是大家都有的——那就是每个人内心深处都相信，我们比普通人都强。”大多数人都认为自己的智力比平均水平高，道德比平均水平更高，认为自己比一般人更漂亮、更强壮、更有魅力。这就出现了一个搞笑的问题：每个人都高于平均水平，这可能吗？

人们总是不自觉地夸大自己的良好品质，忽略自己的不良品质。这种现象叫作“拔高自己效应”。人们之所以喜欢拔高自己，主要是为了维护自尊。自尊感犹如汽车里的油量指示灯，当我们被贬低、被藐视的时候，自尊心就会受伤害，这种痛苦会促使我们本能地拔高自我，寻求社会的接纳和认同。

当人们拿自己和别人比较时，总会觉得自己比别人更胜一筹。这就可以解释为什么真正有才能的人很少，而抱怨怀才不遇的人却那么多了。很多职场中人都觉得自己工作能力很强，对公司的贡献很大，可是公司领导有眼无珠，没有发现自己这个栋梁之材。大部分司机，甚至那些出过车祸的司机都认为自己的驾驶技术比一般司机更安全、更娴熟。

心理学家把这种情况总结为“自我服务偏见”，即大多数人都对自己感觉不错。在对自尊的测评中，即使得分最低的人，给自己打分的时候也会给出中等的分数。这种自我美化的感觉使大多数人陶醉于高自尊的光环之下，不能正确认识自己。

我们怎样克服拔高自己，美化自己的倾向，客观清楚地认识自己呢？首先，要自省，像陌生人一样评估自己，发现自己优点的同时也要注意到那些缺点。其次，通过生活中的重大事件获得经验和教训，并从中了解自己的个性。此外，和条件相当的人进行比较，以人为镜，在群体中找到自己的位置。

没有必要为了获得自尊而拔高自己，其实，自制远远比自尊更有价值。

“破罐子破摔”为哪般

马戏团中有一头大象，表演完节目之后它就被拴在一个小树桩上。一个好奇的观众问驯兽师：“大象的力量那么大，小小的树桩怎么拴得住它？”驯兽师回答：“这头大象还是小象的时候，它就被拴在这个树桩上。它无数次地想挣脱都失败了。久而久之，它知道自己的努力是徒劳的，于是就不再做这种无用的努力了。”

大象相信自己无法摆脱树桩，这在心理学上叫作习得性无助效应，意思是指当人们经历了某种失败或挫折之后，在情感、认知和行为上表现出消极的特殊的心理状态。这种习得性无助会让我们丧失对幸福的感知力，导致绝望、抑郁、意志消沉等不良情绪。

“习得性无助”有这样一个形成过程：

频繁体验挫折—产生消极认识—产生无助感—出现动机、认知和情绪上的损害—再也不做出积极的行动。

一个人毕业后尝试创业，不幸的是几次尝试都失败了，他觉得自己不是创业的料，于是开始找工作。终于找到一份满意的工作，但是他对自己说：“我一生都很倒霉，这次幸运之神也不会眷顾我，也许早晚都会丢掉这份工作吧！”他之所以有这种破罐子破摔的心态，就是因为最初的失败给他心理上造成了很深的影响。

失败是成功之母，我们可以从失败的经验中吸取教训，但是对于失败本身我们要学会遗忘。如果总是盯着错误，就会贬低自己，永远无法从失败的阴影中走出来。

爱迪生虽然经过一千多次实验才找到合适的可以用来做灯丝的材料，但是他从来不认为自己失败了。有人曾经讥讽他一事无成，他说：“我已经有了很大的成就，我证明了1200种材料不适宜做灯丝。”

回想自己曾经成功的经验，从过去的辉煌中找到自信，才能走向成功。

如果会隐身术，你会做什么

一群孩子因飞机失事困在一个荒岛上，开始的时候他们互相帮助，共同面对困难。但是后来，这群孩子分成了文明和野蛮两派。本来善良的孩子在像野蛮人那样在脸上涂满泥巴之后竟然变得残忍、疯狂起来。整个小岛陷入了恐怖之中。

这是戈尔登的小说《蝇王》中的情节。故事引发了心理学家津巴多的思考，他做了一个实验研究匿名对人们心理的影响。他让纽约大学的女生穿上白色衣服，并戴上头罩，整个人被严严实实地包裹起来，然后让她们按键对另一名女性进行电击。另外一些被试不但不隐藏自己，反而把自己的名字贴在身上。结果发现，隐藏自己的人比不隐藏自己的人电击时间长一倍。这种现象叫作“匿名效应”。

这说明隐身和匿名会激发人们的邪恶冲动。在北爱尔兰发生的500例暴力事件中有206例袭击者都戴着面具或头套。他们比没有伪装的袭击者冲击性更强。试想一下，某天一个神仙姐姐教给你隐身术，你会怎么利用这种特长呢？你会搞恶作剧，还是偷看美女，免费吃大餐或者免费搭乘飞机？我想很少有人会想到行侠仗义、劫富济贫。

人们平时交谈时都认为盗版是对原著的侵犯，是不道德的，但是数以亿计的网民匿名下载MP3音乐或电子书时，却不认为这么做不道德。聊天室或论坛中，匿名的人比使用ID的人言论更加激进和敌对。大家都在想，所有人都是如此，我不会因此而受到指责。

匿名的人认为别人看不到自己，即使看到也不知道自己是谁，所以自己是安全的。这就可以解释为什么匿名投票更公平，意见箱里的匿名信更能反映真实的情况。因为匿名不用负责任，减少了心理压力，万一出了问题只要一口咬定不是自己干的就万事大吉了。

所以，不管是隐身还是匿名，人们会更充分表达自己的欲望和意见。

为什么总是等到最后期限完成工作

上学的时候，你是不是平时不努力，期末考试前才“临时抱佛脚”？工作中，你是不是平时不急不忙，直到领导三番五次催促之后才开始抓紧时间，往往到最后一秒钟才搞定所有的事情？人们总是习惯于在最后期限完成任务，心理学家把这种现象叫作“最后通牒效应”。

人们天生就喜欢拖沓。很多心理问题背后都有拖沓的影子，心理学家已经识别出两种基本的拖沓类型：刺激型拖沓和逃避型拖沓。

刺激型拖沓：这种类型的拖沓者声称．我故意把事情拖到最后一秒，我喜欢在压力下工作。压力真的能化为动力吗？心理学家发现，人们在压力下的表现比平时更差。

逃避型拖沓：这种类型的拖沓者擅长逃脱责任，他们看起来比较懒，总能为自己的拖沓行为找到理由——“还有别的事情需要做”“过一会儿再做也来得及”，他们简直是发明借口的天才。他们试图让别人相信他们缺少的是努力，而不是能力。

对于不需要马上完成的任务，人们总是能拖就拖。但是，如果限制了时间，在不能拖的情况下，人们基本上也能完成任务。某教育家做了一项实验：让小学生阅读一篇文章，第一次不规定时间，全班学生平均用了 8 分钟，第二次限时 5 分钟读完，结果全班同学都在 5 分钟之内读完了。

心理学家认为，拖沓的真正原因其实是恐惧。而驱除恐惧唯一的办法就是迎向它，行动起来，尽早完成任务，才能脱离恐惧。外界的强制限制可以纠正拖沓的习惯，如果没有外界的强制，我们可以从以下几个方面改变自己：

1. 领导交代任务后，立即去做，如果不能做，就立刻说出不能做的理由。
2. 把大工作分解成小工作，减轻工作的压力。
3. 列出完成工作的好处，唤起工作的热情。

给自己一些压力，你会做得比预期的更好。

为什么球迷那么在意输赢

每隔四年，就有一场让全世界大部分男人为之疯狂的足球盛会——世界杯。他们聚在电视机前一边喝啤酒一边大喊大叫，彻夜不眠。那些不懂足球的人就会问：“至于吗？不就是 22 个人抢着把一个球踢进对方的球门吗？”

从心理学角度解释，这种对比赛的疯狂，对输赢的执着有很深的渊源。原始时期的某些东西支撑着他们保持一个月的激情，让他们的情绪随着皮质小球而起起落落。原始社会的部落经常遭到野兽和相邻部落的袭击，这让他们懂得了团结合作的重要性。无论是打猎、进攻，还是防御，永远是双拳难敌四手。于是，他们简单地把世界分为“我们”和“他们”，用某种特殊的服装和颜色以示区别。两个部落发生冲突之后，集体荣誉感就会被激发出来，他们为自己的部落欢呼，为自己的部落而战斗，甚至愿意为部落的利益牺牲生命。“我们”的概念被强化了，并且带来自豪感和优越感。如今，世界上大部分地区很少有战争，于是大家通过体育竞赛来体验竞争所带来的刺激。

为什么英国人向来以绅士著称，但是臭名昭著的足球流氓也出在英国呢？因为足球比赛让平时被压抑的情绪爆发出来。他们终于找到了发泄情绪的正当理由。他们一边调侃一边咒骂一边摔酒瓶，同样是获得快感的途径。有人曾经收集赢了球赛后球迷的唾液，然后进行测试，结果发现唾液中的雄性激素水平与平时相比升高许多。这说明足球比赛确实能唤起人类原始的攻击欲望。

为什么球迷会支持某一支球队？心理学家的答案是为了获得归属感。球迷支持的球队获胜之后，他们也能从中获得荣誉感和成就感。心理学家向大学生询问比赛结果时，如果他们支持的球队获胜，他们会说“我们赢了”，而如果他们支持的球队输掉比赛，他们的回答是“他们输了”。

只要释放出原始的激情，输赢又有什么关系呢？

人们为什么喜欢赶时髦

突然，一个人跑了起来。也许是他猛然想起了与情人的约会。不管他想些什么吧，反正他在大街上跑了起来，向东跑去。另一个人也跑了起来，这可能是个兴致勃勃的报童。第三个人，一个有急事的胖胖的绅士，也小跑起来……10 分钟之内，这条大街上所有的人都跑了起来。这是作家詹姆斯·瑟伯对从众心理的形象描写。中国人对这种跟风现象再熟悉不过了。各种风潮让人目不暇接。养生热、国学热、选秀热、相亲热，一波未平，一波又起。

社会心理学家所罗门·阿施做了一个经典的从众实验。研究者给被试一条标准线，然后让被试在另外 3 条线中找到与标准线一样长的线。你很容易看出是线段 2，如果其他几个人都说“线段 2”时，没什么好奇怪的，但是如果前面 5 个实验助手都选择“线段 3”，你一定会问自己“是他们瞎了，还是我瞎了？”实验结果，有 37%的人的回答是从众的。阿施指出“看上去聪明而善良的年轻人更愿意把白说成黑”。

是什么引发了这种从众行为呢？心理学家认为有两个原因：

1. 想被群体接纳，免遭拒绝。

遭到社会拒绝是非常痛苦的，当你站在群体的对立面时，就要承受很大的压力。在一次从众实验中，一位一直坚持自己的选择的被试显得非常沮丧，而且抖得厉害，他要求暂停实验，离开房间。他回来后，研究者问他为什么离开，他回答“去呕吐”。

2. 为了获得更多有价值的信息。

别人的意见会成为有价值的信息来源。尤其是在遇到难以解决的问题时，我们就会想“我不清楚答案，既然大多数人都这样想，可能这是对的。”

面对变幻莫测的世界，我们应该多一份理性，多一份思考，多一份自信，面对各种潮流，不要盲从。

四、透视人类行为的非理性心理

为什么越不想发生的事情却发生了

我们常常会遇到这种情况，越不想发生的事情，却越不可避免地发生了。

当希拉到一家广告公司应聘中层管理人员的职位时，她看起来并不紧张。但现场

被问到一些刁钻的问题时，她承认自己当时表现得很不好。这其中的一个原因是她怕自己会说些不该说的话，比如对面试官的着装或是公司的内部信息评头论足。希拉让自己尽力不去想这些，但是这样反而无法集中注意力。

丹尼尔·魏格纳是哈佛大学的一位心理学家，他倾注了自己大部分心血来研究为什么人极力避免的想法或行为终究还是会发生。当我们尽力避免想到某事时，会承受巨大压力，在压力之下，我们会不自觉地朝着自己极力避免的方向前进。因此，我们很有可能脱口而出自己极力避免说出的话，或者做出自己尽力避免的动作或行为。

出现这种情况时，你该如何是好？冥想也许能帮你学会不要老想着那些你尽力避免的事，让你的心境变得平和。

除此之外，你可以将你想要避免的想法写出来。

生活中，虽然很多事情是无法预料的，也不能避免，但如果你能够以平和的心态对待，找出症结所在，或许问题就能迎刃而解了。

墙上挂的画真的会影响你的一生吗

在一些大型企业老总办公室中，挂什么样的画都是有讲究的。因为墙上挂的画，将持续不断地产生暗示作用——暗示房间的主人能够像画中的这些成功人士一样取得成功。这就是积极的自我暗示所产生的效果。

和其他伟人一样，托马斯·阿尔瓦·爱迪生显然懂得重复性心理暗示的重要性。作为这位发明家百年诞辰庆祝仪式的一部分，他去世时被密封的书桌被打开。在其中找到的众多物品中最显眼的是一张写有传奇人物故事的纸：“当感到沮丧时，就想想约拿！他出来时完全没事儿。”爱迪生生前一定充分思考甚至反复思考了那句话，否则他不会一直把它留着。

作为一个渴望成功的人，你必须学会运用正面的自我暗示进行心理重建。否则的话，过去留在你心中的印象，就会使你在生活的各个方面都陷入一种失败的行为模式。

不同的意识与心态会产生不同的心理暗示，而心理暗示的不同也是形成不同的意识与心态的根源。所以说心态决定命运。人类除了语言，还能使用 70 万种以上的信号来互相交流意识，也就是暗示。暗示是一种语言的或感觉性的提示，它可以唤起一系列的观念或动作，直接谈话可以产生观念的联想。

要经常定期地检视一下别人对自己提出的消极、否定的暗示，不要因为别人提出了具有破坏性的暗示，而受到影响。所以，不管是墙上挂的画也好，还是自我暗示也好，都会给人带来正面或是负面的影响，我们要运用暗示的正面效应为自己的人生增添色彩。

自我暗示如何杀死一个人

卡尔曾找过一个有名的女占卜师，他想要算算未来。这个女占卜师告诉他说他有心脏病，并且预言他下个月初会死。卡尔吃了一惊，但对她的话深信不疑。于是他打电话给家里的每个人，告诉他们这个预言。然后，他去找律师准备遗嘱。随着预言中的第二个月渐渐临近，他越来越害怕。原本活蹦乱跳的一个人，现在却成了个病号。所谓的“大限”那天，他果然发生了致命性的心脏病。他死了，却不知道自己其实是因为恐惧而死的。

因为卡尔相信女占卜师的力量，所以当女占卜师给了他一个消极暗示时，他就立马完全接受了。可以说，置他于死地的，是他自己潜意识中对死亡的恐惧。

要让你的世界发生改变，你就必须先改变自己的内心。对你而言，他人的暗示本身没有任何力量。倘若说这些暗示拥有力量，那么这都是你自己给的。你要是不认同它们，这些则都是在胡说八道。反之，这些观念就会在你的潜意识下发生作用。

因此，要经常反思一下，他人都给了你哪些消极暗示，你是不是很容易就被这些消极的暗示影响。抵制消极潜意识的秘诀就是，让自己的内心富有起来。

人们为什么总是喜欢对着干

我们经常会遇到这种情况：你越是让我做什么，我偏不做；你越是不让我做什么，我偏要做。即使两个陌生人碰面，甲让乙给自己让路，乙要是高兴的话，会很痛快地让开；如果不高兴的话，则会说：“凭什么给你让路啊？这条路是你们家修的？我想站哪就站哪，你管得着吗？”为什么人们总是喜欢对着干呢？

其实，这是人们逆反心理的一种体现。逆反心理是一种常见的心理现象。每个人都有好奇心，因为好奇而想要了解某些事物，当这些事物被禁止时，最容易引起人们强烈的好奇心和求知欲。特别是只作出禁止的命令而又不解释禁止原因的时候，更容易激发人们的逆反心理，使人们更加迫切地想要了解该事物。因此，你越是禁止，对方越是想知道。

逆反心理是人们彼此之间为了维护自尊，而对对方的要求采取相反的态度和言行的一种心理状态。这种现象在青少年人群中是最常见的，其他年龄阶段的人群也会有这种心理。在日常生活中，人们常常通过这种与常理背道而驰的行为，来显示自己的“高明”和“非凡”，来抗拒和摆脱某种约束，来满足自己的好奇心、占有欲。

逆反心理会使人形成一种狭隘的心理定式和偏激的行为习惯，处处与人对着干，使自己变得偏激、固执，无法客观地、准确地认识事物的本来面目，无论何时何地总

是下意识地与常理背道而驰，从而做出错误的选择和决定。

因为逆反心理可以造成这样的心理结果，即你越是制止人们的某种行为，他们越是想要这样去做；如果你坚持采取某种行动，结果却会使对方采取相反的行动。利用这种心理效果，我们可以设下一个小陷阱，刺激对方的逆反心理，使其主动地钻进来，以达到改变人们某种行为的目的。

苏联心理学家普拉图诺夫在《趣味心理学》一书的前言中，特意提醒读者请勿先阅读第八章第五节的故事。大多数读者没有遵守作者的告诫，而是迫不及待地翻看第八章第五节的内容。其实这也是作者的本意，他正是利用人们的逆反心理达到了让人们关注第八章第五节内容的目的。如果他只是在前言中说，第八章的内容很精彩，希望大家仔细阅读，这样反而起不了太大的作用。

《趣味心理学》书影

人们做任何事情都会有自己最初的想法，不希望受到别人的限制。如果要改变他们的行为，我们可以巧妙地利用别人的逆反心理使其改变。我们要善于利用这一点，学会对人们进行善意的规劝和说服，同时也要警惕别人恶意利用逆反心理来激你，使你做出不理智的选择。

为什么销售员越热情人们越反感

对商家来说，顾客是上帝，你必须提供热情的服务。但是，倘若“热情”过度，便会引起消费者的反感。这种看似的“热情”，实则比冷淡还难以令人接受。

每当我们去美容店做美容时，工作人员总会给爱美的女士们极力推荐美容新产品，事实上，这样过度的热情行为不仅不利于消费者做出购买行为，反而会“吓”走消费者。

一个周末的下午，陈小姐没事去超市闲逛，当她到化妆品区时，本想随意看看就放慢了脚步。这时，马上被一个女售货员盯上了，还没等她看货架上的商品，这位女售货员就问道：“您想要点什么？”

陈小姐说：“随便看看。”

“您需要哪方面的？是想买面霜、洗面奶，还是晚霜、粉底液，我们这里应有尽有，要不我帮您介绍一下？”这个女售货员热情地推销道。

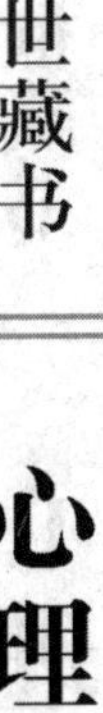

"不用，我先看看再决定。"陈小姐忍住不悦回答道。

"我看您很适合买这款祛斑霜。您只要坚持用半年，保证比现在看起来更年轻。"

一连串的介绍让陈小姐烦死了，于是只好匆匆离去。

相信很多的消费者对这种服务方式都感到厌烦。许多顾客之所以选择在大超市购物而不是去零售店的重要原因，就是希望自己不被别人打扰。如果销售员都像场景中的一样，顾客没有问题还跟在顾客旁边，并且向其推销顾客并不感兴趣的商品。这样只会惹得顾客反感。

更有一些销售员，在对顾客推销某种品牌商品的同时，一味贬低别的品牌的商品，这样会让顾客感觉这样的销售员没有诚信，而且人品也有问题。

某些销售员以为只要对顾客非常热情，顾客就会感动而去购买商品。而恰恰相反，这种热情往往让顾客颇为尴尬。有些顾客迫于压力，看到销售员如此热情，没有办法，只能购买自己并不喜欢的商品。但是他们心里往往非常不舒服，从而决定以后不再来此处购物，以免再被迫买自己不喜欢的商品。

大量事实证明，销售员越是热情，顾客却往往不愿做出购买行为。因此，销售员应提升自己的营销技巧，不要过分热情，也不要过于冷漠，要掌握好度。

为什么会对领导决断有抵触心理

领导与下属是社会关系中常见的一种。领导者对下属实施领导，并按照一定的目标、任务、标准、程序等要求下属做什么、怎么做，并规范下属的行为。二者之间有时难免会发生冲突。

在职场中，为什么下属会对领导的决断产生抵触呢？所谓抵触心理是对事物的压力变化产生的一种抵触心态，使情绪变得非常的暴躁和极度的不稳定。比如你想尽快地完成工作，领导却给你设置了重重障碍，致使你产生抵触心理。

抵触情绪常常以下列三种形式出现：其一，条件限制。某些人不能支持或同意你的提议，是由于某种无法妥协的原因（例如：公司政策、法律原因、合同义务）。其二，找借口。人们会找借口或拖延，是因为不相信你的主意会使他们受益。此时你能做的就是消除他们的疑虑。其三，真正的反对。这种情况是由于缺乏资金或资源，受时间限制等原因造成的。

对领导决断的抵触，其实就是对领导能力以及决断的怀疑。当你在职场碰到能力不如你的领导，心里或多或少会有些不服，对领导的话也不怎么放在心上，对于领导的决策也持反对意见，更不愿意去执行。觉得领导的各种决策都是错的或者觉得领导是在自作聪明，这种肤浅的决策作为下属的你动动脑筋就能做出判断；甚至你觉得这

决策很不可思议，对此感觉很无奈。产生矛盾后，若身边再有人挑唆，下属就会觉得自己的努力领导根本就不会放在眼里，因而做事变得不积极；而领导会觉得，我给他做规划都是为了他可以尽快晋升，他还不领情。双方有了矛盾一般不会当场发作，但会对对方产生不满的心理。

出现抵触心理时，我们应该怎么做呢？

先来了解令下属不满的领导类型：暴躁型：这类上司经常为一点小事发脾气，性格急躁，容易将个人情绪带进办公室；优柔寡断型：你的上司总是朝令夕改，令你措手不及；摆款型：此类上司自恃清高，喜欢摆架子，而且心胸狭窄；管家婆型：这类上司事无巨细，什么都管，表面上他似乎相当开明，鼓励人尽其才，实际上他只是将他下属当工具，他的意见就是命令，你很难获得成就感；不体谅下属型：此类上司做事缺乏责任心，不懂得体谅下属，这一类型也是下属最抵触的。

对于以上几种类型的领导，我们能做的就是熟悉领导的心理特征，与之多沟通交流。不熟悉领导的心理特征，就不能与之进行良好的交流，无法与领导取得共鸣。

即使你受到了极大的委屈，也不要把这些情绪带到工作中，因为这会影响你的工作。

领导和下属要学会换位思考，站到对方的立场去想问题，这样双方的合作就会十分愉快。一旦你真正消除了抵触心理，你就会觉得你们更像是伙伴而不像是上下级。作为伙伴，领导会委托给你更多更重的任务，使你有更广阔的发展空间。

为什么说表扬孩子未必都是好事

表扬，是家长对子女进行教育时常用的手段。表扬的形式很多，例如：肯定、赞许、期待、激励、物质奖励，等等。正确使用表扬，将会收到令人满意的效果，但是，有很多家长却不懂得表扬的方式方法，这样不仅不能使表扬产生积极的作用，反而带来了弊端。

有一位家长对自己上小学六年级的孩子说：“如果你这次考上重点中学，就给你买电脑。”果然，孩子考好了，得以如愿。但是后来的一个学期孩子忙于玩电脑游戏，不做作业，期末考试成绩很不好。这时候，家长才意识到：买电脑来刺激孩子学习的方法欠妥。

这个例子中，该家长单纯以物质奖励来刺激孩子的学习，结果适得其反。因为孩子的心智尚未成熟，很多时候对自己的欲望缺乏自制力，以物质来刺激孩子，可能让孩子形成一种错误的学习动机，即只为了得到物质奖励而学习，这对于孩子长期的发展是不利的。所以，要注意采用“精神奖励为主、物质奖励为辅”的奖励方式。

在表扬的过程中，家长需要注意哪些问题呢？

第一，要营造良好的表扬氛围。表扬如果是在良好的气氛下进行，能增强孩子的荣誉感、责任感、进取心，反之，则收不到好的效果。

第二，应该重视做人方面的表扬。有些家长很重视孩子的学习成绩，一旦孩子考试成绩好，就大大加以赞扬，给予物质奖励。而有的孩子常常助人为乐，却往往得不到家长的表扬。其实，孩子在生活与学习中，只要有了好的表现，就要进行表扬。

第三，表扬方式要多样化。单一的表扬方式，不仅激发不了孩子的学习热情，时间一长，还会引起孩子的厌烦。

第四，表扬要实事求是。孩子的微小进步都值得给予肯定，但表扬时要实事求是。如果家长对孩子微小进步评价过高，就容易使孩子滋长骄傲自满情绪。

第五，表扬要因人而异。表扬时，要视孩子的具体情况而定。如果对于一个成绩原来在下游的同学，那么当他争取到中等的成绩时，家长应该及时给予表扬和鼓励，让他们看到自己的进步，并因此树立信心，再接再厉。如果一味地要求孩子一定要考到前三名，才能得到表扬或奖励，那么可能会影响孩子的学习积极性。

总之，只有了解了孩子的心理需求，投其所需，才能真正收到良好的表扬效果。

为什么逆耳的话要先说

工作和生活中，难免有不小心伤害他人的时候，难免有需要对他人进行批评指责的时候，在这些时候，假若处理不当，就会破坏自己在他人心目中的形象。有些时候，两句话先说哪一句看起来都无妨，可你万万想不到，改变说话的顺序，对别人的心理影响却大不相同，这时，先说逆耳的话，再说表示友好的话，对方往往比较容易接受。

这就是心理学上的冷热水效应。我们不妨来做一个实验：准备三杯水，一杯冷水，一杯热水，还有一杯温水。先将手放在冷水中，再放到温水中，你会感到温水很热；但是如果你先将手放在热水中，再放到温水中，就会感到温水很凉。

同一杯温水，温度并没有发生变化，为什么出现了两种不同的感觉呢？这种奇妙的现象就是冷热水效应。

人际交往中，我们要善于运用这种冷热水效应。

刘女士很少演讲，一次迫不得已得对一群学者、评论家进行演说。她的开场白是：“我是一个普普通通的家庭妇女，说不出什么精彩绝伦的话，因此恳请各位专家见谅……”经她这么一说，听众心中的“秤砣”变小了，许多开始对她持怀疑态度的人，也开始专心听讲了。简单朴实的演讲结束后，台下的学者、评论家们都认为她的演讲很成功，都报以热烈的掌声。

当一个人不能直接端给他人一盆“热水”时，不妨先端给他人一盆“冷水”，再端给他人一盆“温水”。

在谈判中，我们也可以运用冷热水效应，促使对方欣然接受某个条件。

因工作上的需要，经理准备让家居市区的推销员小王去近郊区的分公司工作。在找小王谈话时，经理说：“公司研究，决定让你去担任新的工作。有两个处所，你任选一个。一个是在远郊区的分公司，一个是在近郊区的分公司。”

小王虽然不愿离开已经十分熟悉的市区，但也只好在远郊区和近郊区中选择一个稍好点的——近郊区。这也与经理的想法不谋而合。

在这个事例中，“远郊区”的呈现缩小了小王心中的“秤砣”，从而使小王心甘情愿地去接管近郊区的工作。

当事业出现滑坡的时候，不妨预先把最糟糕的事态委婉地告诉别人，以后即使失败了也还有信誉在，等到时来运转时就可以东山再起了；当要说令人不快的话语时，不妨事先声明，这样就不会引起他人的反感，使他人体会到你的用心良苦。这些运用冷热水效应的举动，实质上就是先通过一二处“伏笔”，使对方心中的“秤砣”变小，如此一来，对方的承受能力就变大了。

为什么我们都有情感偏见

我们已经看到了，人们处理信息会受其情感和偏见的影响。人们会在买了新车之后搜寻更多关于此车型的信息。选择丰田凯美瑞混合动力车之后，人们就会希望了解更多关于此车的信息。很明显，人们并不是想要了解更多他们已经买的车，而是想要寻求证据以确认自己确实做出了正确的选择。

偏颇吸收部分源于我们降低认知不和谐的欲望。我们搜索并相信我们乐于看到的信息，我们避免并排斥令我们心烦的信息。一些谣言很有趣，令人兴奋。也许只是因为一点点兴奋与激动，人们就愿意相信这些谣言。即便谣言令人愤怒，人们也可能因为愤怒而相信它们。当人们普遍愤怒时，情况就变得比较轻松甚至好玩。因为在某种程度上，这种普遍的愤怒一定有特定的背景和根据。另一些谣言是令人心烦的，甚至带有少许恐怖意味，人们倾向于认为这种谣言是虚假的。

有关死刑和同性关系的研究很好地说明了这一点。当人们显示出偏颇吸收时，动机因素通常在起作用。如果人们有动机相信那些与他们的观点相符的谣言，不相信那些与他们的观点相左的谣言，那么这样的研究结果不足为奇。社会科学家曾提出“反证偏向”的信念，即人们会尽力反证与自己最初观点相冲突的论断。如此就很容易理解当我们背后有动机驱使时，为何均衡信息只能强化我们最初的观点了。

但是故事还没有结束。为了看清缺位的内容，让我们假设这个社会由理智的和不理智的两类人组成。这两类人都坚信既有观点。假设理智的人坚信某些观点，如真的发生过大屠杀。假设这些理智的人读到了有关这个问题的均衡信息。

对于理智者来说，那些支持他们最初观点的材料不仅看起来更加可信，那些资料也会为他们提供一些细节，从而强化他们之前的想法。相比之下，那些和他们最初观点相左的材料则显得难以置信、不知所云、居心叵测，甚至有些疯狂。结果是这些理智者的最初观点被进一步强化。借助均衡信息，他们获得了对自己既有观点的新的支持，而全然无视那些颠覆自己最初观点的材料。

当然，在不理智的人身上，我们会看到相反的情况。这些人的最初观点是大屠杀没有发生过。为了了解不理智者为何会这样认为，我们不需要讨论他们的动机。只需要分析均衡信息对他们最初观点的影响。即便理智者和不理智者都没有情绪化地坚持他们的观点，而只是读了有关他们既有观点的均衡信息，他们也会偏颇地处理这些信息。

这种解释有助于我们理解偏颇吸收发生的时间和原因。前提有两个：坚定的既有观点和带偏见的信任。当人们自己的观点不强烈并且两面都信任的时候，他们就会受所读所闻的影响。假如你对纳米科技没有特别的认识，并且你听说这种技术会带来严重危害。假如接下来有人向你提供了均衡信息，证明这种说法是错的。如果你之前没有持任何特别的观点，那么在听到均衡信息之后，你之前相信这种说法的意愿就会被弱化。如果你对支持和反驳这种说法的正反两方面信息都相信，你将不会断定其中一方误导或带有偏见而抵制这些说法。对于大多数谣言来说，大多数人都不会有强烈的既有观点，而且不会只信任一方而不信任另一方。在这种情况下，不同观点最终会趋向真理。人们会听取不同意见并根据听到的意见决定自己的立场。

相反，理智者和不理智者会有选择地相信一些人，而不相信另一些人。当他们读到有关正反两方面信息的资料时，一点也不奇怪他们会接受支持他们自己观点的那部分材料，而忽视反对自己观点的那部分材料。

以下这点很重要。如果你想改变人们的既有观点，最好的做法不是给他们看对手和敌人的信念，而是给他们看那些与他们的立场相近的人的观点。假设作为共和党人的你听到了一则有关民主党官员的令人震惊的谣言。如果民主党否定这则谣言，你可能不为所动；但如果共和党出来辟谣，你也许会重新考虑。一个压制谣言的好方法就是去证明那些本该相信谣言的人实际上并不相信那些谣言。

假设不理智的人认为没有发生过大屠杀。在读了纠正这种说法的相关文章后，这些人可能会有些质疑。第一，这些纠正可能把他们激怒并令他们为自己辩护。果真如

此，就会产生出认知不和谐，从而使这些人坚信自己本来的看法。第二，对于那些不理智的人来说，这种纠正的存在本身就会令他们坚信自己的最初观点。假如没有必要，为何自找麻烦去纠正？也许那些支持纠正说法的人太刻意这么做了，以至于他们的纠正反而证实他们否认的事确实存在。第三，这种纠正也许会让人们的注意力集中在有争议的问题上，而这种集中本身也会强化这些人最初的立场和观点。

很多研究都证明，越是提供给人们一些信息告诉他们不用担心他们认为有危险的事情，他们越会害怕。应该这样解释这个有趣的发现：当注意力集中在风险上时，人们的恐惧程度就会增强，就算他们看到的信息是提醒他们风险会很小的也一样。即便危险不太可能发生，人们也很怕去思考危险。谁也不愿意听到自己未来 5 年有 1% 的可能性会死于心脏病，或者自己的孩子有 1‰的概率会得白血病。所以，也许给人们看纠正虚假说法的报告反而会引起人们对虚假报告的注意，强化人们认为“虚假报告也可能确有其事”的观点。

为什么关键场合会发挥失常

有些名列前茅的学生在高考中屡屡失利，有些实力相当强的运动员在赛场发挥失常……诸如此类的事情屡见不鲜。人们往往把原因归咎于心理素质不好，其实主要原因是失心过重造成的。心理学家把这种情况叫作“詹森效应”，即平时表现良好，但由于缺乏应有的心理素质而导致正式比赛失败的现象。

现代社会是一个到处充满压力的社会，有求学的压力，有家庭的压力，有工作的压力。于是，压力成为人们心灵的羁绊，如果摆脱不了这个压力，那么很难获得成功。

世界上不存在任何没有压力的环境。要求生活中没有压力，就好比幻想在没有摩擦力的地面上行走一样是不可能的，关键在于怎样对待压力。因此，现代人要么学会控制压迫感，要么走向事业的失败。

要想在生活中崭露头角，不被压力压垮，就需要我们把压力变成动力，沉着冷静，才能获得最后的胜利。我们不怕能力上不如别人，怕的是打不垮我们心中的魔鬼。

良好的心理素质在某些关键时刻起着决定性的作用。那么，我们如何避免詹森效应呢？

第一，认清现状，理性面对。要想避免詹森效应，在平时就应当注意矫正这些不正确的想法，养成以平常之心对待生活中的“竞赛”的良好习惯，减少紧张情绪，更好地发挥出自己的水平。

许多带有焦虑、紧张的人经常对自己或对别人说：“我必须不惜一切代价保证成功。”“如果我失败了，我会很丢脸。”“如果发挥得不好，我的前程算是毁了。”这些话纵然能增强我们奋进的决心，但也容易引起焦虑，不利于正常水平的发挥。

第二，平常心对待。要想避免詹森效应，就要平心静气地走出狭隘的患得患失的阴影。不要总是去贪求成功，而是只求正常地发挥自己的水平。人生的“赛场”是高层次水平的较量，同时也往往是心理素质的较量，“狭路相逢勇者胜”，只要树立自信心，一分耕耘必定有一分收获。

为何年轻人总执着于“哥们义气”

什么是“哥们儿义气”？

在更多的情况之下，“哥们儿义气”是一种小团体意识。只要我们是朋友，或者你是我朋友的朋友，就有求必应，不分青红皂白，不计一切后果，为了某个人的利益，为了一个小圈子的利益，有时甚至为了一件微不足道的小事，就大动干戈，互不相让，结果害人害己。

某中学初中三年级的李东，在学校表现良好，成绩名列前五名，品行良好，多次被学校评为三好学生。2005 年 1 月 13 日，14 岁的李东放学后照例与玩得要好的同学在一起玩。其间，两个好朋友说要去抢劫，并打赌说他不敢去。“如果我不去，觉得有点不好。”李东说。于是，按照与朋友的约定，他找来一把砍刀赴约。

翌日凌晨 1 时许，李东与两个朋友来到离学校和家都比较远的一个烟酒店下手。当时，店面已经关门，一个朋友假装买东西将 22 岁的店主从床上叫起来，然后三人同时冲进去，将店主按住，开始抢钱和烟。店主见是三个小毛孩，便拼力反抗，两个朋友叫李东用刀砍。他为了兑现三人的约定和承诺，用刀朝店主一顿乱砍。店主送医院抢救无效死亡。

据了解，那次他们共抢得现金近 300 元，中档烟 20 余条。一个星期后，李东被捉获。李东的犯罪让老师、同学、亲戚和父母惊讶。

李东的遭遇令人惋惜，也让人觉得不可思议：究竟是什么令这位曾经是“三好学生”的少年失去理性，误入歧途？答案显而易见——不分青红皂白地执着于“哥们儿义气”。

心理学研究表明，处于青春期的青少年，随着年龄的增长，视野的开阔，他们对外界事物所持的态度的情感体验也不断丰富起来。这时的青少年十分单纯，喜欢交往，注重友情。在同学的交往中，这种感情是最真挚的。但由于一些同学缺乏正确的道德观念，分不清什么是真正的友谊，甚至把“江湖义气”当成交友的条件，而使自己误入歧途。

那么，真正的友谊与“哥们儿义气”之间的区别在哪里呢？

简单来说，友谊是人与人之间一种真挚且高尚的情感，它建立在志同道合、相互扶持的基础之上，这不仅表现在对方遭遇失败，经受挫折时为其排忧解难，也体现在对方犯错误时及时的指正。而“哥们儿义气”则不同，从心理学上讲，“义气”作为一种狭隘的封建时代观念是情感的产物。情感是人对事物所持的态度化体验。之所以说“哥们儿义气”或“江湖义气”狭隘，是因为它判断是非的标准仅仅局限于几个人或某个小集团的圈子内，以小集团的利益为准绳，带有片面性、主观性，带有强烈的小集团的情感色彩。

总之，“哥们儿义气”是一种盲目的执着的情感。那么，青少年该如何远离“哥们儿义气”的旋涡呢？

首先，要从思想根源着手，问问自己为什么会对“江湖义气”产生兴趣。它是何时左右你的？“哥们儿义气”和我们所提倡的精神文明到底有什么差别？危害在哪里？找到了症结所在，我们才能对症下药，勇敢地向“哥们儿义气”告别。

其次，要积极培养高级情感，取代狭隘的“哥们儿义气”。高级情感如道德感、友谊感、集体感、荣誉感等。这些健康的、向上的情感一旦在你的头脑中占主导地位，那种狭隘的“哥们儿义气”就没有立足之地了。

再次，用理智驾驭自己的情感，做情感的主人。这一点是很重要的。我们之所以会深陷“哥们儿义气”的旋涡，一个重要原因是不理智。做事全凭感情冲动，不管对错，结果往往铸成大错。正确的方法是，遇事应当三思而后行，分清是非黑白，冷静分析自己的行为是否符合道德规范以及法律规范。做事前多想一想，这样，我们才不会因为一时的冲动而被所谓的“哥们儿义气”冲昏头脑，做出疯狂的举动了。

综上所述，年轻人应时刻保持清醒的头脑，分清“哥们儿义气”与友谊的本质区别，认识到“哥们儿义气”的危害所在，并不断提升自我，学会理智地分析是非对错，不盲目地执着于“哥们儿义气”，还友谊一片纯净的天空。

生活中为何有如此多的善变者

有没有发现身边有着这么一类人，他们大都喜欢新鲜，追求新事物，崇尚改变。无论是最新上市的手机、衣物，还是新上映的电影、电视剧等。反正只要是一入他们的眼，是他们所喜欢的东西，他们都想第一时间拥有。他们的思维也不停地处于变化、跳跃中，让人捉摸不透。

回忆一下，你身边的这类人，当有一款心爱的新手机上市时，他们则会幻想着要是哪天自己的手机不小心丢了，这样就可以名正言顺地拥有新手机了。就算他的手机没丢，他也可以找个借口，比如说，她会告诉你，今天失恋了心情不好，我需要换个心情这样才可以忘记那个男人。又比如说，他会这么说，今天老板给我升职了，我要好好犒劳一下自己。在这样顺理成章的逻辑下，手机终于换了。

想一想有没有碰到过这么一些时常改变着自己想法的男男女女，让自己的计划不断地处于变动之中，使自己十分被动?

有一家公司准备在总部举办运动会，分公司的老板积极响应。这个老板是出了名的"善变"。他要求助理全力负责该分公司的运动员选拔、操练及相应会务工作。助理丝毫不敢怠慢，从项目确定，人员报名、选拔，服装定做等，一切有条不紊地进行。一切都好像有条不紊地进行着，到最后一项集体项目广播体操时，这个老板的"善变"终于被彻底激发了。

刚开始，老板要求选拔有服役经历的公司保安做教官。没过两天，他看到职业军人升国旗很帅气，又想把保安换成职业军人。换了教官后，老板异常兴奋，说要自己亲自带领他们训练广播体操。没想到，第三天他又改变主意了，说还是由学校的老师来训练比较专业。风平浪静了一段时间，等到排练进入尾声时，老板又根据自己在电脑上看到的运动会的相关情况，从队形、男女比例、口号等进行了"七十二变"。助理本想着终于结束了，哪知在比赛前的一天晚上，老板下达了一项最新任务：升国旗的几个帅哥之所以帅，是因为他们戴了白手套。结果一大群职工在 8 月的盛夏晚上满大街地找白手套。手套终于买到了，老板又赶紧通知大家第二天一早 6 点到体育场进行赛前排练。第二天一早，排练完毕，老板最后赶来发布了赛前的最后一道指令：所有队员在比赛前一律把白手套放在口袋中，直到列队进场前最后一秒钟才能戴上，这样才有新鲜感，大家不得有误。

这个老板是典型的"善变"者，制订了计划之后，一见到新的东西，受到冲击，便不停地改变自己的决定。助理按照之前吩咐所做的努力都有可能成为无用功。为什么这类人会如此善变呢？为何他们如此容易受到外界的影响而改变自己的想法呢？善变的首要根源是其本身喜欢变化，其思想容易受到影响。

按照"善变"者的思维逻辑，他们做事根本就不需要什么计划，也不喜欢被什么事情约束，抱着"西瓜皮滑到哪里就是哪里"的想法，随性地生活着。

这些人在成长的过程中养成这种"善变"的性格，或许是环境对其思考模式和处事风格产生影响。而日常的生活方式和交往方式也在不断地影响着个人性格的塑造。俗话说"性格决定成败"，意在说明"性格决定思考，思考决定成败"。性格上的善变会使人们的思维跳跃性太强而影响到人们正常的思考过程，也使得别人难以跟上这种人思想的变化脚步。这也是为什么这种类型的人无论在职场上还是生活中，总是让人又爱又恨。

但是，“善变”这种习惯一旦形成就很难改变。“善变”的人几乎每天的生活都处在变动之中。在这种“善变”情绪的左右下，思考会随着情绪的变化而变。当情绪非常低下或高昂时，思考总是表现出某种极端；当情 绪保持稳定的状态时，思考就会变得非常的冷静和理智。情绪能够表达我们当前的思考状态，所以我们应该使我们的情绪保持稳定，这样才保持理性，才能保持自己决定的连贯性和持续性。

认识到情绪对思考的影响，就能够控制由于情绪所导致的思考冲动，也能通过控制情绪控制多变的思维，从而有效地控制多变的性格。

为什么会接受不想接受的事

有时候，我们会觉得很奇怪，为什么自己明明就不喜欢某些人、某些事，但总是无法坚决地拒绝，总是会莫名其妙地接受了原本不想接受的事情。

曾经有人发现了这么一个有趣的现象：越是自尊心强的女人，越容易陷入一个无自尊的陷阱。虽然，她有她的骄傲，但往往她的骄傲总坚持不到最后。

兰是一个自尊心很强的女人，美丽，骄傲。但是最近的生活让她感到越来越郁闷，明明事先为自己设置好底线，之前想好的种种拒绝理由，到了最后却鬼使神差地举了白旗。不喜欢的男人成了自己的男朋友，男朋友让做自己不喜欢做的事最终也做了。不喜欢加班却几乎每天花了 12 个小时在工作上。不喜欢的应酬无法推却，挣扎着去面对。几乎所有不喜欢的生活方式填满了她一天 24 小时的生活。

为何会出现这样的问题，这就要研究下这类女性的心理了。

越是自尊心强的女人，往往越是一脸的冷傲。也许是对自身有着足够的信心，在拒绝对方时也格外显得决绝。男人的求爱，她直接说“不行”；同事的求助，她直接喊“不好”。自尊心越强的女人，越学不会拐弯。自身的好条件，让她们习惯了直来直往。

只是，在喊完一声声的“不行”和“不好”之后，她们的敏感开始发酵了。越是自尊心强的女人，心里都有一份超越常人的敏感，在拒绝了对方之后，她会慢慢静下心想，由己及人，会懊悔自己做得太绝、会自责自己心肠太狠。自尊心强的女人，不仅仅在意自己的自尊，更在意对方的自尊，伤到了谁她都会感到坐立难安，希望弥补一下对方受到的伤害，化解自己的歉意。

于是，只要那些对手们善于攻心术，掌握了这类女性的心理特性，要想改变她的决定绝不是一件难事。在受到拒绝后，只要默默地走开，摆出一副落寞的可怜样，诱发了这类女性的悔意，事情就好办了。只要她们心中开始有了不安，然后经过一段时间的发酵，之前所有的“不行”“不可以”“不好”都会变成肯定的答复。

兰就是这样一个女性，在敏感、悔意、不安的纠结下，不断地接受了自己本来不想接受的事情。日常生活中又有多少人也处于这样相同的状态，不断地延续着自己不想做的事，答应着自己原本不想答应的要求，不停地改变自己的初衷呢？这个数目是难以估计的。

几乎所有的人在面对那些平常不讨人喜欢的人，像不请自来的推销员、令人讨厌的点头之交，或是一些稀奇古怪的组织的代表的时候，如果他们一开始就要求我们买下产品，帮助他们或者接受他们的邀请之类的，人们一般不会答应他们，会选择各种各样的借口尽量拒绝。但是，只要他们换种做法，在提出请求之前提供一个小小的人们难以拒绝的礼物，那么，大部分人就极有可能答应他们，即使有时是违背自己的意愿。

在先得到别人的好处之后，人们就会感到对别人说“不”会让自己有负罪感，会显得自己很自私，这么做会令请求者觉得很失望。你感到自己有负罪感，所以自己之前坚持的拒绝习惯就开始改变了。在这种场合，有些人可能会觉得除了答应之外，已经别无选择了。

显然，你缺少在适当的场合以适当的方式对他人说“不”的能力，这使得你很容易轻易改变自己的想法。如果你不懂得如何拒绝别人，别人自然会轻易支使你去做他（她）想要你做的事。优柔寡断的性格让你很轻易地受到操纵高手的控制。

为什么多动脑筋就可以改变他人的决定

在决策过程中，一些影响我们思想和行为的因素常常被我们忽视，因为它们十分隐蔽。有时候，可能只是简单的一个笑话、简短的一段音乐或者报纸上的新闻标题。事实上，要改变一个人的思维模式、感觉和行为方式并不需要大费周折，只需动一下小脑筋。

在一项研究中，法国餐厅的服务生被要求在给客人呈上账单的同时附上一张卡片。卡片的内容一半是当地一家夜总会的广告，另一半则是一则小笑话：一个爱斯基摩人已经在电影院门口等了许久，可依然看不到女朋友的身影。此时，外面已经变得越来越冷了。又过了一会儿，这个打着哆嗦的爱斯基摩人开始恼火起来，并从大衣里面拿出了一个温度计。接下来他大声说道：“如果她在气温降到15。之前还不出现，我可就真走了！”

那些看到这个笑话的顾客都给逗乐了，更重要的是，他们在给付小费时也变得慷慨多了。

也许我们会认为小费的多少取决于餐厅所提供的食物、饮料和服务的质量，但在对全球范围内的酒吧和餐厅内进行的研究显示，真正能够决定小费多少的是一些隐性因素。心情好坏在其中起着重要的作用。如果用餐者的心情非常愉悦，通常给的小费也比较可观。

研究人员已经反复衡量过心情和小费之间的关系。当外面阳光明媚时，甚至当服务生告诉他们外面阳光明媚时，人们都会给较多的小费。如果服务生在账单底部画上一个笑脸或者写上一句“谢谢您”，或者面对顾客时露出明显的笑容，他们都会得到更多的小费。其他一些研究还发现，如果服务生以名字而非姓氏介绍自己或者称呼客人，小费的数额也会大幅攀升。

此外，触摸的力量也不容忽视。在一篇名为《点金术：轻微触摸对餐厅小费的影响》的文章中，艾普瑞尔·克拉斯克解释说，她对两名女服务员进行了培训，教她们在给客人呈上账单的时候触摸客人的手掌或肩膀 1.5 秒钟。结果显示，与没有任何身体接触的情况相比，这两种短暂的触摸都会让客人多付一些小费。相对而言，轻触手掌的效果要比轻拍肩膀更好一些。

20 世纪 90 年代，得克萨斯科技大学的研究人员查尔斯·阿雷尼和大卫·基姆在市区的一家酒品专卖店有计划地改变所播放的音乐。半数的顾客听到的是古典音乐，比如莫扎特、门德尔松和肖邦的曲子；还有半数的顾客听到的是流行音乐。研究人员把自己乔装成了清点存货的店内助理，借此观察顾客的各种行为，比如他们从酒架上拿下了多少瓶酒、是否阅读酒品的标签，更重要的是，他们最终买了多少瓶酒。

观察的结果令人印象深刻。播放的音乐类型并不会影响人们在酒窖里停留的时间，也不会影响人们从酒架上所取下酒品的数量，甚至不会影响人们购买酒品的数量，但的确会影响顾客对酒品的价格的选择。当播放古典音乐时，人们所选酒品的价格平均要比播放流行音乐时高出三倍。研究人员相信，听到古典音乐会让人们下意识地感觉自己变得高尚起来，从而促使他们去选购更为昂贵的酒品。

这些研究无不证明一个道理：我们的决策总会受外部各种因素的影响。它们在我们善未察觉时，已改变着我们的思维习惯和行为方式。

为什么酒吧的光线都很昏暗

酒吧中刺激的音乐，昏暗的灯光对追求新鲜、刺激的年轻人来说，有很大的吸引力。以新新人类自居的酷男辣妹，对于“泡吧”更是情有独钟。

为什么在酒吧昏暗的灯光下，人们不感觉到沉重和压抑呢？因为昏暗的环境可以阻隔别人的视线，因而人们可以安心地饮酒作乐。心理学家曾做过一个实验，目的是调查在明亮和昏暗的房间中男女的行为会有什么不同。结果显示，在昏暗的房间中，男女身体紧密接触，亲密感激增。也就是说，昏暗的环境可以使男女之间变得非常亲密。

在疯狂的音乐和主持人充满鼓动的呐喊下，昏暗迷离的灯光让空气中充满了暧昧，可以促进男女之间的亲密感。

心理学的实验表明，在光线暗的地方，因减少了戒备而增加了亲近感，便于双方沟通。同时，在黑暗中，对方难以看清自己的表情，也容易产生一种安全感。

当我们想与他人建立一种亲密关系的时候，就应尽量请他们到酒吧去。在酒吧里，座椅之间的距离都比较近，比较容易进入彼此的私人空间。如果长时间待在对方的私人空间中，男女双方更容易产生恋情。

为什么保险柜多为黑色

生活，五颜六色的色彩无疑给了我们绚丽、缤纷的感觉。人们在选择物品的颜色时往往根据自己的喜欢和第一感觉，不同的色彩给我们感觉也不相同。

有的颜色看起来使人感觉物体轻，而有的颜色看起来使人感觉物体重。例如，当我们在商场专柜看到两个款式一样的白色柜子与黄色柜子时，我们会觉得黄色的那个柜子比白色的柜子要重。

此外，即使是相同的颜色，色彩明亮程度低的颜色比明度高的颜色感觉重。例如，红色的物品就比粉色的物品看上去重，橘红色物体就比浅黄色物体看上去更重。色彩鲜艳程度低的颜色也比彩度高的颜色感觉更重。例如，同是红色系，但栗色就要比大红色感觉重。

色彩学研究者通过大量的实验分析认为，越是给人色彩深的颜色给人的感觉就越重。当我们拿一个蓝色箱子与黄色箱子相比时，蓝色箱子看上去更重。而与蓝色箱子相比，黑色箱子看上去更笨重。那么不同的颜色给人感觉到的重量差到底有多大呢？

研究人员通过实验对颜色与重量感进行了研究。结果表明色彩最重的黑色与色彩最轻的白色的相同物体相比，前者看上去要重 1.8 倍。相同的色彩给人的感觉也会随着周围环境以及自身状态的不同而产生差异。

例如，傍晚下班时，我们虽然背着和早晨一样的皮包，却感觉格外沉重。这就是工作了一天后感觉疲惫的后果吧！如果早晨去上班就感觉皮包很沉重的话，那你可要注意休息了。为了让自己感觉更轻松，可以换颜色浅一些、鲜艳一些的皮包，比如白色皮包。

我们冬天穿着西装时，会感觉比其他季节重。除了穿得比较多之外，也是因为冬天西装的颜色比较深，而较深的颜色也会让我们感觉重的缘故。

当然，不同的色彩给人的轻重只是一种主观的感觉，正是人们的这种感受，直接

影响了色彩在生活中的使用。

冯烨和女朋友在一起好几年了，最近两人把结婚的事情提到了日程。为此，他和女朋友把所有的积蓄都拿出来，购买了一套房子。为了给自己创造一个舒适、温馨的私人空间，他们决定好好装修一下。

冯烨以简单、大气为由要求将墙刷成白色的，而他的女朋友则以追求温馨、浪漫为由要求将墙刷成蓝色。

无奈之下，冯烨的女朋友提了一个建议，卧室和客厅刷成白色的，书房刷成蓝色的，因为蓝色有"海洋"之寓意，书房刷成蓝色意指在"在蓝色的海洋求索知识"。

听女朋友说得头头是道，冯烨同意了女朋友的想法。最终他们把书房的墙壁刷成了蓝色。一切装修就绪，两人入住后却发现，他们很少坐在书房看书学习，更多的时候是在客厅卧室。他们说不清楚为什么？总之，他们的书房使用价值并不大。

有一次，一个朋友来家里玩，参观了书房无意说了一句："你的蓝色的书房让人感觉沉重，不如客厅舒服。"冯烨这时才明白，他们之所以不在书房看书，就是这个颜色惹的祸。于是，他只得又让人把书房的墙壁颜色换成了白色。

冯烨的书房装修好后使用价值之所以不大，就是因为蓝色的房间与白色的房间相比，让人感觉压抑。的确，由于色彩与重量的关系，室内装修尤其重视颜色的选择。

一般来说，天花板采用明快的颜色，然后从墙面到床再到地板采用逐渐加深的颜色，可以制造出一种稳定感，使人感觉安全和安心。这么做的原因归根究底还是因为，在人们的感觉中颜色也有重量。

在现实生活中，我们发现不管是公司中的大型保险柜，还是影视剧中出现的巨型保险柜，大多是黑色的，这也与颜色给人的心理重量有关。

为了防止被盗，保险柜都设计为无法轻易破坏的构造，还必须尽可能地加大它的重量，使之无法轻易搬动。然而，为保险柜增加物理重量是有极限的，于是便给它涂上了让人心理上感觉沉重的深色，使人产生无法搬动的感觉。白色和黑色在心理上可以产生接近两倍的重量差，因而使用黑色可以大大增加保险柜的心理重量，从而有效防止被盗的发生。

总之，不同的色彩给人不同的心理重量，我们要合理使用颜色，让人心理更舒服，给生活带来积极的作用。

为什么愿意免费做义工，给补贴却不愿意做了

每当有大型活动，像什么奥运会、亚运会等，总少不了志愿者的身影。志愿者或者义工，他们致力于免费、无偿地为社会贡献自己的力量，被称为新时代的"雷锋"。

这些人要么是为了锻炼自己的社交能力，要么是为了结交新朋友，要么是为了报答社会。无论是出于什么考虑，反正就是不和金钱沾上一丁点关系。我们最不能容忍的就是，自己的义务劳动被明码标价了。为什么我们不愿意在获得心理满足的同时，又获得一定的报酬呢？为什么当志愿活动成了兼职，我们的积极性就会下降，甚至于不愿继续做了？当我们的志愿活动被明码标价的时候我们更会被彻底激怒，这是怎么回事呢？

这是因为我们分别遵守了两条截然相反的行为规范准则，一条是由社会规范主导，一条则由市场来规范。

社会规范是人们社会行为的规矩，社会活动的准则；是人类为了社会共同生活的需要，在社会互动过程中衍生出来，相习成风，约定俗成，或者由人们共同制定并明确施行的。其本质是对社会关系的反映，是社会关系的具体化。社会规范包括人与人之间互相的友好请求。你能帮我搬家吗？你能帮我修水管吗？社会规范一般是友好的。我们可以帮邻居搬沙发，帮助了别人，我们除了得到一句道谢或者给人留下一个“好人”的形象外，不会捞到任何物质上的“好处”。

市场规范所统治的商业化行为则完全相反。人与人之间的所有行为都被定性为市场化行为，里面不再存在情感，而且界限十分清楚。这里的交换是黑白分明的：工资、价格、租金、利息以及成本和赢利。当达成约定时，我们就得按照白纸黑字的协议执行。这时，我们就不是帮忙搬家了，而是用劳动去换取报酬，一定得让顾客称心如意，与此同时他人就得及时付款。

志愿活动更多只是帮帮忙，力所能及地帮助他人，这是社会规范守则主导的。当我们被告知我们的行为有丰厚的报酬，我们的行为就变了性质，这无疑是与崇高的志愿精神相抵触的。当我们的社会规范意愿被商业侵犯的时候，行为的市场属性无形中打击了我们的积极性。当社会规范被市场规范所取代，便产生了另一个矛盾。我们往往认为志愿者的劳动是无价的，就算再多的报酬也被认为是配不上个人的付出的，明码标价是对义务劳动的侮辱。

但这种关系未必是邪恶与卑俗的——事实上，它同时也包括了自立、创新以及个人主义，只是放错了位置。如果我们处在由市场规范行为守则的世界里，按劳取酬——它从来就是理所当然的。

行为规范守则的错位，导演着这种怪诞的心理。社会规范下，我们干活赚钱不高兴，这不是因为我们犯贱，而是因为用错了行为守则去看待问题。市场规范下，我们白干活不仅会不高兴，还会演变为劳资纠纷。行为规范守则就像是我们学生时代遵守的《日常行为规范守则》，小学的不能与大学的混用。持有不同规范守则，就会有迥异

的心理反应，它们是不可调和的，却可以互相制衡，互相转变。

为何我们的请求常常事不过三

我们同时生活在社会规范和市场规范两个世界里，这一事实还从很多方面关系到我们的生活。我们都不时地需要有人帮我们搬搬东西，替我们照看几个小时的孩子，或者在我们出城时替我们收一下邮件。怎样才能更好地激励朋友和邻居帮助我们？付钱吗？有的时候，如果处理不当，存在着把关系推向市场交换领域的危险。

或许我们可以思考以下几种方式：请朋友帮忙搬一件大家具或者几个箱子是可以的，但请他帮忙搬一大堆箱子或家具就不可以，特别是我们让他做着和我们花钱雇来的人干一样的活儿。同样地，请我们的邻居在我们度假的时候收邮件是可以的，但是我们让他花同样时间为我们免费起草文件，那就不可以了。

当我们有求于人时，一来一往的过程就会形成社会规范的心理领域。但如果我们一而再、再而三地利用建立的社会规范得寸进尺地要求更多时，无论是再铁的哥们的情感性社会规范也是会轻易瓦解的，正如我们俗语说的一样，亲兄弟明算账。

社会规范和市场规范的微妙平衡不仅表现在人与人之间的关系，在商界也很明显。比如一些公司试图把自己推销成顾客在社会交换领域的同伴，也就是说，他们想让大家认为他们和我们同属一个大家庭，起码是朋友，是一条船上的旅客。

全家（Family Mart）作为亚洲最大的两所便利店之一，以“服务力 N0.1”自我要求，用认真、负责、诚恳的态度，让自己成为顾客最想接近的人，提供让顾客觉得有趣的事，提供顾客喜爱的商品和服务，让每一家全家便利店都能使顾客感受到最满足、亲近及舒适的优质服务。

他们提出“全家就是你家”的服务口号。

“全家”便利店所做的努力，全都是为了让“全家”成为顾客最想要亲近的所在。

如果顾客和公司成了一家人，公司会从几方面获利，其中最大的是使顾客忠诚。轻微的损害，搞错账单等会得到宽容。彼此关系总是有起有落，但总体上还是相当有好处的。不过如果双方都以为从此就可以一而再再而三，那就大错特错了。尽管公司方面在营销和广告上倾注了数十亿美元来打造社会性关系，起码是制造一种社会性关系的印象，但它们似乎不懂社会性关系的本质，特别是它的风险。

假如一位顾客要求退货怎么办？如果双方关系在市场规范内，那么可以协商解决，但是总不是每一笔货物出了问题都可以退换。生意归生意，由此就会引起各种利益冲突。尽管大家都还在社会规范内，但一大笔的钱财损失，不是经理出面调解就可以结束纷争的。没能达成共赢的协商，最终会损害双方关系。消费者会把它当作个人恩怨，他们会气冲冲地离开，连续几个小时向亲朋好友抱怨这家公司多么差劲。为什么会出现这样的情况呢？

主要是这种情况就跟事不过三的请求一样，说到底，这种关系是在社会规范交换的框架之内，不管商家提供多少精美礼品，打出多少贴心的标语，做出多少友好的表示，只要有一次违反社会交换原则就会使消费者又回到市场交换领域。

五、你不知道的心理学悖论

生气也有好处吗

想象一下愤怒时候的场景，面红耳赤，怒目圆睁，胸腔好像有一团火要往外喷，当然，怒火喷出去的时候，你自己也被烧伤。愤怒是负面情绪，经常发脾气不但会损害人际关系，而且对身体健康也不利。如果有人生气了，人们都会劝他赶紧消消气。然而，美国詹尼弗·莱纳通过试验得出了一项令人惊讶的研究成果——愤怒也有好处，适当生气有助于激活大脑左侧的特定区域，促使人们产生心理动力，从而更加努力地追求预定目标，并体验到满足感。

莱纳进行了一项变态实验，被试是加利福尼亚大学的 92 名学生。他让学生站在摄像机前数数，从 6233 开始，以每次递减 13 的方式倒数，数错了就要从头再来。莱纳还时常责骂他们数得不够快。

摄像机拍下了学生们在数数时的面部表情，莱纳还测量了学生们的血压和荷尔蒙的分泌。结果发现，那些血压更高、荷尔蒙水平也更高的学生，其面部表情也更为愤怒。莱纳由此得出结论，愤怒能激发人的斗志，在面对危险和困难时他们可能表现得更为坚强。

人们常说的“激将法”就是这个道理。比如，你想让朋友做一件事，最后加一句“你不会连这点小事都做不到吧！”也许朋友本来不想答应，但是为了维护尊严，也会尽力做到。

生气的积极性也可以解释进化论中人们的行为。当远古时代，人们会把食物匮乏带来的愤怒转变为获取食物的动力，从而生存下来。《道德经》里有“哀兵必胜”的说法，意思是在战争中，越是悲愤的一方越有可能取胜。相反，没有愤怒情绪的人可能就会饿肚子，在战争中打败仗。

“适度”的生气才有积极的作用，如果“恼羞成怒”，就会丧失理智伤害他人，后果就不堪设想了。

为什么天才小时候都很笨

爱因斯坦：4 岁说话，7 岁才会认字。

爱迪生：上学的时候老师总是嫌他笨。

牛顿：小时候数学很差。

丘吉尔：没有通过六年级考试。

为什么这些名人小时候那么笨，长大后却牛气冲天呢？你是否也遇到一些低年级时学习很差，到高年级突然窜到前几名的同学呢？美国心理学家发现，聪明孩子的大脑要比普通孩子发育迟缓。

心理学家对三百多位 5 岁的儿童进行了跟踪研究，每两年对他们的大脑进行一次核磁共振成像扫描。按智商将其分成 3 组，智商在 121~145 之间的为超级智商，109~120 的为高智商，83~108 之间的为普通智商。

研究发现，普通智商的儿童在 8 岁左右，大脑皮层发育到顶点，此后就开始走下坡路了。超级智商儿童的大脑皮层在 6 岁时还没有普通智商的儿童的大脑皮层厚，但此后就会迅速增厚，后来者居上，在十二三岁时达到顶峰。这个过程有点像龟兔赛跑，乌龟虽然爬得慢，但是一直坚持爬，反而超过了兔子。

我们平时思考问题主要就靠大脑皮层，大脑皮层越厚，人越聪明。研究者菲利普·肖认为，大脑皮层增厚的时间越长，思维能力就发育得越充分。天才儿童大脑皮层迅速增厚，可能与环境变化有关。丰富的社交和语言环境，都会让大脑皮层发育加快。

如果你遇到一个很笨的小孩，千万不要小看他，也许他会成为第二个爱因斯坦。相反，一个小孩小时候很聪明，也不要妄下断言，他有可能是第二个仲永。

可见，“三岁看大，七岁看老”的说法并不正确。

为什么越等不到的公交车越要等下去

某天，你在公交站等车，心里暗自盘算，顶多等半小时就能回家了。10 分钟过去了，车还没有来，你有些着急了，但是安慰自己“说不定马上就来车了”。于是继续等下去，又等了 10 分钟，车还是没有来，你开始后悔了，但是转念一想“既然已经等了 20 分钟，这时候打退堂鼓太可惜了”。在你望眼欲穿的时候，车终于来了。虽然车上人很多，几乎没有“立锥之地”，你还是无奈地选择上车了。

经济学上有一个名词叫“沉没成本”（Sunk Cost），意思是投入的成本越高，越容易让人深陷其中难以脱身。在公交站等的 20 分钟就是你的沉没成本。因为不甘心而继续等下去。这种错误的选择被称为“沉没成本谬误”。

痴情的小伙子追求心爱的姑娘，往往会被沉没成本牵制。泡妞的过程中难免要请她吃饭、看电影，送给她鲜花和礼物。小伙子投入的时间、金钱和情感越多，就越难以自拔。付出之后当然希望有所回报，成本沉没之后自然不甘心。股民炒股和赌徒赌钱也是这个道理，赔了一些钱之后，不肯罢手，结果赔得越来越多。其实，这是非理智的行为。

一个乡下老人到城里看望儿子，儿子给他买了一双鞋。在回家的火车上，老人得意地向邻座展示这双新鞋，结果不小心，一只鞋掉在窗外了。邻座的人正准备安慰他，没想到，老人把另一只鞋也扔到了窗外。旁边的人大惑不解，老人解释说："这只鞋对我来说已经没用了，如果有人经过铁路，他就可以捡到一双鞋了。"这个乡下老人是明智的，他摆脱了沉没成本对自己的制约。如果他一直抱着另一只鞋不放，就会被悔恨、愧疚、自责等情绪占据。

理智对待沉没成本，该放手时就放手，否则沉没的成本就会越来越多。

因为悲伤而哭泣，还是因为哭泣而悲伤

先有悲伤情绪，还是先流泪哭泣？这个问题类似先有鸡还是先有蛋的问题，似乎是一个无解的谜题。

也许你会说，当然是伤心的时候才会哭啦。这是大多数人的看法。但是，美国心理学家詹姆斯不这样认为，他提出，人不是因为悲伤才哭泣，而是因为哭泣才悲伤，情绪只是对生理变化的直觉，"哭泣"这种生理反应引起悲伤这种情绪反应。真的是这样吗？生理反应确实会对情绪有影响，但是这个理论有漏洞。比如有时我们感到悲伤，但是并没有流泪，有时我们流泪却并不悲伤。有些药物可以引起生理反应，令人流泪，但是却不会引起情绪变化。

后来，坎农和巴德两位心理学家把两种观点中和了一下，他们认为情绪体验和生理变化是同时发生的，它们都受到丘脑的控制。情绪的生理反应（哭泣）与对情绪的认知（悲伤）其实是互相作用的，因为对某件事情感到了悲伤所以哭泣，而哭泣又会让你切实感受到悲伤。

心理专家研究发现，眼泪能把体内积蓄的导致忧郁的化学物质清除掉，因此人在痛哭之后会感到畅快很多。相反，如果不能利用眼泪把情绪压力消除掉，会影响身体健康。需要注意的是，哭泣不宜超过 15 分钟，因为哭泣时间过长，会导致胃的运动减慢，食欲下降，甚至会引发胃部疾病。

人在悲伤时压抑着情绪不流泪相当于"慢性自杀"。调查表明，长期不流泪的人的患病概率比流泪的人高出一倍。胃溃疡病和精神分裂症患者中，长期不哭的男性占了

多数。

适当的哭泣有助于宣泄悲伤情绪，当你停止哭泣的时候，悲伤感也就渐渐消失了。

为什么会“喜极而泣”

运动员获得冠军之后，一边挥动鲜花，一边亲吻金牌，虽然脸上洋溢着笑容，眼睛里却闪烁着泪光。一个恨嫁的姑娘如愿以偿地穿上婚纱，同样会因为过于高兴而流下幸福的眼泪。这就是人们常说的“喜极而泣”。为什么人们在高兴的时候也会哭泣呢？

心理学家认为，欢笑和哭泣是两个类似的心理反应。在非常激动、非常兴奋的时候，人们就会欢笑或哭泣。通常情况下，高兴的时候欢笑，悲伤的时候哭泣，但是极度高兴的时候也会引发哭泣。情绪波动会使自律神经受到刺激，使人进入兴奋状态，从而引起流泪的现象。

喜极而泣也分很多种。有时我们听到一个幽默的笑话，就会情不自禁地大笑起来，笑到肚子疼的时候，眼角往往会流出泪水。有时因为得到特别的关心和爱护，或者听到贴心的话，就会感动得流下眼泪。

与男性相比，女性更容易哭泣。这是因为男女感情构造的差异所造成的，并不能说明女人比较脆弱。女人的泪腺比男人发达，因为她们的大脑对情绪反应比较敏感。对男人来说，在别人面前流泪是示弱的表现，会让别人动起攻击他的念头。对女人来说，哭泣是信任的表现，可以赢得别人的同情和保护。

人为什么要流眼泪？流泪对于人体有什么作用呢？这个问题看似简单，却是长期以来使研究者们深感困惑的难题。美国明尼苏达大学心理学家威廉·佛莱从心理学和生物化学的角度，对流泪行为进行了比较全面的研究。他认为流泪是一种排泄行为，可以排泄毒素，使流泪者恢复心理和生理上的平衡。

海豹、海獭等海洋动物会流泪表达情感，在陆地上，人类是唯一会因情绪以及为了操纵别人的情绪而哭的动物。哭泣会刺激一种叫作催产素的荷尔蒙，而催产素会让人产生被拥抱的欲望。想要别人安慰或拥抱时，哭泣是非常明显的信号。

遇到高兴的事可以“喜极而泣”，切莫“乐极生悲”。

打哈欠为什么会传染

在开会的时候，一旦有人打哈欠，其他人就像连锁反应一样，一个接一个地打哈欠，是他们厌倦了开会吗？是他们太疲劳了吗？也许都不是。

英国认知神经科学家莫里森通过对磁共振造影影像的研究，发现打哈欠时的脑部活动区和表示同情时的脑活动区域是一致的。这说明，那些看到别人打哈欠就情不自禁地张大嘴的人同情心比较强，很容易对别人的情感产生共鸣。哈欠最容易传染的人群是那种别人被开水烫到，他也会跟着喊"哎哟"的人。这说明传染性打呵欠是一种社会交流方式。

瑞士一名心理学家从打哈欠传染联想到失眠疗法。他制造了一种"安眠像"，一尊正在打哈欠的半身人头塑像，一副昏昏欲睡的样子。他认为失眠的人看到这尊雕像，很快就会哈欠连天，酣然入睡。

一次打哈欠的时间大约为 6 秒钟，在这期间人会闭目塞听，全身神经、肌肉得到完全松弛。有人认为打哈欠是大脑缺氧的表现，人体通过哈欠的深呼吸运动使血液中增加氧气，排出更多的二氧化碳。打哈欠使人在生理上和心理上得到最好的休息，对人体具有重要的生理保护作用。

几乎所有动物都会打哈欠，但是只有人类、黑猩猩和一些猴子打哈欠会传染。由此研究人员又得出"传染性哈欠"是人类在进化过程中获得的一种保护机制，为的是使人类整个群体保持清醒和警惕。因为打哈欠时吸入大量空气，血液温度随之下降，大脑在低温血液的刺激下能够保持清醒的状态和良好的运作功能。

纽约州立大学的心理学教授对 50 名学生进行观察。在实验过程中，这些学生连续几个小时观看一群男女在打哈欠的录像，有一部分学生在看录像的同时冷敷前额（让大脑血液保持低温）。研究人员记录下他们受感染而打哈欠的次数。结果显示，那些冷敷前额的学生没有人打哈欠。可见，打哈欠的目的确实是让大脑保持清醒。

这种传染性哈欠可以让我们保持清醒。

越小心越会出差错

"空中飞人"瓦伦达擅长高空走钢索，他有很多精彩的演出。有一次，很多政要和媒体都来见证他的表演，他却发挥失常，从高空坠落身亡。事后，他的妻子说："我就知道这次一定会出事，因为他上场前不停地说，只许成功，不能失败，而以前每次成功的表演，他只专注于走钢丝这件事，而不去管这件事可能带来什么。"

因此心理学家把这种患得患失的心态命名为"瓦伦达效应"。美国斯坦福大学的一项研究再次证明了这个效应。一个射击手开枪前一再告诫自己"不要打偏"时，他的大脑里就会出现"子弹打偏"的情景，而结果往往会打偏。看似事与愿违，其实是"心想事成"。因为人的大脑里的某一图像会像实际情况那样刺激人的神经系统。

你关注什么就会得到什么，不管你要还是不要！做事的时候，思前想后，担心不好的结果，这是很多人的通病。事情的结果往往同他们所预料的那样不尽如人意。平常心是道，得失随缘。如果我们太在乎事情所带来的后果，或者太在乎别人的闲言碎语的时候，恰恰忽略了事情本身。结果，必然离成功越来越远。

一个人的成就动机越强烈，反而会忽视具体行动的实施过程，造成注意力的分散，不能集中于当前任务的完成。为什么有些学生平时成绩很好，高考的时候却发挥失常，名落孙山？一个重要的原因是他们过于在意考试的结果，紧张的心情使他们无法把注意力集中在考题上。

不管做什么事，我们都要有一颗平常心。把心态放平稳，专注于手头的工作，不受其他因素干扰，反而能够取得成功。相反，如果动机太强，给自己压力太大，一心想名扬天下或者赚大钱，就有可能产生瓦伦达效应。

工作和学习时，最重要的是把注意力集中在过程本身，而不是过多注意结果和别人的评价。

越想忘记的事越忘不掉

当我说“不要想白熊”，你的大脑里闪过了什么？我想一定会出现一个白熊的形象，然后试图将白熊的形象删除。本来你没想白熊，我不让你想白熊，你却开始想了。

这种现象在心理学上叫作“思维抑制”。心理学家丹尼尔·文格纳对此进行了研究，他要求被试在第一个 5 分钟里不要想象白色的熊，在此期间他会不断提醒被试“不要想白熊”。在下一个 5 分钟要求被试想象白色的熊。在整个实验中，每当被试想到白熊，就按铃报告。结果，前 5 分钟被试想到白熊的次数是后 5 分钟的两倍。这说明努力压制某种想法会导致这种想法更为强烈的“报复”。

说起来，在这一点上我们的大脑有点笨。我们必须先在大脑里形成一个印象，才有可能去否定它。也就是说，我们看到或听到一句话的时候，首先把重点放在“宾语”上，然后才会关注“不”这个否定词。越是告诉自己不去想某人某事，其实是提醒自己去想这个人或这件事。这种现象被称为“后抑制反弹效应”。

生活中的一些小事还比较容易忘记，但是融入情感波动的记忆事件就太难忘记了。比如，考试不及格被家长骂或者工作中出现差错被领导批评。要想刻意忘掉这些事，首先要从精神上将与事件相关的信息完全隔离开来。然而，记忆中的情感因素往往会破坏这一过程。一旦人们要刻意忘却这些记忆，情感因素就会使它突显出来，因而更加难忘。

正是由于这个原因，你越是想忘记初恋情人，他（她）越是在你的脑海中挥之不去。要想真正地忘记一个人，首先扔掉生活中与他有关的东西，以免睹物思人，然后转移注意力。

时间才是让人遗忘的良药，任何事都经不起时间的洗刷。

抑郁症不一定是坏事

随着生活压力增大，“郁闷”成了越来越多人的口头禅，不少都市白领在不知不觉中患上了抑郁症。抑郁症并不可怕，统计数字显示，1/4 的人在人生不同阶段经历过抑郁时期，5%的人正处于抑郁中。

美国纽约大学教授韦克菲尔德说：抑郁是有好处的，可以帮助人们从错误中吸取经验，让人变得更坚强，更有能力接受生活挑战并最终取得成功。因此不要轻易选择药物舒缓情绪，药物虽然能让你暂时摆脱抑郁情绪，但是就像麻醉能让人暂时摆脱疼痛一样，它会让你忽视问题的存在，让你无法学会接受生活中的“阴暗面”，无法获得成熟和进步。

抑郁情绪可以让我们暂时脱离正常的生活轨道，重新审视自己的人生，检查自己有哪些不好的生活习惯，帮助人们改正曾经犯下的错误。

负面情绪其实是平衡精神健康重要的一环，也是人类与生俱来的本性。有不少历史伟人就曾经饱受抑郁情绪的困扰。二战时的英国首相丘吉尔、美国总统林肯、科学家牛顿，还有音乐大师贝多芬。他们之所以能成就非凡，可能与抑郁症有关。

都市白领患抑郁症，主要是因为“鸭梨太大”。房子、车子、妻子像三座大山压得他们无处可逃，所谓“物极必反”，严重的抑郁情绪却给了他们一个喘息的机会。抑郁让他们无法正常思考，不得不停下来休息、放松、反省。

情绪低落的人往往能表现出很强的创造力。比如，某人因为工作失误被上司批了一顿，这件事让他很不爽，但是反思这件事之后，他开始努力工作，避免今后重蹈覆辙。相反，那些整天乐呵呵的人很难在工作上取得大成就。因为太快乐的人对现状很满意，也就失去了改变生活的动力。

不要把抑郁理解为魔鬼附身，其实抑郁情绪就像疼痛一样，是人体自我防御的一道屏障。

六、乐在人间，心思难解

罚款再多，照样违章

为什么马路上那么多人闯红灯？

明明是机动车行驶的车道，行人却习以为常，横穿马路？

罚款能不能制止违章呢?

一条马路上的那些小事儿，隐藏着深刻的心理学道理。

1. 宁停三分，不抢一秒

现在，无论是国家还是个人的经济实力都有了很大的增长。马路上出现了越来越多的私人轿车、公共汽车。每一条道路上都行驶着大小的车，川流不息。随之而来的是越来越大的安全隐患，车祸数量成倍增长。为了提醒司机注意行车安全，很多地方都竖立起了醒目的标语横幅。但是，依然有闯红灯的现象出现，很多人似乎是连三分钟都等不了，就想在红灯亮起来之前冲过斑马线。为什么会出现这样的现象呢?

心理学家认为，闯红灯代表了人内心的焦虑。人们在等红灯的时候，没有别的事情可以做，又不能不注意信号灯的变化，导致内心无聊或者焦虑，期盼着绿灯赶紧亮起来。这时候，相对时间和绝对时间出现了认知上的偏差。相对时间是人们心理上感受到的时间，具有非常大的主观性。如果我们由于某个项目疲于奔命，希望它早点结束，那么我们通常总是觉得时间过得特别慢，度日如年。相反，如果我们正在进行一场愉快的聚餐，或者从事自己喜爱的活动，就会感到时光如梭。在斑马线上等待的时间也是如此。

引发焦虑的因素多种多样。有一份调查显示，人们在太冷、太热的天气里都不愿意等待；性格急躁的人如平常的那样容易烦躁不安；有急事在身的人一半以上都忍不住抱怨起来。性格、环境、心情都对人们在马路上的耐心构成挑战。

那么如何克服这种短暂但频繁的焦虑呢？找一些可以在车上做的事情是个不错的方法。可以选择一些舒缓宁静的曲子进行播放，使心情平静下来；做几个伸展动作，既可以缓解肩部的压力，也能放松心情；和旁边的人聊一聊天，分散注意力，也有助于减少急躁心理。

2. 法不责众

我们常常遇到这样的场景：本来所有人都在人行道上规规矩矩等待红灯，但是有一个人发现马路上并没有车辆或者车辆很少，大胆地穿过了马路。其他人看到这个人安全地通过了，纷纷效仿，因此，很少人继续等待红灯了。

这是一种典型的从众心理，因为法不责众，人们产生了侥幸心理，跟随大众的脚步前进。如果是在一个处处遵守交通规则的城市，违规带来的心理压力要大得多，也更容易被抓到，因此人们更加遵守交通规则，乃至十分习惯。如果人们一直漠视规则，违规的人就会越来越多，陷入恶性循环。

这样的例子还有很多。生活中最常见的就是广告效应，我们往往因为广告的大面积、长时间宣传而对某个产品产生印象，进而产生购买冲动。在微博上，常常有人发起转发送奖品的活动。通常，这样的中奖概率很低，但是人们依然转发并乐此不疲，并戏谑地把自己的行为称呼为增加基数。这种凑热闹的心理也是从众心理的一种。再比如，现在的孩子学业压力很大，很多家长为了让孩子有一技之长，为他们报各种特长班，从足球、散打到琴棋书画，不一而足。对于父母来说，不给报名就会使孩子在和别人的竞争中失去优势。因此，一窝蜂地参与进而助长了辅导班的盛行。在同一时期，街上的女士们穿的衣服总有一大批风格相似的，淘宝上还流行一个新词："网络爆款"，说的也是这个道理。

我们的文化中也有很多反映从众心理的例子。人们常说，群众的眼睛是雪亮的。其实，大多数人的意见未必正确，因为还有"真理往往掌握在少数人手中"作为对照。人们进行决议的时候也喜欢用"少数服从多数"的规则，其默认的逻辑就是大多数人的意见是正确的。

我们为什么会有从众心理呢？

首先，由于我们是处在一个群体中，为了不感到孤立无援，往往会选择随大流，摒弃自己的主观意志。自己的行为态度与别人一致时，就会被隐没在人群中，产生一种安全感。如果是一群人出去吃饭，决定吃什么往往就会比较困难。人们不知道别人喜欢的菜式，为了防止点了别人不喜欢吃的菜而令别人为难，往往选择"我都好""我随便"这样的话来敷衍。这样说话当然不会得罪人，而且大多数人对食物也没有多大的忌讳，安全省事。这样的场景同样发生在春游、游戏、逛街等生活中的方方面面。

从众心理的养成也和性格有关系。一般说来，生性懦弱、优柔寡断的人会具备很强的从众心理。这样做避免了直面问题做出决策的可能，从而可以在决策失败时逃避责任。那些做事果决、雷厉风行的人，往往不会有这样的问题。东汉时，有一位著名的将领叫班超。他并不像一般人那样读书做官，他认为男儿不应该在书卷堆里过完一生，而是要沙场见英雄。他果断地参军，并屡建功勋。这就是成语"投笔从戎"的由来。

从众心理和人的思考方式也有关系。2011 年，日本发生了核泄漏，引起了巨大的关注。网上传言核辐射很快就会顺着大气扩散到中国沿海，中国的海盐就不能吃了。这个消息很快传遍了中国，很多人到超市抢购食盐，最疯狂的抢了几百斤，部分地区的超市货架上看不到盐的影子。直到国家辟谣，表明中国的食盐即使不生产，库存也足够中国人民吃上几十年；而且中国最主要的制盐来源是井盐，真的发生了这样不幸的事件也完全不必忧虑。这样，抢盐的风波才渐渐平息下来。

科学表明，如果真的遇到核辐射，仅靠食用盐是没有作用的；也没有真正廉价易推广的防辐射服被生产出来。但是为什么人们会认为吃盐能防辐射呢？因为人们并没

有对这样的消息详加分析，因而并不了解其真实性；因为不了解产生了恐惧感，就会在本能驱使下做出应对——抢盐；这样的风潮迅速引起了更多人的注意，消息进一步传播，然后是更多的人参与抢盐，产生了恶性循环。还有的人其实并不是真的要抢，而是觉得不抢的话，对生活会产生影响，于是也加入进来。我们应该养成凡事多问为什么的习惯，既可以避免恐慌，也有助于维持社会秩序。

3. **史上最严交规**

2011 年年底，我国发布了新的《机动车驾驶证申领和使用规定》，预定 2012 年开始实行。这个新规则规定，黄灯亮时就应该停车，否则扣除驾驶证积分 6 分。每个驾照每年的积分一共只有 12 分，而且扣完就要吊销驾驶执照，需要重新再考。如果是酒后驾驶，则会直接吊销驾驶执照，并给予相应处罚。2012 年第一天，很多人小心翼翼，遇到路口就会紧张地降低车速，也有人出于惯性违反了规则，遭到了严厉的处罚。由于新交规相对于以往更加严格，被人们称为“史上最严交规”。

这条新规则无疑起到了非常大的效果。人们必须时刻紧绷神经，注意自己的驾驶。马路上显得比过去更有秩序、更安全了。我们必须注意到，新交规出台之前，也是有惩罚措施的。同是惩罚，为什么新旧规则的效果会有这么大的差别呢？

在心理学上，有“惩罚”和“强化”两种概念。如果我们希望某种行为完全消失，就施以惩罚；如果我们希望某种行为继续下去，就加以强化。

我们来比较一下这两种规则的情况。以酒后驾车为例，在旧交规中，需要罚款 200 元，扣除 6 分，拘留 15 天；新交规则规定，酒醉驾车直接记 12 分，吊销执照，5 年内不允许申请驾驶证，处 1000 元以上 2000 元以下罚款，依法追究刑事责任。从这段规则描述中，不难发现惩罚更加严厉了。尤其是增加扣分和吊销驾驶执照的规定，迫使人们自我约束，减少违章。这是加强“惩罚”在人们心中的分量，增加威慑力。如果施以更重的惩罚，人们会更加小心，但是超过了一定限度，会引起人们心理的反弹，反而不利于规则的施行。因此，真的是“惩罚再多，照样违章”吗？并不是的。其实是力度太小，完全没有给个人带来重大影响。惩罚力度大会最大限度减少违章，只是需要一个度的把握罢了。

在现实生活中，不仅是交通规则，很多方面也有严厉的惩罚措施。学生作弊会被通报批评甚至开除，工作不努力会被警告甚至炒鱿鱼，很多时候甚至会带来生命危险。近些年，不断出现驴友被困在山崖荒野中险象环生的事故。原因通常是他们不理会景区“前方危险，不得入内”的牌子，擅自决定去探险登山。最后不得不求助警察甚至军队，个别案例里还造成了官兵的牺牲。

我们身处的社会，处处都会遇到各种各样的规则，自觉遵守规则，与人方便，与己方便，何乐而不为呢？

给“天价商品”一个正解

400万美元一件内衣，600万一张床？榨菜丝也要2000块？

是否这些物品真的物有所值，我们是否真的需要送块巧克力也要镶满钻石？

享用这些东西的人，是喜欢这些物品，还是喜欢购买这些物品的时候被隔离出来，被标榜出来的特别？

1. 商家的炒作和哗众取宠

前段时间，有媒体报道某商家推出了一款榨菜礼包，600克的包装，售价超过2000块。人们惊呼之前早饭时吃的其貌不扬、味道一般的榨菜，竟然成了贵族享用的东西，难道这种榨菜不是用青菜萝卜做的，是用鲍鱼人参做的吗？结果却发现，这榨菜除了包装精美，放在礼盒里之外，内容还是平时那种榨菜，没有什么先进工艺和特殊食材。

其实这样的事情经常发生，天价粽子、天价月饼、天价内衣，或者某款名车车身全部装饰上施华洛世奇水晶或者钻石，或者某款冰激凌里掺杂上可食用黄金，某些名著书籍用黄金制造而成，这些东西有必要制造得这么奢华吗？这是人们必要的生活需求吗？

当然不是，如果这些是必要的生活需求，那么这人生该有多奢侈，这世上还有几个人能生存下去？商家开发这么昂贵的商品，是真的指望这些商品去提高销售额吗？显然不是，有几个人能舍得用600万去买张床，400万买件内衣，有几个人能每天早饭吃2000块的榨菜，大家都不是疯子，不可能做这些疯狂的事情。

商家之所以推出这样的商品，不过是一种营销手段，一种妄想一鸣惊人，吸引人们眼球，哗众取宠的手段。很多商家在这之前一直默默无闻，妄图使用这种手段一炮走红，走入人们的视线。虽然人们不会去购买那些天价商品，但是很有可能会照顾商家那些低价商品，这种简单的营销方式，可能会替他赚不少的品牌知名度。那些原来就比较有名的品牌，比如维多利亚的秘密，一直是国际知名的内衣品牌，可是每年都会推出一款天价内衣，内衣上镶着各种钻石或者水晶，并且由国际名模在T台上展示，举办一场盛大的内衣秀。

几百万美元的内衣不是谁都能买得起，而且缀满了钻石和水晶的内衣不一定穿着舒服，维多利亚的秘密当然不是靠推出天价内衣而维持经营的，只不过是靠这种天价内衣让自己保持在高端内衣品牌的行列，维持其昂贵、高端、奢华、美丽的概念，哪个女人不幻想拥有一款这样的内衣，虽然天价的不一定买得起，但是其他一般价格的总能买得起吧?

天价商品是商家的阴谋，每次抛出天价商品的炸弹，就会在媒体和消费者之间引爆一次关注，既节省广告宣传费，又赢得了曝光率，何乐而不为呢?

2. 买家的炫富心理和标榜性消费

一部电影里有这样一句为人熟知的台词：不求最好，但求最贵。时下，人们的生活水平逐渐提高，对生活的品质要求也逐渐提高。随着广告商和商家浮夸的广告轰炸，人们逐渐成了商品“拜物教”中的成员，对品牌和价格有了一种莫名其妙的崇拜和追求。

人们都喜欢给自己贴上富有、时尚和品位卓越的标签，而广告商也深谙消费者的心理，把自己的商品宣传成一种人生态度、人生品位和高级档次——开我这个品牌车的人，就是成功人士；用我这个品牌香水的女人，才是有品位的女人……各种商业广告铺天盖地而来，把购物由一种生活必需变成了一种生活状态。

有一段广告文案是这样写的：

她喜欢做亿万富豪的情人，拥有一台私人直升机、一栋森林别墅和一个私人俱乐部。

她每餐必点洛克斐勒牡蛎、皮埃蒙特白松露、孔雀肉与火鹤胸。

她只坐明式梨花木鸦片床，洛可可式华美花窗车厢，穿克什米尔羊毛衫，喜欢jimmie noone的老唱片。

文案中描述的豪华生活和稀罕物品，都引导着人们去追求一种不求最好、但求最贵的生活，人们购物成瘾，觉得奢侈品是身份的象征、地位的象征，把自己和下层的平民隔离出来，而天价的商品，才能标榜自己的阶层。

于是，即便有的商品贵得离谱，也有消费者为此买单。因为他需要的根本不是这个产品的使用价值，而是这个品牌所带来的其他方面的东西，比如说是有钱人的象征、有品位人的象征或者上流社会的象征等。

很多天价商品，比如逢年过节的粽子、月饼或者烟酒等，多半不是购买的人自己使用，而是用来送礼。送礼是中国人特有的习俗——送礼好办事，送礼是关系亲近的象征，过节的时候就得送礼表达心意。逢年过节送东西，总不能送得太寒酸，这礼物一定要送得让人心动，让人牢记，接下来你办事的时候就好商量。正是因为这个想法和现状，天价商品更加层出不穷。黄金雕刻的书籍，真的是用来看的吗?当然不是，黄金书籍既结合了黄金的贵重，又结合了书籍的高雅，还去掉了黄金的庸俗和赤裸裸的贿赂感，使得它在礼品市场上很受欢迎。而收到这个礼物的人，放在自己附庸风雅的一堆外文原版书旁边，也算是很有面子。

存在就是合理的。曾经有一个故事说，一个店里的衣服卖得很便宜，质量也很不错，但是来来往往的顾客往往进来看一眼就走，很少有人买。无论店主怎么说衣服质优价廉，大家可以试试啊，就是没人买。店主百思不得其解，后来有一个搞营销的朋友让他在所有的价签上加一个“0”，加完之后，来店里购买的人反而多了，因为顾客觉得穿上这样价格的衣服才更有面子。

很多时候，人的虚荣心是不合理的。

3. **身外之物，何必在意**

消费者不知不觉就中了商家的阴谋，面对天价的商品，不是围观就是惊讶，然后就是传播或者购买，广告和信用卡是一个连锁的陷阱，等着消费者跳入火坑。

经常在网络上看到一些炫富的女子，守着一堆名牌的昂贵的护肤品或者包包自拍，因为拥有这些东西，让她觉得特别充实，觉得自己高人一等。

作为一个工薪阶层的小白领，阿雅是一个爱漂亮爱打扮的时尚女孩。她有一个很特别的爱好，就是喜欢收集香水。即便是吃一个月泡面，也一定要把喜欢的香水买到手，然后放在自己的梳妆台上，还美其名曰：香奈儿曾经说不用香水的女人是没有前途的。

阿雅的奢侈爱好，让她变成月光族，有的时候月底连饭都没钱吃，她的男朋友也不能忍受，最后跟她分了手。

这个世界上有些东西，你看重它，它就很珍贵，你看轻它，它就什么都不是。面对这些天价的东西、天价的消费，面对物欲横流和人心不足蛇吞象的攀比，最好的方法就是一笑而过。

过日子，得根据自己的能力来，量力而行。过日子最重要的是“适合”二字。要做到适合，听起来很简单，但是做到很难。

一个男人，要找一个适合自己的女人结婚；一个女人，居家过日子要与自己的钱包适合；两夫妻买房子要买适合的地段、适合的大小、适合的价格；做菜要放适量的盐等。人的一生中，所有做选择的地方，都体现着“适合”。

用名牌做包装，用昂贵的商品作为自己身价的体现，其实是一种内心空虚、没有自信的表现。人的地位不是靠着金银钻石堆积出来的，这种人充其量会被人叫作暴发户。真正的教养和身份是从内心散发出来的，是由学识和涵养组成的。一个文学或者艺术上的大师，即便穿的是粗布麻衣，大家还是会尊重他，因为知道他是德才兼备的学者。

人最重要的是要保持一颗平常心看待这些东西，看透这些东西，别让自己轻易地陷入商家的炒作里，做一个心甘情愿的挨宰客。天价商品的价格是商家定的，但更是顾客定的，顾客不买单，天价商品也不值钱。身份消费和炫富消费，于人于己都没有好处，既带动了社会不正常消费之风，又为自己造成了经济损失，得意的只有商家而已。

超市“捏捏族”的小心思

为什么超市里的方便面被捏了又捏？

为什么“捏捏”的心理日益严重？

为什么找不到好的“出口”？

1. 超市的奇怪现象：捏碎的方便面

小眉现在是一家世界500强公司的白领。从小家境宽裕的她，在学校各方面都表现优异。她可以说是从学校刚毕业就直接进了公司，没有像其他人那样先是在网上海投简历，然后进行了无数次的面试，遭受了不少的挫折，小眉无疑非常令人羡慕。按道理来说，她没什么可发愁的，可是最近，她喜欢的男生拒绝了她，而且公司准备在内部提拔两位组长，她是人选之一。竞争激烈的程度让她有些力不从心。

作为小眉的妈妈，很是关心女儿的终身大事，经常提醒她已经到了适婚年龄，找一个好男人才是女人的好归宿。面对诸多的烦恼，小眉也是十分着急，这些压力压得她都快喘不过气来了。

最近小眉下班后不管有没有聚会，都要在外面“流连一番”——从料理店到茶馆，从步行街到超市。一边逛一边刷微博。突然，她在微博上看到“捏捏族”——“捏捏族”是近年来才产生的，就是喜欢用“捏”的方式来缓解压力，捏碎方便面，捏碎薯条等。小眉这才恍然大悟，怪不得经常看见超市里有的方便面被捏得粉碎。不过，据说这样可以缓解压力，于是小眉决定试一试。刚开始，她也是从捏方便面开始。当方便面在她手指间发出“粉碎”的声音时，她觉得很是过瘾，似乎压力就在这声音的带领下从身体里溜走了。但同时她也很担心被超市的工作人员发现。

有一天，妈妈从超市买回来一些袋装的薯条，撕开一看，薯条80%都是碎的。妈妈当时十分生气，责怪生产厂家和超市。小眉心里知道这和生产厂家以及超市没关系，都是“捏捏族”的“杰作”，想到这里，心中有一丝愧疚。但是当她再一次走进超市的时候，尤其走到可以“捏”的商品旁边，又按捺不住自己要“捏”的冲动。

小眉这种“超市捏捏族”的行为，在现代的都市生活中很是普遍。究其根源，完全是因学习、工作和生活压力过大，而产生的焦虑、不安、愤怒等负面情绪。人的本能会寻求宣泄负面情绪的途径，但是同时也想保护自己，因此一些看起来“安全”“代价小”的手段就会成为首选。但是如果一直这样“手痒”下去，找不到适当的宣泄出口，容易患上“心理强迫症”。起初可能是捏碎一些方便面、薯片等，后来就是身边的人，以至于最后不捏东西就浑身不舒服，变得越来越“变态”。这种强迫症如果不加以控制，其后果真的不堪设想。

2. 别样的“出口”

郭先生最近工作压力非常大，回家和妻子经常吵来吵去。结果两人都休息不好，第二天回公司后总是感觉精神很差。某天下班后，他发现儿子被妻子“捏”得惨不忍睹，手臂和大腿一块红一块青的。这样的状况连续发生几次后，疼爱儿子的郭先生决定要和妻子离婚。工作压力是不能随着郭先生的意志而转移的，但是如果他可以选择适当的发泄“出口”，而不是回家跟妻子争吵，儿子也不会成为大人们争吵的“牺牲品”。

钟先生和几位朋友合资开了一家超市，开始的时候销售额还不错，但是很快几位朋友就发生了分歧，几经调和，最后还是以拆股散伙而告终。钟先生一个人留下来经营超市，但是由于资金短缺，超市再度缩小，而几位合伙人也都是自己做一些小生意。如果钟先生能找到适当的方式让每一位合伙人都满意，化解各方的矛盾，或许他的超市会变成连锁超市而不是“缩水”的小超市。而钟先生的几位合伙人的行为也是一种回避矛盾的做法——他们不愿面对现实，不愿为彼此寻找解决的出口，最终导致彼此之间无法合作，以散伙而终。

其实，人生不如意十之八九，谁能保证自己的人生一帆风顺呢？遇到了问题，遇到了困难，首先应该想的是如何解决问题，如何化解困难，而并非去寻求一些别样的“出口”。俗话说，条条大路通罗马。这句话虽然没错，但是并不是每一条路都是正确的。当站在人生的岔路口，前方荆棘密布，于是有些人畏惧了，开始寻找别的路径，也许别的路径一片平坦，但是未必就能带你走向自己想要到达的终点；也许有些人选择后退，沿着原路返回，这样就更不容易到达自己的目的地了；也许有的人选择一个巢穴，在舒服的巢穴里等待道路变得平坦再行走，巢穴虽然可以临时躲避风雨，换来舒适，但是这样一来，何时才是一个尽头呢？

所以，还不如披荆斩棘，正确对待人生路上遇见的一切困难，然后坦坦荡荡走向自己的人生大路。压力人人都有，只要你选对了宣泄方式，压力也是随时可以被你打败的。想想那只在温水里游泳的青蛙，如果不是贪图一时的安逸和舒服，它最后又怎么会落得一个被烫死的结局呢？只要找到合理的宣泄出口，释放自己的压力，便是正确的选择。

3. 直面人生，放松神经

前面说到，在人生路上遇见问题的时候，应该选择合适的宣泄出口，合理缓解自己的压力，那么怎么才算是适当的发泄和调剂呢？

运动应该是首选。例如跑步、登山、游泳……既可以健身，舒缓心情，又能够改善人们的睡眠，减缓精神压力。“生命在于运动”这句话相信大家都很熟悉，强调的便是运动的重要性。在压力很大的时候，选择阳光明媚的下午，换上轻便的运动装到户外跑跑步、出出汗，这个时候，你会发现原本郁闷的心情，此时变得格外清爽。运动之后，再来面对自己的工作和一切烦心的事情，那又是一番别样的心境。

其次是兴趣爱好——琴、棋、书、画，是心灵的寄托。或许有人会说，这些爱好需要很多时间培养。那就从现在开始培养吧！“亡羊补牢”还来得及。或者你就看画展，你就听音乐，你就唱 KTV 吧！据说，第一个唱 KTV 的人就是一位离婚后带着孩子生活的单身父亲。由于工作压力非常大，又不能跟儿子倾诉，所以就去附近的 KTV 包厢一个人以高歌的方式来发泄心中的压抑。从此，他发现这种方式很有效。渐渐地，其他人也加入这个“队伍”中来。当生活的压力让自己疲惫不堪的时候，兴趣爱好的出现或许可以填补内心的失落，给自己的生活增添一份乐趣，让苦闷的心情有个适当的缓解。

最后，也是最重要的一个方法，就是要直面人生。方便面的价值是被生产出来，可以在超市里流通，最终到达消费者的手上，而且是让消费者满意。我们的人生也是一样，有自己的价值，在顺利的时候有体现，在困境中也要努力向正的方向看齐，而不是向负的方向走去。相信每一个人都不希望自己的人生被别人“捏”碎。所以大家不可轻视这小小的、静悄悄的一“捏”。如果不加以重视，从“捏”方便面和薯条到“捏”自己的孩子；从“捏”团队的利益到“捏”自己的未来……后果可想而知。直面自己的人生，如果顺利的话，就争取让自己的人生一直顺利下去，如果有困境的话，那就争取让自己早日摆脱困境。

仔细想来，用捏的方式来宣泄自己的压力，可是得不偿失的，在捏东西的时候，虽然你得到了一时的放松，但是对于别人呢？一些顾客把这些被捏碎的商品买了回去，少不了一通责骂，让这些顾客白花了钱，还毁坏了人家的好心情；对于商家呢，如果能及时发现这些被捏碎的商品，自然是清理掉了，要么直接扔掉，要么低价卖出去，对于商家也是一笔不小的损失。设想一下，倘若哪天，你或者你的家人也买回了这样的商品，你会不会也十分气愤呢？己所不欲，勿施于人。而或许有一天，你也成为商场的一员，或者你的朋友在商场工作，你是不是也十分痛恨这样的“捏捏族”呢？

所以，面对压力，面对人生，还是要摆正我们的心态，不要让“捏”损害我们的心理，毁掉我们的生活。我们需要用理智和正能量去排解工作、学习和生活的困扰，用积极、乐观、健康的心态去驱除心中的“恶魔”。我相信，功夫一定不负有心人。

打折狂的内心独白

一元店就是名字吸引人吗？

清货、打折、赠品……这些字眼缘何而生？

买到廉价的商品是一种“能耐”吗？

1. 清货与一元店

几年前，洋洋是一位刚刚毕业的大学生，找了一份助理的工作。作为一位典型的月光族，她看着那些“潮流控”的潮男潮女，心里非常羡慕，但是她又希望住一间舒服的房子，所以平时购物的开支紧缩再紧缩，这也造成了洋洋喜欢买打折商品的习惯。布置小屋的一切，她都是在商店清货的时候购买的——一些碗勺之类的小件，一概从一元店里面淘回来。一旦看到喜欢的，她就会买下，而且周六、周日的时间，大部分用在了购买这些打折、清货的商品上。看着自己花了较少的钱，买来了这么多东西，她心里还为自己的“经济”头脑暗暗欢喜。

现在，洋洋已经是一位带领十几个人的部门主管，年薪十万以上，可以说在她的购买能力范围内，她完全可以购买名牌、上档次的商品。但是，她还是不改当初的习惯——爱逛清货的商店和一元店。就是逛大超市，只要看到“打折”的字样，她还会按捺不住地兴奋起来，不管这些东西自己需不需要，不管这些东西有没有实用价值，只要洋洋觉得划算，觉得“打折”够狠，觉得过了这个村就没这个店了，她就迫不及待地“下手”，将这些商品通通带回自己家。

然而，当她看着那些买回来根本没什么用处的商品时，觉得自己的需要转变了，现在的身份和地位都不同了，要适当放弃一些曾经迫于无奈的“爱好”。因为她家里绝大部分的空间都是用来放置廉价购买回来的“爱好物”，不仅占用空间，还显得家里十分凌乱，偶尔同事来家里，还真是觉得有些尴尬。

后来，她报名参加了各种理财培训班，希望做到理性消费。但是她却发现自己的“爱好”已经根深蒂固到需要心理医生“指导”的程度。心理医生告诉她：之所以喜欢带有“清货”“一元”“打折”这样的字眼，是因为心理的“求廉动机”在作祟。

从心理学的角度讲，“求廉动机”是指追求商品价格低廉而且实用为主要目的的购买动机。这也是消费动机的一种。

其实，很多人和洋洋一样，看见“打折”“清货”等字样就迈不开步子，非要去探个究竟，看看自己是不是也要带上一些商品回家。在“求廉动机”的驱使下，很多人就因为廉价而买了许多根本不需要的东西。

求廉动机虽然人人都有，但是为什么一些人看见“打折”的字样就无动于衷呢？

这是因为这一部分人想得更为长远，更会为自己打算。虽然现在可以享受实惠，享受低廉，但是如果东西买回去，根本无用武之地，那么自己的“求廉”岂不成了白花钱？再者说，便宜没好货，如果东西买回去，三两天坏了可怎么办？花三块钱用了两天，花十块钱用了半个月，这仔细算来，还是后者更为划算吧！

所以，遇见打折、清货等，多打算、多考虑，才能抑制自己的“求廉动机”。

2. 占便宜是一种“本事”

人们常认为能购买到物美价廉的商品是一种能耐，而且这种能耐是可以拿出来“炫耀”的。这就是为什么商家举办如此之多的促销活动——全场几折起、最后三天清货、买一送一等。

曾经“七八九折不算折，四五六折毛毛雨”，而现在“一二三折不稀奇”，甚至要免费试用、体验才能勉强吸引人们的眼球。实体店和自己的同行竞争之余，现在又多了个新对手——电子商务。电商之间的竞争更为激烈，铺天盖地的打折、赠送、抽奖、返利……各出奇招、各显其能。

张怡是一个非常会买东西的人，因为同样的东西，她总能以最便宜的价格购买下来，这倒不是说她会砍价，而是她总是在打折促销清货的时候购买。张怡也十分爱炫耀，每次看见别人和自己买了一样的东西，就急忙凑上去问——你花了多少钱买的？你怎么花了这么多，你看我这一样的东西比你少花八十多块呢。邻居们、同事们也都觉得张怡是个勤俭持家的好女孩。

最近，张怡迷恋上网上购物，网上的商品促销十分激烈，更是有一元秒杀、限量抢购等活动。有一次，一件漂亮的连衣裙在做活动，原价280元的衣服，前三名购买的用户仅需50元。张怡知道这个活动之后，一直守候在电脑前，一动不动，生怕自己错过了机会，最后她终于抢到了这件衣服，节省了230元，同事们都十分佩服她。可是她几乎一个下午都在忙着秒杀这件衣服，而忘记了自己的工作，她的同事却谈成了好几笔生意。此外，经理知道张怡在工作时间购物，狠狠批评了她，扣掉了她这个月的奖金。张怡虽然秒杀成功，为自己省下了二百多元，但是损失的却已经不止二百多了。

面对数不胜数的“优惠”，洋洋、张怡这样的顾客，自然不在少数。为了节省一元钱，她们可以坐在电脑前整整一个下午——男朋友说她所花的时间和精力已经远远超过一元钱的价值。但是她们就是乐此不疲、不管不顾。因为当她们心理得到满足的同时，这些商品还可以成为同事之间或者朋友之间的最佳“话题”。她们为此“牺牲”，在所不惜。

能够用较低的价格购买同样的商品，这真的可以算得上是一种本事，但是如果在这上面花费了太多的时间和精力就有些不值了，如果购买的商品恰好是自己需要的也就罢了，如果买了半天，自己根本用不着，那可就损失大了。仔细算算这笔账，如果将守候电脑购物的时间用来创造价值，恐怕不止创造出节省下的那点儿钱吧？

3. 我有我“价值”

像洋洋这样迷恋“廉价”商品的人们，往往忽略了一点，那就是商品的“价值”。这里的价值，不是指商品本身的用途，这个不用质疑，因为商品的价值在生产出来的时候就已经被“定性”了。这里要说的是它的“使用价值”，它被人们购买之后被使用的机会有多少？一次还是两次？或者干脆还没有使用过就直接进了“垃圾桶”？如果这样，商品便毫无“价值”。花了钱却购买了毫无价值的东西，这不是花了冤枉钱吗？

丁丁一直喜欢唱歌，但是她的妈妈却要求她学画画，因为妈妈是美术老师，可以找到免费的美术学习班。但是我们都知道“兴趣是最好的老师”，一个孩子在妈妈的要求下学习自己不感兴趣的专业，最终能走多远呢？虽然可以有免费的美术学习班，但是不感兴趣，勉强学习，最终也是既浪费了时间又浪费了资源，还耽误了一生的前途。

张一喜欢经商，特别喜欢金融。但是他爸爸是某局的局长，他希望张一到他局里做行政工作。一个在行政岗位上的人，脑子里思考的都是如何“赚钱”的事情，后果可想而知，很有可能出岔子。如果让丁丁学习唱歌，说不定她会成为一个歌唱家，如果让张一学习金融，说不定他会成为一个金融家。而他们的父母却因为一时的“求廉动机”，为自己的孩子安排了命运，这样一来，免费的美术学习班和一个轻松易得的工作，对于别人来说，可能是非常难得，但是对他们来说，却是毫无价值的，因为他们并不需要，也并不喜欢。

每种东西都有自己的价值，同样的东西在不同的环境中也会有不同的价值。物资匮乏的边远山区的人才真正需要“廉价”的日常用品，这些廉价商品在他们身上才能发挥出最大的价值，而像洋洋这样的都市白领需要的是品位和鉴赏。但是他们都在商家的引导还有自己内心的“求廉动机”下，偏离了自己原本的需要和精神满足，让原本可以发挥最大价值的东西，却在自己的生活中扮演了毫无价值的角色。

你如果抱怨生活无趣，还不如问问自己的内心真正需要什么，而不是仅仅跟着形形色色的活动消耗你的精力和财力。“打折”“清货”“一元”，这些字眼的确很有诱惑力，但是当你清楚自己内心需要什么的时候，这些字眼在你心里只不过是一些平常的字罢了。

不要再做花钱购买毫无价值商品的人了，那样既消耗了你的精力，也让你的钱包瘪了下去。还是让有价值的商品给真正需要它的人吧，让真正需要的人发挥商品的真

正价值，而不是进了你家就等于进了“垃圾桶”。

赠品意味着什么

为什么孔融让梨的故事还需要爸爸讲一遍？

先试用再买有何好处？

礼物是人际关系的“润滑剂”吗？

1. 赠品的商业模式——免费试用

随着日趋激烈的竞争，各行各业的实体店和电商都面临着严峻的挑战。如何提高销售额、保持业务稳步增长或者寻求新的突破成为商家关注的焦点。于是在一拨又一拨的思想风暴之后，商家已经想了无数的招数来提高销售额、保持自己的业务稳定增长，什么“满额送”“满额减”“买一送一”等，屡见不鲜。

曾几何时，“打折”这两个字就可以吸引“蜂群”一样的人流，看见“打折”两个字，许多人便围拢了过来，甚至一些不想购买的人，也禁不住诱惑，直接把商品带回了家。在一开始创造出“打折”的人无疑是十分聪明的。但是，经过 2008 年金融风暴之后，却发生了极大的变化——因为月薪在“缩水”，人们购买的欲望明显下降，即便是看见“打折”二字，消费者也提不起兴趣了，不是不想买，而是兜里的钞票不准买，加上大家对“打折”已经渐渐麻木了，也渐渐明白所谓的打折只不过是商家为了吸引顾客罢了。先提价，再打折，实际上自己根本没占到什么便宜。于是，也就觉得“打折”没什么了。顾客就是上帝，这时候对于商家来说消费欲望就是“黄金例律”。那么怎样才能让“上帝”有消费欲望，最好还有“美丽的回头率”呢？于是琳琅满目的赠品成了赚取消费者目光的关键——“免费试用”也随之兴起。

小蕊就是一个喜欢免费试用的女孩。首先是食物，她尤其喜欢那些让顾客免费品尝的地方，觉得这样的商家十分贴心——每个人的口味不一样，万一买回去不爱吃，就全浪费了；然后是化妆品和护肤品，小蕊的肤质属于敏感型皮肤，她在购买化妆品和护肤品的时候一定要先试一下，尤其喜欢那些提供给顾客免费试用的店家。对于这样的店家，小蕊可是称赞有加，有了这样的免费试用装，一来可以看看自己是不是过敏，二来可以知道产品的效果到底怎么样。对于免费试用，小蕊可是尝到了不少甜头，一来让自己少花了钱，自从有了免费试用，她再也没有买到过不吃、不用、不适合的东西；二来也让自己享受到了更优质的服务，买到了最适合自己，自己最喜欢的东西。这难道不是免费试用带来的好处吗？

其实，大多数的顾客都是喜欢“免费试用”的，正如小蕊那样，让自己少花了冤枉钱，免去了购买多余物品的忧虑，也让自己享受到了更优质的服务。可以说“免费试用”这一销售方式可谓立竿见影。从小型的水果店先尝再买，到书店先看再定，再到化妆品店先试再用，甚至到报亭买一份杂志都有机会获赠一份非卖品的“绝美体验”等。可以说，哪里有店，哪里就有赠送。这样的营销模式是商家战略的重要一步，深深抓住了买家的“消费心理”——以低廉的价格购买或免费领取某些商品，没有哪个人是不愿意的。

对消费者而言，他们获得了物美价廉的商品，对卖家而言，他们获取了有效的客户资源，为以后产品的推销打下了良好的客户基础。

当人们汗流浃背又不想食用冷饮的时候，穿着民族服饰的年轻销售员送上一杯清爽的免费茶，怎能不说一个“赞”字！在口渴的时候，清爽的凉茶总是沁人心脾，于是也就捎带着买回去一些，或许那位顾客开始并无购买意愿，但得到如此适时、贴心的服务，怎能不买上几包回家享用呢！

真正有购买需要的顾客钟爱于免费试用，因为只有免费试用，才能让他们找到自己最合适的商品，而潜在的消费者也愿意接受这种免费服务。可以说，免费试用有着范围极广的消费群体，有着诸多的潜在资源，当然也就有着无限的“钱途”。

2. 不是赠品，是礼物

商品社会中，免费使用赠品对于提高销售额有着重要意义，这也成为一种商品销售的模式。然而在生活中，赠品摇身一变，以另一种我们都乐于接受的形式呈现在我们眼前——礼物。

礼物是一种看不见的力量。尤其在我们日常的交往中，礼物用途广泛。对父母的孝敬，对恋人的牵肠挂肚，对朋友的、思念，对上司的敬意，对部下的关爱……无不显现礼物的“威力”。当然适当的时间、适当的场合出现适合的礼物才能达到想要的效果。

小钟今年5岁，姨妈家的小表弟来家里做客。突然，小钟和小表弟为了一个雪梨闹了起来。小钟爸爸急忙劝解，跟儿子讲起“孔融让梨”的故事。小钟听完后却十分不理解，于是问道：“可是我比他大，我的胃口也比他大，我吃大的是应该的啊！”

爸爸说：“没错，你是比他大，你胃口也比他大，但是如果你现在将大梨以礼物的方式送给表弟，他以后会以另外一种方式回赠你的。你想想看，你是现在吃了这个梨划算，还是把这个梨送给表弟，等待表弟用其他方式回赠你呢？”在这样的解释下，小钟最后把雪梨让给了自己的表弟。

让梨故事，世人皆知，用在心理学上便称为“南风法则”。

“南风法则”源于法国作家拉封丹的一则寓言：风的家族有两个家伙很好斗——北风和南风。一天，他们说要比试一下看谁的本事更厉害——将路人的大衣“吹掉”。于

是北风先发力，一阵凛冽刺骨的寒风把路上的行人吹得踉踉跄跄。但是人们却把大衣裹得更严实了。北风疑惑不解。这时候南风“发威”，一阵清凉的微风拂过，人们顿时觉得春暖花开、风和日丽，纷纷解开扣子，脱下大衣。最后，南风轻松取胜。

人际关系中也是如此——温情和爱远比严厉的责备和惩罚更有效果，选择赠予远比选择索取的人更仁慈，更容易获得收益。严厉的责备和惩罚，虽然在有的时候对一部分人也是十分奏效的，但是更多的时候，责备和惩罚带来的却是负面的影响，甚至有的人会因为严厉的责备和惩罚而从此一蹶不振，破罐子破摔，最终导致不良的后果。而温情和爱，在任何时候都能温暖人的心，让人心存感激，得到鼓励，从而摆脱困境向更高更远的目标奋进。“赠人玫瑰，手留余香”，乐于将生活中的美好事物当作礼物赠予他人，这并不是“失去”的过程，在这个过程中，虽然自己的确失去了一些东西，其实自己也收获了一份美好心境。倘若他日还能得到回报，那么生活就更有意义了。纵观全局，自己得到的东西远比失去的东西要多得多。

3. 多激励，少惩罚

生活如此，工作更是如此。随着网络的普及，网络游戏铺天盖地，网络游戏也在不知不觉中成了小郭生活的“主角”。由于沉迷在网络游戏中，经常“三餐不济”，小郭的胃开始出现问题，但是小郭仍然执迷不悟，就算是忍着胃痛，他还是要玩网络游戏。

一天，爸爸找小郭谈话。小郭非常紧张，觉得爸爸一定会严厉惩罚他。但是爸爸并没有那样做。他看着小郭说：“孩子，你很聪明，如果将心思用在其他方面——读书、画画、运动等，以后一定会成为一个很棒的年轻人。但是你现在只沉迷游戏。我不计较你到底什么时候开始的，但假如一直这样下去，你的身体、意志力将会越来越差，你的未来也会因为自己不加节制的兴趣而葬送。”爸爸停了一会儿，接着说：“你现在正是长身体和打基础的时候，如果你愿意重新选择，你的未来一定会不一样。这里有1000元，如果你想证明给我看，就拿去买些可以帮助你的书吧！”

“爸爸，从今天开始我不玩游戏了，我想成为一个有出息的人。”小郭很激动，因为他没有想到爸爸会以这种方式“惩罚”他。从小郭的故事里，我们同样可以看到，教育下一代“晓之以理，动之以情”远比怒斥更有效。这种“惩罚”方式必定会影响小郭的一生。正如孟子曰：“爱人者，人恒爱之；敬人者，人恒敬之。”

个人还是团体，商业的促销还是其他行业的管理，使用“温暖”法则会取得意想不到的效果。善于利用激励的方式对员工进行管理，比单调分配任务或者硬性规定更能博得员工好感，而且也能激发员工对企业的认同感与忠诚度。而这一切的选择都是从“赠品”中来，这也是我们收获赠品后，应该引起反思的。

为什么会恋父、恋母

3岁父母就离婚的帅帅，眼中只剩下爸爸，长到20多岁，为何他还不能接受爸爸拥有其他的女人？

17岁的芳芳莫名开始讨厌妈妈，她想不明白英俊的爸爸为何娶了略显矮丑的妈妈？

24岁大学毕业后一直待业在家的媛媛，为何问妈妈能不能一直伺候她？

1. 恋父、恋母，怎一个缺陷了得

马上要大学毕业了，24岁的李恪还是无法做到独立生活。从他很小的时候，母亲就十分疼爱他，所有的事情都是事无巨细，真是“含在嘴里怕化了，捧在手里怕摔了”。母亲也时常把他抱在怀里，一口一个“小宝贝”地喊着，这也就造成了长大之后他十分依赖母亲，觉得自己和母亲之间有一种很特殊的情感——见到妈妈，他才觉得安全，做什么事才能踏实下来；如果见不到自己的妈妈，他就会觉得心里不安，什么事都做不下去，非要见到妈妈或是听到妈妈的声音，才能让他安下心来。直到现在他还是忍不住要凑到妈妈身上去闻一闻，那种味道是一种难以形容、难以割舍的味道，甚至他找女朋友的标准就是以妈妈的样子、性格为参考……

一开始，李恪的妈妈非但没有觉得儿子有什么问题，反而觉得自己的儿子和自己感情深厚。可是，没想到有一天李恪的妈妈接到了一个电话，电话是学校保卫科打来的，通知她来领李恪。了解了事情的来龙去脉，她才意识到自己的儿子好像是出了问题，因为李恪在晚上去女生宿舍偷了胸罩。

是的，像李恪这样依赖母亲的男生并不少见。他们总是依赖母亲，只有母亲才能给他们安全感，对母亲这种独特的依赖心理，在心理学上被称为“俄狄浦斯情结”。

俄狄浦斯是希腊神话中的人物，在流传的故事中，曾无意中杀害了父亲，娶了母亲。弗洛伊德认为男孩在两三岁到六岁之间，都会有一种更亲近母亲、反抗父亲的倾向；而女孩在这个阶段则更容易依赖父亲、敌视母亲。如果顺利地度过了这个阶段，男孩、女孩都会走向正常的心理发展，但是也有的人会一直延续到成年，这就演变成了一种病态的心理现象——男孩会越来越离不开自己的母亲，做任何事情都想和母亲一起分享，唯独排斥父亲；而女孩会越来越离不开自己的父亲，做任何事情都想要叫上自己的父亲，相反地排斥自己的母亲，甚至见到自己的母亲和父亲亲近，会吃醋、生气。

当然，现在依恋父亲或母亲的孩子很多，也并非病态。原因很简单，独生子女是主流，在一个火柴盒一样的屋子里长大，人际交往的缺乏，造成了孩子们的朋友只有爸爸、妈妈，而这两位仅有的朋友也会无限制地容让他、宠爱他，乃至溺爱他。所以

孩子会越来越自我——众所周知，自我的终极表现会带来孤独。

在孩子们的心中，父母就是他们最亲密的玩伴，不管做任何事情，只要父母在身边，他们就会觉得更安全。而且随着孩子年龄的增长，在社会上碰壁越来越多，他们就会更加依赖父母所给予的温暖以及可以释放任何情绪的空间。所以，即便是成年之后，这些独生子女也会十分依赖自己的父母，无法做到真正的独立。

2.“连根之树”不可用

俗话说得好：女大不中留，男大不中用。这些被父母们圈养的孩子自然是不知外面的世界有多精彩——独立是一件让人值得骄傲的事情，而窝在家中依赖父母，只能像蜗牛一般，缩在自己的小房子里，对世界不闻不问，最终变成“井底之蛙”。井底之蛙只能抬头看见井口的那一块天空，而自由的小鸟，却能见到一望无际的湛蓝色天空。

当孩子对父母的依恋达到一定程度时，不仅不利于孩子的健康成长，更不利于父母的健康生活。对父母过度地依恋，会让孩子无法独立，连独自一个人生活都不行，更别提什么在外奋斗和创业了。而孩子对父母的依恋，也同样给父母造成了困扰，一来夫妻之间的亲密会让孩子产生醋意，严重影响了夫妻的生活；二来孩子不独立，父母心里更是着急。

中国人都有一种心态：喜欢比较。当别人的孩子长大后比自己的孩子走得更远、更有出息的时候，为人父母的心中不免有些发酸。小的时候，我的孩子并不比他的差啊？为何长大后，竟变成这样——只知道恋家，不知道独立与奋斗。其实，这还是要从自己的身上找原因。

仔细想来，父母的影响可谓不小——他们在孩子的成长过程中，只观察到枝叶的成长，却没留意对树根的培养。人们常常把成长中的孩子称为“小树”，期望他能够茁壮成长，不断施肥浇水，生怕这棵小树缺少了营养。而我们知道，要想让一棵小树健康成长，光有充足的养分是不够的，最好的方法还是经常对其修枝剪叶，只有这样，小树才能茁壮成长。但那些具有恋父、恋母情结的“小树”受到了父母的“树根”不断缠绕。连根之树不可用，一旦离开了大树的庇佑，小树就不能自己吸收营养，甚至不能生存；一旦遇见毒辣的太阳，小树就钻到了大树的荫蔽下；一旦遇到阴雨天，小树也要钻到大树的荫蔽下，这样的小树如何能成为一棵真正的树，独自吸收营养，独自成长为一棵大树呢？

所以，想要让一棵小树成长为参天大树，应该从小将小树的根和大树的根断开。一来让小树独自吸收营养，二来少给予小树庇佑，让小树接受风雨，习惯风雨，从而拥有可以打败一切的勇气和决心。只有这样，才能让小树成长，才能避免小树长成一棵连根之树。

3. 走出去，才能看见更广阔的天空

父母离婚后，6 岁的小花就一直跟着爸爸生活，因为父母离婚的阴影，小花开始痛恨自己的母亲，痛恨她抛弃了自己，后来竟然演变成痛恨一切女人。小花十几岁的时候，爸爸决定再婚，但是遭到了小花的坚决反对，小花甚至用绝食来反抗爸爸的再婚。无奈之下，小花的爸爸为了小花，决定把再婚的事情暂且缓一缓。等到小花长大成人后，小花的爸爸觉得小花已经长大了，她也到了谈恋爱的年纪，应该会理解自己，于是再次向小花提出再婚的想法。没想到，小花还是不同意，她断然阻止自己的爸爸接纳其他的女人，更可怕的是她声称要嫁给爸爸。因为两个人相依为命太久了，感情不是一般的深厚，她不想和爸爸分离，而且母亲留给她的阴影愈演愈烈。在她心里，只有自己可以给爸爸幸福，不会伤害爸爸，别的女人都会像自己的妈妈一样伤害自己的爸爸。

小花的这种想法给爸爸带来了很大的困惑，他不知道该如何继续与女儿相处。

俗话说：儿大避母，女大避父。特别是单亲家庭，如果是一个父亲带着女儿生活，女儿会十分依恋自己的父亲。父亲在女儿面前树立了高大的形象，女儿则将这种形象深深刻在脑海中，长大之后离不开父亲，更看不上任何别的男人；若是一个母亲带着一个儿子生活，儿子看到了母亲为自己的付出，会十分心疼母亲，长大之后，更是萌生了想要给母亲幸福，想要娶母亲为妻的想法。所以说，单亲家庭的孩子更容易产生恋父、恋母情结。无论是单亲家庭也好，普通家庭也好，当发现孩子对父亲或者母亲有过度亲密的举止时，一定要立即制止。另外也需要培养孩子的独立性，不能事事都依着孩子，为孩子把所有的事情都办好。父母是为孩子修剪枝叶的，而真正成长还是要靠孩子自己。

为人父母，不应该以异性子女对自己情有独钟为荣，而应该启发子女对父母的尊重与友爱。当然，不要扭曲了父女、母子之间的那种真诚、无私的情感，并把体现亲情的爱视为“情结出界”。亲情不但应该存在，还应努力变得更加温馨。就像我们经常举例，孩子学跑步时跌倒，父母不需要走上前去把他们扶起来，而应站在旁边鼓励他们自己站起来；而现在孩子学会了跑步，要跑出去的时候，父母则应该看着他们跑出去，而并非把他们揽在身边。因为外面的世界很精彩，引导孩子多到外面走走，不要只局限在家中有限的风景里。家长甚至可以告诉自己的孩子，父母讲的世界，那是父母眼中的世界，自己走出去看一看，走一走，那样了解的世界才是你心目中的世界。

“十赌九输”怎么还要赌

为什么喜欢打赌，却从未赢过，可是还会一赌再赌？

买了很多年的彩票却从未中过奖，难道只是运气太差？

为何总喜欢把人生当赌场，做任何一点小事，都要和自己赌上一把？

1. 赌场上的孤独求索

前些年，关于赌博的电影层出不穷，《赌王》《赌圣》《赌侠》等拍了一部又一部。这些电影都深受观众的喜爱。电影《赌王》里的赌王充满智慧，每次打牌如若先知一般，清楚了解对方牌数，运筹于帷幄之中。而庄家与其他人也只能被他玩于股掌之中。就算输了，他也满不在乎，挥金如土、潇洒自如。他最爱说的话就是“人生就是一场赌局，不管输多惨，都会东山再起”。可惜我们都不是赌王，平凡的生活中无法“十赌九输”还要挥金如土、豪气万丈。因为电影与真实的人生有本质的不同。电影毕竟是电影，有虚构的成分，而生活是真真正正、实实在在的。

真实生活中，我们只是芸芸众生中的一员，赌来赌去，靠的也只是自己微薄的收入。但最终我们会得出一个结论：赢的永远是庄家，而不是某个人。可是尽管很多人能认识到这一点，他们还是戒不掉心中的“赌瘾”，直至倾家荡产。这种“赌瘾”像是肿瘤一样，长在他们的欲望之中。每次输到了一定程度，他们才会想着把它割掉。可是没过多久，它又会生长出来……如此循环，直至死亡。很多人都说，明知道会输，为什么还要去赌呢？也许只有喜欢赌的人才知道，即便是明知道会输，也仍然抱着一丝会赢的希望，于是就这样越输越赌，越赌越输。

在爱赌的人心中，人生就是一场赌博，大事大赌，小事小赌；赌博的乐趣不在输赢之上，而是自己与他人的较量——赢的那个人未必就比别人聪明，但从赌局上看，却若智者。输掉的人就是那不成功的操盘手，但还是不舍得丢掉手中的握盘，心里默念：下一次，再下一次，也许我就赢了。但下一次的下一次，他们又输了。

十赌九输，赌场上能赚钱、能赢的人要么是电影里的赌王，要么是极少数的幸运儿，可大家还是想一赌再赌，只能说明这些爱赌的人抱有投机之心。他们虽然知道赢的希望几乎为零，但是几乎为零，并不等同于零。一个“几乎”也就决定了，赢的希望虽小，但还是有的，所以他们盼望着自己能做一回幸运儿——没准儿在哪一次赌的过程中，自己就真的成了幸运儿，抱着这种期待，继续赌下去。

这种抱着渺茫希望的人被称为投机取巧者，投机取巧者之所以走向无限量的赌博之中，是因为他们手中握着“大数法则”这张牌。大数法则是人们在实践中发现的一个定律，在随机现象的大量重复之中会出现几乎必然的规律，你所冒风险的单位数量越多，实际损失的结果会逐渐减小，就越有可能走向成功。然而大数法则现在也面临着新的科学的颠覆。

2. 愿赌服输

近年来，一种新型游戏十分流行，那就是老虎机。常常看见几台老虎机前坐着的人在疯狂地玩着赌着，而旁边那些人也都在观看着，一旦有空位出来，就立即抢座。一些人因为玩老虎机而彻夜不眠，每当自己的钱包快要干瘪的时候，突然就赚了一些，而每当自己赚了一些的时候，又想着可以再多赚一些，可是一转眼，钱都被庄家赢了去。

老虎机旁的张山是个热衷此游戏的玩家，每天都要把大量的时间、金钱、精力投注于此。他生活的重点就是赌博，如何撞到好运“积博奖”更是他每天研究的重要事项。他觉得投机取巧这个词不太适合用在自己身上，因为赌博就是他追求的事业和梦想。以前张山还喜欢买彩票，但是从来没有中过奖，唯一的一次中奖还只是十块钱，后来老虎机出现了，张山便开始迷恋上了这种新型的赌博机，十分痴迷，甚至有的时候整夜都在老虎机前，偶尔做梦还会梦见自己赌赢了，发了家。

张山虽然十赌九输，但是他唯一不能接受的是自己有可能会失败，做不到愿赌服输。因此，生活中的大事、小事，他都喜欢赌上一把，赢了自然是好，如果输了，他就会接二连三地赌下去。而且越是输，他就越是赌。

有权威学者已经从科学的角度指出，现在的赌博机（老虎机）使用虚拟卷轴代替之前的三个机械操作的卷轴，这样的话，以往每玩 1000 次就有一次开奖的机会，现在则变成了 167 万次才有一次。虽然庄家提供了丰厚的积博奖，但得奖的机会十分渺茫。因此，从科学的角度分析，“十赌九输”是有一定道理的。

老虎机

要想赢，就必须具备“数学和统计学的知识”，还要碰上一定的好运气，这真是难上加难。在这场赌博游戏中，赌客的钱最终都会流向庄家，庄家是赌博业里最大的赢家。这明显是一个不公平的游戏。而赌博业者也许会说：“这是一场‘姜太公钓鱼，愿者上钩’的游戏，赌博依靠的是游戏的规则来玩，没有什么不公平，而那些赌博者也都愿意来玩，他们痴迷于这种游戏，也完全是自愿的。”

和张山一样，很多人了解了这里面的奥秘之后，仍然继续玩，因为他们知道就算是希望渺茫，自己还是有机会的，只要自己坚持下去，说不定就中了头彩，将大奖搬回了家。

在这场“明知山有虎，偏向虎山行”的游戏里，张山等众位赌客的大无畏的精神真值得大家“敬佩”。可是这种大无畏精神的方向明显是错误的，而庄家赢就赢在他们这种精神上，赢在他们不能愿赌服输的那颗“衷心”上。恰恰是这种“衷心”才得以让老虎机这种赌博游戏一再壮大起来，为庄家赢取暴利。

3. 棋局和赌局

赌客们把社会和人生当作了一个大的赌场，每个人都活在这个赌场之中，用自己的付出赌明天的收获。当然，赌博的对象不仅仅是金钱，有的人拿自己的爱情进行赌博，之所以可以为所欲为，赌的就是爱人对自己的爱，结果爱人终于痛下决心舍弃了自己；有的人拿自己的工作进行赌博，赌的就是上司对自己的信任，结果上司知道真相，自己也丢了工作；有的人拿自己的婚姻赌博，赌的就是婚姻关系，结果婚姻破裂，让自己赔了夫人又折兵；有的人拿自己的权力进行赌博，赌的就是手中的权力，结果一贪再贪，终于东窗事发，将自己送进了监狱。

当然，在赌的过程中，谁都希望自己是最后的赢家，可是事与愿违，最后还是赌输了。但是，因为不甘心，下一次有机会，还要继续赌。

其实，大家仔细想一想，在这个赌的过程中，大家如果能抱着平和的心态、放弃投机取巧的心态，以积极的方式去准备，那才是对生活醒悟之后的人生态度。仔细想来，人生可以看作是一场赌局，随机给你发了牌，你只能按部就班地把牌打下去，如果总是抱着下一张是好牌的心态而随意出牌，结果只能是越来越输了。而倘若摆正心态，不管未来给自己的是好牌还是坏牌都能接受，认真打好自己人生的牌，无论结局如何，自己的人生始终是充实的。

赌博赌的就是心态，如果能摆正心态，谁也无法扭转你的方向，把你逼到赌徒的位置上。赌博就是一场对弈。人生离不开对弈，但如果能把赌场上的那种大无畏精神用在工作上，也许才是最完美的选择。人生不应该是个赌局，更应该像是一个棋局，在一场棋局上，无论哪一方都不知道结局如何，都在用自己的智慧和力气来与对方抗衡。

在这场斗智斗勇的棋局中，也许会落入别人的圈套，也许会给对方制造障碍，也许会见招拆招，也许还会放出烟幕弹。这场棋局中，比的不是运气，而是实实在在的智慧和能力。这场棋局中最后会有输赢，也许自己会输，也许自己会赢，但是无论输赢，都是有收获的。如果输了，只能证明自己技不如人，但是自己已经尽力了，和对

方博弈的过程中，也学到了许多东西；如果赢了，那便是一种幸运，切不可高傲，不可自满，应该让自己更出色。

所以，人生如棋局，可以争取胜利，但是不能靠运气。摆正心态，积极面对自己未知的人生吧！

福无双至，祸不单行

为什么好事发生了一次之后，就不会发生第二次？

为什么人在背运的时候，干什么都不顺利，霉运接二连三？

好事难成双，祸却不单行的背后有什么命运咒语？

这是老天爷的诅咒还是世间万物的定律呢？

1. 倒霉时候喝凉水也塞牙

小雨觉得自己最近真的是倒霉透了！引发一系列黑色倒霉事件的人，就是她的男朋友，现在应该叫前男友——张志。这家伙居然在自己出差的时候，偷偷跟一个女孩子搞暧昧。

小雨实在是不愿意再去回想那个出差回来的下午，因为那一天她亲眼目睹了曾经信誓旦旦的这个男人，牵着那个女孩子的手、神情甜蜜地走在商场中。当时的小雨只觉得犹如晴天霹雳一般，而五年的感情也就这样毁于一旦。愤怒、委屈、不解，所有的这一切，让小雨伤心不已。

小雨失恋了。而这个失恋，就好像是霉运大路的通行证，硬把小雨这个不想上车的客人拉上了车。从此可以说是“万劫不复”！

霉运实例一：一直身体倍儿棒的小雨在那一天晚上，突然感觉浑身发冷，然后一阵呕吐。多年都没有上过医院的她居然因为急性肠胃炎在病床上待了整整一个晚上。心里不舒服，身体更不舒服，打点滴、吃药，折腾得小雨是苦不堪言。

霉运实例二：小雨在医院住了一段时间，经过了病痛折磨的她，好不容易重新回到了工作岗位上，心情自然也差到了极点。一次偶然，居然因为一个小晃神，她在标书上的标价少写了一个零！这样低级而致命的错误彻底惹恼了小雨的上司。那个不近人情的家伙，根本不听小雨的解释，颐指气使地对着小雨一顿责骂。小雨头脑一热，潇洒地扔下文件夹，吼了一声：“我不干了！”气冲冲地跑出了公司。这也同样意味着小雨失业了。

人在倒霉的时候，喝凉水都塞牙。现在的小雨，就是个既失恋又失业的家伙，一下子从一个左手爱情、右手事业的成功女人，成了一个没人要，也没工作的可怜虫。小雨一下子就病倒了，躺在病床上，不禁要问：为什么人在倒霉的时候，一切倒霉的事情都跟着来呢？它们就不能仁慈一点，一个一个地缓着来吗？现在这个样子，该怎么办呢？

福无双至，祸不单行。难道是老天爷看她不顺眼吗？非要将她逼上绝路不可？

其实，和小雨有着相同状况的人还真不少。每次只要是一倒霉，倒霉的事情就会接二连三地跟着来，让所有人都觉得是老天爷和自己过不去，非要把自己逼上绝路。难道真的是因为老天爷看谁不顺眼，倒霉的事情才一桩接着一桩吗？

2. 注定的祸不单行

相信你也有过和小雨一样的感受，经历过这么一段黑到底的日子吧！怎么老天爷这么爱捣乱，总在我们倒霉的时候给我们更多的门槛？这是命中注定还是规律使然？其实用心理学的知识来解释的话，这种祸不单行的现象可以归结为“预言自验”的心理效应。发现这种心理效应的人是美国著名的心理学家罗森塔尔。因此，“预言自验”效应也被称作“罗森塔尔”效应。

罗森塔尔进行这项心理效应的实验步骤很简单。他和某小学的某一个班级合作，首先在班上随意点出十名学生，然后把这十名学生的名单交给老师，告诉老师这是他们测到的全班智商较高的孩子。于是老师把这些孩子叫到自己面前，告诉他们是这个班里智商较高的孩子。经过一整个学期的实验，奇迹发生了。罗森塔尔最后发现，自己选定的这些孩子的考试成绩，果然比其他同学要好。

罗森塔尔“天眼”识人的奥秘就在于“预言自验”效应。因为接受实验的孩子和老师，在实验一开始就接收到了罗森塔尔所谓“天眼”识人的暗示。他们相信罗森塔尔，相信他对孩子们的智商的判断。人们知道了这个信息之后，自然而然地会在心中有一个预期——这些聪明的孩子的考试成绩肯定会比其他人高。然后在这一学期的学习过程当中，充分给予这些点名的孩子“特殊的”重视。这种重视当然也会刺激这些特别的孩子付出和常人不一样的努力。到最后，这种努力积累的成果开始展现，也恰恰验证了人们心中所想——这些孩子果然聪明，果然比其他人考得好。

祸不单行的道理也是一样。当我们明确自己正处在“点儿背”的时候，常常会跟自己说：“小心还有不好的事情发生。”这种提醒虽然是善意的，但很容易催眠自己，让我们时刻警戒着自己的判断。殊不知这种警戒反而提醒了自己霉运的存在。随后事情开始朝着自己预言的方向发展。然后一再提心吊胆，我们自然也清楚，越是小心，坏事就越容易找上自己。最后，如果真的有什么坏事出现的时候，心里就会有个声音在呐喊：“看吧！我就知道结果是这个样子！”

除了心里一直在“提醒”自己之外，还有自己的心理状态——当发生了倒霉的事情，心情自然低落，做什么事情都打不起精神来。在这样的精神状态下，无论做什么

事情，自然是不顺利的，难免出现一些小差错。这些小差错如果放在平时，可能并没有什么，但是在这样的精神状态下，难免将小差错放大，让自己极度郁闷。于是祸事成双而至，也就再平常不过了。

3. 福无双至不是老天太吝啬

看到祸不单行，有些人就说了，既然祸不单行，那么福是不是也不单行呢？当然不是，坏事总成双，好事却从来不成双。于是有些人就说了，这是老天爷的吝啬，哪能什么好事都让一个人赶上呢，要是那样的话，可就太不公平了。其实，和祸不单行一样，福无双至也不是说老天爷过于吝啬，不愿意给我们多一些的好事。福无双至归根到底也是我们心理的原因。

让我们产生“福无双至”感觉的原因主要有三个方面：

第一，在好事发生之后，我们对接下来的好事发生会有更大的期望，所谓希望越大失望越’大。其实这也是一个概率性的问题，好事接连发生的情况当然是有的，但毕竟概率比较小，也并不是人人都有这样的运气。所以当我们遇见一件好事的时候，就开始期待更多的好事发生，期待着更多好运降临到我们头上。但如果没遇到好事，或是遇到的好事并没有太好，我们自然会有些失落，从而感叹老天爷的吝啬，不肯再赐给我们多一点儿的幸运。说到底，是我们的期待总和现实闹矛盾。而且当好事发生的时候，心理处于一个比较高的点，这个时候发生的好事，如果没有比之前发生的好事更好，那么我们也就感觉不到这些好事的好。于是又开始感叹为何好事没有发生。

第二，我们记录失败的感觉要比记录成功的感觉强烈。因为我们在享受成功背后的喜悦时，对于后面发生的一系列好事，都会觉得理所当然。假如这个时候发生了一些不如意的事情，就会在我们兴奋的小火苗上浇一些冷水，自然会让我们的记忆更加深刻，会更加记得成功之后的挫败所带给我们的扫兴之感。

第三，在好事发生之后，心理会处于放松状态。和祸不单行有着相似的道理。发生好事之后，人的心理状态极度放松，心情十分愉悦，对任何事情都似乎没有了兴趣和动力。这样一来，原本可以成为好的事情，也因为这暂时的松懈，而没有变成好事。如果因为高兴，再粗心或者大意一点儿，没准儿好事又成了坏事，这也是常有的事情。

因此，不用再感叹“福无双至，祸不单行”是自己有多倒霉或者是命运有多不公了。我们需要的是一双更加理智的眼睛，可以隔断过去的消极影响——不以物喜，不以已悲。忘掉前尘往事，奋勇直前，用十分的努力换取难能可贵的成功。当发生祸事的时候，要提醒自己，如果沉浸在悲伤中，则会发生更倒霉的事情，让自己打起精神，这样倒霉的事情才会远离自己；当发生好事的时候，也需要提醒自己，小心驶得万年船，切不可因为此时的欢乐而粗心大意，让原本好的事情变成了坏事，这样才能接二连三地遇见好事。

其实，祸事、福事都应该看淡一些，只有让自己的心理处于比较平和的状态，才能让自己的生活也相对平和。一颗平常心，就是福无双至、祸不单行最大的对手。

放平心态，祸事自然了；放平心态，福事也自然来。

疯狂团购背后你是谁

网络团购如何给人们带来归属感和成就感？

网络团购如何为人们解压？

曾经红火的网络团购为何遭遇顾客的抱怨？

1. 独乐乐不如众乐乐

说到团购，恐怕大家并不陌生，并且嘴角立即浮起一抹微笑，因为团购的好处张嘴就来。首先是便宜，商家本着薄利多销外加宣传的原则，将商品降至几折，原本花一百块才能买到的东西，现在花几十块就能买到，这等便宜事谁不喜欢呢？再者是方便，商场虽然也有促销的商品，但是价钱上远不如团购，而且在商场购物，还要排队结账，望着排队的长龙，心里就别扭……现在大家参加团购，既节省了时间，又能买到便宜的商品，何乐而不为呢？

所以说，网络团购的兴起可以说是“购物狂”们的福音，尤其是对宅家一族和白领一族来说。从消费者角度来看，网络团购可以收集到物美价廉的商品。这还仅仅是从经济和实用的角度来考虑。然而从心理学的角度来分析，“购物狂”们之所以如此钟情于团购，是因为他们从中可以找到一种“独乐乐不如众乐乐”的乐趣。也许有人会问为什么“独乐乐不如众乐乐”呢？这个问题可以从孩童时期寻找答案。如果一个人吃饭，就吃得很少，而且吃得也不香，如果几个人一起吃饭，则是吃得又多又香。

他们在同一时间喜欢上同一款产品，天涯海角竟然有着如此“臭味相投”的兴趣。甲叫上乙，乙叫上丙，这些“购友”们一起并肩作战，将那些战利品收入囊中，其中的乐趣妙不可言。他们采取这种做法，可以免去挤车之苦，免去付款时排长龙的烦恼，免去搬运商品那个痛苦的过程……再加上团购之后，可以一起分享产品的使用心得，那种成就感是一般人无法体会的。

张先生是一名钟情于团购的“购物狂”。他曾经是篮球队的队员，身高 1.95 米，脚特别大。因此，在所住的城市他会经常为买不到合适的鞋子而苦恼。大码鞋店就那么几家，选择的余地少之又少，就算合脚，性能和款式又不满意。但是自从网络团购出现之后，他和他的队友们便经常发出“攻击”——团购。他们不是为了追求廉价，而是为了能买到穿着舒适、款式新颖、性能更好的鞋子。而且，张先生觉得通过团购，队友们之间的友谊增进了许多。

其实，很多参加团购的人，是和张先生有着类似情况的。一件商品，自己很难买到，于是便开始寻找一些志同道合、有着同样商品苦恼的人，一起组团，当需求增多的时候，商家自然会为了利益而进行一轮团购。这样，像张先生一样有着购物苦恼的人，既能享受到实惠，又能解决自己购物的苦恼。可以说，这是团购的最大益处了。

2. 非一般的“消遣”

张先生团购是为了解决生活和运动的实用所需。但是更多的白领一族和宅家一族则是通过团购填补内心的空虚。小墨大学毕业后，一个人留在大城市工作。因为是外地人，在城市里除了自己的同事之外，就很少有认识的人了，所以，小墨很少出去，工作之余的休息时间大多都是依靠上网来消遣。而网上购物也是她生活休闲的重要部分之一。

当她第一次与朋友们一起团购演唱会门票，实现了对喜欢多年的偶像现场目睹的愿望之后，她便深深喜欢上了这项“活动”。因为她觉得团购比平时的聚会更有意思。朋友之间奇妙地被团购联系在一起。这样不仅可以享受价格的优惠，还可以驱散一个人的孤独和空虚。于是小墨也就开始慢慢迷恋上团购了，一看到喜欢的商品，就要广发英雄帖，申请团购。小墨喜欢团购到了不可抑制的地步，加上生活中的商品大部分都可以团购，小到生活用品，洗衣粉、护发素、化妆品等，大到家里的家具，马桶、衣柜、床等。既经济又实惠，还能和自己的购友们一起讨论心得，小墨因而乐此不疲，不过这钱包也是瘪下去得十分迅速。

其实，生活中的团购还不仅仅是小墨所团购的这些商品。生活中，我们都会和亲朋好友约好一起 KTV，一起购买飞机票旅游，甚至是集体结婚。这其实也是团购的另一种形式。一起娱乐、共同见证，既节省了人力、物力，又节省了财力。网络团购在给人们带来生活和购物便利的同时，也为人们填补内心空虚、找到归属感和价值认同感提供了良好的渠道。

白领们在单调的“格子里”办公，每天面对繁重的任务，承载着巨大的压力，太希望有一个机会可以让自己放松一下、缓解一下自己巨大的压力了。这时候，网络团购便给他们创造了一个放松的机会。当工作之余，他们在一起浏览喜欢的商品、门票、旅游景点时，便觉得乐趣无穷。不光舒缓了压力，而且让工作更有效率，为紧张的工作氛围带来了些许轻松气息。从此，白领们不必翘首期望周末的放松机会，也不用勉强挤时间逛街、购物，而是在闲假的时候就“逛”得很过瘾。

网络团购就这么神奇地转身，成为人们解压的好工具。一起在网上浏览团购，既不用外出逛街挤公交车，又不用满大街地乱转，这样足不出户就能缓解压力、享受实

惠，这不得不说是团购的功劳。

除了给消费者带来好处外，网络团购也给商家创造了新商机、给行业带来了新气象，很多新兴商家为了打开市场，为自己的商品做宣传，一次团购就足够了。很多运转不济的商家，为了快速清理库存，一次团购也足矣。很多销售不济的商家，也可以通过团购让消费者了解到自己产品的优势，从而夺回属于自己的市场。不过，团购的好处还不仅如此，它还促进了其他行业的繁荣，尤其促进了物流行业的繁荣。

3. **团购为何伤不起**

花无百日红。如今的网络团购已经出现一些疲态。商家之间竞争激烈，大打价格战，虽然吸引了顾客，却失去了盈利的空间，反而让自己的工作量大增。而且一些商家本来就不想组织团购，但是其他商家都在组织，自己不组织的话，眼看着市场就要被他人夺去，无奈之下也只能草率进行团购。价格先不说，这样勉强而来的团购，其服务质量自然不能好到哪儿去。还有一些餐饮商家，因吸引过多的顾客，导致没有座位提供，造成长时间的排队，令顾客“怨声载道”，让餐饮商家白白丢了许多回头客。而最害怕团购的就是店员了，团购最苦最累的也当属店员们。店员们每天都盼望着团购早点结束，超负荷的工作让他们厌烦至极。团购给消费者带来了实惠，给商家带来了利益，却给他们带来了超负荷的工作，他们怎么会没有怨言呢！同样，店主也是万分无奈，“劳民伤财”却无利可图。

难道团购只会给这些商家带来困扰吗？消费者就只享受优惠？当然不是。长期团购，消费者也是苦不堪言。团购了一大堆的优惠券，最后过了期也没能去，白白浪费了金钱；因为团购量大，物流压力很大，十天半月都无法拿到商品；团购的一些商品，需要特殊的包装，而因为团购的消费者太多，商家无法做到精致的包装，导致消费者拿到的商品坏掉了，于是找客服、退换货又是一番苦战。而且，过多的优惠券也成了负担。本来不需要消费，却因不想让优惠券过期作废而无奈地消费。虽然知道有些商品自己并不需要，但是总抱着过了这个村就没这个店的心态，许多人还是进行了团购，这也就造成了兜里的钱越来越少，而花钱买来的东西越来越差，没用的东西也越来越多。众多因素结合在一起，让顾客对团购的兴趣渐渐降低，完全没有了当初的热情。而一轮又一轮的团购轰炸却仍然在诱惑着人们。

这些危机已经日渐凸显，网络团购正面临着一个前所未有的挑战。在看到网络团购曾经给人们带来的许多惊喜和乐趣时，我们也应该看到它自身发展的局限性。因此，如何寻求更合理的销售模式是网络团购未来发展的关键所在。

人肉搜索是真的因为愤怒吗

为什么发现不公平的时候，人们开始如此团结起来进行人肉搜索？

人肉搜索行动的队伍如此壮大，这些人的背后又隐藏着怎样的心态？

做错事情的人被搜索出来，大家真的解恨吗？

被人肉搜索出来的人，他的生活又受到什么样的影响呢？

1. 人肉搜索让人无所遁形

所谓天网恢恢，疏而不漏，而互联网这张铺天盖地的大网更是让人无所遁形。网络的发达，让信息的流通开始更加迅速，并且影响范围更加宽广。当一个人因做错了事情而被放到互联网上的时候，人肉搜索便展开了它无所不能、无所不用的人际关系功能，让人“无处逃生”。互联网就像是一个顺风耳，无论是多厚的墙，它都能运用自己的能力，听到墙外的声音，进一步将这个时代转变成了“若要人不知，除非己莫为”的时代。千万别做坏事，你只要做了坏事，被人肉搜索出来，那可就是吃不了兜着走了。

但是，人们发现做坏事的人后，开始进行人肉搜索，进行的这些人肉搜索是真的因为大家很愤怒吗？还是有别的什么原因？

2006年发生的“女子虐猫事件”，便是人肉搜索出来的典型案例。事件发生在2006年2月。一个名叫“碎玻璃渣子”的网民公布了一组虐猫视频的截图，这组截图一出立即掀起了猫扑网的轩然大波。紧接着，网友“1200kie_ hz”随之发布了有关视频的网址——视频当中出现了一双穿着高跟鞋的女子的脚，正在无情地虐待一只可怜的小猫。这样的行径让网友十分愤怒，虽然小猫是动物，但是如此虐待，还真是残忍至极。

这个视频很快引起网友们的强烈反应，众人都对这个女子的残忍行径大呼可恨，纷纷扬言要找出这个女人，让这个女人暴露在网络之上，为人们所唾骂。于是网友“黑暗执政官”制作了一张“宇宙通缉令”，上面正是踩猫的女子照片，呼吁广大网友积极响应，举报有奖。同时其他网友为了尽快找出罪魁祸首，也纷纷表示愿意捐出猫扑币，缉拿凶手。很快，众多网友开始行动起来，根据照片对这个虐猫的女人进行人肉搜索。

不得不说的是，现在网络的力量真是可怕得惊人。3月2日上午，一名叫“我不是沙漠天使”的网友贴出帖子，指出照片上那个虐猫的女人住在黑龙江的一个小城。这个帖子让事情发生了实质性的转变。嫌疑人被更加详细地锁定了范围。在愤怒网友的通力合作下，虐猫事件嫌疑人在3月4日中午被正式确定。

整个虐猫事件的搜索总共花了6天时间，比起警察的破案时间来说，短得惊人。这不得不归功于网络的力量，以及众网友的团结合作。但除了网络技术的发达让人们的信息交流更加流畅之外，人肉搜索的高效率和愤怒网友的通力合作，又反映了怎样

的心理状态呢？他们真的是因为内心的愤怒才如此大费周折寻找虐猫人吗？

2. 都是因为好奇心

其实，很多人并不是出于愤怒才要将这个虐猫人寻找出来，想必大部分人在看到这个视频的时候，起初是愤怒，觉得虐猫的这个女人简直残忍至极，但是很快内心的疑惑就会代替这些愤怒。这个女人是谁？她为什么要虐猫？她是出于什么样的目的来虐猫的？是因为这只猫伤害了她，还是因为这只猫犯了错误？这是一只野猫还是女人自家的猫？这个女人是不是有什么心理问题？她是来自一个什么样的家庭，才让她产生了这样的行为……

一连串的问题全都出现在了脑海中，加上人肉搜索在网上兴起，于是很多人都想要满足自己的好奇心，想要寻找这一连串问题的答案，于是也就加入到了人肉搜索的行列中。所以说，在人肉搜索中，很多人并不是出于真的愤怒和正义感，而是出于自己的好奇心。

人都是有好奇心的，为了满足自己的好奇心，很多人都是不惜代价的，但是别忘了，好奇心害死人。想想看，人肉搜索不需要时间吗？不需要精力吗？在这样一个现代化的社会中，人们整天忙碌在家庭和工作两条线上，哪还有那么多时间和精力来做这样的事情，但是还真就有人为了满足自己的好奇心，而甘愿花费时间和精力做这样的事情。在这里不得不说，有好奇心并不是坏事，让坏人暴露在公众面前彻底醒悟也不是坏事，但是仔细想想，要是因为这些事情而耽误了自己的家庭生活和工作，自己岂不是吃亏了吗？别忘了在好奇心的驱使下，一个人可以办好事，但也是可以办坏事的，千万不能因为自己的好奇心而办了坏事。

所以说，人肉搜索还是应该适可而止，一些大不了的事情，也就没必要进行人肉搜索了。损失了人力、物力和精力，最后又得到了些什么呢？如果将人肉搜索用在帮助警察追查罪犯身上，岂不是更好？而一些坏人坏事，我们可以谴责，可以愤怒，可以在网络上伸张正义，但是过多地进行追究也就没有太大的必要了。况且人非圣贤，孰能无过？偶尔犯一次错误，就让人人肉搜索出来，让人们唾骂，就算是坏人认识到了自己的错误，想要改正错误，那么公众的唾沫也会淹死他，哪还有机会改正错误呢？

3. 愤怒面具之下的人性揭露

人肉搜索的高效率令人惊讶，参与人肉搜索的网友的愤怒程度和积极程度也让人意外。在这个愤怒的面具之下，除了因为好奇心的驱使，网友们的心里还在想些什么呢？

综合起来分析，让人肉搜索如此疯狂的心理因素主要包括以下几个方面：

首先，人们对于正义的强烈呼吁，反映了人们心中的“英雄主义”。如同虐猫事件

一样，能够呼唤起人肉搜索的案件，一般都是能够挑起人们心中正义感的事件。因为面对不公事件，人们多少会有路见不平、拔刀相助的心理。因此，人们对于公平与道德的认知大致还是相同的。而人肉搜索则为人们提供了一种价值认知的确认途径——当看到自己的正义观点被别人认同的时候，人们的内心就会获得一种极高的认同感和满足感。正是因为这种认同感和满足感，才驱使人们展开进一步的行动，开始进行人肉搜索。

其次，人肉搜索也反映了心理学中的“从众效应”。这种效应指的是人在公众的压力下，会有可能忘却自己本身的观点和意念，接受大众的观点，让自己的行为和众人的行为保持一致。所谓“三人成虎”说的就是这种效应。当所有人都在说一件事情是正确的时候，即使你心中对这个观点存有疑问，也会不自觉地将自己的认知和行动朝着“大流”的方向靠拢。所以，当一个人指出要找出这个人的时候，几个人开始响应，随后大众便产生了“从众心理”，认为自己如果不和大家一样，就会被人看作没有正义感，于是也就纷纷加入了人肉搜索的队伍中来。

最后，人肉搜索中多少也隐藏了人们的窥私欲和八卦心理。人天生就有好奇心理，而人肉搜索所提供的案件，正好是慰藉这种八卦心理的良剂。人们在进行人肉搜索的时候，需要进行资料的收集、整理、调查，这整个过程都充满了刺激，尤其是当最后谜底揭开的时候，人们的好奇心理得到了充分的满足。

人肉搜索为社会道德竖立了一个警示牌，但也可能被居心叵测的人利用，煽风点火，侵犯他人的隐私，从而影响社会的稳定。所以说，人肉搜索还是适可而止，否则不但浪费了不必要的时间和精力，也会造成不必要的影响。

其实，人肉搜索反映了比较复杂的社会心理，作为广大网民的一员，我们需要保持冷静的头脑，不要盲目地做一个跟风者，中了人肉搜索的毒。

做一个冷静的智者，需要我们树立正确的价值观和人生观。现代社会愤青很多，能够理智看待社会事件的人越来越少。所以要经常关注时事，并且不断补充自己的知识，让自己的眼界更加开阔，心智更加成熟。做一个冷静的智者，请不要过分纵容自己的好奇心。好奇是没有错的，但是如果强烈的好奇伤害到了别人的隐私，就有点过分了。这种以伤害别人为乐趣的心态是病态的，是应该受到谴责的。喜欢八卦不可耻，可是过于八卦未免有点讨人厌了。

无论什么时候，无论别人怎么说，我们都需要保持冷静的头脑，保持一颗纯净的、善良的心。无愧于心，也就无愧于人。

网络炫富，炫的只是财富吗

我们时常想，当我们有钱以后，生活会变成怎样。这个时代，财富成了一个人成功的象征。当大把大把的现金、豪华的别墅、奢华的美食、奢侈的名牌包包、酷炫的跑车等渐渐通过网络夺人眼球的时候，炫富，到底炫出了什么？

1.“炫富”的那一代人

要说炫富的那一代人，那就不得不提“开山鼻祖”——雅阁女。2006 年，名为“蛮横白领美女自述：我开本田砸你破车”的视频映入了大家的眼帘。一位自称“高贵、有品位的高级白领”，有一天开着最喜欢的“豪华、尊贵的本田雅阁轿车”走在大街上。一辆 QQ 车“不知死活”地超了她那高贵的车，于是她就把 QQ 车拦下，愤愤地砸烂了。如果说，砸车是愤怒，而后来她扬言“月薪低于三千是下等人”，不得不说是引来众怒的炫富。

“雅阁女”狂言一出，可谓一石激起千层浪，社会各界纷纷投来注意的目光。追求财富、地位的心理，对于人来说是一种正常的心态。然而，凡事都有一个度，超过了必然会伤人害己。

值得我们注意的是，“雅阁女”为自己所赋予的形容词汇，不是“高贵”就是“豪华”，这种夸大自我形象的称呼，不得不让人怀疑这位姑娘所存在的心理问题。后来经心理学家分析，“雅阁女”可能患有“夸大妄想症”或者“超价值观念”。这类人并非有着错误的观念，只是某些观念明显带有错误和荒谬的色彩。“雅阁女”自认为的高贵、收入决定地位，正可能是她内心的心理疾病带来的不被其察觉的错误思想观念，因而她能够大胆地去“炫富”。

“雅阁女”带来的社会关注，不只带来了人们对社会财富的一种正视，也带来了“炫富风”的弥漫，网络中大大小小的炫富微博、视频接踵而至。炫富手段可谓“只有想不到，没有做不到”，而炫出来的财富，不仅会使人颠覆对财富的观念，还使人对人性、对社会产生了怀疑。

网络炫富中，产生影响力最大的事件，莫过于牵扯进红十字会的“郭美美事件”。小女子郭美美，年方二十出头，家住豪宅大别墅，坐骑玛莎拉蒂，爱马仕包包十几个，刚刚参加上海豪华的跑车嘉年华……一条条炫富微博，一张张奢华生活照，无所不用其极地将炫富进行到底。当然，最令民众们难以接受的，还是她自称“中国红十字会商业总经理”的莫名头衔。因而，这一次疯狂的炫耀最终给她带来的不是预想中的羡慕或嫉妒的目光，而是一团熊熊的愤怒之火。虽然经过多次道歉及纠正身份，但这位郭小姐依旧脱离不了与红十字会的牵连，这使得中国红十字会在民间的信任度大打折扣，负面影响极其恶劣。这一事件最终不仅伤了郭小姐自己的名誉，也伤了中国红十字会的神圣形象，可谓赤裸裸地害人害己。所谓玩火自焚大概就是如此了。

无论什么借口和理由，郭小姐的资金来源都非其自己的正当努力收入，这几乎是明摆着的事实。炫来炫去，无非只能证明她拥有一种不劳而获的资本和机会，以及内心深处的那点生怕别人看不起自己的自卑情绪。

众多网络炫富事件中，除了晒名牌、晒跑车、晒自己纸醉金迷的生活，更有令人咋舌的“惊奇之作”——烧钱。在常人眼中的这种心理极不正常的疯狂行为，竟然被人当作是炫耀的资本。我们不得不感叹，网络炫富群体的道德修养问题，以及深藏内心的心理问题。

究竟是什么样的社会环境造就了这样一些令人惊诧的“表演者”？究竟是什么驱使“炫富”人群一而再、再而三地做出如此离谱的举动？

2.“炫”出来的心灵缺陷

面对“炫富”“斗富”“崇富”的这一人群，我们不难从他们的“英勇事迹”里发现以下几个共同特质：第一，网络炫富者不过都是年纪轻轻的青年人，最长者不过70后，80后、90后更为盛行“炫富”这一行为。第二，看似身价不菲的这群人，我们很难找到切实的证据，证明他们的金钱是自己通过努力和正当途径而获得的。第三，炫富者之间攀比成风，当一个炫富的人出现后，另一个炫富的人会晒出比前者价值更高的奢华饰品、跑车等。于是“没有最好，只有更好”的现象就应运而生了。

通过“炫富”群体这三个共同特征，我们不难发现驱使他们炫富的动机所在。暂且抛开媒体炒作不谈，它炫的不仅是社会目前存在的漏洞，更是人精神上的一种残缺。有句俗话：当一个人炫耀什么，他内心就缺少什么；当一个人对事物表现得满不在乎，那恰恰是他最在意的东西。通过弗洛伊德的防御机制的观点来看，这正是反向作用的代表，个体通过与原来目的完全相反的表现，来掩饰内心的真相。看到这里，你可能会问：明明都有那么多钱了，他们怎么可能还缺钱呢？下面我们来细细探讨。

每个人内心都有一个自己的价值衡量标准。实际上，现实所拥有的财富值与心灵的账户金额并非完全成正比。不是说我们手头拥有越多的财富，我们的心灵账户就会随之增加。换言之，我们生活中所拥有的财富，在心灵账户里并非都能算得上筹码。我们不难发现，真正的那群有钱人并没有“炫富”的行为，要说炫富，登上富豪榜的那群人应该炫得理所当然。然而，他们并没有，这正是因为他们的心灵账户已经得到“滋润”，他们不需要通过外界的关注来肯定自己，从某种程度上来说，他们已经达到五种基本需求中的最高需要——自我实现的需要。

转过头来看网络中“炫富”的那群人，正因为他们共同特质的第二条相似点——财富并非源于自己之手，使得他们不断地炫耀自己实际中所拥有的财富，以此来弥补内心账户的空虚。心灵是一面明镜，它能读到炫富者所拥有的财富并非真正属于他们。于是在炫富者的潜意识里，手中的金钱并没有填充到心灵账户之中，自己的价值并未得到肯定，于是他们通过网络“炫富”行为，博得他人关注，得到他人对其财富的肯定，借此来弥补心灵账户里的空缺，由此得到“真正富豪”的切身感受。

除了填充心灵账户之外，“炫富”的人亦在满足自己对尊重的需要。马斯洛说过，人类所有的驱动力，是由机体的一种不平衡状态而产生的需要所造成的，在驱动力的作用下，人们产生了满足需要的行为。“炫富”行为能够带来的结果，就是所炫耀出的财富能够被更多的人知晓，借机得到更多人的认可和肯定。当炫富者得到他人对其财富的肯定时，他就会得到一定的社会地位和尊重，进而满足其对尊重的需要。

从炫富者的角度看，当他们展示出自己奢华的生活后，他们会从心底里产生一种“优势”——自己的生活比广大的普通人要好，自己的地位尊贵，于是以更高一级的姿态来看待他人，假想着“一人之下，万人之上”的画面，一种自豪感油然而生。这是一种人们常有的心理，当自己被别人仰望的时候，我们就会产生一种“别人会尊敬自己”的认知模式。于是当他们晒出微博、照片，并且得到他人关注之时，就是他们产生受人尊重之感的那一刻。然而，炫富者们却忘记了，当自己不尊重他人的时候，自己也不会得到他人的尊重。

其实，每个人心中都有一个“名牌梦”。经调查发现，有46%的人认为“拥有名牌产品是一种身份的象征”。社会背景下形成的不可否认的认知观念：住豪宅、穿品牌必定是有地位和身份的人。因此，别墅、跑车、高档饰品等奢华事物成为人们所拥有财富的一种实体展现。拥有奢侈事物并非完全不可取，然而这要求人们量力而行，也要求人们摆正心态。奢侈品的稀缺诚然能给人带来优越感，但是缺少汗水的炫耀填补不了自己内心的空虚。在其位，谋其政，通过自己奋斗之手得来的财富，才是真真正正的拥有。而凌驾于他人之上的奢侈品，不过是盛装打扮的小丑，内心的自卑感无法弥补。

人类对于财富、地位的追求，是一件无可厚非的事。然而，网络“炫富”本身是一种不成熟的表现，因为财富并不能完全用奢华的事物所代替。手中的奢侈品再多，也无法弥补心灵上的残缺。网络“炫富”，“炫”出来的并不是财富，而是炫富者们的心理缺失。

“冷血”教师，为何如此狠心

教师是一个高尚而尊贵的职业。教书、育人，无私奉献。几千年来，教师被放置在“人类灵魂的工程师”的重要位置上，得到敬重与膜拜。然而现如今，越来越多的“意外事件”层出不穷，教师置身其中时所表现出的冷漠，令所有人震惊不已。导致这些行为的究竟是人性使然还是压力所致？究竟是人格问题还是制度问题？

1. **“安全需求”引发的意外事件**

安全需求是马斯洛五种需要层次理论中的重要部分。每个人都有一种拒绝被伤害的本能，当感觉到危险的气息或者臆想中的危险来临时，就会本能地选择逃避或者拒绝。虽然这是一种消极的自我保护，但无论如何也无法避免。

我们不妨试想一下，倘若自己也遇到相同的事件时，会是怎样的结果呢？答案显而易见。我们必定会小心翼翼地应对，或者索性躲得远远的。如果还能有退一步的余地，多数人都会选择后退，而不会选择迎难而上。因此，在很多事件当中，当事人出于自身的安全需求，往往会做出令人难以理解的举动。

一位老师因为上课时没有及时制止一场打架事件，而导致其中的一位学生死亡。当时，这位老师正在按部就班地上课，突然，坐在第三排的两位学生不知因为什么事，发生了激烈的争执。随着争执的不断加剧，两人竟然在课堂上打了起来。

面对冲突，这位老师并没有做出想象中的反应，而是丢下一句不咸不淡的话：继续讲课。有几位男同学看不过去，赶紧强行将两个人分开。不一会儿，两位打架者的其中一位开始出现抽搐等不良反应，口中泛着白沫，脸色煞白。然而面对危机情况，这位老师仍然没有做出应对。最终是班里的几位同学将他送进医院，只可惜还是迟了一步。

人命关天。此事一出，立刻引起了强烈的反响。这位充当看客的老师被舆论推到了风口浪尖上，各种新闻报道和评论铺天盖地地袭来。学校认定这位老师失职，给予了停职的处罚。政府和教育部门出面调解，让学校、老师和另一位参与打架的学生给出赔偿。一场轰轰烈烈的事件总算慢慢平息。

然而，关于此类事件的发生以及背后深层原因的思考，也许从未停止过。按照普通人的逻辑，学生之间的打架是常有的事，而老师在第一时间给予制止或者批评，也是理所应当的。谁的学生时代里不曾遇到过类似的事件呢？可就是这样一个并不罕见的事情，却走向了一个人们难以想象的结局。

众人的关注和思考都围绕着“老师为何不当场制止学生的行为”这一点展开。表面看上去，的确有点匪夷所思，但只要追溯到那所学校此前发生过的另一个事件，也许就能找到问题的答案。那是一个关于学生伤害老师的事件。事件中，因为老师批评了犯错误的学生而遭到学生的报复——手指被砍断，在身体和精神两方面都受到了严重的伤害。相信同样身为这所学校的其他老师，会因为这起事件感到害怕和震惊。于是，当上述案例中的那位老师，看见发生激烈冲突的学生时，会不由自主地想起那件老师被伤害的“先例”。这时，内心的安全需求使他产生了犹豫，并最终使他选择放弃。

当然，那位老师其实还可以采取别的方法和措施来制止这次暴力事件的升级。可惜他并未将学生的安全放在心上。从这方面来说，这位老师恐怕难以摆脱自私与冷漠的标签。但是一味地谴责并不能从根本上解决问题，找出问题的深层根源，才能避免此类事件的再度发生。

2. 警惕伸向儿童的暴力魔爪

曾经有一段时间，网络中连续曝光了几起关于幼儿园老师的虐童事件。一时间引起人们的广泛关注。

幼儿园老师，在孩子们的人生中扮演着非常重要的角色。当孩子们第一次走出家门感受集体生活，他们的惶恐、不安、迷茫、无助，都需要依靠老师的关心和爱护来消除；他们的头脑和心智，都需要依靠老师的教导和培养来成长。如果不是偶尔的负面新闻，没有人会想到天真无邪的孩童竟然还会遭到老师的摧残。

有一个小女孩因为不会算数学题被老师狂扇耳光；一个小男孩被老师用针管扎伤臀部；还有的孩子被熨斗烫伤或者被锯条割伤。这些耸人听闻的事件都是近几年发生在全国各地的虐童事件。它们让原本充满欢乐的幼儿园变得悲伤，它们使世人对教师的感恩变成愤怒。

孩童总会有顽劣的一面，特别是当前社会环境下那些被过度宠溺的孩子。他们也许是自我、任性、顽皮、不受管束的，但这些都不是老师采用暴力的理由。爱心、耐心、恒心、奉献之心，是身为一名教师应当具备的基本素质，然而我们在某些冷漠的教师身上却丝毫看不见它们的影子。

有人说，是当前的幼师行业存在问题。幼儿教师是个辛苦又讨不到好处的工作——压力大，社会责任重，薪水也不高。有很多人选择这样一个职业，并不是因为热爱，而是因为基本的生存需要。从就读幼师专业开始，他们就承担着来自家庭和社会的压力。自己不喜欢，但不得不学，边学又边感觉到前途无望。长此以往，必然会产生一定的逆反心理。拥有如此心境的人，又怎么能做好这样一项任重而道远的工作呢！

虽然生存需要是最基本的需要，但它所具有的驱动力是强大的。当生存面临危机，需要得不到很好地满足时，人会放弃一些思考、判断甚至是社会道德。这也是为何很多人在面临重重压力的时候会变得毫无顾忌，脾气暴躁，随心所欲。此时，所谓的责任感早就被抛到九霄云外，一心只想让自己的情绪得到宣泄。这类人群是可怜、可悲又可恨的，当他们中的某些人站在教师的岗位上时，那些“虐童事件”的发生也就不足为奇了。

在众多被人关注的恶劣事件当中，2012 年发生的“温岭虐童门”或许是最令人感到震惊的。事件中的女主角不仅用各种方式虐待孩童，竟然还拍了 700 多张照片放进网络。这位女主角自认为那些照片很“搞笑”、很“好玩”，当她拿着自己的成果给一位聊得来的网友“欣赏”时，这位网友的第一反应是自己遇到了神经不正常的女人。也就是这位网友，成为整个事件的爆料者。

随后，这位女主角的行为在网络中快速传播。网友们的质疑声、责骂声、诅咒声铺天盖地地袭来，使这位老师迅速陷入众矢之的。然而，在没有被辞退、被传唤、被刑拘之前，她从未意识到自己所做的是“虐待行为”。她竟然天真地以为自己只是在和孩子们闹着玩，道个歉也就算了。当然，最终的结果比她预想的要严重得多。

如果没有从事幼儿教师的职业，这位女主角不过是茫茫人海中的一个可怜又可悲的女人。微薄的薪水，重压之下的生活，再加上年纪轻轻心智还不成熟，导致她严重的自卑和虚荣心理。想要炫耀些什么，证明些什么，以此来获得别人的关注和承认。于是，心理长久地扭曲，导致行为的失控。

面对整个事件，我们在震惊的同时，在谴责、痛骂女主角的同时，是否应当反思些什么？一个涉世不深，根本就分不清是非对错的女孩；一个因为一些个人问题就变得粗暴，胡乱发泄的女孩；一个将自己的虐待行为当成谈资的女孩，竟然会被轻易地赋予幼儿教师的头衔，担负起孩子日常学习与生活的责任，这是何等随意的选择。任何人遇到问题总是会寻找解决的途径，但孩子纯真而美好的童年是容不得任何人践踏的。

近年来，随着教师“冷血事件”的频繁曝出，越来越多的人开始关注这方面的问题。自身心理不健康的老师不仅教不出品学兼优的学生，还会给孩子的身心造成无法弥补的创伤。孩童的纯真一旦被血腥和暴力沾染，会产生非常严重的后果。而想要避免这种事件继续发生，就需要从价值观、社会环境等各个方面着手，因为一个良性发展的社会环境，才能确保心理的健康，也才能为我们祖国未来的花朵营造一个美好的成长环境。

“御宅族”的自我世界

“宅”是近年来颇为流行的一个字眼，甚至成了一个时尚标签。越来越多的年轻人变成了足不出户的“大家闺秀”，整日躲在自己的世界里想入非非。

“御宅族”究竟是一个怎样的团体？“隐蔽一族”又是怎么回事呢？他们为什么要选择“宅”式生活？

1. 认清“御宅族”的自我大世界

从理论上来说，“御宅族”是一个外来词语，来源于日本。指的是对动画、漫画和电脑游戏十分精通的群体。他们的知识面超出一般人，有很好的鉴赏能力。

仅从字面意思来看，我们就能明白所谓“御宅族”，是在计算机的普及和发展中衍生出来的另类人群。他们在自己熟知的领域里拥有比较渊博的知识，将自己的时间、金钱和精力都投入到自己的爱好当中，乐此不疲地进行钻研。

有权威的社会学者认为，“御宅族”可以分为消费型和心理型两种。

消费型指的是将金钱和精力完全投身于某个特定对象的人。这些人沉迷在自己的领域和爱好里，对收集对象的每一点特质都了解得十分清楚，遇到自己喜欢的“藏品”是一定要想方设法得到的。

心理型指的是乐于将自己的爱好传播给周围的人或者自己创造一种爱好的人。这些人的内心世界相对比较开放，可以毫无保留地将自己的知识和爱好分享给周围的人，使周围的人也能领略到其中的乐趣。

多年来，随着“御宅族”的不断发展壮大，关于此类人群的研究与非议也层出不穷，也引发了关于“御宅文化”的进一步探讨。有人说，御宅文化的本质是对完美或者唯美的追求，是一种近乎病态的执着。他们对自己所热爱的领域不断探索和挖掘，力图深入到每一个细节。并且，他们沉浸在与现实世界完全不同的自我想象中，陷入虚拟的二次元空间。这些表现都给“御宅族”带来了负面影响。

20 世纪 80 年代末期，日本曾经发生过一起关于“御宅族”犯下的案件。罪犯是一名疯狂迷恋幼女漫画和动画的男子，囚禁并谋杀了四名少女。案件后期，警方曾在他的家里搜出了多部录像机和将近六千盒录像带。这一案件导致“御宅族”的形象受到了极大的损伤。社会上很多人开始对“御宅族”产生敌意，这一人群至此很难被周围的人和社会接受。

而今，“御宅族”不仅没有消失，其队伍反而不断被延伸和扩大。凡是沉迷于社会大众难以理解的事物和文化，并且难以与周围的人沟通交流的人，都被划归到“御宅族”的行列。他们不会主动接触自身领域之外的事物，对身边无关的事情毫不在意，每天只是不断搜集资料，增加特定领域的知识面和认知度。

我们很难笼统地判断“御宅族”的生活方式究竟是正面多一些，还是负面多一些。但不管如何，我们都不得不承认，“御宅族”所拥有的强大自我世界，是常人难以企及的。

2.“隐蔽一族”引发的流行时尚

足不出户、流连网络、颓废不振、不修边幅、沟通障碍……当这些词汇被罗列在一起的时候，一副“宅男”或者“宅女”的形象就会出现在我们面前。他们顶着乱蓬蓬的鸟窝头和黑眼圈，睡眼惺忪地坐在电脑前，用方便面填肚子，用聊天软件与外界沟通，在网络中购物，过着几乎与外界隔绝的生活。

曾经有人将这类人群称作“御宅族”，而事实上，这种说法是认知方面的偏颇。“御宅族”和我们通常所说的“宅”并没有本质的联系，甚至没有太多关联。准确地说，拥有这类“宅生活”的人群应当被称作“隐蔽一族”。他们的生活基本处于自我封闭的状态，不愿面对社会压力，不愿工作，不愿外出，不愿与人见面和交谈，对身边的家人和朋友也是一副漠不关心的态度。自己的情绪也变得难以控制，忽而亢奋，忽而低落，非常不稳定。与“御宅族”相比，“隐蔽一族”可以被看作是有心理疾病的一群人。

一位网名叫妮娜的女孩，24 岁，每天 QQ 在线的时间超过 12 个小时，生活的全部内容包括：网聊、游戏、动漫、电影，一日三餐基本依靠快餐填饱肚子，偶尔网购一点生活用品。不工作，没有生活来源，经济方面只能靠家人救济。极少与周围的人沟通，不到万不得已，都不愿说话。

家人很担心她的生活状况，认为长期这样下去肯定会影响身体和心理健康。所以几次三番做出尝试，帮助她找工作，希望她能拥有正常的生活。可是妮娜根本就不为所动，她认为现实的世界不符合自己的想象，宁可躲在家里和虚拟的世界共存。

短短一年之后，妮娜的身体出现了各种各样的问题，精神状况也越来越糟糕。在家人和朋友的眼中，她就像一个游魂，面色苍白，精神不够集中，即使与熟人也很难沟通交流，不知道该怎样用语言表达自己的想法。后来，久坐带来的颈部和腰部的疼痛越发难以忍受，妮娜才萌生了走出家门的想法。

长期“宅”在家中的生活状态相当于一种自我囚禁，不仅会使身体产生诸多问题，例如面色苍白、颈椎病、肩周炎、腰肌劳损、椎间盘突出等症，还会使精神产生诸多问题，例如颓废、陷入恍惚的状态、沟通障碍、喜怒无常等。久而久之，整个人就变成了网络中流行的说法——“废柴”。

然而，尽管“隐蔽”会带来许多弊端，但仍然有大批青年男女源源不断地加入“隐蔽一族”的行列。如今，“宅”俨然已经成为一种流行时尚。很多人毫不避讳地将自己称作“宅男”“宅女”，甚至有人还会互相攀比谁更“宅”，谁“宅”得更有技术、更有内涵、时间更久。

普通人很难想象一周、两周、三周，甚至整个月不出门的生活应该怎么过，但对于“隐蔽一族”来说，这些“记录”丝毫都不是问题。他们还会摆出很多“宅”的正面理由，比如宅在家里比较省钱，宅在家里不容易受到伤害，宅在家里更自由等。多数宅男宅女们对自己的生活都非常满足，尽管他们也明白“宅”式生活对自己健康的损耗，但内心获得的空间和自由是他们最想要得到的。一旦沉浸其中，便乐趣无穷。

现如今，“隐蔽一族”引发的时尚还在继续蔓延。这更加说明“宅”式生活符合当前时代背景下青年人的一部分心理需求。特别是那些独生子女，因为孤独的成长环境会造成内向的性格。原本就不擅长交际，当他们在现实生活中遭遇压力、困境或者失败时，就会本能地选择逃避，从而转向虚拟世界寻找慰藉和成就感。

有过网游经历的人都知道，网游世界中随处可见宅男宅女们的身影。他们将游戏当成一种生活方式，在游戏的世界里创造自己想要的生活，并且深陷其中。在游戏角色的扮演中，他们可以随着角色的不断成长和成功，获得心灵上的安慰。在游戏的世界里，他们眼界开阔，思路敏捷，身手矫健，无所不能。游戏生活与现实生活的巨大反差，使他们迷恋其中，难以自拔。

当人们痛斥“宅”生活所带来的负面影响时，是否仔细考虑过究竟是什么原因使得这种生活方式得以快速流行。良好接受度的背后，必然会存在着强大的吸引力和推动力。

3.“宅”式生活也可以良性发展

从“隐蔽一族”的群体特点中不难看出，选择此类生活方式的人大多是年轻一代，他们是社会未来的主体。如何满足他们的心理需求，引导“宅”式生活趋于良性发展，是值得思考和探索的问题。

对于那些“宅”式生活的执着拥护者，只是一味地说教或者强迫他们改变生活方式，往往只能得到适得其反的效果。有句话说：存在即是必然。尽管此类生活方式有其弊端，但它毕竟引领着时尚生活的潮流。那些宅男宅女们无时无刻不在彰显着自己独特的风格，他们在舆论中占据主力军的位置，挖掘讯息和真相；他们关注生活中的衣食住行各个方面，传播消息和知识。由此可见，他们对整个社会的影响力不容小视。

目前，已经有人提出“宅”得要有计划，“宅”得要健康，“宅”得要有思想之类的新观念。在这些观念中，提倡放弃“宅”式生活中阴暗颓废的一面，转而向积极健康的方向发展。例如，宅在家里的时候，可以为自己制订一份生活计划，使日常生活变得井井有条。既可以保障学习、工作，又可以留出一些做运动和玩游戏的时间。一日三餐选择健康的食材，亲自下厨感受制作美食的乐趣。天气晴朗的午后，坐在阳台上，一杯茶、一本书，都可以让生活在瞬间变得靓丽起来。如此一来，在有限的生活空间里，也可以创造丰富多彩的生活。

当“隐蔽一族”们逐渐拥有生活的能力，感受到充满阳光的温暖时，便可以渐渐走出“宅”式生活的阴霾。当创造、张扬、归属、尊重等心理需求得到满足时，宅男宅女们就已经可以随时走出“宅”的世界，寻找属于自己的广阔空间和生命自由。

“专家”还是“砖家”

小时候，我们都幻想着长大后能够成为行业中的佼佼者，于是“崇拜权威”的倾向在心里静静生根发芽，我们相信讲座中、报纸上、电视里权威专家的一字一句，觉得那是坚不可摧的真理。

然而，当下“专家”盛行的年代里，那些所谓的权威发言，逐渐变得荒诞而可笑，我们不得不怀疑，现在的权威人士究竟是“专家”还是“砖家”。

1. 当“专家”变成“砖家”

所谓的专家，是指具有某种专业技能，并以此技能谋生的职业人士。然而，当专业变成了业余的时候，当“专家”之言也可以被人轻易戳穿的时候，当“专家”渐渐被人们戏称为“砖家”的时候，“专家”就已经不再是人人敬仰的权威人士。倘若某个有争议的事件或者问题，需要“专家”站出来说话时，那么这位“专家”的结论只会引来围观，却得不到更多人的信任。

究竟是什么原因，使得“专家”的社会公信力逐渐走向低谷？不妨让我们从实际例子中看看“砖家”的技能展示。

倘若你是一位注重健康和养生的人士，你一定阅读过很多知名的养生书籍，接受过很多所谓养生专家的指导，你也就一定会记得一起关于“养生专家”的啼笑皆非事件。

前些年风靡全国的养生热，让许多家庭备上了养生知识的书籍。而定时定点地观看养生节目，是很多人特别是老年人生活中不可或缺的一部分。人们热衷于养生专家介绍的各种饮食方法或者生活习惯，并且按部就班地照做。原以为可以改善自身的身体状况，却不知其中有多少“误人子弟”的传说。

在众多所谓的“养生专家”中，一位名叫张悟本的先生曾经红极一时。在电视节目中“叱咤风云”的他，告诉人们怎么“把吃出来的病吃回去”。按照他的理论，人体所有的不健康和诸多问题都是吃出来的毛病，而这些吃出来的毛病是可以靠饮食的调节来消除的。于是有了“绿豆煮水能治百病，喝酸奶会增加血管黏稠度，生吃长条茄子好处多”之类的结论。既能出畅销书，又能上正规电视节目的人，话语中透着权威语气，于是公众们将其视为“专家”。

既然“专家”都发话了，又有什么可怀疑的呢？于是人们疯狂买绿豆，不喝酸奶，生吃茄子……直到有人吃进了医院，张悟本“专家”的面纱才被大家揭开。原来，他就是一“砖家”，为了出名，没事逗你玩儿呢。可怜平民百姓为了自己的身体健康，不惜忍着难以下咽的味道将生茄子吃进肚子里，却换来一场空。一时间，铺天盖地的骂

名将张悟本淹没。

当“砖家”可以通过正规渠道随意散播自己荒谬的理论时，我们还有什么理由相信所谓专业人士的说明和指导。民以食为天，平民百姓小心翼翼地对待与自己息息相关的食物。能吃什么，不能吃什么，东西应该怎么吃，都铭记在心。然而，当他们得知自己所付出的努力都是白费甚至对健康有害的时候，“专家”也就成了众矢之的。

还有一些让人分不清是真还是假的“专家”，为了某些利益或者为了减少民众恐慌，说出了一些违背常规逻辑理念的观念。例如，当胶囊被查出铬超标之后，有“砖家”发言说：“一天吃六个胶囊，一天三次，一次两个，没有吃掉多少铬。所以要冷静，不要恐慌，不要把药用空心胶囊铬超标说成很大的危害。”这不禁让人想到生物书中毒素积累的食物链，低等生物积攒着少量的毒素，然而随着食物链的捕食，到食物链顶层的动物所积攒的毒素已经并非那么少，而我们人类恰好处于这金字塔的顶端。

俗话说，三百六十行，行行出状元。而当下这三百六十行里，没事也会蹦出几个“砖家”。通过上述的“砖家”事例，对其有了大体上的了解，那让我们一起来总结下“砖家”们的特色：最大的亮点——忽悠，打着学术和理性的幌子，以故作高深、夸大其词的分析讲解来达到忽悠的目的；特色之二——半吊子，说其不懂文化科学，但感觉他们又懂那么一些，事前跟猪一样，事后却变成了忧国忧民的诸葛亮；特色之三——敢说，“砖家”们没有不敢说的话，只要能够达到预先的计划，没有什么事情说不出来，即使那是一些糟蹋民族文化，损害他人利益的话。

2.“砖家”是怎样炼成的

《笑傲江湖》中的《葵花宝典》告诉我们：“欲练气功，必先自宫。”要想真正地了解“砖家”，只有化身“砖家”中的一员才能做到。

21世纪最贵的是人才，比人才更贵的就是专家了。这是一个人人可摇身变成专家的年代，贯彻落实以下几点，您成为“砖家”，便指日可待。

第一，不论遇到什么奇怪或者棘手的问题，你都需要保持冷静并且回答：“这很正常。”这短短的一句，却彰显出自己见多识广。地震时，有人问：“为何那么大的地震，你们都没有预测出来？”这时你就要说：“这很正常，地震的可预测性是世界面临的挑战之一。”当吃生茄子吃出人命的时候，你就要说：“这很正常，未经加热的事物残留的有毒物质最多。”当有人问你为什么总是这么说，此时你就要回答：“这很正常，因为我是专家。”

第二，将简单问题复杂化，目的就是为了让人听不懂或者听起来高深莫测。比如解释前加上“根据某某原理可知”，然后说一些冗长的、带有无数修饰词汇的句子，搞得听者晕头转向、似懂非懂状态的时候，你的解释也就完成了。

第三，分析时有条理，并且顾左右而言他。这条就要求“砖家”养成者说话时分出一、二、三的小标题，这样让人感觉很有逻辑性，很有条理，并且在说一件事情的时候牵扯出有关此事的其他物品或情景，这样不仅分散人的注意，更使人觉得您博学多才、见多识广。

这里稍做娱乐，并非是为了让大家走上“砖家”的邪途，只是想让大家了解“砖家”是怎样炼成的，以此来揭示为何“砖家”层出不穷、比比皆是。通过“砖家养成手册”，我们感觉成为“砖家”不是难事，只要你的脸皮够厚，只要你的嘴巴敢说，人人都可以做上几日“砖家”梦。

3. 用理智的头脑面对吹来的风潮

“专家”是一个易成品，稍做加工就可以以专家的名声博得噱头。然而，专家之所以成了“砖家”，答案其实很简单。

首先就是利益驱使着“专家”朝向“砖家”发展。当下社会，许多人为了达到最终的目的，不择手段。为了能够得到公众的信任，高额雇佣某些领域的专业人士为其说话，以此来使自己获益。而对于那些受到雇佣的专家们来说，与整日埋头钻研学术却未必能取得成绩相比，通过上上镜，说几句简单的又不用负责的话，还能快速赚到一大笔现金的差事，是一件极好的事情。于是没有道德的“专家”转行做起了“砖家”。但专家们本以为又可以出名，又有钱收的好事，却成了毁掉自己荣誉，糟蹋“专家”行业，害人又害己的蛀虫。还有一些“草根砖家”，他们假冒这个那个的名头，出来诈骗，得到收入就走人。

其次，站在什么立场，为什么人说话，决定了他是“专家”还是“砖家”。我们都知道，当立场不同的时候，我们所面对的事情就截然相反。“专家”应当是站在真理这一边，并不应当站在某一单位或某一身份的立场上。当“专家”偏离真理立场，那他就走向了“砖家”的行当。

作为普通民众的我们，是一个有思想和判断力的群体，我们需要有区分“专家”还是“砖家”的慧眼。不盲信，成为“豆你玩”“蒜你狠”的受害者。也不能一概不信，对于正确的道理，我们还需要表示赞同。世风虽日下，在打击“砖家”的同时，我们也需要尊重专家的存在。

当专家们浮躁起来，追逐名利的时候，“砖家”们就会透支整个社会对专家的公信度。面对“砖家”们的信口开河，群众调查所得到的结果，也令人心头一颤，仅有6.5%的人认为“专家是社会权威，值得信赖”。

专家本身就是需要公众信任的行业，当这种诚信缺失以后，难以立足的专家行业只能衰败。然而当社会失去了权威公信力以后，社会各界都会成为无头苍蝇，只能四

处乱撞，没有可以信任的事物，人们整天活在质疑声中。

“专家”变成“砖家”而使整个社会对于权威抱有怀疑的时候，我们不得不重新思考社会对于“专家”们所赋予的权利和名声——高期待的群体，却做出低质量的事，专家不再专业，这不能不说是学术界的一种自欺欺人、唯利是图带来的惨痛教训。所以，“砖家”不要滥竽充数，为了那黄粱一梦；“专家”也不要中饱私囊，安分守己就好。

名人出书热与推荐热

随着经济的飞速发展，人们的物质需要得到了一定的满足，于是将目光转投到精神文化需求上。

柜台上摆着琳琅满目的各色书籍，多得让人眼花缭乱。

在文学的盛宴中，随处可见名人们出的各种书籍，然而名人出书热与推荐热的浪潮，带来的是真有故事可谈，还是只为分一杯羹呢?

1. 让我为你献上一本书

时下，各类媒体的主持人、娱乐圈中的明星大腕们，竞相推出自传或文集。要问何时拉开这一热潮的序幕，我们可以追溯到 1995 年，刘晓庆发表的个人自传《刘晓庆——我的自由》；到了赵忠祥的《岁月随想》，可谓是堂堂正正地刮起了“名人出书”这一狂潮。一批又一批的自传、写真争先恐后地粉墨登场。图书大厦里被那来势汹汹、势不可挡的浪潮围堵得“水泄不通”。

赵忠祥

在学术自由的时代里，只要有能力，出书发表自己的文学创作、理论观点是无可厚非的事情。对于名人来说，从一个草根走向众人瞩目的焦点的心酸历程，亦可以说是立传的瑰宝。然而，现在不论是文艺界、体育界、商界，形形色色的名人纷纷出书，这不难让人感觉鱼目混珠。举一个简单的例子，有的艺人本没有什么故事可谈，于是用类似写真集的花花图片，串成没有内涵的自传，献给了他的“粉丝”。

长久以来，不时有名人出来推荐自己的新书，然而经资料显示，截止到 1998 年年底，全国已经有多达一亿多册的名人传记类书籍在流通环节中积压，并且有许多名人传记已经开始在书店中打折销售。

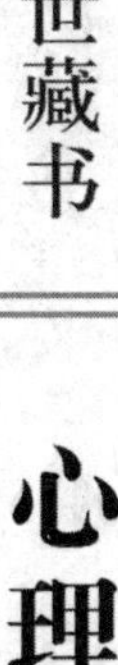

不能否认名人出书热是一种好的现象，可能最初的动机是好的，但是随着队伍的壮大，最初的动机逐渐变得扭曲，渐渐模糊了最初的目的。

2. **书本背后的那些事**

每种社会现象出现的背后，必定有推动其产生的原因。而名人出书的现象背后，也有着那些不可言谈的“潜规则”。

马斯洛提出的人类五种需要，是人类产生所有行为动机的源泉。名人出书的行为举动，是可以规划到较高层次需要的满足当中，这也是名人出书的最初动机。历史是从书中而来，于是当一个人的生涯被记入书籍之时，就会使人产生一种被“载入史册”的自豪感，精神上得到了“高峰体验”，自我实现的需要在一定程度上得到了满足。于是这就成为名人出书的基本动力之一。

名人出书的基本动力之二，就是对尊重的需要。书籍是出书者智慧的一种物质性体现。自古以来，智者都被我们所崇敬，所以当名人出书以后，其书籍被广大读者争相购买，于是名人就感觉到自己的思想能够鞭策到其他人，对其他人产生影响，因而得到群众的尊重。特别是演艺界的名人，其中不乏有智慧、有思想的人物，但由于艺人在公众眼中始终带着“低俗”的味道，于是艺人们通过出书来展现自己的才思敏捷，告诉大家自己并非只懂表演的等闲之辈。

前两种动机，可能是最早的时候名人出书所有的，为追求更好的自己而产生的行为。然而目前出书热潮，却不再是那种单纯又美好的年代，名人出书与推荐更多的是一种利益的驱使。社会无时无刻不给人灌输着“金钱至上”的思想，名人和出版商共同看到这一“摇钱树”，于是名人“专心致志地写书”，出版商乐此不疲、毫无怨言地发行。书籍的发行虽然有一定的先期投入，但是，在名人光环作用下得到的收益，明显会超过成本。于是出版商们放低了门槛，只要你是名人，只要你能出书，只要你的书能够卖出去，我们就乐于为你服务。于是形形色色的名人书籍到了读者面前。

名人们看到出书如此简单，为何要错过既扬名又有钱赚的大好机会，于是争先恐后地“一窝蜂”出书。如果销量不好，那很简单，只要趁热打铁，在大大小小的城市图书大厦里举办几个签售会，吸引“粉丝”前来捧场，那钞票就会大把大把地流入囊中。

能驱使名人出书不仅在金钱诱惑上，还存在着“广告效益”。名人之所以称之为名人，就是知晓他们的人比普通人多得多。知道他们的人越多，他们越是有名之人，地位随着人气而变得显赫。名人出书，是其为自己造声势的一个绝佳的机会。名人传记无形之中成了自我推销的广告，“我曾经怎样怎样”“现在我怎样怎样”“以后我想怎样怎样”，潜藏着的目的就是告诉你“我会越来越好，支持我，你不会看走眼”。名人

出书，可谓是一种“高雅”的广告宣传。

如果说满足需要、收获利益是一种有一定思想性的名人出书的动机，那有的名人盲目跟风，便成了一个没有大脑的追随者，是出书热衷最可悲、最可怜的一群人。这群名人没有思想，不知道自己几斤几两，看到别人出书，自己不甘落后，也忙着为自己立传。然而，有的人没有故事，没有思想，甚至连文笔都欠缺得可怜，于是有人找到了枪手为自己“作画”，添油加醋地写出自己的“辛酸故事”，头上插上虚假的美名，将一本没有思想内容的读物献给大众。

产生名人出书热与推荐热的原因还有许多，自传泛滥的书海里，我们不能一竿子打翻一船人。珍品佳作不是没有，但是低俗却是最广泛的潮流。所以，读者要擦亮眼睛，审时度势地面对名人出书热与推荐热的浪潮。

3. 你有你的书目，我有我的观点

书是人类智慧的结晶。从小我们就受到“多读书才会有知识”的熏陶，这无形中使人们养成了一种对书籍的尊崇态度。然而，随着市面上的书籍越来越多，分的种类越来越细，难免会出现质量参差不齐的状况。然而对于读书来说，读好书才会有真正的精神受益，那些低质量的名人口水书籍，不得不说是一种时间的浪费。

首先，我们要保持一个冷静的头脑去面对那些所谓的名人。目前，大量的粉丝在喜欢上一个名人之后，就会不分好坏，只要是那个人所推出的东西，粉丝们会照单全收。名人们看透粉丝的这种心理，于是肆意地推出自己的书籍，他们知道总有人会消费。这就要粉丝及大众读者们保持冷静的头脑，要知道：表演好的名人，唱歌不一定好，唱歌好的名人，跳舞不一定好，样样都好的名人，所出的书不一定好。有时候，“爱屋及乌”不是一种大爱，而是一种愚蠢。

其次，我们需要有一颗为了知识而读书的心。名人出书不过有以下几点：一是有故事性、思想性，这可谓是名人自传中的好书；二是有“卖点”，何为“卖点”？那就是能够吸引读者的东西。对于名人来说，什么最能吸引读者？那就是“八卦”——人们普遍存在着对于名人私生活的好奇，于是名人借着这个卖点，揭露自己的私生活，谈谈其他名人的“小故事”，勾引出读者的好奇，书自然会被抢购一空。这样的书籍，写的不是“纯”而是一种“俗”，只能玷污了读者的眼睛。所以为了保护我们的“眼睛”，杜绝人性中的八卦弱点，告别没有营养的爆料性自传，多花点时间去看看能够提升心境、陶冶情操的营养书籍。

名人出书热和推荐热，无形中将书籍演化成为一种有智慧、有思想的彰显方式。然而，当读者从那些花样翻新的书籍中找不到“营养”的时候，名人建立的高大形象不但得不到提升，反而被贬低成低俗的表现。事物被利益所武装，就会丧失原本

应有的单纯动机。所以，为名人出书热与推荐热泼上一盆冷水，冲掉那些镀上金边的利益，露出原本应有的真实面目——真实的故事，真正能够给人带来思想与正能量的书籍。

书是人类进步的阶梯，不能因为浮躁的世态，使人类登向高处的天梯变成进入文明的黑暗之洞的阶梯。

饭局上，抢着买单的那个人

中国是一个注重礼仪的国度。尤其是在社交场合，各种明里或者暗里的规矩，让每一个置身其中的人都必须小心翼翼地应对。中国又是一个饮食文化丰富的国度。因而在社交过程中，“饭局”是免不了的一种形式。关于“饭局”的讲究颇多，其中，“买单”也是一个重要环节。应当由谁来买单？每一位参与饭局的人应当在买单这件事上采取什么样的态度？都是值得考究的。

1. 当“买单”成为一种利益交换

饭局是快乐的，买单是痛苦的。一个人独自承担一桌人的餐费，着实有些负担。当辛辛苦苦赚回的银子付之东流，没有哪个人的心里不会被揪一下。然而很多时候，“请客”总是免不了。我们不仅要买单，还要买得大大方方、痛痛快快，甚至还要和别人抢着买。

拿着钱包边喊“我来，我来”边冲向柜台的热情之人，在酒店或餐馆里时常可以见到。还有的人不会选择张扬，而是在这一餐吃得差不多快要结束的时候，“偷偷地”去柜台结账。过后，等其他人都争先恐后地索要账单时，才知道为时已晚。

一次，Joe 与几位朋友小聚。几个人选了当地一家小有名气的餐馆，围坐在一起。局中，他热心招呼朋友，推荐特色菜品，酒水也尽可能细心周到。在他看来，既然自己请客，就要显得大方一些，让朋友们都吃好、喝好。朋友们也都十分领他的情，大家吃吃喝喝，有说有笑，聊得热火朝天。

其间，Joe 也暗暗计算了这一桌价格不菲的菜品和酒水，难免也会稍微地心疼一下自己的钱包。不过，那只是一闪而过的念头。在他看来，自己既然已经请了朋友，等过些时日，朋友也难免要请自己。礼尚往来，人之常情。

不多时，当满桌子只剩下残羹剩饭的时候，朋友们也都尽了兴。眼看时间已经差不多，Joe 便伸手招呼服务生结账。年轻的服务生彬彬有礼地走过来，告知他已经有人买过单了。一桌人面面相觑，不知道究竟怎么回事。这时，坐在 Joe 对面的 Leo 摆摆手：“是我。我已经结了。”见有人抢着买了单，Joe 只好寒暄几句，表示感谢。当然，这个“情”肯定是要牢记的。

没过多久，Leo 忽然找到 Joe，说是因为业务方面的一点事，想让他托关系帮忙解决。想起之前的饭局，Leo 抢着替自己买单的情景，Joe 终于明白对方的意图。俗话说：拿人家的手短，吃人家的嘴短。既然已经接受了别人的好意，自己当然也不好意思拒绝别人的求助。虽然不太情愿，Joe 还是帮了朋友的忙。

天下没有免费的午餐。看似心甘情愿的付出，其背后都有一定的原因和道理。Joe 之所以乐于请朋友们吃饭，是因为他明白朋友们自然不会就这样白吃白喝。而 Leo 之所以不动声色地帮“东家”买了单，当然是因为他想要借此机会让对方欠下一个人情。这样一来，当自己需要帮助的时候，对方就不会轻易拒绝了。

人际交往中，讲究互惠互利、知恩图报。很多时候，饭局事小，带来的回报才是人们真正想要得到的。回报可以满足自身的需求，可以在关键时候为自己带来更多利益。请客的人之所以选择提供免费一餐，是为了别人在未来还给他人情。而抢着买单的人之所以会替别人付出和承担，是为了得到来自“东家”更多的回报。

当“买单”成为一种利益交换的方式，食物便会失去它原本的好滋味，但这并不妨碍人们继续举行那些看似气氛融洽的各色“饭局”。它们是社会交际的需要，也是自我满足的需要。

2. 出手阔绰、充满豪气的买单一族

在某些人眼中，那些“有来有往”的小小饭局根本不值得一提。通过几道菜、几瓶酒，就让别人惦记着自己的人情，是一件多没面子的事情。但凡有点资本的人，都不会去做这种斤斤计较的小事。于是，他们豪放地大包大揽，无须别人的回报。只要是彼此相熟的朋友或者同学，不管人员多少、饭局大小，他们都会抢着买单，带着一种可以一掷千金的豪气。

几年前，参加过一次热闹的同学聚会。负责组织的是过去的班长，聚会的地点定在一家新开业的酒店。宽敞的大房间里坐了十几个人，大家彼此寒暄，追忆过去的时光。酒席的菜品算得上是中档，进口红葡萄酒一瓶接一瓶地开。有些经济条件不是很好的人，难免会有点担心，不知道自己要为这一餐付出多少。

酒过三巡之后，醉意渐渐浓起来。班长在闲聊时，有意无意地提到这一顿晚餐，是班里的某一位同学请客。整桌人的目光顿时都集中在了那个人身上——他则笑着摆摆手，说没什么。言语和表情都透露着几分自豪。在大家适时地“追问”下，他才说出自己近年来做生意收益不错，身家已经达到几千万。虽然算不上富豪，也可以说是比上不足、比下有余了。满桌的人自然免不了又要恭维一番。

出手阔绰的人总是很容易赢得周围人的好感，因为人都有几分占便宜的心理。白吃白喝又不用搭人情，这种天上掉馅饼的好事，落到谁头上谁都不会推辞。可是如果

将这类喜欢“撒钱”的人看作是傻瓜，那就大错特错了。

赚钱不仅辛苦，还要担风险，没有人的钱是安安稳稳从天上掉下来的。所以，没有人会真的不在乎自己的钱。只是，不同的人有不同的需求。有些人用金钱换回生活所需，有些人用金钱换回精神所需。因而我们不难看出，那些潇洒大方地为酒局买单的人，图的不过是来自旁人的羡慕和恭维。

此类人群有一定的经济基础，能轻易负担一定数额的费用。当生活所需对他们来说已经不再是疲于奔命的目的时，精神领域的需求就成了尤为重要的方面。就像很多炫富的人一样，求的不过是优越感和自豪感。偶尔，这种小小的炫耀倒也无伤大雅。

3. 买单＝买面子

千百年来，中国人“好面子”的传统可谓源远流长。有面子的人被看作人缘好的人、有本事的人、有成就的人。当一个人的身份、地位、才华、能力不好判断的时候，只需要看看这个人有几分“面子”就能得出结论。可见“面子”在中国人的社会交际中起到了相当重要的作用。这也就难怪很多人喜爱“面子”，甚至视“面子”如命，无论如何都不能失掉自己的面子。而这种爱面子的传统，也就应运而生了很多不合逻辑、不可理喻的行为。

饭局中，总有些人虽然没有较好的经济能力，但仍然乐此不疲地抢着买单，觉得这是一件很有面子的事情。付出再多、再心疼，都不如自己的面子重要。这种看上去难以理解的行为，几乎每一天都在发生着。

有位朋友，太太闲在家，两人的生活全靠他一个人的薪水支撑。农历新年时，回家探亲，由于两人婚后第一次回老家，自然少不了要与亲戚们聚一聚。那位太太原本打算在自家摆上一桌酒菜，请亲戚朋友们一起坐坐也就是了。可丈夫不同意，非要在附近的酒店请上一桌，说这样才算是有面子。

当天，亲戚们拖家带口坐了整整三桌。太太见人太多，就想和酒店商量，按照每人 50 元的标准上酒菜。可丈夫又不同意，觉得太过寒酸，于是放话出去，让大家“喜欢什么就吃什么”。亲戚们见这架势，以为不用再客气什么，就真的要了些平日想吃却很难吃到的东西。

结果可想而知，虽然这一次丈夫为自己赚足了面子，可结账的时候也着实狠狠地心疼了一次。夫妻二人两个月的生活费，就搭在了这一顿饭局里。而亲戚们只当是男人在外面赚了大钱，却不知道他为了面子付出了多少辛酸。

也许站在常人的角度来看，为了“面子”让自己难过，是件很不划算的事情。人生苦短，何必为了虚有其表的东西难为自己，倒不如让自己活得自在些。然而在社交中，特别是在某些特定的场合下，如果不为自己争几分面子，就难以得到别人的尊重

和看重，也就难以成事。

相亲，是很多大龄男女常有的经历。相亲的整个过程，通常就只是见面、吃饭。这一餐，关系到两个人对彼此的印象，关系到两个人是否能继续发展下去，也关系到男方在女方心目中的地位。而这一餐究竟应该谁来买单的问题，也曾经引起过争论。但不管结果如何，男方买单的情况总是占了大部分。如果一个去相亲的女人，遇到一个不愿为他们的第一餐买单的男人，心里总会有些不舒服，也就很难再与这个男人有后续的故事。通常，这并不是钱的问题，而是礼数和面子的问题。

男人在女人面前，特别是在初次相遇的女人面前，自然是要争几分面子的。有了这几分面子，男人才能得到女人目光中的那一点欣赏和崇拜，才能换回与其继续交往下去的机会。所以想要成就好事，还真少不了得要点“面子”。

没有足够的经济能力，却仍然执着于用“买单”来赚面子的人比比皆是，这是尊重需要，也是自我实现需要。越是缺少什么，就越是想要证明什么。只是强行得来的“面子”终究是过眼云烟，不如一些力所能及的付出更实在，也更坦然。

不爱购买独爱 DIY

DIY 是英文 Do It Yourself 的缩写，意思是自己动手制作。在这个崇尚个性的时代，拥有新奇、有趣的想法和物品，是挂上时尚标签的根本。于是，越来越多的人寻求另类和与众不同，而 DIY 制品的独特性和唯一性刚好可以满足此类人群所需。

1. DIY 概念引领流行风尚

远古时代，人类依靠自己的双手改变了整个世界，创造了属于自己的生活。长久以来，手工一直是人类赖以生存的重要能力。没有双手便无法参与劳动，不参与劳动就没有收获。在某些特殊领域，手工劳动者们还凭借精湛的技术制造了流传于世的古董和艺术品，充分彰显了手工的魅力与价值。

然而，随着工业化时代的发展，机器生产越来越多地占据主导地位。大量的生活用品被机器不断地生产和复制，人人都在使用着相同的产品。虽然成本低廉，但生活的色彩也因为缺乏新鲜感而打了不少折扣。

当人们的生活水准不断提高时，渐渐开始有人厌倦那些生硬而冰冷的工业化产品，转而重新追求古老的手工制品。后来，一些拥有独特手工制品的人被认为是时尚、另类的代名词。但那些昂贵的、出自工匠们之手的手工制品要付出不菲的价格。对于普通人来说，往往难以承受。那么，如何能拥有属于自己的另类小物又不需要付出昂贵的代价呢？DIY 当然就是一种不错的选择。

有句话说：自己动手，丰衣足食。用普通的材料，自己制作一些装饰品、生活用品甚至是衣服，都是一件值得去尝试的事情。一时间，一股 DIY 风逐渐兴起，并且越刮越猛烈。许多心灵手巧的人积极开发自己的潜能，收获了令人意想不到的效果。而 DIY 过程本身，除了节约成本之外，还可以激发自己的创造力，并且打发了无聊的时间，增添了生活的乐趣和情趣。

80 后女孩萍儿是同龄人中的 DIY 高手，从小心灵手巧的她擅长各种手工制作。大学毕业后，她一个人租了套一室一厅的房子，开始了异地打拼的生活。为了节约房屋装修的成本，也为了打造一个属于自己的生活空间，萍儿买来各种材料，开始装扮自己的房间。

她用各类花色的壁纸装点墙面，用包装纸改造废旧的纸箱，将破旧的牛仔裤和窗帘制作成坐垫、靠垫，还用一些废旧的物品制作了很多小摆设、小挂件之类。短短一个月的时间，她的小房间就给人焕然一新的感觉，到处彰显了小女孩的可爱和浪漫。朋友们去做客的时候，都惊叹她的创造力。甚至有人提议让她考虑利用业余时间做点小生意，帮别人设计和装扮房间。

在朋友的鼓励下，萍儿真的开始着手做这些事。先是从身边的单身朋友做起——几位女孩子都向往拥有自己的小世界，而萍儿的一双巧手，帮她们实现了自己的心愿。慢慢地，越来越多的单身女孩找她帮忙装扮房间。这份兼职不仅可以在经济上给她一些支援，也丰富了她的业余生活，让她收获了无尽的乐趣。

DIY 风潮的流行，满足了新新人类要求自我、独特、前卫、品位、新奇、另类的需求。DIY 制品不仅能使他们头脑中的生活构想变成现实，也能为他们提供显示自己与众不同的资本。一个独一无二的房间，一只款式独特的包包或者是一双图案特别的手绘鞋子，都能让人在拥有它们的时候感觉到欣喜。

物以稀为贵。这些市面上买不到的东西，对人们来说也更值得珍惜和眷恋，不会随手丢弃。这样一来，无形中也减少了一些资源的浪费。商家也看准其中潜藏的机遇，纷纷推出各种 DIY 的原料和单品，满足人们做手工的需求。

未来，DIY 将可以成为人们的一种生活态度。这种隐含思考、创新、劳作的积极、健康的生活方式，是非常值得提倡和推广的。

2. 身价倍增的“孤品”

DIY 制品盛行的时代，“孤品”也同样吸引着一部分人的目光。所谓孤品，并不一定是指 DIY 制品，还包括其他手工制品、设计类产品等。每一件都是独立存在于世。孤品就像叶子，世界上没有完全相同的两片叶子，同样也没有完全相同的两件孤品。所以，形形色色的“孤品”成为一些生活精致、有品位人士的首选。

孤品可以用来收藏，也可以用来装点生活。特别对于女孩子们来说，手中有几件

别人没见过也买不到的衣服或者饰品，就会很容易招来羡慕的眼光。也难怪很多世界知名品牌的服饰都尽可能限量制作和出售。然而，国际顶级品牌的限量版价格不菲，普通人是望尘莫及的。因而身为平民百姓的我们，只能碰碰运气，淘一些价格略高但还可以接受的稀有品种。

24岁的莉莎在公司里算是特立独行的女孩。公司在整座城市最繁华、最前卫的地带，这里的白领们都竭尽所能展现自己的风格，莉莎无疑是她们当中最吸引人眼球的女孩之一。工作一年多来，她的衣服、饰品、包包及身上的其他小零碎，从来都能令人耳目一新。它们很漂亮且做工精致，但却让人看不出是什么品牌。同事们时常向她打听来源，她只是笑笑说，这些都是孤品，我自己淘的。言下之意就是：你们不要再问了，即使我告诉你们是在哪里买的，你们也是买不到的。

莉莎鲜明的风格羡煞了身边的女人们，也引来很多男士的关注。如此有眼光、有品位的女人，自然会是一位有头脑的聪明女孩。没多久，仍然单身的莉莎成为男士们竞相追逐的目标。而细心、聪明、眼光独到的她，就趁此机会选到了一位适合自己的男友。朋友们都称赞她，不仅在挑选服饰方面胜人一筹，挑选伴侣的本事也不在话下。

近年来，随着人们对“孤品”的看重，需求越来越多。很多人想要借助拥有“孤品”，向周围的人证明自己的独特、另类和高品位，因而“孤品”的价值也不断攀升。其中有些并非真的是“孤品”，只不过是在特定的范围或城市内比较罕见的物品，但这丝毫不影响人们追求的热情。

对于多数迷恋“孤品”的人来说，只要能在自己所处的圈子里有突出的表现，就已经足够。旁人也不会真的考究自己所拥有的究竟是不是真正的“孤品”。拥有这种心态的人越来越多，为了迎合他们的喜好和选择，商人们的点子也逐渐丰富起来。

大约2到3年前，一个叫作“vintage”的词频繁地出现在网络里。“vintage”中文的解释是古着孤品。这是一股复古风潮，它激发了人们对过去的怀念。就像乘坐着一部时光机器，窥探过去的时光，看到一些想象之外的地方。

古着是美丽的、优雅的、浪漫的，就像一部老旧的经典爱情电影，能引起女人的无限怀恋和遐思。因此，许多女人迅速加入追逐古着孤品的行列，为一件梦寐以求的连衣裙或者毛衣心生向往。还有很重要的一点，这些古着都打着“孤品”的标签。因为是接受了时光的洗礼而剩下来的东西，所以没有完全相同的两件。

随意浏览几家专卖“vintage”的网店就不难发现，几乎所有的古着孤品都价格不菲。简单的款式和材质，就能卖到高价，其中的商机便不难想象。然而，当越来越多的“vintage”被奉为精品的时候，却也曝出存在品质问题和仿冒品的问题。根据某些报道，很多所谓的古着孤品不过是商家淘来的二手便宜货，经过翻新和加工之后，又

当作精品出售。还有一部分来自洋垃圾，这些漂洋过海而来的淘汰品在国内自然称得上是“孤品”，可谁又会接受别人丢弃的东西。自此一部分热衷购买“vintage”的女人因为难以分辨真假，开始逐步放弃自己的追求。但仍然有一部分人坚持自己的选择，因为实在是太喜欢了，而且不会撞衫。

不难看出，“孤品”的诱惑力和吸引力是多么强大，它们充分满足了人们的自我实现需要。想要被突出，想要被重视，想要在茫茫人海中独树一帜，“孤品”便是最好的选择和标签之一。当我们因为一件“孤品”而得到旁人的关注和欣赏的时候，内心深处的那份虚荣便得到满足。然而，我们究竟需要为“孤品”付出多大的代价，相信每个人的承受能力也是不同的。

需要得到满足，固然是重要的。但我们不能仅仅因为自身的需要，盲目地迷恋和痴迷于那些“孤品”，并为此付出超出自身能力的代价，这样做只能换来得不偿失的结果。适度地选择能够体现自己性格、特质和品位的东西，才是我们应该坚持的。

“送礼”的奥妙

为什么我们喜欢“送礼”？

为什么“有来有往”就可以延续送礼这一行为过程？

送礼和收礼，是人们人际交往中必不可少的一种行为。在这背后，到底隐藏着什么样的“送礼文化”呢？

1. 收下了，你就是欠我的

2011 年美国有一部票房大卖的青春喜剧，名字叫《绯闻计划》。戏中的女主角是一位洁身自爱的好女孩，但是由于各种原因，她不得不撒谎——让她的同学以为她是一位私生活糜烂的坏女孩。其实，她这么做是因为她的一位男同性恋同学，一直被周围的同学耻笑。无奈之下，他向女孩提出假装他们发生过一夜情，好让他们的同学以为他不是同性恋。心地善良的女孩，受不了同学的哀求，勉为其难地答应了。可是，没想到接下来之后，很多男生冒名来找她，希望与她发生关系。作为条件，那些男孩送给女孩一些没有用的优惠券。后来，每一次在女孩心不甘情不愿地收下这些“礼物”之后，有关她的恶毒谣言便甚嚣尘上，令她大为伤心。最后，她为了保护自己，决定揭开这些善良的谎言。她找到了之前的那些男孩，请求他们告诉别人真相。可是那些男孩却告诉她：“你已经收下我送给你的礼物了，你欠我的。”

收下别人的礼物，真的会有一层亏欠的意思吗？可以想象的是，不管是送礼的还是收礼的，大多数的人都会对这样的想法嗤之以鼻。但是人们都说人情债，千斤重。像戏中的女主角，明明是没有发生的事情，却因为好心帮助了别人，等自己需要别人帮助的时候，那些人却像缩头乌龟一样躲了起来。原因就是你已经收了我的礼物，就不能反口翻盘了。

古往今来，无论是西方还是东方，送礼物从来都不是一个国家或者一个民族的事情。但是，如何送礼和如何收礼，以及背后潜在的文化，却真的在不同的民族里面，有着不同的现象。

但是不可否认的是，无论是在哪种文化之下，礼物的交换都有着一套自己的规则和仪式。人们在礼物的交换过程中，可以亲身实践这种礼物文化背后的含义。在这个过程中，我们潜移默化地被自己的文化所影响，也在影响着礼物交换的规则。不得不说的是，这也是一种社会进化的过程，而在这里面，每一个参与的个人，都体现出社会行为心理的变化。

躲藏在送礼背后的社会心理，无外乎就是送礼的人总是期待着以一份好礼物换来更好的礼物，或者是好的心意会换来别人的尊重。如同等价交换一样，我们在心里总是期待着一份礼物能够换来什么，而不是对方的毫无反应。这就是互惠利他主义，人们喜欢自己处于一个双赢的局面。就像原始的部落首领，为了能获得结盟，总会和别的部落首领交换礼物。其实，人们交换礼物的根本目的，就是为了在未来遇到的不确定性面前，可以寻求别人帮助。这种互惠利他主义，是更加有助于人类的生存和进化的，它能够激发人们乐善好施的良好本能。

2. 礼尚往来，生生不息

过年过节，我们去拜访别人的时候，绝对不会两手空空地过去。否则，就算对方不会觉得自己没有教养，自己也会觉得自己很失礼。当要离去的时候，主人家也绝对不会让客人两手空空地回去，而是往客人的手里塞进同样大袋小袋的礼物，让客人带回家去。

中国的古话常说“来而无往非礼也”。当别人给你送礼的时候，你没有一点的表示，就是一种不礼貌的表现。作为收下礼物的人，也许可以同样以礼物回敬送礼的人，也许是以自身能力去回馈别人，例如帮别人办事。

乍看之下，怎么人与人之间的感情是这么的世俗，这么禁不住物质的考量呢？其实，这也是人与人之间感情交流的一种，也同样可以窥探自己和别人的社会关系。除了无往非礼，我们还常常强调说“有来有往”。有来就有往，如果只有“一来”，没有了“二去”，人和人之间的感情线也就会戛然而止。就连你和家人之间，也可以通过“有来有往”来坚固彼此的感情。

人们的心理活动变化，是一件充满了奥妙的事情。如果你收下了别人的礼，就算你有多么不想承认，你已经和他在无形之中建立了一条关系线。而且，你也会认为自己欠下了别人的人情，总会找机会来回报。同样地，当别人收下你的礼物，在潜意识中你也会有着相同的期待。也许，你会反问——一对热恋中的朋友互赠礼物，难道他们就是为了互收对方的礼物而送礼吗？他们之间的感情没有受到“送礼”的驱动吗？别忘了，在一段感情中，人们最怕的就是自己付出的感情没有回报。互赠礼物，除了能表达自己的爱意之外，还有一个潜藏的意思，那就是希望对方可以在收下礼物之后，以他或她的感情来回报自己。

社会学家认为礼物交换能够生生不息地传递下去，就是因为存在着“礼尚往来”。因为送出去的礼物，一般都会获得回礼，而收到的回礼又是下一轮送礼规则的开始。这就像俄罗斯轮盘一样，不停地在转动着，没有停的一天。不断反复循环的礼物链，假如没有脱链的那一天，就永远没有停止。每次的收送礼物，都意味着一轮新的利益交换链的开始。

不过，我们也要注意交换礼物的目的不是为了利益，也不是为了赤裸裸的交易，而是以交流感情为目的。交换礼物的价值在于背后的文化意义，在于它所代表的权力、地位和声誉。“送礼”的奥妙在于你所送的礼物是否有象征的意义。也许你送的茅台酒，别人并不喜欢喝，但是由于茅台酒代表尊贵，使得收礼的人对这份礼物喜爱有加。所以，交换礼物不是要礼物本身的实际价值。

3. 送的最好是“心意”

小娜听说自己曾经的同桌生了小孩，很为她开心。于是，她决定挑一份礼物过去拜访她。小娜想到既然有了小孩子，那么同桌一定很需要一些婴儿用品。

她来到了一家婴儿用品超市，在那里买了很多女婴的衣服。等她来到同桌的家里，同桌看到小娜送的礼物之后，面露尴尬的神色。原来，同桌生下的不是女孩，而是男孩。

我们中国人的送礼文化，源远流长。要想学好这门学问，首先就要知道自己所处的社会关系，还有收礼的人所处的社会关系。如果是送礼给领导，就先要打听清楚领导需要什么，要记住“雪中送炭”远远比“锦上添花”更令人印象深刻。要想送出一份既能受到收礼人的赞许，又能达到送礼目的的礼物，送礼人的心意可不能没有。像小娜在还没有弄清楚情况之前，就贸然地给别人买来了女婴衣服，引来不必要的难堪。小娜送礼的心意，虽然是有，但是还不够重。

赠送礼物，是人际交往中必不可少的一种行为，是维系两人感情的一道桥梁。一次完美的互赠礼物，能够恰到好处地向送礼者表达自己的友好、尊重或者是爱意。但是礼物过于贵重，就会令人收受不起。礼物过轻，收礼人反而觉得送礼人看不起自己。如果是求人办事，这样的礼物成功概率几乎是零。所以，怎么挑选礼物，是一门很大的学问。

首先，我们要注意到个人的一些禁忌。由于人们的出身背景和所受教育的不同，他们的文化禁忌也就会有所不同。在送礼之前就要避开这些文化禁忌，免得自己辛辛苦苦挑选的礼物，却触犯了别人的禁忌，造成误解，那就是无妄之債了。其次，我们可以从别人最先需要什么出发，不一定是他们最想要的，但是一定是他们最需要的。如果收礼人收到一份他需要的东西，那么他一定会感到这份礼物的贵重。

七、生活的怪诞心理

表情可以左右心情吗

心理学家为了做研究，常常会做一些变态的试验，比如德国心理学家弗里茨·斯特劳克就曾经做过这样一个试验：

他把被试分成两组，第一组要用牙齿咬着笔看漫画书，第二组用嘴唇叼着笔看漫画书。然后，让他们对漫画书的内容进行评价。虽然他们看的是同一本漫画书，但是评价却差异很大。用牙齿咬着笔看漫画的人说漫画书很有意思，而用嘴唇叼着笔的人则认为一点都不好看。

为什么有这种差别呢？首先，让我们来揭秘用牙齿咬笔和用嘴唇咬笔的奥秘。请你试着做出相应的动作，你发现了什么？是不是用牙齿咬笔时，你的表情看起来更像微笑，而用嘴唇咬笔则看起来很像不满意的表情。第一组一边“微笑”一边看漫画，所以心情愉快，对漫画做出了积极的评价。第二组一边“撇嘴”一边看漫画，所以一肚子不高兴，对漫画内容毫无兴趣。

实验结果证明，表情的变化能够影响心情。即使你现在心情很糟糕，不需要任何令人高兴的事情，你也可以高兴起来，只要做出高兴的表情就行了。也许你觉得没事做出咧嘴笑的动作是一件很傻的事，而且你想当然地认为忧愁的时候并不是笑一笑就能烟消云散的。但是，假装微笑，你就会真的觉得很好笑，这确实可以改变郁闷的心情。不信试试看！

面部神经最接近大脑，人可以通过眉、眼、嘴、鼻和面部肌肉灵活、准确地表达自己的感情。一旦做出快乐的表情，面部神经就会传递给大脑信号。接到信号之后，大脑中的边缘系统的“奖励区域”就会做出正向的情感反应。同理，如果做出悲伤、郁闷的表情，大脑边缘系统的“惩罚区域”就会做出负面的情感反应。

不高兴的时候千万不要扮出一副苦瓜脸，否则你会在忧郁的海洋中沉浸很久。

抬头挺胸，绽放笑容，摆出生龙活虎的架势，你就会立刻开朗起来。

眼见不定为实

大多数人从来没有怀疑过外在世界进入眼睛所形成的影像的真实性，然而比比皆是的错觉现象完全颠覆了人们的真实性印象。看了下面这组图之后，你会以为自己的眼睛有毛病了。因为你看到的和实际情况相距甚远。不要担心自己的眼睛出了问题，这些只是心理学家搞的小把戏。他们通过几何排列、视觉成像规律等手段，引起视觉上的错觉，达到艺术或类似魔术的效果。这种现象叫作错视，或视觉假象。

形成错视的原因非常复杂，除了视网膜构造、视觉反应等生理因素外，还与观察者的心理因素密切相关。观察者往往凭借过去的经验，依靠自身的预测力和心理暗示获取视觉印象。这就会导致观察者做出与客观事物不一致的视觉判断。

为什么演讲结束后敲桌子

美国心理学家戴维・迈尔斯到德国一所大学去听演讲。演讲结束的时候，他本能地抬起双手想鼓掌，但是发现其他听众开始用指关节敲击桌子。这个美国心理学家有点疑惑，这是什么意思？难道他们对演讲者不满意吗？可是，他们的表情却是一脸高兴，演讲者也没有丝毫的不快。美国心理学家断定这是他们喝彩的方式，于是加入敲桌子的队伍中。（在德国乃至欧洲下课时敲桌子是对老师表示满意并致谢。）

这是典型的从众行为。在群体中，人的个人意识就会变得淡薄，很容易被大多数人影响。个人意识变得淡薄之后，就会安心地融入团队，不会注意周围人对自己的看法。有些害羞的人平时不敢大声唱歌，但是去看演唱会时，在群情激昂的环境中也会大声歌唱。去看体育比赛时，他们也会大声呐喊助威。

集体唱歌、高喊、鼓掌、跳舞可以让人们热情似火，积极参与到群体活动中，增强集体荣誉感，此外还能减少个人的自我意识。传销就是用这种方法蛊惑人心的。现在，一些销售行业同样用这种方法唤起员工的积极性。

群体的影响效应会随着人数的增加而递增。弗里德曼和他的同事曾经对哥伦比亚大学的学生进行一系列实验。他们让助手和被试一起听搞笑的录音或者看喜剧电影。结果表明，当所有人坐得很近的时候，助手很容易诱导被试发笑或鼓掌。正如一位戏剧导演所说，好的剧场就是坐满人的剧场。因为拥挤的房间会给个体增加压力，而在分隔成许多空间的房间里，个人能够退回其私人领域。

我们会不由自主地服从于多数人的意志。当多数人站起来的时候，我们也站起来；当多数人鼓掌的时候，我们也随之鼓掌；当多数人敲桌子的时候，如果我们不敲桌子，就会显得自己是另类。大家为了得到接纳和赞赏，都希望与群体保持一致。

请记住托马斯·福勒的一句格言：按大多数人的做法去做，大家就会说你好。

别把自己当明星

很多女孩出门之前总要用半个小时的时间挑选衣服，有些人希望听到别人的赞美，有些人担心别人说自己的衣服太难看，其实没有必要那么麻烦，因为没有那么多人注意你。除非你是当红明星，否则不会引起狗仔队追拍。你能想起昨天和你一起吃饭的朋友穿的是什么衣服吗？如果你想不起来，这很正常，我敢保证你的朋友也不知道你昨天穿的是什么衣服。

生活中，人们总是高估别人对自己外表和行为的关注度。这种现象在心理学上叫作“探照灯效应”。在探照灯照射下，人们觉得自己的一举一动，所有细节都被人注意到了，从而过度担心自己的瑕疵。探照灯效应源于我们担心被群体拒绝的恐惧感，从远古时代起，个人就对群体形成了依赖，因为一旦被群体抛弃就意味着死亡。到了今天，我们仍然害怕因为一点差错，就被群体排斥。

这种心理现象对完善自我有一定的积极意义，但是如果对任何发生在自己身上的事都过分在意，就高估了自己的影响力。促进探照灯效应的因素之一是个体对自己的综合评价。如果一个人把自我评价的指标放在外在的内容上，忽略了能力、气质等内在品质，那么他就会时刻把探照灯照在自己身上。

其实，人们最喜欢的是自己，最关心的也是自己。别人跟你一样，也在担心自己，没有多余的心思挑你的毛病。当你担心自己的衣服没有系好扣子，露出一点内衣而感到脸上发烧的时候，也许别人正在为自己嘴边的一颗饭粒而感觉无地自容。

相信不少人有走错洗手间的经历，那时候真想找个地缝钻下去，或者用个隐身法，让所有人都看不见自己。其实，即使我们犯一些尴尬的小错误，别人也不会觉得我们十恶不赦。而且，他们会很快忘记这回事。倒是我们自己很长时间难以释怀。

不要把自己看得太重要，关掉探照灯，你才能解放自己。

人际关系就像照镜子

一个朋友悄悄告诉你，某某在背后说你坏话。你顿时心头火气，开始反击，不分青红皂白地骂了某某一顿。对某某的怨恨毁了你的好心情。其实，某某并没有说你坏话，是传递消息的人添油加醋地做了一番加工。他是无辜的，当然不能忍受你的挑衅，于是开始回击。就这样，他真的与你反目成仇了。

如果你讨厌别人，那么他一定不会喜欢你（暗恋关系除外）。心理学家把这种现象叫作“镜像知觉”。这个过程看似荒诞，但是在我们的生活中，类似的剧目每天都在上演。美国和伊拉克在备战时期，乔治·布什认为萨达姆是一个“杀人的暴君”和“疯子”，而萨达姆认为美国政府才是“威胁世界和平”的一群“疯子”。

这个现象说明当你和别人发生冲突的时候，至少有一方存在误解。这种误解很难解开，因为它会自我证明。比如，你认为某人是坏蛋，对他产生敌意，对方自然不会给你好脸色。你心想，“看吧，我早就知道他不是好人”，恶性循环就此开始了。

冲突中对立的双方常常夸大彼此的分歧，双方不自觉地将对方的观点极端化了。站在对方的角度思考问题，有助于解决冲突，然而这是非常困难的。罗伯特·赖特曾经说：“如果一个人做了让你讨厌的事，而让你站在他的立场上去思考，这肯定是道德训练中最难的一课了。”

著名心理学家津巴多认为，误解将这个世界一分为二，即我们讨厌的人是坏人，我们喜欢的人是好人。你讨厌别人，别人就会讨厌你。在你认为的坏人眼中，你同样是坏人。因此，不要随便给别人贴上“好人”或“坏人”的标签。

要想别人怎样对你，就怎样对待别人。

为什么人们对座位很专一

会议开始了，大家纷纷进入会场，找座位坐下。会议的内容很沉闷，在大家昏昏欲睡的时候，中场休息的时间到了，不少人起来活动，当大家回来的时候，无一例外，全都坐回了原来的座位。

这是社会心理学家做的一项实验，实验结果证明了“定位效应”，即人们习惯了某个位置，就会先入为主，坚持最初的定位，不会轻易更换。人们为什么会死心眼，只认准一个位置呢？因为第一次接触所形成的印象对后来的认知会产生重要的影响，在没有重大刺激的情况下，第一印象会保留很长时间。

几十年前，自然学家康拉德·洛伦茨发现刚出壳的幼鹅会依附于它们第一眼看到的生物，当然一般情况下是母鹅。但是，有一次洛伦茨成了幼鹅们第一眼看到的生物。它们从此就一直紧跟着他。洛伦茨由此断定幼鹅不仅根据它们当时环境中的初次发现来作决定，而且决定一经形成，就坚持不变。洛伦茨把这一自然现象称作“印记”。

人类社会的“定位效应”与幼鹅的“印记”如出一辙。定位效应同样适用于选择职业等社会定位。相信你认准一个职业，就不会轻易转行了。这种心理定式有一定的积极性，越早选定适合自己的行业，越容易做出一番成就。频繁跳槽或频繁转行的人很难在某一领域做到出类拔萃。因为半路出家需要付出相当大的成本。

美国心理学家对初中生做了一项关于专业选择的心理测试，通过问卷测试推断初中生将来最适合干什么职业。孩子们知道结果后觉得正好符合自己的期望，家长也予

以支持。他们一旦选定某项职业，就会在惯性作用下走下去。事实证明，坚守在自己岗位上的人，确实做出了出色的成绩。

做好人生定位，才能赢得丰盛的人生。

为什么人们喜欢排队购物

一天中午，你想在外面找个饭馆吃饭，路边有两个饭馆，其中一家冷冷清清，一个顾客都没有，另外一家生意非常红火，已经没有空余的座位了，门口还有几个人在排队等候。你会选择哪家呢？如果你不是特别赶时间，相信你一定会选择排队等候。

长长的队伍对人们有奇妙的吸引力，置身于队伍之中，人们就会在心理上获得一种安全感。当我们看到很多人排队购买西瓜时，心里就会想："这种西瓜一定非常好吃，否则怎么会有这么多人购买呢？"于是，也排在队伍后面。心理学家把这种基于其他人的行为来判断某件事物的好坏，并由此决定自己是否效仿的现象叫作"羊群效应"。

很多人觉得像羊群一样从众是没有个性、没有思想的行为，是不好的。其实，从众无所谓好坏。根据大多数人共同的价值观，从众有时是好的（阻止人们排队买票时插队），有时是坏的（看到有人在公共场所吸烟，自己也吸烟），有时无关紧要（女性看到很多人留短发，自己也留短发）。

也许现在你开始反思这种排队购物的行为是否理性了，难道别人的选择就一定是对的吗？没错，排队的人也许做出了错误的选择，他们争相购买的西瓜可能一点都不甜。但是，这种担忧并不足以让人们改变排队购物的习惯，因为他们还有另外一层心理上的安慰：如果我做出了错误的选择，还有很多人和我做伴。说到底，这还是因为我们能在群体中获得安全感。排队的最大安慰，不是前面的人越来越少，而是后面的人越来越多。此外，排了很长的队终于买到了，心里会有一种成就感和满足感。

追求名牌其实是排队购物的极端化。人们对商品的质量和设计没有足够强的判断力，万一买了破烂货怎么办？不如跟随大多数人，选择某个众所周知的品牌。于是大家在心里形成了这样一个印象，品牌的东西就是好。

对于商家来说，让顾客在门口排起长长的队伍，本身就是一种广告宣传。

涂鸦背后的秘密

闲得无聊的时候，你有没有信手涂鸦的习惯？你可能会画一些简单的圈圈点点，或者画一个简单的小人。涂鸦是人们在无聊的时候做的下意识动作。心理学家调查发现有 2/3 的人有涂鸦的习惯。

如果你有涂鸦的习惯，千万要藏好你的作品，或者及时销毁，千万不要让心理师看到。因为当你不假思索地在纸上乱涂乱画的时候，潜意识就随之宣泄出来了。心理师可以根据你的“大作”窥探到你内心的秘密。

涂鸦确实能反映一个人的内心世界，绘画心理分析已经成为心理疏导的重要途径。当一个自闭的小孩不愿与人沟通时，心理师就会让他画画，从涂鸦中了解他的内心世界。俄罗斯前总统叶利钦爱画交叉线，这说明他的性格直爽、固执。诗人普希金喜欢画人像，这说明他喜欢与人交往。美国前总统肯尼迪喜欢画一些尖头帆船，这说明他精力充沛、自强不息。

心理学家发现常见的涂鸦可以分为 7 类，7 种涂鸦反应 7 种心态。

1. 螺旋线、波浪线：表示忧郁和孤独，也许画家经历了小小的挫折。如果发现自己画螺旋线，要控制自己的脾气。

2. 三角形、正方形等几何图形：表示明确的目的和信念，几何图形越有棱角说明画家越有野心。

3. 圆圈、椭圆形：说明画家很无聊，需要一些新的刺激来摆脱百无聊赖的情绪。

4. 花和太阳：说明画家有丰富的想象力，但是个性比较脆弱。

5. 格子：说明画家陷入了进退两难的尴尬境地。

6. 简单的小人儿：表示画家感到无助或逃避。如果你画了这种小人儿，那么提醒自己拒绝让自己勉为其难的事，否则会后悔。

7. 十字：表示苦恼或自责，或者受到别人的责难。

涂鸦看似随随便便地画，却能泄露内心的秘密。

恐怖片越怕越爱看

“啊——”恐怖片中的女主人公推开了那扇神秘的门，随后发出一声凄厉的尖叫。

你的手心出汗，头皮发麻，砰砰乱跳的心提到了嗓子眼。虽然怕得要死，你还是瞪大眼睛，迫切地想知道门后面藏着什么怪物。

看电影本来是为了放松身心，为什么偏偏有人喜欢看吓人的恐怖电影呢？心理学家给出了两个答案：第一，在看恐怖电影时，人们并不真正害怕，而是为电影情节感到兴奋；第二，人们在看恐怖电影时很紧张，而在故事结束后能够享受到那种如释重负的快感。

如果某人声称自己爱看恐怖片，但是一点都不害怕，不要相信他。如果他不害怕，就没有必要爱看了。看恐怖电影最快乐的时刻就是“吓得要死”的时刻，爱看恐怖片的人最享受的就是这种“怕并快乐着”的感觉。简单地说，快乐和恐惧两种情绪可以并存。在蹦极等极限运动中，人们同样是在感受恐怖的同时享受刺激带来的快感。

看恐怖片的欲望是在观众的潜意识中形成的，每个情感细腻的人的童年都是悲伤的，每个民族的集体潜意识里的过去也是悲伤的。观众希望在恐怖电影里寻找悲伤的童年和某种潜意识。优秀的恐怖电影能够抓住观众意识的脆弱环节，让他们陷入“安全的恐惧”之中。调查显示，喜欢看恐怖片的观众主要是 21 岁以下的青少年，而且以女性居多。他们处于生理和心理高速发展阶段，看恐怖片是多余的荷尔蒙转化的一种方式。

弗洛伊德提出了“生本能”和“死本能”这一对概念。“生本能”指人的自卫本能和性本能。“死本能”是指每个人都有倾向于毁灭与侵略的冲动。恐怖片唤醒了人的死本能，可以说死亡危机感和末日意识才是恐怖的源头。

恐怖片带来的刺激迎合了潜意识深处的“死本能”，因此越怕越爱看。

为什么快乐不能持久

买彩票中大奖可谓喜从天降，但是有人曾对买彩票中大奖的人进行研究，结果发现他们在中奖一年后，并没有比未中奖的人快乐。

我们每个人的快乐程度有 50% 是在出生时就由遗传基因决定了。中彩票、涨工资或新婚宴尔可以让我们的快乐瓶子里的快乐多一些，但是很快就会恢复半满状态。人的欲望是永远无法满足的，与其说是“欲壑难填”，不如说快乐难以持久。这种现象叫作“享乐适应理论”。

如果钱足够多的话，也许你想买一台垂涎已久的 iPad2，想买一件上万元的 LV 包。这些新玩意儿确实能给人带来快乐的感觉，但是“享乐适应理论”告诉我们，人们很快就会习惯新的物品，并对它们视而不见，快乐感也会恢复到平常的程度。

还有一个极端的例子，美国人卡罗琳参加了一档节目《绝对改变》，她不仅做了隆胸手术，而且换了鼻子、换了牙齿、换了发型，来了一个彻头彻尾的改变。开始的时候，人们见到全新的她都来恭维，但是过个一段时间，她的生活又恢复了原来的样子，快乐指数也降低到原来的水平。

用金钱购买快乐的秘诀就是把钱花在真正让你感到快乐和幸福的地方。比如，把钱花在增进你和家人、朋友的关系上。你可以送给妈妈一条围巾，给刚出生的侄子买玩具，或者开一个生日派对和朋友们庆祝一番。让自己快乐的最好办法就是让别人快乐，因为你让别人快乐，别人就会让你快乐。

如果购买物品给我们带来的快乐是有限的，那么什么才能延长我们的幸福感呢？心理学家建议我们把钱花在体验或学习上，比如看一场音乐剧，听一场演唱会，去马尔代夫度假，学习一门新的语言。

体验和知识将成为你的一部分，精神上的改变带来的幸福感将伴你一生。

阳光真的能影响心情吗

太阳神阿波罗驾驶着 4 匹火马拉的战车在天空中驰骋而过，给世界带来光明……

我们是太阳的子孙，作为白天出没的物种，人类的心情也与阳光息息相关。很多人都有体会，阴天的时候心情也变得灰蒙蒙的，晴天的时候，心情也会变得明朗起来。但是，你知道吗？我们在春天比冬天更快乐！因为春天比冬天阳光充足，有些人会因为冬季光线的减弱而罹患季节性抑郁症。

阳光究竟是如何改善我们的心情，并为我们带来能量的提升的呢？法国感官精神学家派特里克·勒莫恩说："阳光能够帮助大脑产生更多的内啡肽和多巴胺，这两样东西正是让我们感受愉快的根源。"此外，阳光可以抑制我们体内使人情绪低落的褪黑素的分泌，这让人们感到精神愉悦，更加富有激情，更愿意去表达自己的情感。

现代医学研究发现，人体内有一种能够影响情绪的名叫松果体的组织。松果体对太阳光非常敏感，在晴朗的天气里，充足的太阳光就使得松果体受到很大抑制，人体内那些容易激发振奋功能的激素，如甲状腺素和肾上腺素等的浓度就会相对增加，所以人的情绪就表现得比较活跃而振奋。

太阳在很多古老文明中代表着生命与美，比如玛雅人、埃及人、印加人都把太阳看作神秘的、至高无上的图腾。我们中国人非常看重冬至这个节气，因为从这一天开始，地球离太阳越来越近。然而，现代生活使我们丢失了与太阳的神秘联系。也许这可以解释当代人内心里那些困惑、迷失的感觉。我们应该学会在阳光中找到生命的和谐。如果忘记与大自然的联系，最终只会令我们沦为智能机器人。这是人类的悲哀。

不要总是担心晒黑，躺在沙滩上晒日光浴，你会变得心情愉快、精力充沛！

为什么孤独的人爱养猫

狗和马很早的时候就被人类驯服了，印度人驯服了眼镜蛇，杂技团驯服了狮子、老虎等猛兽，唯独猫这种动物个性十足，独来独往，即使作为宠物猫，它也不会像狗那样呼之即来、挥之即去。这恰恰是猫咪的可爱之处。诺贝尔和平奖获得者艾伯特·史怀哲曾经说："逃离生命迷思的方法有两个：音乐和猫。"

猫究竟有什么魔力，让人宠爱它呢？猫能缓解情绪压力吗？猫真的可以让人愉快吗？为什么孤独寂寞的人喜欢以猫为伴呢？

瑞士心理学家做了一项有趣的调查，让 212 对养猫的夫妇描述猫咪对他们的影响，

结果发现，猫咪确实能缓解他们的负面情绪。研究人员对养猫产生的巨大影响力感到吃惊，他们发现养猫有助于缓解压力和忧虑，能够将心脏病发作和中风的风险降低1/3。抚摸猫咪或许能降低血液中与压力有关的激素水平，从而减缓心率，预防心脏病。

如果你问养猫的人，猫有性格吗？大部分人会告诉你——有。猫的性格表现在4个方面：

1. 活泼、聪明、有好奇心。

2. 友好、人不犯我我不犯人。

3. 有攻击性、耍小性子、情绪化。

4. 胆小、怯懦。

这些性格和人的性格很像。人和猫融洽相处，建立在尊重猫的独立性之上。与猫相处的过程中可以体验到亲密和尊重并存。孤独的人性格多少有些古怪，他们在人群中找不到志同道合的知己，不善于交际也不喜欢交际。但是，人毕竟需要情感的慰藉，猫咪恰恰弥补了这一点。猫咪一般情况下不粘人也不吵闹，只是静静地陪伴主人。虽然猫不能让他们突然想放声歌唱，但是却可以让他们从低落的情绪中走出来。

如果你压力很大或者感到孤独寂寞，不妨养一只猫做伴。

红色的餐厅生意不红火

一个心理学教授光顾了一家门庭冷落的餐厅，一进门就乐了，对老板说："您这店可真够红火的，墙壁、餐桌、地板全是红色的。"老板面露尴尬，教授赶紧解释说："为什么交通灯、警示牌都是红色的？因为红色让人触目惊心啊，而且红色会让人心情烦躁。"老板觉得他说的有道理，于是把饭店重新装修一遍，把所有的颜色都变成淡绿色。果然顾客盈门，但是新的问题出现了，顾客吃饭速度很慢，而且吃完饭赖着不走。

老板找到那个心理学教授诉苦，教授无奈地说："您有点偏执狂倾向啊，我只是让你改墙壁，你怎么把桌椅和地板也改了呢？"红色的餐桌能刺激食欲，而且顾客逗留时间长了就会烦躁不安，这团红红的"火"很快就会让顾客离去。老板恍然大悟，又把桌椅和地板改为红色。

色彩对心理的影响显而易见，黑色让人感觉沉重和绝望，浅蓝色和桃红色容易让人愉快开朗，紫色给人忧郁、神秘、高贵的感觉，灰色给人忧郁的感觉，淡绿色和淡黄色则让人感觉安定、舒适。

冷色与暖色除去给我们温度上的不同感觉以外，还会带来其他的一些感受，比如，重量感、湿度感等。暖色偏重，冷色偏轻；暖色有密度强的感觉，冷色有稀薄的感觉；暖色则透明感较弱，冷色的透明感更强；冷色显得湿润，暖色显得干燥；暖色给人的感觉很近，冷色有很远的感觉。要想使狭窄的空间变得宽敞，应该使用明亮的冷调。

国外有一个理论叫作“7 秒钟色彩”。人们对一件商品或事物的认识，可以在 7 秒之内以色彩的形式停留在人的印象中。由此衍生出了色彩营销理论。同样一种产品，色彩上的差别往往使其在档次、价格和受欢迎程度上截然不同，颜色漂亮的东西看起来好像质量也要高一些。

把色彩运用到营销上，不仅可以带来更多的利润，还能给顾客带来好心情。

为什么心情不好时爱吃东西

肚子饿了自然要吃东西，但是，有时候，明明已经吃饱了，可是还想往嘴里塞东西。这并不是因为太馋了，而是与情绪有关。尤其是压力很大或心情不好的时候，就会大口大口地吃东西。

心理学家荷曼曾经做过一个试验。他要求两组被试参与冰淇淋口味的市场调查。第一组被要求在试吃冰淇淋之后，他们必须为此项产品创作广告曲，且要录像后放映给营销专家观看。第二组没有这项安排，只是要求在试吃之后列出广告中应加强宣传的产品特色即可。结果，压力大的第一组吃得比较多。这说明压力大和焦虑情绪会导致过量进食。

一不高兴了就疯狂吃东西，这对女人来说是很常见的现象。心理学家认为这与婴儿时期所受到的照顾有关。如果婴儿啼哭被误认为是饥饿，并被喂奶吃，那么婴儿长大后就难以区分饥饿和其他情绪。每当孩子不高兴的时候，家长就会用好吃的东西哄他们开心，于是他们把食物和好心情联系起来。所以成年之后，每当有情绪，就会以吃来解决。

在儿童时期，很多人小时候都受到父母这样的暗示“吃得多才能长得高，吃得多才是好宝宝”。于是，他们在潜意识中认为吃得多可以得到较高的社会评价。受这种心理影响的成人就会暴饮暴食。

心理学家认为重复的动作可以降低焦虑，吃东西的时候手不停地往嘴里送东西，嘴巴不停地咀嚼，而且还可以把注意力从不开心的事情转移到品尝食物上，心情自然会好起来。此外，心情不好通常因为失去控制感，吃东西可以选择买什么，吃什么，一定程度上补偿了控制感，所以会开心起来。

英国科学家研究发现，吃东西确实是发泄不良情绪的一种方式，可以帮我们解决寂寞、压抑、忧愁、紧张等情绪。但是有些人陷入了另一种郁闷之中——吃得太多，导致体重超标。

想减肥的人首先要在心理上战胜自己，心情不好的时候要克制食欲。

乘电梯时为何往上看

你有没有注意过，大家乘电梯的时候都在干什么？大家都习惯仰头看显示的楼层数。是什么神奇的魔力让大家都不约而同地做同样的动作？难道大家都急着走出电梯？可是，高楼层的人同样做出这个动作，这样动作后面其实有不可思议的心理学在起作用。

听说过“狭窄空间恐惧症”吗？有些人会对狭窄的空间（如电梯、浴室、储物间）有莫名其妙的恐惧，医学专家称此为狭窄空间恐惧症。现代都市，人口密度越来越大，生活节奏越来越快，每天人们要马不停蹄地从家中到办公室或车间，如此周而复始，就容易对狭小的空间感到恐惧，渴望到空旷的大自然释放压抑的心情。

大城市约有5%的人患有狭窄空间恐惧症。他们容易产生焦虑和过度担心的情绪，在狭窄的空间会突然感到心慌、眩晕、视力减退、浑身发抖。有的人在电梯里会有这种情况，有的人在地铁车厢里也会有类似症状。总之，只要在人多而狭窄的空间内就会感到恐惧。

电梯的空间非常小，而且上下班高峰期人满为患，基本上是前胸贴后背，个子高的还能透透气，个子矮的就被淹没了，几乎没有私人空间。大家互相感觉到对方侵入了自己的私人空间，所以会感到不舒服。私人空间的大小因人而异，但大体上是前后0.6—1.5米，左右约1米。一般来说，女性的私人空间比男性的大，具有攻击性格的人私人空间更大些。

在电梯里，大家都想尽早离开这个狭窄的空间，因此才会紧盯着楼层显示器。显示器上变化的数字让人们看到了希望，缓解焦虑的心情。同理，在拥挤的公交车中我们也会感觉不自在，也是因为私人空间收到了侵犯。

广告商在电梯里用广告吸引乘客的注意力，真是太聪明了！

80后最大悬案，扔纸飞机为啥先哈口气

80后儿时的经典游戏在论坛上讨论得热火朝天，一位网友提出了一个有趣的问题：“扔纸飞机的时候，为啥要哈一口气？”这个看似简单的问题却引起上百万网友在300多个论坛上积极参与。网友戏称这个问题是“80后的最大悬案”。

玩纸飞机的时候，有一种竞争心理在起作用，每个人都希望自己的飞机能比同伴的飞机飞得更高更远。不管结果怎么样，气势上先要占优势。其实，从心理学角度分析，在玩纸飞机时，先哈一口气从心理上暗示他们为自己加油鼓劲，希望飞机飞得更远。有一位网友表示“真正的答案是哈口仙气，让纸飞机腾云驾雾”。其实，这是心理

暗示作用的升级版。

心理暗示全在一个“暗”字，从后门悄悄进入人的意识，用含蓄、间接的方法对人的思想和行为产生影响，通过使用一些潜意识能够理解、接受的语言或行为，帮助意识达成愿望或启动行为。调动潜意识的力量，也就是在开发我们自己的潜能，其中最常用的方法就是进行积极的自我暗示。用意识调动潜意识，在想象中预演成功的情景，就能激发自己的“小宇宙”。

此外，还有从众心理在作怪，看别人这样做，自己也这样做，后来就变成了习惯性动作。有一位网友表示“爸爸这样，哥哥这样，所以我也这样”。另一位网友说：“看着别人哈气，自己也不明就里地跟着哈气，现在想起好幼稚哦！”

扔纸飞机先哈口气，这是积极的游戏玩法。NBA 球员常常在比赛的间隙做出击掌、撞胸、摸头等动作，这不是简单的打打闹闹，就像对纸飞机哈气一样，是对球员的积极心理暗示。研究表明，队友之间接触越多的球队胜率越高。

给自己积极的心理暗示，对自己说“我能行”，你就一定行。

男人为何不爱停下来问路

如果你在路上遇到一个人问你“哪边是北”，那么这个人一定是个女人。因为男人爱面子，就算迷路了，也会想一些别的办法，很少主动问人，要不然会显得自己很蠢。

男人不愿意问路，有一个充足的理由——为了维护自尊心，他们根本就不承认自己迷路了。认路对男人来说是关乎身家性命的事情，在长达 10 万年的原始时期，男人一直用大脑辨别方向来寻找猎物、击中目标。他们必须有认路的本事，才能在远方打猎之后顺利地找到回家的路。如果迷路了，那对他们来说真的是奇耻大辱。

男孩在 6~9 岁阶段就开始表现出“不爱问路”的倾向，因为在这个阶段，父母允许他们自由活动的范围开始变大，他们对空间的感知比同龄女孩多一倍。这种经历持续到成年之后，表现为他们对自己的方向感更加自信。

研究表明，71%的男性认为自己的“方向感很强”。只有 47%的女性会持有同样的看法。1/3 以上的男人能够凭着直觉找到北方，而能做到这一点的女人只有 1/5。男人比女人的方向感更强，迷路的可能性小一些，问路的可能性也就小一些。即使迷路他们也认为自己只是暂时偏离了原来了路线，这并不意味着自己找不到路。

相对而言，女人在历史长河中担任筑巢者的角色，很少出远门，对她们来说“路在嘴边”是一句至理名言。女人迷路之后比男人表现得更焦虑，她们会迫不及待地问身边最近的一个人某某大厦怎么走。给女人指路，应该告诉她“走到中国银行向右拐，然后过两个十字路口，再向左走，看到一个红色大楼就到了。”如果你告诉她“往南走

3 公里，然后向西走 500 米就到了”，那她永远也找不到。

如果男人总是迷路，最好送给他一个卫星定位导航器作为生日礼物。

为什么男儿有泪不轻弹

男人比女人更高大，更强壮，肌肉更发达，力气也更大。生理上的差异自然导致心理上的差异，男人比女人更加坚强，更加直爽，更加理性。

西蒙·波伏娃在她著名的《第二性》中指出：“女人不是天生的，而是被训练出来的。”同样的道理，男人也是被训练出来的。社会对不同性别的人有不同的期望和要求。男人要有男子汉气概，女人则要有女人味儿。“男儿有泪不轻弹”是千百年来禁锢在男人头上的紧箍咒。如果男孩在外面打架哭着回家，父母一定会说他“没出息”。男人如果动不动就哭鼻子，就会被认为太“娘娘腔”了。

西蒙·波伏娃

心理学家让不同性别的婴儿在地板上爬，观察母亲们对不同婴儿的要求。结果发现，男婴的母亲允许他爬出很远的距离，而女婴稍微离妈妈远一点，就会被叫回去。这说明，男人和女人的性别角色很大程度是由教育方式造就的，是社会和文化的产物。男孩从小就要做一些力气活或机械方面的活儿。

与男性相比，女性更重视亲密关系。小女孩做游戏的时候常玩过家家，而小男孩的游戏更有攻击性和竞争性。身为母亲、女儿、姐妹、祖母，女人花更多的时间照顾老人和孩子。社会角色的不同导致男人和女人表达情感的方式不同。女人更容易为他人的微笑而哭泣，也容易为他人的喜悦而微笑。这在心理学上叫作“共情”。而自闭症，这种缺乏共情能力的障碍，多发于男性。

随着男人和女人在社会中扮演越来越相似的角色，他们的心理差异也越来越小。心理学家用“性度”这个词来描述男性化或女性化的程度。有些人同时具有男性和女性的心理特征，这些人就是“双性化”的人。事实上，双性化的人能更好地融入群体，心理也更健康。注意，双性化不同于中性化，它的意义在于集合男性和女性的性格优点，而不是走向另一个极端。

现代社会，男人的压力越来越大，而社会对男人的要求却是坚强、坚强、再坚强。

其实，男人也可以适当地哭泣，宣泄心中积压的情绪。

第十五章 重口味心理学

一、把头发当美味——异食癖

暑假时，子君突然觉得肚子痛，妈妈摸她的胃部，好像有一个肿块，硬硬的。于是带子君到医院检查。最开始，医生怀疑是胃结石，便进行了保守治疗。后来子君疼痛难忍，医生给她做了CT检查，发现子君胃里有一大团东西占据了胃腔70%的空间，导致子君胃部疼痛，甚至出现了胃下垂的症状。

和妈妈协商后，医生决定为子君开刀，把胃腔中的异物取出来。做完手术，医生才发现，原来摸起来硬硬的一团东西竟然是头发。取出来的头发绕成了一团，摸起来非常硬，称重后有一斤多沉。头发是不会被胃酸消化的，且头发丝在胃里绕成了团，难怪子君一直有消化不良的症状。头发丝和食物残渣结合在一起，形成了结石状，从头发丝的数量来看，子君至少已经吃了三年。

近一年，妈妈注意到子君的变化：子君的头发莫名其妙地减少，不爱吃饭，身体日渐消瘦。妈妈以为她是缺少微量元素，给她买了许多补锌、补铁的口服液，但是没见效果。子君从小就是长头发，最长的时候垂到了腰部，妈妈从来没见她往嘴里塞头发，也没想过她的头发日渐稀少是因为自己扯下来的。

头发取了出来，妈妈心头的大石算是落了地。不过，她想不明白，子君为什么会喜欢吃头发呢？子君说，由于爸妈工作忙，她经常和阿姨待在家里，虽然有吃有喝，但日子过得非常无聊。觉得没意思的时候，她就扯断自己的头发塞进嘴里，每次吃十根左右，隔三两天就会吃一次，她也不知道为什么要吃头发，但是不吃就觉得难受。

人吃五谷杂粮，但是吃头发的人却比较少见，子君的这种病症属于“异食癖”。异食癖病人不光吃头发，还有吃纸屑、煤渣、石头、蜡烛、粉笔、墙皮、土块、报纸等，由于进食大量奇怪且没有营养的东西，病人同时伴有厌食、乏力、面黄及营养不良等症状。

英国约克郡有一对姐妹，阿德勒和安妮塔，她们都是异食癖病人。姐姐阿德勒喜欢吃蜡烛，妹妹安妮塔喜欢吃二手书籍。阿德勒对蜡烛的偏好从童年就开始了。她喜欢闻点火器的味道，后来开始咬一点蜡烛，直到一发不可收拾。成年后，她最初每天要吃掉一根2英寸的蜡烛，吃蜡烛简直成了她的精神支柱。庆幸的是，虽然阿德勒已经吃掉了300根蜡烛，她的健康却没有出现任何问题。

安妮塔的异食癖则开始于她怀孕的时候。那时候，她喜欢闻旧公交车票，后来，她发现旧书和旧公交车票的味道相似，她就把旧书当成了食物。根据她的品尝经验，越旧的书味道越好，为了寻找食物来源，她经常到慈善书店寻找旧书，然后将书做成意大利面的样子，每天进食。至于旧书上的细菌和灰尘，她则完全不在乎。

异食癖多发于幼儿期，也有成年人突发的异食癖。异食癖在女性、儿童中比较常见，特别是怀孕的妇女、幼童和有发展障碍的人群，如自闭症病人。目前，异食癖的病因还不清楚。过去人们习惯认为，异食癖可能是由体内缺少微量元素、肠道内有寄生虫引起，一些患有缺铁性贫血和锌缺乏的儿童的确有异食癖的表现，当他们的贫血、锌铁缺乏得到改善后，异食症状也随之消失。

现在的医学观点更倾向认为异食癖和心理因素有关。被父母忽视的孩子初期因无人照顾，擅自拿异物放入口中，时间长了便成为习惯。如果家庭环境不良，孩子的心理压力会增大，孩子倾向于通过吞食异物的方法摆脱心理上的不适。

10岁的伊童近来爱上了一种特殊的美食——报纸。家里订的报纸是用来看的，她却把它们当成了零食，每天都要吃上几张。在舅妈带她到儿童医院就诊前，她已经偷偷吃了半年多。

“我知道报纸不能吃，但是我控制不了自己，看到报纸就想往嘴里放。”伊童对医生说。

医生问伊童：“把报纸吃进肚子里，有什么特殊的感觉吗？”

伊童说：“吃了就觉得舒服，不然感觉浑身难受。”

医生怀疑她缺乏微量元素，遂给她做了检查。结果发现，伊童血液里的微量元素充足。于是，医生建议带伊童去看心理科，她喜欢吃报纸，可能和心理原因有关。

其实，舅妈已经不是第一次发现她吃报纸了，因为这件事，舅妈曾说过她，也打过她，后来她就趁大人不在的时候偷偷吃。舅妈感到很无奈：“真想不明白，看起来黑乎乎的报纸，她怎么就咽得下去，而且还能吃上瘾？”

伊童的爸爸妈妈3年前离婚，从那时开始，伊童就寄养在舅舅家，和表哥一起上学。爸爸很快再婚，和伊童见面的次数有限；妈妈在外打工，虽然每个月都给伊童寄生活费，却没什么机会和伊童交流。渐渐地，伊童变得内向，不爱说话，也没有小时候活泼可爱了。

在临床病例中，儿童异食癖多与父母感情不和、父母离异、缺少情感关怀、生活或学习压力过大有关。父母婚姻破裂会给孩子带来心理上的伤害。伊童吃报纸的奇怪行为，或许正是她寻求安慰的一种途径，就像她自己说的，吃一点就觉得舒服，不吃就浑身难受，吃报纸渐渐变成了伊童的情感依赖。

儿童大量吞食异物很是危险。吞食报纸、灰土、泥沙等可造成铅中毒，吞食污物可发生肠道寄生虫病，吞食头发、布头等难消化的东西，会发生肠梗阻。长期吞食异物，影响了正常进食，会使儿童厌食、营养不良。若不是由缺少微量元素或器质性疾病造成的异食癖，应注重从心理上进行调节，儿童若在情感上有所依托，便会逐渐放弃吞食异物。

二、疑病症

有这样一个笑话。有一个病人急匆匆地找到医生，对医生说："您快给我看看呢，我的胃里长了一只青蛙。"病人的陈述很夸张，医生觉得他应该是胃部不适，遂给他做了检查。检查结果显示，他的胃很健康，里面什么都没长，更别说长青蛙了。

医生告知病人结果，可是他不依不饶，坚持认为胃里长了青蛙，为了让他安心，医生决定给他安排一次假手术。手术过后，医生拿着青蛙告知病人："手术很成功，你胃里的青蛙已经取出来了。"病人定睛一看，反驳说："不对，这不是我胃里的青蛙，我胃里那只是公青蛙，这可是只母青蛙啊！"

这位病人的疑心病听起来非常可笑，不过，这种疑心一旦严重起来就会变成神经症，即疑病症。疑病症，顾名思义，就是明明自己很健康，却总怀疑自己生病了。患有疑病症的人总是担心自己得了某种疾病，不是觉得头疼、胃疼，就是觉得身体里长了东西，患上了恶疾，为此担惊受怕，反复到医院检查，结果显示阴性，病人就觉得医生和医院不可靠，于是到不同的医院再做检查。只可惜，不管多么权威的医师都不能打消病人心中的疑虑。带着固执的错误观念，疑病症病人会花费许多时间和金钱在检查身体上，同时为了并不存在的病症整日不得安宁。

疑病症通常在 50 岁以前发病，男女皆有。疑病症的患病率比较低，国外的统计数据显示，因疑病症住院的病人仅占住院总人数的 1%，男女之间无差异，男性多在 40 岁发病，女性在 50 岁左右，老年人较罕见。根据我国 12 个地区的神经症流行病学调查，疑病症的患病率只有0.15‰。

内科医生云汉接待了一个特别“恐怖”的病人。一位中年男子一进屋便表情痛苦，脚步很快地径直走进到云汉身边。按照惯例，云汉问他：“你好，哪里不舒服吗?”男子说：“先拍个胸片吧，我觉得我肺里长瘤了。”云汉反复问他哪里不舒服，男子一再要求先拍片，云汉觉得这人可能是内行，于是给他开了单子，让他去放射科拍片。

拿着胸片回来，男子坐下来就问：“医生，你看我这肺坏掉了吧?我自己都看到了，整个肺都黑了。”云汉一听笑了，这位病人哪里是内行，根本什么都不懂。在黑白X光片上，肺部的气体会被曝光成黑色，白色的才是有问题的地方。当云汉非常肯定地告诉他“你的肺脏没有问题，什么都没长”时，男子才稳定好情绪，讲述他的身体不适。

男子说：“我每天睡眠质量不好，早晨起来干咳，到了晚上才能好一点。我吸烟十多年了，近来因为咳嗽得厉害，硬是把烟给戒掉了，戒了烟，咳嗽也不见好……医生，你确定吗，我的肺部没有长什么东西吗?”云汉看他面色不太好，过度紧张，病例上还有一大堆安定类药物，觉得他可能是焦虑症，于是建议他到心理科看一下，没想到男子马上就火了，大吵大嚷道：“你这个医生啊，我叫你给我看肺病，你说不出个一二三就算了，还把我往精神科推，我没有精神病，我告诉你……”男子在门诊室里停留了好一阵，闹得其他病人都来围观，后来在其他医生的安抚下，男子才愤愤地离去。

下班之后，云汉还心有余悸，担心上午的病人会半路拦着他找他麻烦，或者不让他回家，在马路上控诉他是医生无德。“万一几年后他真得了肺炎、气管炎之类的，回头不得来找我啊!到那时候，什么‘爱岗敬业’、‘治病救人’的好评都没有了。”

疑病症病人遇到事情总是爱往坏处想，任何事情都只能看到最糟糕的一面。为了摆脱敏感多疑的性格，病人应该学着心胸开阔一些，多和家人、朋友交流，培养幽默感，克服悲观、不良的心理。对待疑病症，最重要的是从心理上进行治疗。

要调整病人对疾病的认知。疑病症病人首先应去权威医院做全面、细致的身体检查，用检查结果证明身体无疾病，以此打消心理上的顾虑。医生应逐渐调整病人对疾病的认知，告诉他什么样的症状才是真正的疾病，以纠正其错误观念。病人对自己的身体状况有良好的认知，自然就不会胡思乱想，将一点小疼痛和癌症联系在一起。良好的医患关系会帮助病人树立信心，医生不能急于否认病人报告的症状和疾病，也不能任由病人主观臆断，做无谓的检查。

张主任50出头，新年过后，银行进行人事调整，他光荣地退居二线，进入了半退休的状态。去年，张主任的妻子去世，独生女儿又到国外念书，家里只剩下他一个人生活。虽然有阿姨照顾他的饮食起居，他却总是觉得孤单，单位里没了用武之地，他觉得更是寂寞。

半年来，张主任的肠道总闹毛病，有时腹泻，有时便秘，到几家医院做检查，都没发现什么病理变化，用了不少药物也不见好转。张主任怀疑自己得了癌症，要求住院治疗，还把千里之外的女儿叫了回来。在大医院做了胃肠镜检查，也没发现胃肠疾患，于是他在医院住了一个星期就回家了。

有一天晚上，张主任多吃了两片降血压的药，觉得头晕、胸闷，阿姨照顾他马上休息，让血压恢复一下。几天之后，他还感觉心脏不适，怀疑自己得了心脏病，之后到名医院做心脏检查，看了好几个专家，都没发现异常。张主任失望地说："大医院也都是些庸医，什么都检查不出来。"从此之后，张主任不再看医生，却整日烦躁、焦虑，夜不能眠。

疑病症病人有一些相似的性格特点，如固执、爱钻牛角尖、性格内向、精神容易紧张，对自身特别关注，容易受暗示影响等。张主任这是典型的疑病症。本来他就体弱，身体有毛病，加之妻子去世，女儿不在身边，在单位里退居二线后没什么实质性的工作，平日里缺少与人交往，一旦出现躯体不适，就开始胡思乱想，怀疑自己患上了大病。

病人应从认知上调节对疾病的态度。人的身体经常会有一些不舒服的症状，这是身体的一种保护性机制。不舒服并不代表就是生病，不必过分在意身体不舒服的症状。如果能将注意力从身体状况转移到其他方面，如发展个人爱好、结交朋友、参加业余活动、进行体育锻炼，丰富生活内容，让自己忙碌起来，就没有多余的精力关注自己，也会摆脱整日忧心忡忡、思虑过重的苦恼。

三、躯体化障碍

躯体化障碍是一种神经症，也是一种心理障碍。病人有多种多样、经常变化的躯体症状，表现为反复发作的躯体不适，包括疼痛、胃肠道神经功能紊乱的症状，涉及身体的各个系统和器官，有的甚至是持续多年的慢性病。同时，病人在社会适应、人际交往和家庭行为方面存在障碍。躯体化障碍起病于成年早期，女性多于男性。

病人会出现吞咽困难、失声、失明、视线模糊等假性症状，有腹痛、恶心、呕吐等胃肠道不适，女性还存在生殖系统和性心理的症状，如痛经、月经不调、性冷淡等。其中胃肠道症状比较多见，其次是皮肤感觉异常、疼痛等。

敏敏今年15岁，是一个漂亮且成绩出色的女孩。自从升入初中，父母和老师对她都寄予厚望。可是从初三开始，她却频繁地生病，一开始是胃痛、肚子痛，后来莫名其妙地拉肚子。有一次因为早上起来拉肚子，差点耽误了期末考试。由于身体状态不好，敏敏考试时也只能勉强应付，这一次的期末考试成绩特别不理想。

到了初三下学期，敏敏的情况变严重了，每到模拟考试就开始拉肚子。奇怪的是，考试一结束，她的病就不治而愈。因为不断地生病，敏敏的成绩从班级前三名掉到了二十多名。妈妈非常担心她会因此考不上重点高中，带她到医院反复检查，却都没查出什么毛病来。

反复检查却没发现什么毛病，可以推断，敏敏拉肚子并非是肠胃的毛病，而是心理上的问题，即焦虑躯体化的表现。由于成绩出色，敏敏平时得到了比其他同学更多的关注，也承受了比别人更大的压力。考试成绩不理想，不光是她一个人的事，她还要考虑是否令父母、老师失望，是否不再是班级里的好学生等问题。当这种压力超过了她的承受能力，她开始用生病的方式逃避，由于生病导致的考试成绩不理想能帮她撇清主观责任。“这一次考这么差啊?”“还不是因为生病。”

如此一来，敏敏在父母、老师面前可以交代，在同学面前依然可以保持优等生的形象，同时她自己也不必太过自责。当然，这一切不一定是她有意识而为，而是在无意识中选择的一条自我保护的防范途径。为什么身体会不断罢工，恐怕连她自己都不甚清楚。

人的身体和心理是相互依赖的，身体疾病会引起心理上的反应，心理上的不适也会导致身体的疾病。有些疾病没有明显的器质性病变，可能就是由心理问题引起的，或者说是心理状态通过身体进行表达。可以这样说，生病是一种表达自身存在的方式。

在精神分析理论中，躯体化症状被认为是潜意识被压抑的结果。一个人的内心矛盾、冲突通过内脏、植物神经系统表达出来，从而帮助个体摆脱自我的困境。躯体化可以改善不愉快的心情，可以减轻罪恶感，也可以表达每时每刻的焦虑。

35岁的智美是公司的普通职员，为人谦逊有礼，在公司工作了十几年，和每个部门的人都打过交道，却从没和人闹过矛盾。从去年开始，智美出现胸闷、腹胀，腹部偶尔会痉挛性疼痛的症状。她在综合医院做过检查，但没有查出胃肠、脏器的毛病，于是转到心理门诊，和心理医生第一次交谈，就被确定为躯体化障碍。

原来，智美的病是由母亲的病所引起。一年前，智美的母亲中风住院，需要每天有人陪护。一开始，她和两个哥哥轮流看护母亲，可后来，哥哥以各种理由推脱，最后干脆连医院都不去了。两个哥哥和智美商定，母亲由她照顾，他们每个月给智美寄一笔钱。

智美和哥哥生气，却也心疼母亲，最后把母亲接到自己家里，请了阿姨专门照顾。从那时起，智美每天回家就觉得胸闷。母亲因为生病，脾气变得特别暴躁，稍有不适就和她发脾气，智美每次都选择忍耐，从不与母亲争吵，结果一到了晚上，她就腹痛得厉害。

有一次，母亲把一碗热汤泼到了她的身上，智美压抑已久的情绪终于爆发，和母亲大发脾气。智美发泄了一通，母亲则吵着要跳楼，“让我去死吧，死了就不用再这样拖累你们了。”智美哭着说：“死吧，要死大家一起死，谁也别活了。”

母亲是重男轻女的传统女性，家里只有两位哥哥念了大学，智美虽然成绩好，母亲却因为她是女孩，早早地安排她嫁人。因为这件事，智美一直记恨母亲，现如今，两个哥哥都不愿意照顾生病的母亲，照顾母亲的大小事宜都要她来承担，智美更加觉得心里不平衡。奇怪的是，吵架之后，母女俩反而变得亲昵了许多，智美的身体状况也好了许多。

智美是那种友好而谦虚的人，可以想见，她平日里定是习惯性地压抑内心的真实想法，忍让他人。对于多年来母亲对自己的不公平待遇，她也选择了压抑。她一边压抑着内心的愤怒，一边为自己对母亲的愤怒感到自责，胸闷、腹痛便是她压抑内心所付出的代价。只可惜，躯体化症状只是情绪的转移，并不能完全纾解。所谓心病还要心药医，只有解开了智美与母亲之间的心理疙瘩，她的病才有可能好转。

躯体化症状也可以看作人类适应社会生活的一种方式。身体不适、生病、疼痛，就可以不上学、不上班，可以避免指责和批评，免除责任和义务，同时还能寻求别人的注意和同情。虽然病人本身并不是有意操控自己的身体，但用意念控制身体的疼痛和不适，病人却在无意中贪恋上这种游戏。

45 岁的青娥从年轻时就患有反流性食管炎，时不时地反酸、恶心，严重时吃不下东西，一吃就想吐。近一年来，青娥的病越发地严重起来，在消化科治疗了两个星期，症状也没见好转。

青娥第一次犯病是在她和丈夫闹离婚的时候。长达半年的时间里，她因离婚的财产分割，反复出入法庭，青娥承受了巨大的精神压力，她的病症也越来越严重，身体消瘦，没有食欲，吃点东西就吐。和丈夫正式离婚后，青娥的病慢慢好转，她以为给她治病的王医师是一位医术高明的医生，此后多年，青娥只要一犯病，就去王医师那里拿药。

近一年来，青娥因为女儿的婚事每日寝食难安。女儿刚二十出头，未婚先孕，张罗着要结婚。可是男朋友家里经济困难，连个像样的婚礼都准备不了，女儿又不愿意打胎，执意要把孩子生下来。青娥不想让孙女像女儿一样，一出生就成长在单亲家庭，于是出面给女儿操办婚礼，还把她的养老金取出来，帮女儿买了一套房子。

买房子、装修房子，加之操办婚礼的大小事宜，让青娥每天忙得脚不沾地。操心又受累，青娥的老毛病又犯了。在王医师那里看了快两个月，青娥的病症也不见好转。后来，另外一位消化科的医师看青娥的症状不像单纯的反流性食管炎，于是介绍她转到心理科就诊，结果她被诊断为躯体化障碍。

四、疼痛障碍

退休三年的阚阿姨日子虽然过得舒坦，身体却不太舒服。从退休开始，她浑身不适：一会儿是头疼，觉得脖子酸，后脖根发胀，冷风一吹就全身痛；一会儿是腰酸背痛，双腿无力；最近一年则变成了肚子痛，胀气，小肚子总是坠着疼。

老伴儿陪着她到消化科、神经内科、骨科做了多次检查，全身体检也做了好几次，都没有发现异常。医生没办法，只能给她开止疼的药，可止疼不治病，阚阿姨担心自己是不是患上了奇怪的不治之症，连大医院的医生都检查不出来。这么一想，她变得郁郁寡欢，整个人看起来也没有了精气神。

许多人像阚阿姨一样，长期忍受疼痛之苦，头疼、腰疼、背疼，几年甚至几十年这么痛下来，看遍大小医院，检查做了无数次，用了各种药物，国产的、进口的，花钱无数，就是查不出病因，也找不到合适的治疗方法，最终还是难逃疼痛之苦。

这种疼痛属于躯体化障碍的一种，是心理因素引起的疼痛障碍。疼痛障碍主要是全身各部位的持久疼痛，医学检查却不能发现疼痛部位的器质性病变。典型的疼痛有头面疼痛、腰背疼痛和慢性盆腔痛。疼痛分布广泛，体表、深部组织和内脏都有，表现出来的疼痛形式也不太一样，如胀痛、酸痛、锐痛、钝痛等，病人有时怕冷，有时则感觉皮肤发麻，有针刺感等。

疼痛障碍和生理原因有关，也和心理原因有关。神经递质中有一种5—羟色胺，负责在神经元之间传递信号，痛感就是通过5—羟色胺从皮肤传递给大脑。如果大脑内的5—羟色胺功能异常，人对痛感会变得敏感，更容易感受到疼痛。

心理原因则指遭遇了负面生活事件，如家庭变故、事业受挫、恋爱失败、重大伤害性事件等。当心理上发生冲突时，身体会变得敏感，用各种各样的躯体症状表示抗议，疼痛就是其中一种。就像上文中所提到的，生病是一种表达自身存在的方式，疼痛也是自身存在的一种重要信号，它提醒人们关注心理状态。在心理问题得到解决后，身体问题就会不治而愈。

研究表明，负面生活事件的刺激量和疼痛量呈正相关。也就是说，负面生活事件的刺激越严重，病人感受到的疼痛就越强烈。疼痛障碍的病人同时伴有抑郁、焦虑、烦躁、失眠等，这正是身心交互作用的结果。

另外，疼痛障碍还存在社会文化因素。在疼痛障碍病人中，文化水平较低者和中老年妇女比较多见。他们将负面情绪看作是无能和耻辱的表现，遇到情绪问题，不会直接表露出来，反而会不自觉地掩饰、否认，以至于感受不到自己的情绪体验。即使同时存在情绪问题和躯体不适，病人也更愿意从身体上找原因，而非心理上。

鉴于以上原因，治疗疼痛障碍时，需要从两个途径入手。一是从生理上，通过服用提高5—羟色胺功能的药物，治疗疼痛。有一点需要谨慎，许多人为了控制疼痛感，长期服用镇痛类药物，很容易发展为药物滥用。二是心理治疗。病人应该意识到，疼痛并不是由身体的器质性病变带来的，而是由心理方面的因素所带来。病人可尝试着进行自我调节，告诉自己说“带着病症生活也没关系”，然后合理地安排作息，培养兴趣。病人的家人也需要参与其中，建立积极、互动的家庭氛围，帮助病人尽快恢复。

张硕从三年前就感到浑身疼痛，尤其是背部。有时候正在工作，背部突然疼一阵儿，撕心裂肺地疼，他坐在座位上都动弹不得。张硕是一名计算机工程师，每天伏案工作，腰酸背痛是常有的事儿，但没想到，他的后背竟然连续疼了三年。张硕感觉背痛时，就觉得好像有一个叫“痛”的东西在后背游走，一会儿到腰，一会儿到脊椎，一会儿到肩膀上。

核磁共振、验血、CT，张硕都做了，奇怪的是，不同科室诊断的结果都不一样。一会儿说他肩周炎，一会儿说他颈椎病，一会儿说他有肝炎，一位医生干脆说：“你这是坐的，程序员嘛，都有这个职业病。”张硕本来就脾气暴躁，日夜被疼痛折磨，他的脾气变得更加急躁。医院一会儿一个说法，闹得张硕不知如何是好，常常在就诊期间和医生翻脸。

当医生告诉他是心理因素引起的疼痛障碍，张硕还一脸疑惑：“我就想不明白，背痛怎么会和心理扯上关系呢?”然而事实不容置疑，停止服用止疼药，配合心理治疗后，张硕的背痛很快就消失了。

年轻人中，疼痛障碍比较青睐学生和上班族。生活节奏过快，工作压力大，社交活动少，缺少适当的减压环境，使得人们的不良情绪无处宣泄，就变成了躯体症状表达出来。性格内向的人更容易出现疼痛障碍。内向者遇到困难或情绪问题，不喜欢倾诉，如果社会支持系统不健全，朋友少，父母不在身边，就只能通过疼痛的方式来表达。总之，这是一种心理疾病。

在疼痛障碍中，女性比男性多，这可能和女性需要承担家庭事务，又需要在社会上扮演角色有关。忙于工作，又要照顾老人和孩子，一旦压力过重，也会引来疼痛。疼痛障碍不罕见，但很少有人真正认识它。有的人只是头疼医头、脚疼医脚，内科查不出来就到神经科检查，可惜，他们很少会主动想到心理科。许多人被疼痛折磨几十年之后，才恍然发现，原来自己的身体没病，是心病。

所以，我们需要形成一种意识，感觉身体不适时，先问问自己“最近是不是情绪不太对?”“生活方式变了没有?”“生活上、工作上有没有遇到困难?”利用这些问题，即使不是学过心理学的人，也可以给自己做一个初步的诊断，至少不用身体一疼痛，就病急乱投医，做一大堆的身体检查，劳民伤财地做无用功。

疼痛障碍也可以从解决情绪的问题入手。多和家人、朋友说一说，多一点兴趣爱好，充实生活。保持运动、多参加社交活动，焦虑时做做放松练习，这些都可以帮助改善疼痛。但是，想要根本性地摆脱疼痛，还要从根源入手。找到引起内向焦虑的根源，彻底解决它，疼痛才会永久性地消失。

五、孟乔森综合征

孟乔森综合征，又叫求医癖、住院癖、佯病症等，是一种心理疾病。病人幻想自己生病，假装生病，甚至主动伤残自己，以博取同情心。1951 年，一篇发表在英圈著名医学杂志《柳叶刀》上的文章第一次使用了“孟乔森综合征”这个名称，这一名词来自一位喜欢以装病骗取他人关心和照顾的德国男爵。

孟乔森男爵生活在 18 世纪。他喜欢装病，而且装得非常像，身边的所有人都被他骗过了。孟乔森装病的目的只有一个，就是得到别人的关心和照顾。为了达到目的，他幻想拽着自己头发能够升天，幻想自己在月球上行走，甚至不惜伤害自己的身体，制造各种症状。

孟乔森综合征病人不断向周围人报告自己拥有各种疾病，并且模仿疾病的症状，但到医院诊断后，病人根本没病。那些对疾病非常了解，甚至拥有专业医学知识的病人会篡改医生的诊断报告，以证明自己真的有病。而且，他们对吃药、打针、住院、做手术感到非常兴奋，严重的病人会用伤害自己的方式使病症符合所描述的疾病。

伤害自己、弄病自己，孟乔森综合征病人的肉体非常痛苦，但是由此得到了人们的关心，强大的自我满足感会超过身体上的痛苦，并由此鼓励病人持之以恒地伤害自己。什么样的人会成为孟乔森综合征或代理型孟乔森综合征病人呢？通常是成长过程中缺少关心和爱护的人。孟乔森综合征病人显得自私而幼稚。

小孩子会用装病、哭闹的方式吸引大人的注意，获得关心，得到想要的玩具和食物，这种行为和孟乔森综合征有些类似，或者可以看作孟乔森综合征的初期形式。有的人的确是在某一次生病之后患上孟乔森综合征的。但是，大多数人在成长过程中不再用这种方式获得满足感，而是通过个人成长、成就来实现，比如学会与同伴友好相处，考试成绩优异等。如果孩子没有得到父母合适的引导，任其发展，则可能发展为孟乔森综合征。

同样是伤害自己，孟乔森综合征不同于自虐。自虐的人从伤害自己的过程中获得快感，疼痛、流血、舔舐伤口，这一过程让自虐者感到兴奋。孟乔森综合征病人则以伤害自己为手段，得到他人的关心和照顾才是他们的真正目的。如果非要找到两者的共同点，那就是如果弄巧成拙，孟乔森综合征和自虐狂都可能死于非命。

孟乔森综合征是假装自己生病，代理型孟乔森综合征则是杜撰身边的人生病，或者干脆把身边的人弄生病，然后带他去就医，全心全意地照顾“病人”。在外人看来，他们是富有爱心的照顾者，这也是他们希望给他人留下的印象。代理型孟乔森综合征病人多是儿童的父母或监护人，也有可能是有一定医学知识的医生或护士。

患有代理型孟乔森综合征的母亲会用持续报告子女生病，不断就医的方式虐待孩子，有些孩子甚至会被虐待致死。代理型孟乔森综合征父母对孩子的虐待往往是隐形的，不像殴打、性侵害那么明显。孩子从小跟随父母奔走在各个医院之间，生活重心就是处理各种虚构出来的疾病。不知情的医生相信了父母的话，无形中成了帮凶。在被发现的案例中，往往是家庭中已经有子女死亡，医生才发现母亲对孩子的爱已经扭曲。

美国曾经有一个案例，一个小孩从3岁开始生病，母亲就带着孩子反复就医。在近十年的时间里，母亲一直给孩子吃不干净的东西，以致孩子的病久医不好。后来，医生在喂食管里发现病菌后，才知道母亲把粪便打到喂食管里，让孩子每天通过不干净的喂食管进食。这样的孩子经过多次开刀都查不出病因。这位母亲之所以狠心加害自己的小孩，是因为她在听到别人称赞她辛苦、努力时获得了被人认同的感受。很显然，这位母亲是一位代理型孟乔森综合征病人。

英国有一位被称为“死亡天使”的儿科护士贝弗丽·艾里特。1991年，她在医院工作期间给生病的儿童注射会导致心脏停搏的氯化钾和造成低血糖的胰岛素，造成了4

名儿童死亡，至少5名儿童受到伤害，艾里特由此成为英国臭名昭著的连环杀手。人们只看大她的恶行，没有看到她行凶背后的心理原因，其实，她是一位集孟乔森综合征和代理型孟乔森综合征于一身的病人。

艾里特从小就喜欢伤害自己，给自己绑绷带、打石膏，还假装怀孕，她这么做是为了求得身边人和男友的同情。在进入儿童病房工作后，她一边给生病的孩子注射氯化钾和胰岛素，一边装出尽职尽责又富有爱心的样子，对孩子照顾细致，体贴入微。孩子的父母非常感激她，其中一位父母甚至想请她做孩子的教母。

艾里特装得非常像，险些骗过了所有人。就在她负责的病房儿童接连出现生命危险时，她的恶行暴露了。警方介入调查后发现，儿童丧命、生病的始作俑者就是善良而富有爱心的护士艾里特。经过法庭审判，艾里特被判处13次终身监禁。关进监狱后，艾里特仍然在伤害自己，她用别针扎伤自己，把开水倒在手上，目的就是引起人们的同情和关心。

严重的代理型孟乔森综合征会在照顾对象的水里、食物中投放有毒药物，有的父母则给孩子喂泻药、催吐药、食盐、矿物油等，制造孩子腹痛、腹泻的症状，或者在孩子的尿、呕吐物中加血，制造出血的情形。

诊断这种伪造出来的病症需要仔细推敲，临床上的症状往往没有代理型孟乔森综合征病人说得那么夸张。如果父母或监护人鼓励医生给孩子安排检查、手术，持续住院，不愿意出院，医生最好暗中观察，注意父母或监护人的异常举动。

斯托克是一位英国母亲，也是一位孟乔森综合征病人，曾在英国四处求医。她自称百病缠身，实则是无病呻吟，目的是为了得到周围人的注意。由于她总是没病装病，最后连医生都感到烦不胜烦。

斯托克有一位9岁的儿子。儿子在患上神经疾病住院后，病重到不能进食，她只能通过插管的方式喂奶。斯托克一直守在儿子身边，悉心地照顾他。实际上，她却在密谋着另外一个计划。由于斯托克防范森严，周围人一开始都没有发现可疑之处，后来护士觉得她有些不对劲，竟然发现斯托克在儿子的牛奶里动了手脚。

原来，斯托克在儿子的奶瓶里放了18茶匙盐，儿子喝掉其中一瓶放了13茶匙盐的牛奶后，脑部受创而死亡。警方逮捕斯托克后，案件经过三个月的审理，最终裁定斯托克为误杀罪，判处五年监禁。

另外一位患有孟乔森综合征的意大利母亲也将魔爪伸向了自己的儿子。她以保护儿子不生病为理由，将他关在家里，不让他出门，还给他服用了大量的药物，以至于只有14岁的儿子体重达到了140公斤。后来，警方强行介入，将她的儿子送到了医院。

检查发现，儿子血液中有包含皮质酮激素的药物成分，过量服用这类药物会使人水肿、新陈代谢紊乱。最终，这位母亲被取消了抚养权。

六、阿尔茨海默病

阿尔茨海默病（AD）是一种神经系统退行性疾病，是老年性痴呆的一种，病人多为老年人。病人会出现记忆障碍、失语、失用、失认、视空间技能损害、执行功能障碍以及人格和行为的改变，最后逐渐变傻，直到生活完全不能自理。

1906 年，德国神经病理学家阿尔茨海默报告了一个 51 岁的女性病例。医生给她看一个物体，她能说出物体的名称，重复几次，结果也一样，后来在突然之间，她把一切都忘记了。阅读时，她会无缘无故地跳过一些句子；书写测验时，她会反复书写同一个音节，完全忽略其他音节；讲话时，她使用的是杂乱无章的句子，有时突然停下来，一言不发。病情恶化后，她在四年半后死亡。医生对她的大脑进行了解剖，发现她的大脑皮层萎缩，神经元纤维缠结。1919 年，这种病被命名为阿尔茨海默病。

阿尔茨海默病分为四个阶段，即早期阶段、中期阶段、严重阶段和末期阶段。

早期阶段，病人丧失短时记忆，不能学习新东西；语言表达出现障碍，说话时找不到适当的文字；情绪波动比较大，性格开始改变。这一阶段，病人会出现一些奇怪的行为，但并不妨碍病人的社交活动。

中期阶段，病人的长时记忆开始受影响；日常生活，如洗澡、进食、穿衣、上厕所需要他人照顾；走出家门会迷路，态度变得不友善，好激动，有攻击性行为；病人对时间、地点丧失定向，不知道几点，也不知道自己在哪，能下地活动，但是容易摔跤。

严重阶段，病人短时、长时记忆全部丧失；大小便失禁，不能行走；不会吞食的病人容易发生营养不良和吸入性肺炎；病人缄默无语，一切饮食起居都要他人照顾。

末期阶段，病人会昏迷，直到死亡。通常死于感染。

目前为止，阿尔茨海默病的病因尚未明确，能够确定的是它和乙酰胆碱确实有关。乙酰胆碱是一种神经递质，与人的认知功能、情绪有关。其表现为脑萎缩，大量记忆性神经元数目减少以及老年斑的形成，年轻时若发生过脑部创伤，如脑震荡、头部受到撞击，会增加发生阿尔茨海默病的概率。

剑桥大学的研究显示，三分之一的阿尔茨海默病和病人的生活方式有关。有七个危险因子会导致阿尔茨海默病的发生，包括糖尿病、中年高血压、中年肥胖、体能活动不足、忧郁症、吸烟和低教育程度。

阿尔茨海默病的发病率随着年龄的增长而增高，女性多于男性，且女性病人的病程比男性时间长。据央视报道，我国已经有1000万阿尔茨海默病病人，平均每年增加30万新病例。英国伦敦国王学院精神病学研究所的普瑞克医生在2014阿尔茨海默病国际大会上称，全球每年新增770万例阿尔茨海默病病人，其中一半来自中国。到2050年，全球新发阿尔茨海默病病人将超过3000万例。随着全世界人口老龄化，阿尔茨海默病的发病率逐年上升，阿尔茨海默病已经成为一个严重的社会问题。

20年前，张大爷患上了阿尔茨海默病。20年里，张大爷的病情越来越严重，从最初的丢三落四、出门迷路，到如今的寸步难行、生活不能自理，张大爷已经丧失了全部记忆，不知道自己是谁，也不认得身边的人。

张大爷虽然什么都不记得，身体却什么毛病都没有。长年照顾他的老伴儿孙大妈有高血压、高血脂、高血糖，还有心脏病。有时候，孙大妈跟女儿抱怨："还不如我俩换换呢，你看他痴呆，其实什么烦恼都没有，一整天乐呵呵的，啥也不操心。"的确，张大爷坐在轮椅上，由孙大妈推着在小区里遛弯儿，见到人，张大爷就露出了笑脸，感觉他比所有人都快乐。张大爷现在什么都不记得，偶尔提起一些小时候的事儿，孙大妈也听不懂他在说什么。

前两年，张大爷还能走的时候，曾经走失过一次。当时女儿女婿报了警，又动员亲戚朋友全城搜索，把他之前常去的地方翻了个遍，找了三天，一点消息都没有。没想到，第三天晚上，张大爷自己走回了家。张大爷当时说话已经不太清楚，家人只听他说是走了很远的路，三天一顿饭都没吃，下雨的时候，就躲在一个公厕里。从此之后，孙大妈寸步不离地看着他，从来不让他单独出门。若是孙大妈出门买菜，或者带着他一起，或者把他锁在家里。

后来，张大爷开始不认识人了，还做了一些荒唐事儿。他管女婿叫爸，管同事老王叫老师，管老伴儿叫院长。有一次，家里来了客人，孙大妈忙里忙外地招待，张大爷突然失禁，大便拉在了裤子里，孙大妈赶紧给张大爷收拾。事后孙大妈觉得尴尬，客人也觉得非常尴尬。

自从坐上了轮椅，张大爷脾气不像以前那么暴躁，还整天带着笑容，不知道他心里在想什么，眼神发呆，但是表情特别温和，对周围的人和事没有反应，好像沉浸在自己的世界里一般。孙大妈比张大爷小五岁，老伴了。"就算是送到养老院，谁能像我这么细心地照顾他?"

由于病因不明，针对阿尔茨海默病的治疗只要以增强中枢神经系统的活动为主，如提高大脑的乙酰胆碱功能，改善脑血液循环、激活脑能量代谢等。可惜，在生物制药的研发中，新药研发的成功概率非常渺茫。美国制药协会公布了 1998~2011 年间关于阿尔茨海默病药物研发的状况，结果非常糟糕，大部分实践都归于失败。在漫长的 13 年里，药物制造商只推出了 3 例药品，成功与失败的比率是 1：34。

阿尔茨海默病人和其他器质性病变的病人不同，除了药物治疗，还需要特殊的护理治疗。护理最好能够改善病人的生活质量，预防感染和躯体症状；注意病人的饮食、营养、水和电解质的平衡。在发病初期，保持一定量的社会交往、日常活动，虽然阿尔茨海默病人的记忆衰退不可恢复，但身体和大脑的活动对病人还是很有好处。

七、自恋症

我是我的“偶像”

Jason 的中文很流利，但这不意味着他已经东方了，比如他不能接受中国的餐饮方式。在一般人看来，似乎是因为洁癖，其实不然：他很在乎属于自己的刀叉，甚至在餐桌之上，他也有专属于自己、他人不得侵犯的领地。

同样近乎洁癖，他也非常在乎自己的口腔清洁。其实在他看来，自恋是对别人的尊重。因此，他会耐心地搭配当日服饰、定期保养皮肤，对待自己的身体就像对待一辆爱车。

对别人不经意的碰触，Jason 有着本能的反感甚至是厌恶，因此他很少乘坐地铁等公共交通工具，而是雇了一个带车司机。他说：“关上车门，有与世界脱离的感觉，温度、湿度、气息都是属于自己的，跟别人无关。”

当一人的自闭和自恋挂钩，他的行为会表现得更为激烈，甚至病态。拒绝社会交往、自恋亦因此成为一种本能。因为唯有在自己编织的世界里，自尊才能得到最大程度的满足。

通常自恋的人绝不会模仿别人或封别人为偶像，就算模仿别人转化为自己的有价值的东西，成为一种创新；自恋主义者往往忽视自己的缺点和别人的优点，看不到自身的不足与别人的长处，他有自己的个性，拿别人的不足来比自己的优点，越来越陷入封闭状态。

谁也不学，我行我素；以自己为崇拜对象；“走自己的路，让别人说去吧”这些都是典型的“自恋”，在心理学上形容自我陶醉的行为或习惯。如果没到极端的情况，自恋被视为健康心理的重要元素。在心理学和精神分析学上，过度的自恋可以变成病态，或者会有严重人格分裂、不正常的表现，例如自恋人格分裂。

“自恋”这个字眼通常带有贬义，代表夸张、自满、自负、自我或自私。当用在一个社会团体的时候，它通常代表精英主义，或者对他人疾苦的冷漠或不闻不问。

“我现在越来越像一个艺人了。”小海对着镜子好像在和虚空说话。

小海的自恋比较粗糙，完全颠覆了通常意义上自恋者珍视自我形象的常规。他不太在乎别人的眼神，赌神式的大背头、老式的呢子大衣、高领T恤、硕大的旅行背包，这些古怪的装备居然在他身上神奇的统一了。

有时候小海会在半夜起来看自己的照片或者以前的影像记录，这个习惯在家人看来很不能理解。与此对应的是，他仍然坚持自己的习惯，不屈服。很多矛盾汇聚在小海的身上，自恋这个词汇被他粉碎然后重新组合，似乎世界的中心就是自己，他自恋并且不断自我认可。

男性自恋的一个特征就是自我认可程度极端高涨。这与女性自恋不同，同样是外貌，女性因为自己天生丽质而自恋，男性则是因为自恋而倍感自己风神俊秀。

小海不只是“自我迷恋”，他还有其他重要特征，大多表现为过度自我重视、夸大、对别人缺乏同情心，对别人的评价过分敏感等。总是认为自己是特别的，生在世上就享有一种特权。

除此之外，小海对别人的议论是颇为关心的，一旦听到赞美之词，就沾沾自喜，反之，则会暴跳如雷。他对别人的才智十分妒忌，有一种“我不好，也不让你好”的心理。在和别人相处时，他很少能设身处地地理解别人的情感和需要。

对那些自恋的人进行深入研究，会发现在其内心深处常有深藏的自卑和自责心理。他们虽然表现出自命清高、超“凡”脱“欲”，但对别人的只言片语都极为在乎，而且，一旦被人击中“痛点”就会怒不可遏、暴跳如雷。他们往往只是用自尊、自重来构筑一堵自我防御的围墙，而这堵墙实际上并不牢固，一旦有外力作用，就会摇晃甚至坍塌。

因此，自恋程度越深时总会出现各种情绪困扰，如抑郁、烦恼等，并可有失眠、头痛、汗多等生理症状。对这些人应当让他们学会理智调节法。自恋人格在出现过度紧张等不良情绪时，往往会伴随出现思维狭窄现象，而思维狭窄现象出现后，又会加速不良情绪的盲目增长。

人的不良情绪强度愈大，其思维就愈有可能被卷入情绪的漩涡，从而发生不合逻辑、失去理智的种种反应。例如，一个人在气愤时看什么都不顺眼，因而会把气出在无辜的家人和器皿上。

关于自恋型人格障碍的成因，经典精神分析理论的解释是这样的：患者无法把自己本能的心理力量投注到外界的某一客体上，该力量滞留在内部，便形成了自恋。

现代理论认为，自恋型人格特点是“以自我为客体”。通俗地说，就是“你我不分、他我不分”。造成这种现象的原因是，患者在早年的经历中体验过人际关系上的创伤，如与父母长期分离、父母关系不和或者父母对其态度过于粗暴或过于溺爱等。有这样一些经历，使得患者觉得自己爱自己才是安全的、理所应当的。

科胡特认为，每一个个体在其婴儿期都是有自高自大、夸大倾向的，例如婴儿稍稍得不到满足就会大哭等，在婴儿的心理世界中，他或她是全能的上帝。

当这一上帝由于被父母或养育者所满足时，则获得快乐；如果不满足，则因为自己的全能感遭受挫折无法实现而暴怒。这一不被满足的情况其实是在婴儿养育中经常发生的。

自恋的人最主要特征是以自我为中心，而人生中最以自我为中心的阶段是婴儿时期。由此可见，自恋型人格障碍的行为实际上退化到了婴儿期。朱迪斯·维尔斯特在他的《必要的丧失》一书中说道：“一个迷恋于摇篮的人不愿丧失童年，也就不能适应成人的世界。”

以上所显示自恋人格特征和暂时发生的自恋不同，例如某个人因为获得某种程度的成功而变得自大一段时间，我们则不能简单地视为自恋性人格障碍，尽管这两者似乎有类似。但自恋型人格障碍应该是从童年起到目前一贯的表现，而非暂时、短期的行为。

我是人群中的“焦点”

小叶是刚过而立之年，事业有成。严格说，小叶不是那种靓丽出众的女性，但她举止端庄大方，谈吐高雅亲切，尤其是衣着和化妆，搭配得体，色彩和谐，款式新颖而不张扬，每一细微之处都无可挑剔。

她已经结婚近三年，丈夫是留英归国的博士，英俊帅气、仪表堂堂，谈吐幽默而又严谨，称得上很优秀。认识他们的人们无不热羡这一对出色的男女。然而，他们却发生了感情危机，小叶的丈夫提出了协议离婚。

小叶说：“我不同意离婚，因为我是爱你的。”丈夫却说：“已经是正式夫妻了，你和我做爱还是毫无激情，怎么说明还有爱情？如果你只尊崇柏拉图式的爱情，那么我对你说声对不起，因为你选错了人，我在夫妻生活上的要求俗不可耐，我需要和谐的性关系。”

在此后的几个月里，小叶努力调动自己和丈夫私生活的情绪。可是，她做不到，当她把自己打扮得很妩媚、很性感、很美丽时，她总觉得对丈夫有如饥似渴的亢奋要求。可是，一旦激情迸发、哪怕室内没有光线，但小叶也躲不开幻觉中出现的一面镜子。

她立刻会看到镜子里的自己，头发蓬松、衣衫不整，而面部的化妆品被抹成了大花脸，自己的表情淫荡极了、丑极了……她的热情立刻被倾泻而下的冷水浇灭，她想让自己深爱的丈夫得到满足，但她只能够维持一种故意和做作……终于，丈夫也难以宽容了。

丈夫推开她说：“你这样演戏是不是很痛苦。有一句话我实在不忍心说出口，我越来越感到不是在和妻子做爱，而感到像一个妓女在应付无聊的嫖客……为了我们都不痛苦，趁我们还没有孩子，分手吧！”小叶听了，心里刀割一般痛，她哭了。

其实可以看出，小叶自己摆脱不掉的是那面幻觉中的镜子里面丑陋的自己，她用一种自我欣赏的心理机制克服自己的自卑，并由此激励、鼓舞自己。

但是那个镜子里完美的自己是她自恋的自我认同，因此，当发现镜子里出现了一个自己不能认同的自己时，她的内心潜在的自卑心理就会使她惶恐不安，而她的这种心理冲突恰恰又是在和丈夫做爱的时候发生的，因而使她的性心理发生畸变。

自恋的人时时刻刻都很在意自己的外表，当遇到挑战时，自恋者均可能出现虐待自己或他人的行为，甚至暴力性的行为。小叶认为镜子中的自己不是想象中的完美，觉得丈夫不会对她有恰当的“尊重”或“欣赏”，这就挑战了小叶的“信念”，这些都威胁到小叶的自尊。

这面镜子像魔鬼，越想摆脱越是在不该出现的时候出现，小叶的情况没有精神病那么可怕，但心理疾患的确已经很严重了，小叶是典型的自恋型人的心理障碍。

自恋型人格障碍患者常有普遍性的人际关系问题，他们的抑郁情绪、人际困难或不切实际的目标可能影响工作。但另一方面，他们对功利的追逐也可能使他们获得较高的工作成就。

然而，一种由极端自赏形成的自恋心理，一种用自恋为潜在的自卑心理寻找平衡的心理机制，若不能很好地克服，就极其容易发展成为心理病态。

平衡自卑心理的自恋，往往会对自恋的自我认同因素极端敏感，生怕出现连自己都难以容忍的形象或者行为缺陷。一旦发现，觉得对自己都难以欣赏，甚至难以接受，留恋的意念立刻破灭，自卑的心理反而更严重，甚至悲观绝望。小叶的心理障碍显然属于后者。

原来小叶是来自农村的女孩，小时候家境窘迫。她 12 岁被住在锦州市里、婚后数年没有生育的姨妈领养，进了锦州的小学读书。到了姨妈家，换上姨夫出差到大连特意为她买来的漂亮衣服以后，她长这么大第一次从姨妈家大衣柜的衣镜里看到完整的自己，一个都市装扮的漂亮女孩。

姨妈和姨夫宠爱她，但她终归是连县城都没进过几次的乡下女孩，难免被同学嘲弄。每当受了委屈，尤其是姨妈知道她受了委屈，总会把她着意打扮一番，拉她到那面大穿衣镜前安慰她："让他们瞧瞧，他们哪点比得过咱。"

外表内向而性格好强的小叶几乎就是靠这样照镜子发愤图强，仅仅用两年时间就以优异的成绩升入重点中学。从少女时期起，她就以比别的孩子更敏感的心理注意自己的衣着、举止、谈吐、形象。她在学习上刻苦努力，处处不甘落后。而她对自己的形象也苛求到丝毫不能马虎的地步，这使她总得到一片赞扬之声。

女性追求美的打扮、美的气质无可非议，但如果在性爱生活时无法接受自己头发蓬松、衣衫不整、铅华退去的面容，那是一种心理障碍。生命的质量不是靠物质单方面去填充，尤其是活跃在生命隐秘层的性生活的质量，更难以靠物质去"保值"，而要靠许多可能连自己也不能明白的精神、心理因素去保障其内在质量。

在自恋上男人和女人的表现方式是很不同的。

公司部门经理小赵，工作能力很不错，但总是标榜与众不同，喜欢高谈阔论，有意无意夸赞自己。在朋友方面，吹嘘女士们是如何欣赏他、追求他，嘻嘻哈哈，劲头十足，但在家里人面前稍不顺心，就大吵大闹，弄得关系十分紧张。

有一天，当无意听到同事对他的评价时，他顿时觉得自己并非魅力超群，立刻萎靡不振、非常难过。然而伤心归伤心，以后他依然我行我素。

小赵的"毛病"也是较为典型的自恋情结。情感戏剧化，有时还喜欢性挑逗等，对自我价值感的夸大和缺乏对他人的客观性，这类人无根据地夸大自己的成就和才干，认为自己应当被视作"特殊人才"。

小赵说："有时候自己有特别像《黑客帝国》里面的史密斯探员一样，冷酷地把自己分解成无数个，然后可以像普通人一样和他们下棋、聊天或者卡拉 OK 什么的。

"我的自恋其实很被动。"小赵总是这样评价自己，商场如战场，下属和自己有着必要的距离。他没有朋友，也不相信朋友，在自己的世界里，他很容易被自己的成绩和生活所麻醉。据心理专家分析，小赵的自恋的形成主要源于后天的环境。但正是这一点与女性自恋不同，女性会因为打击而自卑，男性在超强的自我意识驱使下会由自

我肯定转为自恋。

小赵在与人交流时又显得爱批评、固执己见、态度强硬，因为他认为优秀的人应该有优秀的判断。可见，自恋者的认知以绝对化的、非黑即白的推论、显而易见的偏见及武断的推理、概括为特征。不管别人是什么意见，很容易就推翻别人的判断或观点。

缺乏自信，自卑、自尊，常常是自恋的最初原因，因得不到欣赏而自我欣赏。心理上选择自恋的人原因有很多，有来自个人因素：如性别、容貌、情绪。也可能来自幼年，受老师、同学、朋友、制度评估等影响；更有是来自文化因素，价值观、审美观的影响。如果父母的教养态度与管教方式不当，以及学校可能在有意无意间成为帮凶，都是主因。

自恋也会自伤，从表面上看，自恋型人格障碍患者处处为自己物质的和心理的利益考虑，而实际上，他的一切利益都因为自恋而受到了损害。

第一，自恋是一种对赞美成瘾的症状，为了获得赞美，自恋者会不惜一切代价。比如有人冒生命危险而求得“天下谁人不识君”的知名度，这就走向了自恋的反面——自毁、自虐。

第二，自恋是一种非理性的力量，自恋者本人无法控制它，所以就永远不可能获得内心的宁静，永远都会被无形的鞭子抽打，只知道朝前奔走，而没有一个可感可知的现实目标。

第三，自恋者也会下意识地明白，总是从别人那里获得赞美是不可能的，所以他会不自觉地限定自己的活动范围，以回避外界任何可能伤及自恋的因素。

第四，在与他人的交往中，自恋者会因为他的自私表现而丧失他最看重的东西——来自别人的赞美，这对他来说是毁灭性的打击，并且可以使其进入追求赞美——失败——更强烈地追求——更大的失败的恶性循环之中。自恋者易患抑郁症，原因就在这里。

我受不了你的缺点

小姚在自己家的公司上班，他生性豪爽，非常自信，颐指气使，难以接受批评。也难怪，在自己家族公司里他算是最年轻的一位理事了，又一表人才，但优越的条件并没有为他带来更多的幸福，相反他与女友的感情近期就又亮起了红灯。

他的感情路一直不是很顺，自己也不知道什么原因。小姚上周交往了一个女朋友，那个女生算得上美丽得不可方物，和小姚在一起算得上男才女貌，共同爱好也算契合。

女生美丽，性格内向，两个人的感情一直挺好的，小姚身边的人都称赞他的女友漂亮温柔。但自从两个人看了一次通宵电影后之后，矛盾就开始来了，因为看了一晚上电影，小姚觉得女生有口臭，他觉得实在受不了，似乎女生在他眼中的美好形象一下子就毁了，两个人的矛盾迅速激化。小姚什么都要按照自己的意愿来做，别人一点缺点也无法忍受，小姚突然觉得自己很没有眼光。

可见小姚有自恋倾向，有一种天生的优越感，只一心想从别人那里得到更多，却从未想过付出，然而，实际上却没有什么可令他自恋的资本。他的自恋有两个主要的原因，先天的性格中带来了一些优越感，但主要的是后天的环境。从小便被拿来做比较，从小“被比较”带来的后果是一心想着“超过”别人，但他的天性又不喜欢竞争，所以在被迫的情况下也就“被竞争”了。加上他的运气比较好，所以即使是“被比较”也往往略胜一筹，因而，自恋感也就慢慢形成了，但是在“被竞争，被比较”的时候也有比别人差的情况，在初中时期持续最多，所以在一定程度上又克制了他的优越感。“被比较”也还只是一个表象，最根本的原因是“爱”，从小看似被溺爱，但实际上是缺乏爱，因此长大后便渴望得到更多的爱，甚至于从自恋中感受到自己对自己的爱，但实际上是不会爱的表现。

自恋是人性中广泛存在的现象，每个人都多少有一点。但符合以上自恋型人格诊断标准的则只有极少数。每一个人都有缺点，但自恋的人的自我意识过于强烈，主观意识控制着大部分情绪，而忽视自己真正问题的存在，自身的一切问题在自恋的人看来都是免疫的。

第一，自恋的人认为自己是完美的。获得赞美已经是他们的习惯了，自身的大脑已经调频到自己是完美的状态，就算身边有很多非议的声音都不能让自恋的人得到改变。爱自己、赞美自己已经成为本能了。

第二，自恋的人认为问题在于别人。习惯性地从别人那里找缺点，通常有什么问题都会推到他人的身上，认为这样是理所应当的；自己没有一个可努力的现实目标，就算自己游手好闲也会理直气壮地说“我就是这样，我做我自己”，而他们只是不懂得在这个社会每个人都应该有为之生存的技能，才能踏实地称之为活着。

第三，自恋者受不了别人的缺点。在与他人的交往中，他脑子里所想所思全都用来赞美自己，别人的一些缺点从他眼睛里看就被无限地放大，认为自己没有眼光，并且使其进入了失望的境地，失败的感觉油然而生。

自恋的人往往容易以自我为中心，他（她）不会为他人考虑，只想着从别人那里得到。自恋的人内心有一种优越感，觉得别人不如自己。

自恋是思想失调的一种表现。自恋会带来很多问题。第一，大多数“人格失调症”患者都具有自恋倾向，在遇到问题时不愿承担责任，而把责任归于外界；第二，自恋的人往往虚荣心比较强，他（她）会自觉或不自觉地与他人进行比较，并以此来强化自己“完美”的形象；第三，自恋会变得盲目，看不清自己，把自己的能力进行自我夸大，容易自我膨胀；第四，自恋的人往往表现欲较强，他（她）会想方设法地通过各种形式来表现自己，并渴望得到外界的认同；第五，自恋的人容忍不了别人对他（她）的批评，因此，不容易发现自身的不足，人际关系也必定带来影响等。

不同的人其产生的原因不一样，但是最根本的原因必定触及“爱”，自恋的人不会爱他人，也不会爱自己，自卑也一样，之所以自恋，有可能是受到过多的溺爱（大多数情况），也有可能是没有受到疼爱。然而，自恋和自卑实际上是相互交织的，极度自恋的人必定也极度自卑。除了后天的原因，先天的条件也会带来自恋或自卑。

自恋有时会以不可理喻甚至让人难受的方式表现出来。比如自恋者时常过分关心自己的健康，总是怀疑自己患了某种任何仪器都查不出来的病。即使在自己都认为这种怀疑是荒谬的情形下，也无法摆脱疑虑，成天惶惶不可终日。

关于自恋型人格障碍的成因，有很多的说法。一般认为是自恋的人本身的心理需要无法得到外界的某一客体关注，便形成了自恋。现代客体关系理论认为，自恋型人格障碍者的特点是“以自我为客体”，把别人当成自己的一部分，认为别人服从自己是应当的。

造成这种现象的原因有很多，如小时候与父母长期分离、家庭关系非正常这都是造成问题的关键，自小的经历让他们认为身边的人都没有安全感，需要得到更多的爱，觉得自己爱自己才不会被抛弃。

一位古希腊哲学家说，对自己的了解是最重要的知识。而了解自己是怎样自恋的——当然只是一般性自恋——则是了解自己的最好的途径之一。在大多数情形下，自恋是一个不易被自己察觉的一系列情感和行为模式。

自恋的终极表现是自闭，因此，要治愈这一心理问题，首先要意识到这一问题并重视；其次，分析这个问题，寻找问题产生的原因，找到根源，面对并接受；通过不断的学习和练习，学会真正地给予，学会“以他人为中心”；当问题再次出现时，对自己进行心理暗示，并分析问题出现的原因，不断追问，反复寻找；学会自我反省、自我总结。治愈自恋，最重要的是要学会自爱。自爱是对自我成长的一种关心、尊重、责任、了解，不断地自我完善，从而更好地爱他人。

在一片沼泽地里，河马是所有动物中最美丽的一种，因为它有柔软而光滑的皮毛、纤长而细致的睫毛。最让河马骄傲的就是那只尾巴，谁都没有见过那么美丽的尾巴！尾巴的毛发是那样的浓密和细致，河马最爱把它高高地耸起来在空中摇晃。

河马

那个时候，美丽的河马整天都坐在河水边，摆弄着它那美丽的尾巴，注视着水中自己的倒影。“我真的好漂亮啊！”每当河马看着水中的倒影时，就会发出这样的感叹。它时不时地扭动着自己的身子，变换出各种姿势，欣赏自己的倒影。“啊！谁还会有我这么光滑的皮毛、这么出色的耳朵、这么美丽的尾巴呢，我就是这个森林中最美丽的动物！”

可是，不久之后，沼泽地里发生了一场可怕的火灾。当沼泽地中浓烟不断涌出，可怕的火苗四处乱窜的时候，所有的动物都往河边逃去，只有那只自恋的河马还在欣赏水中的倒影。

它注视着水中的身影，根本没有注意到那可怕的火焰已经离它越来越近了。

它弯下身子，对着倒影说道：“要是大家都能看见我这细致、浓密的睫毛，那该多好啊！”

就在这时，一个火星窜上了它那在空中不停摇摆的尾巴。

河马大叫起来：“救命啊！”它来回在地上跳着，想要扑灭身上的火焰，但是火苗燃烧得更厉害了。“救命啊！”它尖叫着，“快来救救我啊，我光滑的皮毛要被烧掉了，我细致的睫毛被烧没了，我美丽的尾巴啊！”

火烧得越来越大了。它立即跳进了河水里，沉到河底，并尽可能地屏住呼吸。最后，它出来的时候，整个沼泽地都是一片焦黑。

河马筋疲力尽地坐在地上，自言自语地说：“这真是太可怕了。”它又呻吟着：“啊，我的皮毛现在肯定都是泥巴，我的样子一定是糟透了。”说着，它弯腰看水面上的自己。天哪！这是谁啊？那个光秃秃、满身褶皱的动物是谁啊？

可怜的河马不知道自己那美丽的外表已经被大火烧焦了。最悲惨的是，那只美丽的尾巴也不见了！

河马赶紧跳进了河里，再也不想见其他动物了。直到今天，它也只有在晚上、没有人看见它的时候才出来透透气！

爱美之心人皆有之，但是过度自恋，也许就会落得像河马那样的下场。我们要记住：美貌已逝，美德长存。没有一种外在的漂亮能敌得过时间或者灾难的摧残，但是心灵的芳香会穿越时空，永不弥散。

小何在一家外企任部门经理，算得上事业有成，但是一个30岁还没嫁人的大龄姑娘。她性格开朗，但身边的朋友却不算多，主要是小何在跟他人相处的时候有点唯我独尊的架势，脾气又差，使她难以接受批评。也难怪，在公司里她算是最年轻的一位管理干部，她是名牌大学的高才生，前几年还取得了北大的硕士学位。她算是一位女强人，但事业的成功并没有为她带来更多的幸福，相反她与比她小两岁的同居男友的感情近期就亮起了红灯。

男友是小何在一次朋友聚会中认识的，两人是一见钟情，再加上男友比小何小两岁，事情小何做主的比较多。两个人最开始相处得很融洽，小何男友大学毕业后在一家企业担任技术干部，工作清闲，但收入较低，性格内向、较为被动。互补的性格让两个人的感情刚开始很不错，男友还经常在别人面前称赞自己的女友聪明能干，但自从两个人一年前开始同居之后，矛盾就随之而来了，虽然在叫骂声中，结婚的日子仍被定了下来，但是在买房子、装修房子的时候两个人的意见很不一致，两个人的不同观点也冒出来了。小何什么都要按照自己的意愿来做，男友的意见是一点点也听不进去，小何还怪男友没眼光、没主见，被动、窝囊。她男友开始选择忍气吞声，后来实在忍受不了，男友也开始数落小何霸道、盛气凌人，双方各不相让。小何脾气暴躁，有一次还动手打人，掴了男友一记耳光，两个人的感情迅即破裂，原定好的婚期取消了，喜帖都发出去了，小何不知如何是好。

从以上案例我们可以看出，女方的性格较为强悍，过分自信，有种高高在上的女王的架势，像要的不是男友而是男仆的感觉，又难以接受批评，是个典型的自恋人格。是性格使然，还可能会是一种职业病，在单位是她说了算，在家里也照样是一家之长，男友也得一切听她的，这是一种失衡型的关系。阴盛阳衰型的关系，处于劣势的男方往往要承受来自自身的心理压力和来自外界的社会压力。

男方往往习惯于现实社会里面的男强女弱的传统婚姻模式，一旦位置颠倒，男方会觉得自己不是个男子汉，在别人面前抬不起头来，社会上的世俗眼光也会将一切成果归功于处于强势的女方，使得男方更是无地自容，心理严重失衡。

另外女方的强悍的态度更是催化剂，处于强势的女方往往不能注意到别人的情绪，在家庭里对另外一方造成压迫。有压迫就有反抗，所以更多的男人采用非常不理性的态度主动去破坏婚姻，甚至提出离婚。

人格障碍与神经基调的遗传有关，同时也与后天的成长背景有关。人格障碍对婚姻的危害是很大的，所谓相爱容易相处难，很多是这方面的问题。可见这种问题也是很普遍的，应该及早干预，重新塑造和谐的家庭关系。

他们为什么会成为自恋的人

小军其貌不扬，只能算得上白皙，却自比潘安，整天弄得油头粉面的在办公室里招摇。如果女同事多看他两眼，他就觉得对他有意思；多跟他说两句话，他就觉得人家在跟他套瓷。

一次两个女同事起了一点误会，两人闹得有些不开心，刚好小军在场。没想到，第二天此君就四处传播两个女同事为了他争风吃醋闹翻了的谣言。搞得两个女同事当场说“自我感觉也太好了一点吧”。从此以后，看到小军有多远离多远。

自从网络有了微博，小军就不断将一些自己的照片和文字贴上去，这可以理解，人嘛，谁没有那么一点点自恋倾向，只不过平时在生活里可能不好意思表现出来，大部分人也就在网上自恋一点，回归生活时却是另一种谦和的状态。小军却不是如此，他常常找各种机会让朋友在网络上给出评价，这样给身边的朋友带来了不少困扰。

同样，在网络上一度很火的芙蓉姐姐，传说中每天都有5000以上的人同时在线等待有关她的文字和图片。到底芙蓉姐姐有什么特殊魅力？两个字——自恋。

“我那妖媚性感的外形和冰清玉洁的气质让我无论走到哪里都会被众人的目光无情地揪出来、我总是焦点。我那张耐看的脸，配上那副火爆得让男人流鼻血的身体，就注定了我前半生的悲剧。”这都是芙蓉姐姐经典的语录。

芙蓉姐姐在文字里总是表达出她被众多追求者所困扰的苦恼，“一张妖媚十足的脸和一副性感万分的身材”就是芙蓉姐姐的自画像。

在网络上如芙蓉姐姐的人不在少数，凤姐雷人征婚，对象要求升格为“欧美海归”，还扬言“鲁迅的文章可读性和丰富性都比我差一些，300年之后，我的文章还会被人传阅，而鲁迅的不会”，云云。为何凤姐说话总是雷人？其实，他们这是超强的自恋表现，何谓超强自恋？患者人格特征明显偏离正常，使他们在个人生活风格和人际关系上形成了一套异常的行为模式，造成他们对社会环境适应不良，感到很痛苦。

自恋的人需要一种自我赞美，包括幻想和行为上漫延的无所不能的模式，缺乏与他人产生共同情绪的能力。自恋开始于成年的早期，并一直持续。如凤姐认为自己的智商前300年后300年无人能及，对自身有无所不能的感觉。夸大成就和天赋，在没有相应的成就下，期待被看作最优秀的。凤姐自称懂诗画、会弹琴，精通古汉语，9岁起博览群书，20岁达到顶峰，最新的说法是鲁迅的文章也不如她。

自恋的人容易被无限制地成功、权力、才气、美丽或理想爱情的幻想所迷惑。如凤姐在网络上宣扬北大、清华有300名硕士追她，美国哈佛、普林斯顿等名校高才生也在联系她，28岁前就能够找到符合她条件的白马王子。

自恋的人往往更相信自己是特别的和唯一的，并相信自己只能被同样特别的或高地位的人所理解。自恋的人常常嫉妒他人或相信其他人嫉妒自己，表现出高傲自大的行为态度。

面对大众的质疑，凤姐不屑一顾，表现出一种非常高傲自大的态度，似乎人们根本就无法理解她这样智慧超群的人。她生活在自我赞美中，要求别人认可她的高智商，认可她的博览群书，实际上这远远超出了事实。

凤姐以采取让大众鄙视和嘲笑自己的方式达到出名的目的。其实通过一些节目访谈就可以看出，她是一个内心极度自卑的女孩，正是她内心与行为的巨大反差引起了观众的兴趣。

凤姐与芙蓉姐姐是一样，属于自恋的典型。她们能走红网络，说明社会大众心理也出现了问题：许多人因为生活压力大、精神空虚和信仰缺失而心态浮躁，要通过网络发泄不满与愤怒，而自恋狂们提供了绝好的“靶子”。人们看她们的表演满足了自己的好奇心、偷窥欲和攻击本能。

自恋分成两种，一种是外向型的，一种是内秀型的。比如说芙蓉姐姐和凤姐，毫无疑问属于外向型的，勇于在公众面前大胆展露不完美的自我。相比之下，身边更多的自恋者属于内秀型。如其貌不扬的小军，他们顶多也就小范围地自我欣赏，比较委婉地自我赞美。

自恋的人固守着无瑕疵或强大的外表形象的重要性，有如水仙爱慕自己的倒影而在水边生根一样。一旦无瑕的形象不存在，不如别人的核心信念就会被激活。自恋个体常常表现为自尊受损，在自尊受到威胁时，常常反应强烈。

A小姐刚进公司的时候，她作为新人，可能还有所顾忌，只是偶尔会拿出随身携带的小镜子照照，后来间隔时间逐渐由一小时提升到半小时，并伴有自我感叹，甚至开会时她也会忍不住自我欣赏一番，然后露出满意的微笑。

身边的同事已到了每次看到她照镜子都感觉浑身不舒服的地步。这种生理上的不舒服也就算了，A 小姐也善于精神折磨，跟别人说话，总是变着法子贬低别人、抬高自己。从未听到她表扬过别人，哪怕离她十万八千里的女明星们，她也要用嘴把她们贬到自己脚下。

大家都觉得跟 A 小姐不太好相处，眼看着她的自恋情结日益表露。好在今年办公室来了一个自恋的同事，他与 A 小姐在一起可谓沟通顺畅。他们活在自己的世界里，总能找到共同想要贬低的对象，并能把对方批评的话很自然地过滤掉。

A 小姐非常积极地致力于强化自我夸大的信念，其实是自恋者在回避自我真实形象。其努力的目标是为了获得赞赏，表现自己的优越性，在痛苦或不被尊重时免受伤害。

面对缺陷或批评，自恋型人易变得不愉快、戒备心增强。自恋的人可能会嘲讽别人的“弱点”，或者不能忍受存在“弱点”。他或她拒绝讨论存在的问题，因为他或她认为这些问题会破坏形象且让别人看到自己的“弱点”。

有时候对待自恋者，跟他们相处的最好方法，就是自动过滤掉那些不该听的话、那些带刺的话语，全当没听见。

某校教新课程的女教授人长得漂亮，课又讲得好。教授姓崔，她的衣着举止总是那么优雅，她讲课的时候引经据典，语言生动而又思路清晰，同学们很快就被她吸引了。

可惜好景不长，当华丽外表的作用逐渐减弱时，同学们开始发现崔教授的某些做法令人不快。教授上课时喜欢举例子，尤其喜欢举跟自己有关的例子，而且往往都是在夸自己如何出色，如何受欢迎。

有一次谈到美国文化时，崔教授说起自己在美国的经历，侃侃而谈，越说越投入，竟整整占了一半课时。这引起了部分学生的不满，最后他们开始敲桌子，崔教授才很不情愿地结束了这次“自我演讲”。

崔教授的这种自我中心和自我夸耀无处不在，凡是与她有关的事情都是好的、优秀的，她的家人、朋友都很优秀，她就读过的学校、工作过的地方都很不错，即使在学术研究上，她也有着明显的偏向，赞美与自己相同学术观点的专家、理论，贬低与自己观点相反的人物和理论。

有些学生不买账了，他们向教授质疑，对她提出不同的理论观点并与她在课堂上争论起来。崔教授很生气，她不喜欢别人挑战她的权威地位，认为这几个学生是故意跟她捣乱。久而久之，崔教授的课堂就“门可罗雀”了，她成了一个不受欢迎的教授。

自恋是人格中的一种核心部分，一般人的自恋并不是不正常，只有自恋过分才不正常。崔教授这种自恋过分，对自己有一种荣誉感，不合理地期望特殊的优厚待遇或希望别人自动顺从她的期望，容易遭到身边人的反感。

崔教授只是希望别人崇拜她，而这样的关系可能基于恩惠——报恩关系，常常不够亲密，时间长了就显得紧张。崔教授住在自己建构的世界中，拒绝他人的经历，有时态度过于高傲，由于自恋者的自我专注以及不断感到应得到更多的关注和欣赏，最终与他人的关系会不可避免地产生裂缝。

崔教授的自恋又叫自以为是的自我陶醉人格，强烈的自我表现欲和从他人那里获得注意与羡慕的愿望。一贯自我评价过高，自以为才华出众、能力超群，常常不现实地夸大自己的成就，倾向于极端的自我专注。

自恋者好做海阔天空的幻想，内容多是自我陶醉性的，如幻想自己成就辉煌，荣誉和享受接踵而来。权欲倾向明显，期待他人给自己以特殊的偏爱和关注，很少意识到要关心他人的行为和语言。

他们最大的痛苦，不是和别人建立不了关系——因为在他们内心没有别人的位置，而是当现实不能满足他们的自恋和控制欲的时候，他们难以面对“自我否定”，这是对他们来说最大的痛苦和打击。有一种感觉就是：一旦自己被否定，就意味着自我世界的崩溃，随之而来的恐惧和焦虑让他们手足无措甚至绝望。

在幼年的时候，他们都没有得到很好的呵护，这个时期，和重要他人之间的关系就直接影响到个体对不同性别、不同类型的人的感受，更重要的是对自我的认识。在重要关系中感受自己“是否可爱、是否被接纳、是否安全”，如果这些都是肯定的，那么个体的关系发展将有很大的可能是健康的，如果这些都是否定的，那么个体的关系发展有很大可能将是不健康的。

在实际中，自恋的人稍不如意，就又体会到自我无价值感。他们幻想自己很有成就，自己拥有权力、聪明和美貌，遇到比他们更成功的人就产生强烈嫉妒心。他们的自尊很脆弱，会过分关心别人的评价，要求别人持续的注意和赞美；对批评则感到内心的愤怒和羞辱，但外表以冷淡和无动于衷的反应来掩饰。

自恋型人格障碍患者常有普遍性的人际关系；他们的抑郁情绪、人际困难或不切实际的目标可能影响工作，但另一方面，他们对功利的追逐也可能使他们获得较高的工作成就。

深深地爱上了“我自己”

小卞今年20岁，长得英俊魁伟、相貌堂堂，人们都称他为“美男”。他从小父母离异，后来母亲也把他抛弃了，他成了别人的养子。无爱且孤独，无亲人也无爱的童年生活，养成他内向孤傲的性格。他自私，心目中装不下别人，他唯一的自慰的形式是照镜子，在镜前手淫。

他从不跟女性交往。小卞长期重复的唯一乐趣就是手淫，对着自己的镜中影像，或者想象着自己“完善的躯体”进行手淫。

养父母见他脾气古怪，不愿与人交往，并时常在镜前手淫，或看见反光物体也要注视自己的身影好久……他们以为儿子精神异常，于是好声劝说，也陪他看过心理医生。医生给他做过神经精神方面的有关检查，否认小卞患精神疾病。养父母仍不放心，又带小卞看性心理咨询门诊，专家告诉两位老人，说他们的儿子患的是一种称为“自恋症”的性变态。

而且自恋症与我们平常见的自恋是有很大的区别的，事实上人人都自爱，现代的小伙子、小姑娘每天都在镜前花费大量时间，装扮、修饰和欣赏自己的形体美。

这是一种正常的自爱，是人人皆有之的。但若过分自爱，或者在自爱中呈现对自体影像的性欲求，或者在恋自我影像时手淫而达到性满足，就应视为异常了，这种以自己身体影像作为性对象，而对自己有强烈的性欲要求，并形成癖好难以克服，则称为自恋症。

自恋症是一种心理疾病。同日常所说的“自恋”，在心理学上有不同的定义。自恋症是指个人将自己身体影像作为性对象，对自己的影像有强烈的性欲求。

那喀索斯是古希腊神话中一位神的名字。他是河神和仙女的儿子，他英俊潇洒，相貌堂堂，女神厄科向他求爱，遭他拒绝后幻化而成为回声女神。这事引起诸神对那喀索斯的不满，于是决定对他进行惩罚。诸神对那喀索斯施术，使他变成只爱恋自己在水中的倒影，以致他最后憔悴而死，成为水仙花神。

医学家于是把患有自恋症的病人称为那喀索斯症。“那喀索斯”也被作为自恋症的代名词。古希腊时代可能还没有镜子，所以那喀索斯要恋自己只能看自己在水中的倒影，在人们有了镜子以后，在镜中观察自己的影像要更方便。

正是由于古希腊和现代的那喀索斯都专心从水影或镜影中去欣赏和爱恋自己，所以也被称之为“影恋”。自恋是以自身为性恋对象的一种性变态，但有时也可以过去的自我或稍变形的自我表象为对象。

今人热衷于摄影留影者也不乏“影恋”的成分。“影恋”又多见于女性，历数着往日的倩影，不觉有自我陶醉之感。自恋症者常望于镜面及照片中的自我形象，非常骄傲和自豪，欣赏自己的倩影，慢慢地觉得心旷神怡，欲火内炽。

小黎，曾经是某电影厂小演员，每天必修的课程即自我欣赏胴体。虽然已过“不惑之年”，但还算依然风韵犹存。颀长的身材，细柳般的腰肢，虽不及少女那般丰满诱人，却也够一些男士多瞧上几眼。可她至今依然孑身一人，栖居在简陋、肮脏的宿舍里。

她独居一间宿舍，但她却从来没有布置过室内的一切。被子不知多少天没叠过了，乱糟糟地团在床上，一只被角都拖到了地上；一只摇摇晃晃的小圆桌上东西摆得层层叠叠，没洗的咖啡杯里丢进了十多只烟头；微型收录机、书籍摞在电炉上；裤衩、腰带、袜子、乳罩等搭在乱七八糟的瓶瓶罐罐上……可见日子过得很混乱。

但引人注目的是，临窗的一面墙上却挂着一面巨大的镜子，只要一进门，就能借助它看见屋里的一切。

每天下班后，小黎回到自己的小天地里，她就快速锁上门，拉上厚厚的窗帘，拧亮镜前一只足有100瓦的电灯，屋里顿时一片雪亮，连屋角挂着的蜘蛛网也在灯光下一闪一闪的。

她走到镜前，优雅地开始从上到下欣赏镜子里那个女人的迷人丰姿，傲慢的，妩媚的，懒散的……没有人来敲她的门，也没有任何声音来干扰她的自我欣赏。

她点燃一支烟，拖过凳子，半倚半靠地坐在镜前，深深地吸一口烟，又把烟慢慢地吐向镜中的自己。她仿佛看见自己在烟雾里变得更年轻、更漂亮。

她微眯着眼睛，摆出等待热吻的架势，贴近镜面，仔细观察自己的皮肤、额、眼。皮肤虽然不像以前那般光洁、滋润，但仍然是细腻而富有弹性的，无懈可击的体态曲线迷人，着实还能使同性忌妒、让异性屏息不敢喘气呢！

她丢掉烟蒂，吐出最后一口淡淡的青烟，手伸到背后，缓缓地解去乳罩的扣子，然后又轻轻退去腰际下面那条小小的三角裤，信手朝后扔去，慢慢地开始兴奋……烟雾散去，镜中呈现一个身段极美的女性裸影……遗憾的是，此时此刻只有小黎一个欣赏者。

小黎像个冷漠的模特儿，她对外部世界不做任何反应，即使有所反应她也不是依据世界的现实来做出反应，而是根据自己的思想和感情过程来反应。

她年轻时候身边的追求者也很多，临近毕业前夕，还是有一个大胆的学美术的男同学向她发出认真的求爱信号，可是她依然视而不见。

曾有个初出茅庐的年轻导演看中她的气质，启用她出演主角。她自然也非常感激他的器重与赏识，所以演得倒也顺畅自然。但有一次在外景地的某个夜晚，这位年轻导演凑近她时，她却猛甩起手，赏了他两个巴掌。

她又一次用傲慢的盾牌挡住了丘比特的爱情神箭。那位年轻导演虽然被她掴了耳光，但出于某种微妙的感情，他非但没有报复她，相反在他的另一部影片中仍然请她饰演重要角色。遗憾的是，她没有取得成功。

影片公映不到一个星期，她就被观众渐渐淡忘了，短暂的青春过去了。小黎已无奈地跨入了中年妇女的行列，领导为了照顾她的情绪，担任助理导演。圈内的人都知道，“助理”两字，不过是执行导演呼来唤去的勤杂工而已。尽管如此，小黎至今仍然维护着自己的“电影界人士”的身份，不肯轻易下嫁给任何人。

自恋症一旦形成之后，观念和人格已基本固化，他们孤芳自赏、拒绝求医、拒绝改变自己的状态。小黎这种一切不由旁人刺激而自发的性情绪的现象就可以叫作自恋症，它包括性爱的白日梦，性爱的睡梦，影恋。

“自恋”和“恋他人”是成反比的。太自我怜爱，投注到他人的能量少一些，投注到自身的能量当然就会多一些。

这种自怜自爱的自我欣赏，使自恋者暂时忘记了周围的一切，沉浸在一种半睡半醒的癫狂喜悦之中……

自恋症者没有升华爱的能力

如今，“中性化”逐渐被社会接受和认可，即使如此，李同还是让人吃惊，一头经过精心修饰的长发，面孔纤秀，接近完美。他对自己的形象十分迷恋，经常对着镜子换很多衣服，并且对镜自言自语是他的爱好之一，直到他遇见一个叫小周的男孩。

李同觉得小周很像几年前的自己，两个同样自恋的人很容易找到沟通的渠道，很快两个人就开始了朝夕相处的生活。

之后李同帮助或者说改造了小周，从发型到着装，从饮食到娱乐，两个人越来越默契。“有时候我觉得小周是我的复制品。”李同说。

李同的自恋有时候也很人格分裂，看见小周和别人往来过密，他也不顾及场合地发脾气，他不顺心的时候会对小周大声地咆哮，完全没有之前的风度。

小周经常感觉到：“他老说爱我。他可是好像没有一个行为真正爱我。他把我塑造成另一个自己，我觉得他爱的只是自己。”

自恋症以自我为中心，对别人的情感漠不关心，可以由友好突然转成愤怒，流露

出对自我的关注。李同缺乏对别人的需要和情感的关注，既不以简单的形式表示自己的情感，也不尊重更复杂、更深层次的情感。

自恋症性取向于与自己相似的同性个体，从事同性恋活动，偶尔也有把异性想象成自我，而与之发生性关系。自恋症患者与同性或异性个体发生性行为是受极强的自我爱恋的潜意识控制，他们会把性活动想象为是另一个自我在与自己发生性关系，并非是他们真正去爱恋另一个同性或异性。

患有自恋症倾向的李同，是难于将自然的爱升华为真正的爱情的，李同他没有对象意识，缺乏与他人和外部世界在认知与情感两方面建立正常关系的理性能力。

自恋症患者最显著的特征就是，他们只爱自己不爱别人，如果说他们也有爱的话，那也是一种私有形态的爱，这种爱是无力的爱，因为它是不完整的，是被自我中心主义所歪曲了的，是被与爱的意义对立的欲望给浸透了的。

在绝大多数情况下，李同对自己的爱恋是极其强烈的，对他人的爱恋则是附带的。他不能理解别人的细微感情，缺乏将心比心的共感性，因此人际关系常出现问题。这种人常有特权感，期望自己能够得到特殊的待遇，其爱也多是从自身出发的。

自恋症的形成主要与儿童期的教养有关，所以要预防自恋症主要是从儿童期做起。从小父母对孩子会有意识无意识地赞美和宠爱，尤其是独生子女，成为家庭中的核心或“小皇帝”，孩子普遍受到亲人的溺爱，从小就自认为是最完美的或无可比拟的，一切以我为中心，唯我独尊，唯我是从。这些孩子不知道应该去关心别人，去爱别人，处处表现了明显的利己主义、个人主义倾向，为自恋症的形成铺垫了基础。

原来，李同是小时候抱养的，在他幼小的心灵深处有被遗弃的阴影。虽然养父母都很爱他，尤其是母亲很疼他，几乎全部的精力都放在他身上，但李同内心严重缺乏安全感，所以一般不会承认自己的错误，承认自己的弱点；常常缺失爱及爱的能力，所以很难去真正地爱别人，很难与人建立深厚的感情联系；觉得自己是最优秀的，所以看别人尽是缺点。

他的父母对他来都是他的保姆，他没有感觉的一样，对于所有人的付出他很冷淡。家庭关系和亲子关系紊乱在自恋癖形成中也有重要作用，幼年对父母和家庭环境的不满和怀恨，会使孩子感觉到他人都不可爱，会使孩子觉得日后与异性生活在一起也是一种错误，就连自己的父母都是自己不宜接触的对象，于是会觉得只有自己才是最能接近的对象。

同样，自恋癖的发生还可能与个人的性创伤有关，在其与异性或日后与性伙伴的交往中出现这样或那样的难以克服的问题，受到与性有关的精神上或肉体上的重大打击，也会促使患者丧失异性恋或同性恋的兴趣而成为自恋癖者。

对于自恋的人来说世上只有一种现实，即有关他自己的思想过程和他的情感及需要的现实。他不去客观地体验或感知外部世界，他不认为外部世界是按照自身的方式和条件及需要而存在着。

自恋症人格形成时，人把全部情感投注从外界撤回，投注在自己身上。自恋者是由于幼年父母关爱不足，他们的父母过度补偿了患者不如别人或微不足道的感觉。阿德勒的个体心理学也提出，自恋人格属于自卑与补偿的关系，在与人比较后发现不如别人，从而产生补偿行为。

当李同在歇斯底里地表达自己的时候，他的语言实际上都是孩子的语言，和成人世界表达的意思往往是不一样的。李同与养父关系很不好，都没有好好说过话，他父亲抽了包他的烟，他就大发雷霆；他是个不抽烟不喝酒的人，有点洁癖，没有什么朋友，不看书，不谈论家事，和家人没有沟通，很少干家务，老爱找茬说父母的不是。

自恋症者夸张地认为自己是特别的、优越的。他们表现的并不是强有力的自信，而是对自我过分地热衷。他们明显的信念是自己具有优越感的补偿心理。如果未能成为优胜者或未被当作特殊人物，就会感到自己低人一等、微不足道、弱小，从而寻求自我保护、自我防御的补救措施。

八、心理逆反

听不进的“劝说”

“大不了一死，一了百了。”某学校女生小刘说，如果不让我们在一起，我们就结束自己的生命。

身边的家长也轻声细语地劝解过，也以长者的威严义正词严地斥责过，可小刘和小张两人非但不收敛，反而堂而皇之地对父母说：“我们绝不放弃!”“我们绝不分手!”双方的家长甚是恼火，准备联手出击，双管齐下，以阻止这段“非正常的男女交往”。

小刘和小张一副“不达目的誓不休”的神色，父母们完全没有办法，母亲暗自为她担忧，默默地流泪。

在现实生活中，父母的干涉非但不能减弱恋人们之间的爱情，反而使之增强。父母的干涉越多、反对越强烈，恋人们相爱就越深，这种现象被心理学家称为“罗密欧

与朱丽叶效应”，还是学生的小刘和小张就是这种情况。

莎翁的名著《罗密欧与朱丽叶》的故事几乎人尽皆知：罗密欧与朱丽叶相爱，但由于双方世仇，他们的爱情遭到了极力阻碍。但压迫并没有使他们分手，反而使他们爱得更深，直到殉情。

罗密欧与朱丽叶效应，又叫禁果效应，是心理学的一种人际交往效应。指有好感的异性间，受到的外界干涉越多，他们的感情就会越深。就是这种效应造就了千古奇唱梁山伯与祝英台、罗密欧与朱丽叶的爱情故事。

心理学上把这种爱情中的“越是艰险越向前”的现象称为罗密欧与朱丽叶效应，即当出现干扰恋爱双方爱情关系的外在力量时，恋爱双方的情感反而会加强，恋爱关系也因此更加牢固。

为什么会出现这种现象呢？这是因为人们都有一种自主的需要，都希望自己能够独立自主，而不愿自己是被人控制的傀儡。一旦别人越权替自己做出选择，并将这种选择强加于自己时，就会感到主权受到了威胁，从而产生一种心理抗拒：排斥自己被迫选择的事物，同时更加喜欢自己被迫失去的事物。正是这种心理机制导致了罗密欧与朱丽叶的爱情故事一代代地不断上演。

逆反心理是指人们彼此之间为了维护自尊，而对对方的要求采取相反的态度和言行的一种心理状态。这种与常理背道而驰，以反常的心理状态来显示自己的高明、非凡的行为，往往来自逆反心理。

逆反心理以青春期发生的频率最高。小刘和小张的早恋情况，其实是青春期的性逆反心理。这是因为这一时期少男少女的性意识已开始萌动，他们希望通过自我的努力去探索其中的奥秘，所以不肯轻易接受成人的观念。

但这一时期，他们对两性关系的自我探索处于模糊状态，种种的困惑无法解除，而他们体内性能量的激增又会导致性情绪的极大波动，因此，在他们身上难免要出现逆反心理和行为。

心理学家发现，越是得不到的东西，人们就越是觉得珍贵。于是小刘的父母越是想办法不让他们在一起，越是增加了小刘对爱情的期望值和得到的期望，促使小刘更加激烈地反抗。

在罗密欧与朱丽叶效应中并不是说不好，最起码罗密欧和朱丽叶在受到百般阻挠的热恋中，无暇顾及罗密欧的缺点；我们要始终保持清醒的头脑，不要为了“吃不到的葡萄”摔伤了自己。“吃不到的葡萄”不一定是酸的，但是也不一定是甜的，我们要学会恰当地处理得失。

父母们总是强烈反对小刘和小张，是没有看清楚他们处于逆反心理，总认为他们不听话。小刘的妈妈，不仅限制她与异性交往、偷看她的日记、私拆其信件、嘲笑挖苦孩子对异性的向往心理，甚至打骂。

在性的问题上也不例外，如家长禁止孩子看与性有关的书刊，偏有人要偷着看；不让关注异性，偏有人要格外留意；不让谈恋爱，偏有人要早恋。

这些把青少年的“性”当“贼”防的不信任行为，使他们产生严重的对立情绪，在这种情况下，小刘情绪也越来越极端，甚至出去以死相要挟。

在教育过程中，许多教育者和家长都希望通过先进人物的事迹来教育激励青少年，唤起他们的热情，但结果却往往适得其反。青少年对家长提到的周围同事邻居家的同龄人学习上的先进经验和事迹反感相当的强烈，即使是平时比较内向的女生也不例外，而偏偏家长最喜欢主动和孩子谈及的话题之一就是周围同龄人的情况。

而教师比较喜欢谈及的话题则是学习如何如何好。随之而来的是学生和家长老师的矛盾激化，有一些学生会变得同执偏激，对某些事情，比如某个老师的话简单否定，这样的学生往往心胸不够宽广，固执己见，一旦认定的事实很难自我纠正，这个过程中难度比较大。

认知失调理论很好地解释了这个颇具罗曼蒂克色彩的效应。当人们被迫做出某种选择时，人们对这种选择会产生高度的心理抗拒，而这种心态会促使人们做出相反的选择，并实际上增加对自己所选择对象的喜欢。

因此，人们在选择恋爱对象时，由于人们对父母反对等恋爱阻力的心理抗拒作用，反而会使双方的感情更牢固。当这种恋爱阻力不存在时，双方却有可能分开。经历过重重阻力和生死考验的爱情，不一定能抵得住平凡生活的冲击。当爱情的阻力消失时，也许曾经苦恋的两个人反而失去了相爱的力量。

心理学家的研究还发现，越是难以得到的东西，在人们心目中的地位越高、价值越大，对人们越有吸引力；轻易得到的东西或者已经得到的东西，其价值往往会被人所忽视。

因此，当小刘处于父母超强的压力要求下，要她放弃自己的恋人的时候，由于心理抗拒的作用，小刘反而更转向自己选择的恋人，并增加对恋人的喜欢程度。

好心提醒孩子“降温了，带件衣服去学校”，孩子的回答是“你好烦哦!”……孩子上了初中，不像上小学时那么听话，经常会“犟头倔脑”，甚至爱顶嘴，这恐怕是所有家长的困惑。然而，这是孩子进入青春期的正常表现，如果你听到孩子频频有这样的反应，那说明他打算独立了。

与青春期的孩子沟通，不仅是一门科学，也需要技术。首先，家长应关注孩子的心理变化，少说多做。心理专家认为，12～16 岁是孩子的心理断乳期，随着接触范围的扩大、知识面的增加，他们的内心世界丰富了，极易对父母产生逆反心理。此时做家长的要及时关注孩子的心理变化，凡事做“退一步”想，切不可“迎难而上”，对孩子少一些言语上的刺激，多些行动上的关怀；有时候，无声的行动反而会起到更好的效果。

其次，要想孩子之所想，急孩子之所急。在这个阶段，许多孩子自以为是，不愿与家长交流。因此，家长要关注孩子的思想动态，体谅孩子的压力；事事想在孩子的前头，学会与孩子分担。如学习上的焦躁、交往上的矛盾、懵懂的爱情困扰等，要多平心静气地与孩子交流，多一些疏导，少一些絮叨，与孩子一同应对青春路上的种种遭遇，遇到事情千万别不分青红皂白地“一言堂”。这种平等的教育理念要求家长放下身段，放下架子，推心置腹地走进孩子心里才行！

最后，多去赏识激励。青春期孩子出问题很正常，遇事家长别急躁，应沉下心去帮助孩子分析原因。多以赏识的目光看孩子，多以鼓励的语言激励孩子。这样的话，孩子还是愿意与家长沟通协商，许多棘手问题或许就可迎刃而解。否则，就容易激化矛盾，弄得一家人不开心，结果只能适得其反。

总之，与青春期的孩子交流要讲究方式方法，家长切莫一味地絮叨抱怨，要知道“润物细无声”才是教育的最高境界，“无声胜有声”才是教育的最好方法！

爱“钻牛角尖”

爱钻牛角尖同样是逆反心理的表现，逆反心理在人的成长过程的不同阶段都可能发生，且有多种表现。如对正面宣传作不认同、不信任的反向思考；对先进人物、榜样无端怀疑，甚至根本否定；对不良倾向持认同情感，大喝其彩；对思想教育及守则遵纪的消极、抵制、蔑视对抗等。

为什么他的任务比我的轻，工资却比我多？为什么别人都走了非要我加班？你又不是我的上司你凭什么命令我？即便是上司，你凭什么对我大嚷大叫？类似问题只要在你脑海中一闪念，那么你就已经处于“逆反”之中了。想想看，你是否有过类似的想法？

如果你有过类似的想法，那么我要对你说——请平静下来！如果你不能平静，那会怎样呢？你迟早会把这种情绪传递给对方，日子久了对方肯定也会感觉到。你可能要问，我又没有说出来，他怎么知道呢？虽然你没有说，但是你的表情、语气甚至姿态迟早会出卖你。中国有句古话叫相由心生，你的情绪肯定会写在你的脸上。人与人之间的“气场”很微妙，如果你这头不热乎，对方一定能感觉到。

我们都年轻过，都叛逆过，甚至有一段时间我们很喜欢“桀骜不驯”这四个字，并且认为这样很酷；棱角分明是个性的体现；甚至我们还总感觉“举世皆浊我独清，众人皆醉我独醒”。

如果你把这种心态带到工作中来，那就证明你还没有成熟。事情总是要做的，“逆反心理”让你在情绪上“抵触”自己要做的事，这不是和自己过不去吗？

如果对方是你的同事，他可能会说：“怎么这么不配合啊，不好处，以后有事不找了！”如果对方是你的客户，他可能会想：“怎么我给你钱，你还这么大架子，会不会做生意啊？”如果对方是你的上司，他又可能会想：“他怎么总是拗拗的？是不是对我有意见啊？”

只要有一方有这种想法，恐怕你在职场上的日子就不会好过。如果有一天，机缘巧合，三方意见统一，那你的命运就定了——收拾收拾，卷铺盖走人吧！

可是有些人就是绕不过这个弯儿，他们或者觉得事情不公平，心理不平衡；或者觉得某人让他很不爽；或者觉得自己是对的，别人都是大白痴。于是，即便你非要我做这件事，我也要梗着脖子，让你知道我很不满意！

我发现一个有趣的现象——凡是愿意与他人配合的人，在职场上的路会越走越宽；凡是逆反心理极强，喜欢与人作对的人，他们的路会越走越窄。因为你不喜欢别人，别人也不喜欢你；你疏远别人，别人也疏远你；在你穿上“逆反”的外衣保护自己时，你自己也正在逐渐地边缘化……

如果你想在职场有所建树，那么，敞开心扉吧！真诚地与人沟通，认真地做事，真心地祝福你周围的人取得成绩。当你的力量与团队拧成一股绳时，你才会觉得如鱼得水。

处在青春期的子女都会对家长产生逆反心理，放大到社会中，同样会对上司或是工作产生逆反心理，

人际交往中也经常会碰到这种逆反现象。在公司的老总说一不二，部门经理经常是面容冷峻。那么这个时候，就很容易激发人的“逆反”的心理。因此在人际交往的过程中，也有可能出现逆反的现象。

F君工作了好多年，现在还是一名普通的汽车销售员，F君总觉得自己的事业进展太缓慢，工作上放不开、想得多，像是钻进死胡同，感觉特别有压力！但F君总以一种消极的心理、抵制、对抗工作。

领导给F君派了一个任务，让做这件事情他却偏愿意去做别的事情，说这事不归他管，归×××管，应该找他们。或者部门经理说，我们这个月的销售业绩要突破多少多少万元。而F却说，现在是淡季，哪有可能销售到那么多。F君总是和他拧着干、对着干，这些都是逆反现象。

F君说不管自己干什么事都觉得很累。但朋友对他的评价是，“F君没有一次不钻牛角尖”，他自己也意识到问题的存在，但却不以为然，他认为没有积极的心态也能和别人一样很轻松、很快乐地去工作、生活。

F君从小到大都有钻牛角尖的毛病，本来很简单的事情越想越复杂，思想压力就越来越大。上学的时候在学习上就死学，很简单的一道数学题他却把它想得很复杂，钻牛角尖。

有时候他也试着改善自己钻牛角尖的思维习惯，但是F君每做一件事要考虑很长时间，看看自己怎样做才不会钻牛角尖。这显然已经犯了钻牛角尖的毛病，他当然是一概不知的。

是什么心理让让F君的心理如此的纠结呢？

让我们先看一个实验，美国社会心理学家布莱姆在一个实验中，让一名被试面临A与B两个选择，在低压力条件下，一个人告诉他“我们选择的是A”；在高压力条件下，男一个人告诉他，“我认为我们两个人都应该选择A”。

结果，低压力条件下被试实际选择A的比例为70%，而在高压力条件下，只有40%的被试选择A。可见一种选择，如果选择是自愿的，人们会倾向于增加对所选择对象的喜欢程度，而当选择是被强迫的时候，便会降低对选择对象的好感。

逆反心理是一种单值、单向、单元、固执偏激的思维习惯，它使人无法客观地、准确地认识事物的本来面目。F君由于考虑的方案太多了，所以也不知道采用哪种方案做事是不钻牛角尖的。这样一来F君的心里就开始相互矛盾，有很多的方案的时候又总是不愿意做出选择，消极对抗，在决定去做事的时候又拿不定主意来行动！思想就开始感觉很有压力，因而采取错误的方法和途径去解决所面临的问题。逆反心理经常地、反复地呈现，就构成一种狭隘的心理定式，无论何时何地都与常理背道而驰。

然而，逆反心理在本质上与创造性的个人素质有着根本区别，它往往是孤陋寡闻、妄自尊大、偏激和头脑简单的产物。

F君却因为认真经常有思想负担，因为F君害怕认真过头反而钻牛角尖。但是怎样做即是认真而且也不钻牛角尖，F君心里也不清楚。包括卖别的东西也是，F君观察到东西的款型一样，F君猜价格一定一样。

但是F君也不敢大胆尝试他的这个想法，因为F君怕卖错了价格。他并不主动向领导反映，而是用一种消极的心理对抗。

发展心理学研究表明：在青春期，青少年的大脑发育趋于健全，脑的机能日趋发达。思维的深度和广度较以前有了很大的提高，能够对事物进行独立的批判，很多复杂的思维形式在这个时期开始形成，其中就包括逆向思维，也是F常用的“逆反”消极对抗。

F君心想，做任何事多按自己的想法来可能就不会钻牛角尖，但是又考虑到按自己的想法做，弄错了怎么办？万一款型一样的但价格其实不一样卖错了怎么办？F君不知道他的这种担心是正常的思维方式还是又钻牛角尖了？

其实举了F君的例子就是想说有一种叛逆心理是默默无闻的对抗心理，在F君做事情的过程中并不清楚自己已经在钻牛角尖了，也并没有按自己的想法去大胆尝试一下。可在此同时F君又怕按他的方式去做万一给老板赔了钱他自己得倒贴，F君心里也很矛盾。F君被这个问题困扰得都难以自拔，不知该怎样做出一个决定，才能让自己敢大胆地放开去做，而且不再去钻牛角尖，不再把事情想得那么复杂，而不至于到最后想的多了自己思想压力越来越大，甚至解决不了。

由于F君在成长阶段里思维品质的发展不够成熟，再后来成年的工作中不懂得用历史的和辩证的眼光看问题，认识上容易产生片面性，看问题易偏激，喜欢钻牛角尖，在论证不足的情况下，固执己见，走向沉默极端的“逆反”心理。F君的自尊心、虚荣心很强，但却不能正确地维护自己的尊严，因而把自己放在事情对立面上，出现了偏执的钻牛角尖，在行动上反其道而行之的逆反心理。

同样是“钻牛角尖”有的人却钻出了人命。

5月底的一天，34岁的何某被某中级人民法院宣判了死刑，他当庭表示认罪。他走到这一天，竟然是由于多年前与工友的一次调班引起的。

何某曾在某铁路给水所工作。2002年初的一天，何某与工友韦某因调班发生矛盾，何某因此受到单位处分。何某十分气恼，不久，他伺机用药麻醉韦某，并抢走了韦某身上的钱物，但很快就被查了出来。当年8月，何某被判3年有期徒刑。

刑满释放后，何某到广东投靠朋友钟某。其间，钟某向何某借了一些钱，这些钱是何某向自己的大姐借来的。2008年10月，何某多次向钟某要债都没有结果，他因此也无法向大姐还钱，十分尴尬。

何某恼羞成怒，决定杀了钟某解恨。但他思前想后，觉得自己如今的困境都是当初和韦某闹矛盾造成的。于是他准备先回去杀了韦某，再来杀钟某。当年11月的一天，何某乘火车赶到老家，在某铁路给水所的值班房内找到铁管、菜刀、剪刀等工具，将韦某捅倒在血泊中。随后，何某用棉被盖住韦某的尸体点燃焚尸，并掠走了韦某身上的财物。6天后，警方在广东东莞将何某抓获。

很显然，这是一种钻牛角尖的行为，当事人所关心的已经不仅是钱的问题，而是由钱引发出来的情感仇恨。在何某成长阶段逆反心理没有得到发泄或是产生扭曲心理，思维的运用也欠成熟，对待事物的见解和观点容易偏激片面，同时在以后的成长中逐渐产生自尊心、虚荣心较强，不允许别人轻易否定自已的思维成果，把别人的否定看作是对自己尊严的强烈挑衅，对周围的人和事情很容易产生强烈的逆反。

他把注意力过于集中在这件事上，结果形成恶性循环，越想越觉得愤怒、委屈。事实上，这笔钱肯定不是当事人生活的全部，有时候现实的问题无法一下子解决，不妨转移精力暂缓一下，跳出牛角尖去关注别的事情，等再回过头来，原有的矛盾也许就没那么重要了。

偏要跟你“对着干”

在所有青少年教育的书籍里，逆反期问题都占有最大的篇章。人们对青少年的所有教育困惑，似乎都围着一个逆反期在运转，似乎只要搞好了逆反期问题，一切青少年教育的问题就OK了。

一谈起青少年逆反期问题来，有些父母就如临大敌、谈虎色变，甚至痛不欲生，欲哭无泪，似乎逆反期是上帝安排给每个家庭的一场灾难和煎熬。

然而，当我认真地查遍各种资料后，却怎么也找不到逆反期这个词汇是谁先提出来的，我觉得提出这么个伟大重要词汇的人，怎么也得获得个诺贝尔社会学奖什么的吧！

慢慢地我就觉悟出一个惊天的秘密：逆反期这个词，压根就不是哪个伟大的心理学家或教育学家提出的科学术语，而是民间自创自发的一个词汇，就像给力、神马、浮云、元芳……一类的网络词汇一样，不知是谁先创造，却因为应合了人们的心理感受而一发不可收地流传下来。

2002年9月，福清市警方接到受害者家属报案：当日下午2时23分，他家突然接到歹徒打来电话称：“小陈，男，13岁，某中学初一学生，已被绑架，要求家属准备20万元人民币赎金，不准报案，否则后果自负。”

接到报警后，福清市公安局马上组织警力开展侦破工作。根据现场调查，走访群众，获悉受害者小陈于2002年9月29日晚9时许，从福清市某中学晚自习回家途中失踪。其家属经过几天几夜寻找未果，直至10月7日下午突然接到绑匪勒索电话。

警方在大量调查取证的基础上，获悉某中学初三年级学生小陈母亲与受害者家积怨较深，且小陈近期表现十分反常，有重大作案嫌疑，同时查明小陈近期来经常与同学郭某、黄某等人在一起打电脑、玩游戏，行动诡秘。10月8日下午警方决定对小陈等5位涉嫌人员采取收捕审查。

小陈，男，1987年12月出生，初三学生；郭某，男，1987年5月出生，小陈的同班同学；黄某，男，1988年1月出生，是小陈的同班同学；李某，男，1987年6月出生，是初三学生；杨某，男，1988年2月出生，也是初三学生。据供认，他们因长期在一起玩电子游戏机而结为朋友，在学校里面是公认的坏学生，父母并没有良好的家庭教育，又正好因小陈母亲与受害者小陈母亲有积怨，经常吵架，小陈怀恨在心，伺机报复，于是犯罪嫌疑人小陈便召集郭某、黄某、杨某进行密谋寻求报复。

小陈、郭某、黄某三人在小陈回家的途中等候，将受其殴打杀害后，用两轮摩托车将其尸体栽到某水库，用绳子捆绑石头投入水库，然后潜回家中，并通过李某打勒索电话到受害者家中索要20万元人民币。最后警方通过侦查破获了此案件。

逆反心理让某些青少年长期得不到学校、家庭的信任，使他们产生无所谓的消极情绪，在没有正确理论引导的情况下，极易走上犯罪的道路。有些成人在人际问题上没有正确的榜样作用，都使孩子们觉得成年人虚伪，从而抗拒任何管束，或者是产生蓄意报复。

青少年的逆反心理在表现形式上与富有创造性的行为颇有类似之处，因此某些逆反倾向严重的青少年也常对此津津乐道，或在心理上为自己的怪异行径寻求“逆反”的根据。

如果受教育者经过比较分析之后，确认与原有的认知相悖就产生抵制，进而产生逆反心理。可见，逆反心理的实质是一种特殊的反对态度，是青少年在社会化过程中逐渐形成的一种稳定的逆向心理倾向。

大多数情况下，人们对自己行为的解释都是从内外两方面去寻找理由，当外在理由消失后，人们就会从内部去寻找依托。

中学生追求叛逆往往不是对所做的事情本身感到向往，更多的是希望事情带来的后果能让成年人吃惊。以流行文化为例，事实上我们只要仔细回忆我们自己的学生时代就会发现，每一代年轻人都是自己那个时代风行的服装发型偶像。

每一代年轻人都在选择让成年人受不了的方式挥霍自己的青春活力，当台球被社会主流认同并成为一项成人世界的高雅休闲活动的时候，年轻人自然而然地选择了放弃；当老年人把直排轮滑当作锻炼手段清晨在公园滑行的时候，滚轴也就失去了在青年人中独特的号召力；以此类推不难想象，青少年会在某个阶段，由于不正确的引导，很有可能去选择更加激进、更加让当时的成年人受不了处事方式。

青年犯罪的动机往往是出于好胜猎奇，对照模仿；其目的往往是好奇好玩或争强好胜。他们有的是简单地模仿电影电视中的某个镜头和情节，有的是模仿小说或现实社会新近发生的一些作案的犯罪伎俩，有的是同学或朋友间所谓的争强好胜，显示自我的天不怕地不怕而犯罪。

造成逆反的原因也有其自身素质不高、抵御能力差等因素。由于其分辨是非能力较差，其处世的无知性、盲目性就很难应付来自社会各方面的影响，经不起诱惑，很容易被别人拉拢、利用，或控制不住自己的情绪，意气用事，不计后果等，从而走上了犯罪的道路。小陈、郭某、黄某三人正是从报复的而萌生杀害他人、进而进行勒索的念头。在这类案例中，跟暴力电影并不是毫无干系的。

在2003年4月，永嘉黄田某中学学生柳某因与同校的黄某有矛盾，便叫来徐某等将对方殴打了一顿。

柳某也因此受到学校的严厉批评处理。第二天晚上，当徐某等四人再次来到柳某的寝室里时，被闻讯赶到的值班教师发现，之后徐某等被带到黄田派出所。调查中这伙人供出了一个惊人的事实：他们曾相互间传送着一支枪！全体参战干警为此大惑不解，一伙初中生何来枪支呢？他们决心将此案查个水落石出。

原来，就读该县某中学的徐某、厉某等人在校期间经常与当地社会上青少年组成的“十八党”团伙发生冲突。为能何他们对抗，徐某等也组建了一个名为“十三鹰”的团伙。去年下半年，柳某想买支枪来去打猎，就通过朋友介绍在其叔叔张某那里，以250元购买了一支单管火药枪，后一直藏在家中。

今年2月份，徐某所在“十三鹰”在与“十八党”的对抗中败北，他们觉得如果有一支枪在手便可扭转败势。第二周，徐某等10人便筹资到黄田镇，以同学关系将柳某的那支枪购买过来，并将枪藏到家中，直到26日被公安机关查获。案情至此已初步明了，警方便立即成立专案组，连夜出战，于4月26日深夜包围制枪犯罪嫌疑人张某并将其逮捕归案。

人性在外力强制条件下很容易引起对立情绪，很可能出现反抗作用。人更愿意进行自由选择，越是限制、禁忌的东西，越显得神秘、有趣、充满诱惑，越能激发人的叛逆心和反抗性，也越发地想尝试一下。

在青少年中逆反心理尤其的突出，究其原因，主要有以下几方面：

随着商品经济的发展，当前社会的主流价值观也在悄然发生着变化，社会的主流价值取向正在逐渐转为强调自我，张扬个性。

当前，几乎所有面向青年的商品大到流行偶像、小说影视小到文具服饰，广告商无一例外地贴上“个性”的标签，标榜自己的商品是最有个性的，只卖给最有个性的人。

叛逆已经由贬义词变为中性词，甚至在青少年眼中成了褒义词。如前所述，中学阶段的青少年处于生理和心理的特殊阶段，本身就存在逆反的基础和条件。在这种社会舆论潜移默化的影响下，当代的青少年较之其“前辈”更不容易对自己做内省的思考，也就更不容易改变自己的观点和看法，所以表现出来当代的中学生逆反心理尤其严重。

用精神分析的观点解释，进入青春期的学生强烈的自我意识使其潜意识里产生一种颠覆成人世界固有规范的冲动。他们往往对身边的老师、家长所犯的错误感到尤其的兴奋，例如在教学过程中教师的一些无关紧要的小错误，以及课间操、升旗、考试等日常的教育教学活动中出现的小错误，学生们的第一表现往往不是不满，而是兴奋，这正是这种潜意识的表现。

正是这种希望成年人犯错的心理预期使得中学生有意无意地总在日常的教育和交谈中寻找成年人的错误，或者找出相反的特例。问题累积而来就是让有些人变得固执偏激，世界观变得狭隘，看不开，想不开，就在自己是世界中，认定自己就是中心，一旦确定的事情认定，十头牛都拉不会来，这样就会对成长的过程产生深远的影响。

而减少逆反心理的最好方法是，对于有些问题，诸如怎样处理事情等，要做出榜样来，让他们自己去探索，切莫无原则地横加干涉。当他们遇到困惑时，要以平等的态度和他们讨论，提供积极的建议，教给他们解决问题的方法。

不少父母心中有着苦恼，孩子长大了脾气倔强，不像以前那样听话，与父母的关系变得不那么和谐，甚至十分紧张，父母为孩子做出种种安排，孩子却偏不高兴去做，喜欢顶牛，这种逆反心理的产生，有来自孩子生理和心理的内在因素，也有因为父母教育不当、不理解孩子造成的。

孩子从小学进入中学，生理上发生剧烈变化，心理上也发生着巨大的变化，表现在成人感、独立感的增强，产生认识自己、塑造自己的需要及情绪“闭锁症”等方面。少年从自己的身体变化意识到自己不再是孩子，而是大人，因而对父母的反复叮咛、包办代替感到厌烦，他们常常喜欢发表自己的意见，并且按照自己的意志行事，对父母的话不仅不太听得进去，有时还会有意无意地顶撞父母。

从心理角度来看，孩子在小学时注意力和兴趣主要集中于自身以外的世界，而到中学，他们把目光开始转向自己，从外貌、性格特点到别人难以察觉的内心世界，都要自我审视。生活中往往崇拜一些偶像，如电影明星、体育明星和歌星。小学期的儿童对父母往往无话不谈、无事不说，心中的喜怒哀乐皆可在脸上显现，到了青少年时期，随着语言能力和认识能力的提高，控制情绪的能力也大大提高，孩子开始学会如何恰当地表达情绪和控制感情，做父母的如果忽视孩子的这些生理变化，彼此之间的感情就会疏远，产生矛盾。

因此，做父母的首先要顺应孩子的生理和心理的成长，逐步改变教育方法，不要老是采用抚育婴幼儿的那种包办、监护的方式。其次，应尊重孩子的独立性，给他们一定的自主权力，与孩子谈话应平等商讨，如果孩子脾气倔强，也要耐心教育，不要用命令、训斥的口气，粗暴和强制的方法更是错误的，切忌霸道作风。最后，要做孩子的知心朋友，要了解孩子的内心世界，采取热情关怀的态度，亲切温和的语气，营造尊重理解的氛围，此时，孩子便可感受到父母是自己的知心朋友，是最可信赖的人，父母和孩子的感情才能得到交流，孩子也容易接受教育和指引。

凡是别人说的“都不听”

小菁，13 岁的女生已经是第三次煤气中毒。小菁的妈妈说，煤气中毒两次后已经反复劝说小菁缩短洗澡时间、洗澡时稍微打开窗户透透气，但小菁并没有吸取教训，甚至假装洗澡时开了窗来应付爸妈。小菁妈妈分析，这可能是“逆反心理”作怪。

她的妈妈谢女士清楚记得女儿三次煤气中毒时的情况。第一次，10 岁的小菁洗完澡后趴在床上一动不动，也不说话，“我问她，她才说感到有些晕，我猜她应该是煤气中毒了，赶忙把窗户打开透气。”第二次，11 岁的小菁意识模糊地瘫在长凳上，头还湿漉漉地在滴水，“我当时就提醒她，一定要小心啊，煤气中毒不是开玩笑的，再来一次可能就没命了。”

那天小菁像往常一样晚上做完作业后洗澡。“她洗完之前一两分钟还隔着门和爸爸说了两句话，但开门后往客厅里走时就像喝醉酒了一样东倒西歪，然后整个人倒在地上，腿都是僵的。她爸爸吓得赶紧给她做人工呼吸。”谢女士事后发现，洗澡间的挂衣钩都被小菁弄坏了，“估计是她穿衣服时意识都不太清晰了。”

小菁入院时有脑水肿、肾出血的现象，幸好不算严重，主要是脱水治疗、高压氧治疗，10 天左右就能出院。虽然煤气中毒的患儿不罕见，但像小菁这样中毒三次的却是第一次见到，反复煤气中毒、大脑缺氧，容易对智力造成损害。

既然小菁改不了洗澡时间长的习惯，父母就要求女儿小菁洗澡时必须把窗户打开小缝透气。这次出事后小菁妈妈才知道，原来每次女儿都是洗完澡才打开窗。谢女士一筹莫展地说，女儿太任性，再加上逆反心理，大人怎样劝，她都不愿听。小菁却对此并不在意。“她觉得自己挺强的，不要紧。”说到小菁的任性，父母表示自己已无计可施。

简单地说，小菁由于处于人生不稳定时期，不论性格、价值观还是人生观都处于不稳定时期，而又由于好奇心，加上自我中心心理的影响，很多情况下不会顾及他人感受以及事情的后果，不论在做事说话都可能出现偏激，甚至违背常理，对自己的言行出现的后果通常不敢承担后果。

从小菁来看，逆反心理有积极与消极之分。此刻有一种倾向，即提到逆反心理，不是认为它是好的，就是认为它是坏的，甚至认为它是一种反常心理。把逆反心理说成是一种反常心理显然是错误的，因为逆反心理是人脑对一种客观事物的正常反应，任何一个正常的社会成员都可能发生。至于评价逆反心理的好与坏，必然要视具体情形而定，抽象地谈论它的积极与消极与否是不正确的，也是没有多大意义的。其判定尺度是看某一逆反心理能否对事物进行正确反映。

两年前，小新开始沉浸在网络里，学习成绩陡然下降。初中还没有毕业便辍学。

因担心儿子整天沉迷于网吧，小新的妈妈让他照看家里的台球桌。小新把看台球桌挣的钱拿去上网。后来家里不再提供上网的钱，小新就想到了偷。6 月上旬，小新偷了爸爸 2000 多元在网吧待了一个星期。父亲的一顿打骂对小新来说已经起不到任何作用。仅仅几天后，上网的欲望又像虫子一样噬咬着他的心。

此时，爸爸月初给奶奶生活费时说的一番话浮现出来。“爸爸说爷爷那儿有 4000 多块钱，当时听了也没太注意，后来就想去偷爷爷的钱。”小新说，“中午我就去爷爷家，晚上看爷爷奶奶都已经睡了就去翻，可一想怕把奶奶吵醒了，就想用菜刀把奶奶砍伤了再翻。”

睡梦中的奶奶倒在了血泊中，响声惊动了爷爷，不顾一切地小新又将菜刀砍向了他。爷爷受伤后逃出家门。小新翻箱倒柜也没有找到那 4000 元钱，只在奶奶兜里找到了两元钱。事后，小新的爷爷说，那是奶奶为孙子准备的早点钱。小新捏着两元钱在村口的一个洞里躲了起来。思来想去，还是投案自首了。

小新说，奶奶从小最疼爱他，有什么好吃的都惦记着他。他在看守所里最想念的就是九泉之下的奶奶。“我当时只想着拿到钱后就去网吧，根本没想后果，如果让我在上网和奶奶之间重新选择，我肯定选择奶奶。”说到这里，他痛哭流涕起来。

青少年虽年幼无知，但同样渴望人格上的独立和自立，希望能够获得平等的权利和尊重，不愿受约束，这种心理随年龄的增长有时会越来越强烈，特别是当他们具有一些不良行为而被管教时，他们轻则反感对抗，重则予以报复。

同时，许多青少年，由于他们的学习目的不同、需要不同、动机不同，在认知过程中，受每个人内部环境的不同影响，造成青少年在由知向行的转化过程中不能正确地转移到社会所要求的行动上来，因而极易产生逆反心理。

青少年时期正处于人生从幼稚走向成熟的时期。由于某些青少年在社会化进程中没有形成健全的人格，往往容易走上歧途，并且由于年轻人逞强好胜，在进行违法犯罪活动过程中，常常带有很大程度的疯狂性。

由于少年的犯罪动机往往比较简单，其目的单一，随意性强。一般地说，较少有预谋，没有经过事前的周密考虑和精心策划，常常是受到某种因素诱发和刺激，或一时的感情冲动而突然犯罪。这种突发性行为反映了未成年人情感易冲动，不善于控制自己。

小新因为家庭环境的影响，身心发展与客观环境之间是相矛盾的，随着年龄和生活环境的成长、变化，小新的心理承受能力较弱，有时难以正确对待一切事物，调节不了自己的情绪，没有能力把心理冲突平息下来。结果，挫折所带来的消极心理影响不断扩大，反控制情绪膨胀，逆反心理就会随之而来。

小新受家庭教育的影响，家庭溺爱且多为畸形，父母并不是很亲近，长期没有照顾小新，没有良好的教育，管理不善。家庭环境和家长的言行、品行及教育方法，对青少年的心理、品德、爱好和思想的影响至关重要。

父母是子女的启蒙老师。家庭的教育培养，深刻影响着子女人生观、道德观的形成，家庭教育的缺陷是子女形成不良个性的基础，潜伏着青少年走上违法犯罪道路的危机。小新正是缺少父母的教育，且其爷爷奶奶又过分溺爱，使其辍学后又沉迷上网，最终走进犯罪的深渊。

小新的出发点仅仅是为了偷钱，却造成了难以挽回的后果，这也可见青少年犯罪行为时严重的盲目性和不计后果性。

不少父母心中苦恼，孩子长大了变得越来越难以捉摸了，不像以前那样乖巧了，与父母也变得冷淡了，什么也不愿意去和父母说，甚至会连续好几天待在自己的房间里不愿意出来。这个年纪的孩子最容易让家长、老师碰壁了，似乎谁的话都听不进去，往往时间长了就和父母产生了严重的沟通障碍。

孩子从小学进入中学，身边的环境也跟之前大不一样，这个时候孩子正好处于自己的世界里面，认为大家都无法与他沟通，同样这是时候的孩子也不能合理地与外界沟通，因为他们也才刚刚进入到青少年时期，这时候的孩子看到的、想的都和之前儿童时期大不同。

逆反期这个词汇的有与没有是大不一样的，中国古代就没有逆反期这个概念，没听说古代哪个家庭的孩子到了逆反期让父母焦头烂额的。而现在社会有了逆反期这么一个词汇，人们的感觉就大不一样了。逆反期这个词汇中最害人的一个字就是“期”字，它给人们一种生理周期的感觉，使人们冥冥之中认定了孩子身体里安装了一道生理程序，到了一定年龄这个程序就会启动，一旦启动孩子就应该和父母逆反，这是天经地义的事情。

逆反期这个讹传庇护了很多糊涂的家长，使家长们找到了借口不反思、不察觉自己的教育失误，而把孩子的异常表现归为生理反应。这使得绝大部分家长们难以抓住孩子的逆反行为、找到自己的教育之道，错过了成长为好家长的时机。

孩子的成长中本没有逆反期这一说，是父母的教育不当或方法不适造成了孩子的反抗心理。换句话说，好父母养大的孩子，是根本没有逆反期的。父母们应该好好反思一下自己的行为，一心一意寻找孩子的教育之道，让有孩子真正拥有幸福，而不是抓狂。

爱上自己的“倔强”

正值元旦假期，株洲醴陵七里山镇阳光正好。付女士出门送货后，梁光、梁明也溜出了家门。中午兄弟俩没回家吃中饭，付女士想肯定是去网吧了。下午因为生意忙，是小叔子去找的，当时兄弟俩正在镇上的网吧玩游戏，没有喊回来，小叔子训斥了几句就走了，叮嘱他们早点回家。然而，直到深夜，兄弟俩都没有回来。看着餐桌上的纸条，“妈妈，我们走了”，付女士哭了，随意放在卧室的钱包里少了500块钱。

她觉得，两个儿子肯定在网吧，因为此前，兄弟俩已沉迷网游4年了，每次不见人影，都会在网吧找到。骂过、打过也教育过，还写过保证书，但都没有改变，每教育一次，好了两三天，又会去网吧！几乎每天要去网吧玩几个小时，还有过两次通宵未归。

镇上只有3家网吧，当晚，付女士一家一家找，都没有两个儿子的踪影，去哪里了？她整夜未眠，第二天一大早，又发动亲朋好友分头去周边小镇的网吧找。

付女士说，周边的5个镇子都找遍了，没有人影。这一个星期，找了二十多家网吧，没有一点消息，她几乎崩溃了，“如果他们走了，我也活不下去了”，两个儿子是她的全部。

付女士父母住在湘潭长株潭大市场内，8日晚10点多，突然有敲门声，一开门发现是梁光，穿着脏兮兮的棉袄。“你弟弟呢?”外公惊喜又焦急，梁光说，弟弟担心挨骂不愿回家。梁光哭了，是弟弟偷了500块钱叫他出来上网的，钱花光了没地方去了。

原来，兄弟俩就在外公家附近一家网吧待了7天7夜打游戏，困了就睡网吧的沙发上，饿了就吃方便面。因为钱是弟弟偷的，“他不敢回来”，哥哥说。随后，家人在周边网吧继续找，没找到梁明。9日凌晨1点多，他也出现在外公家门口。

付女士赶到湘潭，抱着两个儿子痛哭。“你们不知道妈妈找得多辛苦！多担心你们！”三人抱在一起哭了。“妈妈，我以后再也不玩游戏了”，梁明说，以前每次都是玩一两个小时网游，最长一次玩了5个小时，但这次玩了7天7夜，“不想再玩了”。

付女士对儿子的话似信非信，因为他们保证书都写过两份了，她说在教育方面，“感觉自己已经尽力了”，不知道如何再教育沉迷网游的两个儿子，她很迷茫。

关注青春期孩子的情绪，小孩离家出走和网络成瘾，实际上很多现代家庭都存在这样的问题，值得重视。如何教育这类孩子？中南大学心理学博士郭平说，关键在于关注青春期孩子的情绪，真正走进孩子的内心世界。很多家长偏重于给孩子提供丰足的物质条件，却忽略精神上的交流和关爱，因管教方式不对，孩子并未能感受到这种爱。事实上，青春期孩子的情感需求已达到成人水平，他们需要父母的理解。

青春期普遍都存在逆反心理，他们的言行也是最令父母头痛的，这也不是，那也不是，动不动就发无名火。但传统的“巴掌教育法”并不管用，还可能将矛盾激化。青春期的孩子的思想正处于一个多元化发展的时期，要使他平稳地度过青春期，父母就要改善和孩子的关系，就得跟孩子平等相处，把他们当大人一样平等地对待，让他们在家里、在社会上受到尊重。但要和孩子平等相处，首先要意识到，孩子成长的过程是漫长的，不是一两个月就会有翻天覆地的变化的。所以，有些与家庭环境差异过大的方法不能一开始就使用。

有些孩子因为无法在家里获得温暖，从而寻求网络的支持和内心的寄托，在网络中获得了满足感，从而对现实产生逆反心理，与现实对抗。建议家长多和孩子沟通，花更多的时间在孩子身上，真正了解孩子的内心需求，对孩子的一些焦虑情绪进行缓解。

比如一家人本来就不太爱交流，突然父母心血来潮，召开家庭谈心会，孩子当然觉得父母的转变是不自然的，自然不愿多说，父母一着急，谈心会最后就变成了批斗会。

所以要逐步接近孩子的思想。一开始，可以在不经意中表露出对他的爱好感兴趣，比如说，看他爱看的电视节目或书、听流行音乐等，引起他注意后，就趁机向他请教一些这方面的问题。这时候孩子可能会说话尖刻，因为两代人之间本身就存在着代沟，但这是好现象，只要有交流，哪怕是争论，都可以达到相互沟通的效果。

在和孩子已经有一定程度的交流后，就可以在一些具体的方面进行良好的沟通：比如青春期的孩子心理上要求独立，经济上又要完全依赖父母，这让他们很苦恼！对那些有一定自制力的孩子，不如把每个月的零花钱一次性给他，由他自由安排，但如果他很快地花完了，就不能再给，或扣除下月的零用钱。

这样，孩子有了自主权，也体验到了父母的艰辛；再比如家庭会议可以让孩子来主持，一起商量家庭的事务，家庭成员彼此交流感情。让他们真正感觉到，父母已渐渐开始承认他是个大人了。

世界的另一极

同样，处于青春期的小L的逆反的做法更让人觉得大胆，似乎是世界的另一极。

“做一次人流，就会在身上弄一个纹身。”小L吸着烟不带情绪地说道。小L长得漂亮，年纪轻轻却竟然在自己身体上做出了文章，她说自己是朋友中纹身最多的女孩子，分别在自己的脖子、臀部、小腿和胸部有四处纹身。她还说，不少早孕少女还相互炫耀，比谁身上的纹身多呢。

“这是有腔调的一种表现。”在职校学习化妆技术的朋友小玉这样认为，“谁的纹身多谁就更有腔调呀。”而小玉的裤子偏偏要剪个洞，她妈妈也气得要死，小玉有一天放学回到家，但好端端的牛仔裤膝盖上开了一个洞。母亲一直没想明白，牛仔裤那么好，为什么非要在膝盖上搞个洞呢？夜里她把这个洞给缝上了。结果第二天吃早饭的时候，小玉做了一个让妈妈非常吃惊的举动，当着全家人的面，拿出一把剪刀把那个洞又剪出来了。

母亲当时很生气，但如果当时继续争执下去，女儿该上不了学或者上学要迟到了。小玉放学以后，母亲在夜里又把这个洞缝上了。早晨起来，如同前一天一样，小玉咔咔咔又剪了。第三天夜里母亲又缝，第四天小玉又剪。两人拉锯战，拉了一个多礼拜。

母亲实在受不了了，也不知道拿小玉到底怎么办。

人在年轻的时候，可能会出现这种情况，就是要通过逆反向家长证明自我价值，而有时家长需要接受这个现实，最好是冷处理，过一阵子自然就会好。一个月后，小玉也不再穿这条牛仔裤了。因为她这时逆反的劲儿过去了，不想再跟妈妈较劲了。

青少年处于性格形成和寻找自我的时期，通过否定权威和标新立异可以在心理求得自我肯定的满足感。

青年人与社会的认同不仅是简单地采取适应社会规范的途径，还希望社会承认他的价值和地位，从而获得与社会之间的认同。因此他往往表现得偏执，好表现自己，有意采取与其他人不同的态度和行为，以引起别人的注意。

同样，找到小L去纹身的地方并不很难，廉价的出租房都大同小异，墙上就铺着一张广告画，上面有各种纹身图案的照片，还留有“专业纹身”“祛除纹身”“纹身艺术”等字样。地上凌乱地摆放着几本以纹身为主题的杂志，上面有老虎、蜘蛛、蝎子、龙、图腾以及各种花草卡通图案等。

可见这种环境很糟糕，但小L却表现的一副无所谓的样子。尤其刺青使用染料相当多样、混杂，不慎遭劣质染剂纹身，不但难以去除，还可能造成感染溃烂。小L说，也有用烟头烫和小刀割腕等自残行为来宣泄自己的情绪。

小L辍学在家，年纪尚小，心理逆反宜疏不宜堵。小L的父母早年离异，都有自己的家庭，仅定期给她生活费，对她生活关心甚少，让她觉得自己的生活无所谓。

其实小L这种特立独行心理是比较常见表达反叛情绪的方式，表现为对同伴间流传的某些新鲜事物不抱太大的好奇心，显得比较没有矜持，一副“没什么大不了，我早就知道了”的架势。

因为这样的表现一方面可以和周围同伴的惊讶好奇形成反差，显示自己的与众不同，并且在表达新观点的同伴面前不显得无知，从内心深处抚平心理上的落差。小L对于身边一般意义上的教育显得比较不耐烦，特别是对有的学校空洞的形式化的教育和亲人偶尔表现出来的关心尤其反感，对这种教育往往应付，甚至消极抵抗。

再加上小L的脾气不好，多次失恋，便认为人世间没有真正的爱情；觉得没必要循规蹈矩，以至于小L性情越来越粗暴、多疑、怪僻。时间久了，就产生了无所谓心理，同样又受到西方“性解放”“性自由”的影响，对婚前性行为抱着无所谓的态度，于是，一发不可收拾。

这种在特定条件下，小L的言行与当事人的主观愿望相反，产生了与常态性质相反的逆向反应，是逆反心理的典型表现。

每个人都有自我独立意识，思想上不习惯依托他人而存在，都有一种自主的需要，都希望自己能够独立，或在人群中是特别的。一旦别人越俎代庖，替自己做出选择，就算是件好事，也会让人觉得自己的权益被剥夺了，从而产生逆反的心理，于是不好的也说好，好的也被自己主观给否定了。

同时，当某事物被禁止时，最容易引起人们的求知欲，容易诱出逆反心理，尤其是在只做出禁止而又不加任何解释的情况下，浓厚的神秘色彩极易引起强烈的好奇心。而小L的逆反心理，在长期家庭教育和学校教育的缺失下却变现得过于夸大，产生了一种在人前表现的“逆反”心理需要。即希望自己有一个与众不同的思想表明自己思想上的独立，进而表明自己人格的独立，向众人表现出一个引人注目的自我。

而急于改变成长压力的小L，随着压力膨胀，这种叛逆的想法越来越强，而又没有找到合适有效的渠道与周围的人沟通或宣泄，这种想法最终会爆发为行动，转化为与自身的对抗。一旦这种心态构成了心理定式，就会对人的性格产生极大的影响，经常性地左右他的一举一动，成为他言行举止的一个基本特征。

因此，在他们身上，难免要出现逆反心理和行为。看不清这一点，总认为他们“不听话”，必然导致教育的失败。

九、恋物癖

欲望来自“女孩的内衣和鞋子”

我们有时候想要拥有一件东西并非是一定将来需要或者现在非要使用不可，只是为了拥有它而带来的那份幸福感和满足感。但多数情况下，我们是可以理智控制为满足这种欲望而做出的行为。然而，有些人，对于这种外界的东西去唤醒和强化的幸福感、满足感是无法克制的，甚至产生了近乎疯狂的行为！

比如，有些人喜欢收集香水瓶或者其他的小玩意，他们甚至会从垃圾里寻找那些被废弃烟盒的身影，因为这些对于他们来说就是价值连城的宝贝！但对于这些物品的喜好甚至是执着，我们尚能接受，然而，你是否遇到或者听说过这样一群男生，他们偏偏喜欢女生的内衣裤，而且是穿过的！

住校时很多男生走过女生宿舍楼，总是忍不住往里看一眼，晾衣房的各式胸罩、内裤，窗口那儿晾着透明蕾丝吊带袜……实在是引人无限的幻想，激发出青春期那跃跃欲试的荷尔蒙们不断出来作祟！男人嘛，尤其是青春期的男人，对女孩子充满无限的好奇是很正常的。

但是，对于偷瞄来说，似乎无法满足尚宇的好奇心与欲望，不知道为什么，心里总是有个声音叫自己去偷走那些女孩子的内裤……

不久，就听到大家开始议论纷纷，女生最近火很大，挂出去的衣物一会儿工夫就不见了，尤其是内衣裤。按说这种贴身的衣服别说偷了，就是白送人家人家也不会要的，真不知道哪个挨千刀的干的，一定是个变态！

学校寝室管理人员了解到这个情况后，就派了几名男生在附近蹲点守候，本以为是外来人员作案，没想到最后真正落网的是自己身边的同学——一个平时不显山不露水的男生，这个男生就是尚宇。

老师搜查了他的寝室，发现一堆女生丢失的内衣裤，他要这些女生的内衣裤能做什么呢？因为，它们可以满足尚宇那不可控制的超于常态的性欲望！

其实，尚宇就是典型的恋物癖！恋物癖患者可以在对物体迷恋的过程中达到性高潮，这些物体通常都是非生物的，其中最常见的就是女士们的贴身衣物。

恋物癖，指在强烈的性欲望与性兴奋的驱使下，反复收集异性使用的物品。所恋物品均为直接与异性身体接触的东西，如乳罩、内裤等，抚摸嗅闻这类物品伴以手淫，或在性交时由自己或要求性对象持此物品，可获得性满足（即所恋物体成为性刺激的重要来源或获得性满足的基本条件）。

恋物癖通常开始于青春期，多见于男性，这种行为会引发患者不惜用非法手段如偷窃、抢劫等去获取异性的物品。

恋物癖的对象有狭义和广义两种。狭义的主要指通过接触异性穿戴和使用的服装、饰品来唤起性的兴奋，获得性的满足。广义的恋物癖所恋的对象不仅仅包括异性穿戴的那些无生命的物品，还包括异性身体的某一部分，而且还包括其他与异性无关的物品。

恋物癖者以男性为多。他们对异性本身或异性的性器官没有兴趣，而把兴趣集中在女性的内衣、内裤、乳罩、头巾、衣服或异性的头发、手、足、臀部等部位来取代正常的性活动以激起性兴奋，获得性满足。他们常常通过对这些物品抚摸、玩弄、吸吮、啮咬等方式激起性兴奋，同时伴以手淫来获得性满足，这种行为多产生于对性刚开始懵懂又充满好奇心的青春期。

19岁的李响，在大家的心目中一向是个品学兼优的好孩子，从小到大他的学习成绩几乎都是前三名。然而，从13岁开始他有了特殊的嗜好——喜欢女性内衣。

大约是在13岁时，李响从姑妈家偷到一个女人胸罩，用手摸着胸罩内的海绵，发现有种说不出的愉快感，后来放在内裤中，下身第一次有湿湿的感觉。从此，李响爱上了这种感觉。但是，由于年龄等多方面的因素，他无法通过正常的性行为满足对性的需求，便继续通过把玩胸罩进行发泄，久而久之迷恋上了女士胸罩。这种迷恋近乎疯狂，无法控制，于是，李响为了满足自己的欲望，开始“收集”女性内衣。

他每当看到女性的胸罩就有一种莫名的冲动，从焦虑到徘徊，到最后不由自主地伸手去偷，从每周的一两次发展到后来的每天三四次。因为这个难以启齿的行为，他近乎没办法正常生活。

虽然李响知道这是一件非常丢人的事，自己也感到十分羞愧，伸手偷前总是紧张、害怕。但是，偷到后很激动，这种感觉十分美好，就像吸毒一样的上瘾，无法控制！尽管每次自己特别后悔，特别自责，有时把用完后的胸罩烧了，甚至气得撕得粉碎，并下决心改掉，但都无济于事。为此，他用刀子、铁钉扎过自己的手臂，曾经发誓如果再伸手就把自己的手指砍掉，但是在瘾来时这一切都不起作用，他依旧无法自拔。

这些年来，他曾经自残、甚至自杀过。由于他在欲望与懊悔中痛苦地挣扎着、纠结着，渐渐地形成了多疑内向的性格。也许是为了弥补自己这个坏习惯带来的羞愧与自卑感，李响更加努力学习，经常以全班甚至年级第一的面目出现在家长和老师同学的面前，经常得到老师的表扬。

然而，被掩饰的另一面终究是要被发现的。李响清楚地记得第一次偷胸罩被人发现的情景。刚上大学的他，被女同学们的内衣深深地吸引，于是开始了他的寻乐行为，想尽办法偷窃女生晾洗的内衣，每过几天女生们纷纷向管理老师反映，最近不太平，有人专偷女生胸罩。

一天，一位女同学在班级开玩笑地说，最近我们的内衣总丢，该不会是咱班同学干的吧！李响以为说自己，吓得整天不敢出门。几个星期后，感到没有人提起，慢慢又大胆起来，又开始了寻找快乐的行为。这次李响被早就戒备的女同学逮个正着。虽然在李响的再三央求下，女同学并没有告发他，但是李响的内心痛苦到了极点。

为此，他自己暗下决心，下次再偷就砍掉一个手指，结果还是伸了手。他多次用刀砍向左手。李响的左手臂上密密麻麻留下各种各样的伤口和刀痕，他说都是事后自己对自己的惩罚。

这么多年来他不敢告诉任何人，他承受着巨大的痛苦与自责，甚至躲在自己的宿舍中跪着扇自己的耳光。然而，自己的脑子里还是经常左边出现一个胸罩，右边出现一个裸体女人，慢慢合二为一，一次次让他欲罢不能。面对痛苦的折磨，他最终告诉了父母，并休学开始漫长的求医之路。

对于男性来讲，女人的内衣物的确有着很大的遐想空间，引起他们的性幻想与性兴奋也不足为奇。但是，有些物品就让人没那么好理解了，比如女人的鞋子。

某广告公司的同事们都很好奇，一向不喜欢加班的小王怎么一下变得如此勤奋了呢，总是加班到最晚。

其实王某一直为自己的怪癖而痛苦。身为一个纯爷们，不知道从什么时候起，竟然喜欢上女人的鞋子和丝袜。无论什么场合，总是忍不住盯着女人的高跟鞋去看，有时候还想去摸一摸。一次，在公司加班到最后，只剩下他一个人。他无意间发现，女同事的办公桌子下有一双女高跟鞋，本已很疲倦的王某顿时来了兴致，看四周无人，拿起把玩。想想那画面，一个男人拿着女人的高跟鞋又亲又摸，还真是有点重口味了。这种兴奋刺激的感觉让王某感到无比的快感，无法自拔的迷恋，从喜欢看转变成偷偷拿女同事的鞋子"自娱自乐"，于是便成了一个勤奋的"加班者"。

有时候，老公要是个高跟鞋恋物癖患者也有好处。黄先生也是一位高跟鞋迷恋者，来看看他的自述："我爱老婆，更爱她的高跟鞋，我经常一边擦鞋一边与高跟鞋对话。不知道从何时起，就很喜欢听高跟鞋踩在木地板上发出'嗒嗒嗒'的声音，很舒服，很悦耳。我喜欢女人穿高跟鞋，一见高跟女生从身旁经过，就有一种莫名的冲动。喜欢逛鞋店欣赏各种款式、五光十色的高跟鞋。岳母买鞋时一定带上我，因为我会拿架上的鞋为她换，免的试多了让卖鞋小姐不耐烦。来过家里的朋友常常会看到鞋柜里摆着一排排五颜六色、款式不一的高跟鞋，感慨不已，其实这只是老婆与岳母的鞋的一部分。"

我爱的是你的"假发"

其实，恋物癖者不都是喜欢女生内衣裤，还有很多人喜欢人体的某个你难以理解的部位！如脚、臀部或头发等，有时这种喜好也被称作恋体癖，只是这种迷恋不再被明确列为恋物癖的一种了。为什么呢？因为这个与正常的性唤起很难区分。

下面来看一个遭受恋体癖者折磨的受害者的经历吧！因为这是个和头发有关系的个案，暂且就叫受害者为发发女士。

发发女士到了适婚的年龄，终于找到了一个如意郎君，忙碌了一天，婚礼完美结束。人生最美好的时刻之一洞房花烛夜，等了好久等到这一刻，本应是无限美好的新生活的开始！然而，发发女士万万没有想到，等待她的却是噩梦的开始！

发发梳洗完毕，钻进了被窝翘首等待着她的新郎。丈夫过来后开始深情地拥抱发发，用手指抚弄着她的头发，抚啊抚啊……就睡着了。第二天，第三天，还是抚啊抚啊……又睡着了。

直到第四天，丈夫兴冲冲地带回来一个巨大的发套，上面有很浓密的厚厚的假发："亲爱的，你给我戴上它！"一时间，发发血就涌上大脑，气得花枝乱颤！好你个负心郎，我以为你是忙婚礼累的，前几夜才那样冷待人家，敢情你是和我的头发结婚的！

兴头上的丈夫不理会这些，扳倒她就压在身下……完事后，他又开始抚摸那个浓密的假发，深情款款。以后的日子里，只要发发一摘去假发，她在丈夫眼里的吸引力就立刻变为零。

没办法，深爱着对方的发发选择了屈服，整晚戴着发套，并且还要时刻关注流行趋势，因为一套假发只在两个或是三个星期内才具魔力。颜色什么的倒无所谓，重要的是头发必须又密又长。

新郎为什么会如此迷恋假发？让我们从他小时候讲起。“假发新郎”出生在一个温暖的家庭，并且有一位长发飘逸又很温柔善良的妈妈。儿时的“假发新郎”受到妈妈的百般疼爱和呵护。可好景不长，在其 6 岁那年，妈妈患了癌症，由于化疗，飘逸的长发都掉光了，因此妈妈开始戴假发。半年后，病魔无情地夺走了他妈妈的生命。

接下来的日子里，“假发新郎”和爸爸相依为命。爸爸十分严厉，常常打骂儿时的“假发新郎”，这让他总是想起妈妈，一想到妈妈，就想起妈妈的长发。因为以前妈妈哄他时，弯着腰，瀑布一样的长发倾泻下来，不时撩着他的面颊，还散发着清香。于是他就常常抱着妈妈的假发，一边抚摸着假发，一边偷偷哭泣，想念着妈妈。

人都说，没妈的孩子像根草。没有了妈妈的小“假发新郎”，由于总是穿着不整洁干净，常常受到同学嘲笑和欺负，渐渐变得自卑、胆小、害羞。一次，班上的同学正在炫耀他的新鞋子，小“假发新郎”不小心踩了他一脚，结果这位同学就破口大骂，甚至要动手打他，吓得小“假发新郎”不敢回嘴，只能默默哭泣。

就在这时，忽然传来一个不大但很坚定的声音：“住手，人家也不是有意的，你这样也太过分了，快给这位同学道歉……”一个清秀的女同学，扶起被推倒在地的小“假发新郎”。小“假发新郎”看到这个秀发从肩膀一直垂到胸口并散发着淡淡香味的女同学，不禁想起了妈妈，鼻子一阵酸楚。大脑有些混乱了，一种久违的感情占据了他的心。

是的，故事的发展和许多言情小说一样，小“假发新郎”爱上了这位英勇的长发女同学。然而，他们并没有在一起。但是，“假发新郎”把这种爱慕寄托于妈妈的假发，渐渐地，每当抚摸亲吻假发时，多是在想着这位姑娘。随着小“假发新郎”的长大发育，第一次遗精便在这种情形下发生了。伴随着这种快感，“假发新郎”对假发的情感由原本只是寄托对妈妈的思念变成一种爱恋、一种迷恋、一种性伴侣。

假发夫妇的这段婚姻的结果是，此后的 5 年时间里，他们有了两个孩子和 72 套假发。

恋物癖是性心理幼稚的表现，是一种可以纠正的性心理障碍。恋物癖往往会影响正常性爱的质量，同时可能造成不良的社会认知，所以需要治疗。

事情发生在公共汽车上，那天因车内拥挤不堪，她的头发不时被人掀动，她并未在意。当姑娘下车后，才猛然发现其秀发不见了。姑娘气愤之极，痛骂那“偷”发的无聊之辈。偷发者真是无聊所致？

“偷”发的小伙子25岁，未婚，姓魏，以下就称其小魏吧！

小魏是某大学的一名教师，自幼胆小，性格内向，平时话少而老实。小时候他喜欢与小女孩玩耍。当女孩哭泣时，他总是上前去安慰，并用手抚摸其头发，久而久之，他觉得这样好玩，心里特别高兴。上初中后，他经常借故接触女同学，并情不自禁地寻找机会抚摸女生头发。高中毕业后考入大学，学习成绩尚好，当看到女生秀美飘逸的长发便激动不安，常不能自制，想方设法要触摸。一旦目的达到，则觉得浑身舒服。有时接近女子时偶尔嗅到头发上的香味，他心里觉得特“爽”。在对女性头发迷恋欲望不断增强的时候，他的邪念顿生，心想要是将年轻姑娘秀发剪下来，长期珍藏，岂不美哉！既可随时取出抚摸，又可捧在手中嗅吻，不出屋就能享受女人的温情和香气。于是他曾多次携带剪刀，到人多拥挤的地方伺机剪姑娘的头发。

小魏这种癖好不是无聊的表现，也是恋发癖的一种。此症主要表现为经常、反复地收集异性头发，并将此作为性兴奋与满足的唯一手段。该癖患者绝大多数为男性。恋发癖的发病一般受社会文化环境的影响，由性心理发育异常以及对性知识缺乏、好奇和意识方面的某些问题所引起。其特征是接触女性的长发以引起性的满足，行为表现是有一股强烈的性冲动，千方百计收集女性长发，不惜冒险行窃，到手后内心方才安定，否则即有焦虑、烦躁、心神不宁的表现，自己也不知道为什么会这样做，无法克制。

恋发癖是性变态心理，多伴有轻度焦虑和抑郁，常是早年幼稚心理水平的表现，发病者年纪越小越容易纠正。小魏后在家人和心理医生的帮助指导下，领悟到自己的行为与情感是不符合成年人的心理与思维逻辑的，经治疗后，最终消除了剪发的内心冲动，并过起了正常的家庭生活。

下面再加点料，还有一些男人喜欢收集女人的阴毛！是的，别怀疑自己的眼睛，就是女人私密处的毛发。国外有一位男士收集了几百个女人的阴毛。他喜欢阴毛浓密的女人，喜欢抚摸的感觉，喜欢闻那里的味道，只有这样才能让自己兴奋。他和不同的女人寻找欢乐，不仅仅是为了和她们发生性行为，而是剪下她们一小撮阴毛收藏，才真正满足他的心理那种快感，有时候为了得到这一小撮阴毛不惜花上一小笔钱！也有位腐败官员，被曝光其喜欢收集和他发生过性行为的女性的阴毛，将剪下来的阴毛精心地贴在一个日记本里，并标注好它主人的姓名、年龄及身体特征。

也有些人喜欢闻异性腋下的味道，抚摸腋下的毛发，总之，让男人着迷的东西远不止这些！

毛发恋物癖患者的形成多少与成长，尤其是与其母亲的互动经历有关。恋物症患者的性格特征通常是内向、害羞、具轻度的焦虑，从母亲或者祖母那里得到爱护使他们感受到安全感与幸福感，十分依恋她们，在与她们近身接触时，就会下意识地对这些疼爱自己的长辈女性身体的某个部位如发毛产生了深刻的记忆，甚至是对女性长辈的一种不伦爱恋，被压抑到潜意识中，这种情感就被无意转移到某个部位上去。在日后成长尤其性发育初期，再无意间接受到因此部位的毛发的性刺激，便会对女性某个部位的毛发产生了某种情结，因此而迷恋！

对男人产生魔力的“物品”

某男，35 岁，因有自杀倾向被家人送入医院治疗。

医生：“为什么要自杀?”该男子十分痛苦地说：“太痛苦了，我真不想活了，你们不能理解我的痛苦。”医生：“别急，慢慢说。”男子：“也不知从哪天开始，我这个人整个就不对了，就是变态了，你知道吧，变态了，我自己都受不了我自己了，所以才想死的。”

“刚开始，在咖啡店或者饭店看到有女性用餐后留下的杯子，我就按捺不住自己，赶在被收拾之前，上去用嘴舔它一舔；玩现实版的‘尾行’，在街上尾随正在吃东西的女性，守望她们吃剩吐弃扔到地上的食物，捡起来就吃。虽然事后自己也觉得自己很恶心，但是只有这样做我才能达到快感和性满足，每次看到了还是无法控制自己。”

男子越说越激动：“渐渐地，这些也满足不了我的欲望了。猜猜后来我做了些什么？我开始到女澡堂门口花钱找人帮我‘置货’了！”医生问：“什么‘货’?”男子有些害羞：“就是女性洗澡时的浴水！后来，我谈了两个对象都吹了，因为每每一到关键时刻，我就，我就不举！因为我对真正的女人没有兴趣，反而对她们用过的东西充满激情，我这么变态，医生我怎么这么变态。我不配当人，我应该死，你让我死吧！”

后来该男子确诊为恋物癖，转诊到心理科。

曾有个男子迷恋上女人用过的口红，一开始便偷偷拿妈妈和姐姐的口红涂抹、把玩。后来怕家人发现自己这个怪癖好，便到网上求购用过的口红，并要配上口红主人的照片，现在这个名男子家中已经收集了数百支来自世界各地的二手口红。这也算是一种另类收藏吧！

还有人喜欢收集女人的指甲，身边的异性朋友只要指甲长了，就主动要求帮助其修剪，然后把剪下来地带回家，放在玻璃瓶里，对着瓶子达到性高潮。

卫生巾，地球人都是知道这是女生生理期所要用的卫生用品。本应充满“血腥”的它，却也成了男人们的“爱人”。

大学时代，是人生中最美好时光，然而，对于小T同学，却成了痛苦与苦恼的开始。

由于一直专心努力学习，儿女私情被小T压抑很久，终于踏入大学，情窦初开的小T喜欢上了班里一个文静的女孩子：“她叫李清清，和我是同桌。她微卷的头发，大大的眼睛，白皙的皮肤，在我的心目中是个天使。那天，我和她值日，教室里只剩我和她，她喃喃地和我说她肚子痛，问我能不能去帮她买卫生棉，超市在学校门口，她不方便出去。李清清看着我，几乎哀求地说。见她一脸苍白，我没有犹豫，直接杀了出去。当老板把那包卫生巾交到我手上时，我沉默了，心底出现一股从未涌现的冲动，于是便又买了一包。我把那包卫生巾私吞了……随着我们感情的稳定，两个人决定一起出去旅游，当然也就迎来了我们第一次独处的夜晚。可是无论清清怎么亲吻我，我都毫无感觉，真是尴尬与羞愧死了。不是我不行，而是我满脑子都在想卫生巾。等清清睡下，我便偷偷地去买了包卫生巾，躲在卫生间里自娱自乐。”

很多年后，小T才知道自己患上了恋物癖。“后来，我们就分手了。之后交往的女生也不能让我做回正常的男人，我竟然爱上了‘卫生巾’，明知道这种行为是不正常的，可是我就是喜欢抚摸它、亲吻它，有时候自己还会带上它！”

小T虽然一直很痛苦，知道自己这是一种不正确的行为，却羞于就医。直到因为婚事碍于家里的压力，小T终于鼓起勇气找医生救助。

让男人们着迷的物品，也并非完全来自女人或者与女人有关的物品。

曾经有报道说，有一男子的性满足主要来源于优质的汽车排气管，所以他经常站到看中其排气管的汽车后面达到高潮。

破烂的皮球、杂志、大树、铁门……这些在常人的眼里和性毫无联想可言的物品，都可以成为恋物癖的心爱之物！

某男和一个贴有动漫人物照片的大枕头相爱并结婚。这名男子爱上了日本的一种印有当红动画主人公照片的大抱枕。他的箱子里有许多动漫人物抱枕，他最终和一个抱枕在当地的牧师面前结婚，并为抱枕穿上婚纱。

有一个40岁的男人谢某，是某机关公务员，对妻子十分体贴忍让。平日里，谢太太总是很嘴碎。但谢先生性格内向，从不爱多说话。有时谢太太遇到不顺心或不合意的事总要数落谢先生一顿，谢先生基本上从不还口。挨几句骂也装没听见，只有在骂急了的时候才不得已回敬几句。

谢先生是个老实人，除了到机关上班以外，平时很少出门。他没有多少朋友，更没有与不三不四的女人往来的事。在家里虽然不怎么爱说话，但总能力所能及干些家务。特别是对独子的学习辅导工作，更是全力以赴，就是夫妻俩“干那事”的时候，他显得有些力不从心。在外人看来谢先生是百依百顺的模范丈夫，然而，谢太太的苦没人知晓。

有一次谢太太打扫房间时，无意中发现一只旧皮箱，谢太太觉得皮箱破旧，扔掉算了，于是就将这个破箱子扔了。当晚，平时很温和内向的谢先生大发雷霆，对着谢太太破口大骂，甚至动手打了谢太太，让谢太太把箱子找回来，否则就离婚。

头一次见丈夫发如此大的脾气的谢太太真是又害怕又狐疑，就为了这一只破皮箱，一向很老实的丈夫怎么跟变了一个人似的，这里面一定有问题。

谢太太连忙把箱子找回来，但是从这以后，谢太太特别留意这只箱子。功夫不负有心人，终于谢先生的秘密被谢太太发现，也明白了丈夫为什么对自己总是那么冷淡。

原来谢先生爱的是这只皮箱，他趁着谢太太睡着的时候，和这位“箱子美人”亲热。一直怀疑自己的老公有第三者，可这第三者竟然是只破皮箱。谢太太真是又气又觉得自己先生好笑，当然也有些许不爽，自己竟然败给一个破箱子。

为了保住这个家，谢太太用尽千方百计和甜言蜜语，讲道理、摆事实等，终于说服了谢先生去咨询心理专家。

大部分恋物癖患者都有与环境有关的性经历，最初性兴奋出现时与某种物品偶然联系在一起有关，以后经过不断地重复，形成了一种条件反射，在性意识上造成了难以克服的固定阴影。

谢先生儿时父亲就因为犯罪而进了监狱，他也变成了劳改犯的孩子。由于从小受到歧视和欺负，他的正常心理受到严重伤害，形成了沉默内向、胆小怕事、拘谨而又自尊心极强的性格。

母亲怕他受到欺辱，时时事事一直护着他，溺爱使他形成了对母亲的依赖。有时母亲不在，他害怕时就躲在箱子里。13岁时，他有一次骑在箱子上玩耍，心中升起一种特殊的感觉，并出现了首次遗精。从此以后，便更离不开这个箱子了。

上高中以后，他听到几个年纪比他大的男生谈论两性间的事，并第一次听说了有关女生有“例假”的话，更使他增添了不少好奇和神秘感。上大学时，有位女生对他很有好感，主动提出要搞对象。可他胆子小，和女朋友连手都不敢握。每次一对女人有遐想时，就会找箱子来满足性需求。

后来，他毕业参加了工作，并结了婚。虽然真正能让自己兴奋的是那只箱子，但是为了保密，不让老婆发现自己这个怪癖而嘲笑自己，不得不与老婆勉强发生关系，但每次都是草草了事，等老婆熟睡了，再与“箱子美人”翻云覆雨，好好享受一番。

妻子的抱怨谢先生不是没有看在眼里，知道自己这样很对不起妻子，所以对妻子百般呵护，宠让顺从。有时也想下决心戒掉这个有点奇怪的癖好，但是总是忍不住想起“箱子美人”，总感到心痒难耐，一与“箱子美人”在一起就有一种快感。

恋物癖患者多数都有性心理异常的特点，他们潜意识中多有对自己的生殖器的忧虑，怕被阉割或怕被耻笑，所以为了寻求安全并容易获得性行为对象，产生了把异性身体某一部分及饰物当成性器官的潜意识。

严重的恋物癖者对异性身体并无多大兴趣，而把性欲专门指向第一次或多次唤起其性兴奋的物品，至于这些物品是什么都无关紧要。既然他们把发泄性欲的对象转移到“物”身上了，在与异性真人发生性行为时自然力不从心。如果是严重的恋物癖患者，把异性使用过的物品作为兴奋和满足的唯一手段，那就不会与异性发生性行为了。

千奇百怪的恋物癖

有多少种物体，就会有多少种特殊情结。恋物者们的癖好无奇不有，上述的那些比较常见的物品只不过是冰山一角，恋物癖者形形色色，“物”不惊人死不休。

英国《每日邮报》曾报道，一名英国女子爱上自由女神像，并想与自由女神像结婚。虽然世界各地不少人都很喜爱被誉为美国灵魂象征的自由女神像，然而人们多是推崇其自由的寓意，或是为其所体现的艺术魅力所倾倒，但是这位英国女子却表示，自己彻头彻尾地爱上了自由女神像。

27 岁的阿曼达·惠特克是名售货员，来自英国利兹市，有很深的恋物情结，曾在十几岁时也如此深爱过一套架子鼓，日夜为伴，不离不弃。

阿曼达表示对自由女神像是一见钟情，她在网上看到朋友的一张以自由女神像为背景的照片后便爱上了这尊塑像。她给自由女神像起了个爱称叫“莉比”，从那时起，她先后 4 次前去看望她的莉比，在那里爱抚这尊塑像并亲吻她的头发。为了能和铜像爱人朝夕相伴，阿曼达家中收藏了上百尊微缩版的自由女神像，为了向自由女神像表达爱意，她在家中自己组装起了一尊 6 英尺（约 1.83 米）高的的自由女神像复制品模型。

阿曼达毫无掩饰地说：“她是我的异地恋人，她那让人沉醉的气质令我不由为之倾倒。”她本想和莉比结婚，但“因为有太多人爱她了”，所以放弃了这个念头。

许多恋物癖者和他们的不同寻常伴侣间的故事常常成为媒体追捧的热点。

2007年，35岁的美国旧金山退伍女兵埃丽卡改姓埃菲尔，并与她眼中的法国“美女”巴黎埃菲尔铁塔完婚。埃丽卡·埃菲尔表示：“她的架构让人着迷，身姿十分精致。我能听到她的呼唤：‘大家快看我，快看看我吧！’这时，我在人群中回应道，‘听到我的声音了吗？’”埃丽卡透露称，埃菲尔铁塔是她的“新欢”，在她的恋爱史里，柏林墙和美军F-15战斗机都曾是她的“情人”。

F-15战斗机

同样爱上柏林墙的还有一位“柏林墙女士”艾佳丽塔·柏林墙。她7岁第一次在电视上看见柏林墙时，就迷恋上了它，并1979年和这面墙结婚。她努力收集柏林墙的照片并为旅行存钱。在她1979年第六次旅行时，在几位亲友面前和柏林墙结为夫妻。尽管她仍然是处女，但她声称自己和柏林墙的生活非常美满。1989年柏林墙倒塌时，她恐慌了，再也没有回去过，并制造出了一个仿制品。

随着网络时代的来临，许多隐秘的怪异行为大大被曝光。关于恋物癖的案例在网络上就可以找到很多。再和大家讲几则有代表性的恋物癖事例，让大家见识一下什么是“大千世界，无奇不有”。

2006年，超过2000人观看了一个奇特的婚礼，因为新郎是一条眼镜蛇。这位爱上并嫁给眼镜蛇的新娘是一位年轻印度女子。该女子说：“尽管蛇不能说话也无法明白，但是我们有特殊的交流方式。每次当我把牛奶放到它住的洞旁，它都会跑出来喝。”当她说想和蛇结婚时，周围人都很赞同，并说这场婚礼将给该地区带来好运。他们为婚礼准备了盛大的宴席。

生活在纽约的32岁美国女人艾米·沃尔夫，被诊断患有阿斯伯格综合征。她和太空船模型、双子塔有过几段感情，但是她的最爱是宾夕法尼亚州的一个游乐园里的童话列车——1001之夜。10年中她坐了300次，并想把自己的姓氏改成制造商的姓——韦伯。艾米甚至和列车照片一起睡觉，她说他们拥有完整的生理和精神关系，不需要去嫉妒其他坐车的人。

慕残癖也是一种恋物癖，在女性中更常见，并以对聋哑或截肢的异性的爱恋为主。

残慕癖，是指被残疾异性吸引并产生性冲动和爱恋的一种健全人所具有的奇特心理。

恋物癖患者所迷恋的对象真是无穷无尽，只要这个世间存在，它就有可能被世界某个角落里的人疯狂迷恋！最后再给大家加点料，跟大家介绍个口味更重的癖好：迷恋腐败的物品。首先要说明，这里所说的腐控并非是恋尸癖。恋尸癖是指通过奸尸来获得性的满足的一种变态心理。

腐烂的事物，在大众人群眼里看来是十分厌恶的东西。它们有让人作呕的恶臭气味、糜烂样子，如果一旦发现家中有东西腐烂，常人都会立刻弃之。然而，偏偏就有那么一群人，恋物的口味超级重，视它们为宝贝。他们就喜欢发霉的东西，不但不会丢弃自然腐烂的事物，甚至还会自己制造。如把食物长期放置，在那里等着长毛，然后再拿出来欣赏、玩味，在这个过程中会有点小受虐小快感，这就是他们所追求的，并且能使他们产生性冲动。

这种迷恋腐烂事物的患者，多数因为长期在生活中感受不到美和欢乐，甚至受到家庭、社会的迫害，然而自己又无能力改变，日积月累，内心产生了极其愤恨、消极的心理，于是将这种情感投射到丑陋、让人恶心的事物上，觉得它们与自己一样，是被嫌弃的。渐渐地由对这些事物变得无所谓到感同身受。而当已麻木不仁的时候，腐烂、恶臭反倒会成为一种诱人的刺激，让他们得到一种“自虐式”另类的快乐，从而“迷恋”于此。简而言之，这是一种物极必反的效果。

临床上的实验发现，恋物的性活动形态与心理、社会压力有密切相关。然而，在现在的社会中，由于生活的巨大压力，解压方式的缺乏及数字化时代让人们生活的紧张、单调，人与人之间接触式的情感交流越发少，很多人把压力的释放、情感的寄托都借之某一类或某些事物之上，于是便有了各种“微博控”“包包控”“娃娃控”等，但是“控”与“癖”一字之差，却差之千里，“控”对“癖”来说真是小巫见大巫。请某某控们，不要自以为自己对某一事物的喜爱，就说自己是恋物癖！

但是，不是所有恋物癖都与性偏差有关。

一位母亲曾带着自己的两岁多的孩子做心理咨询。因为她发现自己的孩子自从两岁上幼儿园后，开始总是又哭又闹，后来渐渐地就好了。但最近发现他对一条毛巾非常严重的依恋。

“以前他是非常喜欢那条毛巾，睡觉要盖在被子上面；但最近几天睡醒后和放学后都会要这条毛巾。以前如果说这条毛巾湿了，要拿去洗的话他会乖乖地给你的，可是现在怎么说都不行，只要不给他这条毛巾就开始又哭又闹，怎么哄都不行，真是与这条毛巾形影不离了……”

这位喜欢手巾的小朋友被确诊为恋物癖，但是这与我们常说的性偏离中的恋物癖不同，这是一种由于缺乏安全感引发的儿童恋物癖，并没有太大的危害，大多数孩子在逐渐拥有自己的意识后能够自然解除，一部分可能需要家长给予更多的矫正。但是总的来说，在孩子的恋物过程中，作为父母如果能够给予更多的关爱与陪伴，使其感受到更多的安全感，那么这种由于缺乏安全感而导致的恋物癖就会非常容易纠正。

现在，人们的生活越来越快，压力也与日俱增，越来越多的人出现了亚健康或者心理疾病。健康的心理培养，从小就应该做起，作为家长一定要多花些时间陪伴孩子，和他们多交流、多玩耍，多用肢体语言让孩子觉得受到保护，给他们一个良好、健康的成长环境。其实，这种亲子互动也是大人释放压力的一种很好的途径。

奇怪癖好从何来

恋物癖的成因也有一些社会文化因素在里面，比如说恋足癖。

“三寸金莲”不仅是封建腐朽社会制度与文化的产物，更是妇女深受男人们的集体恋脚情结所害的证据。自宋元朝代，男人们对女人的脚审美渐渐开始由大足转移到特殊的小脚，而到了明清时期，绝大多数中国妇女就都有了一对粽子般的三寸金莲。清朝有本小说《莲藻》中赞之：小脚之美无与伦比！还把它的“魅力”细细总结成了四类：形，质，姿，神！形：就是要纤小，要尖锐，要瘦削，要有足弓。质：尽量成为男人发泄性欲的辅助工具。姿：就是要求女人弱步伶仃，细步行走，还有一种娇憨羞怯之情致。神：是要求女子对金莲要视为神秘之物，不轻易示人，必须深掩密护，专为老公所有。

事实上，这些不过只是表层成因，尤其对于现代文明高度发达的今天，恋物癖的成因更多的是受到成长背景与幼年时的性教育影响。然而，每一个恋物癖者所受到的外界诱因都有所不同，因此，这些因素并不是这里所要阐述的主要成因。我们要的是拨开表象、探其实质，找到他们共性的形成原因。

在进一步揭露恋物癖形成的深层原因之前，大家先来再认识一位心理学上了不起的人物，还有他的狗——“巴甫洛夫的狗和他的条件反射原理”。无论人还是动物都有一种本能的反应，即无条件反射！而巴甫洛夫却通过对他的狗狗的训练发现有些反应是可以后天学习养成的，这就是条件反射！

无条件反射，也称生来的反射或种族反射，是动物和人在种系发展过程中为适应环境而形成的随意的快速反应。

巴甫洛夫与他的大狗，一开始只是想研究消化现象而设立的实验，却让他们有了意外的收获。最初的实验设立是这样的，给狗测测唾液的分泌量，所以他需要用到食物来刺激：给你看块肉，馋你。大狗太渴望了，巴甫洛夫刷地就接了一茶缸唾液……在这个反反复复的刺激过程中，巴甫洛夫不小心碰响了某个仪器的铃声，没想到后来慢慢就发现了这样一个有趣的现象，大狗后来在即使没有食物的情况下，只听铃声也能够分泌唾液。这就是在无条件反射（看到食物流口水）的牵线搭桥下，在铃声与狗分泌唾液的动作之间形成了一个传说中的经典的条件反射！

这种条件反射在我们生活中随处可见，在极地馆海洋动物的表演中，大家也不难发现，驯养师每个人腰间都挂有一个小桶，里面装满了鱼，海狮或者海豹表演动作间隙，他们都会及时上前喂上一口。不是为了讨好，而是就那些动物而言，表演与进食之间也形成了一个条件反射。

巴甫洛夫指出，大多数病人的恋物癖是性兴奋与周围环境中偶然出现的某种事物相结合形成的条件反射。就像狗和铃声间形成的条件反射一样，它一听到铃声就会流口水，那么人就是一看到他（她）爱的某种事物就亢奋了。在得到迷恋的事物到得到快感的反复强化作用下，这种条件反射就被固定了下来，恋物癖的行为就形成了。

在前述中，我们已经总结了恋物癖患者的人格特点，恋物癖患者多是性格内向，平时在两性关系如恋爱婚姻问题上，往往扮演的是不成功的男性角色，缺少男子气概。因此透过操控没有生命的物件，一方面减缓压力造成的张力以及满足性需求；另一方面，借以保护自己免于受创伤。从这一方面，我们引用弗洛伊德的精神分析发来解释，就更加清晰明了。

许多对异性的衣物感兴趣的恋物癖者，其本质是被压抑的性欲求扭曲了的宣泄。由于有恋物倾向的人大多见于内向、自信心不足的人。在少年期偶然见到女性洗澡后衣着或者无意间把玩女性衣物，之后伴有快感和性冲动，从此恋物癖者对女人的衣物有一种迷恋的倾向。在本能的驱使下，恋物癖者有和异性交往、亲近的强烈愿望。在他们眼中，异性的一切都是美好的，但自身性格的不健全又令他们害怕、担心受到异性的拒绝、嘲笑，他们往往没有勇气和女性进行正常的交往，又或者在初次尝试和女性进行正常交往的时候受到了拒绝，从而自信心倍受打击，再也提不起和异性正常交往的信心和勇气，这使得他们的性欲受到了不同程度的压抑。

性冲动、性欲求是一种能量，当它积累到一定程度时是需要一条途径来释放的。为了满足自己和异性交往、亲近的强烈愿望，失去了自信心的他们就只能退而求其次，以偷窃、占有异性的贴身物件来满足和异性亲近的愿望了。

所以尽管恋物癖会被其拥护者视为一种异常，但他们却几乎不会将其感觉为一种伴随着痛苦而来的疾病的症状。他们通常会对此感到非常满意，甚至还称赞它是改善自己性生活的方式。人的潜意识会保护人的身体，让他避免受苦，就是我们常说的心理防御机制。恋物癖者就开始用别的方法发泄痛苦。转移到哪儿了呢？迷恋之物上，然后通过性满足得到安慰与释放！

如何让恋物癖者“失恋”

恋物癖是一种不健康的喜好方式，这种心理障碍多数会影响患者的正常生活。

让恋物癖者与他们的“爱人们”说再见可不是简单的事情。这也是一种失恋，也会茶饭不思，日夜无眠！所以要想分开他们，不能“棒打鸳鸯”，要智斗。

爱过的人都知道，失去爱人是痛苦的，那么我们给恋物癖者更大的一种痛苦，比失恋更痛，更使人不安的刺激。这种治疗方法就是国际上通用的、应用比较广泛的心理治疗方法——厌恶疗法。其基本做法是：让患者手持性恋物，在引起性唤起、性欲勃起的时候，立即给予厌恶性的刺激：电击，用橡皮筋弹击手腕，注射催吐剂使之呕吐。还可以让他们写下因恋物面临的紧张恐惧和被批评、被抓住和处分时的难堪局面，然后重复阅读，也能形成厌恶性条件反射。

此外，恋物癖的治疗方法还有认知疗法、暗示疗法、系统脱敏疗法等方法。在临床治疗中，多采用多种方法相结合的治疗方式，根据患者的背景经历、文化程度、心理状态、症状表现等采取不同的治疗方式，也会根据不同的治疗阶段采取相应的治疗方法。下面结合本章一个案例，具体讲述一下。

暗示疗法，是利用言语、动作或者其他方式，使被治疗者在不知不觉中受到积极暗示的影响，从而不加主观意志地接受心理医生的某种观点、信念、态度或指令，以解除其心理上的压力和负担。

还记得第一小节中，迷恋女生内衣的李响吗？在进行治疗前，我们简单地回顾一下病例。13 岁那年李响因为从姑妈家偷到一个女人胸罩，并且通过对胸罩的把玩而体验到第一次的遗精等快感而喜欢迷恋上了女性内衣。

首先，根据李响回忆叙述幼年症状产生发展的原因、过程及具体内容，帮助他分析发病根源，讲解正常性心理发育过程，使其认识到自己行为的不正确和建立正确的认知。

通过对其幼时生活事件（其因为把玩偷姑妈家的胸罩而体验到第一次性快感）与日后行为（把玩胸罩自慰以满足对性的需求）的关系的分析，让李响认识、领悟到窃藏女性贴身用品，以此获取性乐高潮而不伴有任何性接触的意志和行为系性心境，是由于第一次性经历（因女性内衣刺激而遗精）及日后求快心理未得到正常性行为的满足，持续强化把玩女人胸罩而带来的性快感的美好感觉的这种刺激，渐渐形成了这种不健康的性心理和变态的性生活。它的实质就是儿童的性生活。

通过对正常性心理和性行为讲解，让李响了解正常性心理与变态心理之间的区别。并诱导李响形成这样的认知，即由于客观阻拦导致其心理和性的挫折，用幼年方式排除成年人的心理困难和满足成年人的性欲。这种和成年人的身份是不相称的，是幼稚的、不符合成年人的思维逻辑规律的情感和行动。性爱关系只能发生在人与人之间，恋物这种行为是不正确的，是应该并且也可以改正的。这个过程就是采用认知疗法对李响对性认知的错误及恋物癖这种不正确行为的矫正。

仅在认识与心理上帮助其建立改正的信心是不够的，还要借助暗示作用帮助李响减轻其他并发症。

李响自述："尽管每次我都非常后悔、痛恨自己，有时把用完后的胸罩烧了，甚至气得撕得粉碎，并下决心改掉，但都无济于事。我用刀子、铁钉扎过自己的手臂，曾经发誓如果自己再伸手就把自己的手指砍掉，但是在瘾来时这一切都不起作用，我依旧无法自拔。因此感到无地自容，甚至失眠、心情烦躁，也有过自杀的念头。"

鉴于此点，要给予李响小剂量的维生素等对人体没有副作用的药物，本治疗主要是通过暗示作用，而并非完全药物本身，告知他此药对恋物癖有治疗作用，在心理治疗即认知治疗的前提下，服用此药可取得很好的疗效。

李响服用后，睡眠果然有了改善，紧张恐惧心理逐渐消失，情绪也有好转，这样更坚定了他治好自身病症的信心。

虽然认知疗法与暗示疗法使李响对治疗师产生了信任，也让李响能够正确地认知自己的这种行为，减轻心理负担，增强了李响改变的信心，但是，想要彻底戒掉这个坏毛病，还要对其进行厌恶疗法。这也是治疗的关键，使患者彻底摆脱这种不健康的行为。

每一个吸毒者，都知道吸毒就是在自我毁灭，可毒瘾犯了，就六亲不认，失去理智。恋物癖患者也是一种"瘾君子"，只是他们上瘾的是某种物品及物品给他们带了的满足感和心理的安慰。厌恶疗法就是要让这些对某物品成瘾的瘾君子，对这种行为不再上瘾，甚至是反感。

前面介绍过恋物癖成因：“大多数病人的恋物癖是性兴奋与周围环境中偶然出现的某种事物相结合形成的条件反射。在得到迷恋的事物到得到快感的反复强化作用下，这种条件反射就被固定了下来，恋物癖的行为就形成了。”我们知道了，恋物癖的形成是一种条件反射，每一次的快感与满足感就是刺激的强化。

强化，指通过某一事物增强某种行为的过程。在经典条件反射中，使无条件刺激与条件刺激相结合，用前者强化后者。在操作条件反射中，指正确反应后所给予的奖励（正强化）或免除惩罚（负强化）。

为了改变李响已经形成的条件反射，就必须在这种反射发生时给予其一个惩罚。对于李响用的惩罚主要是厌恶联想法。每当李响产生恋物意念时，就尽可能地去回想过去由于恋物受到的责备、侮辱，联想这种行为对个人前途、家庭及后代的影响。如果还是忍不住把玩，让李响手持性恋物，在引起性唤起的时候立即给予厌恶性的刺激。

惩罚，若一个具体行为的发生伴随着一个有害或负面的影响，那么此行为发生的频率将随之降低。在操作条件反射中，惩罚分为正惩罚，即呈现消极刺激物，减少行为发生；负惩罚即移除积极刺激物，减少行为发生。

为了彻底解除女性内衣对李响引起性唤起与性依赖，还可以同时采用系统脱敏疗法，即让李响经常到女性用品专门店的地方走一走，尽情地看一看、摸一摸，以使他能逐步在面对这引起物品时控制自己的意念，战胜自我，让女性内衣对于李响而言不再是充满挑战（需要偷窃才能获得）与诱惑（性快感）的物品。

十、性冷淡

冷淡的生活冷淡的“性”

在电影《非诚勿扰》中，葛优扮演的秦奋与车晓扮演的相亲对象有这样一段对白：

车：您觉得爱情的基础就是性吗？

葛：不完全是。可要是没有肯定不能叫爱情，顶多叫交情。

车：你这我就不同意。没有怎么了，照样能白头到老啊！我当然意思也不是说完全不能有，就是，别太频繁。

葛：那你认为多长时间亲热一回算是不频繁啊？

车：这是我的理想，啊！

葛：嗯，你说。

（车用右手摆出一的姿势）

葛：一个月一次？

车：一年一次。

……

车：您要是同意了咱们再接着往下接触。

葛：我不同意。我明白你丈夫为什么不回家了。咱俩要是结婚了，你也找不着我住哪儿，可惜了。

车：那事儿就那么有意思吗？

葛：有啊！

葛优

在车晓扮演的角色伸出那一个手指头并郑重其事地说出“一年一次”的时候，很多人都会忍俊不禁。可见，这部电影不但能给人带来欢乐，还能起到科普的作用，也许就有观众会一边看电影一边嘀咕：车晓扮演的相亲女人长得这么好看，对“那事”的态度是怎么啦？如果有好事者想要刨根问底，就会发现其实这就是性冷淡。性冷淡是指性欲缺乏，通俗地讲即对性生活无兴趣，也有说法是性欲减退。性冷淡与性快感缺乏是两个不同的概念，两者可以同时出现，亦可不同时出现，因此，性冷淡又分两种类型：有快感缺乏性冷淡综合征和无快感缺乏性冷淡综合征。

也许有人会觉得性冷淡是一件非常不可思议的事情，毕竟性生活可以促进夫妻之间的感情，使得二人之间的关系更为和谐，还能缓解某些疾病，这样皆大欢喜的好事竟然有人不喜欢，实在是让人很难理解。但是事实是，根据某项调查结果显示，在受过良好教育而且身体健康的夫妇中，有性冷淡症的男性高达 16%，这个数字很吃惊。再看看这个：有性冷淡症的女性是这个的两倍还要多，高达 35%。此外，在未育夫妇中，性冷淡占 2%。不过，再怎么性冷淡，至少也应该保持一年一次的频率，基本上没有人是一点性欲都没有的。

看到这个数字，也许有人会说，我对“那事”也没有那么热衷，我是不是也是性冷淡呢？其实，就跟考试一样，有没有达到性冷淡的程度，也是有个标准的。如果你或者你的配偶满足以下这 7 条的大部分，那就是性冷淡了。

（1）夫妻间的亲热行为仅仅出现在床上，而不会出现在其他地方。很多人为了图个新鲜刺激，会把厨房、洗手间当作亲热的场所，不过，对于性冷淡者来说，他们只会在床上亲热，别的地方一概不予考虑。

（2）性爱并不能让你感觉到你和另一半是连为一体和彼此交融的。性爱的过程就如同“做功课”，寡淡无味。

（3）在性爱中，总是有某一方是主动，而另一方却总是被动接受的。有一方总是“性致勃勃”，另一方却是不冷不热。

（4）对于性爱，你已经没有任何期待了。每次都是一样的动作，每次都是一样的感觉，按部就班地来，毫无新意可言。

（5）性爱对于你来说只是例行公事。就像饿了要吃饭、困了要睡觉一样，没有特别期待，也没有什么惊喜。

（6）对于另一半没有任何性幻想。

（7）一个月过两次甚至一次性生活。虽然没有少到“一年一次”，不过总得有个十天半个月才有那么一次，聊胜于无。

具体说来，性冷淡可以分为生理症状和心理症状。

生理症状反应绝大部分表现于：在双方性爱时，对异性的爱抚没有相应的快感或者是不足；又或者做爱时没有足够的爱液或无爱液分泌，从而因为干涩而疼痛。这都会使在性爱时没有与常人一般的快感又或者快感迟钝，也有一些人会没有性高潮；其次性冷淡的人的性器官会与常人不一样，比如其性器官的不良发育或性器官老化、活性不足、细胞缺水、萎缩等。

心理症状反应绝大多数表现于：因为有性爱洁癖或者有着十分严重的心理阴影；又因为受传统观念、意识影响，对性爱的认识不足，把其只当作义务或者是一种形式，所以在做爱时不主动，并且会感到肮脏、羞涩。也就是这类人会对性爱有着厌恶、恐惧这类的心理抵触。

尽管上述两方面的症状是相互影响，但我们要注意的是生理因素是起决定性基础的因素，比如这类女性朋友的性冷淡的生理症状减轻或者消失，这样就会在做爱时体验到快感，并且因为快感强烈的持续存在，如此在心理方面也会因为快感使人感到身心愉悦从而驱除心理症状，这也会让这类人对此有依赖感和好感。如果持续如此，此类人就会随着时间的推移，削弱对性爱的恐惧等症状，从而变为正常的女性，这样她们也能够享受到做爱时快感所带来的身心上的愉悦。

美满和谐的性爱会使女性朋友有着心理和身体上的双重愉悦，而性冷淡的女性朋友在不美满和谐的性爱中经历着心理上的折磨和摧残，也让身体饱受疼痛。性冷淡的女性朋友之所以对性爱有着抵触心理、畏惧，从而杜绝性爱或者减少性爱，大概是因为身体会在做爱过后有着十分让人难以忍受的疼痛。科学家说：因为这类女性在做爱的时候不是主动的状态，所以就不会有高潮的释放。这样也是性冷淡的女性朋友在做爱过后首先会出现的是乏力，其次是下腹胀痛，也会出现精神萎靡等身心上不适的症状，更严重的会有附件炎、盆腔炎等各种妇科炎症。有了这些疾病，性冷淡的女性会比其他正常的女性看起来气色更加暗淡和精神萎靡，而且这会导致性器官的加速衰老枯萎，例如：卵巢枯萎、阴唇萎缩、乳房回缩、雌激素匮乏；这样就会有妇科病易发、提前闭经（更年期）等危险信号，严重时会使女性的寿命缩短。

性冷淡女性会产生心理早衰、内向自卑、心理疲惫、对生活失去信心更或者是充满绝望等各种的心理障碍，这样也会与丈夫缺乏交流，从而有反感、厌恶等情绪，这样就会疏远夫妻之间的关系，最终可能会让夫妻之间的感情破裂，又或者是因为第三者插足导致家庭分裂等各种悲剧。根据民政部门的统计报表显示，有近乎一半的离婚家庭是因为性生活不能达到预期的标准而导致离婚。

那么，性冷淡是怎么出现的呢？先看看这个案例。

嘉玲从小就是个乖孩子，而且笃信宗教，在她看来，男女之间的性爱是无比龌龊的事情。虽然有万般不情愿，但是她还是得结婚，而且得和先生做爱。不过，她总是不到万不得已不会屈服，所以，在他们婚后，性爱的经验少得可怜。不过就是在这屈指可数的几次性爱中，她也从来没有获得过性爱的乐趣，而是每次都觉得很不舒服，这让她对性更是兴致全无，甚至有些谈性色变。在她生下女儿朵朵之后，她更是对“那事”一点心思都没有了，不是借口身体不舒服，就是怕会吵到孩子，反正只要能找到借口，她就会拒绝丈夫。时间长了，他们的性生活基本上也下降到“一年一次”了。

根据专家的研究，性冷淡的原因主要有如下几个：

（1）恐惧心理。由于我国的性教育比较匮乏，甚至是谈性色变，所以很多成年女性对性并不是很了解，甚至心生畏惧，觉得性交会产生疼痛。而有的男性并不知道男女的性心理差异，在新婚之夜动作比较粗暴，女方还没有感觉到任何快感就结束了，甚至会觉得不适或者疼痛。这第一次的性行为就这么草草地画上了句号，而留给女方的只有疼痛。久而久之，女性就会对性生活十分冷淡。另外，有的女性不想过早怀孕，或者担心怀孕会影响自己的体形，所以十分害怕怀孕，但是又没有较好的避孕方法，只好压制自己正常的性需求，从而导致性冷淡。

（2）觉得“性”很脏。由于童年时接受的性教育较少，或者性教育不当，或者曾经遭受过性骚扰，再或者受到宗教的熏陶，这些原因都可能导致女性对性产生偏见，觉得性行为非常肮脏、下流，发生性行为的人都很肮脏，而且认为性行为只会给男人带来快乐，给女人带来的只有痛苦，就这样开始厌恶甚至害怕性交，自然会导致性冷淡。

（3）求美心理。很多女性受到文艺作品的影响，对性高潮和性快感十分在意，经常拿自己的感受和反应跟文艺作品里的人比，如果达不到那种兴奋程度，就会觉得性生活寡然无味。时间久了，自己的性反应和性功能受到压抑，也就对性生活没那么多兴趣了，变成了性冷淡。

（4）猜疑心理。比如夫妻感情不是很和睦，相互之间怀疑对方出轨或者对自己不忠，就反感对方，不愿意与对方发生性行为，就算是勉强发生了，也只是不得已而为之，不会产生性兴奋。最后自然会“恨屋及乌”，形成性冷淡。

（5）多疑心理。有些女性在婚前曾经有过手淫的习惯，担心自己的手淫可能会影响性功能或者生育。如果在婚后性交时出现的快感并不强烈，或者是男方出现阳痿、早泄等症状，更是加重了自己的担心，进而出现性冷淡。

（6）性期望值与现实中的有着巨大的差距。美丽的女性经常是处于各种夸赞、恭维声音之中，这样也容易让其他人所喜欢。这就导致她们大多是遇事顺利，而且获得的效果也是较好的，从而导致她们对各种事物有着较高的期望值。在她们找到称心的丈夫时，尽管丈夫已经对她关怀备至，可是做爱本就有着特殊性，这样也就导致在做爱的过程中或有很多出乎意料的问题，比如丈夫体质不好、工作劳累、情绪波动较大、疾病、应酬繁忙等许多的原因，这样的话就会出现无法满足女性在性爱上的要求的情况。如果某一次性生活不成功，这类女性可不会站在对方的角度来关心对方，因为女性已经把它放到与精神、物质生活要求的同一高度，这就会导致女性有了委屈感。等到这种心理情绪累积到了一定程度的时候，会使夫妻双方之间的性生活失去平衡。所以一旦对性有着比较高的期望，就十分容易使人有性冷淡，尤其是美丽的女性正好在顺境时，应当十分注意这一点。

（7）对怀孕、生育有着恐惧。美丽漂亮的女性大多都会对自身的身材体形重视，但是生儿育女会对她们的体形有着不可避免的改变，所以会因为十分恐惧生育，从而在性爱时大多会担心这个那个，因此对做爱有着十分多的忌讳，从而把自己置身于被动的状态，这样会让她们的性生活失去平衡。特别是那些原来因为没能避孕成功而导致她们怀孕，为此她们做了一些让她们不怀孕的措施，这样的人会在一段十分漫长的时期中对怀孕有一定的害怕情绪，因此在性生活中她们的情绪波动较大，也影响着夫妻之间的性生活的品质。

（8）害怕对容颜有伤害。因为往往在做爱过后会有一定的疲乏，这就会让她们对性生活产生类似于“性生活对容颜有影响”的偏见，从而产生恐惧心理。她们一般会把性生活后的疲劳和性生活中的运动和体力劳动画等号，因为体力劳动会在一定程度上影响女性的容貌，所以她们会抑制性生活的发生频率。但事实正好相反，因为性会使女性的雌激素分泌增多，从而减少皱纹，皮肤也变得更加光滑有弹性，进而维持了她们的容貌。而一定的性生活会带给夫妻一定的愉悦，如果夫妻之间的心情愉悦，平且情绪的波动较为平稳，这会使家庭和睦，从而使女性不会因为各种琐碎的事情而过快的衰老。

（9）物质婚姻（或叫被动结婚）。因为追求权势或者拜金的漂亮女性，大多会因为种种的原因与不是自身喜欢的人成为夫妻。虽然在婚姻的最开始双方之间生理需求会达到平衡的状态，可是毕竟这不是因为爱情而结婚，所以随着时间的流逝，一些十分现实的物质因素会影响着性生活，而这时的女性会慢慢地了解到这种婚姻的不现实，女性也更加明白地了解到作为女性的尊严和重新认识自我，可是在这种婚姻下，一般的女性都很难得到这些东西，于是在爱情需求和肉体需求之间失去了平衡，而导致女性朋友的心理不平衡，这样使得对于性爱的心理活动感觉别扭或者说是不舒服。

（10）性骚扰：世人都喜欢美丽的事物，因此凡是美丽的女性十分容易成为被异性追逐的人。如果是一些道德败坏的人或者思想品行较差的人，一旦见到美丽的女性就趋之若鹜地追赶着她们，然后进行十分过分的性骚扰，过多的性骚扰就会使她们对异性会有一定的戒备，即便在与她最喜欢的丈夫做爱时，也会因为种种原因而想到性骚扰，从而使得性生活失去平衡。如果漂亮女性一旦受辱或者失身时，心理的伤口是很难痊愈的，并且会在心底压抑住自身的罪恶感，可是在性生活中会有着十分明显的表现，从而会变为性冷淡。而且丈夫因为妻子突然的性冷淡而感到奇怪，进而对妻子产生猜忌和怀疑，或者是抱怨，这会加深妻子性冷淡的症状。

性冷淡与性快感

前面已经提到，女性性冷淡的发生率约为35%，也就是每三个女性当中就有一个性冷淡。

在男性和女性身上，性方面的疾病有很多种，几乎没有人会好意思把自己的病情告诉别人，一则就是说出来别人也无能为力，二则在传统观念里，性方面的疾病都是因为不洁的性交引起的，在听说你得病后，很可能将你想象成不正经的人，才得了这种“脏病”，所以会看不起你。但是，在这些性方面的疾病中，女性性冷淡相对来说倒是比较上得了台面，特别是在同性当中说私房话的时候，由于这居高不下的性冷淡发生率，甚至能够额外收获几位知音。

赵冉在大学毕业后进了一家国有企业上班，工作比较清闲，上班无非就是准备一些资料、打打杂。由于是新人，她想尽快融入这个圈子，跟别人搞好关系，所以她总是异常勤快，主动打扫卫生，还在办公室养了些花。但是她努力了很久，却发现虽然大家对自己的态度有所好转，但是有几位中年妇女总是聚在一起窃窃私语，好像有点背人的样子。每次当自己想加入进去的时候，还没等她靠近，大家就散了。次数多了，赵冉就有点疑心了：是不是我哪里做得不好，别人在说我坏话呢？直到很久之后，赵冉才听要好的女同事说，这几个人其实是在讨论“那事”，她这才恍然大悟，怪不得不让我听呢，一颗悬着的心也就放下了。

其实只要留心一下，这种情况还是很普遍的，这些知音们凑到一起，各自讲讲自己的真实体验。最后，自然要把某位风情万种又有着正常性欲的女性嘲笑一番，获得一些心理平衡。仿佛这样做之后，自己就有了精神动力和勇气去面对茫茫长夜里那味同嚼蜡的日常功课。

有些人经常把性冷淡挂在嘴边，既有处于中性的，比如女性之间的窃窃私语，也有吃不到葡萄说葡萄酸的，比如男人喜欢自己身边的某位女性，但是人家非常清高，这男人屡次不能得手，自然就会或自嘲或讥讽地说对方是性冷淡。但是有一点需要注意，虽然性冷淡在人们的生活中，特别是在女性身上的出镜率比较高，但是性冷淡和性快感缺乏是两个不同的概念，有些人把它们给混淆了。性冷淡指的是性欲缺乏，就是对性生活没什么兴趣，而性快感缺乏并不是对性生活没兴趣，只是经常体会不到快感而已。这二者截然不同，有时候只会出现其中一者，有时候又会同时出现。性冷淡还有广泛性的和选择性的之分，广泛性的性冷淡是指对任何异性和任何条件都一样发生，而选择性的性冷淡则是指对特定的异性和特定的条件下产生。

我们一般把性快感解释为是一种经过刺激性器官或者人类做爱的行为，又或者是动物相互之间交配产生一种能够带来在性行为中的任何生物身心上愉悦的感觉，从而放松身心。而夫妻之间通过做爱，会使双方或一方能够获得巨大的快乐感。而这种情趣的快乐有时可能只是反映在局部上，但是也会让全身感受到情趣的快乐。通常来说，通过思维活动、记忆、感知等各种性刺激的共同努力之下，会在一定程度上使性兴奋慢慢地到达顶点，从而有性快感。且在通常的情况下，男性产生性快感的速度比较快，而女性因为性唤起相对男性要缓慢一些，所以大多情况下女性要比男性花更多的时间才能得到一定的性快感。

对于女子性快感的缺乏有着以下几个原因：

（1）对性有着不正确的认识。如对性反应周期的转换不了解又或者不懂得生殖器官的各个部位等。

（2）不十分的主动。女性在性交的时候不应采取被动的状态，而应该主动地去回应。而这其中应包括：了解自己所喜爱的刺激部位和性交方式，以及自身在性交时会有的心理反应，并且应该用相应的行动来使自身的感官受到更加强烈的刺激等。也可以自己主动地把愿望说给男方听。

（3）性感集中的错误认识。有些人会认为性生活是个人的，但是这是夫妻双方共同参与的。妻子应该让丈夫了解自身喜爱的抚摸时间的长短、部位和方式。这个时候妻子应该能够无声地让丈夫知道自身的情绪。如果不能这样，我们可以通过性感集中的练习的方法，从而来提升性快感的强度，这种方法有很多。

夫妇之间如何去增强性交时的性快感呢，对此我们给出了一些建议：

（1）每周最好是有一次的做爱。

根据科学的调查资料，7 天内至少有一次性交，在一定的程度上会使你远离抑郁的情绪和疾病。大概是因为生殖受到了刺激，从而使得免疫系统得到了一定的增强。

（2）异性在有些时候没反应是很正常的。

请不要对没反应感到奇怪，跟这个想法刚刚相反。这可不是受到人们主动控制的，这也有可能受到日常生活当中的一些压力或者是疲惫等各种因素的影响。

根据官方的数据统计，每 7 名男性（年龄在 16 岁以上）就会有一名每年都会出现不少于 4 次这种没有反应的问题。

（3）请把性生活中的会使双方分心因素降到最低。

如果在床上边看电视边做爱，会使得双方之间的“性”欲降低或者没有，这是性欲的最大的杀手。因为开着电视机会有让你昏昏欲睡的感觉，并且在一定程度上让你的性敏感度降低，如此毁掉你整晚的性生活。如果你想拥有比较好的性生活，请在做爱的时候关掉电视。

夫妻可以多学习一些增强性快感的小窍门，从而为性生活中增加一些情趣。

男人的性冷淡

在这个牙膏和洗发水都要分男女的年代里，性冷淡自然也不甘落后，非要分出个男女来才罢休。

有一位女士谈起她和丈夫之间的感情，说：“大学毕业之后，别人介绍我和我老公认识了，他毕业于高等军校，当时刚三十出头，仪表堂堂，还是少校军衔，与我心目中的白马王子的形象十分吻合，我对他一见钟情。但是在我们恋爱的过程中，我感到他并没有那种男人对女人应有的激情。我们的第一次拥抱还是我实在忍不住了先动手的，第一次接吻又是我忍不住了才发生的，第一次发生关系也是我主动的……当时我觉得很羞愧，因为好像所有的事情都是自己主动的。”说完这些，她问了一个问题："男人怎么会是这样的呢?"

说到婚后的状况，这位女士也是委屈不已："新婚之夜他有过两次冲动，从那之后间隔的时间就越来越长了，刚开始还是间隔一两天，后来就变成了一两个星期，最后又变成了一两个月，现在都变成隔年了。这几年，我每天晚上都在盼望他能够有所行动，但是只能听到他震天的呼噜声。为了逃避我的主动，他现在每天晚上都要在电视机面前耗着，不到一两点是绝对不会上床的，我也只好假装睡着了。"

很明显，不管是作为女人还是作为妻子，她已经付出了尊严和忍耐。

我说："可见你的丈夫既不是心理病变，也不是生理病变，只是他比较寡欲，对性的兴趣很快就消失了。就连性学大师弗洛伊德这样的人，到40岁时，也便完全停止了性生活。女子在谈对象时，应该注意一些。热情的女子不应当和这类男子结合。"

这位女士沉思半天，最后吐出一句话："我要离婚。"

我说："离婚说着容易，做着难，而且离婚并不是什么好事，所以一定要慎之又慎。要知道，一个女人离婚后的日子是很难过的，你最好先努力校正一下他的性冷淡。不要心疼钱，带他去专家那里看看，如能改变他的状况，不要走家庭破碎的伤心路；如不能改变他的状况，再作决定。不到万不得已，最好不要离婚，真的要离婚，也要协商好。男人没有权利让自己的妻子守活寡，他应该也知道自己的状况，会尊重你的决定的。"

最后，这位女士表示按我的意见办。

在上面这个例子中，这位女士的丈夫就是一位性冷淡者，也许有人会说，男人的脑袋里99.9%都是性，怎么可能会性冷淡呢？您还别不信，男人还真有性冷淡的时候，主要有以下几个表现：

第一，没有激情。

都说男人的脑袋里99.9%都是性，但是如果雄性激素减少，特别是睾丸素减少，真的有可能只会让他想想而已，并不付诸实践。

第二，性欲低下。

一般来说，正常男人在面对性刺激的时候，体内的荷尔蒙水平都会激增，阴茎也会勃起。但是有些男人在面对性刺激的时候，还真能做到坐怀不乱，无动于衷。根据对性冷淡男性的一项调查，当他们看到裸体女性时，不但不会有任何的喜悦，反而会厌恶。

第三，情绪反复。

神经和内分泌系统的功能有着十分紧密的联系，如果雄激素水平下降，神经的稳定性也会相应下降。外界有任何的打击，都会使神经变得十分脆弱，导致男性十分脆弱、暴躁易怒。在这一点上，和女性的更年期有得一拼。

第四，高血脂。

性激素对男人的血管也是非常重要的。根据有关研究，在男性体内，性激素有着防止血管粥样硬化的作用。其中睾酮能降低血液中的胆固醇，降低血液黏稠度。如果睾酮不足，过多的血脂将延缓血液活动。

第五，男性性冷淡的其他表现。

有的男性看起来很正常，但他就是打心眼里讨厌女士，说他们是性冷淡吧，也不是，只能说是有点倾向；说他们不是吧，但是他们确实不喜欢女性。其原因可能是他们体内雌性激素相对增高，使得男人出现女性化。另外，如果小时候被灌输了不健康的性知识，或者被教育说性行为非常不齿或者心理畸形，都有可能导致男性性冷淡。

在我们传统的观念中，应该是女性比较封建，对性不那么热衷，男人倒是经常出入灯红酒绿的场所，男人竟然会出现性冷淡，实在是不可思议，但是事实确实如此。那么，到底是什么原因引起了男人的性冷淡呢？原因有很多。

（1）情绪。情绪与男人是否“性致勃勃”有着紧密的联系，当人的情绪不好的时候，性欲也会“知难而退”，甚至可能完全丧失。在这个时候，最好不要勉强发生性行为，而是要帮助对方摆脱不良情绪。如果爱人勉强应付，不但不会有什么快感，还有可能导致性冷漠，而且会损害夫妻感情。

（2）营养。性爱最重要的物质基础就是营养了。有相关的研究表明，当一个人体内一旦缺乏蛋白质、锌等重要元素的话，就可能导致性能力下降，营养不良对男子的性能力影响更大。当一个人的体内营养充足、齐全的话，性功能就会维持在一个正常的水平，如果经常吃一些含多种维生素、优质蛋白和锌的食物，对于性功能是有帮助的。

（3）嗜烟酒。一个人长期吸烟的话，要比不吸烟的人更容易出现阳痿的现象。有研究证明，长期过量饮酒吸烟会引起毛细血管扩张，进而导致阴茎的血流减慢和缺乏快感，最后就变成性功能减退、性欲下降。但也不必太担心，尽管烟和酒精会引起性能力下降，但这种影响是可逆的，大多数人在戒除烟酒后，性功能是可以逐渐恢复，重新回到正常水平的。

（4）药物。当一个人长期、大量服用一些影响性功能的药物，也会引起性功能的减退，甚至可以导致女子性冷淡和男子阳痿。所以对药物的选用应该慎重。此外，如果长期接受放射的治疗，也会导致性欲望的降低，但这种情况下病人应该保持良好的心态，还是配合治疗为佳，先把身体养好了，再慢慢恢复性功能。

（5）居住条件。居住环境的好坏也是会影响性功能的，比如长期生活在通风不良、杂乱无章、拥挤不堪的环境里，肯定会影响一个人的情绪。而且这样的室内空气肯定是不足够的，会使人的大脑供氧不足，这样的环境下想要有多么强烈的性欲是不可能的了，倒是会影响一个人的性功能，使其性欲下降的情况出现的多。特别要注意尽量避免几代人同住在一间房里，或者大人小孩都睡在一张床上，这样会造成成年人有无形的心理负担，也比较容易引起性欲下降。

（6）季节、气温。有这样的说法，春季是动物求爱的季节，这句话对于人类来说也是适用的，因为多数人在气温较低的冬春季节会感到自己的性欲比较强烈，而到了经常汗流浃背的盛夏季节，性欲就会没有那么强烈。

（7）年龄。这是影响一个人性欲的重要因素了。男子和女子性欲高峰期的年龄是不一样的，通常男子多在发育过后就会到达性欲的高峰时期了，很快在30~40岁时就开始出现性欲减弱，50岁以上性功能就会有明显的减弱，但多数男子的性需求是到70岁，甚至更长；而女子的性欲高峰期来得比较晚，要到30~40岁时才会达到高峰期，女性绝经后性欲就会逐渐减退，这个界限大概是在60岁左右。

（8）诱因、性生活史。影响一个人性欲发生的原因是多方面的，除了有性激素作用、内在原因之外，来自外界的刺激也是至关重要的。如果一个生活单调或人际交往很一般的人，而且也不喜欢看关于爱情的书刊和电视、电影，也不会与他人谈论关于爱情的话题的话，这个人的性欲肯定是不高的，因为这样的人缺乏对性爱的必要诱发因素，缺少诱发因素也会抑制人的性欲。还有一点要注意，无性生活会导致性欲下降，但纵欲过度也会使人对性无憧憬。

（9）感情。人类在过性生活的时候与其他动物最大的不同在于人类的性爱多需要有爱情来引发，而其他动物只是单纯的本能诱发即可。所以对于一对正常夫妻来说，影响双方性爱的关键因素就是夫妻感情的好坏，当一对夫妻的感情出现问题时，如果是已达到关系破裂的程度，甚至彼此都产生厌烦了，这时候他们是不可能有和谐的性生活的。所以，夫妻之间的性生活要和谐，首要因素就是夫妻感情要和谐。

（10）健康状况。这个因素是显而易见的，只有一个人的身心健康才可以保持正常的性欲水平，如果你工作很累或者大病一场了，想要有很高的性欲也是强人所难的。也有例外的情况，就是一些患有疾病的人也保持着较强的性欲，这个是要区分不同的情况来分析的。

（11）生理周期。这个因素很大程度影响着女性的性欲，但这个影响是因人而异的，有的人是在月经来潮之前的几天性欲较强，有的人是来潮后的几天性欲较强，但总的来讲女性在妊娠期间的性欲是会比平时稍微减退的。此外，男子的性欲也会出现周期性的变化，但表现的就没有女性那么明显了。

（12）早泄也会引起男性的性欲下降。因为男性一旦出现早泄的状况，心理压力就很大。当每次过性生活时就会有压力，这时候男性就会努力地避免出现早泄的现象，往往会带着一种要坚持的负面情绪行房，变成不是在享受性爱带来的快感了，这样更容易出现早泄。长此以往，就会变得对性爱这件事情失去兴趣，因为性爱已经不是给自己带来快感了，而是夹杂着失落、痛苦的情绪，这样对于性爱的快感就会慢慢变淡。

（13）食物。

以下食物男性朋友请少吃：

①啤酒。大量地饮用啤酒，在一定的程度上会让男性朋友性能力减弱，甚至有不育症。因为啤酒中含有一种化学物质能限制精子的繁殖能力。

②油炸性的食品。因为植物油里有氢，然后经过化学反应，产生具有强大破坏的反式脂肪。因此美国食品药物管理局已经开始要求凡是食物里面有反式脂肪都需贴上注明的标签。

③高脂奶制品。虽然牛奶是蛋白质的最佳来源，但是如果是高脂产品，那么我们就应该注意，因为高脂奶制品危害十分的巨大。

④精细面粉。精细面粉是指那些全麦在加工的时会损失 75%的锌元素（注：锌对生殖的健康和性欲的培养有着至关重要的作用，比如锌可以防止前列腺增生），尽管用精细面粉加工出来的食物口感不错，但是没营养。

⑤肥肉。人们会认为多吃肉可以壮阳，如果这样想就大错特错了。因为肥肉里面含有大量的胆固醇和饱和脂肪，这些物质都可以让血管变得不开阔，如此性爱部位没有足够的血液，就会不举，而且（过多的胆固醇和饱和脂肪）很容易造成这些小血管的堵塞。

⑥黄豆。黄豆虽然是对身体有着百益而无一害的食物，可是它是一种有着雌激素的特殊的食品，如果男性过量摄入，就会对男性性征有影响。

在性行为学上，当一个男性在行房时没有获得正面的、积极的奖赏（这里指的是性快感），那么他就会对这种行为的需求减弱（指的是对行房一事没有兴趣），甚至退化到没有欲望。有的男性会这么认为，宁愿不性交，也不能接受自己会出现早泄的状况，因为一旦早泄自己的情绪就会更加低落，因为觉得在女性面前抬不起头，没有了男人的尊严。其实不是早泄有多么可怕，而是要找到根源，然后解决这个问题即可。当早泄的状况好转之后，男性又可以在性爱中获得快感和自信了，这样性冷淡的问题自然也会好转。

女人的性冷淡

这里讲一个关于女性性冷淡的故事。

A今年24岁，是北漂一族，和女朋友在一起四年，但因为“性”的原因，刚刚分手了。A说在北京工作生活这几年挺不容易的，其实刚分手的女友是大四那年好上的，在一起4年了，两个人经历了很多风风雨雨，双方的感情也不错，相互之间也是很依赖对方的，在交往了3个月之后就一起在校外同居了。刚毕业那会儿工作不好找，手头上的钱不多，日子过得紧紧巴巴，在生活最困难的时候甚至两个人只能吃一包泡面，现在想起那时候的日子都觉得心酸。但是前女友是一个懂得照顾人的女孩，尽管她算不上漂亮，但当时的A就认定了这个女孩将是自己一辈子的女人。经过几年的打拼，A也从一个刚出校园的青涩男孩变成了成熟的大男孩，目前从事软件开发的工作，月薪有8000块，时不时还可以赚点外快，总体来讲收入是可以的，周围的朋友也是挺羡慕的。而前女友毕业后在一家教育类型的公司工作，工作了几年现在晋升到了管理的岗位，收入也有4000块了，但工作压力很大，工作发展的前景也一般。A也劝过前女友换个工作，就算钱赚得少一些也不要紧，不要太累了，还可以顾家就好了。但前女友想起这份工作让自己在北京稳住了脚，所以也不太舍得，而且她也是一个有事业心的人，比较倔强，不想在家里当家庭主妇。而A的工作压力也很大，希望自己的女朋友可以多一些时间照顾自己，所以他总觉得前女友的工作完全是不值得的，经常是A下班到家了她还在加班中。

A说，前女友性格是比较独立的，也懂得把两个人的生活起居打理的妥妥帖帖，但温柔的话甚少说，甚至有点不解风情。当时会找这个女朋友并不是因为她有多么优秀、漂亮。当时跟她在一起，是因为大学的几年都太寂寞了，其他好友都有女朋友了，自己也需要人陪，所以A觉得开始他们两个人并不是有真正的爱情，只是两个人生活在一起罢了。加上A是一个好脾气的人，很少与她有争执，就算她偶尔唠叨几句，A

也会马上让步。在外人看来，他们绝对是幸福的一对。

A还说，只有自己最清楚自己过的是什么生活了，她有洁癖，在性方面也表现的冷淡，从来没有主动过，就算是A想亲热一下，她也会找各种理由拒绝，实在是无法拒绝了也是草草了事。A也觉得奇怪这是为什么，怎么可能一个年轻人不需要过性生活呢？A觉得自己才24岁，如果长期不过性生活以后会变成怎样？其实A如果不是因为觉得她在性方面有所欠缺的话，已经考虑过结婚的问题了，去年春节也见过双方父母了，但最后还是放弃了结婚的想法。之后他们两个人分分合合好几次，有时候还是会想念她，但这样的无性生活很累，也很无趣，分手应该是最好的结局了。

根据A的故事可以看出，他的前女友就是一位性冷淡者，也就是我们说的性欲低下。

性欲是由大脑的特定部位发出指令，激发人体产生的一种驱动力或欲望，这种欲望的产生就会驱使一个人去寻找或者接受性体验的一种奇妙的感觉。如果女性出现性欲低下的情况，就证明这位女性对性幻想或对性活动的需求长期、反复地处于不足或者缺乏的状态。但也要排除一种情况，就是如果一个人患有重型抑郁症或强迫性神经官能症等精神障碍也会出现性需求下降的情况。简单来说就是女性对于性活动这一行为缺少必要的、主观的兴趣和愿望，甚至对性活动根本没有需求，甚至厌恶一切性及非性的亲密关系。性活动的内容是多方面的，不只是行房，还可以是性幻想、性梦及手淫。

在女性性功能障碍中最普遍出现的也是最严重的就是性欲低下。女性的性欲低下可以单独发生，也可能和其他性功能障碍有联动的作用，互为因果关系。通常长期没有性高潮的女性就很容易导致本身对性欲的降低，而性欲的低下也会使性兴奋下降，性兴奋下降的情况下又很难出现性高潮，如此的因果关系是一个恶性循环。

目前来看，很多女性性欲低下的原因是社会心理因素造成的，因为当今的社会还是男性占主导的，还有很多不尊重和限制女性性需求的性价值观念，从社会的角度讲，相比男性，女性更容易受到这个原因的影响。此外，女性长期的忧郁、生活压力过大、精神上有压力、事业上不顺利、夫妻间长期感情不和谐、至亲长期病重或亡故等因素也会导致女性的性欲低下。其中，有些女性的性欲低下是来源于小时候，可能是受到了抑制性的性教育和性观念，也可能是因为有过性创伤的经历，比如幼时被人强奸、性骚扰等。以上种种原因就会使得那些女性在幼时或者成长期就建立了对“性”的消极条件反射，并且不断强化这种消极状态，致使他们在成年后或者婚后也对这种性需求持抑制、排斥的态度，进而导致性欲低下。也有少数的女性是因为自身的性腺功能有障碍、长期服用大量的降压和利尿药物、垂体腺瘤分泌的泌乳素增加、急慢性酒精中毒等因素进而导致性欲低下。

相比男性，女性出现性冷淡的概率要比男性高，但总体看起来也很少有女性把自己性冷淡的想法表现出来。在夫妻关系里面，很多时候丈夫并不知道自己的妻子有这样的性功能障碍，因为他们觉得妻子也有过性生活，不至于有这样的障碍吧！其实很多女性性冷淡者并不回避性交的，只是在性交时没有办法做出合适的性反应，感觉不到高潮，感觉不到快感，有的女性甚至都没有出现过性快感，对她们来说，都不知道高潮是一个怎样的感觉。

在全球有这样一个统计，不同国家和地区的女性在体验性高潮上的比例相差很大，在很多国家有超过25%的女性出现过或者目前仍有性冷淡现象。只有少数女性几乎每次性交都可以出现性高潮，但有接近半数的女性从未出现性高潮。

有些女性在刚结婚时会出现不适应性生活的现象，也没有感到性高潮，但这不算真正的性冷淡，因为随着时间的推移，夫妻双方的性生活次数逐渐增加，也会更加和谐。只有那些长期没有性欲，或者出现过性欲但长期不能产生性高潮或者很少出现高潮，进而对性生活产生厌恶的人才算是性冷淡。

那么，性冷淡会给我们的生活带来什么样的危害呢?

（1）导致家庭的不和谐甚至破裂。如果有着和谐美满的性生活，可以使得夫妻之间的感情更加的美满，进而使得家人之间的关系平衡。但是如果夫妻双方之间有一方出现性冷淡的症状，并且不能满足另一方的性生活的期望，随着时间的日积月累就会影响家庭的和谐。

（2）性方面的障碍。因为在性方面有着障碍，从而导致自身有着自卑的情绪。如果长时间的不治疗，会使得病情变得更加严重，从而使得自身对性交产生厌恶、恐惧的心理，直到自身对性行为的欲望丧失，最后使得性功能障碍。

（3）影响下一代的健康。如果男子的性欲能力低下，那么精子也会随着性欲能力的低下而导致品质的低下，尽管可以进行一些性生活，但是这会严重地影响下一代的健康。

（4）会使乳腺增生的患病率提升。乳腺增生（又称为小叶增生），这种疾病有一定的概率恶化为乳腺癌。有大量的事实证明，乳腺增生大多会因为性生活的不美满和谐或者性功能低下而引起的。如果没有正常性交，乳房就不会有周期性的变化。正是因为这一乳房的周期变化，才会产生对乳腺功能的调节。反之，就会使人患乳腺增生这种病的概率大大地增加。因此对性生活淡漠的人，因为缺乏性生活，而使乳房没有周期性的变化，从而这类人患乳腺增生病的概率要比另一些人更高。

（5）容易患乳腺癌。最新的统计结果表明，妇女最容易患的肿瘤病中是乳腺癌，而且这类患者当中有近1/5的概率都是孀居者、高龄未婚、性功能低下的人群。这个统计结果表明，性冷淡的女性朋友比其他的女性朋友更加容易患乳腺癌这种疾病。此外，在30岁以上怀孕生育的妇女要比在30岁以下的妇女更加容易得乳腺癌，因此，选择妊娠的时间，也是对乳腺有着百益而无一害。另外，因为心情的不舒畅而对性兴趣失去兴趣，也容易患乳腺癌。

（6）内分泌不正常。女子的体内是因为宫颈分泌乳酸杆菌和糖盐合成的乳酸菌，从而呈弱酸性环境。而性冷淡的人，大部分是因为体内的内分泌循环不当，因此雄激素、雌激素会出现失衡，如此使得动情激素和荷尔蒙分泌减少，从而使得自身的清洁洁净功能衰退，如此一来毒素怎么可能不堆积，毒素堆积会由内往外反应，因此性冷淡的女性的皮肤就会比其他的女性要差上一些。

性冷淡该如何治疗

如果一些已婚女性对性很冷淡，其实也是有办法改善的，可以从多方面进行矫正治疗。首先就是夫妻双方都要彻底了解人类的性生理和性心理知识，较好地了解男女之间性欲和性兴奋的不同特征，摒弃以往对性生活的误解和偏见，重新认识和谐的性生活对夫妻正常生活与家庭和谐发展的重要意义。

接下来，就是积极改善夫妻双方的感情，不是结婚生子就完成婚姻的任务了，应该多沟通，消除夫妻之间在性爱上的心理隔阂与消极情绪，合理安排双方的性生活时间与节奏，多沟通，了解相互的需求和喜好，互相谅解。作为男性也不要光顾着自己的需求而忽略了女性的需求，不要粗暴急躁，要逐步帮助妻子恢复对性的渴望，并让她达到性高潮。

那么，该如何帮助女性消除性冷淡呢？

（1）要纠正对性生活的错误认识，消除其消极对待性生活的心理因素，可以通过有效的自我暗示、自我调节，并有针对性地解除自身对性生活的抗拒心理，必要时可以求助心理医生进行心理治疗。

（2）夫妻之间在进行性生活的时候应该相互配合，达到性爱和谐。双方必须体谅对方，并在必要时候赞赏一下对方，这样才能在性生活中获得“双赢”。而且夫妻双方在过性生活的时候要抛弃各种精神负担，比如还在担心明天的工作、担心孩子的学习等，简单讲就是工作上要学会劳逸结合，生活上要懂得浪漫。丈夫在性生活中大部分是主导作用的，所以应该对妻子更加的体贴和温柔，这样就会增加她性高潮的概率。

(3) 如果发现自己是有一些“败性”的疾病，就应该及时找医生进行有效的治疗，只有将一些“败性”的病患消除，才可能得到高质量的性生活。如果一个人缺少性激素的话，就可以求助医生用雌激素代替药物进行治疗，也可以选用一些可以增加血流的药物唤起性需求，一些益肾壮阳的中药也可对性欲压抑的女性有一定的治疗作用。

(4) 马上停止那些会让你“扫性”药物，有时候人的性欲是被一些药物给抑制了，当多数人停药后就会发现自己“冷却”了很久的性欲再度“燃起”了。

(5) 有时候是因为缺乏做爱技巧导致性欲下降，建议多看一些有关性知识的刊物，或者向专业人士咨询，这样有助于提高自己的性欲，并且真正地享受性爱的快感。

性冷淡的女性有的是因为夫妻关系的原因导致，还有一些是曾经受到过性侵害，造成心理阴影，才导致对性生活没有兴趣，这种问题的女性最好的办法就是进行有效的心理治疗。要进行心理治疗除了可以找一个信赖的、专业的人倾听自己内心的想法，并且安慰受伤的心灵外，还可以通过自身的努力来改善性冷淡。

(1) 利用一些动情图像资料来激发性欲：动情图像是一个性医学上用的专业词语，通俗讲就是一些色情图像，但从治疗疾病上讲，它就不是色情的东西了。有一句名言这么说“不管白猫黑猫，抓着老鼠就是好猫”，所以色情图像可以让一个性冷淡的女性恢复正常状态，那也就是一幅好图了。但观看动情图像资料也有一个原则：应该选择本人感兴趣的图像，让自己可以通过图片产生性幻想并且投入角色，把这个过程看成一种性经历，重新激发压抑已久的性欲望。

(2) 自慰：有的女性会觉得自慰看起来有点不道德，如果将自慰视为性治疗更是疑惑，其实这是一个不错的治疗方法。那如何自慰才是最理想的呢？应该让自己放松下来，不要带着任何负担，先进行性幻想再自慰，达到性高潮。这种高潮带来的满足感是治疗性欲低下的最佳“药物”，而且也不会因此得上性病。

(3) 和谐的性生活：女方在与性伴侣行房时应该真诚地沟通，把自己的需求毫无保留地提出来。而这时候男方也应该积极配合，找出双方最合适、满意的性交方式。当女性能够通过正常的男女性交体验到性高潮的快感后，性冷淡也会不药而愈了。

如何消除女性性冷淡

其实，除了那些在生理构造上有缺陷的女性，大部分女性的性冷淡都是由于后天的原因造成的，而且是可以改善的。有的女性小时候就养成了错误的性观念，觉得性交是坏女人才做的、性生活很脏、好女人不应该喜欢性交，等等。长大之后，为了不让自己变成所谓的“坏女人”，就会不断克制自己正常的生理需要，或者是拒绝性交，或者是在性交的时候表现得较为被动，时间长了就变成性冷淡了。还有很多女性是因为男性才变成了性冷淡，有很多男性在新婚初夜时对女性过分粗暴，让女性受到伤害甚至惊骇，以至于留下阴影，对性交畏惧不已，逐渐对性产生了排斥，到最后就变成了性冷淡。

性冷淡，便也不能再去爱了；或是不再爱了，便冷淡了。虽然残酷，但是这就是事实。

健康的性爱是男女双方爱情升华的最高阶段，和谐的性爱既可以愉悦身心，又对健康有好处，还可以给生活带来很多乐趣。但是，很多男性却简单地把性当作满足自己生理需要的一种手段，根本不会去考虑女方的感受，而越来越多的女性就会对“那事”比较冷淡了。更多时候的性冷淡是因为心变得冷淡，不知道怎么去爱，就算感觉到有爱，也不能用人类最原始的行为来表达双方的爱情，达到双方都高度享受欢乐的境界。女人是有充分的理由去冷淡的，而且理由还可以有很多，可以是因为对身体对性欲这个本能有着羞耻感，可以是婚姻生活长期的枯燥而造成对性的惰性，可以是因为生育后对身体变化感到不适应，可以是担心性生活会带来怀孕的可能，又可以是对男性希望自己可以达到性高潮的疲惫，看起来可以引起性冷淡的原因有很多，但根本的原因就是性爱双方的爱不够，特别是对于女人来说，只有爱了，才会有性高潮。当缺少爱，而男人又固执地追求性高潮时，女人也只有草草配合着，但内心已经离开了这场鱼水之欢的游戏，孤独、冷淡。

一对夫妻要长期过着和谐、满足的性生活时，不是有着丰富的性爱技巧就可以的，其实性爱和谐是建立在双方互相恩爱的基础上的。很多时候夫妻的性失调，比方性冷感、性无能都不是来源于双方技巧不足，也不是来源于其中一方缺少性爱的荷尔蒙，而是来源于双方缺少尊重。

性冷淡在一些时候的表现就是对性产生厌恶。但这种厌恶也可以分为两种，一种是对特定的伴侣才会出现这种厌恶感；另一种是无论对象是谁，都会产生这种厌恶感。有做过这样的调查，很多无法达到性高潮的女性并不是没有性欲的，很多时候是因为面对一些特定的人变得高潮不起来。

有不少女性性冷淡是因为丈夫对自己持着敌意的态度，所以看着这种态度也会失去了性欲。但除了性爱，这些妻子在生活中还是会配合丈夫日常的生活需要，比如做饭倒茶。相反，一个会对自己妻子产生敌意的丈夫也是有原因的，很可能他遇到了各种各样冷冰冰的东西，让自己对妻子开始没有了热情，这些冷冰冰的东西很可能就是一个小细节而已，比如妻子冷冰冰的声音、冷冰冰的身体、冷冰冰的晚餐。当双方都是这样的冷淡地对待对方，久而久之，性生活也会变得冷淡，甚至是厌恶性生活。

讲了这么多，我们都知道性爱是要双方都获得快感才算和谐，所以也可以看出夫妻生活应该如何相处才可以让性生活达到和谐。比方说一位丈夫只求自己被照顾、被关心，而不能去顾及自己妻子的想法和感受的话，就不能赢得妻子的爱和尊敬，如果妻子想和自己丈夫倾诉心事时，被自己的丈夫狠狠地拒绝或者没有得到回应的话，这样妻子也会失去对他的性欲，长此以往也对床上的事没了兴趣。尽管双方会为了面子、家庭尽力维持表面的和谐，但对于性爱的敌意早已产生了。因此，想要改善妻子的性冷淡，丈夫应该承担起“导师”的作用，学会体贴和尊重妻子，赢得妻子对自己的感情，这样她也渐渐减轻了敌意，才可以改善性冷淡，转变为正常的性欲。如果说女性的冷淡是用来报复的，那就让她觉得不再需要报复了，冷淡也就随之消失了。这个时候夫妻之间就会重新拥有美好的性生活。

女性有时候会很不情愿去面对自己的性冷淡，让她去看医生更是一个比登天都难的行为，她们宁愿默默地忍受也很少向其他人提起，所以丈夫应该充当起这位心理医生。

常见误区

社会上一些家庭中存在着各种各样的女性性冷淡问题。比如相当数量的女性性冷淡患者在忍受着其丈夫忽略性冷淡病情的痛苦，病情日益恶化并已经给本人与家庭带来直接的间接的危害，性冷淡越演越烈，进入了恶性循环。再如一些观念保守传统的女性以及大男子主义者没有正视性冷淡给家庭带来的苦果，反而嗤之以鼻、不以为然，甚至是讳疾忌医。让人欣慰的是伴随着社会越来越开放，人们对待性的观念意识也在日益的增强，开始正面地看待性冷淡的问题，已经从接受到谈论进而积极地寻找各种方法来消除女性性冷淡以及面对其诱发的各种危害，但是由于大家对此病病理的深层原因认识不足而在治疗时常走进以下误区，想治疗却适得其反，结果得不偿失。

误区一：男性骨子里的“重男轻女”

很多遭遇性冷淡妻子的丈夫，在感受到性爱质量开始不高的时候都会先入为主地觉得是自己性能力的问题，自己不够努力，感觉到妻子在“假叫”敷衍，伪装高潮，缺乏快感、因忍受疼痛不适而眉头紧皱？在这种种“反常”出现后，没有及时跟妻子沟通就暗暗自责是自己性能力不行而无法满足妻子、征服妻子。所以当这些情况出现时，丈夫为了提高夫妻生活的质量，让妻子获得真正的高潮，也为了满足自己征服女

人的“大男人”心理膨胀，他们会盲目的追求一时的快感而忽略了根本的问题，比如滥用危害身心健康的壮阳补肾药物，或是使用激素类药物以延长性交的时间。也许借助药物能让丈夫在夫妻生活时更加持久更加强大，但是忽略根本的做法必然无法治疗妻子的性冷淡，无法重新让妻子到达性高潮，反而会让妻子必须忍受更长时间的摧残，而身心产生更多的痛苦不堪与不适。所以丈夫采取的这种盲目补肾壮阳的方法是不讨好行为，不但没有恢复妻子对性生活的信心和激情，甚至还会引火烧身，因用药不当而产生的副作用引发男性性功能障碍，典型的花钱买罪受，是不可取的应对方法。

误区二：女性偷偷“自慰”

一些在夫妻生活中无法达到高潮的女性会通过背着丈夫自慰的方式来发泄，释放积蓄的能量和压抑的欲望。她们虽意识到自己性冷淡的问题，深知不协调的后果危害身心健康，但是却选择用手指、异物、震动棒等性具对性器官强烈刺激来解决问题、释放欲望，而不是正视问题，寻求有效的治疗。这种是治标不治本的方法。虽然不用只依靠与丈夫的默契，借助这些强烈的刺激女性获得了梦寐已久的性高潮，但是这种刺激往往超过了正常性爱的刺激程度，那正常的性生活中快感更是越难找到，丈夫再怎么努力也无法比拟“性具”给她们带来的快感。久而久之她们会依赖自慰，因为想要达到高潮只能用自慰的方法，所以对待丈夫的亲热更是提不起兴趣，快感度更加降低。这样无非是加重了她们性冷淡的程度，让她们对正常的夫妻生活产生比之前更甚的厌恶情绪，对丈夫更加敷衍了事。这样导致的后果都是极其严重的。如果女性每一次的伪装都能侥幸瞒得过丈夫的眼睛，她们就会继续地敷衍下去；而另一方面，身体在冰冷的器具带来的纯生理反应的机械性的高潮中孤单地自慰，心理却是饱受缺乏爱抚的煎熬，可想而知性冷淡症状只会不断地加剧。如果被丈夫看穿了伪装而且还得不到丈夫的理解与包容，会让丈夫产生无法满足妻子这一阴影，而对妻子有精神性阳痿，那么如果不是负责任的丈夫可能会很容易出轨，觉得自己“理所当然”可以寻求其他性爱伙伴，获取爱意、欢愉与自我满足感，那这种有第三者插足的情况会让性冷淡雪上加霜，夫妻间的性爱不和谐会导致家庭婚姻的破裂。

误区三：“临时抱佛脚”

一些遭遇女性性冷淡的家庭，虽然已经意识到问题的存在，可是却只凭浅薄的不科学的认识、通过寻求催情药物的帮助希望解决问题。这些认识很明显就是对性冷淡病理有误解。这些家庭一般对待性生活都是固守男快女慢的观念，不够重视女性的感觉，追求得过且过、敷衍了事。平时没有沟通，没有对性冷淡采取治疗的措施，但是在性生活前会提前借助激素类的催情药物让冷淡期的女性先预热进入状态，通过激素

先提高女性的敏感度，加快血液循环，制造出亢奋，让性冷淡的女性在夫妻生活时身心提前进入性兴奋状态。虽然某种程度上，这样比强行行房更照顾了彼此的感受，也或许可以实现性高潮，让夫妻双方“同步和谐”，但是却也是治标不治本。这个方法仍然是靠依赖药物，激素类对女性身体的危害与副作用不是偶尔的快感可以等同或者弥补的。一来这种不是治疗性药物，二来还会让女性产生依赖心理以及耐药性，一旦没有激素的刺激就无法达到高潮，而且长期服用后每次必须越来越增加催情的剂量才能达到高潮。

另外的一种预热，让性冷淡女性做好准备的方法就是润滑剂。遭遇性冷淡的夫妻会单纯以此来解决性生活中干涩、疼痛等问题。尽管在某种程度上降低了摩擦给器官带来的损伤，也缓解了不适的感觉，但是却也没法体验夫妻间水乳交融的快感与享受。

误区四：盲目服用雌激素

通过服用雌激素来提高自己的性趣，让身体做好准备，这也称为透支疗法。一些性冷淡的女性服用了雌激素后，阴道分泌物增加，解决了干涩的问题，缓解了不舒适的感觉。但是她们却忽略了雌激素带来的副作用，甚至连使用的剂量都没有重视，正如杀鸡取卵一般，只看到眼前，而忽略了对身体的长远危害。

误区五：“红杏出墙”求刺激

与上面其他希望从生理上被动地缓解性冷淡的误区相比，有的性冷淡女性会从心理上主动寻求解决的方法。她们觉得是夫妻感情出现了问题，丈夫“无能”导致她们的性生活不和谐，所以她们会寻求其他的刺激，找第三者，红杏出墙。她们往往不是坦诚地与丈夫沟通交流，共同面对，解决问题，而是把精力放在寻找其他“外援”上。有一些糊涂的丈夫，甚至在得知这个情况后，尽管试图寻找过解决的良方，却无法消除妻子的性冷淡，在这种情况下，他们会放任妻子的出轨，还鼓励她寻找更多的刺激，妄图一夜情等新鲜的刺激可以消除妻子的心理障碍。可想而知这种方式的收场就是婚姻破裂、颜面无存。

产后性冷淡

某些年轻妇女在生育后性欲降低、性趣缺缺或性感不足，这些都是产后性冷淡的表现。分析发现产后性冷淡一般都包含了几方面的原因。

首先是过早地开始性生活。女性在生育前后器官以及生殖系统都有很大不同，生理、心理都经历了从怀孕到分娩的过程和变化，这些都抑制了性欲。一般至少要到分娩后的两个月，身体的各器官与心理才能恢复正常，那么性欲才会伴随着恢复到未怀

孕前的状态。过早地开始性生活，是反而不利于身心的恢复的。如果夫妻双方没有先沟通好甚至没有意识到过早性生活的后果，特别是有些丈夫忽视妻子感觉而只顾自己意愿行事，这样不但不利于妻子产后的康复，甚至会间接引起妻子对性生活的反感厌恶，埋下性冷淡的危机，降低婚姻生活的质量。

其次是过度的劳累。幸福美满的婚姻生活与健康和谐的性生活是分不开的，而健康的身体以及精力充沛的状态是不可或缺的。分娩已经耗尽了几乎是全部的精力，需要相当的一段时间来调整，而一边调整身体一边还要照顾新生命，此时仅有的精力自然大部分是放在孩子身上，对性本身的兴趣已经是放在孩子之后了。如果这个时候丈夫非但没有体谅、关心、照顾妻子，没有帮补家务、照顾孩子为妻子减轻负担，甚至把家头细务都留给妻子一个人，还要求妻子要过正常的夫妻生活。日常生活不体谅，不为家庭承担责任，只顾自己的感受，这样的行为还有可能让失望的妻子保持兴趣吗？答案当然是否定的。

第三个原因是避孕措施不当。大多数女性在产后并未采取有效的避孕措施，夫妻也没有足够正视这个问题，怀孕就像一个阴影，害怕会有意外出现而没有全身心去投入。另外也有的是为了避孕，在妻子接近性高潮的时候中断性交，性生活质量下降，久而久之就导致了性冷淡。

再有一个是生殖系统疾病的困扰。一些女性分娩后外阴、阴道撕裂留下了疤痕，这些疤痕降低了阴道的性敏感度或者造成了阴道狭小而导致性交时疼痛不适，或者是产后并发了炎症，如子宫内膜异位症或慢性盆腔炎，又或者是滴虫性、霉菌性阴道炎，白带增多、外阴瘙痒、烧灼疼痛等妇科疾病，都会不同程度地压抑性欲望而导致性冷淡。

那么，该如何治疗产后性冷淡呢？

1. 调理阴阳

阳虚温阳、阴虚滋阴，实则泻之、虚则补之，从而使得病人体内的阴阳恢复平衡或者是达到平衡。

2. 补足肾气

因为肾阴不充足，以至于髓海失去养分，精血变少，所以有耳鸣头晕等症状。

腰是肾府，且肾相当于骨，因此肾的精血亏少，若以有腿软腰酸等症状。且因为肾阴不充足，因此阴阳失调，所以汗出烘热。

肾阴不足而不能抑制心火，所以多梦失眠。

肾阴不充足、阴虚内热，以至于烦躁，口干舌燥。

且因为精血减少，使得肌肤失去营养，所以皮肤瘙痒难忍。

且因为肾当中主阴的天癸渐渐地枯竭，所以体内失常，血海蓄溢失调，所以月经周期不正常。出现经量过多或过少，色泽呈现不正常的鲜红。

苔少，舌红，并且经脉细小且少，以上皆是肾阴虚的症状。

中医治疗应益阴滋养肾。

药方应用：丹参、麦冬、天冬、当归、玄参、人参等补血纳气的药物；柏子仁、朱砂、生地、酸枣仁、桔梗、远志、五味子、茯苓等滋阴补肾的药物，以此静心养心。

如此可以从本质上使得生理机能复原，重建女性体内的分泌系统，从而可以通过自身的调理来达到根治的目的。

十一、露阴癖

黄昏里的“露阴”者

有一个秋天的傍晚，空气中已经有一丝凉意了，小美下了班，匆匆往家里赶。走到一个岔路口，她有点犹豫了：向左走是大路，不过路程要稍微远一些；向右走是一个小花园，能够少走一些路，但是这个时间一般很少有人从那里经过。小美想：都这么晚了，万一碰到坏人怎么办呢？不过转念一想，自己应该不会那么寸。为了节省一点时间，她毅然走向了小花园。刚走了不到一半，就听到旁边的小丛林里传来了一些窸窸窣窣的声音。小美是一个好奇心很强的姑娘，不由得停下了脚步，准备扒开旁边的小树看看。但是还没等她走近，小树突然被人扒开，里面蹦出一个黑影，把小美吓了一跳。还没等小美反应过来，那黑影麻利地脱下了自己的裤子，掏出了自己的“小鸡鸡”，嘴里还不停地嘟囔着：“小姑娘，给你看看，给你看看……”

当时小美心里真是五味杂陈，有惊讶，有恐惧，也有鄙视。

说惊讶，是因为在寂静的下午，突然从树林里蹦出这么一位大叔。

说恐惧，是因为这个大叔出现得实在太突然了，要是对自己下黑手……

说鄙视，是因为对经历过大风大浪的小美来说，这个事件实在算不上恐怖事件。

不过，为了掩饰自己的情绪，小美还是扯着嗓子大叫了一声，说：“这么小，还好意思露给别人看！”那位大叔闻言，目瞪口呆，神情复杂地提上裤子走了。

在这个故事里，这位大叔就是一位露阴癖者。

那么，露阴癖的定义是什么呢？露阴癖就是通过向没有准备的陌生人暴露自己的

生殖器而达到性唤起的目的。

由定义可以看出，露阴癖者一般都是“兔子不吃窝边草”的，也不知道是因为羞涩还是因为胆小。那么，露阴癖者有什么具体表现呢？通过下面这个例子，露阴癖者的表现就一目了然了。

郝剑是一家大医院里的著名医生，年纪不大，长得又帅气，技术一流，当然，在“露阴癖”方面也很有技术含量。其实单看郝剑的长相和收入，有很多漂亮的女病人和女同事想跟他交往，不过他对主动送上门来的并不感兴趣。他最喜欢做的事情，就是在自己不忙的时候，走到公交车站，然后坐上环城汽车，绕着整个城兜风，顺便在车上“守车待兔”。等他终于等到一个美女上来，他马上就会像见到肉的苍蝇一样靠过去，在对方身边如影随形。郝剑的“绝技”就是他非常有耐心。要知道，要想在公交车上向美女们成功展示自己的“小鸡鸡”，得同时满足以下几个条件：一、车上的人不能太多，不然美女可能注意不到他，也不能太少，不然看见他的就不光美女自己了；二、上来的姑娘的是单身一人，不然肯定会被姑娘的男朋友或者什么人一顿胖揍；三、上来的姑娘年纪不能太大也不能太小，长得还要对得起观众，不然他无法达到内心的满足。要知道，能够同时满足这几个条件的目标可是太罕见了。有时候他在车上从头坐到尾都遇不到一个，只好败兴而归。不过，由于郝剑比较执着，就算今天没有得手，他也不会失望，而是明天继续努力，争取不让自己“空手而归”。每次遇到符合条件的目标时，他总是在汽车要停下来的时候，能成功地把自己的“小弟弟”展示给姑娘看，然后跳下车，撒腿就跑，这个时候，他心里总是美滋滋的，爽的不行，好像之前的几次失败都是浮云。

历尽千辛万苦得手几次之后，郝剑又意识到一个问题：他这样在公交车上作案有很大风险：第一，每次得手后，姑娘都会大声尖叫。由于他下手的目标都是千挑万选的，在吸引他目光的同时也会吸引别人的目光，所以每次都会惹来很多小伙子英雄救美，大家甚至会像赛跑一样一个追一个。有一次，有一个小伙子为了表现自己的神勇，甚至一直追了他好几条街，差点让他跑断气。还有就是由于目标比较难发现，所以每次作案时间太长，占用了很多上班时间。由于他屡次脱班，已经引起了领导的不满，说不定哪天他就把饭碗给丢了。为了达到两全其美的效果，他想了一个办法：把自己家里的一个房间改装成公交车内的样子，把主动向自己投怀送抱的那些女病人和女同事们轮番叫到自己家里。然后当着她们的面脱掉裤子，掏出“小弟弟”，展示一番后从房门跳出去，获得满足的快感。但是由于房间只是“山寨版”的公交车，所以每次他都会觉得意犹未尽。

由郝剑的例子可以看出，露阴癖者最突出的一个表现就是喜欢“突袭”别人，也许，正是别人那种目瞪口呆的表现才会让他们获得快感吧！另外，露阴癖者的一般表现为：他们（之所以说他们，而不是她们，是因为之前提到过，男性露阴癖者远远多于女性）经常会在黄昏，或者月朦胧鸟朦胧人也朦胧的晚上，寻找一些人迹罕至的角落，比如街头巷尾、公园或者电影院附近。当然，也不乏胆子比较大的人，会选择公交车或者地铁等人多拥挤但是又可以趁机下手的地方。每当发现有异性走近，就会突然把自己的“小弟弟”展示给对方，在对方的目瞪口呆、惊恐不定或者恼羞成怒中获得快感，并趁对方还没有回过神来的时候迅速撤离，只留给对方一个潇洒的背影。当然，前面说的这些只是比较“单纯”的露阴癖者。还有一部分露阴癖者在向对方展示自己的性器官时，还会跟对方说话，证明自己的生殖器跟别人毫无异常；也有人会大声喊叫来宣泄自己的情感；还有人甚至肆无忌惮地要接触自己目标的手。不过，这些行为之间并不是互相排斥的，有时候可能只出现其中一种，有时候会同时出现其中的两三种。但是一般来说，不会出现性暴力的行为，也不会直接与异性的身体接触，通常来说，他们的性满足来自对方的尖叫、厌恶，甚至是辱骂也能让他们兴奋。所以，在遇到露阴癖者时，千万不要惊慌失措，也不要尖叫，更不要怒骂。越是这样，露阴癖者就会越觉得兴奋。所以，一旦遭遇露阴癖者，可以像小美那样，淡然处之，露阴癖者自然就会灰溜溜地走了。

也许有人要问了，露阴癖者为什么不选择寂静无人的地方，非要选择在人多的地方来展示自己的“小弟弟”呢？这是因为，越是在人多的地方，受害者就会出现越强烈的反应，这样做的冒险性就越大，他们就越能够满足，越能够达到兴奋。有时候他们甚至会放声大笑，好像已经完全忘记了自己的“小弟弟”还在外面晾着。对于不同的露阴癖者来说，他们裸露的程度是不一样的，对于男性来说，他们最喜欢露出的就是自己的“小弟弟”，对于女性来说，她们会露出自己的乳房，还有个别人会裸奔。所以，有人就根据露阴癖者裸露部位不同将露阴癖者分为上型（乳部）、后型（臀部）、前型（阴茎）。

那么，像郝剑这种受过高等教育、有着体面的职业的人都会是露阴癖者，他的“同类”都是些什么样的人呢？再来看看另一个露阴癖大哥。

干缨是普通工薪上班族，每天打点上班，准点离开公司。由于一直不满意自己的工作，和同事们一直保持着不远不近的距离，不夸张地说“干缨就是那种一出公司大门就想装作不认识同事的人”，所以，可怜的干缨就如此成功地沦落为了“大门不出，二门不迈”的“典型”的宅女形象，没有姐妹一起购物，没有同事聚餐，有事出门，

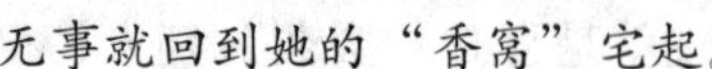

无事就回到她的“香窝”宅起。

这天，干缨难得休假，好不容易想睡个大懒觉，却因为昨晚吃多了冰淇淋，被一泡尿活生生的给憋醒了。干缨睡眼惺忪地小跑着到卫生间，正当她坐在马桶上舒心地嘘嘘时，睡眼惺忪的干缨朝卫生间窗子外一看，竟看到斜对面不远处的废墟边有一高大威猛的男子背对着干缨的视角站在废墟墙角边。干缨历来好“高大威猛”这一口，大清早见这高猛的“背影杀手”帅哥，花痴的干缨自然是顾不上自己的睡眼惺忪，硬是使劲地“眨巴、眨巴”了几下眼睛，睁大眼睛，想看个清楚。

“咦，一片废弃楼房，他站那干吗呢?”好奇的干缨总想探个究竟。(干缨住的是一片旧宅，她斜对面的那片楼房已经荒废了好久，没有人入住，但是小区的后门总要经过这栋废弃的旧楼)

“啊!”干缨仿佛顿时有所悟，“难道……难道他是在那撒尿吗?”

她一边虎视眈眈地盯着她的帅哥，一边纳闷：“他怎么这么久还没尿完呀?”料想间，只见隔壁C幢的号称“林妹妹”的温柔腼腆的秀娟正准备朝那撒尿的猛男那边走去。谁料想，这秀娟走近这“撒尿哥哥”时，这哥哥突然一个180度的转身，手里还把着自己的生殖器，把温柔腼腆的秀娟吓得叫着、喊着跑开了。这一幕自然是一点不落地落入全神贯注的干缨眼里的，干缨顿时呆住了，自己心里的猛男形象顿然毁了只是小事，更重要的是这历来保守的干缨素来“小坏”下是可以，但连kiss都不会的她，更别说是何时见过男性的生殖器官。这可把她吓傻了。

那天男子在的那个角落是一片废弃的旧楼拐角，没有人居住，也没有人管理，但是这片废弃的旧楼确是干缨所在的小区的后门的必经之路。虽说有正门，但是从小区后门出去是一条女人时尚服饰淘宝街，所以小区里的大多数女性都会走后门。然而，这男子正是抓住了这一点，小区里居住的大多女性都是单身的上班族，每天独来独往，男子便不必害怕单身的女性身边会突然冒出一个“英雄救美”的男子来将他修理一通，男子更肆意妄为；而这些女性大多是同干缨一样毕业不久的女子，年轻貌美，更能激起男子的欲望；女子们大多是没有经验，依然单纯保守的“小清新”，男子的行为通常会使她们惊呼、大叫，然而，她们的惊呼声则更满足了男子的快感。废弃的旧楼无人居住，若是偶然出现意外状况，男子也便于逃脱、藏身。

自那天以后，干缨大概是被吓怕了，早上起床去卫生间再也不敢缩头缩脑地朝窗外看，而是将卫生间的窗子紧紧关着，还贴上了颜色很深的窗花纸。所以，干缨也自然不会知道那个她曾经中意的猛男接连几天早上都在那个废弃的旧楼角落，等待着那些姑娘们的出现。

而露阴癖者竟是在大白天，在光天化日之下，忽略了所有行人，忽略了那些建筑里的活生生的人群，只为追求自己的快感，只为满足自己邪恶的欲望，而无所顾忌地在有人群经过的地方作案。他们是满足了自己一时的快感，或许对于一些胆大、无所顾虑的女子来说，不就是个生殖器官吗？但是对那些风华正茂的少女来说，可能会是一生的阴影。

露阴癖是一种心理疾病，患露阴癖的人知道自己的病，但是他却不能控制自己，常常是冲动战胜了理智，一而再、再而三的作案。但是只要自己能深刻地认识到自己的疾病，认识到自己的病会给别人、给社会带来的危害，这病就一定是可以控制的。

最开始的时候，研究认为大部分露阴癖者是害羞、温顺、不成熟的男性，但是根据最新的研究，这种最初的研究其实很不靠谱。没有什么证据表明他们必须是某种性格，或者必须来自什么样的家庭，也就是说，一切人皆有可能。不过研究也表明，露阴癖者要么是性压抑，要么是婚姻不幸福，这个研究倒是比较靠谱的。

看完露阴癖者的症状之后，也许有人会说：天气热的时候，我喜欢在家裸奔，那我是不是露阴癖者呢？你可以根据以下三条标准来自我判断一下，如果你符合这三条，那你就是露阴癖者。

（1）具有反复或持续地向陌生人暴露自己生殖器的倾向。当然，这些陌生人有一个共同点，就是都是异性，而且在这个过程里几乎总是伴有性唤起及手淫。

（2）只局限于向异性展现自己的生殖器，却没有跟对方性交的意愿或者要求。

（3）这种倾向已经持续了一段时间，至少半年。

露阴癖的原因

一般来说，导致露阴癖的原因有以下几种：

（1）从种族和个性发育的角度来说，之所以会有“露阴”这种癖好，只是一种原始性行为的释放，跟大猩猩拍胸脯一样，只不过是表达的对象和方式不同而已。

（2）跟环境有关。

丁志俊小时候从外面回来，看到父母的房门紧闭着，想也没想就冲了进去，却发现父母正在里面“做功课”。当时的他并不知道什么是性生活，也不知道父母这是在做什么，只是呆呆地看着父亲的“小弟弟”。被撞破之后，父母又害羞又恼火，把他给批评了一顿。此后，他对自己的小弟弟有了浓厚的兴趣，经常拿出来把玩，并逐渐发展成了露阴癖。

由此可见，露阴癖跟环境是有很大的关系的，除了刚才提到的例子，比如患者小时候看到父母一起洗澡、一起睡觉，或者看到电视上有什么少儿不宜的镜头。要是在西方国家，由于性教育比较普及，小孩子看见也就看见了，父母也会"一笑而过"，甚至趁机给他们普及一下性知识。但是在我国，性一直被视为洪水猛兽，性教育更是无法靠近的雷区。小孩子们问问自己是从哪里来的，父母还要编一堆瞎话，不是大桥底下捡的，就是超市买东西送的。在这样的情况下，自然是不会有什么正面渠道来获得性知识。小孩子们好奇，又找不到答案，自己的思想和观念很容易就会被扭曲了。

（3）性格缺陷。

在父母的眼里，刘羽波是个听话的乖孩子，从小就不怎么爱说话，一心扑在学习上，更是从来没有早恋过，因为他就像个女孩一样安静，跟女孩说话的时候还会脸红。就这样，他一路走进了名牌大学，找了一份体面的工作。眼看着刘羽波年纪也不小了，该考虑个人问题了，父母就张罗着给他相亲，但是屡屡失败，因为每次相亲刘羽波都在女方面前紧张异常，话都说不出来，这不由得让父母十分着急。突然有一天，父母接到了派出所打来的电话，说刘羽波被扭送到派出所了，父母刚开始还以为警察搞错了，毕竟以刘羽波的软弱性格也干不出什么坏事。去了才知道，原来他在公交车上让自己的"小弟弟"出来晒太阳被发现了，而且一经审问，他干这种事已经不是一天两天了。

在这个例子中，刘羽波之所以会成为露阴癖，跟他的性格有很大关系。研究发现，有些人之所以会变成性变态，跟他们的性格有着直接的关系，而在变成性变态之后，他们的性格也许会有所变化，也就是说，性格情绪和性变态心理及行为经常是互为因果的。很多露阴癖者的性格上都会有一些缺陷，在性心理方面表现得尤为突出，比如拘谨、羞涩、孤僻、不爱说话，一见到女孩就紧张、脸红，从来不跟女孩搭讪，更不用说开玩笑了。由于这些性格缺陷，再加上缺乏足够的性知识，在有性欲的时候就会选择用儿童式的幼稚行为来解决。

（4）幼年经历。

莫北的爸爸在接连生了三个女儿后才迎来了莫北这么一个"带把的"，自然是欣喜万分。小时候，莫北的爸爸经常把他扛在肩膀上，在村里四处转悠，表示自己已经有了可以传宗接代的人，终于可以扬眉吐气了。有时候家里来客人，也会把玩正在炕上玩的、穿着开裆裤的莫北的"小弟弟"，时间长了，这种行为深深地刻在了莫北的记忆中。长大之后的莫北本来也跟正常人一样，考大学，找工作。但是等到谈婚论嫁的年龄，谈了好几个女朋友都吹了。在经受了几次打击之后，莫北也变成了一个露阴癖者。

经专家研究，这种行为跟幼年的经历有着密不可分的联系。根据对很多露阴癖者的调查，他们在小的时候就有过跟同性或者异性的小伙伴互摸外生殖器、裸体或者在成人面前炫耀生殖器的经历。不管他们有意无意，这些幼年时取乐性的性经历就在他们的脑海中留下了不可磨灭的印象。也许当时他们没有发现，但是有了合适的机会，就会显现出来。长大之后，在他们遇到重大的精神创伤而个人又无力化解时，童年那些性经历就会重新浮现出来，他们就会不自觉地用幼年的方式来解除和宣泄成年的烦恼。这是露阴癖等性变态心理和行为产生的主要原因之一。很多露阴癖患者的性心理发育远远没有达到成熟水平，幼年经历依然影响其成年后的性欲满足方式。

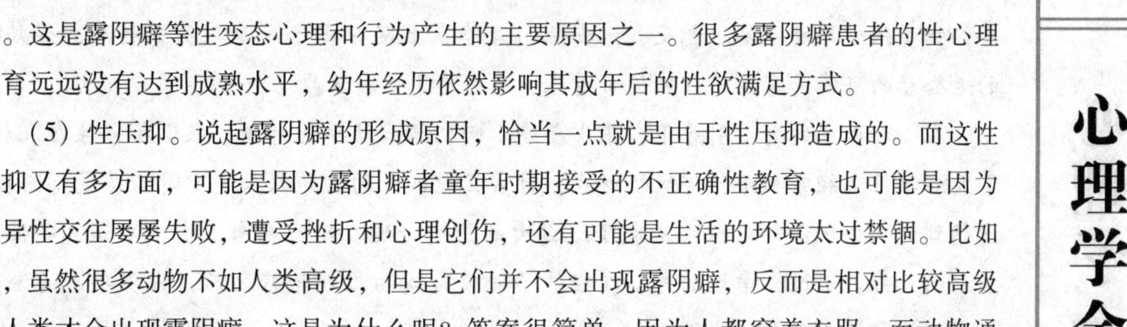

(5) 性压抑。说起露阴癖的形成原因，恰当一点就是由于性压抑造成的。而这性压抑又有多方面，可能是因为露阴癖者童年时期接受的不正确性教育，也可能是因为跟异性交往屡屡失败，遭受挫折和心理创伤，还有可能是生活的环境太过禁锢。比如说，虽然很多动物不如人类高级，但是它们并不会出现露阴癖，反而是相对比较高级的人类才会出现露阴癖，这是为什么呢？答案很简单，因为人都穿着衣服，而动物通常来说都是裸奔的，性器官向来都暴露在外面。当然，某些被人类视为心肝宝贝的宠物除外。除了不穿衣服，动物们还有个得天独厚的优势，就是它们没有人类那么严苛的性道德和行为准则所约束，即使有某些性行为规律，也是出于本能的、自愿的，而不存在性禁锢。在这一点上，人就只能望洋兴叹了，就只能压抑、压抑、再压抑。

(6) 幼时性游戏过多。据说，许多露阴癖患者在幼年时，或多或少都有过和异性或者同性小伙伴互摸外生殖器或是裸体，或在成人面前炫耀生殖器，看异性成人裸浴或大小便等经历。

张少年是一位露阴癖患者，今年42岁，身形十分健壮，已经结婚15年了，还是两个孩子的父亲。这位看上去憨厚老实的中年男子，靠跑出租车养活一家人，看上去怎么都和“露阴癖者”联系不到一起。张少年说，结婚十多年来，他和妻子的性生活也一直都是比较和谐的。然而，到后来，他突然发现他自己不再像以前一样了，对自己的妻子他再也提不起“性趣”来，反而路边的漂亮女孩却经常让他有露阴的冲动。

张少年说，原本他并不是这样的，他一直靠跑出租为生，直到那天张少年的车出了一点小故障，送到修理厂之后，张少年便回家做饭，给老婆送饭到老婆工作的单位去，本想给心爱的老婆一个惊喜，哪知，在公交车上，张少年见一个扎着马尾辫、穿着一件白色小衬衫、下搭一条淡蓝色短裙的女子，他便像着了魔一样，全身莫名躁动的他径直朝女孩的方向紧贴过去。由于公交车上人多，他不敢太肆意妄为，只是一个劲地与女孩的身体摩擦，直到快到站点，人少一些的时候，他突然不能自已地脱下裤子，把自己的生殖器拿出来，吓得女孩惊叫，他不得已迅速跑下了公交车。在跑下公

交车之后，张少年说，他感觉到了前所未有的快感。从那次之后，他便一发不可收拾，欲罢不能，就算知道自己很对不起妻子，他还是时常找机会在公交车上、在公园的小树林边，向不同年龄的女子露阴，有的是和自己老婆差不多年纪的，有的甚至还只是小女孩。每每听到她们的惊叫声时，张少年就会有一种莫名的快感和成就感。

如此循环往复，张少年的老婆终于知道了他的行为，成熟的老婆并没有责骂张少年，指责张少年的不是。相反，张少年的老婆在上网查阅了一些相关资料后，得知她的老公患的可能是露阴癖，她便带着张少年去看了心理医生。

在心理医生的耐心引导下，张少年终于回忆起，幼年的时候，张少年家住在农村，夏天在草堆上经常和小伙伴玩性游戏，时常互摸彼此的生殖器，年少时只是觉得好玩，没想到这么个玩法却对自己造成了这么大的影响。现在回想起来，张少年还真是悔不当初的无知。不过，幸运的是，在经过了一段时间的心理治疗之后，张少年也逐渐好起来，恢复了正常人的生活。

(7) 对异性的报复。

年轻帅气的王一海，刚结婚不久，自己的新婚妻子就时常因为工作，到深更半夜才喝得醉醺醺地回家。王一海对这个新婚妻子甚是不满。更糟糕的是大男子主义的王一海还遭遇了一“富强美”的女强人上司——林嘉。林嘉虽出身名门，但丝毫没有大小姐的矫揉造作和娇生惯养之气，相反，她一心追求完美，对工作甚是一丝不苟，同时，对下属员工也有着极高的要求。

原本就是大男子主义的王一海，在忍受着妻子的同时，还要每天看上司林嘉的脸色，这让他心里很是郁闷，很是不爽。原本就憋了一肚子的怨气的王一海更是没办法投入到工作中，工作做不好，所以也没少挨追求完美的顶头上司林嘉批，这更使得王一海忍无可忍。

这两个女人似乎让他磨光了所有的耐心，他不禁开始痛恨身边的所有女性，他还决定要收拾下这两个不知好歹的女人，他的强烈的自尊心不容许他再忍受这两个女人的气。但是精明的王一海也想到，要让她们受到教训，又不能使自己的报复行为受到法律的制裁，该用一个什么样的方法来让这两个女人尝尝教训呢？于是不久之前看过的影片《粉红色的火烈鸟》给了他很大的启发，影片中马波尔夫妇强迫被绑架的妇女受孕，其后将出生的孩子转卖于他人。王一海似乎从中也想到了自己的报复方法——露阴。

王一海本没有这方面的癖好，但是自从受了这两个女人的气后，他开始憎恶所有的女人，特别是那些深夜醉醺醺地走在路上，或是那些对男人指手画脚的女人。于是，他在漆黑的晚上，时常躲在墙角或是树林边，那些不太引人注意的角落，但凡看到那些只身行走的女性，他便会来个突然袭击，在女性面前扯出原先藏在衬衫底下的自己的生殖器，许多女性都会被他突然的吓唬弄得惊慌失措，他享受着的并不仅仅是那些女子的惊叫声让他的欲望的释放，而更多的是她们被他王一海吓唬到的惊慌失措给他带来的成就感。

有了之前的经验，王一海更加胆大。这天他突发奇想，要让那满心高傲的上司林嘉也尝试下这报复。王一海知道林嘉每天下班都会工作到很晚才离开办公室，之后她会去公司的地下停车场取车。林嘉走的时候，公司都基本没人了，更别说是那人迹罕见的地下停车场。于是，心存侥幸的王一海便准备在停车场动手。这天，王一海早早地就离开办公室，他佯装有事要回家，其实伺机躲到了公司的停车场。虽然他选择的位置是摄像头盲区，他还是用帽子、口罩、墨镜把自己装备的严严实实的，他还把自己的裤子松开，只等林嘉出现，他便猛然脱下裤子，将自己的生殖器露出来。林嘉平时再强，但她毕竟只是女人，见到男子突如其来的污秽的下体，自然也是吓得不禁惊呼起来，而这惊呼声似乎让王一海很受用，大大满足了他的报复心理……

(8) 满足自己的性快感。露阴癖患者之所以患有这方面的心理疾病，很大程度上是为了满足自己的性快感。而满足自己的性快感，有意无意暴露自己，并不仅仅局限于男性露阴癖患者，一些女性也在不同程度上喜欢通过一些较为隐秘的方式来暴露自己。

例如一些女性会在自己的内衣里加垫额外的胸垫，以显示出自己凹凸的性感。又如，过去的西方，一些男子以穿紧身裤为美，这些通过各种方式来凸显自己身体的行为都可以称之为潜在的露阴癖表现行为。

除了依靠凸显自己的身体来表现自己，一些患有露阴癖的人还对异性或是同性的裸体具有很大程度上的渴望。这类露阴癖患者，他们喜欢参加各种形式的裸体营、裸体海滩和各种裸露的活动。这类人群总是以享受他人的裸体视角感到愉快，从而通过展示自己的身体来满足自己内心的欲望，使自己的欲望得到释放，并产生愉悦的快感。

(9) 由于自卑而产生的勇气。有人认为露阴是原始性行为的释放，有人认为其行为是本能冲动控制能力削弱所导致的，然而，大多露阴癖患者在日常生活中都表现得较为羞怯懦弱，他们露阴的动机因人不同而存在着动机的差异性。大多数的露阴癖患者或多或少都存在着一些性犯罪史，但是他们的露阴动机更多的是存在于他们内心的自卑感和不满足感。男性露阴癖患者在向女性暴露自己的生殖器过程中，通过女性的惊叫声以及各种不同的反应，向人证明了他们的生殖器是正常的，自认为他们用这样的方法表现了自己的阳刚之气，展示了自己的雄性特征。露阴癖患者主要是为了满足自己心里的快感，他们的行为动机大多是不带有侵略性的，只有较少的一部分由于受害者突然见到男性的下体而产生过于强烈的反应，使露阴癖患者的情绪得到强度的刺激，致使他们更不能控制自己，而由此导致了露阴癖者出现一些侵略性行为。与之相反，露阴癖患者在不同的人面前露阴就是为了满足自己不能控制的快感，然而，若是受害者见其生殖器后并没有表现出任何强烈或是过激的反应，如上文中见怪不怪、冷静理智的小美，她的反应过于平静，而致使露阴癖患者不能产生任何的满足感，反而摧毁了他们原本构建于内心的快感。

露阴行为有着明显的反社会性质，你不让我露，我就偏要露，我还不偷偷摸摸地露，我要让大家都看见。其实许多露阴癖患者在实施露阴行为之后，都会非常后悔自己的行为，并为自己的行为感到可耻，然而，他们又总是不能控制自己，一次、两次……一而再、再而三地实施露阴行为。对于他们来说，当众裸露自己的生殖器是一种非常无礼的行为，但是他们又控制不住自己，控制不住自己追求快感的强烈欲望心理，然而，若是一次成功满足自己的欲望感之后，他们追求欲望的心理会越来越强烈，越来越肆意妄为，以此往复，无论是他们自己还是受害者的身心方面都会受到极大的伤害。所以，要控制露阴癖患者的行为，最好的方法就是不满足他们的快感，不因为他们的露阴行为产生任何的强烈反应，冷静对待、置之不理。当然，若是遇到露阴癖患者，还可以向有关部门获取帮助，通过有关部门来帮助他们，引导他们走向正常人的生活。

露阴获得的“性满足”

很多人都会觉得奇怪，露阴癖者并没有接触到受害者，他让自己的“小兄弟”出来透风的目的是什么呢？其实就是为了获得性满足。一般来说，在看到自己的目标惊慌失措的样子后，露阴癖者就会被性唤起，也就是 high 了，他们会当场射精，也有人会等到回家之后射精，从而达到心理和生理上的双重满足。前面提到的郝剑如果不是阳痿，那他应该就属于相对小部分的只是为了得到心理上的慰藉的那群人。

前面已经说过，露阴的原因是因为性压抑，那么，为什么男露阴癖者要明显多于女露阴癖者呢？其实这也很好理解，跟女性比起来，男性所承受的性压抑要更加沉重一些。有句话说得好，男追女，隔座山，女追男，隔层纱。也就是说，男性要追女性，那得历经千难万险，经历重重考验，通常得练就一身厚脸皮的好本领。而女性要追男性，只要能拉下脸来，基本上可以一招制敌，当然也有可能被硬生生地拒绝，以后连朋友都做不成。总而言之，男性要接近一位女性要远比女性接近男性困难。

按理说，我国有着几千年的封建礼教，都是用来禁锢女性的，什么三从四德、什么女子无才便是德。但是，一旦女性要抛开道德的约束，寻求性满足，要比男性来得容易。一般来说，面对来自异性的诱惑，男性是不会拒绝的，因为男性不太受这种封建礼教的约束。而女性由于性格习惯、礼教约束、生理因素等原因，一般不会轻易接受男性的诱惑，甚至会采取比较极端的方式来拒绝男性。我们可以这么理解：自古以来男性施加在女性身上的禁锢最终反而间接地打压了男性自己，这不能不说是一件颇具讽刺意味的事情。

在经受了几次被拒绝的打击之后，有的男人就会想，哎呀，女性太不容易接近了，实在是太神秘、太圣洁了，绝对不许别人冒犯，一旦冒犯她们，就成了人人喊打的流氓了。在这种感觉的压抑下，再加上当前社会道德文明的约束，男人的犯罪欲就被压榨出来了。所以说，只要一个男人是正常的男人，他就会有犯罪欲，当然，这里指的是性犯罪欲。有性犯罪欲并不是说就会变成露阴癖，能够变成露阴癖的只是其中的一小部分，毕竟露阴并不是什么光彩的事情，得豁出老脸才能把自己的“小弟弟”展示在众人面前。

一般来说，有性犯罪欲的男人又会分成这么几种：第一种男人起码有一点点本事，他能够找到正确的发泄渠道，与犯罪无缘；第二种男人胆子非常大，敢于付诸实践，这样的人基本都会锒铛入狱，当然也不排除有个别漏网之鱼；第三种男人就是介于第一种和第二种之间的男人了，他既找不到合适的渠道，又没有胆子去铤而走险，只好在确保不会受到法律严惩的前提下打打擦边球，干点儿歪毛淘气的坏事儿寻寻开心了。

毫无疑问，一般正常的女性对这种行为都是十分反感的，而这种下流的男人要的就是这个效果——你越反感，我就越满足。

遇到露阴癖怎么办

一般的女性都不想自己遇到“露阴癖”，都觉得这是一件令人恼火的事情，但光恼火也不能解决问题，我们要从根本上解决问题，那就是判断出对方是不是露阴癖者，并采取相应的措施。

露阴癖者最明显的表现就在于：

1. 将手放进裤裆里

把手放在裤裆里，是露阴癖患者较为明显的一个表现特征。

很多露阴癖患者在作案之前，都会把手插在自己的裤裆里，一来是为了便于实施

“作案”，为方便“作案”做好充足的准备，二来是一些露阴癖患者在见到中意对象或是等不来中意对象时，自己憋得痛苦难耐，便用手抚摸甚至是蹂躏自己的私密处，以寻得安慰和快感。

相类似的，一些稍微“文明”一点的露阴癖患者不是把手放入自己的裤裆里，而是比较“文明”、比较“隐秘”的，也比较“正常”地将手放到自己的裤袋里，但是他放在裤袋里的手却一直不自觉地在向自己的“小弟弟”移动，这样的露阴癖患者是通过这种形式来刺激自己的私处。他们的行为似乎确实是比直接把手插在裤裆里的人更“文明”了一点，但本质上并没有太大的区别。

所以，姑娘们，遇到大庭广众之下手插裤裆的男子，你可要小心了，这样的人极有可能就是露阴癖患者。

2. 为露阴，不喜穿内裤

一些遭遇过露阴癖的人一定会知道，那些露阴癖患者将自己的生殖器显露出来的时候，似乎他的裤裆里没有其他的遮掩。因为那些露阴癖患者为了便于自己“作案”，他们已经自觉地省略了那条阻碍自己“作案”的内裤。

姑娘们遭遇到的露阴癖患者不穿内裤并不是一个偶然的现象，或者并不是个例。“不穿内裤”是露阴癖患者一个显著的表现特征，而这一表现特征主要有两方面的原因：

其一，是因为露阴癖患者往往是抓住最关键的时间“作案”的。对于露阴癖患者而言，时机无疑是他们露阴成败的关键所在。当他们心仪的对象朝他们走过来时，他们内心的亢奋已经不容许他们有更多的时间去褪去他们的内裤，所以，对他们来说，内裤也是他们“作案”的一个不小的阻碍。因此，露阴癖患者是不喜欢穿内裤的。

其二，露阴癖患者往往在满足了自己内心的快感后，便伺机以最快的速度逃走，要穿好裤子对他们来说已经是件麻烦事了，更何况要多加一条内裤。所以，露阴癖患者也懂得便捷，他们可不想让这条小小的内裤来影响了他们的欲望。

3. 精神紧张，神情愉悦到极致

露阴癖患者经常在不同的场合、不一样的人群面前暴露自己的私处，他们虽时常重复这样的“活动”，但心里难免为自己的行为有所羞愧，所以，他们的精神自然是比平常人更为紧张的。他们除了要时刻留意自己的心仪对象之外，还必须得时时注意着自己的这次“活动”是否会让自己遭受意外。所以，他们的精神自然是过度紧张的。

此外，露阴癖患者本身在欲想露阴时就带有内心的愉悦感，在这种愉悦感的一再催使下，露阴癖患者一想到很快就能见到自己心仪的美丽的异性，并且还可以在自己心仪的异性面前暴露出可以证明自己强大、威猛的下体，他们的神情立马就达到亢奋的状态。

所以，既紧张又亢奋，也是露阴癖患者较为明显的一个表现特征。

其次，我们要了解一下，哪些女性会比较容易不幸“中招”，也就是露阴癖比较喜欢选择哪些目标下手。

答案是显而易见的，就是年轻貌美的少女容易“中招”。而且露阴癖者最喜欢容貌清纯秀气、扎马尾辫的少女，他们觉得扎马尾的女孩是单纯、具有活力，同时又没有反抗能力的，“露阴癖”者看到这样的女子总会情不自禁地兴奋，产生性欲；还有一种就是打扮时尚潮流、性感的女子，因为这种女子若隐若现的肌肤让露阴癖者有种想进攻的欲望。换个角度讲，如果一名女性遇到露阴癖者，其实就是外貌长得不错的，肯定不是“恐龙”行列。就算是可以通过这种遭遇证明自己不是恐龙，但肯定所有的女性朋友都不想遇到这样的事。

所以，遭遇露阴癖者时最好的办法就是有一个淡定的心态。因为大部分的露阴癖者的满足感来源于让女性看见自己的身体，然后看着女性那害怕的表情而已，他们并没有想要强奸你，因为他知道强奸是犯罪行为，如果他真有那个胆量他也不需要通过露阴来满足了。所以你当遇到露阴癖者就不需要太过紧张和恐惧，他不会做出过激的行为伤害你的，你要做的是保持镇定，告诉自己“人身安全是有保障的”，你应该漠视着离开，而他也会灰溜溜地离开了。就好比美院的女生，她们看见裸体的男模特都是坦然面对的，因为她们保持着良好的心态，她们知道这只是男模特而已，对自己没有构成威胁，也就不会害怕了。当然，美院女生第一次遇到裸体男模也是会害羞的，她们只是随着遇到的次数变多了，也就习惯了。所以保持淡定十分重要。

正常情况下，露阴癖患者是做好充足的准备的，他们往往只用极为短暂的时间来暴露自己，他们向心仪者暴露了自己，满足了自己心理的强烈欲望感和快感之后，便迅速地消失。然而，对于受害者来说，这短暂的几秒钟往往是受害者遭遇最为关键的时间。露阴癖患者的病发者通常是男性，与之相对应，其受害者较多就是女性，在露阴癖患者暴露自己的短短时间内，女性常常是表现为惊叫、震惊、震撼……她们甚至来不及蔑视，来不及懊恼，露阴癖者得到满足后便匆匆地消失了。然而，露阴癖患者屡屡作案成功，较大的原因也就在于他们作案的短短时间内，女性受害者压根不知道要如何应对，只是一味地害怕，紧张，而受害者的这些反应却恰好是露阴癖患者满足自己的最佳表现。其实，无论受害者有多么紧张，有多么的恐惧和不安，其心理的恐惧感是并不胜于露阴癖者的，他们之所以实施这样的行为，很大程度上是控制不住自

己，其内心则是十分不安和恐惧的，若是在他们露阴时发现周围有任何的风吹草动，或是有一丝丝的危险信号，他们则会迅速地撤离，其警觉性往往是更胜一筹的。

小时候我们和小伙伴都玩过捉迷藏的游戏，也曾试着搞恶作剧，尝试用各种办法来吓唬自己的小伙伴，并在自己的小伙伴被吓唬到之后而感到欢乐，并因此有很深的成就感。其实，露阴癖患者的行为原理和这样的游戏行为原理是一个道理。不一样的是，孩子之间的游戏表现出的是童言的天真无邪，而露阴癖患者表现出的则是幼稚的无礼恐吓。此外，还表现在露阴癖患者的行为是很专一的、有针对性的。露阴癖患者一般都是男性，而其行为就主要是针对女性，那些露阴癖患者深知女性对自己生殖器官的厌恶、排斥，甚至是恐惧心理，然而，他们偏偏以此为乐，因为她们的厌恶感、恐惧感而使自己获得心理的满足、身体的愉悦，这也正是露阴癖是心理疾病的原因之一。

上文中有说到露阴癖患者表现出的是幼稚的无礼恐吓性行为，他们的行为原理同幼时孩子们娱乐的游戏原理相类似，以此可见，露阴癖患者的心理也是十分幼稚的，因此，我们在某些程度上，还可以依据孩了的心理来分析露阴癖患者的心理。我们都知道孩子的心理在很多时候都是非常脆弱的，孩子们时常在得到表扬、得到赞许时表现出愉快、满足感，在受到批评或是否定时则时常显示出失落、沮丧感。其实，露阴癖患者也是一样的心理，他们的愉悦感、满足感通常是通过受害者的表现符合他们原本要追求的目的而得以实现的。相反，当受害者并没有表现出露阴癖者原本想要看到的惊讶表情，他们就会显得沮丧、失落。所以，许多专家指出，当遇到露阴癖患者时，你大可勇敢地指责他，否定他的幼稚行为，这样不但不会使女性陷入尴尬境地，更会让女性受害者在反客为主的同时，还有利于帮助露阴癖者走出露阴心理。

当然，上文中提到的“强悍”女性也是不乏存在着的，在现实生活中，特别是随着社会的发展，女性自我意识不断觉醒，女性不再只是一味地承受伤害并自觉地扮演忍气吞声的角色。在当今社会，很多女性都奋起反抗，对男性的无礼、忤逆，她们总能变得强大起来，很好地去保护自己。在社会中，面对一些肆意挑逗、伺机无礼的男性，一些勇敢的女性总能随手抓起“武器”，例如手提包或是手袋等便利却又不致伤人的东西来保护自己。其实，对待露阴癖者也可以运用同样的方法，面对他们，作为女性不必恐惧、胆怯，无礼的是他们，而女性能做的就是充分运用好自己的能力保护自己，对他们的无礼伺机予“回赠”。

对于露阴癖患者来说，他们的内心是十分恐惧别人对他们的伤害的，他们原本就自卑、懦弱的心理其实时常在恐惧、担心着别人给他们带来的无论是身体或是心理上的伤害。露阴癖患者本身的性格就是孤僻、胆怯、懦弱的，他们的露阴行为本来就是幼稚、无礼的。但是，若是连这一点他们自认为可以被炫耀的资本都遭到人们的无视，并被人们无情地“抹杀”了，其幼稚的心灵自然会遭受重重的创伤。露阴癖者不能因此找到成就感，没有愉悦感，或者会因为遭受到过伤害而害怕再次受伤，自然会随之减少自己的暴露行为，并渐渐感觉到自己行为的无趣，而不再实施露阴行为。

在实际生活当中，很多女性会不自觉地将露阴癖者的暴露行为与强奸犯等性侵犯者的行为联系在一起，其实这种观点是不正确的。虽然这两者的行为都带有很大的无礼性，但是其本质是不一样的。露阴癖者的暴露并不具有侵略性，他们的暴露主要在于自己，更多的只是想满足于展示自己私处的成就感、愉悦感，而性侵犯者的行为则主要在于欲想占有女性的身体，通过对女性身体的占有来满足自己。所以，露阴癖患者和性侵犯者的行为是具有本质的区别的，一者是心理问题，一者是道德问题。因此，在对待两者时应当有所区别。

我们不难发现，其实很多的露阴癖患者都只是个胆小鬼，他们不同于其他性侵犯者，是忘乎道德、忘乎伦理、胆大妄为的。露阴癖患者在露阴时难免会有一些羞涩感，带有一些紧张的情绪，他们之所以在如此紧张的状态下还要暴露自己的生殖器，只是因为只有暴露自己的生殖器，赢得女性的慌张、惊讶神情才能给他们带来身心的愉悦感，也才能满足于他们那一点点成就感。

因此，对待那些露阴癖患者，女性们大可不必像对待其他性侵犯者一样恐惧、紧张、不知所以然。你不必惊慌，只需要平静地去看待他，或是置他的幼稚行为于无视，他便会自觉地沮丧地离开。

除此之外，平静地去看待他，不能使那些露阴癖患者达到预想的效果，其成就感不能因此而获得，之前的紧张、愉悦感顿然所失，多次之后，或许会使露阴癖患者失去动力，没有再露阴的冲动，这样既保护了女性受害者，同时还有利于露阴癖者走出心理的阴影，走向正常人的生活，这也是很有可能的事。

如果遭遇露阴癖者，产生了心理阴影怎么办呢？其实消除这种阴影也不难，只要多看看书，多学习一些别人如何应对这样的情况的妙招，多增加自己在性方面的知识，在遇到露阴癖者时也不必惊慌，应该镇定自若地应对，把这件事当成是生活中的一段插曲而已，这样心理的阴影和恐惧感也会较快的消失。当你可以做到这样的坦然面对，那些无聊地露阴癖者也会自讨没趣地离开。

还有这么一种说法，就是当说遇到露阴癖者时，最好不要尖叫，因为这样会使露阴者心理上产生快感。其实这种说法是要在特定的情况下才会发生的，就是周围比较空旷、完全没有人，只有露阴癖者和受害者两个人的情况下才可能发生。如果是在人群密集的地方，只要受害者大声尖叫时，露阴癖者也会惊慌失措的，这个时候他会迅速地离开现场，因为他的心里更害怕自己的行为被其他人看见，这样他会感到羞愧。所以在公共场合下如果受害者大声地尖叫可以破坏露阴癖者的心理需求，还可以使他出现暂时性阳痿。

那有男性的露阴癖者，有没有女性的露阴癖者呢？这个情况是极少的（可以说是没有的），而且男性通常对这种行为没有特别的反应，在这里就不过多地阐述了。

露阴癖的种类

其实“露阴癖”者也不同的阶段的，我们大致把它们分为 5 个阶段，不同的阶段露阴癖者都有不同的表现。

第一种也是程度最轻的阶段，就是满足于当自己暴露的时候可以看到女性即可，并不需要女性看见他的行为或者给出相应的反应，这种属于意淫，也就是典型的视觉淫，比如露阴癖者在小便时正好看见门外有女性经过，他就可以一边盯着女性看一边手淫了。

第二阶段的情况是希望女性可以看到他的行为，但不希望自己的脸被女性看到，比如对着行驶中的汽车暴露，希望女性乘客看见自己的行为，但他会用上衣盖住自己的头部，这种情况也属初级阶段。

第三种情况是露阴癖者会选择黄昏或者晚上这种光线比较暗的时间，在人烟比较稀少的地方，比如在墙角、门洞、胡同等地方对路过的女性暴露自己的阴部，当然他也不要求这位女性对此有什么激烈反应，只求对方可以看见自己他就很满足了，这属于中级阶段。

第四种情况是露阴癖者会选择在人烟较少的时间，比如中午时分或晚上，在小路的角落里注视着看有没有女性经过，当有女性经过时就突然走出来或跳出来到女性面前，暴露自己的性器官并且摆弄它，当女性做出惊慌、厌恶等激烈反应时，他就得到了性满足，此种露阴癖是属于高级阶段。

最后一个情况就是最猖狂的阶段了，露阴癖者会选择人群密集的公共场合实施自己的暴露行为，甚至用自己的性器官去接触女性身体，通常是接触女性的胳膊、手或者臀部等部位居多。

但有一点需要提醒各位女性朋友的是，当你遇到“露阴癖”者，无论他做出哪个阶段的行为，你都只需要用两种相对合适的办法去应对他，一种是大声尖叫，再一种是淡定地走开，尽量不要与他对话，也不要试图去打击或者刺激他，首先这样也没有必要，其次“露阴癖”者的自尊心很强，如果你说他的性器官小或者讽刺挖苦时，他的情绪就很容易失控，当他的情绪受到严重的刺激时会做出更多意想不到的行为来，也会造成你不必要的麻烦。特别是在人少的地方，女性朋友千万不要选择这样的方式应对露阴癖者，这样做对自己是弊大于利的，可能受到更大的伤害。

治疗方法

在现实生活中，我们常常把有“露阴癖”与“恋物癖”的人当成流氓，其实他们只是在心理上有些不正常。当他们在特定的环境下满足了自己的需求之后，他们就会恢复正常人的状态，而且他们也不会对着专一的目标实施自己的行为，他们的目标往往是随机的，当事后恢复正常时，他在人际交往、工作学习都与正常人一样。大部分露阴癖者都有清楚的意识，所以他们事后也会很恼火自己做过的行为，特别是受到打击或者被当成“流氓”抓起来时他们会羞愧难当。可是他们每当有露阴冲动时又无法控制自己，理智经常被冲动打败，又会去实施露阴行动。

林邵男虽说是理科班出身，但生得一个好相貌，写得一手好文章，自小学习成绩优异不说，还年年搬回一大堆奖状，自学校毕业以来，工作也小有成就，优秀的邵男可一直都是林妈妈的骄傲，这林妈妈逢人便夸她这优秀的宝贝儿子。

但是近来，林妈妈开始着急了，男大当婚，女大当嫁，这儿子论相貌、论品行，那是没话说，可这年纪也越来越大了，别说是带个姑娘回来，就连女朋友似乎也不见他交过，这可把林妈妈急坏了。

“这样可不行呀，我可得问个究竟。”林妈妈心想着。

忍了许久，林妈妈总算开口了。起初，林妈妈问起来，邵男总是支支吾吾地找借口搪塞林妈妈。直到后来，邵男虽然羞涩、难以启齿，但他终于跟妈妈说出了实情。

从儿子邵男的口中林妈妈才知道：原来自己的儿子是患上了“露阴癖”，他没办法交女朋友，因为他时常喜欢在一些场合通过暴露自己的生殖器来证明自己。听完儿子邵男的一席话，林妈妈突然痛哭流涕，悔不当初一心想着工作，觉得儿子乖巧懂事就疏忽了对孩子的管教。

邵男对林妈妈说道，在大学期间的一个晚上，他独自在离学校比较远的一个公园里散心，当他看到一个年纪比自己小一些的漂亮女孩，扎着马尾辫，上身穿一件蝙蝠衫，下身穿一条牛仔超短裙朝他走过来时，他便浑身躁动难耐，无法控制自己，一心想对漂亮女孩暴露自己，当他成功向女孩暴露自己的下体之后，他似乎迷恋上了这种感觉。在以后的日子里，他但凡见到漂亮清纯的女孩总会有暴露自己的欲望。他说，他每次在暴露自己之后都会觉得很痛苦，很后悔自己的行为，但他又总是控制不住自己，邵男像受伤的孩子一样，孱弱地向妈妈哭诉着，他不能像正常人一样去交女朋友，自从他有了这样的行为之后，他就很害怕接触到女性朋友。

林妈妈听完儿子痛苦的哭诉之后，也顿然明白了儿子的难处。林妈妈并没有去责怪自己的孩子，她只恨自己在和丈夫离异之后，就一心只顾工作，而疏忽了对孩子的照顾。然而，责怪是没有任何作用的，林妈妈想，一定要把儿子的病治好，要让儿子过正常人的生活。于是，林妈妈便开始在网上搜索关于“露阴癖”的相关资料，并为儿子寻找治疗方法。林妈妈知道这是心理疾病，得从心理上进行疏导，林妈妈便带着邵男去看心理医生……

一般来讲，露阴癖是可以通过治疗来改善的，但整体的治疗效果是要与患者病史和发作的次数挂钩的，第一次发作马上被发现并进行治疗，就会有明显的效果；但发作的次数越多就越难治疗。从目前对于露阴癖患者的治疗效果上看，心理治疗效果是最好的。

我们先讲一个动物的故事，了解一下条件反射。这也对之后我们要介绍的治疗方法有个引入。这个故事就是巴普洛夫的狗和他的条件反射原理。

什么是无条件反射?

无条件反射从定义上讲就是，动物、人在出生后不需要通过学习的、与生俱来的，可以对一些固定刺激做出相应的反应，这种行为也称之为本能!

比如我们小时候就学过的应随反应，就是一群小鸭子出生后睁开眼睛看到的第一个身影，它们就会认为这个是自己的妈妈，会跟随着妈妈的行动，鸭妈妈走到哪里就跟到哪里。如果鸭子睁开眼睛第一眼看见的是狗、兔子的话，它们也会认为那个就是自己的妈妈，可能它们的生活习惯从此就跟随了其他动物了。

人类也有很多无条件反射的例子，比如当我们看到酸梅就要情不自禁地流口水，看到有东西飞到自己面前时就会下意识地去打等。

接下来讲的是条件反射。顾名思义，条件反射是后天获得的经学习才会的反射，是后天学习、积累经验的反射活动。我们前面讲过的巴普洛夫的狗和条件反射的实验就说明了条件反射的原理。

其实人类要做出条件反射的行为要比其他动物困难很多，也要高级很多，但我们还是可以通过条件反射的方法来对有露阴癖的人进行治疗和矫正，首先就是要矫正问题行为——裸露。我们可以采取以下两种方法：

1. 厌恶疗法

想办法让露阴癖者想象自己的露阴行为，然后在这个时候用一些方法刺激他，比如用橡皮圈或者电流等方法刺激他的皮肤、手腕甚至是生殖器官，又或者在他的肌肉里注射一些催吐药让他呕吐。这样做的目的只有一个，就是让他以后想要或者做出露阴行为的时候，都会不断地遭到这些难受的打击。经过一段时间，他的露阴行为就会和这些打击过后形成的厌恶情绪之间有一个条件反射。以后每当他有裸露的想法就会产生这种厌恶感，并且内心十分难受，由于人类天生就懂得逃避痛苦的本能，所以没有一个人明明觉得这是一个痛苦的行为还会去做的，所以只要露阴癖者对露阴行为产生厌恶，他们的行为也很快会被“瓦解”了，从此改变以往的做法，做与大部分人一样的行为了。

2. 认知领悟疗法

引导露阴癖者回忆起自己儿时有关的生活经历，从中找出他产生这种癖好的根本原因。然后要深入浅出地与之分析，认识露阴癖这个行为产生的机理以及会有什么危害，使露阴癖者可以感受到自己的行为是由于自己儿时的性游戏行为的再现，可能是儿时与同性小伙伴或者异性互相玩弄性器官、在成人面前裸体炫耀自己的性器官、看过异性成人洗澡或者大小便等取乐行为的性经历，可能这些情节已经忘记，但潜意识中并没有消去这些记忆。到了成年之后长期的性压抑或者在性方面有过重大的精神创伤，抑或者是因为性格内向拘束，无法通过正常的方法宣泄自己的性需要和烦恼，便会情不自禁地用自己儿时所了解的方法来解决和宣泄心中的烦恼。其实这个原因也是露阴癖者会做出裸露行为的主要原因之一。有一些露阴癖者是因为儿时的性心理一直影响着自己，尽管人已经成年，但性心理一直没有成熟，即幼年式的性活动一直持续到成年。这样的情况下就应该让露阴癖者认识到自己的这种行为是幼稚的，并且是不可取的。通过有效地咨询谈话，使露阴癖者认识到，正常的、成熟的性行为是应该以两性的性器官通过正常的性爱生活来满足双方的性心理的。其实对待那些有幼稚性性心理的露阴癖者是应该引导他们，使他的性心理成熟起来，从而矫正其不良的性心理，改变这种露阴癖行为。

其实从矫正露阴癖者的过程中，我们可以发现更多的问题，就是对青少年的性教育问题，目前我国在这方面的教育还是很缺乏的，如果能正确地引导和教育青少年关于性的知识，培养他们科学的性观念和健全的人格是有效治疗和预防露阴行为的好方法。

网络上的“异态露阴癖”

现在科技越来越发达了，互联网也随之被普及，人们通过互联网了解未知的世界的同时，也通过互联网认识各种各样未曾蒙面的朋友，和那些素未谋面的人谈天说地，谈人生、谈感情。然而，也有这么一类人，他们借助着互联网的虚拟性来释放自己，释放自己的性压抑，公开出现裸聊、露阴等现象，他们通过裸露自己来换得满足感。有一些人还公开在网络上露出自己的生殖器官，以自豪地向对方展示自己为乐，这种病态的变异现象就是我们所说的异态露阴癖。

互联网作为一个网络平台，似乎也成了那些异态露阴癖者猖狂作案的平台。这样的案例在我们的周边也在频频发生。

蔡天是某大学大三年级的学生，平时不爱上课，大学三年以来似乎也没去上过几次课，总是留守在宿舍里打游戏，聊QQ。一次在聊QQ的时候，他与一个网名叫“琦琦美”的女孩甚为聊得来，两个人聊了一段时间之后，便开始熟悉起来，每天谈天说地，似乎无话不说。两个都是性格比较开放的人，有时聊天还会以一些“黄色”话题作为调侃。

这天，蔡天又自觉给自己放假不去上课了，刚好“琦琦美”也在线，蔡天便兴奋地Q她，两人从早上一直聊到下午，和蔡天同宿舍的同学都上课回来，吃过饭又去上课了，蔡天和这“琦琦美”还缠绵不止。两人越说越投机，特别是这蔡天似乎越聊越兴奋，竟以一些淫秽的话语来调侃“琦琦美”，还欲向“琦琦美”展示自己的生殖器官。这“琦琦美”虽性格开朗、思想开放，但毕竟是女孩子，总归是被这胆大的蔡天给吓到了，从那天以后，任凭蔡天再怎么唤她，她再也不敢与这蔡天联系。

像蔡天这样通过网络调侃女孩子、暴露自己的行为就属于异态露阴癖。露阴癖者胆小、羞涩，若是在现实生活中露阴，他们总会害怕被别人辱骂，而采取这样的方式，通过虚拟的网络来暴露自己，他们就可以减少一些露阴的压力。

还有这么一类人群，他们似乎毫无羞耻感，抛开了自己的隐私，在网络上和那些从不曾认识的人大谈特谈自己的性史，谈自己的性生活，把自己不被别人所知的隐私统统暴露出来，统统显示出来，并以此而感到自豪。

其实，无论是那些生活在真实世界、现实世界中的露阴癖患者，还是那一类把自己淹没在虚拟的网络世界中的露阴癖患者，在他们的内心里，他们都是自卑的，是对自己没有信心的。他们自认为寻得了一个恰到好处的环境，找到了一种适当的方式来释放自己、宣泄自己。实则不然，他们的行为不但使自己受到了伤害，还让那些无辜的人也在心理上留下了很深的阴影。

关于露阴癖的一些问题

(1) 我们一般看到的“露阴癖”者都是男性，那么女性有没有“露阴癖”的行为呢？答案是：从各种记录上看基本没有看见女性有这样的行为，因为女性受我们的传统思想和社会道德的约束，从各个方面都不允许直白地表达自己对性的满足，所以基本没有发生女性在大街上露阴的事。

(2) 也有人这么问过，露阴癖者一旦结婚了，会不会改掉自己的这种嗜好呢？答案——不会，因为露阴癖者获得性满足的点是以暴露出自己的性器官使得异性情绪紧张、恐慌。而夫妻之间的性爱一般不会有这样的情况出现，所以露阴癖者选择暴露的目标都是一些陌生的异性，而不是自己认识的人。从另一个角度讲，通称得上“癖好”的本身就是一个执着性的习惯，中国有个成语叫积习难改正好就说明这个问题。

(3) 一直以来，人们习惯把“露阴癖”者定义为变态狂，所以他们所做的行为也常常披上了神秘的面纱。其实，露阴癖者在正常的生活中也是普通人，只是有个别人没有的习惯而已。好比有人有吸烟的习惯，而有的没有。他们的智力和状态都是正常的，很难从外表判断这个人是不是一个露阴癖者，他们也不一定是恶人，在现实生活中他还可以是一个好人。可能是一个高尚的模范，也许是个出色的工人，也许是个老实巴交的农民，或者是有名的政界的人物。总之，他们是生存在这个社会里面的一员，不是异类，也不是怪兽。

(4) 要说与正常的人有什么区别的话，那应该是他们与异性交往时有障碍，甚至根本无法和异性交流。他们在日常生活中是孤独寂寞的，大多时候还是一本正经的人，但这种人其实是有很强的自卑心理的。他们绝对不可能是一个常常有女人相伴的花花公子。尽管一个“露阴癖”者有这些性格特征，但你千万不能认为带有这样性格的人都是“露阴癖”者。

(5) 有的人还有这样的感觉，是不是“露阴癖”者是性无能，他才需要采取这样的行动呢？其实这种想法是错误的，“露阴癖”者肯定是有正常的性欲的，甚至是比一般人都性欲强，只是他比较没有自信而已。记住一点，性无能是不太可能去露阴的，这个是基本的常识了。

(6) 如果让“露阴癖”者继续下去，会有什么结果呢？其实还是告诫有这种行为的人，可以克服还是尽快去克服，可以找心理医生或者找到别的兴趣爱好，分散自己对这方面的注意力。因为有研究表明，如果“露阴”行为不矫正的话，会使得“露阴

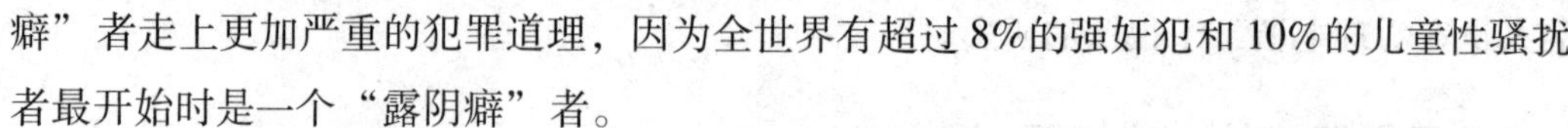

癖”者走上更加严重的犯罪道理，因为全世界有超过8%的强奸犯和10%的儿童性骚扰者最开始时是一个“露阴癖”者。

（7）当然“露阴癖”者是没有特定的年龄界限的，露阴行为出现的高峰年龄会集中在20、30岁出头的时候，因为这是性欲最强烈又无法很好去发泄的年龄。或者是已经结婚，但一般却未能同他们自己的妻子建立起满意的性关系。

露阴者如何走出心理阴影

露阴癖者走上露阴道路的原因是各有不同的，或者是受到小时候成长环境的影响，或者是后天长时期的性压抑，得不到释放而导致的。其实，对于露阴癖患者来说，他们时常是为自己的行为感到耻辱的，每每会在作案之后而悔过自己，他们的心理有着自己的烦恼，有着很深的阴影，他们也极其渴望像一个正常人一样的生活，他们也不愿去骚扰别人，不愿在别人面前暴露自己，但是他们又总是控制不住自己。

王叔他们的厂子里有一个年轻帅气的伙子——舒康，人老实不说，做事还勤快，踏实，学东西快，家庭条件谈不上富裕，至少也是一小康水平，但是遗憾的是，他天生带有一点残疾，走起路来不太匀称，总是一瘸一拐的。

经别人介绍，也算是有所归宿，找了个美得像“花瓶”似的漂亮媳妇。这漂亮媳妇是乡下来的姑娘，叫作红玲，在城市里打工也几年有余了，人真如其名，长得水灵不说，还生得一副好身材。舒康自从第一次见到红玲，就像着了魔一样痴迷上这水灵的姑娘了。而红玲起初并没有因为舒康的残疾而显示出半点的嫌弃，相反，她对舒康也是照顾有加，两人便很快成了婚。

婚后，两人生活幸福，红玲除了上班时间以外极少外出，每天下班回到家中，就去菜市场买回来菜，为舒康做好丰盛的饭菜。舒康也甚感幸福，认为自己找了红玲真是好命。然而，这对被大家都看好的幸福夫妻却在不久之后发生了变化，两人结婚一年多后，红玲不再每天下班回家给舒康做饭，她的生活开始变得多姿多彩起来，不止是在假期外出，还每天下班和所谓的朋友去蹦迪、K歌，这红玲突如其来的变化让舒康似乎有些措手不及。红玲也渐渐地学会了攀比，她自己的工资已经不再能满足她的花费，她开始用之前舒康存下来的钱，每天花钱大手大脚不说，还开始买各种各样的奢侈品。

家里的存款陆续花完了，舒康的工资也不能再支付家庭的开销了，所以，舒康不再纵容红玲，不再为她的花销买单。然而，红玲并没有因此而有所节制，反而愈演愈烈，她甚至开始在每次和舒康过完性生活之后，借口给舒康要“服务费”。舒康本不想纵容这个女人，可是，他本来就爱护她有佳，每次面对她的无理要求时，舒康又总是觉得没办法拒绝。舒康的一再纵容，使得红玲更加的放肆，她许久不回一次家，也不再和舒康过性生活。老实的舒康只得忍耐着，压抑着自己的欲望。

舒康永远都会记得那天晚上，那天他喝了一些酒，但仍然清醒着，他独自在回家的路上走着。路过一条偏僻的街道时，舒康顿时眼睛一亮，看到了旁边走过去的一个穿着时髦、性感的女子，他顿时觉得全身躁动难耐，血管都要炸开一般，他速速追上去，走到女子前面，还没等这个时髦的女子反应过来，舒康顿时向她露出了自己的生殖器官。舒康也因此而感到许久未有过的满足感。

从那次之后，舒康开始不断地在陌生女子面前暴露自己，并以此为快。舒康作案的地点大多是在工厂到回家的路上，于是，舒康的行为便很快在厂子里传开了。同事们不再尊敬这个从前老实能干的小伙子。反而开始鄙视、厌恶他。舒康觉得很痛苦，生活得很压抑。

舒康的生活开始变得糟糕起来，在同事鄙夷的眼神里，他不再专心工作，开始自暴自弃，嫌弃、厌恶自己。就在这个时候，原本和舒康是大学同学的雪儿，她没有像其他同事一样嫌弃舒康，反而开始走进他的生活，帮舒康洗衣服，细心、耐心地照顾舒康。

陷入如此糟糕境地的舒康对雪儿的举动很是感动。雪儿知道舒康最为自卑的是他的心理疾病，他的“露阴癖症”。雪儿没有嫌弃舒康，也没有因为舒康的露阴癖而害怕，恐惧他。聪明的雪儿开始想帮助这个可怜的男子，她开始查阅各种书籍，到网络上搜索有关“露阴癖”的资料，还陪同舒康一起去看心理医生。

在雪儿细心的照顾下，加之长时间的心理治疗，舒康的病情开始好转起来。在雪儿的鼓励下，舒康似乎脱胎换骨，他不再自闭，而是勇敢地面对生活。他和红玲离婚之后，便和善良的雪儿在一起了，两人坠入爱河，并很快领了结婚证。

日复一日，年复一年，在雪儿的细微照顾下，舒康的心情渐好，可谓是神清气爽。舒康也告别了露阴癖，恢复了正常人的生活。舒康感谢这个善良的女子，她不但帮助他走出了心理的阴影，还给了他幸福温暖的家庭。

所以，其实露阴癖者的行为大多是出于受过伤之后心理自闭而造成的失控行为。他们的内心是非常痛苦，迫切渴望被关爱、被照顾的，因此，在面对露阴癖患者时，我们不能只是一味地鄙夷，而更多的应该是给以其关爱、呵护，那么，每一个露阴癖患者都会慢慢地好起来，慢慢地像正常人一样生活。

十二、自闭症

自闭症：孤独世界里的“孤独者”

小海是程老师班里的学生，程老师第一次看到这个小孩的时候特别喜欢他，因为小海长了一双乌黑的大眼睛、长长的睫毛、小小的嘴巴，程老师觉得小海是班里最漂亮的男孩子了。可是经过慢慢地接触，有了一些互动和交流之后，却发现他与其他同龄小孩有很大不同。

每天早上小朋友们的爸爸妈妈送他们到幼儿园，临走时都会和爸爸妈妈挥挥手说“再见”，老师迎接他们进入班里的时候，与其他小朋友打招呼，他们都会笑笑地说“老师好”。可是，和小海打招呼，他没有目光对视，仿佛说话的对象不是他，只是淡淡地扭着头不理不顾。程老师起初觉得是小海害羞，怕和生人接触，也就没多在意，希望能在接下来的相处中慢慢改善他的害羞，加强他和其他小朋友的交流。可是，程老师发现，别人和小海说话，他都置若罔闻，不做任何语言回应。其他小朋友想和他亲近，拉他的手，伸手要抱他，他却调头跑开。

小海上课的时候从没有安安静静地坐下来听讲，会不停地在座位上左右摇晃，嘴里还不时发出一些怪异的声音。做课外游戏的时候，他不喜欢和其他小朋友一起，对同学们一起玩的游戏不感兴趣，总是一个人独处，站在墙角，或者蹲下来不知道在看什么。吃饭的时候，小海总是喜欢先把鼻子凑上去闻一闻，再决定是否要吃，不吃蔬菜，只喜欢吃糖果和一些零食，饮食固定单调。每天放学的时候，他一定会自己整理好书包，换好鞋子、穿好外套，等待放学。如果临时有变化，就会不安，不停地要收或怪叫。当他的需求没有得到满足时，便会敲打自己的牙齿或撞头或是推倒身边的同学等自伤或者攻击性行为。

最初，程老师只是觉得小海刚到一个新的环境中不太适应，误以为小海只是脾气暴躁。可是经过一段时间的观察和努力，程老师还是把小海的父母叫到了学校进行了深入谈话，因为程老师怀疑小海得了“自闭症”。通过跟小海父母的沟通，程老师了解到，小海确实得了自闭症。

家人在小海3岁的时候发现了小海的“与众不同”，因为小海不像其他家的孩子那样，会在父母身边撒娇，他不喜欢和爸爸妈妈以及家人亲近，叫他、跟他对话，都得不到目光接触，原来会说的语言和词汇渐渐变得很少说出来，就像老师观察到的那样，

小海吃饭时要先闻一闻饭菜，才决定要不要吃，并且出现了越来越多的刻板行为。小海父母带着小海去医院做检查，得出的结论是“自闭症”。家人一开始不相信，辗转几家医院都是一样的结果，小海父母只能接受这样的现实了，可是他们不希望小海是在特殊学校里得到特殊的对待，因为那样意味着小海或许没有康复的希望了，他们一边参加自闭症的康复医院治疗，也和医生商量着希望小海能在正常的学校里按照正常的孩子那样成长，所以在幼儿园入学的时候小海父母对幼儿园的老师撒了谎。

自闭症的症状

自闭症，又称孤独症或孤独行障碍等，是由美国儿童精神医学家卡勒在临床上发现的。他们的患病特征表现为：严重缺乏与他人的情感接触；行为怪异；缄默，语言表达障碍；重复性的、仪式性的行为；视觉记忆和机械记忆能力强，相反，在其他方面学习困难。卡勒将之命名为“早期的幼儿自闭症”。卡勒医生最初报道这类病例的时候是把他们划分到儿童精神分裂症的一个亚型中的，也并未得到相关研究人员的重视。1943 年到 1944 年，卡勒和奥地利维也纳大学儿科教授阿斯贝格相继发表了儿童“自闭性障碍”的论文。但是在 20 世纪 40~60 年代，又有人不断报道出和卡勒报道的相似的病例，并以不同的名称来命名，但是当时仍旧是把此类症状分类到“儿童分裂反应”。

典型自闭症的症状，早期最主要表现在不能与别人交往和建立正常的社会关系。自闭症儿童沉浸在自己的世界中，不能像正常小孩那样运用语言、表情、动作和他人进行交流。在最开始的时候很多家长会误以为自己的小孩是内向，因为有的小孩在一两岁的时候看起来和其他小孩并无两样，在 3 岁左右才发现有明显差别。在婴幼儿时期表现为，小孩不会对亲人微笑，喂奶的时候患者不会将身体贴近大人；大人伸手去抱小孩的时候，小孩没有迎接姿势，没有目光接触。再长大一点，对父母没有依恋感，如同陌生人，但与陌生人相处却不会感到畏缩，但不会与他人进行眼神凝视；很少与小朋友玩耍，常常会做出一些激烈的行为，严重影响其社交活动；语言发育迟缓，通常自闭症儿童表现得很沉默，而且对语言的理解能力很低，稍微复杂一点的句子就无法理解；缺乏想象力，做不到像正常小孩那样去玩具、去“造房子”“过家家”等。由于缺乏想象力，自闭症儿童通常会坚持重复游戏模式，重复一些相同的动作和生活方式，比如穿衣顺序要相同，某些物品的摆放位置一定要不变，一旦变化就会对他们产生强烈刺激，便会大吵大闹。这些症状也主要表现为强迫性行为，对周围环境的任何变化都会表示反感和不安，家里的家具变换位置或者重新摆放了新的装饰品，都能引起他们的强烈反应。

自闭症是天生的

30 年前国际上研究自闭症的专家认为，自闭症儿童的出现是他们的父母养育不当造成的，会把责任归咎于父母对孩子关爱的缺失和照顾不周，比如父母双方工作太忙无法照料孩子；或者是父母高智商却造成了遗传变异等原因。父母在小孩疾病确诊后通常会陷入严重的自责中，但是现代医学研究表明，自闭症并非后天形成的，而是先天因素造成的。

造成自闭症的原因有很多，基本上可将成因归为五类：

（1）怀孕期间遭受病毒感染，比如怀孕期间感染脑炎或者风疹。

（2）胎儿时期神经系统发育失常。

（3）生理因素，生产时宫内窒息、中毒或感染等。

（4）遗传，若家庭中有自闭症儿童，则其他兄弟姐妹罹患自闭症的概率为 2%~3%。

（5）环境因素，自闭症儿童的父母大多是知识水平很高的人，却在人际关系方面偏冷漠、家庭气氛不和谐的条件下长大的小孩会在人际交往中造成障碍。

总之，自闭症的成因有很多种因素。这些因素阻碍儿童脑部正常发展，并非自闭症儿童本身所能避免。社会大众应该给予他们更多关怀与体谅，帮助他们学习，不要用智力测验评定他们的能力。

梅梅是一个典型的自闭症患者，本该是无忧无虑在幼儿园玩耍、学习的年龄，梅梅却无法享受到正常同龄孩子应有的快乐童年。

妈妈发现在梅梅 2 岁的时候还不会说话，多动，注意力不集中，不听指令，不和其他的小朋友玩耍。起初妈妈只是以为她说话晚，比其他孩子调皮而已，心里想着等梅梅上了幼儿园，多和其他小朋友相处后说不定情况会改善。梅梅 3 岁上幼儿园，不到一周的时间，幼儿园的老师告诉梅梅的妈妈说孩子不对劲，从来不和小朋友一起做游戏，只是一个人蜷缩在角落干自己喜欢的事情，对老师说的话置若罔闻，不会用语言或者动作表达自己的需要，喜欢大喊大叫，这让学校的老师也很头疼。

经过一段时间后，幼儿园的老师提醒妈妈应该带孩子去医院看看。听到老师的话，梅梅的妈妈才慌了神，孩子真的有问题吗？孩子没得过大病，感冒都很少，这样健康的孩子怎么会有问题呢？带着心中的困惑，妈妈带着梅梅走遍了全国各大知名医院，得到的是同样的诊断：自闭症。医生告诉梅梅妈，这种疾病目前还没有很好的治疗方法，这样的孩子很可能不能上学、不能工作，终生不能离开别人的照顾而独立生活。

听了医生的话，梅梅妈妈有些回不过神来，一家三口一直走在幸福的大道上，现在突然前路堵死了。

在那段日子里，梅梅妈妈一直以泪洗面，觉得自己走进了人生的死胡同，任凭怎样找路都寻不到出路。难道孩子的一生就真的这样完了吗？梅梅妈妈不停地寻找各种有关治疗自闭症的信息，甚至连报纸的小广告都没有放过。“有时候明知道是假的，但还是抱着试试看的心理去给孩子做尝试，为此我们上过当受过骗。其实，我们内心还是期盼有奇迹出现，有一丝曙光可以升起。”虽然经历了无数的辛酸，流了无数的泪水，可是梅梅妈妈心中仍旧是充满希望的。

有一天，她了解到有专门的自闭症康复中心，梅梅妈妈参加了康复中心的培训活动。家长在把小孩送到康复中心做培训的时候，家长也要同时参加培训，毕竟小孩子不能一辈子都待在那里，更多的训练和培养需要家长自己完成。梅梅妈妈看了很多案例，也和众多自闭症儿童家长进行交流，获取培训经验，看到有不少患儿经过培训中心和家长的耐心培养后，情况慢慢好转起来，梅梅妈妈心中的希望重新被点燃了。

经过一段时间，梅梅对他人的亲密举动不再产生抗拒，梅梅在试着接受别人的拥抱和安抚，不像从前那样每次别人想要抱她，都被她粗鲁地推开。更让人兴奋的是，从前无论怎么叫梅梅，她都不会对自己的名字产生任何反应，但是现在叫一叫她，她就会扭头给一个眼神。经过一段时间的专业培训，梅梅会拉着妈妈去洗手间，示意要小便，妈妈简直不敢相信，孩子从来没有用语言或者行动来明确表达过自己的想法，家长只能用猜的，猜不中她的心思，她就会用哭闹或者大喊大叫来发泄自己的不满情绪。幸福不曾走远，上天眷顾每一个努力的人，梅梅妈没有放弃，不懈的坚持终于得到了回报。

每一个孩子都是天使，上天在让他们降临人间时都赋予了他们不同的符号，于是人和人之间会有各种各样的不同，不管生命是我们常规认为的健康的也好，非正常的也罢，总之，每个生命都应该有享受快乐、幸福的权利。

记忆超群的儿童

在卡勒医生的病例中，有这样一个男孩，他叫托勒尔。托勒尔出生于1933年9月8日，满月分娩，出生时体重约7磅。从出生后一直用母乳喂养到8个月大，在3个月大的时候他的父母就适当地加上了人工食物喂养，可是他们发现托勒尔的饮食并不正常，常常出现食欲不振的情况。一般小孩在2岁的时候会对糖果和冰淇淋特别感兴趣，可是托勒尔却对它们并不感冒。托勒尔和其他正常小孩一样，出牙，学走路，咿咿呀呀学说话。

父母发现托勒尔喜欢一个人待着，小孩子小时候是很粘人的，表现在对母亲或者父亲的依赖，但是托勒尔不会在意母亲的离开，不哭不闹，父亲下班回家时他也不会察觉，但是其他的小孩子在父母下班回家的时候都会奔跑着钻进父母怀里。家里有其他人到访的时候，他也没有反应，视线不会移向其他人。圣诞节时，街上的圣诞树都无法引起他的兴趣。他经常处于独处的状态，即使去拥抱和爱抚他，他也不会做出回应，他好像活在自己的世界中，对周围所有的人都不感兴趣。

托勒尔热衷于玩积木、锅以及家中所有圆形的物体，他最高兴的事情就是看到这些物体旋转，他的眼睛特别容易对旋转着的东西感兴趣。随着年龄的增加，托勒尔开始出现左右摇动脑袋的症状，如果看到旋转的东西，会高兴地在地上打滚。

3 岁的时候，托勒尔有固定的刻板语言形式，喜欢固定使用几个词。他不能使用人称代词，无论什么场合都喜欢说“You”；如果教他学习一个物品的名称，比如杯子，他会有强迫的推理行为，会一个接一个地说：“白杯、黑杯、红杯、牛奶杯、火杯……”把所有事物后面都加一个“杯”字。托勒尔的动作刻板、机械、强迫且重复，比如摆放积木时哪一面朝上，下次一定要这样做；纽扣要从中间一颗扣起；午睡的时候会说“呼”，一定要让母亲回应“咚”之后他才能安睡。

托勒尔的父母还是带着他到了心理门诊去做治疗，托勒尔的父亲为了配合治疗要向医生定期汇报托勒尔的情况。在 1939 年 5 月，托勒尔再次接受心理门诊，他的注意力和集中力有所改进，与周围人的接触状况具有某种程度的改善，对人、对事会做出反应，比如表扬他的时候能感受他发出的喜悦情绪。他也能遵守一些规则，但仍然存在着一些强迫性的动作，会不断地说“12，12，12……”

但是在托勒尔 1 岁的时候，他的父母发现托勒尔是个异常聪慧的孩子，因为 1 岁的他能准确地跟着各种宗教音乐的节奏哼唱。他能把住在附近街上的邻居们与他们居住的门牌号一一对应。托勒尔的父母非常兴奋，觉得托勒尔是个记忆超群的小孩，他们鼓励托勒尔背诵短诗，他能背诵圣经中的赞美诗到 23 首，能对 25 条长老教义的教理对答如流。2 岁后对美国《科学百科词典》中的图片几乎都能记住，他还能记清楚历代美国总统的照片。26 个英文字母顺序倒背如流。2 岁便能从 1 数到 100。这对托勒尔的父母来说是个莫大惊喜地发现，就是说，托勒尔是个记忆超群的天才。

还有一个自闭症儿童，智商测验的成绩非常糟糕，不能进行独立的生活，但是他的钢琴演奏水平达到成人职业钢琴师的水准。他也有超人的记忆力，熟知许多古典音乐，只要他听过一遍的曲子，都会熟记不忘。

电影《雨人》拍摄于 1988 年，就是以天才自闭症患者作为题材拍摄的，电影刻画了一个人到中年的自闭症患者，他在心算和暗记方面有超凡的能力。电影中他还凭借着超人的记忆力去赌场赚了一笔钱。这部影片获得了 4 项奥斯大奖，引起了医学界对天才白痴类型患者的注意。他们记忆超群，曾发现一名自闭症患者在听完一首曲子后可以立刻用钢琴演奏出来；有的自闭症患者可以在一分钟内靠心算算出 70 年有多少秒；也有自闭症患者只要翻一遍电话簿，就可以把所记的电话号码和对应的姓名背出来。

自闭症儿童的智力水平

在人们之前对自闭症的研究中，认为自闭症儿童的智力都是正常的，只是存在严重的人际关系障碍问题，他们的记忆力都很好。但是现在人们发现，自闭症儿童中 60%的智力在人类智力平均水平以下，另外的 20%自闭症儿童是在正常范围之内；还有 20%自闭症儿童智力超群，他们是阿斯伯格症候群。自闭症儿童分为低功能及高功能，低功能自闭症患者的学习能力差，高功能患者能与人互动，学习能力较好。少部分高功能自闭症儿童甚至具备惊人记忆力，比如故事书看一遍就可以背诵；出去看到的风景，回家后可以完整画出来。大体而言，自闭儿各项能力中以记忆力最好，而理解、抽象、推理能力差强人意。虽然有好的记忆力，但自闭症儿童却不擅于应用。比如识字、拼字能力很强，可是串联起来一段文字却很难理解；比如学校考试中默写字成绩 90 分，实际情境却不会使用适当的字汇说话。有一些自闭儿算数能力很好，可是同样的数学习题表达方式不同，结果可能不会做。比如数字算式会计算，若改成文字叙述就不一定会，专家认为是“用词问题”。

“天才白痴”

不少自闭症儿童会在某一领域具有杰出的本领，他们被称为“天才白痴”型自闭症儿童，但是他们的特殊天才，很少能够在他们今后的生活中或者职业生涯中得到发挥，这是因为他们的智商障碍严重影响了他们才能的发挥。也有很多自闭症儿童的特殊才能是没有被发现的。另一方面，一些特殊的才能在现实生活中是没有用的，比如能背出圆周率后面的 1000 位数字，比如告诉他今天几月几日他就能立刻回答出今天是星期几，我们得承认这是一种非常特殊的才能，可是这给他的学习和生活并没有带来什么帮助。

神经质表现

贝拉在8岁的时候被确诊为自闭症。贝拉是第一个孩子，正常分娩出生，贝拉的父亲是位骨科医生，母亲是位教师，两个人都非常有教养，除了贝拉，他们又生了一个男孩，这个男孩身心发育正常。

贝拉从出生很少吃母乳，在一个星期大的时候就用奶粉喂养，但是3个月大的时候就变得什么都不肯吃，需要用引流管流质喂食，一直喂到了1岁的时候，贝拉慢慢开始进食，但是让她吃东西是件非常困难的事儿。1岁前开始出现神经质现象，进食的时候会大哭，为了防止喉咙堵塞，所以用流质喂养。1岁半后情况有所好转，开始尝试吃新的东西。贝拉在心理门诊中没有表情，也没有感情交流的动作。她进入医院的时候伸出了左手，表示她来了；离开的时候伸出了右手，表示她要回去了。

贝拉的神经质还表现在她害怕针，看见针就会发出恐惧的尖叫，大声叫喊着"痛"！对心理测试不感兴趣，常常处于游离出神的状态，似乎他人的事情都与她不相干。贝拉常做的一个动作是吐舌头。

贝拉看到医生有一个水杯，就指着水杯说："这个杯子我们家也有。"过了一会儿贝拉又说："可以把这个杯子给我吗?"如果遭到拒绝，贝拉就会说："这不是我的杯子吗？我要去找妈妈。"在教她认识一周每天的名称时，她会不断地重复着说"星期一，星期一，星期一"。贝拉还对车轮非常感兴趣，在很长一段时间内贝拉对车轮的执着达到了痴迷的地步。据贝拉的父亲说，那时候贝拉反反复复说的两句话是"运货车有车轮""我看见车轮了"。贝拉的母亲说，贝拉对烟囱和摆动的物品也非常痴迷。

在贝拉10岁的时候医生发现她的自闭症病情改善不大，在贝拉成人后，她进入了一家州立医院做康复。后来医院的报告显示，贝拉接受发展障碍治疗的教育课程，她现在能倾听和服从命令，能够分辨不同的颜色，也能够知道时刻表怎么看。基本上，贝拉现在能做到自己照顾自己，但是很多动作需要得到指令后才能进行，不给她指令她还是不会主动去做。贝拉现在特别喜欢玩拼图，她玩起来十分专注，尤其喜欢自己一个人玩。贝拉学会了用熨斗熨衣服，她还是不能顺畅地用语言交流，在和他人交流的时候需要伴随肢体动作，但是她能够理解别人的话了。

心理化能力是人类独有的理论认知能力，简单来说，当一个人想要探寻自己活着别人在想什么的时候，就是心理化在进行的过程。比如人们在特定情况下会疑惑"我为什么要这么做""他怎么会这样呢"，这就是你在心理化了。心理化只是你自发的根据心理状态、渴望、信念和感觉等去解释行为，比如一个人开门时钥匙断了，你会觉得他进不了家门，肯定会很恼怒和沮丧。但是自闭症儿童的心理化能力非常弱，换句话说他们的心理化能力存在严重缺陷。

数学神童

布莱恩是个10岁的小男孩，在幼儿园老师的眼中是个性格暴躁的小霸王。布莱恩的性格固执，缺乏忍耐心，执着于自己的兴趣，睡眠时间少，不听大人的话，课堂上多动并且不能集中注意力，不喜欢和幼儿园其他小朋友相处。

布莱恩和家人之间也缺乏交流，他喜欢把人当作“物品”或者分为“数字”。他人不能改变他的生活习惯和秩序，不然他会无法忍受。他的视线凝固，不能理解别人的情感，当其他孩子哭泣时他却会笑出来，而且布莱恩的语言表述也有问题，他没有声调抑扬顿挫的变化，他的语调都是平的。

但是布莱恩从小就对数学产生了极大的兴趣，3岁的时候就能把100以下的数字进行各种加减乘除运算。7岁的时候他能脱口说出200以下数字的平方根。在生活中，布莱恩唯一关心的事情就是数学，在进入心理诊疗室治疗的时候，经过心理测试和专家的评估，他的数学技能已达到大学本科一年级的水平。7岁9个月的时候，布莱恩参加了测试，在韦氏智力测试中，智商总值是108，其中操作性智商100，语言性智商188，最低成绩的项目是“符合”，88分；最高成绩的项目是“积木构成”与“算数”，分数138。“粗大运动”的项目成绩非常低，连单脚跳两三下的动作都不能完成，“协调运动”的成绩相当于5岁的儿童，“形状记忆”项目的成绩是118，语言的记忆与图片类推成绩是125。

布莱恩的母亲是个实干家，有强迫症倾向，在怀孕期间坚持攻读学位，她也获得了心理咨询师的资格证。布莱恩的母亲为了布莱恩的成长付出了巨大的努力，但收效甚微，感到身心疲惫，最后布莱恩被送入一家高智能少年自闭症的特殊学校去学习。

自闭症儿童的机械记忆力比较出众。比如有的孩子对电话簿过目不忘，他们并不想去旅游，也不是对铁路感兴趣，但是他们能够记清楚每一个站名和每一个时刻。专家研究表明，机械记忆的能力是和意义记忆相对立的，一般人总是偏向于去记住有意义的东西，而不会去记无意义的机械性质的东西。自闭症儿童的机械记忆超群，相伴着就是意义记忆的严重缺陷。

自闭症是一种儿童发育障碍，以前是与智残归在一个范畴内的，现在我们知道这种归类是错误的。自闭症儿童可以通过受教育得到更好的发展，但是他们不能接受普通教育。自闭症儿童的教育需要在一些专业的特殊教育学校中进行，这些学校要根据不同儿童的病情和特征做针对性的教育，要对他们因材施教，运用个性化的方法。在一些矫治效果明显的案例中我们可以发现，许多自闭症儿童在正确的教育下得到了良好的发展，不少人取得了高等学历。但是这样的情况在自闭症儿童总数中占的比例还是很小，社会上这样的专业培训学校也很少，需要我们给予特别的关注和支持。

对自闭症儿童的教育最主要的一部分是教会他们自理生活。对于低能力的自闭症儿童，教育的目的是缓解自闭症状，从而能够参加社会工作，不仅能够做到生活自理，还能减轻家人的负担。目前为止的各项研究表明，自闭症患者如果能够早发现、早干预，可以得到比较好的恢复，但是在成年的时候仍旧会残留一些自闭的倾向。完全康复的自闭症患者也是有的，但是与正常人相比，他们的语言表达、微笑、幽默和爱情表现都不尽如人意。目前条件下的恢复，更多是在说自闭症的缓解和改善，在现代科学发展的程度下，自闭症的治疗是有一定界限的。

阿斯伯格综合征自闭历程

有一部讲述自闭症患者的电影是《自闭历程》，电影是根据坦普·葛兰汀真实经历改编的。坦普虽然自幼患有自闭症，却拥有亚利桑那州立大学畜牧科学硕士，并于1988年获得伊利诺大学的畜牧科学博士学位。她是当今少数的牲畜处理设备设计、建造专家之一。她在此专业领域中发表过上百篇学术论文，并经常性地巡回各地发表演说。她改写了社会对于有自闭症的观感，也让世人对患有自闭症的人刮目相看。

坦普4岁才开始说话，和幼儿园的小朋友玩不起来，动辄在地上哭闹打滚。她的妈妈是哈佛毕业的高才生，在坦普被医生诊断为“自闭症”的时候，几乎都绝望了。坦普上学后常被同学欺负，学不会代数，更学不会法语，但是坦普喜欢机械设计，对知识和科学有浓厚的兴趣，她发现自己有强大的视觉记忆，即过目不忘的能力。坦普研究了亲密接触和自闭症患者之间的思考模式，发明了世界知名的“拥抱机器”，一种用来舒缓她自身焦虑的加压设施，开创压力治疗的先河，惠及全世界自闭症患者。

坦普度过了人际危机严重的学生时代，在中学时期幸运地遇见了一位发现她天赋的好老师，这位老师一直帮助坦普的发展，对她不舍不弃，为她打开了科学之门，帮助坦普顺利进入大学。感谢那个一直对她照顾有加的姑姑，坦普也在姑姑的农场中发现了自己的爱好，因为她不喜欢和人相处，她不理解人们说的话，不太懂得人的情绪，在青少年的时候她总是害怕上学，害怕同学和老师，她总是无法和她们相处，她最讨厌聚会，因为在聚会中她学不会礼节性的客套，人们并不会注意她的讲话，尽管她兴高采烈地向他人讲述自己的专业，以为别人会像自己一样感兴趣，可是她的话没有人关心，于是她感到挫败和抑郁。

但是她喜欢动物，能懂得动物，所以选择了畜牧专业。她热心倡导动物福利与效能，向世间解说动物如何思考；她不但革新了迁移动物的机械装置，还大力提倡农牧场动物的生活品质改革与人道屠宰。事实上，她所涉及的装置护理了全美加地区一半的牛群。

或许对于坦普来说，自闭症仿佛是一种上天赐予的礼物，使她少于人际关系的羁绊，她拥有更多自己的时间和世界来完成自己的学术研究和设计工作。她说："我用画面思考，画面是我的第一语言，英语才是我的第二语言。我看书的时候，会把文字直接转成有声音和影像的电影，就像是一台摄影机嵌在我额头上，直接播出。我的视点自由，可以走在路上，可以飞在天空，也可以俯低移行，感觉头壳里真的有那么卷录像带。现在的人热衷电脑的虚拟实境，对我而言那些不过是卡通垃圾。"

现在坦普拥有伊利诺大学动物科学博士学位，目前是科罗拉多州立大学副教授；她出版过四本书：《图像思考》《星星的孩子》《基因学与家畜行为》以及《牲口管理与运输》。她还成立了"葛兰汀畜牧系统公司"，跟全国各大速食厂商合作，如麦当劳、温蒂汉堡、汉堡王等，共同监督全美各地动物处置设施的状况。此外，她也巡回各地演讲，讲题涵括科学与自闭症研究，堪称数十万有自闭儿的家庭与自闭症患者的角色模范。

阿斯伯格综合征

实际上《自闭历程》中的坦普患的并不是自闭症，而是阿斯伯格综合征。但是当时坦普被确诊自闭症时，阿斯伯格综合征的概念还尚未出现。阿斯伯格综合征又名亚斯伯格症候群或亚氏保加症，是一种主要以社会交往困难，局限而异常的兴趣行为模式为特征的神经系统发育障碍性疾病；很容易与自闭症混淆，但是相较于其他泛自闭症障碍，阿斯伯格综合征患者仍相对保有语言及认知发展。阿斯伯格症患者经常出现肢体互动障碍和语言表达方式异常等状况，但并不需要接受治疗。阿斯伯格综合征是根据奥地利儿科医师汉斯·阿斯伯格命名。1944 年，他在研究中首度记录具有缺乏非语言沟通技巧、在同伴间表露低度同理心、肢体不灵活等情形的儿童。50 年后，它被标准化为诊断依据，但学界对疾病症状的界定仍尚不明确。

阿斯伯格综合征是一种主要以人际交往困难，局限而刻板的兴趣及行为模式为特征的广泛性发育障碍，是一种自闭症的亚型，也被称为高功能自闭症。阿斯伯格患者对表情、双关语、社交规则等都会感到很困难，婚恋和为人父母会是他们艰难的人生阶段。心理治疗对综合征的改善很有限，最主要的还是来自家庭的理解、包容和支持。

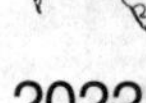

寓言中的“自闭症”

虽然自闭症的发现是在20世纪40年代，但是这并不意味着自闭症的出现是从那时候开始，在各国的医学记载中隐隐可以发现一些对自闭症的描述，特别是从各国的文化中找到相关蛛丝马迹，从历史留下来的文献中我们不难看到这样的人物，他们的人际关系僵化，行为幼稚可笑，缺乏社会交流，他们明显缺乏社会常识，行为怪异，这些都是自闭症的倾向和特征。下面的几个案例是我们非常熟知的中国古代寓言故事，或许从中可以看出自闭症的影子。

买椟还珠

有个楚国人想把一颗漂亮的珍珠卖出去，这个楚国人找来名贵的木兰，为珍珠做了一个盒子（即椟），用桂椒香料把盒子熏得香气扑鼻。然后用珍珠宝石点缀它，用美玉宝石装饰它，用翠鸟的羽毛连缀它。

一个郑国人将盒子拿在手里看了半天，爱不释手，出了高价将楚人的盒子买了下来。郑人交过钱后，便拿着盒子往回走。可是过了几天回来了。楚人以为郑人后悔了要退货，没等楚人想完，郑人已走到楚人跟前。只见郑人将珍珠交给楚人说：“先生，我买的只是盒子，您将一颗珍珠忘放在盒子里了，我特意回来还珠子的。”于是郑人将珍珠交给了楚人，往回走去。

郑人买履

有个想买鞋子的郑国人，他先量好自己的脚的尺寸，然后把量好的尺码搁放在了自己的座位上。等到他去集市时，忘记携带量好的尺码。他拿到了鞋子以后才说：“我忘记了带量好的尺码。”于是（他）返回家中去取尺码。等到他回到集市上时，集市已经散了，于是他最终没买到鞋。有人问：“你为什么不直接用你的脚去试穿鞋子呢?”他说：“我宁可相信量好的尺码，也不相信自己的脚。”

刻舟求剑

楚国有个渡江的人，他的剑从船中掉到水里，他急忙在船边上用刀在掉下剑的地方做了记号，说：“这是我的剑掉下去的地方。”船到目的地后停了下来，这个楚国人从他刻记号的地方跳到水里寻找剑。船已经航行了，但是剑没有行进，像这样寻找剑，不是很糊涂吗?

守株待兔

宋国有个农夫种着几亩地，他的地头上有一棵大树。一天，他在地里干活，忽然看见一只兔子箭一般地飞奔过来，猛地撞在那个树桩上，把脖子折断了死了。这个农夫飞快地跑过去，把兔子捡起来，高兴地说："这真是一点劲没费，白捡了个大便宜，回去可以美美地吃上一顿了。"他拎着兔子一边往家走一边得意地想："我的运气真好，

守株待兔

没准明天还会有兔子跑来，我可不能放过这样的便宜。"第二天，他到地里，也不干活，只守着那棵大树，等着兔子撞过来。结果，等了一天什么也没等到。他却不甘心，从此，天天坐在那棵大树下等着兔子来撞死。他等呀等呀，直等到地里的野草长得比庄稼都高了，连个兔子影也没有再见到。

掩耳盗铃

春秋时候，晋国贵族智伯灭掉了范氏。有人趁机跑到范氏家里想偷点东西，看见院子里吊着一口大钟。钟是用上等青铜铸成的，造型和图案都很精美。小偷心里高兴极了，想把这口精美的大钟背回自己家去。可是钟又大又重，怎么也挪不动。他想来想去，只有一个办法，那就是把钟敲碎，然后再分别搬回家。

小偷找来一把大锤子，拼命朝钟砸去，咣的一声巨响，把他吓了一大跳。小偷着慌，心想这下糟了，这钟声不就等于是告诉人们我正在这里偷钟吗？他心里一急，身子一下子扑到了钟上，张开双臂想捂住钟声，可钟声又怎么捂得住呢！钟声依然悠悠地传向远方。他越听越害怕，不由自主地抽回双手，使劲捂住自己的耳朵。"咦，钟声变小了，听不见了！"小偷高兴起来，"妙极了！把耳朵捂住不就听不见钟声了吗！"他立刻找来两个布团，把耳朵塞住，心想，这下谁也听不见钟声了。于是就放手砸起钟来，一下一下，钟声响亮地传到很远的地方。人们听到钟声蜂拥而至，把小偷捉住了。

这些寓言故事都用来讽刺那些墨守成规、迷信教条主义、不懂得变通地看问题的人，但是这几个故事都很能说明自闭症的思维、行为特征，用来解释自闭症的认知和

行为很有象征意义。因为自闭症患者的表现症状就是对于变化的事物具有强烈的抵触感，行为刻板、固执。尽管这些并非在医学的病例记载中，但或许也能说明其实自闭症真的从古代就有，不过是现在科学和传媒的发达使人们越来越多地认识了自闭症。

引人深思的数据

一项来自美国疾病控制和预防中心的数据显示，根据来自 14 个州的数据调查研究结果估计，在美国 88 个孩子中就有 1 个孩子被诊断为自闭症。男孩患自闭症的概率为 1/54，几乎是女孩患病的 5 倍。患自闭症孩子的数量从阿拉巴马州的 1/120 到犹他州的 1/47。增长最大的是西班牙及黑人孩子。该研究还显示在 3 岁时会有更多的孩子被诊断为自闭症，1994 年出生孩子的发病率为 12%，而 2000 年出生孩子的发病率增加到 18%。

瑞典哥德堡大学的儿童及青少年精神病学专家克里斯托弗・吉尔贝格从 20 世纪 70 年代开始统计自闭症病例以来，他发现有很多东西都是一样的。在瑞典，7 岁儿童的自闭症发病率在 1983 年是 0. 7%，1999 年是 1%。

瑞典哥德堡大学

在人口聚集的地方患儿比例升高，这是个值得研究的问题。彼得・贝尔曼是美国哥伦比亚大学的一名社会学家，他正在研究的就是病例增长在多大程度上是由社会因素驱动的。他在加利福尼亚州分析了近 500 万份出生记录，以及 2 万份该州发展服务部的记录。通过把出生信息和具体的诊断内容联系起来，贝尔曼掌握了非常详细的人口资料，对自闭症患者的人生经历也有深入了解。

结果，他得到了社会因素影响诊断的一些线索。过去二十多年，在自闭症诊断病例的增加约有25%可以归为他所说的“诊断性增长”。根据病历，贝尔曼发现，在10年前会被诊断为智力缺陷的孩子，现在会被诊断成智障和自闭。另有15%的增长可以解释成人们对自闭症的关注提高了，也就是说借由科学和传媒的发达，越来越多的人们开始关注和了解自闭症。贝尔曼表示，对于已观察到的病例增加，他目前能对半数以上做出解释。

贝尔曼还认为，地理位置上的人口聚集可以解释另外4%。比如最引人注意的人口集聚区是好莱坞和周边。在以西好莱坞为中心、方圆900平方千米的地区，那里的儿童被确诊为自闭症的可能性要比该州其他地方高4倍。有不少居民担心，当地的饮用水里是不是有什么触发自闭症的东西。

1959年，加利福尼亚州西米谷市附近的圣苏珊纳实验曾发生核事故，人们担心水中有这次核事故的残留物。这么推测起来似乎确实是因为水质的问题，但是，好莱坞的供水和洛杉矶是一样的，而洛杉矶的自闭症比例并未显著高于其他地方。此外，贝尔曼还说，无论是在好莱坞居住多年的家庭还是新搬去好莱坞的家庭，发病率都较高。

在人口聚集区，自闭症确诊率较高的真正原因和邻里关系有关：那些地方的孩子家长会相互交流，知道该在哪里寻求帮助，以及到了医疗和教育机构应该找哪些人。按贝尔曼的说法，一旦互通消息的这些家长形成了一个团体，专家就更有可能驻扎在这片地区，诊治更多的自闭症孩子。

此外，社会变化会带来生物学上的影响，这一点可以解释另外10%的增长：生育年龄推后。研究发现，在父母35岁之后出生的孩子被确诊为自闭症的风险比较高。对于父亲和母亲年龄谁对孩子的影响更大，不同研究有不同答案，但贝尔曼对40岁以上父母亲所做的研究显示，母亲的年龄对孩子影响更大。

在增加的自闭症病例中，还有46%得不到解释。贝尔曼认为，这并不意味着“额外”增多的部分就是由环境污染所致，只是还没找到合理的解释而已。“除了我们已经找到的因素外，还有很多因素会促使自闭症诊断率的升高。”不过，现在有很多研究人员认为，自闭症人数的增多至少有一部分确实是因为发病率升高，且是由环境中的某些因素所致。他们没有在数字上过多纠缠，而是直接把主要精力放在寻找致病因素上。

从人们发现自闭症起，关于病因的争论就没有停止过，有人认为这是先天性疾病，也有人说源自后天的影响。早期观点以“冰箱妈妈”理论为主，但后来受到强烈质疑，该病的遗传机制则受到更多关注。如今的观点似乎介于两者之间。美国凯撒医疗机构的自闭症研究主管丽莎·克罗恩说：“以往的自闭症研究主要针对遗传机理，从这些研究中，我们对自闭症有了很多了解；但自闭症的病因还是没有弄清楚。我认为，这可能是因为我们忽略了某些东西。”

目前，美国政府资助了几个重大研究项目（也有一些小项目），通过监控环境接触物、从孩子及父母身上定期采取生物学样本等方法，寻找未知危险因素和自闭症标志物。

其中一个项目是2007年由CDC资助的“探查早期发育研究”，该项目招募了约2700名2~5岁的儿童。研究内容包括发育评估、问卷调查、病历审查，以及血液、颊上皮细胞、头发的采样分析，以便检查遗传组成和接触的环境化学物质。另一个项目是由美国国立卫生研究院（NIH）资助的“早期自闭症风险纵向调查”，研究人员调查了1200个家庭，这些家庭通常已有一名自闭症孩子，并且准备再生一个孩子。这个项目就是要弄清楚，遗传与环境因素之间是否存在相互作用，从而可能给下一个孩子带来自闭症风险。

克罗恩认为，“这些研究会给整个自闭症研究领域带来根本性变化”。作为“探查早期发育研究”项目的领头人，她和其他科学家都希望，在接下来5~10年，人们对自闭症以及这种疾病的发病率都有更深入的认识。

克雷格·纽沙菲是美国德雷塞尔大学的流行病学家，也是“早期自闭症风险纵向调查”项目的研究人员。他认为，与其争论发病率有没有上升，还不如把精力放在寻找病因上。“如果造成自闭症病例增多的是环境原因，我们肯定要把它找出来。”现在是时候放开自闭症发病率到底有没有升高这个问题，继续前进了，“我觉得这很可能是个根本没法回答的问题”。

海洋天堂，父爱如海

在李连杰的电影生涯中有一部电影刷新了人们对他的认识，就是《海洋天堂》，在李连杰从影25年来，第一次没有在电影中出演打戏，而是饰演了一位病症儿童的父亲，完完全全是文戏，用深沉的表演感动了无数观众。

影片一开头是汪洋大海之上飘荡着一只孤舟，父亲满脸忧郁和踌躇，带着儿子孤独地坐在船上，无望地看着辽阔的大海，然后牵起儿子的手，两人一齐跃身跳入大海……

李连杰饰演这位47岁的父亲，他叫王心诚，他21岁的儿子大福从小患有自闭症，像所有病例中描述的自闭症儿童一样，大福完全活在自己封闭的世界里，无法独立生活。

大福的妈妈在大福年幼的时候，因为承受不了儿子患病的消息，在一次意外中丧

生。王心诚独自一人把大福抚养长大，与儿子相依为命。王心诚在海洋馆工作，大福生性爱水，喜欢在父亲工作的海洋馆中游泳，那是大福每天最快乐的时光。可是王心诚却身患重病，肝癌晚期，生命只剩下三四个月的时间。

社会上已有的自闭症诊疗机构通常仅接受未成年自闭症患儿，在患儿成年后基本上都要家长自己负责，可是大福已经21岁了，实在是找不到能够收留大福的机构。为了让儿子大福以后能有一个好归宿，王心诚日夜焦灼，甚至想到了要和大福一起离开人世，这就是影片一开头的场景。经过多方打听，几经周折，终于找到了一个肯收留大福的机构，但是王心诚却发现，大福在这样紧闭和局促的环境中，像鱼儿失去了水，变得没有生气，大福活得不开心。

为了大福能够快乐地生活下去，留在他最心爱的海洋馆，王心诚为自己制定了最不可能完成的计划，教会大福在海洋馆“上班”。他费尽心力地教大福自己坐公交车去海洋馆，教大福认识每一张钱币，教大福记住从家到海洋馆的公车怎么坐，一遍又一遍地重复。

在生命最后的日子里，为了不让大福感到孤独，他甚至不惜拖着病重的身体，背着自制的龟壳扮成海龟，陪着大福游泳。他不断地告诉大福自己将会变成海龟，一直陪伴在他身边。王心诚最终离开了人世时已心中无憾，大福学会了用钱买东西，回家坐公交车时，当司机问有没有人下车时，大福会回答“我下”，爸爸教他的东西他全都学会了。电影最后一幕，大福来到海洋馆，下水游泳，他抱住大海龟，趴在海龟壳上，脸上是甜蜜幸福的笑。

电影《海洋天堂》总的部分场景是根据田惠平及其自闭症儿子的真实经历改编的，影片中王心诚教大福学习坐公交车等都是真实生活中田惠平有过的经历。

在儿子被确诊为自闭症之前，田惠平的人生一直是一帆风顺的，她家庭条件优越，学习成绩优异，从四川外国语学院毕业后留校任教，结婚后又生下了一个可爱的儿子，取名杨弢。在杨弢只有5个月大的时候田惠平被派往德国学习，虽然杨弢还是个婴儿，嗷嗷待哺很是舍不得，但是田惠平还是选择了出国。两年后，田惠平回国便把杨弢接回了自己身边，但是田惠平却惊讶地发现，自己的儿子和其他小孩有点不一样。

回国后她发现，自己这个漂亮的宝贝儿子仿佛一直活在自己的世界中，经常自言自语，自己唱歌，有时候会模仿别人说话，但却很少用自己的语言跟别人交流。比如，田惠平会问，弢弢你今天在幼儿园快乐吗？弢弢会四下张望一下再重复一遍“在幼儿园快乐吗？”田惠平多希望儿子能正面给她一个回应，经历了一次次的失败之后，田惠平绝望了。田惠平心里明白，孩子有问题，1989年，田惠平终于带着儿子走进了医院，

得到“一纸判决书”：儿子得了一种病，这种病叫作自闭症。

医生说自闭症无法痊愈，需要终身被照顾，田惠平一下子懵了，也就是说自己的儿子很可能要像傻子一样过一辈子。经过四年的苦苦煎熬，田惠平终于忍不住了，她要带着儿子离开这个世界，一天晚上她把积攒已久的安眠药碾碎加入粥中，给自己盛了一碗，给儿子盛了一碗，在杨弢刚要喝下粥的时候田惠平突然醒悟，自己不能这么自私，她要带着弢弢共同成长。

田惠平不断地重复对弢弢说话，教技弢认识一件事物需要千百次的重复，就像电影《海洋天堂》中演的那样。在田惠平的耐心培训下，弢弢的病情没有进一步发展。可是有一次坐公交车，弢弢拍打了一个陌生的小孩，无论田惠平怎么解释，小孩的家长都不肯罢休，最后叫来了警察才获救。经过这件事之后田惠平意识到，无论自己把儿子照顾得如何好，如果这个社会不给自闭症儿童一个安全的环境，儿子就是不安全的；如果这个社会不能给自闭症患者应有的尊严，那弢弢的人生永远都是没有尊严的。

于是她决定带着儿子去北京，办一所学校，把自闭症患儿们都聚集在一起，做系统化的治疗。1993 年，中国第一家自闭症儿童专业培训机构——北京星星雨教育研究所成立了。在成立初期，因为经济困难，田惠平和她的同伴们曾被四次赶出房门，后来海淀智陪学校校长把一间平房借给她们，星星雨才算稳定下来。白天田惠平和老师们一起上课，晚上把课桌和办公桌拼起来就当床铺。

有一位东北来的患儿，智力特别好，但是却被学前班退回，母亲领着他去医院做检查，却被诊断为“弱智”。没有教材，靠着一本《孤独症儿童行为训练》和自己的实践经验，田惠平开始了对自闭症儿童的培训，她们针对每个孩子设定不同的特别训练，对这位患儿，田惠平为他制定了明确的训练目标，用不断的鼓励和赞扬去引导他理解课堂上应该做什么，什么时候可以唱歌，什么时候是下课……

经过四个月的培训，这个小孩回去了，并且顺利地进入了小学，并且一路顺利地升学。这是田惠平最初的成果，她看着孩子们的进步，确信自己确实能为他们做点事情。1994 年，田惠平被美国《读者文摘》（亚洲版）评为“今日英雄”；1996 年被《中国妇女报》评为“十大女性新闻人物十大”之一；1998 年代表“星星雨”赴卢森堡参加“世界自闭症组织”成立大会，并作为创始成员签字。田惠平的努力促进了社会认识、理解和接纳自闭症儿童，尊重他们的权利。

《爸爸爱喜禾》是一位自闭症儿童的爸爸，在儿子被确诊为自闭症之后写下的，他用充满戏谑和欢乐的段子，讲述自己和儿子共同度过的那些有笑有泪的时光。一直用着乐观向上的姿态来面对自己的人生，尽管在一开始自闭症对他是一场巨大的灾难。

可是他选择了用自己多年来的幽默和乐观去勇敢面对，我们能从书上看到不少让人发笑的段子，可每一条段子都包含了喜禾爸爸对喜禾深沉的爱。

我们要祝福这样一位爸爸，以及更多地像田惠平和喜禾爸爸一样的父母，向他们致敬！他们无私的爱感动着我们。也希望能有更多人了解自闭症，正视自闭症，尊重自闭症患者，给他们一个充满尊严和安全感的环境。

电影中的自闭症

电影《雨人》在奥斯卡奖项上的巨大成功，不仅引起了医学界对自闭症儿童的关注，也引领影视圈一股探求自闭症患者生活的风潮，有越来越多的镜头对准了这样一个群体，不仅有自闭症患者，还有自闭症患者的家人。电影艺术对自闭症的关注也加深了人们对自闭症的了解，自闭症的儿童像是降临在地球上的星星，他们仍旧如宝石般灿烂，却不能融入地球人的生活。

玛丽和马克思

在动画电影《玛丽和马克思》中，同样讲述了一位患有阿斯伯格综合征的角色：马克思。影片讲述了一个发生在两位笔友之间的非常简单的故事。玛丽·丁克尔是一个居住在墨尔本市区的胖乎乎的有些抑郁和孤独的小姑娘；马克斯·霍尔维茨是一个居住在乱糟糟的纽约的肥胖的、患有阿斯伯格症的44岁犹太人。一个是沐浴在澳洲阳光下的小女孩，一个是生活在纽约阴冷公寓中的老宅男，本来他们的生命没有产生交集的可能，但当他们意外地成为笔友，彼此的每一次倾诉与倾听，就成为他们生命之河的航标。这种淳朴的依恋温暖了玛丽的前半生和马克思的后半生。这就是《玛丽和马克思》这部动画片的情节，这里面没有故事，只有人生。

尽管马克思可以像正常人一样思考，但是他却不懂得如何体察别人的情绪，就是说他无法通过观察人们的面部表情或者肢体动作来判断他人处于何种情绪，他不知道人们露出微笑的表情是表示“高兴”，不知道眼神沮丧是表示“悲伤”，于是他有一个小本子，上面画着人们各种情绪的表情，下面对应着这种情绪的单词，他要每天不断重复观看这个小本子去了解人们的生活。

马克思的心理医生告诉他，人要学会在孤岛上生存，要学会接受自己的一切。其实人生的一种本质就是学习和适应这样的孤岛生存。玛丽的爸爸靠的是仓库里的鸟类标本，玛丽的妈妈靠的是雪利酒和香烟，马克思幻想出了一个虚拟的拉维奥利先生来作为自己的朋友，实际上影片中每一个出现的人都在忍受着孤独的考验，即使是玛丽的丈夫，也因为忍受不了玛丽的不切实际而逃离了她的生活，有趣的是他逃跑的目的

马克思

地也是一个笔友，这让孤独的生命如天命轮回一般无奈。其实比离群索居更让人绝望是因为人心的隔膜而产生的孤独，就像玛丽那患了广场恐惧症的邻居，他总有一天能够积攒冲出藩篱的勇气，但即使是有肉体生命以爱情的名义与你相伴，内心的孤独也是人类摆脱不掉的烙印。

马克思有不幸的童年，破裂混乱的家庭，他跌跌撞撞、坚强独立地长大。即便这样，他对生活的热情不减，即便有心理和生理的双重障碍，但他还是活得很精彩。拥有过8次工作机会，每次都给他不一样的经历；没有恶习，不吸烟不酗酒，崇尚秩序井然的社会；热爱环境，他“固执”地坚持制止乱扔烟头的人，为此给政府多次写信无果；他热爱探索和创造，发明了新的词语和句子，虽然没人认同；他爱护生命，家中收养着很多动物朋友；他与人为善，即使是对待隔壁又老又失明的孤老太太，也小心尊重唯恐伤其自尊；他珍惜感情，家中一条金鱼的死去对他也是一个沉重的打击；他宽容并勇于自我反省，在给玛丽的最后一封信中，他在原谅玛丽的同时也反省了自己的人生“人无完人，我也一样……”

玛丽和马克思通过写信发展了一段跨越两个大洲的友谊。这份笔友之间的友谊随着一封接着一封的书信，就这么保留了下来。影片把观众带入了一场关于友情、自我和对自我的剖析之旅，向人展示了两个人的精神世界，诉说了人类的本源。

马拉松

《马拉松》被誉为是韩国版的《阿甘正传》，主要讲述了一个自闭症儿童楚元的故事，这个故事取材于真实事件。楚元曾经是一个活泼可爱的小孩，喜欢能在草原上奔跑的斑马，可是有一天楚元的妈妈庆淑发现了这个孩子的异样，经过医生诊断，楚元患上了自闭症。楚元妈妈在这个残酷的事实面前几乎绝望了，但是楚元妈妈将所有的心血都灌注在楚元身上，丈夫因此而和她分居，小儿子也无法理解她。一次偶然的机会，楚元妈妈发现了孩子在长跑方面的特长，于是决定悉心培养孩子成为一名长跑运动员。时光荏苒，楚元已经是20岁的青年了，可是他的智力却依然停留在5岁孩童的水平，时常在生活中闹出各种各样的笑话，但是他在坚持长跑的过程中体会到了生命的真谛。有一天，在世界性比赛中得到过第一名的著名马拉松教练正旭因酒后驾驶得到处罚，从而来到了楚元的学校。庆淑请求正旭教自己儿子跑步，刚开始正旭很烦楚元，但是随着和楚元慢慢地接触，正旭越来越被单纯、真实的楚元所同化，而楚元也渐渐向正旭开启心扉。正旭发现楚元身上有着马拉松运动员的天赋，决定训练楚元。

电影的主旨在于讨论如何去关爱自闭症患者。通过讲述一个自闭症儿童的出现对整个家庭，尤其是对于一个母亲带来的深刻的考验。这部影片中极力传达出的是母爱，可以说楚元的妈妈是个称职的母亲，为了儿子能够在这个社会里生存下来几乎倾其所有。但是楚元拼命地去跑已经变成不再是为了喜欢，而是对母亲关爱的回馈。这部电影能够让人产生一些反思，不单单是对自闭症儿童的家长，对普通家长来说是否也该反省认识到，太过沉重和饱满的爱，会对孩子产生巨大的心理压力。

我和托马斯

该影片同样也是根据真实案例改编。电影讲述了一个六岁的男孩儿凯尔，患有自闭症。凯尔无法与他人亲近，无论是在家里，还是跟妈妈一块外出，凯尔从来不跟妈妈说话，也不让妈妈抱、不让妈妈吻、不让妈妈抚摸。为照顾凯尔，妈妈妮克拉只有放弃工作，为了维持生活只有在一周里上两次夜班。凯尔的爸爸罗布是一名公司职员。凯尔的自闭症不仅给罗布带来巨大的工作压力，还直接影响到罗布和妮克拉的夫妻感情。

深受当时人们传统观念的影响，凯尔母亲认为儿子之所以会变成自闭症，完全是她这个当妈的不称职造成的，于是陷入了深深的自责中。两年来妈妈妮克拉将自己所有的时间几乎都交给儿子凯尔，而罗布忙于工作，妮克拉将此看作是罗布作为父亲的一种逃脱。两个人由此产生了各种矛盾。

其实，无论是作为母亲的妮克拉，还是身为父亲的罗布，都是深深地爱着儿子凯尔的。在罗布和妮克拉面对凯尔束手无策徒有争执的时候，姥爷和姥姥却能解决凯尔的问题，让凯尔安静，让凯尔听话。父亲希望把凯尔送到专业性的医院中，但是母亲不愿意，两人因此起了争执，为帮助凯尔走出自闭世界，他们去寻找心理医生的帮助，在医生的建议下他们决定从开始改变凯尔的执迷心理开始，帮助凯尔逐渐适应正常人的生活。按照医生哈福斯的建议，罗布和妮克拉试着带凯尔走亲戚串门。在克丽斯姨妈家里，一条活泼可爱的小狗成了凯尔的朋友。

虽然从医学的角度来讲，自闭症患者通常是害怕狗的，但是凯尔却能和小狗一起玩耍，看着凯尔能跟狗玩得那么好，克丽斯姨妈让凯尔给狗取个名字。罗布和妮克拉以为这根本不可能，因为凯尔从前从来不对人们的问题做出回应，谁想到凯尔给小狗取名字叫“托马斯”。罗布夫妇将“托马斯”带回家，让“托马斯”成为家庭一员。自从有了“托马斯”，凯尔的情况有所好转，在凯尔烦躁、哭闹的时候，罗布和妮克拉

的话可以神奇地通过“托马斯”让凯尔听进去。凯尔在最后对妈妈说“我爱妈妈”，小狗“托马斯”改变了凯尔，同时改变了一个家庭。

通常而言，人们对于患有自闭症的孩子，最大的希望是能够改善他们的“把自己封闭起来”，对于患有自闭症的孩子而言，交流是最大的障碍，这样的障碍使得正常的教育无法进行。这部电影围绕的主题便是交流与教育，只不过担负起这个任务的不是教师，而是一条狗。

在真实生活中的凯尔，最终走出了自闭，考上了大学，这是个令人振奋的消息。无论对于自闭症题材还是宠物犬题材，《我和托马斯》都是一部优质上乘的作品，温馨的气息弥漫在每一个场景里，同时也会暖化每一位观者的心。

生活大爆炸

对于谢尔顿这样一位天才物理学家，他的一些行为对照自闭症的症状确实是蛮符合的，比如强迫性的行为，去敲佩妮家的门时，一定要得到佩妮的回应才会停止；坐沙发上一定要在固定的位置，否则的话会坐卧不宁。谢尔顿有严重的人际交往障碍，这个在剧中得到了充分的体现。关于刻板行为，谢尔顿每周固定的菜单很能说明问题，周一喝燕麦粥，周二吃汉堡，周三是奶油土豆汤日，周四吃比萨，周五是法式土司日。谢尔顿记忆超群，可以做到过目不忘，即机械记忆能力很强。

这些还不说明问题吗，你是否也有开始怀疑谢尔顿小时候是不是患过自闭症呢？虽然对于自闭症目前并无彻底治愈的方法，但经过一定的治疗，自闭者的症状是能够有所缓解的。

十三、神经性厌食

吃饭少得可怜

有很多爱美的女性为了一味地追求苗条的身材而疯狂地节食减肥，甚至把减肥当成自己“毕生的事业”来做。而在那些忙于减肥的女性人群中，有一部分人最后确实是瘦了下来，减肥成功，但是她们却为此付出了很大的代价，尤其是身体健康遭受到了严重的损害，其中一部分人为此而患上了厌食症，终日沉浸在痛苦之中，不可自拔。

几年前的春晚上，宋丹丹的一句“小崔，听说你抑郁了？”从此，“抑郁”这个词渐渐被很多人知道了。很多不知道“抑郁症”的人在听到这个词之后，百度了一下，发现这个“抑郁症”的威力还很大，并对这个词有了几分关注。其实，在所有心理障碍疾病中死亡率最高的不是忧郁症，而是我们将要为大家展开讲解的病症，看似毫不起眼的神经性厌食症！

其实，神经性厌食症并不是什么新兴事物，早在一千多年前就有关于厌食症的病例记载。大约 9 世纪时，欧洲大陆就出现过一个叫 St Jerome 的组织，这个组织以宗教的名义要求其组织内的女性教徒禁食，结果就是这些女性除了逐渐消瘦，变得骨瘦如柴以外，最后连正常的月经也停了。

1694 年，英国内科医师理查德·莫顿发表了一篇文章，题目是《消耗症的治疗》，迄今为止，这是发现得最早地对厌食症症状的全面描述。在这篇文章里，他详细地描述了一位 18 岁的女孩没有食欲、慢性消耗性病容及相应体征、过度活动、情绪不佳、闭经等病症，理查德·莫顿对这个女孩采取了医治措施，不过治疗的进程非常有难度，特别是每次劝她吃饭，总是以失败告终，当时他称之为“神经性消耗”。

1868 年，英国的威廉·古尔提出了“神经性厌食症”这个术语，这个词是用来描述一些患者对自己身体形象的认识扭曲并刻意控制体重因而导致一系列诸如月经停止、体重水平严重偏低于正常标准、全身无力甚至死亡等症状的术语。

19 世纪后叶，法国的查尔斯·拉塞格和英国的威廉·古尔正式将这种临床表现的一系列病症的集合，命名为“神经性厌食症”，并将其作为一种心理障碍，归类于癔症的一个亚型。

神经性厌食症的表现

那么，在现代社会，神经性厌食症患者有什么表现呢？我们可以通过下面的两个例子来获得对“神经性厌食症”的一个初步认识。

案例一：

她，现在就读于一所名牌初中，在读初三，她的身高有 176 公分，在女生中绝对可以算得上是“出类拔萃”，但是体重更会让我们惊诧不已，因为她的体重只有 88 斤，而且她的脸色总是发黄，面色憔悴，她的眼睛里总是充满了忧郁。在读初三以前，她的实际体重差不多要有 85 公斤。而在仅仅半年多的时间里，她的体重竟然差不多减掉了一半，瘦的就只剩下一副骨架了。如果有一阵风吹过，她就可能会被吹倒。

她的家境非常优越，而且身体也没有任何问题，将近 90 斤的肉是硬让她给生生减掉了。由此可见，她对她自己的限制和要求是非常狠的，在学校的时候，她不仅从来不吃中饭，并且还要绕着学校的操场跑 N 圈，直到大汗淋漓为止。早晨，她的早餐从来就只有喝水而已，父母给她做的金黄的煎鸡蛋还有热腾腾的牛奶等，都会被她全部

偷偷地倒掉。她的晚饭也仅仅是吃点蔬菜，配着水果，而且在要睡觉之前，她还要做几十个仰卧起坐的，也是一直做到满身是汗为止。她的一整天的饮食基本上就是这样的。吃的极少，还要伴随着每日剧烈的运动，除了消耗原本身体内积存的脂肪能量外，别无他法。所以，她的体重才会下降得如此之快。

为了达到在学习中也可以有减肥的效果，她在写作业的时候不会选择坐下，全都是站着写的。就算是减到了只有88斤的时候，跟她原来的模样简直有了天翻地覆的差别，但是她依然无视她自己已经非常瘦的事实，仍旧那么做。她的体重一点一点变轻之后，伴随的月经差不多已经有半年多都没来过了，而且她的手指也有严重脱皮的迹象，手部的皮肤变得非常的粗糙。非常明显，她已经患上了厌食症了。

厌食症是因为怕胖、导致心情非常低落，从而使劲节食，甚至拒食，因而造成的营养跟不上，体重急剧下降，甚至不愿意维持最低的体重而患上的一种心理上的疾病。据统计资料显示，患上厌食症的人差不多95%都是女性，这批患上厌食症的人群，基本上是在青少年的时期就有这种性格的倾向。主要有：小儿厌食症、青春期厌食症还有神经性厌食症。厌食症的患者很多都无法得到及时的治疗或者说治疗时已回天乏力，所以差不多有10%~20%的人过早死亡。死亡的人中，很多都是由于营养不良而引起的并发症，还有因为精神抑郁而导致的自杀的行为。因为长期过分的节食，因而造成了严重缺乏营养，影响了生理上的变化，主要包括月经不调，严重时就是停经，而且皮肤会变得非常的粗糙，柔毛也开始出现，体温逐渐下降，心跳也变得缓慢，身体十分的衰弱；脱水，脸色异常苍白，无法集中精神，经常感到压抑或者是忧郁，心脏的功能变得很差，严重的还会导致晕倒。与此同时，因为患者的体内缺少脂肪，爱发冷，怕寒。如果病情非常严重，还会引发心脏衰竭，更严重的还会导致死亡。厌食症是一种精神性的疾病，也是一种饮食上的障碍，一般多发生在10~30岁这个年龄段的女性身上，但也有差不多十分之一的病人是男孩或者年轻的男子。据有关材料报道，患有厌食或者贪食症状或者是倾向的人差不多占到一成，而其中有一半的患有厌食症的人会贪吃，但在贪吃后就去服用泻药或者用抠嗓子的办法不让营养摄入体内，因而也就免去了发胖的忧虑。

为什么她会患上这种厌食症呢?

主要是因为太怕自己会变成原来的样子，胖的都不像个女孩子了。而在她的心目中，她喜欢张柏芝那种细而高挑的身材，妩媚而又性感，她害怕肥胖，非常渴望那种苗条性感的身材。在读初一和初二的时候，因为胖，身边的同学们会对她的体重甚至是性别不断地进行嘲笑。

因为她剪了个非常短的头发，就像男孩子似的板寸，在去上厕所的时候，她的同学们总是说："你是个男生，怎么跑女厕所来了！"她因为自身身材过于肥胖，因此很多的男孩总是说："你这样又高又胖的女孩子，有谁敢娶啊，你要是生气了还不得把你的男朋友给打趴下了啊！"同学们言语和行为上的刺激，更促进了她踏上减肥的道路的决心。

在她家，爸爸是比较强势的，而她的妈妈却是有些软弱，爸爸总是和自己身边的人自豪地说："你们看，我把我的姑娘养得白白胖胖的，又很听我话，你们说怎么样啊?"每次听她爸爸这么说的时候，她在心里总是觉得爸爸是在埋怨她胖的。她总是认为："哪有人会把自己姑娘说得像个胖乎乎的男孩似的！"，但是为了维护爸爸的面子，每次爸爸这么说时，她自己都会违心地微笑，来掩饰深埋的伤心。

每次遇到这种事情，她都会觉得很痛苦。她觉得如果把自己心中的苦恼讲给妈妈听，那妈妈不可能给她提供一个解决问题的办法，要是说给爸爸听的话，那么爸爸一直以来觉得自豪的事情却是在给自己的宝贝女儿带来无尽的痛苦，既害怕爸爸无法理解，又害怕爸爸为此伤心。所以虽然她自己一直以来都很讨厌过胖的身材，但是却从未跟父母讲过自己内心的真正想法和渴望变苗条的愿望。

直到有一天，机会来了，这个机会促使她踏上了这条减肥的道路。中考的体育成绩是有分数限制的，如果及格不了或是没有过线，那么参加中考就会很危险。老师告诉她说，如果减掉一些脂肪的话那就等于是减轻了自己的包袱，这样的话也可以使体育成绩达标，更顺利地通过中考。她的爸爸非常关心她的成绩，也希望她能够考上一个重点高中，这样她未来更有把握考上一个好大学，前途也会更光明开阔一些。所以她将老师说的话都告诉了爸爸，爸爸知道后也开始支持她的行动，鼓励她减肥。

她不单单是节食，还加大了自己的锻炼强度。高强度减肥就这样进行了，仅仅半年就瘦到皮包骨了，从前的那些脂肪消失得无影无踪了。爸爸见她的身体如此瘦弱，就强迫她多吃东西，但是她觉得自己是因为瘦下来了才有同学愿意跟她交流，跟她玩，而且也不像之前那样总是会有同学嘲笑她，这样的话，她才可以自然地跟同学接触，因此她对爸爸产生了非常反感的情绪，认为爸爸是又要让她变成那个让自己害怕的胖人，如果是那样的话，自己这么艰难才减下来的肥肉就会又长回去。

但是她又不敢把这个原因告诉她的爸爸，所以她就在表面上装作听话，暗地里却是偷偷地将爸爸为她准备的米饭、牛奶之类的食物都扔掉了，要是被爸爸给逮到非让她吃的话，她就会生气离家出走。

她，一个 19 岁的女无业游民，整日里都是无所事事。去年 6 月的时候，这个姑娘即将参加高考。由于当时的学习压力比较大，她的精神也非常紧张，就出现了消化不良、便秘等症状。更为不幸的是，她高考也落榜了，自此之后，她的上述症状就更加明显了，身体也变得越来越差。

有一次，她的姑姑来串门，无意中说到她的腿没有她姐姐的腿细。这下可是引发了翻江倒海般的事故，这位姑娘气性很大，听到这话之后当场就昏过去了。自此之后，让她吃饭就变成了一件非常困难的事，每次吃饭都要和父母讨价还价，一旦不遂自己的心愿就开始乱发脾气。自从姑姑那一句话之后，她就落下了心病，对自己的姐姐是横眉冷对，一点儿也看不顺眼。因为自己的腿比姐姐粗，她就给姐姐定了硬性的指标，让她每顿饭必须吃多少（一般来说，这个量都很大），不然她自己就拒绝吃饭。即使是这样，这个姑娘还是把自己每天的三顿饭减少到了两顿，每顿的主食在 2 两左右。又过了一段时间，她连主食都不吃了，只是吃一点点巧克力和糖而已，别的都不吃了。慢慢地，她开始不洗澡也不洗脚，因为她不想让别人看到自己那饱受自己摧残的骨瘦如柴的身体。这之后，她的身体也是异常虚弱，连行动都有困难，还有内分泌失调，出现闭经症状。她觉得自己病得不轻，就早早把遗书写好了，并向父母交代后事。她的父母虽然看出了她的身体状况很不好，但对于她所留的遗书和她所说的一番话全当是玩笑。

直到有一天，她突然陷入了昏迷状态，大小便失禁，她的父母惊慌之下，立刻把她送到医院进行抢救。医院对她的诊断为：神经性厌食症。

厌食症又称为神经性厌食，直译过来的意思是“神经性食欲丧失”。顾名思义的理解虽然简单，但是不够准确，因为很多患者的食欲是正常的，还有不少人甚至会出现暴饮暴食行为。

此病的特征表现为：患者对肥胖有一种病态的恐惧，而对苗条的身材有一种过分地追求，并出现体像障碍，不断地自发选择饥饿绝食，并最终发展为严重的食欲缺乏。患者对自己的评价完全是依据自己的体重和食量情况而变化的。另外，因为饥饿而导致的严重营养不良还会引起一系列的并发症，严重威胁人体的健康。

在上面的这两个例子中，这两位患者的身体就出现了同一个问题：闭经。

厌食症患者绝大部分（90%~95%）是女性，发病年龄在青春期（很少早于青春期），大约 13 岁左右。10~30 岁是其通常的发病年龄，其中 85% 在 13~20 岁间发病，高峰年龄为 14~18 岁。不过，这只是个趋势而已，并不能包含所有的情况，也有一些极端的例子，比如曾经有报道说，有一位女性在 92 岁高龄的时候才首次发病，听起来真的像是天方夜谭一般。厌食症通常在节食一段时间之后发生，还有部分患者是因为

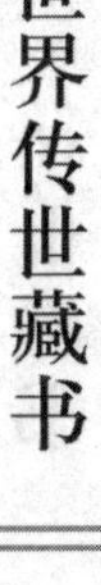

自己的肥胖而开始厌恶食物，进而导致厌食症的。

研究表明，随着时代的发展，厌食症的发病率在不断提高，特别是在20世纪的60~70年代。有专家曾经对2163名双生子中厌食症患者进行了数据分析，以确定厌食症的发病率。结果显示，她们一生中厌食症的累计发病率为1.62%，如果算上那些有厌食症某些症状但是没有达到诊断标准的患者，发病率可达到3.7%。

通过以上看出，神经性贪食症和神经性厌食症有一个共同点，都是吃完就想吐，那是不是说明二者是同一种病呢？答案是否定的。那二者之间究竟有何关联？

神经性厌食症的成因是不同的，有一些是因为过度节食，长期过度控制热量。这一类是属于限制饮食型。还有一些是由于暴饮暴食所引起，这是造成神经性厌食症的主要原因。这类人最易被认作是神经性贪食症患者。

暴饮暴食所引发的神经性厌食症与神经性贪食症的患者有哪些区别呢？第一是前者较后者的一次性摄入量较少，但是身体对于食物的清理频率较于贪食症患者却是高很多，通过呕吐或排便将食物排出的速度极高，由于“暴食——清除”所带来的高逆差，身体瞬间支出大于收入，即会表现为身体重量的减轻，过度的收支失衡则有可能引起死亡。由上可以知道，区别神经性贪食症与厌食症的主要方法是，是否迅速地过度减轻了体重。

总的来说，限制型的个体通过节食来限制热量的吸收，暴食——清除型是依赖于清除（诱发呕吐、导泻等）。与贪食症患者不一样的是，暴食——清除型的患者比贪食症患者的进食量更少，而且清除的频率也更高一些。有的患者甚至会做到每次进食完都会进行一次。大约在达到厌食症标准的一半后，个体就会有暴食和清除的行为。暴食——清除型厌食症比限制型厌食症患者有更多的冲动行为，如偷窃、滥用药物以及自伤等行为。而且，她们的情绪也更加不稳定。暴食——清除型的个体常常在儿童期较肥胖，且多有家族肥胖史。

另外还有一个误区需要指出，那就是从字面上来看，神经性厌食症有“厌食”两个字，这会让人觉得患者的食欲有问题，不喜欢吃东西。其实，他们有着和常人一样的食欲，他们的不吃并不是不爱吃，而是努力克制自己不去吃。这样，神经性厌食症和神经性贪食症的另一个重要的区别又大白于天下了：动机！

神经性厌食症者和神经性贪食症者都很害怕体重增加，这种害怕甚至已经有些病态了，他们对进食问题已经失去了控制。但是从他们对此的表现就能看出他们的不同了：神经性厌食症患者深深地以这种失去控制（吃得越来越少或者吃得少吐得多）为豪，但是神经性贪食症患者则对这种失去控制（吃得多吐得多）感到非常羞耻。

同样是失去控制，二者的反应却截然不同，这是因为有了这两种情绪，患者就如同被装上了“小马达”，再加上恐怖情绪在煽风点火，这两种病的患者们的病情的爆发就像黄河水泛滥一样，一发不可收拾。

对于一个神经性厌食症患者来说，他永远都不会对自己的体重感到满意，她的愿望是自己能够一直瘦下去，永远不再有反弹，哪怕是一丁点的迹象。如果早上他称完体重，晚上再称，发现自己的体重没有下降，或者是有所增加，那就如同面临灭顶之灾，内心极度恐慌，紧接着，各种不理智的行为就会如山洪暴发一般可怕。

所以，神经性厌食症的另一个关键标准就是：内心对身体真实形象的极度扭曲。

在他们照镜子的时候，就如同站在了“哈哈镜”前面，他们看到的自己完全不同于我们眼中的他们。在我们这些正常人眼里，这些患者病恹恹的、半死不活的，身体极度虚弱，但是在他们眼里，他们并不觉得自己瘦弱，反而会觉得自己身体的某个部位，比如胳膊，比如大腿，要是能够再减掉几斤就好了，那样的话会更加完美的。也正是由于这些观念，神经性厌食症患者基本上不会主动就医，他们之所以会去就诊，完全是因为受到了来自亲戚或者朋友的压力。

现在，神经性厌食症与神经性贪食症的概念就一目了然了，如上所述的三条：

第一，两者的一个重要区别是能否成功地减轻体重。

第二，两者的行为动机不同。

第三，两者的共同点是对身体真实形象存在着极度扭曲的认识。

逐渐消瘦的身体

董晓，今年 17 岁，她皮肤发青，面色苍白，双眼凹陷，眼神涣散，神情萎靡。如果仔细观察，你会发现她曾经是一个很有吸引力的女孩子，但现在，她看上去衰弱不堪，弱不禁风，早已不复再有当年的英姿。

她之所以会变成现在这个模样，是有这样的经历：

一年半以前，她的体重有些超标，身高 155 厘米，体重 64 公斤。她的母亲傲气而又苛求，不知是出于有意还是无心，总是不停地说道董晓的外表，而她的朋友则更加不留情面。董晓从未与男孩子约会过，一个朋友告诉她，她确实聪明可爱，但假如她能够将体重减轻一些的话，想与谁约会就可以和谁约会。她受到了同学的蛊惑，同时也压不住内心的冲动，所以她就着手行动了，立志减肥。

经过多次不成功的努力之后，她决定这次一定要成功，一定要对自己狠，才能达成减肥成功的目标。

经过几周严格的节食，董晓发现自己的体重正在逐步减轻，而且还意外获得了母亲和朋友的好评。这让她感到了前所未有的控制感和优越感，自我感觉开始变好。

但是问题也随之出现了，由于她的体重减得太快，以致出现了闭经的症状，然而现在什么糟糕的状况也阻止不了她的不理智的节食行为了。当她被父母送到医院就诊时，体重只有34公斤，但她还是固执地认为自己现在的模样很好看，而且觉得自己如果能够再努力一些，也许就能更瘦一些。

实际上，此时董晓并未开始因为自己不健康的节食行为而求治。逐渐地，她的左小腿开始变得麻木，左足无力下垂，神经科医生认为上述症状是由于营养不良导致神经麻痹。

然而，董晓仍然继续参加学校组织的各项活动和她的业余爱好，并且做得很好。她买了很多用于运动练习的录像带，从此开始了对自己身体和精神的折磨。

开始时，她每天练习一次，然后是每天两次，当她的父母认为她已经运动得太多时，董晓就趁没人的时候偷偷锻炼，每次饭后她都随着录音机的音乐进行运动，直到认为已经消耗了摄入体内的所有热量为止。

最终，董晓被诊断为神经性厌食症。

其实，出现这些症状的患者并不是个例。20世纪50年代至60年代早期，随着媒体大肆渲染以瘦为美的女性理想体形，这种观念就不断深入人心，越来越多的人开始跟自己过不去，加入到了疯狂减肥的行列中。为了赢得别人的赞扬或者为了吸引自己心爱的人的目光，开始节食乃至绝食，于是这类疾病的发病率开始呈现上升趋势，并在数十年之内悄然蔓延开来，波及全球。

神经性厌食症是一组以进食行为异常为主的精神障碍，包括与体重和进食有关的极端的情绪、态度和行为，其严重的情绪和躯体问题会对生命构成严重的威胁。目前，神经性厌食症已经成为一个危害青少年乃至中青年女性健康的严重的身体问题，摧残精神，甚至是人的生命。

在20世纪50年代至60年代早期，神经性厌食症在西方发达国家的发病率不断提高，患者逐渐增多，并在随后的几十年里迅速传播开来。来自不同国家的越来越多的研究已经证实：神经性厌食症是一种广泛存在的身心障碍，其患病率正呈现出不断上升的趋势。

在瑞士，从1956~1958年间，年龄在12~25岁的治疗患者中神经性厌食症新增个案占整个女性群体的3.98/10万。1973~1975年，其比率为16.76/10万。

伊格尔斯等证明，在苏格兰，其患者数量在按每年5%的比率稳步增长。加纳和费尔本在加拿大的研究表明，在 1975～1986 年期间，厌食症患者的比率增加缓慢，而贪食症患者人数显著增加，从几乎为零到超过 140 人。

其他的研究估计，这类人群的死亡率已经增加到正常人群死亡率的 6 倍。

然而，这种形势正在发生变化。已有证据表明，神经性厌食症的发展具有全球化的趋势。在亚洲国家，尤其是日本，神经性厌食症的患病率估计已接近美国和其他西方国家。

近十几年来，在我国香港和台湾地区，以及近几年来在我国内地，神经性厌食症的案例也开始迅速增多，尤其是北京、上海等特大城市，神经性厌食症的患病率增长极快，在某些指标上甚至已经跟美国差不多了。

看到这里，也许有人会开始担心：是不是我也有得神经性厌食症的可能呢？其实，并不是每个人都会面临这样的危险，神经性厌食症不是对所有人都“一视同仁”的，而是对某些人“情有独钟”，比如说年轻女性以及体操、舞蹈等特殊专业和职业者，这些人患神经性厌食症的概率就比较大些。另外，这种病在女性身上出现得较多，超过 90%的严重个案是年轻女性。从对众多案例的分析来看，这些女性大多数家庭条件比较优越，生活在竞争非常强的环境中。比如说，凯伦·卡朋特，这个名字对很多人来说可能比较陌生，但是提到她的歌曲《Yesterday once more》（《昨日重现》），很多人对此都耳熟能详。

凯伦·卡朋特最为人家喻户晓的就是她那略带忧郁的中音了，在 20 世纪 60 年代末到整个 70 年代，她的嗓音能让整个美国听众为之着迷，即使到现在，还有很多人为凯伦·卡朋特和她的哥哥理查德·卡朋特的歌曲着迷，其中《昨日重现》无疑是其中最著名的代表作之一。当时，卡朋特兄妹演唱组的事业正是如日中天之际，兄妹俩不断地推出佳作。在我们这些外人看来，凯伦的生活应该是无忧无虑的，她应该生活得很快乐，有这么多的听众喜欢她的歌曲，她应当感到自豪和骄傲。所以，当后来凯伦变成神经性厌食症患者的时候，不管是她的家人朋友还是那些歌迷，都觉得有些匪夷所思。

这件事情的根源，要追溯到凯伦的青少年时期。

那个时候，卡朋特兄妹在音乐方面就已经崭露头角，他们出道的时候是以哥哥创作妹妹演唱的形式，没多久，他们就在音乐上取得了巨大的成功，唱片一度大卖。但是，人们只能看到那些被成功所渲染的光环，却看不到光环背后的孤独与坚持，被成功的光环笼罩着的凯伦也被另一个问题困扰着，那就是她的身材。17 岁的时候，她的体重有 65 公斤，到了 23 岁的时候，她的体重下降到了 54 公斤。在这些年里，她一直在试图摆脱那个在母亲眼里无法改变的具有“家族特征”的夸大体型。虽然她其实做得够好了，可是，她却始终对自己的身材不满意，她一直都在不断地减肥，期望能够变得更瘦弱一些，让身材看起来更苗条一些。

说到凯伦的母亲，先要说一下她的家庭。

事实上，凯伦的母亲是一个非常强势的女人，在凯伦看来，自己永远都无法与她的母亲抗衡，女儿屈从于母亲倒也无话可说，更让凯伦伤心的是另外一件事，那就是母亲其实爱哥哥要超过爱她。母亲在家中占据主导地位，那父亲自然就处于弱势，她的父亲在家里绝对连大气都不敢出，事事都要看着她母亲的脸色行事，让往东绝不敢往西，让打狗绝不敢撵鸡。

在我国，孩子长大之后还要待在家里，如果孩子混得不好，父母还会允许自己的儿女“啃老”，但是西方国家的父母的做法就不一样，孩子长到一定的岁数之后，就得从家中搬出去独立生活了，这更多的是受到传统文化的影响。但是凯伦的母亲在这一点上做得倒是很像东方人：你绝对不能搬出去，就算是要搬出去，也不能离我太远，你得在我的眼皮底下生活或者工作，这样我才能时时刻刻监视你的一举一动，必要的时候加以干涉和控制，保证一切都会在我的掌控下运转。

除此之外，如果凯伦想从母亲那里得到一丁点赞美，简直比登天还要难，不论凯伦工作多么努力，做得有多么出色，母亲总是会说：“你哥哥永远都比你做得好。”如果凯伦想从母亲那里得到一点肢体上的关爱，比如西方国家的父母经常做的亲吻啊、拥抱啊之类的，更是难上加难。东方人够“含蓄”了吧，但是凯伦的母亲做得比东方人还要“含蓄”。她对凯伦的要求太过苛责，没有合理地照顾凯伦的感受，把本来应该分给女儿的一点母爱全部给予了儿子。凯伦内心所遭受的精神折磨可想而知。这种精神上的折磨，更促使凯伦走向了坚决减肥的道路。

受到母亲种种行为的影响，凯伦有一种感觉：自己生来就处在哥哥之下，一点吸引力都没有，而且超重，永远都不如别人。事实也的确如此，虽然凯伦一直都在努力，并希望能够得到父母的爱和认可，但是他们却总是把所有的注意力和精力都集中在哥哥和他的事业上，凯伦永远都无法分得一杯羹。

所谓灿烂的背后是阳光无法照射到的黑暗，那些在盛名之下的“名人”，自然也会有重重的压力。随着自己在乐坛的影响越来越大，凯伦对自己的要求也越来越苛刻，她越来越强迫自己，越来越追求完美。她曾经在青少年时被身材的问题困扰，而今万众瞩目之下，又被旧事重提，而且被无限放大。在阅读了八卦报纸上有关于自己体重的苛刻的评论后，她开始节食。她不仅要让自己的嗓音美丽，还要让自己的身材无懈可击，留给歌迷们完美的印象。

要是想准确地确定凯伦患上神经性厌食症的时间很有难度，因为在生活中，凯伦一直都在有意无意地控制自己摄入的食物，她想控制住自己的体重，最好是能够减肥成功。直到凯伦 24 岁的时候，她的家人第一次注意到凯伦在家里吃饭的时候不吃东西，体重持续下降，肋骨都从衣服里面凸出来了，面色憔悴，精神萎靡。

虽然家人对此有些吃惊，但是凯伦自己却不以为意。虽然家人百般劝阻，但是凯伦开始跟家里的人斗智斗勇，欺上瞒下："我都跟你们说过多少遍我不节食了，我一点问题都没有。"就算在外面吃饭，她也会点跟别人不一样的东西："都来尝尝我的，多吃点。"这样，她就可以通过让每个人都尝一尝自己盘子里的食物的方式把盘子里的食物分光，以此来避免进食。除了控制进食，她还通过每天花费好几个小时来做剧烈运动的方法来消耗热量。

到了 26 岁的时候，凯伦常常感到筋疲力尽，有时候甚至得卧床休息才能恢复精神，因而很多彩排和演出她都无法参加，于是干脆就从歌坛隐退。由于节食过度，她的免疫系统出现了问题，开始不断生病。因为她为了降低体重，不断地大量服用泻药，还开始摄入大量的甲状腺素药物——众所周知，甲状腺素能够消耗身体热量，燃烧脂肪，这也就是很多甲亢患者食量惊人却依然消瘦的缘故。凯伦的名声一直为众人所知，但是她许多时候却不得不遭受神经性厌食症的侵袭，身体遭受到了莫大的损害，精神也受到了严重的打击。她的生活并不幸福。

不思进食

在所有神经性厌食症患者中，也许体操运动员克里斯蒂·亨瑞奇克里斯蒂的案例算是最为人所熟知的一个了。

她生于 1972 年，是一位一流的世界顶尖体操运动员。她身高只有 152 厘米，在女性人群中，这个身高算是偏低的。由于这个职业的特殊性，她一直对自己的体重有非常严格的要求，在她职业的顶峰时期，她的体重大约只有 42 公斤。以我们常人的眼光来看，这样的身高配以这样的体重，算是比较完美的身材了。

在一般人看来，这样的身高这样的体重并不算胖，但是拥有这样的身材的克里斯蒂·亨瑞奇克里斯蒂却仍被外界的人讥为太胖，因而她不能成为奥林匹克体操代表团的成员。可怜的克里斯蒂·亨瑞奇克里斯蒂因外界给予的重重压力，在不得已的情况下，走上了厌食症这条路。在一次又一次由于厌食症的摧残而住院治疗期间，克里斯蒂不得不受到身体营养严重不良状况的限制而避免大运动量的活动；但是，一旦出院，她还是会像入了魔障一般，重复以前的做法，疯狂节食，疯狂锻炼。“我要变得更瘦”的执念已经深深地扎根在她的脑海里，不可自拔。

三年后，悲剧发生了，那一年，她22岁，死于脾功能衰竭，死的时候，她的体重只有可怜的22公斤。那副躯体，除了一副骨架外，我们很难想象还会有其他的东西。

神经性厌食症的主要表现为主动拒食或过分节食，导致体重逐渐减轻，体形消瘦以及神经内分泌的改变。厌食症患者经常会伴随有各种焦虑障碍和情绪障碍，其中强迫症的症状最为常见。

神经性厌食症一般缓慢起病，患者对体重的增减非常敏感，对苗条身段的喜欢达到了一种痴迷的程度，整日专注于自身的体重、体形，严格限制每日的进食量，开始往往隐秘节食，如避开家人采取使体重减轻的手段，不愿与家庭成员一起进食，不在公共场所进食，不吃早餐等。

尽管体重减轻是神经性厌食症的最显著特征，但这并不是厌食障碍的核心。很多人都会因为生理疾病而产生体重下降的现象。但是，厌食症患者的体重减轻则是因为自己常担心肥胖问题，因此过分地追求苗条身段而导致的。这种障碍普遍开始于较胖或者感觉自以为胖的青春期女性（特殊专业和职业者例外）。

然后，患者便开始节食行动，并且强迫性地专注于如何变瘦。像董晓那样进行几乎是惩罚性的运动，经常在这些患者身上见到。通过严格控制摄入的热量或者把热量摄入的控制和热量清除紧密结合起来，她们往往会实现体重显著下降的目标。

但是，患神经性厌食症的女孩从来不曾对自己的体重满意过，她们脑袋里都是“我要变得更瘦”的念想。体重如果保持不变或者有那么一点点的增加，她们都可能会出现诸如惊慌、焦虑和抑郁等不良情绪。只有当体重在接连几个星期里都持续减少，这样，她才会感到满意。

尽管DSM—N—TR中明确把体重低于正常标准的85%作为这种疾病的诊断标准，但大部分去就诊的患者，其体重大约已经低于正常标准的75%，甚至是70%了，这些就诊者大部分是迫于家人亲朋的压力才到医院就诊的。让这些人主动到医院就诊，简直比登天还难。此外，厌食症的另一个重要特征是显著的体相改变。

她们从镜子里看到的自己与别人看到的自己是不一样的。别人看到的是在半饥饿状态下挣扎的、憔悴的、苍白瘦弱的女孩，而她们自己看见的则是身体的某个部位需要再减掉至少几磅的女孩，她们看到的是一个身材可以变得更“完美”的自己，她们永远对身材的现状不满意。

正如董晓所说：“我每天照穿衣镜至少四五次，我实在看不出自己很瘦。有时在几天严格的节食之后，我感觉自己的外形还可以，但奇怪的是，在大多数时间里，我总认为镜子里的我太胖了，我看到的是一个粗重的、笨拙的、梨型身体的软弱无能的人，我认为自己迫切需要改变这种状况，我需要立刻采取减肥行动，我需要变得消瘦起来。”

看了很多医生或者到医院就过许多诊后，患者似乎会变得听话了，也认同自己体重过轻，并认为自己需要增加一点重量。但实际上，她们在心底根本不相信这些说法，所以她们依然会变本加厉地继续她们的这种病态的行为。当再进一步质问她们时，她们就说镜子里的女孩很胖，镜子里的女孩需要采取减肥措施，镜子里的女孩需要变得消瘦一点。出于这个原因，厌食症个体很少主动就诊，通常是迫于家人的压力才会这样做，而一旦家人给予的压力消失或者是家人的监管不力，她们又会偷偷地采取病态的、不理智的节食行为，这是厌食症患者病情多次反复，难以治愈的原因所在。

病态的节食行为还可能引起内分泌功能紊乱。厌食症造成最常见的医学后果就是停经。前文我们已经列举出了不少例子。这个特征是一个客观性的生理指标，具有诊断价值，意思就是诊断患者是否停经，把是否停经作为前来就诊的患者是否是厌食症患者的一个客观性的指标。厌食症的其他症状还包括皮肤异常干燥乃至是严重脱皮，对低温极度敏感且无法忍受，肢体和面颊会长出类似胎毛的绒毛，头发易脱落或指甲易断裂，以及出现心血管问题，比如长期低血压和心动过缓。因为经常性的呕吐会导致体内的电解质紊乱，从而导致心脏和肾出现问题。

缺少营养的厌食者

珊珊的父亲在一家大公司里做销售经理，高大英俊，温文尔雅，很受公司女下属的青睐。母亲在一家国有企业做行政主管，眉清目秀，仪态万千，也很受公司男同事的欢迎。

在家中，爸爸不爱说话，沉默寡言的时候居多；妈妈则是口齿伶俐，颐指气使，每句话都咄咄逼人。婚后的日子，爸爸总是觉得他自己遭受到了一种莫名的家庭压力，同时还产生了一种对妻子的无形的愤恨情绪。

珊珊的父母都是非常爱孩子的人，对珊珊非常宠爱。但是两人对自己的婚姻都是非常的失望，两个人都是因为怕女儿受到伤害才没离婚的。只是两人没想到生活在这样的家庭情况下的孩子，更容易被父母流露出来的不良的情绪给牵引，心灵上更容易受到创伤，以至于做出许多不理智的举动。

珊珊说：“在我非常小时，每次他们吵架，我都会蹲在墙角那里大声地哭泣，希望能够引起他俩的注意，非常期盼他俩可以和好。而后来当我一点点的长大，父母之间的原来的那种冷嘲热讽一点点的让冷漠沉默给取代了。我非常的担心突然有那么一天父母会离婚，那样的话我就会失去一个人的爱，就不会有完整的家了。

"所以，因为整日的担惊受怕、精神抑郁、食欲不振，我开始不吃早饭。有的时候仅仅是因为一件很小的事或者是跟同学或者家人闹矛盾的时候，我也不吃饭，我觉得不吃饭是我无声的反抗，我必选采取某种举动，否则我觉得我会因此而疯掉的，因而我选择了不吃饭。虽然如此，我还是觉得自己非常无助，没有人理解我的困境，没有人可以为我提供帮助。"

很明显是否吃东西是珊珊唯一能够控制的事情，她总是担忧父母是否会离婚，而她的父母却并不知道她是怎么想的。要知道的是：孩子在面对一对不和的父母亲在感情上所要承受的那种伤害要比成人所想象的严重得多。一对感情不和的父母为了孩子的健康成长，选择维系惨淡的婚姻，殊不知，孩子长久生活在父母的臂膀之下，很容易感受到父母的情绪，一旦父母有什么不和的举动，孩子在心灵上都会像遭受一场暴风雨一般。父母的一举一动，那些时时刻刻散发出来的对对方的那种怨恨情绪，都有可能会成为改变孩子性格和行为的诱因。

对这种家庭进行治疗是一件非常困难的事情，因为夫妇俩都不同意对方的观点，因而两方无法达成共识，更不必提什么采取有效的行动了。没有父母的配合治疗，治疗珊珊的病也就成了无稽之谈。双方都觉得对方应该做出改变，但是自己却都不肯去改变自己，无法做到起码一丝的妥协和包容，无法互相面对的家长，负面情绪就会逐渐积聚、爆发，所有的负面情绪就会波及正待健康成长的无辜的女儿身上了。

以家庭的角度去看个人的行为，那个所谓的坏孩子，很可能是那个最忠心于父母、最在乎父母感情的孩子。

那些婚姻无法圆满的夫妇，实际上一样可以做非常好的父母，但是他们总是在不断地埋怨对方，不仅没有做到父母应尽的责任，却总是让孩子来替他们着想，事事都要照顾他们的情绪，这样的父母是不合格的父母。

夫妇总是吵架，埋怨对方，会将这种不好的情绪传染给孩子。孩子本是一张白纸，需要父母加以正确的引导。现在父母却经常吵架，还怎么谈教导孩子，更遑论让孩子健康成长了。大多有心理疾病的儿童，很多时候都是因为孩子跟父母之间的无法分解的关系。孩子总是要长大的，最终是要脱离自己的父母来创造一个属于自己的空间的，而幼小的珊珊的空间却仅仅是父母之间的无休止的冷战。珊珊本身并没有什么问题，主要是因为她父母的关系不和，她的父亲跟另一个女人关系非常好，总是一个月才回

家来看她一次。显然，父亲只爱女儿却不想要妻子，几年的时间过去了，他们两个人却还在维系着这段不该维系或者说不应该如此维系的婚姻上。珊珊的厌食症状越发明显，病情逐渐地积聚，终于珊珊得了神经性厌食症。

在家庭治疗的不断进行中，珊珊变得更开朗、更能吃了，而且体重也开始增长。有时候，解决孩子的心理障碍并不是那么费劲，父母或许可以换一个思路，不要从孩子本身找问题，而是掉过头来，检查一下自身在哪些地方做得不好。如果找到了，或许孩子的心理问题就会迎刃而解。珊珊就是一个典型的例子，如果父母的关系能够改善的话，孩子的问题立刻就可以解决的。一家三口，在做了5次家庭治疗之后，却是带着想要重新建立和谐的家庭关系的理想而去，而珊珊的问题也出奇地得到了解决。

现在因为减肥而导致的成人发生的厌食症，也叫神经性厌食症变得越来越多了。很多国外著名的影星、模特、乐手等因为想减肥而把自己弄得骨瘦如柴的比比皆是。问题是在别人看见他们都瘦得没有人样，都表示非常同情时，这些人自己还没有察觉，依旧很享受这种对自己的折磨，用身心的备受折磨来换取外人羡慕的眼光和热烈的鼓掌声。事实上，这类因为要减肥而引发的厌食症的人，最后大多数会变成患上深度抑郁症的人，所遭遇的痛苦可想而知。

厌食症是生物体的自然需要，是个体赖以生存的本能活动。个体的生存环境、社会文化背景、风俗习惯及经济条件与进食行为密切相关，正常的进食行为应适应其社会文化背景的基本要求，保持恰当的食量。

为什么会有厌食症这种病呢？首先，很多人减肥根本就不是因为自己太过肥胖，而是一直是自卑感作祟，有时候还伴有对自己的厌恶感。当这些人在减肥前，心理上存在着严重的问题，无法肯定自我，极度否定和厌恶自我，缺少自信心。

再看看减肥的方法。大部分人会选择少吃，甚至是干脆就不吃主食还有肉食了，天天吃素苹果、黄瓜，到最后就变成了“面有菜色”，不光是外在消瘦、死气沉沉，精神上也会遭遇焦灼、烦躁、抑郁等各种负面情绪的侵袭，生活得毫无快乐可言。

“节食”、“减肥”，当这些在广告中随处可见的字眼像颗种子似的掉进你心中，潜滋暗长，一点点的变成了你的生活理念之后，你可一定要小心了，一定要注意自己的饮食行为，一定别患上“厌食症”。要对”“减肥”这些广告所传播的理念有清醒的认识，不要盲目地加入节食减肥的行列，最后弄得自己人不像人、鬼不像鬼。

大方、高雅、才艺双全，就如同是在桂冠上那颗绽放着夺目光辉的宝石似的，从2008年的“美国小姐”科尔斯顿·哈露德的身上，人们完全能够轻易地罗列出这些非常完美的亮点。

但是，就在哈露德选关获得这项荣誉之后，这个从密歇根州来的19岁的女孩却在观众面前谈起了一段令她非常痛苦的往事。神经性厌食症又名精神性厌食症，属精神性的神经性厌食症，以故意节食致体重减轻为特征。正是这个厌食症，困扰着她许多年，科尔斯顿·哈露德曾经跟它进行了顽强的抗争，并最终胜出，一举夺取了2008年的"美国小姐"的荣誉称号。

"厌食症似乎大部分患者都为女性，尤其是正处于青春期的女孩子们，怎么会这样呢？对于这个问题，我想说的是女孩子的身体在青春期时会有很多改变，比如说'发胖'了。这令人非常的困扰，严重的还会出现激烈的抵触行为。"3年前，16岁的哈露德还仅仅是个高中的学生，就跟所有那个年龄的孩子一样，她每天的生活都是上学放学，她有一个自己的社交圈子，在周末的时候经常跟朋友们到派对上凑热闹。但是，在这些看似没有问题的表象下，敏锐的父母还是一点点地发现女儿跟原来不一样，她的行为和以前有了明显的不同。

吃饭的时间逐渐减少，去厕所的时间开始增多。在哈露德的记忆里，那是一个非常痛苦的时期。"那个时候我吃得非常少，有时候感觉自己就算只是喝口水，我的体重都会增加很多。我想我的父母也是从那个时候起开始非常注意我的饮食，两人劝我多吃一些，不要身体会变得虚弱，容易生病，最后还会有可能把自己搞垮的。但我无法听从对我的劝告，仿佛是有一只无形的手在不断地推着我朝前走，我自己也很乐意往前走。"

长期的营养不良让哈露德的锁骨变得越来越突起，有时还会感觉自己喘不上气来，而且很多时候她和家人、朋友在一起相处的时候总是会因为一句话没说对就吵起来了，最后关系闹得很僵化或是不欢而散。可是她的这种做法到最后却只会让她觉得自己越来越孤单，精神遭受的压力越来越大。

临界点总是会来的，发展的趋势也会在那里被变成两个趋势，一个是通向光明，另一个则是坠向更黑暗处。幸运的事情是，哈露德走向了光明的坦途，某次仅仅爬到六楼之后就累得气喘吁吁的事情发生后，她就下定决心要让自己摆脱这种痛苦。她的父母将她带到医院去了，后来医生说她真的是得了厌食症。"一开始的治疗有点痛苦，因为进食对我来说很困难，以前的我讨厌进食，现在突然要一下子转变过来，真的很难以接受，但幸运的是我挺过来了。感谢父母和医生，是他们救了我，不然我现在或许还在遭受着厌食症的困扰，或许我也像那些不幸的厌食者一样，离开了这个世界。"

"今年美国小姐的得主是……"哈露德在2月26日总决赛当晚演唱了一首《飞越彩虹》，对于在辛辛那提大学学习音乐的她来说，高歌一曲并不困难。但是在经历了那么多的风雨，在听见她自己获得了“美国小姐”的荣誉称号之后，忽然间，我们有一种感慨，这个19岁的小女孩真的是在经历了风雨之后见到彩虹的。如果她还是那个患了厌食症的女孩，那么站在舞台上或许就不是她了，她或许还生活在厌食症带来的阴影中。

美国小姐的荣誉为哈露德带来了5万美元的奖金、镁光灯的笼罩，同时也让她感觉到了她的责任和使命。而此后一年的时间中，她将要参加美国慈善组织在各地举行的各种各样慈善活动，这里面就有帮助那些患上厌食症的人，帮他们重新找回对健康的渴望和对回归到正常人生活的信心。“从报名参赛开始，我就公开了自己的病史。作为一个曾经的厌食症患者，我想我能告诉他们一些我自己的亲身感受。我可以设身处地地体会到她们内心的挣扎和痛苦。我活生生地站在那里，可以给她们以希望。我选择了另一条道路，那就是抛弃了病态的节食减肥的行为，最终我容光焕发地站在了你们的面前。我用事实告诉了你们，我所做的选择才是正确的。你们现在加入还为时不晚。”

“巧克力是女孩们最亲密的朋友”。如今这句话成了哈露德的名言，而她的另一句名言就是“如果你想站到镁光灯闪耀的舞台上，你必须得有曲线，而不能是做像一根棍子似的模特。”很多的观众都非常想知道哈露德的体重，对于这个问题，这个身高5英尺8英寸的金发小姑娘就不愿过多的透露，因为她不想给女孩子们设定一个标准。“我能透露的是，参赛期间我总会放点巧克力在枕头边上，有时累了就会咬上几口。”哈露德微笑着说道。

2007年米兰时装周期间，有一则新闻异常的轰动，由意大利摄影师奥利维耶罗·托斯卡尼拍摄的宣传海报一下子就出现在了米兰市所有的街头还有当地报刊上面——体重只有31公斤的法国女演员伊莎贝尔·卡罗用裸照的形式让世人知道厌食症是多么的恐怖。

“瘦会导致死亡，瘦绝不是美丽。”身高1.65米的卡罗并不是由于过分追求美丽才患上这个神经性厌食症的，她的问题是小时候不和谐的家庭的气氛所导致的。但是卡罗也非常清楚，在她所处的那个五彩缤纷的T台上，有那么多的人，在人前的时候非常的耀眼，光彩照人，但是在私底下却备受心灵和身体上的双重折磨，再三权衡之下，所以她就做了这次宣传海报，让人们了解了许多T台上的模特的辛酸生活，更让人们认识到了患上厌食症对身体和精神的摧残是多么严重。

以瘦为美，这是由于人为的意识而造成的一股风气。大家都追着这股风气。如今这股风已经刮遍了世界各地。神经性厌食症也接连在各地蔓延开来，还有愈演愈烈之势。有研究者找到1959~1988年间刊登在《花花公子》封面的女郎，还有那个期间与“美国小姐”的有关的信息，忽然发现了人们越来越喜欢瘦长的女人。

实际上69%的《花花公子》的封面女郎和60%的美国小姐的身材已经比正常体重低了15%，有些严重的甚至已经患了厌食症。

2006年11月15日，18岁的巴西模特安娜·卡罗琳娜·雷斯顿死于厌食症和败血症。雷斯顿身高172厘米，临死前的时候体重只有80斤，这是一般只有12岁、身高在150厘米的女孩子的重量。因为在模特界总是喜欢骨感的模特，这股压力逼迫着模特必须严格控制着自身的体重，许多模特因而患上了厌食症。流传出这股风气的时装界这些年来一直备受谴责。西班牙时装界首先对这个批评给予回应，严禁身体的质量指数（BMI）少于18的过于瘦弱的模特进行登台演出，这是时装界第一次对于厌食症模特的拒绝，是扭转不良风气的开端之举。

“饮食不规律，经常服用错误的药物，会给自己的身体造成极大的损害，这种问题可以靠化妆或者是形象提高的方法来遮盖一时，但是4年之后，一个只有24岁的姑娘在别人眼里很可能会比她的实际年龄差不多要老10岁。”对于那些还在过度节食的姑娘们，很多专家都开始对她们敲响警钟。还在过度节食的姑娘们一定要注意了，不反对减肥，但是要倡导健康合理的减肥方式。如果还是执迷不悟地在这条道路上走，最终将会踏上一条不归路，越陷越深，最后酿成难以挽回的恶果。

2007年2月13日，18岁的乌拉圭模特埃利安娜·拉莫斯在蒙得维的亚的她的住处被发现时已经死亡，法医解剖后判定其生前严重的营养不良。而早在2006年，埃利安娜的姐姐，22岁的模特露依塞尔同样是因为患上了厌食症而去世的。

根据全美的饮食失调协会的估算，现在的美国要有1000万的少女和妇女都患有厌食症，而同样的男性患者仅仅为100万。

患上厌食症的危险信号有：

（1）过于重视自己的身材和体重，对于肥胖有很强烈的恐惧，有非常强烈的愿望想使自己瘦下来。即便是自己已经偏瘦了，但还总是嚷着要“减肥”。

（2）只吃少量的东西，摄入主食的量严重偏低，甚至是将饮料当作主食，让自己做大量的运动，消耗热量，会服用泻药、利尿剂等药物，有时还会采用抠嗓子等方法来催吐，来阻止营养和能量的摄入。

（3）短时间内体重明显下降，身体严重消瘦，瘦到不足标准体重的85%。

（4）依然进行平日的各种活动，不承认自己会有饥饿、劳累的感觉，忽视身体发出的饥饿的信号。

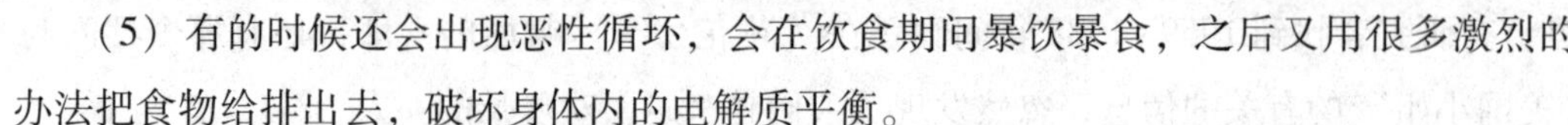

（5）有的时候还会出现恶性循环，会在饮食期间暴饮暴食，之后又用很多激烈的办法把食物给排出去，破坏身体内的电解质平衡。

（6）长此以往会导致下胃肠功能衰竭，一吃饭就想吐，没法正常地进食。

（7）血压变低，心跳比正常人慢，容易掉发，指甲易断裂，骨头钙化，脸色总是苍白或者蜡黄，对寒冷异常敏感，体质非常差，皮肤表面会长出类似胎毛一般的绒毛。

进食障碍的成因

那么，为什么有的人非要放着好好的饭不吃，却来个进食障碍呢？这里面主要有三个因素：社会因素、生物因素和心理因素。下面就分别来介绍一下。

1. 社会因素

说起来，在迄今为止已经确认的心理障碍中，神经性厌食症和神经性贪食症和社会文化的相关性是最强的。为什么有的年轻人会进入一种半饥饿和自我呕吐的惩罚当中呢？先打开电视看看吧，这个电视台是某位身材曼妙的女明星推荐减肥药的广告，那个电视台是某健身器材公司在向人们展示使用前和使用后的显著对比效果。整天看着这些广告，很容易就会产生一种“要么瘦要么死”的感觉。如果自己的体重很正常，无论怎么吃也不会胖，那还好。但是那么身材偏臃肿或略胖的人就会受到强烈的刺激，如果本身也有很强的减肥愿望的话，那么极有可能会加入节食减肥的行列中来。所以，很多人在看完广告之后，再看看自己身上的肥肉，马上感到压力山大。公众媒介起到了推波助澜的作用，广告商的广告更多的是利益之争，但这种广告的后果正是自觉不自觉地引领着社会的风潮，向人们传播着新的价值观念。

现代社会的竞争压力越来越大，而很多身处中上层阶层的年轻女性自然会产生这样的想法：自己的成功和幸福在很大程度上受到自己体形的影响。不是有那么一句话吗？学得好不如长得好。长得好，这三个字里面自然要包括曼妙的身材。要知道，脸蛋除了去做整容手术是没法改变的，但是身材就不一样了，可以通过锻炼或者节食勾勒出玲珑有致的身材，吸引他人的目光，或许还可以用曼妙的身材换取自己希望得到的东西。有了好身材，也许自己就会一路好运，升职、加薪，甚至还有可能嫁入豪门。这么一想，节食是值得一试的，如果成功减肥，那就增加了自己所拥有的筹码。由此，人们就走出了产生进食障碍的第一步。

那么，为什么进食障碍会多发生在女性身上呢？据某调查结果显示，女性眼里最具吸引力的体重要远低于自己现在的体重，而男性眼里最具吸引力的体重要远高于自己现在的体重。所以，一般女性为了实现降低自身体重的目标，就会选择节食，进而患上进食障碍。

还有一点，就是“物以类聚人以群分”。女性之间的小团体比较多，像什么姐妹淘啊之类的，一般来说，她们在一起的时候，如果其中有一个人对自己的体形过分关注，或者有个人的身材极度曼妙，并有意无意地炫耀自己的身段，传授成功的心得，那么就很有可能会引起其他的人也做出类似的追逐效应，进而，大家就会跟风节食。另外，由于女性之间的攀比心理比较重，你瘦，我比你更瘦，我还要接着瘦，这么比来比去，吃得越来越少，以至于引起进食障碍。

除了这些原因，还有一个原因就是母亲。在进食障碍患者的家里，她们的母亲通常会扮演“社会信息传递员”的角色。她们会给自己的女儿有意或者无意地灌输这样的信息：你一定要瘦，胖是无可救药的。就像凯伦的母亲那样。久而久之，女儿自然会受到影响。母亲这个角色异常重要，因而女儿自小就生活在母亲的身边，母亲的一言一行、一举一动，都牵动着女儿的心。所以，母亲一定要向自己的孩子传输正确的价值观念。平常的生活中还要仔细留心女儿的举动，争取做到早发现早治疗，当然没有厌食症的举动更好。

2. 生物因素

跟很多其他的心理障碍一样，进食障碍有一定的家族遗传性。相对于一般人群，那些家族中有亲属患进食障碍的人的发病率要比没有进食障碍的家族肥胖史的人高出四到五倍。因此如果面临着同样的刺激事件时，他们会更容易产生焦虑的倾向，而一旦出现焦虑，极有可能就依靠各种不理智的进食举动来缓解焦虑带来的痛苦，尽管这种举动是不正确的。对于有肥胖遗传史的家庭，更需要投入大量的精力，留意孩子的一举一动，正确引导。要让孩子认识到节食减肥的危害，最好将萌芽扼杀在最初的状态。

3. 心理因素

完美主义，怎么说呢，可能是见仁见智吧！

对于正常人来说，追求完美会让他们不断鼓励自己，成为人群中的佼佼者。这种追求完美主义的举动无可非议。许多正常人都会有完美主义倾向，他们依靠自身的努力奋斗来达成目标。

但是，一旦病者追求完美，特别是在进食障碍中被引向对身体形象的扭曲认识时，完美主义的破坏力可是非常惊人的。病者追求完美，大多数会采取许多极端的做法。而这种极端的做法肯定会摧残肉体和精神，所爆发的负面情绪还会感染周围的其他人。患有神经性厌食症的人就是一个典型的例子。

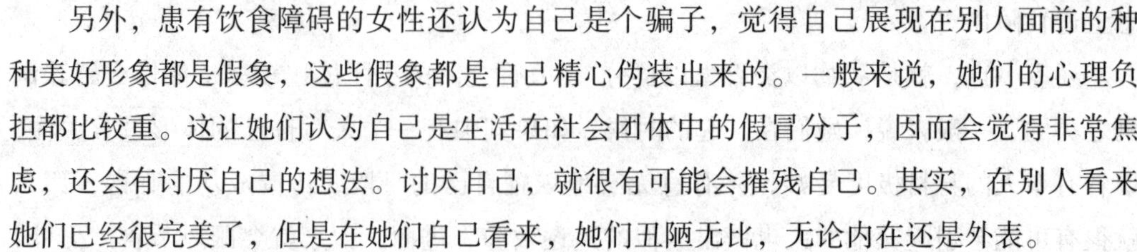

另外，患有饮食障碍的女性还认为自己是个骗子，觉得自己展现在别人面前的种种美好形象都是假象，这些假象都是自己精心伪装出来的。一般来说，她们的心理负担都比较重。这让她们认为自己是生活在社会团体中的假冒分子，因而会觉得非常焦虑，还会有讨厌自己的想法。讨厌自己，就很有可能会摧残自己。其实，在别人看来她们已经很完美了，但是在她们自己看来，她们丑陋无比，无论内在还是外表。

十四、决策障碍

主动跳进的思维陷阱

我们从一个很有力的例子开始，这个例子说明了心理因素是如何影响人们决策的方式。

美国 FBl 测试题这道题，是节选自 FBI 在某一年招募新人时的素质测试题，测试新人的反应能力和智商水平。

1. 有 5 个海盗，抢了 100 颗价值连城的钻石，他们提出一个分配方案。抽签决定出1~5 号，先由 1 号提出分配的方法，如果得到半数以上（不包括半数）的人支持，就获得通过，否则将被扔进海里喂鱼。这时，由 2 号提出新的方案，如果得到半数以上（不包括半数）的人支持，就获得通过。否则将被扔进海里喂鱼，依此类推。

提示：

（1）每一颗钻石价值都一样。

（2）每一个海盗都能正确判断出当时的形式，并做出正确的判断。

问：如果你是 1 号，你如何在确保最大利益的前提下得到半数以上的支持?

2. 他们为什么这么说有一对情侣在坐巴士到了一个路口时，他们下了车，可是巴士开走没多久后山上滚下来一颗巨石，把巴士整个砸扁了，里面的人都无一幸免，情景非常恐怖。看到这里情侣中男的面无表情地对女的说：“早知道我们就不下车了……”女的点头示意……

3. 村子中有 50 个人，每人有一条狗。在这 50 条狗中有病狗（这种病不会传染），于是人们就要找出病狗。每个人可以观察其他的 49 条狗，以判断它们是否生病，只有自己的狗不能看。观察后得到的结果不得交流，也不能通知病狗的主人。主人一旦推算出自己家的是病狗就要枪毙自己的狗，而且每个人只有权力枪毙自己的狗，没有权力打死其他人的狗。第一天、第二天都没有枪响。到了第三天传来一阵枪声，问有几条病狗，如何推算得出？

答案1. 请注意这个题目的假设及隐含的意义：

（1）5个海盗，并不重要，可以是5个其他人、5个组织、5个团体、5个机构等。则“5个”可以代表整个人类社会。

（2）100颗质地相同的钻石。这代表着资源，不同的资源尽管形式很多，但都可以量化成利益：或者是货币形式，或者是其他任何可以交换的形式。假设社会上的所有资源都可以金钱化，那么，社会资源当然就可以确定为100等分。

（3）5个人抓阄排序。人在社会中其实永远不可能平等。但谁更重要、谁更不重要？人类社会初期的排序应该是随机产生的。最早做“领导”的人，也许纯粹出自偶然。但人偏偏要以为是平等的，要民主，结果，5个人民主的结果就是“抓阄排序、集体表决”。排1号的人，纯粹是由于偶然。

（4）最先提出分配方案的是1号，但他的分配方案必须经过50%以上的人同意，这是很民主的。

（5）1号的方案如果通不过，要被杀掉。这实在是太公平了，1号的风险太大了！其实一点也不。

（6）关于人性的假设：在这里，贪婪成性是符合人性真实情况的。关于绝顶聪明，社会的组织有若干人组成，每个人都是聪明的，一个组织内的所有人合作，是可以算清楚自己的利益得失。只是，一诺千金是不真实的。因为人性贪婪，但这里，为了解答问题的方便，我们暂且做这个假设。要知道，即使在社会中，任何组织也会遵守事先的承诺，否则，社会秩序就无法维持。

要回答这个问题，一般人肯定会想到，1号必须先让另外两个人同意，所以，他可以自己得到32颗，而给2号、3号各34颗。但只要仔细想想，就会发现不可能，2号和3号有积极性让1号死，以便自己得到更多。所以，1号无奈之下，可能只有自己得0，而给2和3各50颗。但事实证明，这种做法依然不可行。为什么呢？因为我们要先看4号和5号的反应才行。很显然，如果最后只剩下4和5，这无论4提出怎样的方案，5号都会坚决反对。即使4号提出自己要0，而把100颗钻石都给5，5也不会答应——因为5号愿意看到4号死掉。这样，5号最后顺利得到100颗钻石——因此，4的方案绝对无法获得半数以上通过，如果轮到4号分配，4号只有死，只有死！

所以，4号绝对不会允许自己来分。他注定是一个弱者中的弱者，他必须同意3号的任何方案！或者1号、2号的合理方案。可见，如果1号、2号死掉了，轮到3号分，3号可以说：我自己100颗，4号5号0颗，同意的请举手！这时候，4号为了不死，只好举手，而5号暴跳如雷地反对，但是没有用。因为3个人里面有两个人同意啊，通过率66.7%，大于50%！

由此可见，当轮到3号分配的时候，他自己100颗，4和5都是0。因此，4和5不会允许轮到3来分。如果2号能够给4和5一些利益，他们是会同意的。

当人们面临一项复杂决策时，最佳解决策略是什么？一种普遍被接受的常识性观点认为，努力思考方能做出较好的、令人满意的决策，在面临复杂决策时尤其如此。另一种智慧则告诫人们，在面临复杂决策时，把问题“先放一放”，一段时间之后再作决策。

比如2的分配方案是：98，0，1，1，那么，3的反对无效。4和5都能得到1，比3号来分配的时候只能得到0要好得多，所以他们不得不同意。

看来，2号的最大利益是98。1号要收买2号，是不可能的。在这种情况下，1号可以给4号和5号每人2颗，自己收买他们。这样，2号和3号反对是无效的。因此，1号的一种分配方案是：96，0，0，2，2。

这是不是最佳方案呢？再思考下，1号也可以不给4号和5号各2个，而只需要1个就搞定了3号，因为如果轮到2号来分配，2号是可以不给3号的，3号的得益只有0。所以，能得到1个，3号也该很满意了。所以，最后的解应该是：97，0，1，2，0。

如果再重来。假设1号提出了97，0，1，0，2的方案，1号自己赞成，2和4反对——3：2，关键就在于3号和5号会不会反对。假设3号反对，杀掉1号，2号来分配，3自己只能得到0。显然，3号不划算，他不会反对。如果5号反对，轮到2号、3号、4号来分配，5号自己最多只能得到1。所以，3号和5号与其各得到0和1，还不如现在的1和2。

正确的答案应该是：1号分配，依次是：97，0，1，0，2；或者是：97，0，1，2，0。

2. 那两人这样说是因为如果不是他们下车耽误那么点时间，那么车就刚好躲过石头！

答案3. 第一种推论：A. 假设有一条病狗，病狗的主人会看到其他狗都没有病，那么就知道自己的狗有病，所以第一天晚上就会有枪响。因为没有枪响，说明病狗数大于1。B. 假设有两条病狗，病狗的主人会看到有一条病狗，因为第一天没有听到枪响，是病狗数大于1，所以病狗的主人会知道自己的狗是病狗，因而第二天会有枪响。既然第二天也没有枪响，说明病狗数大于2。由此推理，如果第三天枪响，则有3条病狗。

第二种推论1：如果为1，第一天那条狗必死，因为狗主人没看到病狗，但病狗存在。

2：若为2，令病狗主人为a，b。a看到一条病狗，b也看到一条病狗，但a看到b的病狗没死故知狗数不为1，而其他人没病狗，所以自己的狗必为病狗，故开枪；而b的想法与a一样，故也开枪。由此，为2时，第一天看后2条狗必死。

3：若为3条，令狗主人为a，b，c。a第一天看到2条病狗，若a设自己的不是病狗，由推理2，第二天看时，那2条狗没死，故狗数肯定不是2，而其他人没病狗，所以自己的狗必为病狗，故开枪；而b和c的想法与a一样，故也开枪。由此，为3时，第二天看后3条狗必死。

4：若为4条，令狗主人为a，b，c，d。a第一天看到3条病狗，若a设自己的不是病狗，由推理3，第三天看时，那3条狗没死，故狗数肯定不是3，而其他人没病狗，所以自己的狗必为病狗，故开枪；而b和c，d的想法与a一样，故也开枪。

由此，为4时，第三天看后4条狗必死。

5：余下即为递推了，由年n—l推出n。答案：n为4。第四天看时，狗已死了，但是在第三天死的，故答案是3条。

思维陷阱往往以各种方式表现在我们的日常生活中，女生小雨就是典型的案例，小雨说："物理是我最喜欢的一门课了，但随着物理教学内容的逐渐发展与逐步深化，我在物理学习中的障碍也逐渐暴露出来。"而身边的同学、老师、家长都安慰她说："不行就算了，女生本来就不适合学习理科。"

作为一名女性，往往大家的惯性思维是"不适合学习理科"，这也对小雨这样学习理科产生了障碍的形成因素，目前，城市中学在校女生大部分是独生子女，家长对孩子的期望都很高，希望自己的女儿能够走进理想的大学，并且社会上一致认为，只有考上大学才能有出息。而女生一般来说性格文静、内向、脆弱、不爱动，这对学习从外界的判断就产生了"学不好的观念"。小雨从小学到初中都是老师眼里的好学生，班级里的尖子生，到了高中阶段各界"精英"会聚，小雨觉得理科学习起来比较吃力，再加上外界大部分人的惯性思维，她学习成绩也不再名列前茅。

因此，小雨在学习上碰到挫折，便开始怀疑自己的能力、智商，再加上传统观念的影响，总觉得女生比不上男生学习理科聪明，导致她对学习物理的兴趣淡化，甚至产生厌倦和苦恼的心理，从而失去学习的信心。其实，不管小雨还是她身边的人都陷入了思维的陷阱。

小雨在心理上的思维陷阱障碍也许从某种意义上说是超过她在知识方面的障碍，健康的心理对于学习起着极为重要的作用。如果学习始终是心情愉快的、精神振奋的，那么大脑就会处于兴奋状态，智力活动的积极性就会得到充分的调动。

针对小雨这种性格内向、文静、脆弱、心理承受能力较弱的特点，随时了解她们在学习上存在的困难，帮助她们分析原因，指导她制订学习计划和寻觅适合自己的学习方法。消除学习紧张的心理。对她们应多鼓励、少指责，帮助她们解除思想负担，创造和谐轻松的学习环境。

而小雨性格内向，反应较慢，思路不宽，容易失去信心，但在学习上踏实沉着，能静下心来，思考问题比较深，感情内敛细腻，这些优点如果能用到学习理科身上，再进一步提高学习的主动性，敢于发言和请教别人，同样可以在男生专属的理科领域出类拔萃。

在上述基础上还要帮助她正确对待学习上的挫折。就如战场上没有常胜将军一样，学习上不可能没有挫折。爱迪生小学时就被老师误认为低能儿，张广厚因为数学不及格而考不进中学。但是，他们都没有被暂时的失败所吓倒，经过自己不懈努力，最终成了发明大王和数学家。教师以这些实际例子，帮助他们从挫折失败的阴影中解脱出来，同时努力造就他们遇挫不折、坚忍不拔的健康人格。使他们摆脱心理上障碍，增强正视挫折、战胜困难的勇气。

众多女生在学习理科大多数就沦为学习的失败者，通过平常的固有思维状态和学习状态，造成她们学习的障碍、成绩滑坡的主要原因是：许多女生进入中学后，还像初中那样有很强的依赖心理，总是习惯于让老师拉着手走，从心理和思维上都不能离开老师。

女生安分守己善于接受直觉印象形成的感性认识，在学习理科之前就接触了大量的固有思维概念，因此在建立理科学习概念之前，已经有了先入的观念，她们根据自己的直觉印象形成的感性认识，由于缺乏科学的分析，形成的观念中有不少不仅不反映事物的本质，反而会妨碍正确概念的接受和建立，成为对正确概念形成和运用的干扰，造成思维的障碍，甚至导致错误的结论。

例如在学习牛顿第一定律之前很多学生（包括男生）认为“力是运动的原因”，这个观念是违背科学规律，通过教师的讲解和分析，男生能很快扭转错误的思维，但是女生由于其安分守己的性格特点，就很难建立正确的概念。在教学中就需教师针对这些特点，把教学重点放在纠正错误观念上，多举例，从正反两方面来讲解，并且运用实验手段，以便有力地排除错误的观念，让女生从自己狭隘的思维圈子里跳出来。

当然，女学生学习理科的心理的障碍和思维障碍的因素很多，一般不会各自独立地表现出来，如果克服和处理不好，不但会影响她们的学业，有的甚至会造成严重后果，因此我们常常陷入惯性思维里面，应该掌握好思维规律，重视她们的思维能力的培养和提高，这对于提人生观都有很大的影响。

无意识决策

“无意识选择”在我们生活中随处可见。简单地说，就是尽管观众并不喜欢这种爆米花，但是在影院里，爆米花并不是观众注意的焦点，在消费的过程中，观众并没有积极有意识地去评价产品，因而给他们提供了大桶，他们就多吃一点，提供了小桶，他们就少吃一点。这也反映在消费者的购买过程中是“无意识决策”状态。

无意识并不是心理学所特有的概念，而是为哲学、精神病学、心理病理学、法学、文艺、历史学等学科所共有。它作为心理学概念有着悠久的历史，起初是由哲学家提出来的，如古希腊哲学奠基人柏拉图就曾谈到无意识问题。他从其客观唯心主义出发把无意识看作是“潜在知识”的观念形式，是一般知识的前提，因此知识不是别的，而是回忆。

如成人无意识咬指甲或是压力大，小孩子爱咬指甲，人们可能会认为他不知道咬指甲是不卫生的行为，但是如果大人也咬指甲，这就不是卫不卫生的问题了。最常见的理论之一是人爱咬指甲是因为有压力，人们喜欢通过咬指甲来放松自已，紧张的时候他们会咬指甲，考虑问题的时候他们会咬指甲，这都是人在无意识的情况下做出的举动。

法国研究人员进行了一项测试，以检查什么人爱咬指甲和咬指甲是在什么情境下。研究显示，法国人爱咬指甲大都与他们的工作有关。26%以上的人称，在考虑与他们工作相关的事情时爱咬指甲。奇怪的是，购物是咬指甲的第二个原因：咬指甲可能代表作抉择的折磨。考虑经济形势和对父母和孩子的关注排为第三。

由于来源于父母强烈的提醒，“咬指甲”这个行为，可能反倒被保留下来，甚至越演越烈，那么慢慢这个行为就成了这个孩子一个固定的情绪的释放和一个关系的再现。惩罚也可以强化，一个孩子因为一件事情被骂被打，这可能是一种强化，这种强化就会让他这个行为变本加厉，这种行为可能延续到成年。

而这种啃咬指甲，是人大脑的一种无意识的决策，有时反映出一种心理情绪，往往与情绪紧张、抑郁、沮丧、自卑感、敌对感等情绪有关。

人的心理活动按有意识和无意识分类，有意识比较容易理解，比如有意识地去看、去听、去注意、去思考、去想象，这是人们在学习生活中无时无刻不存在的心理活动。

人还有一种无意识的心理活动，比如，小时候爸妈常带着你上街玩，总会耐心地教你怎么记住回家的路，你自己也会忙碌地去记住沿途的一些标志性的东西，如电线杆、商店、招牌、十字路口的样子等情况。

可是等到你稍大一点的时候，不论是去学校还是回家，你再也不会边走边用心去记沿途的标志，两条腿仿佛长上了眼睛似的，到了该拐弯时便拐弯，不知不觉就到了学校或家里了。这种不知不觉识别回家或到学校路线的心理学活动，就是一种无意识的心理活动，它的另一个名字就叫“下意识”或“潜意识”。无意识的心理活动普遍存在于我们的日常生活之中。

“无意识”似乎都看成很小的问题，却能实实在在地影响我们的生活，对于人的这种无意识状态而言，“咬指甲”仅仅是小事件，要是到了损害他人的地步就很严重了。

27 岁的张某是出租车司机，驾车时候追尾撞上一辆面包车，面包车乘客蒙先生说，因事发突然，车内 7 名乘客中 4 人感觉身体不适。出租车上仅司机张某头被撞破。随后，120 急救车赶到现场，将受伤人员送往医院。急救车内有一名女护士，与张某等人并排坐着，车行至医院门口时，女护士要求张某出示身份证。

“他完全可以把身份证递给我们传递，但他站起来走到护士身边。”蒙先生说，张某走到女护士身旁突然用手袭击其胸部，女护士连连推挡，旁边男护工上前拉扯，直到救护车到达医院，保安才将张某制住，带到医院急诊科先行治疗，出动四五名保安才制服。

张某头部受伤，在救护车上时已经包扎，到急诊科仍然很不老实。“他在急诊室追着另一个女护士，追得她到处跑。”急诊科护士长周女士说，这给女护士带来很大影响，给男病人打针一度有恐惧感。

目击者蒙先生介绍，民警、保安已经赶到医院，出租车司机张某却追赶着一名女护士，保安把他拦住询问想干什么，他则口吐秽语说“要和护士发生关系”，看似行为失常。

医院保安说，当时出租车司机张某情绪颇为激动，他们出动四五名保安才将其控制住。当张某已经安静下来，头缠着纱布，脸上全是血，身上蓝色衬衫也留有血迹。

民警守在其旁边询问“怎么回事”，他却沉默不语。又继续追问，他又说“头疼”。张某的同事、亲属赶到医院并对民警说：张某平素老实本分，怀疑是出车祸受惊吓所致。医院护士长表示，女护士受欺负，她们在尽力安抚，但也不愿冤枉好人，如果真是车祸中脑部受伤致行为失常，可以谅解。

许多人的意识思维决策都不是经过深思熟虑的，而在相当程度上受到客观环境安排和影响，一些“决策”都没有给予意识的思考，往往会对选择的事物状态产生较大的影响。

在小区内8辆汽车一夜之间被人为划花，这其中有奔驰、别克、宝马、雪佛兰等多种车型。当肇事者被抓到后说；“自己完全不知情，是在无意识状态下发生的”。该小区刚启用不久的监控摄像头，刚好拍下了划车男子的行为。众多车主在气愤之余，先是查看监控录像欲找肇事者，并马上报警，派出所也很快受理了该案。

车主在监控录像中发现划车男子的行踪后，拷走录像视频，并请人翻拍男子的照片，制作成“寻人启事”在小区内到处张贴。

随后，媒体也相继报道了该事件，小区业主则在业主Q群里热议该事件，并“人肉”搜索划车男子，可该男子却一直未现身。因为事发当晚的监控视频有些模糊，该小区物业又专门查看第二天白天的监控录像，终于找到划车男子较为清晰的形象。车主随后将该视频发到业主Q群里，请众多业主辨认，却依然无人认识该男子。

就在车主们苦苦寻找划车人时，警官小西终于通过“寻人启事”找到了划车男子“阿硅”。原来，警官小西在经过该小区时看到了“寻人启事”。

划车男子主动联系车主，诚恳道歉并要赔偿各车主损失。原来该男子表示，他因找工作受挫，当晚酒后无意识犯下大错，希望通过道歉和赔偿，能取得众多车主的原谅。

巡警经过江东中路，正巧遇到拖着助力车的小韩。巡警眼神“扫”了小韩和助力车，发现助力车的钥匙孔竟然没有钥匙，这让巡警顿时起了怀疑。当巡警向韩某提出相关问题时，散发着浓浓酒味的韩某，均回答不知道或者不清楚。

经过对助力车的查询，巡警顺利找到了车主胡先生。胡先生说，早在一天前，助力车便借给了自己的朋友。后来，胡先生从朋友处证实，原本停在朋友家楼下的助力车不见了。胡先生和朋友带着车钥匙以及发票凭证赶到了事发地点，向巡防队员们提供证据。

面对真相，小韩依然理直气壮：“我不知道怎么回事，以为这辆助力车是我的呢！”实际上，在偷走胡先生的助力车前，韩某早已喝得醉醺醺。他自认为喝酒后去偷车，即使被抓也会因为醉酒无意识而免掉责任的。

以无意识为基本概念的弗洛伊德精神分析（包括新精神分析）学说，它已渗透到文学、哲学、艺术和其他社会科学领域。

当代有关无意识的研究取得了一定的进展，但仍然存在着无意识究竟是怎样一种心理状态这样一个问题。今后科学进一步探索这一问题的战略，是联系着有关脑的一般学说，联系着广阔范围的专门知识领域——从生物调节理论、神经生理学和电生理

学直到创造心理学、艺术理论、社会心理学和教育理论跨学科地进行研究。

可见，无意识问题的研究，不仅具有重要的理论意义，而且对于精神病治疗、文艺创作、生产劳动和教育实践也具有广泛的实际应用价值。

动机过盛障碍

近段时间，高中生小城说："我的学习的动力似乎过剩，无时无刻不在学习，害怕自己遗漏了什么。"问他为什么这样，小城说：学得好有人表扬，学得差之前努力就白费了，最近月考，没有考第一名，老师没说什么，但是我心里很难过。又说："现在一定要打败第一名，反正一定要比之前好才行。"

听了小城的话，你有怎么样的想法呢？其实啊，初中的时候我们还小，自制力不够，所以老师抓学习抓得很严。但是，上了高中，一方面知识面扩展了，另一方面我们的自我意识也增强了，有能力制约自己的行为意识、情绪等，但通常有一部分人出现了动机过剩的显现，自我的要求过高，达到了疯狂的地步。

面对学习动机过强，我们要认识和调整不现实的目标，建立正确的认知模式；意识到自己性格上的缺陷，特别针对一些不合理信念，如"我付出了努力，我必须获得成功""别人可以失败，我必须成功"等进行辩论和调整。

那如果我们遇到上面这样的情况，我们要怎么做呢？

我们先来了解产生动机过剩的主要表现：做什么都很积极；学习动机过强。

出现学习动机过剩的主要原因是：

（1）自我需求感很强。自己能够成功完成某种行为的信念很高，学习的自信心很高，反之，就低。自我效能感会直接影响我们能否正确面对并努力克服学习中的问题和困难，但出于不切实际的努力过程就显得太过了。

（2）错误归因。归因是个体寻求理解导致某种结果的原因的一种心理倾向。可分为：内部、外部、稳定、不稳定、可控、不可控归因。不同归因的同学，对学习成败的理解不同，从而影响到学习动机、学习兴趣和学习态度。

像小城这样学习动机过强的原因，目标设置太高。很多同学不能正确认识自己的学习能力，眼高手低、好高骛远，不经过深思熟虑就草率地给自己定高目标，结果设定了的目标实现起来太困难，或者难以实现。

（3）不恰当的认知模式。很多学生认为"只要我付出了努力，我就一定会成功"，从而把努力和勤奋看成是成功的唯一条件，这是产生过强动机的基础。事实上，任何成功都与自身能力和环境因素有关，努力是成功的必要条件，而非充分条件。正确的认知模式应当是：努力+能力+环境=成功。

（4）外界不适当地强化。社会文化倾向于赞扬发奋者，大多数人更会支持那些动机过强者，称赞他们学习劲头足、刻苦、有志向，并期望他们做得更好，从而对他们进行了不适当地强化，使他们看不到动机过强的危害，等到造成身心困扰时已难以自拔。

小城自身的某些性格特征，如做事过于认真、追求完美、好强、固执等，以及严厉的家庭教育方式和父母期望过高等都是造成动机过强的因素。

因为人人都希望成功。

卖拉面的理想不是做这条街上最好的，想的是做成全国连锁；吃拉面的人里头有人给出主意，说你再多开几家店，我给你做方案，全套 VI 企划，你招募形象代言人，你上电视台做广告——做广告不是为卖面条啊，是为打品牌！这些都渐渐地脱离了最本质的要求，动机变得过剩，人人都在做美梦！

女儿是高中学生，母亲带她刚去看望了已经在上海工作的表姐。母亲说："你也看见了，你表姐的房子是自己买的，120 平米，你知道那得多少钱吗？靠什么？靠奋斗！你现在完全来得及，你得再加把劲儿，拼搏！"女儿深深地点头。

成功的病灶已经催生出种种心理的、生理的疾病，诸如跳楼、早生华发、早衰、抑郁症、妄想狂等，其最大伤害乃是搅乱了全社会的价值观。

有一个幼儿园组织孩子们演木偶剧，所有男孩子的家长都找老师表示要演王子，而王子只有一名。家长们认为，不幸成为配角的孩子们此后的人生中就会产生某种挫伤感，并由此伤害到今后的"成功"。"强人"逻辑早已占据了家长们的大脑，他们任由孩子们在公共场所奔逐打闹，甚至暗许自己的孩子略微欺负别人一下，认为这才是健康的。

在牵狗人都被反复教育要自觉收集好宠物大便的今天，家长们可以任由孩子在便道旁解决排泄问题，他们的理论是告诉孩子"你不能憋屈自己"，以利今后成功。

这都是"成功动机过剩"，不夸张地说几乎每天我们都会遇到那些"有头脑、有想法"的人，却都是些草根得不能再草根的人。他们每天睡梦中醒来就仿佛看见自己飞身当下境况之外，飞黄腾达于平民之上，挖空一切心思和资源，挖空自己的体力和心力，抢占、竞逐、奔命。

如果身边的每一个人都怀揣各种成功动机，那环境将变得十分可怕。可怕并非指这些人可能抢夺走个人发展的机会，而是怕他们会变得面目全非，失掉人味儿。台湾大学校长傅斯年的一句话"一天有 21 个小时，另有 3 小时用来思索"。思索什么？思

索生意经吗？思索来日股市涨跌？思索下一场商业贿赂的切入点吗？

被忽略的概率因素

钱就是钱。同样是100元，是工资挣来的，还是彩票赢来的，或者路上拣来的，对于人们说，应该是一样的。可是事实却不然。一般来说，你会把辛辛苦苦挣来的钱存起来舍不得花，而如果是一笔意外之财，可能很快就花掉了。

这证明了人是有限理性的另一个方面：钱并不具备完全的替代性，虽说同样是100元，但在消费者的脑袋里，分别为不同来路的钱建立了两个不同的账户，挣来的钱和意外之财是不一样的。这就是芝加哥大学萨勒教授所提出的“心理账户”的概念。

比如说今天晚上你打算和朋友去看一场电影，票价共是100元，但在你在找电影票的时候，你发现却你自己丢了100元。你是否还会去看这场电影呢？实验证明，大部分的回答者仍旧会去看电影。可是如果情况调整一下，假设你昨天花了100元钱买了晚上的电影票。在你马上要出发的时候，突然发现你把电影票弄丢了。如果你想要看电影，就必须再花100元钱买两张票，你是否还会去看呢？结果却是，大部分人回答说不去了。

两个价值是一样的东西，上面这两个回答其实是自相矛盾的。不管丢掉的是现金还是电影票，总之是丢失了价值100元的东西，从损失的金钱上看，并没有区别，没有道理丢了现金仍旧去看电影，而丢失了电影票之后就不去看了。原因就在于，在人们的脑海中，把现金和电影票归到了不同的账户中，所以丢失了现金不会影响看电影，所在账户的预算和支出，大部分人仍旧选择去看电影。但是丢了的电影票和后来需要再买的票子都被归入同一个账户，所以看上去就好像要花200元看了一场电影，人们当然觉得这样不划算了。

把不同的钱归入不同的账户，这就是为什么赌徒的口袋里永远没钱的道理，输了当然没什么好说的，赢了，反正是不劳而获来得容易，谁愿意存银行啊？从积极的方面讲，不同账户这一概念可以帮助制订理财计划。比如一家单位的员工，主要收入由工资——用银行卡发放、奖金——现金发放构成，节假日和每季度还有奖金，偶尔炒个股票、邮币卡赚点外快，那么可以把银行卡中的工资转入零存整取账户作为固定储蓄，奖金用于日常开销，季度奖购买保险，剩余部分用于支付人情往来，外快则用来旅游休闲。

由于在心理上事先把这些钱一一归入了不同的账户，一般就不会产生挪用的念头。相似的概念还可以帮助政府制定政策。比方说，一个政府现在想通过减少税收的方法刺激消费。它可以有两种做法，一个是减税，直接降低税收水平；另外一种是退税，就是在一段时间后返还纳税人一部分税金。

从金钱数额来看，减收5%的税和返还5%的税是一样的，但是在刺激消费上的作用却大不一样。人们觉得减收的那部分税金是自己本来该得的，是自己挣来的，所以增加消费的动力并不大；但是退还的税金对人们来说就可能如同一笔意外之财，刺激人们增加更多的消费。显然，对政府来说，退税政策比减税政策达到的效果要好得多。

痛苦让人记忆犹新——人人怕风险，人人都是冒险家。面对风险决策，人们是会选择躲避呢，还是勇往直前？让我们来做这样两个实验——一是有两个选择，A是肯定赢1000，B是50%可能性赢2000元，50%可能性什么也得不到。你会选择哪一个呢？大部分人都选择A，这说明人是风险规避的。

二是这样两个选择，A是你肯定损失1000元，B是50%可能性你损失2000元，50%可能性你什么都不损失。结果，大部分人选择B，这说明他们是风险偏好的。

可是，仔细分析一下上面两个问题，你会发现它们是完全一样的。假定你现在先赢了2000元，那么肯定赢1000元，也就是从赢来的2000元钱中肯定损失1000元；50%赢2000元也就是有50%的可能性不损失钱；50%什么也拿不到就相当于50%的可能性损失2000元。

由此不难得出结论：人在面临获得时，往往小心翼翼，不愿冒风险；而在面对损失时，人人都成了冒险家了。这就是卡尼曼"前景理论"的两大"定律"。

"前景理论"的另一重要"定律"是：人们对损失和获得的敏感程度是不同的，损失的痛苦要远远大于获得的快乐。让我们来看一个萨勒曾提出的问题：假设你得了一种病，有万分之一的可能性（低于美国年均车祸的死亡率）会突然死亡，现在有一种药吃了以后可以把死亡的可能性降到零，那么你愿意花多少钱来买这种药呢？

那么现在请你再想一下，假定身体很健康，如果说现在医药公司想找一些人测试他们新研制的一种药品，这种药服用后会使你有万分之一的可能性突然死亡，那么你要求医药公司花多少钱来补偿你呢？在实验中，很多人会说愿意出几百块钱来买药，但是即使医药公司花几万块钱，他们也不愿参加试药实验。这其实就是损失规避心理在作怪。得病后治好病是一种相对不敏感的获得，而本身健康的情况下增加死亡的概率对人们来说却是难以接受的损失，显然，人们对损失要求的补偿，要远远高于他们愿意为治病所支付的钱。

不过，损失和获得并不是绝对的。人们在面临获得的时候规避风险，而在面临损失的时候偏爱风险，而损失和获得又是相对于参照点而言的，改变人们在评价事物时所使用的观点，可以改变人们对风险的态度。

比如有一家公司面临两个投资决策，投资方案A肯定盈利200万，投资方案B有50%的可能性盈利300万，50%的可能盈利100万。这时候，如果公司的盈利目标定得比较低，比方说是100万，那么方案A看起来好像多赚了100万，而B则是要么刚好达到目标，要么多盈利200万。A和B看起来都是获得，这时候员工大多不愿冒风险，倾向于选择方案A；而反之，如果公司的目标定得比较高，比如说300万，那么方案A就像是少赚了100万，而B要么刚好达到目标，要么少赚200万，这时候两个方案都是损失，所以员工反而会抱着冒冒风险说不定可以达到目标的心理，选择有风险的投资方案B。可见，老板完全可以通过改变盈利目标来改变员工对待风险的态度。

再来看一个卡尼曼与特沃斯基的著名实验：假定美国正在为预防一种罕见疾病的爆发做准备，预计这种疾病会使600人死亡。现在有两种方案，采用X方案，可以救200人；采用Y方案，有三分之一的可能救600人，三分之二的可能一个也救不了。显然，救人是一种获得，所以人们不愿冒风险，更愿意选择X方案。

现在来看另外一种描述，有两种方案，X方案会使400人死亡，而Y方案有1/3的可能性无人死亡，有2/3的可能性600人全部死亡。死亡是一种失去，因此人们更倾向于冒风险，选择方案Y。

而事实上，两种情况的结果是完全一样的。救活200人等于死亡400人；1/3可能救活600人等于1/3可能一个也没有死亡。可见，不同的表述方式改变的仅仅是参照点——是拿死亡还是救活作参照点，结果就完全不一样了。

只往自己脸上贴金的归因偏差

归因偏差指的是认知者系统地歪曲了某些本来是正确的信息，有的源于人类认知过程本身固有的局限，有的则是由于人们不同的动机造成的。

归因指人对行为或事件所进行的分析和推论。由于有些行为与事件的原因不明或存在多种原因，这时人们就会自觉不自觉地分析其原因。教师对学生的各种行为及结果都会进行归因，归因决定了教师对学生的态度和行为，从而潜移默化地影响学生。

从前有一位很著名的心理专家，很擅长分析他人的心理，尤其是通过别人的画来做分析。在某一天的时候，他又开始做心理分析的活动，在那个活动中有许多人参加，其中一个是一位修禅的禅师。

那个心理学家像往常一样，让那些人作画，那些人中，有的画了房子，有的画了花草树木，有的画了日月星辰，有的画了人物和动物……而只有那一位禅师，拿着画笔在虚空中挥舞了几下，然后就将笔放了下来。

那个心理学家走到那些人面前，并且根据那些人的画一一做了分析。可是当他走到禅师面前的时候，他看见禅师面前放的依然是一张白纸，于是就问了那个人原因。

心理学家道："咦！我不是叫你画一张画吗？你画好之后，我还帮你分析你的心理活动啊！"

那位禅师回答道："我已经画好了啊，只是你没有看见而已。"

这时只见那位心理学家，望着那个禅师面前的一张白纸，顿时哑口无言。

其实这个故事告诉我们，看问题不可自以为是，不可以自己的看法和观点去随意猜测或评判别人。其实我们很多人，都会犯这个心理学家所犯的错误，总喜欢用自己的标准和看法来衡量别人，殊不知这样做，却是将自己给困住了。

归因分歧是常见于行为实施者与观察者之间的一种归因偏差，即对于同一行为，实施行为的人与旁观者所做的归因是不同的、有分歧的。研究表明，实施行为的人往往强调情境的作用，对自己的行为多强调外部原因，作外归因。而旁观者常常强调并高估实施行为的人自身的、内在的因素。比如学员甲向学员乙借了一条香烟，说好一个月后偿还。但一个月后未如期偿还。学员甲则会强调最近太忙、没时间等外部原因；而学员乙则更可能认为是学员甲生性如此，需时积极，不用则忘，甚至是个私心重、有借不愿还的人。

形成这种偏差主要是双方所站的角度和出发点不同。旁观者往往站在一个理想的角度，从常规的逻辑出发。如认为人就要说到做到，借东西就应该如期偿还，朋友就应该互相帮助等，一旦发现不合常规，就归因于行为实施者的个人因素。而实施行为的人则更多的是从具体情况出发，强调实际行为的特殊情境。如借东西未还是因为太忙、没时间、朋友没及时帮忙是因为有急事走不开等。可见，归因的分歧是造成人与人之间矛盾的一个因素。

人们会把自己的成功归因于内部因素，如自己的能力、自己的努力等。但对失败等则更多地归因于外部因素，如考试没考好，常见的归因是题目太难、时间太紧或打分太严。但观察者却往往从行为者自身去寻找行为的原因，进行内归因。如，你病得很厉害，可是却发现给你看病的医生显得很冷漠。实际上，你恰恰忽略了医生的职业特点，即每天他都在接触大量病人，对各种各样的病人痛苦已经习以为常，而且他的责任在于准确地做出诊断，并不是对你的病表示同情。利己主义归因偏差，所谓利己主义归因偏差是指人们一般对良好的行为或成功归因于自身，而将不良的行为或失败归因于外部情境或他人。比如："学员喜欢将自己受加分奖励归因于自己的努力，而将

受到扣分处理归因于老师对自己有偏见甚至学校不公平。”

产生这种归因偏差一是情感上的需要。因为成功和良好的行为总是与愉快、自豪的情绪相联系的，而失败和不良行为总是与痛苦、悲哀相联系的。出于情感上的需要，人们倾向于把成功留给自己，让情境或他人把失败带走。二是维护自尊心和良好形象的需要。因为成功能体现并维护自身的价值，可以维护自己的自尊心，也可以给别人留下良好的印象。

其他导致归因偏差的因素诸如迷信、宿命论、行为者的社会地位、长相及性格差异等也会导致归因偏差。比如“谋事在人，成事在天”就是将成败归因于外在的神秘力量。这种归因在行为实施者虽是多方努力但仍对成功无望时最容易产生。一个有一定社会地位且受公众欢迎的人物，人们习惯对他的行为做出好的归因。而对于一个非常漂亮且讨人喜欢的女孩的过失行为，人们更愿意做出外归因。在“女不如男”的偏见中，人们也常将女性的成功行为归因于运气、机遇等。

归因中的协变性原则被认为是一种符合逻辑模式的归因。但是，有大量的研究证明，人们在对自己的行为进行归因时并不总是按照逻辑来归因，其不符合逻辑的归因表现为利用自我满足的策略来归因。自我满足的策略又由自我夸张和自我保护两种策略组成。在前一种策略下，人们把成功全部归于内部的原因；在后一种策略下，人们把失败全部归于外部的原因。人们自我满足的倾向往往随自我卷入的深浅而不同，自我卷入愈深，自我满足的程度也愈高。人们为什么有自我满足的倾向？人们对自己成功或失败的真正原因虽有正确认识，但为了使别人对自己产生一个良好的印象，他们只好“往自己脸上贴金”，推卸自己的责任。

归因中的自我保护倾向还表现为自我设阻。例如，运动员在参加重大比赛前，对自己是否能取胜没有充分的把握，怕万一比赛失利，遭受他人的耻笑和轻视。为了避免面对这种不愉快的后果，有些运动员可能采取自我设阻的技巧，如赛前故意受伤，故意与队友、家属和教练发生矛盾、冲突，故意忘记带自己习惯用的运动器械（如球拍等）登场，或是制造其他身心不舒适的症状等。这样做的目的是为将来万一比赛失利时留一条后路，归罪于这些因素，从而减少个人对行为后果所应负的责任。如果有这许多困难存在的情况下，依然能获得好的比赛名次，那么就更能显示个人“功力”的不凡。采取这种自我保护策略的人虽然可以不必面对自己缺乏某种优良特质的难题，但却会减少成功的可能性。

人们在归因时具有自我满足倾向的假设是由米勒和罗斯 1975 年提出来的。但是，研究结果表明，体验到成功的人会把成功归因于诸如努力和能力的内部因素；体验到失败的人当在归因时常有自我保护的倾向，则会把失败归因于某些情境的因素。

在客观地确定成功或失败的条件下，被试倾向于用自我满足的策略来选择归因，但在主观地确定成功或失败的条件下，即被试根据自己所理解的“目标实现的情况”来进行归因，则会把失败同时归于内部的原因和外部的原因，认为一方面是由于自己努力不够，另一方面是裁判不公。只是具有自我满足倾向的人更会把失败归于这两种原因中的外部原因，即认为他们自己没有做出极大的努力是由于某些外部的原因（如裁判不公）所造成的。当被试对自己所理解的成功或失败进行归因时，一般是合乎逻辑地归因的，而不是采用自我满足的策略。

吉尔在1980年的一项研究中，要求男女篮球队员在赢了或输了之后说明，成功或失败主要是他们自己运动队的责任还是他们对手的责任。结果表明，运动员把成功归因于自己的运动队，把失败归于别的队，支持了自我满足倾向的假设。

但是，要求运动员说明成功或失败主要在于他们自己（内部的原因），还是在于他们的队友（外部原因）时，结果表明赢队的队员认为，主要责任在于自己队的队友，而输队的队员认为主要责任在于他们自己。吉尔的研究没有支持自我满足倾向的假设。

对上述不同的研究结果，布雷德利曾进行过总结：归因过程不可能单纯是合乎逻辑的或者是不合乎逻辑的。在某种程度上说，每个人都会运用自我满足倾向的策略，差别只在于用得多还是少的问题。归因时，究竟是否采用符合逻辑或不符合逻辑的归因方式，这与个体的自尊心强弱不同有关。

旧时有一位私塾先生，自诩文章高明。他与自己的弟子们一道连续几届参加科举考试，但每次都是弟子们中举，自己却名落孙山。一次，主考大人宴请社会绅士名流，会上谈及此事。主考大人问他这是什么道理，他愤愤然吟诗道：“文章不如我，造化不如他。”说罢，扬长而去。

归因偏差，在生活中，每个人都是“科学家”，具有探究事情原因的倾向。而且，在归因时，每个人都有一种自我防御倾向。如果自己成功了，找主观原因，特别是特质方面的原因，诸如能力高什么的；倘若自己失败了，找客观原因，特别是情境方面的原因，诸如运气不好、晚上休息不好、题目范围太广或者考试环境嘈杂等。反过来，对别人则没有这么厚待了，别人成功了，说是客观的情境原因，如机会好云云；倘若别人失败了，则说是主观的特质原因，诸如能力低下、只知道死啃书本之类的。

这种把成功归因于自己而否定自己对失败负有责任的倾向性称为自我服务偏差。说白了就是“往自己脸上贴金”。私塾先生以诗的语言高度浓缩了这种归因偏差，不知这是否也算是一种人性的弱点。

这种归因偏差还存在于如何看待他人对你的反应之中。假如有一份作业急着要交，可你死活都做不出来，就去问学委，他却推诿说现在有点忙，并要你去问别人。这时，你会怎么想呢？是想："有什么了不起的！比你学习好的多得是，臭美什么呀！"还是认为："班委的事确实比较多，要不然他不会不帮忙的。"

事实证明，尽管当时情况是学委确实很忙，而在这百忙之中能给你一个建议要你去问问别人，也已实属不错。但大多数人却依旧倾向于选择第一种想法，从而给自己带来了不快。这属于归因偏差的一种，即观察者倾向于强调行动者特质的作用，而行动者倾向于强调情境的作用。

除此之外，刺激的显著性也会造成我们的归因偏差，例如，我们通常认为坐飞机比坐火车危险，事实上火车发生事故的频率要比飞机高。那我们为什么还会这么认为呢？究其原因在于飞机发生事故是比较重大的事情，损失较大，因而媒体会大肆报道，使其在我们头脑中留下了深刻的印象。而人们又有一种倾向性，即利用易进入头脑的信息去推论现实事件的可能性。所以，我们会认为坐飞机要比坐火车危险。

换位思考，如何避免这种归因偏差呢？斯托姆斯曾做过一个研究。他让成对的男性被试进行简短的交往谈话，另外两个被试在旁边观察。随后就问这些人，个性品质和情境特点在交谈的行为表现上的重要性如何。结果行为者认为情境特点比较重要，而观察者认为个性品质比较重要。

然后，他又让部分行动者和观察者观看谈话录像。这时，每个行动者看自己就像观察者看他一样。而每个观察者则从行动者的角度来看待这个环境。通过这种情境转换，结果，行动者与观察者的差异大大减少了，更多的行动者进行了内部归因。

在日常生活中，为了避免这种归因偏差，我们可以进行换位思考，站到别人的角度去想一想。知己知彼，将心比心，正所谓"恕"也。

警惕归因偏差，在学校中，教师也主要存在两种归因偏差。一种偏差是教师容易把学生出现的问题归结于学生自身的因素，而不是教师方面的因素。

例如，一位走上工作岗位不久的中学数学教师任课班级的学生成绩不好，他归因于这个班学生能力偏低。调换到另一个班后，这个班学生的学习成绩又明显的下降，他又说是这个班的学生与他作对。

而让班主任对学生的问题行为进行归因时，教师往往是归结于学生的能力、性格和家庭，而很少认为与教师态度和教学方法有什么关系，可是学生们却认为与教师的行为是有关系的。这一类归因偏差的危害在于教师把问题的责任推给了学生，在教育之前就已经放弃了教育者应负的责任。

第二种归因偏差是教师对优秀生和差生的归因不一样。当优秀生做了好事或取得好成绩时，教师往往归结为能力、品质等内部因素；而当差生同样做了好事或取得好成绩时，却往往被教师归结为任务简单、碰上了运气等外部因素；相反，当优秀生出现问题时，教师往往归因于外部因素；而差生出现问题时却被归因于内部因素。

有一位初中生，化学成绩一直不太好，经过努力后他在一次重要的考试中得了全班最高分，可是化学教师却说他是抄了同桌的答案。

这位学生一气之下，再也不听化学课了。

很显然，这一类归因偏差对于差生的发展是极为不利的，他们即使表现出一些好的行为，也难以得到教师的准确评价，倘若表现不佳，则更被看作是不可救药了。归因偏差危害如此之大，所以作为教师，应当了解归因偏差的原因，在进行归因时要慎重了再慎重，考虑了再考虑。

权衡利弊的心理机制

“非典”期间，为了预防感染，单位统一发放了一些中成药给每位职工，要求回家后同家人一道服用。C女士那四岁的儿子尝了一口后说什么也不想喝，药确实很苦。C女士坚持要儿子喝，但儿子就是不肯，她有些生气。但想想儿子太小，强行灌药也不是办法。

于是，她把儿子搂入怀中，轻轻地告诉他：“儿子，现在外面流行一种病毒，如果不吃药，有可能会感染，如果感染了，会很难受，到时候就要到医院打针才能治好，如果我们把药喝了，就不会有事了，也就不用打针了。”接下来的一幕让C女士感到非常意外，没想到儿子端起药一口而尽，还告诉她说好喝。C女士的心里有一种莫名的感动。第二天，她如法炮制，很顺利地让儿子喝了药。

这件事让C女士感触很深。她觉得，儿子虽小，但也能听懂道理。她的办法之所以起了效果，还因为C女士了解儿子的心理。儿子自小怕打针，每次到医院打预防针，都要费很大的劲，以至于一说起上医院儿子就会哭闹。她抓住儿子的这种心理，让他自己进行了利弊权衡，如果不吃药，可能眼前会好受一些，但如果生病，打针会更难受，因此，尽管儿子很小，他仍然清楚地选择了对他来说有利的选择。

从这件事可以看出，在生活中其实也应该利用人们天生的权衡利弊的心理来处理事务。这些年，大家都在讲激励，都认为只要想办法正面表扬激励，就会有好的效果。但事实不是这样的。由于只讲鼓励不讲批评处罚，部分人的心中也就没有权衡之分了，做对了，会获得表扬，做错了，得到的是包容以及再一次的鼓励。

换句话说，这部分人不需要再做“权衡利弊”地选择了，只管做，不管对错。对责任心强、综合素质高的员工来说，自我的严格要求会让他们自觉地严格地要求自己，但对那些责任心不强的人来说，却是多了些放纵不管的意思，因为不需要再权衡比较，如何做效果都是一样的。这样的结果显然与希望是相悖的。如果我们在管理的过程中明确是非标准，表明对待是非的态度，相信人人都会在心底做好利弊权衡，因此也会选择对自己有利的方向，从而在心底自然形成一种力量，约束自己往有利的方向努力。

因此，对待事物中不能容忍的错误，应该予以适当的惩罚，比如，酌情给予经济上的适当处罚，相信会起到惩前毖后的作用。因此，凡事都应从利弊两方面考虑，单讲利或弊会形成两个方向的极端，而综合起来，让人们始终都必须进行利弊权衡，大多数人都会选择对自己有利的一面。

所以，我们宣扬以人为本的思维方式，就应该充分考虑人性的特点，有时适当地处罚也是一种有效的激励，在某些时候，处罚比积极的鼓励更有效。

东汉末年，军阀割据纷争。曹操统一北方，孙权坐断东南，刘备占领西蜀，形成三足鼎立之势，彼此之间争城夺池、勾心斗角。

大将关羽率领雄兵自江陵至樊城，把曹操手下的大将曹仁围困。曹操派遣于禁、庞德领兵援助。正赶上秋雨连绵，汉江暴溢，平地水深数丈，于禁所率七军被淹。于禁率诸将登高远望，视察水情。关羽乘大船赶到，围攻于禁。于禁投降，庞德战斗被擒，不屈而死。一时之间，关羽声威震华夏。为躲避关羽的锋芒，曹操想迁徙许都。丞相军司马司马懿劝阻曹操迁都，并建议曹操说：“关羽得志，必然引起孙权忌恨。丞相派人联络孙权，令其袭击关羽后方，樊城之围自解。曹操采纳了司马懿的计策。”

不久，曹操接到曹仁紧急求救的报告，立即任命爱子曹植为南中郎将，行征虏将军，领兵去解樊城之围。曹植即将出征，太子曹丕设宴饯行。他将曹植灌醉。曹操召见曹植，要面授机宜，结果，曹植酩酊大醉，竟不能接受敕教，率军出征。曹操勃然大怒，罢免曹植，临时改派大将徐晃领兵出征。

曹操

徐晃统率的队伍都是新兵，没打过仗，根本无法同关羽的精兵争锋。按照曹操的指示，徐晃领兵行进到阳陵陂屯驻，等待曹操再调集一支部队到达，会合后一同前进。正当曹操为调集兵马着急的时候，东吴孙权派人给曹操送去一封信。

孙权在信中说，他打算发兵西进，袭击关羽的后方——江陵、公安二城，以援助曹军。只要夺取了江陵和公安这两座重要城池，关羽必生后顾之忧，肯定会退兵。那样，樊城便可以解围。可是，孙权在信中特别叮嘱，这件事情要绝对保密，千万不能泄露出去，否则关羽有所准备，事情就难办了。

曹操召集文臣武将，商议怎么处理这件事。大伙都说："此事应当保密，照孙权的意见办。"唯独谋士董昭有异议。他说："任何军事行动，都必须权衡利弊，最终的目的是要获得最大的利益。我认为，我们可以表面上答应孙权严格保密，暗地里将这件事情泄露给关羽。关羽听到孙权要袭击他的后方，如果产生顾忌，从樊城撤兵，我们便获得了好处。关羽退兵后，肯定会找孙权算账，那时候，我们再来个坐山观虎斗，静等收利。"曹操和群臣们聚精会神地聆听，董昭接着分析说："假使我们真的保守秘密，一点风声都不泄露，让孙权顺利袭取了江陵和公安，独享利益，那我们就失策了。"

对于董昭的策略，曹操点头称是，群臣也觉得分析在理。

董昭继续分析说："樊城被围困已经很久，将士们得不到救援的消息，城内粮草一天比一天少，人心一定惶恐不安。万一发生什么变故，事情就难办了。所以，还要把孙权派兵西进的事情泄露给樊城内的守军，让他们吃颗定心丸。依我看，关羽是个硬汉子，倘若他认为江陵和公安两城防御坚固，肯定不会贸然退兵。"

"好，就按照你的意见办！"曹操拍板决定。他先复信给孙权，表示对其袭击关羽后方绝对保密，然后派人通知徐晃，叫他将孙权的信复写数份，绑在箭头上，分别射进樊城和关羽军营。

被困樊诚的曹军得到孙权将派兵袭击关羽后方的消息，士气大振，纷纷准备出城反击关羽。再说关羽，他反复阅读孙权写给曹操的信，满腹狐疑，举棋不定。他既不敢孤注一掷，指挥部下猛攻樊城，也不肯拔营起寨，撤退江陵。

几天之后，孙权的军队果然袭击了江陵和公安。关羽接到江陵、公安两城失守的消息，暴跳如雷，连夜撤兵，退保麦城，行至章乡，中了孙权的埋伏，被东吴将领潘璋擒杀。

在这场三股势力的复杂纷争中，曹营谋士在极其不利的情况下，善于分析，权衡利弊，利用矛盾，巧借外力，不费一兵一卒，既解了樊城之围，又借外力歼灭了劲敌，同时进一步激化了吴蜀的矛盾，使自己获得了最大的利益。

世界纷繁复杂，做任何事情，人们都会权衡事情之间的利弊。人们都会尽可能多地用两种及其以上的意见供自己选择。人们只会追求片面，做事情没有自己的主见，不懂得权衡事情间的利与弊，到处征求意见。结果公说公有理，婆说婆有理，越说理越乱，越说越分不清事情的利与弊，最终使自己不知所措。

为人处世过程中，最需要权衡利弊，如此这般才能够当机立断，做出对自己最有利的选择。世界上存在着这样一个真理，面对同一件事情，如果等到所有的条件都成熟才去行动，那么你也许要永远等下去。

人也是一样，如果自己无法创造出时机，那么最重要的就是要抓住已经出现的时机。想要抓住时机，最重要的就是要当机立断，当机立断是一个人能力与才干的表现。当机立断的人深深懂得这个道理，他们能够权衡利弊，抓住到手的机会，懂得临时应对，即刻做出决策。

十五、说谎癖

乐此不疲，不分真假

大家都明白，说谎并不是一件好事。可是，有些时候迫使我们不得不向他人撒谎，这种情况下，就是善意的谎言。

比方说，当有人被告知得了绝症时，为了避免病人过于伤心，我们通常会选择用说谎的方式隐瞒他的病情。但如果无缘无故地去欺骗别人，或者说谎的次数太多、十分频繁，为了说谎而说谎，以至于对那些被谎言欺骗的人甚至对说谎者自身造成某种危害时，这样的说谎就属于一种病态的表现了。

不善于说谎的人一旦说谎，内心就会陷入无比的自责之中，苦苦地煎熬着。与此相反的是，一些人却很热衷说谎，不以说谎为耻，反以说谎为荣，也就是人们所说的睁着眼睛说瞎话。他们说谎的时候，眼不眨、心不跳、脸不红，假话当真话说，而且是张口就来。

长相漂亮且身材火辣，是每个女性都向往的。大家都认为，这样的女性应该是男孩子愿意交往的对象，身边一定不缺乏追求者。可是，25 岁年轻漂亮的小冉却很苦恼，她的身边没有追求者，甚至连知心的朋友都没有，她感到十分孤独，原来就是因为她经常说谎，而且是不分地点、不分对象。

结识到新朋友时，她总是介绍自己是“出身于高级知识分子家庭”，再结识新的朋友时，她又说“自己正在负责一个大项目能挣很多钱”，有时还会说自己是“做模特的，一个月收入上万元”。这样的谎话说多了，自己难免就忘记跟谁说过怎么样的话，话说多了很容易露馅。大家一开始结识她的时候，都觉得她这个人很真诚，甚至有点羡慕她的出身，可是慢慢地相处下来，发现小冉经常说话前后不搭、漏洞百出。大家这才明白，原来小冉是一个爱撒谎的人，一点也不诚实，渐渐地疏远了她。

喜欢说谎的人，对说谎乐此不疲，别人也很难分清他的哪一句话是真，哪一句话是假。

谎言终归是谎言，总会被戳穿的。而说谎的人为了不让谎言被揭穿，只好一个谎言接着一个谎言地说，直到连自己都深信不疑的时候，谎言就成了真话。这样的人通常是患了说谎癖，他们只要不说谎心里就很难受。

说谎癖，心理学上也称极端说谎者，是一种病态心理的表现。“说谎癖”者完全不能控制自己的说谎行为，甚至成了一种自然而然的行为，并以此作为一种心理乐趣，成为一种心理强迫性的疾病。

从外表看，患有说谎癖的人跟正常人没有区别，可是，他们的语言经不起推敲、不堪一击。患有说谎癖的人将说谎视为一种习惯，他们抑制不了地说谎，为自己及别人带来许多痛苦，弄巧成拙的行为也使他们自己的生活更加复杂。

小陈自己透露，外表帅气且性格开朗的他，二十多年来，几乎一直生活在说谎当中，相信很多人听到这样的话都会感到大吃一惊。

“我也知道说谎不好，但是，嘴上却抑制不住地说谎，而且哪怕是没有利害关系的日常对话，我也会忍不住编个小谎话，以满足自己内心的需要。如果有人问我今天干什么了，我明明是跟朋友去逛街了，但是我却会说今天一天都在家里看书。我似乎对说出真相感到很莫名的恐惧，虽然每次话一出口我就很后悔、很内疚，但还是控制不了自己，正是因为这样，我才会每天都活在内心挣扎中。”

说谎成瘾的人都会有这样的一种行为模式：即使在不需要说谎的情况下仍然有意、或习惯、或自然地说谎，有时候是为了中伤别人，有时候是为了吸引别人的关注。小陈就是这样的人，说谎已经成瘾，不说谎他心里难受。

说谎就像吸毒，一旦上瘾就很难戒除。即使他的内心里强烈告诫自己不要说谎了，但是，说谎给自己带来的快感远远大于说谎带来的内疚。

说谎者最拿手的就是制造谎言、捏造事实、颠倒是非。他们说谎大多既不是为了攻击，也不是为了取悦他人，当看到有人相信了他的谎言时，他便沾沾自喜，内心得到了无比的满足，对他来说，说谎已然变成了生活中不可缺少的一部分。说谎的后果虽然十分容易被人揭穿，但是他仍然对此不以为然、乐此不疲。

一个人说谎次数多了便失去了诚信，如果这个人掌握着比较大的权力，就可能祸国殃民。

大家都知道"狼来了"的故事吧，放羊的孩子第一次说谎后觉得很好玩，看到那么多人受到愚弄，心里有了一种满足感，便有了第二次、第三次的说谎，直至人们再也不相信他。

说谎者可以骗人一次两次，不可以长久骗人，不可能不受到惩罚，最终必须为自己的行为付出惨痛的代价。放羊的孩子第三次说谎后，人们已经不相信他了。结果，狼真的来了，叫天天不应，叫地地不灵，最后，惨死在狼口之下。

中国历史上有一个与"狼来了"异曲同工的真实故事，那就是"烽火戏诸侯的故事"。话说西周末年，周幽王为博褒妃一笑，不顾众臣反对，竟数次戏弄诸侯。诸侯被戏弄自然会懊恼不已，于是，幽王从此便失信于诸侯。

最后，当边关真的告急之时，他点燃烽火却再也没人赶来救他了！不久，便死于刀下，亡了西周。

说谎不是好事，那些乐此不疲地说谎者，要尽早矫正自己的心态。

强迫幻想症

现实中的美好太难抓住，总在幻想着以后的生活会多么的美好，内心就会得到很大的满足。积极的幻想，如理想，对人能起到鼓舞的作用。没有现实根据，不能实现的幻想是消极的，是空想。

生活中就是不乏这样喜欢幻想的人。每个人都喜欢幻想，女人如此，男人亦如此。没有幻想过，哪知道幻想的美妙呀。幻想真是一件淋漓痛快的事儿，体验过的人都知道。幻想中没有了现实中的不满，一切皆是世间的美好。

小陈今年快30岁了，有一份相当稳定的工作，周围的朋友都很羡慕他。可是，小陈却不很满意，总想自己会干出一番惊天动地的大事情来。没事的时候，总是爱想东想西。今天幻想自己开个公司，没准就能上市；明天就幻想自己成为一个身家数亿的总裁；这么干肯定能够成功，就连比尔·盖茨都比不上他；有时一整天都在考虑一些乱七八糟的事情……

小陈有一大堆的想法，可是这些想法全部都是脱离现实的，幻想鲤鱼跳龙门可以一举成功。他经常被自己的幻想弄得兴奋不已，有时又会因此消极、忧虑，顿时觉得生活毫无兴趣，缺乏激情和乐趣。

小陈热衷于幻想，并且能够在幻想中认识到自己的不足，从而消极一时。谁没有梦想呢，但是梦想并不代表着幻想，梦想要靠自己的努力才能实现，而幻想却是没有经过实践的空想。

幻想归幻想，千万不要和现实混淆。如果把幻想当成现实，那真是幻想与现实分不清楚。

一个人每天都会买彩票，整天幻想自己中了头等奖，心情自然高兴万分。他便到处跟别人讲，他自己中了500万的大奖。

这一消息就像爆炸新闻一样，在他的亲朋好友间迅速传开。500万可不是个小数目啊，他成了一块抢手的肉，但凡跟他能攀上一点关系的人，都来他这里蹭吃蹭喝，还妄想从他这里借点钱。就这样，要请吃饭的人来了，要借钱的人来了，要账的人也来了……

人少他还能应付得起，人一多，他可就无力回天了。每天出门都尽量躲着人群走，生怕碰见熟人；天天在家都不安生，不是这个上门就是那个上门。不请人吃饭，大家就说他富了瞧不起人了；不借钱，大家就说他不够义气、铁公鸡。

他不得不向大家解释，中奖的消息是他编的，根本就没有这回事，可是，大家以为他这是在给自己找借口。结果，弄到朋友疏远、众亲叛离的地步，事情不告而终。

有些人由于不满意自己的生活，便强迫自己幻想，并喜欢把幻想的事情当成现实中真实的事情，并通过说谎的方式，希望大家认为他所说的话是真实可信的，便会在别人面前有意地编造一些幻想性的故事，以一种很神奇的经历来让对方相信。

强迫幻想症，是强迫性神经症的一种，表现为反复而持久的观念、思想、印象或冲动念头。患有强迫幻想症的人能够认识到幻想是不必要的，但却不能以主观意志加以控制。

林影生活在一个不和睦的家庭里，爸爸妈妈在她很小的时候就离异了，她一直跟母亲生活。离异后，家里的生活条件一直不好，林影想要很多东西，可是妈妈却没有能力给她买，林影一直都很自卑。

不完美的家庭一直影响着林影的性格，她变得越来越孤僻，跟母亲的关系也不是很好。她周围的朋友也是少之又少，而且养成了说大话的习惯。

在家里，只要母亲一指责她，她就很生气，大声地反驳母亲，并声称自己一点错也没有，没有任何缺点，也从来没有做过错事，是一个完美的人，这是她一直强调的一点。

在工作中，林影便跟同事吹嘘自己从小养尊处优，蜜罐里泡大的，什么活都没干过；很多人抢着为她介绍好工作，经常有人要请她吃饭，甚至她连请她吃饭的人都不认识；她有很多追求者，走到哪儿都受欢迎，同事都喜欢她，领导也欣赏她，经常请她吃饭……林影这样说也就摆出了一副大小姐的样子，真的就有人相信她了。

而实际情况正好相反，她出身贫寒，吃过很多苦；几乎没有异性追求者，和单位同事关系也很冷淡，更没有引起过领导的重视……

林影的童年很不幸，也正是因为对自己的童年以及现在生活的不满，她才开始幻想与实际情况不相同的生活。她幻想自己是一位公主，便信以为真，把幻想中的生活当成了她自己现在的生活。林影与别人谈话时，无论与母亲谈话，还是与其他人交谈，都把自己当成了一个拥有幸福生活的公主。所以，她才会一直强调自己没有任何缺点，是一个很完美的人，有众多的追求者等。

林影不得不强迫自己幻想这些美好的生活，因为她对自己的生活很不满意，以至于一想到现实中的自己就无法接受，所以，谎言一个接一个，从来不会间断。这种人多为幻想性谎语癖。

强迫幻想的人，是因为他的思维和理解力还不够强，很容易将幻想和现实混淆。这样的人不觉得自己是在说谎，而是把想象的情节当成了现实，以自己为主角，编造一系列的故事情节，并在大脑中一幕又一幕地排演，以满足在现实中达不到的要求，这是病态说谎的一种极端表现形式。

幻想性谎言是事实与虚构交织在一起，两者交织而成的产物，从表面上看，语言合情合理，平常人很难区分哪一部分是事实，哪一部分是虚构幻想出来的，甚至连说谎者本人也很难分辨。

幻想性谎言也可能是他把自己的愿景施加到某件事情上，把本来不可能出现的事情说得跟真的一样，如果不深究真的很难区分。

强迫幻想的人往往缺乏安全感，说谎就是下意识地保护自己，隐藏自己的想法，不希望被别人察觉。究其原因，是由于其人格发展不成熟造成的，性格和思维都充斥着只能说好、不能说坏的被其幻想美化了的现实，对自己缺乏批判力。

现实是无法改变的，只能改变自己，幻想不是解决方法。停下幻想的脚步，直面你的生活。

再完美的谎言也有漏洞

谎言是经过说谎者深思熟虑后说出来的话，逻辑与情节算得上是很清楚了。可是，谎言是什么？就是有违于事实的伪事实，无论谎言出自谁之口，是政客、是银行家、是房地产经纪人，抑或是新闻记者，都不可能把谎言讲得像真话一样，能经得起大家的推敲。

既然谎言不可能代替真话，为什么人们还要撒谎呢？有时，我们明明清楚事情的真相，却为了一己私利，欺骗别人，也欺骗自己。

直接的谎言，也被称为歪曲事实，谎言传递的信息与事实恰恰相反，是最误导人的。说谎者不想让别人知道事实的真相，或否认已经发生了的事情。

比如，一名有罪的犯罪嫌疑人否认自己与案件有任何牵连就是直接的谎言。

应聘工作的人在面谈的时候声称自己做现在的工作很愉快，只是想在同一个工作上工作多年后换一个，而实际情况是他们是被解雇的，那么他们的谎言就是直接的谎言。

夸大的谎言，是指传递的信息超出了事实或者事实被夸大描述。

比如，罪犯可能在接受警察询问承认罪行时，过分渲染他们的懊悔，而实际上，被释放之后，他还有可能继续以前的犯罪行为。

在应聘面试时，面对面试官时人们表现得肯定会比实际更适合这一工作，而实际上，他只是想把这个工作当成暂时养家糊口的饭碗，一旦有新的机会，他可能随时跳槽。

技巧的谎言，是指那些用来误导他人的字面上的事实，或者通过规避问题或省略细节来隐瞒信息。

比如，有人邀请你去参加他的画展，如果你不喜欢其中一幅画，你可以说如果在画中使用明亮的颜色会更好，以此来隐藏你的真正意见。

并非所有的谎言都是错误的，谎言也有善恶之分。不管出于什么原因，只要你说了第一个谎，担心谎言被揭穿，你早晚都必须用另外一个谎言来自圆其说，而那意味着更多谎话将相继出现，你永远都要跟谎言为伍，所以维持谎言需要高成本的代价。

追根溯源，推下谎言陷阱的，其实就是说谎者自己。为了掩盖事实，你只能一个谎言接着一个谎言地说，这就是所谓的"撒谎雪球效应"。

撒谎雪球效应，是因为对撒谎这件事很习惯，或者是在内心形成了一定的条件反射。在这种情况下，你自己会在心理上刺激自己，每次撒谎后，你都认为这是最后一次撒谎，于是，抱着这种想法，努力地坚持下去，结果谎言越来越多。

谎言其实是最容易破碎的东西。每多说一次谎，说谎者所承受的心理负担就越重，风险日益增大，后果也日益严重。

有这样的一对夫妻，男人经常对女人撒谎，可是，女人却全然不知，依旧生活在男人为她编织的梦幻生活里。

男人说自己有车有房，女人觉得这个男人是有车有房的；男人说自己身价上亿，女人觉得男人的钱多得数不清；男人说很爱女人，女人不好意思地笑了笑，依偎在男

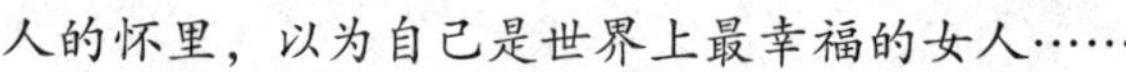

人的怀里，以为自己是世界上最幸福的女人……

男人有很多应酬，总是在外面吃完饭再回家，女人觉得男人很辛苦。有一天，男人喝得酩酊大醉回到家里，女人赶紧上前扶住他，没想到男人一把搂住女人，嘴里叫了一声其他女人的名字。女人瞬间冰化了。男人有很多女人，她只不过是男人众多女人中的一个，要不是男人喝醉了酒，自己把话说出来，至今她还被蒙在鼓里。

谎言就是一团火，纸里是很难包住一团火的，真相永远会大白于天下。

也就是说，任何看似天衣无缝、编织完美的谎言总是有它的漏洞，而这些漏洞是因为说谎者的心理负担引起的，这些破绽又必然呈现在具体的细节之中。一些小细节就可以说明一个人在说谎。仔细观察跟你对话的人，就可以分辨出来他是不是在跟你说谎。

细节之一：说话常会忘“我”

谎话就是谎话，永远不可能成为真话。无论多么会说谎的人，在说谎时都会感到一丝不舒服，他们会本能地把自己从所说的谎言中剔除出去。

比如，聚会时他迟到了，当朋友问他为什么迟到时，他可能会撒谎说“车坏了”。请注意，他说的是“车坏了”，而不是“我的车坏了”。“车坏了”本身就是一个谎言，他不想把自己扯到这个谎言中去，所以才省去了“我”。

细节之二：不提及他人的姓名

当有人向你陈述一件事情时，而实际上他是在撒谎，这时，他就会避免去提及谎言中人物的姓名。说谎人很清楚，如果把在主题中被牵扯到的人名说出来，就是真的撒谎了，他之所以采取这种方法，是想让自己明白自己说的是真话，而不是谎话。

一个著名的例子，美国总统克林顿在向全国讲话时，拒绝使用“莫妮卡”，而是“我跟那个女人没有发生性关系”。如果克林顿说“我跟莫妮卡没有发生性关系”，那么他说这句话的时候，实际上心里是没有底的。

细节三：从不否认自己

说谎者在说谎之前就已经在头脑中把假定情景中的一切想好了，就像彩排过很多遍似的，很难会在熟练的基础上出错。所以，他在陈述一件事情时是不会否定自己的，他会一气呵成，把这件事情说完，他绝不会说“等一下，我说错了”之类的话。不过，正是因为他在陈述时不愿承认他有错，反而暴露了他正在说谎。

当问一个人昨晚都干了些什么时，一般人在叙述时难免会出现大脑短路的情况：“我回家，然后看电视。哦，不是，我想起来了，我先给我妈打了个电话，然后才开始看电视的。”但是，说谎者却不一样，他肯定把这一幕都设想好了，或者，他绝对不会

否定自己说过的，另外找一种说法。

细节四：指天为誓

当你怀疑对方时，如果你开玩笑似的对他说："我才不相信你说的话，你发誓我才信。"而对方却回应你说："干吗那么无聊""我说的是真的，你为什么叫我发誓"等不想发誓的语气，那八成是确有其事，不然反应何必那么激烈呢？

这个方法很古老，却很有效。但是，也有的人动不动就指天为誓，好像发誓对他来说算不得什么，是无关自己的事。这样的人也很值得怀疑。

细节之五：回忆就像昨天发生过似的

由于记忆曲线的存在，要想记住所有的事情是不可能的，更不用说某个时间段里事情的所有细节。

通常，人们在回忆起以前某件事情的细节时，记忆会被反复搜索，人们也会反复纠正自己的言语，思绪被一点点理顺。所以，人们难免会复述的磕磕巴巴。但是，说谎者在陈述时是不会犯这样的错误的。

小动作暴露了你在说谎

"你看看我，像是说谎吗？"我们在电视里或者生活中经常听到有人这么说，貌似别人这么一说，我们就真的会相信他说的是真的。看到对方真挚的眼神，好像没有办法不相信他说的是真的。

可是对于那种说谎老油条来说，没有什么是不可能的。一个经常说谎的人，已经能够很好地掩饰自己的感情和声音了。通过调节自己的表情，做到能够不让别人发现他在说谎，其实是一件很容易的事情。

心理学家曾经做过一个实验，如何才能够正确识别一个人是不是在说谎。

他们让一个人说谎，并拍下了这个人正在说谎的一组照片，这一组照片分三张，分别是说谎人的头部、颈部以下和全身。然后，心理学家把这些照片拿给不知情的人看，让人们猜哪个人在说谎，其实，这些照片都是拍摄的同一个人。大家的回答如下：

（1）看到说谎人的头部照片，大家都认为照片上的人是一个热情开朗、正直友好、富有人情味的好人，并给予了照片上这个人极大的好评。

（2）看到说谎人的颈部以下照片，大家都认为照片上的人是一个有心计、神经质、不可信、令人担忧的人，大家对照片上的人印象都不好，猜想他可能是一个爱说谎的人。

（3）看到说谎人的全身照之后，大家给予了整体性的评价，认为照片上的人是一

个有活力、思维敏捷且很机敏的人。也就是说这个人很可能会随时说谎，也可能不撒谎，这个人的感情变化不易于被别人察觉。

从这个实验当中我们可以看出，大家只有从颈部以下的照片上得出的结论才是最正确的，无论是从一个人的面部还是从全身整体来看，都很难区分一个人是不是在说谎。尤其是当大家看到面部的照片时，完全颠覆了照片上的人原本的性格，大家都被巧妙地拖进了说谎人的圈套之中。

因此，心理学家得到一个结论：一个人的本来面目在其身体下半部分最容易显露，尤其是脚部，接着是手部，而脸上最难看出。

当有人再向你说“你看着我，我怎么会跟你撒谎呢”，你就要掂量掂量说话之人了，他究竟有没有撒谎是很难从他的面部看出的，如果他一再强调你要好好地盯着他，他一定是对自己的表情很自信，让你无法从中获取到任何他撒谎的信息。

在说谎的过程中，说谎人可以很好地控制自己的言语，但是，往往不能有效地控制自己的非语言行为。

由于人类的进化，我们不再靠动作语言来传递信息，而是在使用语言文字方面比行为语言更加熟练，而且熟能生巧。当我们陈述一件事情的时候，会倾向于语言文字的描述。这也就是为什么我们很难在语言上分辨出一个人是不是在说谎的原因。

假设一名海关官员在机场问一名海洛因走私者，他的手提箱里有什么东西。对于这位男子而言，可以很容易地在谈话中不提到海洛因，但是对他而言，保持正常的举止，以免在与海关人员的交谈中引起对方的怀疑则可能更困难一些。对学生而言，告诉监考人员掉在地上的课堂笔记不是他的也不会很困难，但是保持镇静对他就比较困难。

所谓的非语言行为，指的就是一个人的动作、表情。当一个人撒谎或拥有某种秘密而不想让你知晓时，内心多多少少都会陷入良心的谴责而不安，最易显露其内心的地方则是一般人最不注意的身体下半部分。

从心理学上讲，一个人的情绪和动作之间是存在着某种自动连接关系的，但是，情绪和语言之间并没有自动连接关系，所以，一个人的语言和动作才会出现不一致的情况。

情绪控制是指控制自己对各种认识对象的一种内心感受或态度，是一种管理情感交流和非言语表达的能力，也就是隐藏真实感情的能力。

比如，当一个人感到害怕的时候，身体本能地向后躲，试图避开让他害怕的事物，这时，脸上的表情动作也会变得扭曲。然而，这个人并不会因为自己害怕的缘故自动说某些话，而是为了不向其他人暴露自己内心的恐惧，设法采用某种方法来控制非言语行为与恐惧自动连接，而不需要担心言语行为，还有可能说一些“我不害怕”之类的话。

细节一：摸鼻子

美国芝加哥的嗅觉与味觉治疗与研究基金会的科学家发现，当一个人撒谎时，身体会释放一种名为儿茶酚胺的化学物质，这种物质会引起鼻腔内部的细胞肿胀，导致鼻腔很不舒服。

科学家们还揭示当一个人撒谎时，血压会不自主地上升。由于血压升高，从而引发鼻腔的神经末梢传送出刺痒的感觉。这时，人们只能频繁地用手摩擦鼻腔，舒缓鼻子不舒服的症状。

当一个人说谎时，鼻子会因为充血膨胀几毫米，不过肉眼是很难分辨出来的。此时，说谎者往往会用手摸鼻子，这无疑是最明显的说谎信号。

触摸鼻子的手势一般是用手在鼻子的下沿很快地摩擦几下，有时甚至只是略微轻触。和遮住嘴巴一样，说话者触摸鼻子意味着他在掩饰自己的谎话，聆听者做这个手势则说明他对说话者的话语表示怀疑。

美国的神经学者深入研究了比尔·克林顿就莱温斯基性丑闻事件向陪审团陈述的证词，他们发现克林顿说真话时很少触摸自己的鼻子。但只要克林顿一撒谎，他的眉头就会在谎言出口之前不经意地微微一皱，而且每 4 分钟触摸一次鼻子，在陈述证词期间触摸鼻子的总数达到 26 次之多。

不过，我们必须牢记一点，触摸鼻子的手势需要结合其他的身体语言来进行解读，有时候人们做出这个动作只是因为花粉过敏或触摸鼻子的手势者感冒。

单纯的鼻子发痒往往只会引发人们反复摩擦鼻子这个单一的手势，而和人们整个对话的内容、频率和节奏没有任何联系。

细节二：眼球转动

大家常说的“说谎的人不敢看对方的眼睛”，并不是完全正确的，相反，一个高明的说谎者会加倍专注地盯着你的眼睛，并且瞳孔扩张。所以，请不要相信别人的眼睛。

通常，当一个人撒谎时，眼球会向右上方转。当他们真的在回忆某事，眼球则会向左上方转。

细节三：不对称地笑

发自内心的笑是均匀的，脸部两边是对称的，并且在鼻子、嘴角和眼睛周围会产生笑纹，且真正的笑来得快，消失的慢。

伪装的笑容会有些轻微的不均匀，眼部的肌肉没有被调动，不会产生笑纹，假笑来得相对也会较慢。

细节四：频繁触摸自己

人类在撒谎的时候，回答问题会变得更加简短，而且还伴有下意识地抚摸身体某一部位等细微动作。就像黑猩猩在压抑时会更多地梳妆打扮自己一样，会把心思放到自己的身上，以减少不良情绪。

所以，人们越是想掩饰自己，越是会因多种身体动作的变化而暴露无遗。

症候群

谎言总是能够脱口而出，我们为什么会如此喜欢撒谎？原因是我们不想让别人失望，不愿意被别人讨厌，不愿意让自己的生活陷入一片混乱和不断被困扰的境地。

抱着这些想法，我们才会尽一切努力地避免这些状况出现，对身边的朋友、亲人以及爱人撒谎，以此获得自我存在感、幸福感、安全感与成就感。说谎就是有这样的魅力，可以让人获得优越感和力量感。

据美国广播公司的民意调查结果显示，每人每天平均讲最少 25 次的大话。不管这个数字准确不准确，但是至少可以说明，人们都是爱说谎的。美国心理学家艾克曼曾经在他的研究中列举了说谎的原因。

第一是逃避责任或惩罚。很多人在做错事情的时候是没有勇气承担责任并面对惩罚的，这时，他们很可能会通过撒谎来逃避惩罚。因此无论是孩子还是成人，逃避惩罚都是最直接导致说谎的普遍动机。

第二是获取报酬。人在自己欲求的事物面前很可能会失去理智，在“很希望得到”的情况下，他们可能会采取说谎的方式来达到目的。

第三是保护他人免受责罚。这是一种体现人类利他性原则的原因，有的人出于自己的某些性格因素或原因，可能会通过掩盖或虚构真相来帮助其他人免受惩罚。

第四是保护自己或他人的人身安全。人们处在危险境地的时候，通过撒谎来威胁对方，是一种很有效地保护自己的措施，这种原因导致的撒谎是一种很明智的选择。

第五是赞同或取悦他人。人在一些特定的场合，需要通过欺骗或撒谎来维持或维系社会关系的和谐。

第六和第七种是逃离尴尬或某些场合。这种情况在现实生活中十分常见，当人们身在令他十分尴尬或不舒服的环境中时，常常会为自己的离开寻找各种借口和谎言来逃避这种环境，例如有急事等。

第八种是保密。在一些时候，有些事情只能让小范围的人群有知情权，对于其他人则需要保密，这就需要其他谎言来搪塞或掩盖真相。

第九种是控制和影响其他人。有时，一些人需要通过夸张或捏造事实来扩大自己在某领域的影响，从而更好地达到控制他人的目的。

此外，还有一些学者对说谎的原因做出了自己的解释，英国普茨茅斯大学的研究者阿尔德特·维瑞将说谎的原因解释为他希望给人留下好印象、维持既得利益、逃避惩罚或争议、为他人谋得利益及与他人建立更和谐的关系等。

症候群本意是指因某些有病的器官相互关联的变化而同时出现的一系列症状，后又指某一些人因相互影响而达成一致的意向。

当然，撒谎能力也是因人而异，社交能力强、思维活跃善变的人显然更擅长说谎，演说家、政治家也对撒谎比较在行。可能是因为“久病成医”的缘故，这类人识别谎言的能力也较强。

小梁一毕业就来到了现在的公司，刚进入公司的时候，大家都觉得小梁这人不错。作为一个刚毕业的新人，他见人一点儿都不怯，大家对他的印象还不错。

可是，这还不到半年的时间，几乎整个办公区的人都烦他，还有同事在背后给他编了一段顺口溜：“可叹说谎不上税，可恨说谎不犯法，可怕小梁一张嘴，可是从来不算数。”

小梁没事就在办公室里张罗：“有段时间没聚了吧，后天晚上我请客、唱歌，咱哥们儿好好聊聊！”

可是，像小梁这样的“口头饭”大家吃了不少了，看到小梁那副豪气冲天的样子、乱飞的唾沫星子，大家都在下面窃笑，心里都明白，这又吃了他一顿“口头饭”。现在小梁请客吃饭的邀请几乎是见谁都发，可就是不见有哪次实现过。

同事小王就被他的谎言狠狠“涮”过一次，以至于现在看到小梁气都不打一处来。

小王闺女就在家门口那所小学上学，可是，自从他们搬家后，闺女上学就远了。双职工的小王担心路远又没人接送，9岁的孩子要穿好几条马路不安全，急得他午休时在办公室里唠叨。

要转学，眼前家门口的小学已经满员了，没有接收名额，只有四站地外的一个小学可以接收。可是，转学可是件大事，不是说转就能转得了的。

小王天天在办公室里念叨，同事们都替小王急得慌，急也没办法，也是干着急。小梁听后，一拍胸脯，称自己的表亲就在那个小学当领导，可以帮忙活动，并且成功的希望很大。

小王一听小梁这么一说，心里的石头总算是落了地了，一门心思地盼着小梁的佳音。可是，每次见到小梁，问起事情的进展情况，小梁都一口一个“没问题”“能成”，请小王放心，这件事包在他身上了。

转眼就要9月开学了，小梁的佳音也没传来，小王坐不住了，问问小梁的情况吧，小梁还是那句话“等等，没问题”。

这一句“等等”可不容易，直到等到学校开学了，小梁也没把这件事办成。现在，小王的闺女还在原来的学校上学，每天披星戴月地和家长同进同出。

小王气得埋怨小梁：“没谱的事就别应承！你说谎可苦了我孩子。”

小梁满世界打“空头支票”，像他这种满嘴里跑火车的人，内心是极度自卑的。他需要通过谎言获得自尊，其实是一种心理上的病态。总的来说，爱说谎的人是自卑和自尊的混合体。

有一部分具有代表性的人群喜欢撒谎：

1. 技不如人

掩饰平庸的最简便方法就是说谎，只消嘴皮动一动，遥远乡下的小木屋尽可成为别墅、庄园；某年某月某一天，某位大人物曾与我共商大计……

比如，莫泊桑《漂亮朋友》中的杜洛瓦，靠着自己的外貌勾引巴黎社交界的贵妇，通过和她们私通进入上流社会、换取锦绣前程。为了前途，他娶了玛德莱娜，但在达到目的后一脚踢开了她。

2. 妄自尊大

这类人胸中多少有些丘壑，遂以为人定胜天，自欺欺人无疑令他们愈加飞扬跋扈。他们会编造各种谎言，以显示自己的力量。

比如，《史记·秦始皇本纪》中指鹿为马的赵高，为了试探朝廷中有哪些大臣顺从他的意愿，特地呈上一只鹿给秦二世，并说这是马。

秦二世不信，赵高便借故问各位大臣。不敢逆赵高意的大臣都说是马，而敢于反对赵高的人则说是鹿。后来说是鹿的大臣都被赵高用各种手段害死了。

3. 唯利是图

需要获取某种既得利益或搪塞某个漏洞时，撒谎是人类再自然不过的本能反应。

代表人物：刘震云《手机》中的严守一是一个十足的大骗子，不仅骗自己的妻子，还帮着别人欺骗他人。他口口声声说“不撒谎”却不断地撒谎。他台上说一套，台下说一套；嘴上说一套，实际做一套。明明在和情人约会，却给老婆打电话说是在单位加班。

他认为自己撒谎的技术很高超，别人都难以发现，一次又一次地欺骗亲人和朋友。

4. 安全感缺失

因天性敏感或来自破损家庭，无论拥有多少，心底总有一块是踩空的。内心在呐喊：没关系，有谎言撑着呢。

代表人物：《今生今世》中马不停蹄恋爱着的胡兰成，胡兰成对感情的态度虽然很执着，到底只是个朝秦暮楚的荡子。胡兰成亦定是因那份懂得和知心才赢得众女子的心，他用情浮泛，竟亦享受着这浮泛，不觉厌弃，反为得意。每到一个新处，便处处留情。

5. 虚荣至上

撒点小谎算什么，面子才是硬道理。为了自己的利益，他向所有的人撒谎。

代表人物：钱钟书《围城》中的方鸿渐为了保住面子，他那张父亲引以为豪的文凭是假的，还大言不惭地与各类人士交往；之后又为了与唐晓芙恋爱，他又向苏文纨撒谎；结婚之后，他还一再向孙柔嘉撒谎，最后两人以离婚为结局……

闭上说谎的嘴

一般人平均一天说两次谎，说谎的内容通常与情感、感觉有关，包括观点、感受、对人事物的评价。可见说谎行为如此普遍，如此根深蒂固。

据国外的研究显示，一个 12 岁的儿童就已经完全具备了和成人一样的能力来控制他们的语言和外在的行为表现，以掩饰自己的真实感觉。也就是说，一旦人的心理机智发育得足够成熟，就有可能通过说谎来欺骗对方。

人们说谎有几个理由：

(1) 给别人制造积极的印象或保护他们自己免于尴尬或被拒绝。

一个男孩跟他的朋友说，有一个女孩一直在迷恋自己，他都要愁死了。而实际情况不是这样。男孩所说的那个女孩根本不存在，而是他暗恋对象的一个幻影。他怕朋友觉得他没有出息，连个女孩都搞不定，觉得很没面子，才不敢对他的朋友说实话。

(2) 为了要获得利益。

面谈的时候，面试官问应聘者期望的薪酬，应聘者可能会夸大他们现在的收入，以确保他们下个工作的收入更高。

(3) 为了避免惩罚。

孩子打破了所有的水杯，为了避免惩罚，孩子很害怕把实情告诉父母，他可能会把责任推到这里的猫身上，从而向父母撒谎。

到现在为止，提到的说谎都是自我导向的，是为了让自己显得更好或者得到个人利益，人们说的一半谎言都是自我导向的。相当多的他人导向谎言是说给那些说谎者认为关系较近的人。

（4）使他人显得更好或为了另一个人的利益。

一个学生告诉老师她的朋友病了，虽然她知道她的朋友并没有生病，只是偷懒不想来学校罢了。

（5）为了社会关系。

如果人们在所有的时候都告诉他人事实，交谈可能会变得愚蠢和粗鲁无礼，社会交往也容易变得混乱。

为了维持和同事的适当关系，当他们邀请你吃午餐吃，你很不想去。这时，你说自己很忙碌会比较好，而不是说你不喜欢他们，才不愿意和他们一起外出吃午餐。因此，做一些欺骗但恭维的评价可能有益于彼此的关系。

说谎的人可能会蒙混过关一段时间，但是，却欺骗不了更长的时间；说谎可能会欺骗一部分人，并且只能是相信你的人，不可能欺骗所有的人。也就是说，说谎绝不可能在所有时间里欺骗所有的人。

每个人都有察觉到其他人心理状态的能力，包括他人的知觉、意图和想法。在日常认知中，人们总是论及他人的心理状态，推知他人的意图和观念，并通过推测心理状态而预测人们的行为，这也就为说谎提供了可能。

反设认知指一种学习策略，指当一个人了解到自己的思维模式之时，会通过控制自己的思维模式，从而达至效果的学习方法。

小 E 知道小 C 的性格不像是平时看到的那样的性格，其实小 C 还有另外一种鲜为人知的性格，只是很少显露出来。恰巧这一点被小 E 知道了，小 E 便利用这一认识去组织自己的谎言，去欺骗小 C，而且能够保证小 C 信以为真，轻而易举地撒了个谎。

很多人认为说谎不必承担责任。

一位学校的老师说，她班上有一个 6 岁的小女孩，这个小女孩就很爱撒谎。

有一天，老师对这个小女孩说："我看见你敲另一个女孩的头。"

小女孩说："不，我没有。"并且很坚决。

老师接着说："我看见你敲了。"事实上，这个小女孩真的敲了另一个女孩的头。

小女孩还是说："不，我没有。"

但是，老师并不想就此结束，仍然坚持道："可是我看到了。"

忽然，小女孩换了另外一种口气，说道："是她逼我这么做的，要不然，我绝对不会打人的。”

这是一个极好的例子，展示了人如何从说谎转向为自己的说谎寻找借口，而且不流露一丝悔意。人们想撒谎，总是能为撒谎找到理由。

有些谎言简单直接，我们可以毫不犹豫地称之为谎言。小女孩就是在撒谎，可是，她却说自己没有撒谎，这就是谎言。

如果换作你是一位老师，你可能会毫不介意这件事，以为这么小的孩子说一句谎话没什么坏处，便对小女孩的行为得过且过。小女孩很可能会打第二个人、第三个人……还会向你、亲人、朋友继续撒谎。

撒谎者也为了赢得暂时的安全感，而最终将导致自己长时间生活在恐慌、焦虑和自责之中。而谎言经常被揭穿是因为时间和事实可以洗白一切谎言。

虽然谎言经常被揭穿，但新的谎言又炮制出来，谎言生存之本：如果一切真实了，人就很难有勇气活下去。于是人们总是循环在谎言的不断被揭穿、新的谎言又不断被制造的过程中痛苦挣扎。

谎言是有危害的，每个人必须了解它的危害。

爱默生曾写道：“凡与真理有抵触的话，不仅对说谎者来说是一种自杀，对群体的健康来说也是一种损伤。”

费尔德曼称，说谎时一般出现下列症状：瞳孔膨胀；声量和声调突变；笑容较少；眨眼太多；频频耸肩（主要指西方人）；眼神接触出奇的多或少；说话中带有较多停顿、假装清喉咙、中间穿插“嗯”等语气词；经常摸鼻子；频频吞咽等。

因为在说谎的过程中，为了圆一个谎言，可能要编出无数个谎言来支持它，这对于心理健康是极为不利的。

说谎不但会使一个人的内心感到不安，而且还会使人的整个循环系统受到影响，造成血压不稳、呼吸与心率减慢、情绪低落、办事效率低等现象。长期下去，能诱发某些精神疾病或导致神经性呕吐、胃溃疡等。

面对说谎的高昂成本，在频频地喊“狼来了”的时候，大家还是应该多想想最后的结果，谎言是圆不了的，最后是趁早收手，不要浪费多余的精力。

在面对谎言时，我们要具备理性的思考和独立分析判断的能力，这样才能避免被谎言所伤害。在生活中面对习惯性的说谎者，我们只能选择远离。毕竟一个你无法信任的人，也就不是值得你交往的人。

谎言并不是毒药，并不是任何时间都要戒除谎言。有时，人们的关系是需要谎言来稀释的。

在莉莉的家中，母亲是这个家庭中最想有权势的人。

母亲经常和父亲冷战，实际上，他们都想成为家里的一把手。他们很多时候都是沉默不语，但是，意图十分明显。可是，这个事实大家谁都不想说破，似乎一说破，家里的矛盾就会被瞬时激发出来。

母亲之所以想成为家庭中最有权势的人，是因为受到了自己妈妈的影响，她不想成为自己母亲那样的人，跟所有人的争吵，她想成为一个说话很有力度的人。

父亲之所以想成为家庭中最有权势的人，是因为他的母亲抛弃了他，被抛弃的滋味很不好受，所以，他想成为家里的中心人物，大家都爱他并且拥护他。

当莉莉知道了这件事后，她来到父亲面前，对父亲说："你很爱妈妈，是吗?"

父亲当然同意莉莉的说法。

莉莉接着说："你知道妈妈最想要什么吗?"

爸爸一脸茫然，摇了摇头，说道："不知道。"

"其实，就是你的爱。"莉莉说，"只要你爱她，她就不会有那么多的不安全感。"

父亲听完莉莉的话就明白了，家人需要的是信任，所以，他主动把家庭的大事小事都交给莉莉的母亲。而莉莉的母亲对这一切都表示很不可思议，她没想到自己的丈夫竟然能这样了解她。

莉莉没有直接说明真相，让父亲把权力交给母亲，而是采用一种迂回的方式，让父亲明白其中的道理。也没有对父亲撒谎，企图用说谎的方式让父亲明白。

说话也是有技巧的，并不是非黑即白，如果我们不想伤害其他人，又不想让自己的内心受到煎熬，那何不采用一种委婉的方式来说呢！

每个人都会犯错，无论是普通人还是伟人，都无法避免这样的事情。重要的不是永远不犯错，而是如何对待错误。坦然承认错误，吸取教训以后不再犯，而不是找借口推托，跟其他人说谎。无论如何，我们都应以诚待人、诚以待己，坚持做到拒绝一切借口。

十六、社交恐惧

所有的眼睛都在"注视我"

有些人很喜欢表现，尤其是有点自恋小情结的家伙们，使尽浑身解数吸引众人眼光，恨不得全世界都是他们的观众。可是，有人喜欢被瞩目，就有人很"害羞"！他们不喜欢被人注意，甚至会感到紧张或者害怕。

在公共场所，人与人之间难免会有眼神的不经意接触，然而在一般情况下，这些都是无心之举。可有些人却觉得自己无论是在商场、公交车、甚至走在街上，都有无数双眼睛在注视他们，关注他们的一言一行、一举一动。

难道他们是超级明星！NO！NO！其实被所有人瞩目只是他们自己的想法，一种被关注妄想而已。

生活中，人们一般都会在公共场所接触很多人，但是如果问今天都见到什么样的人，除了那些你熟知的或者有接触的人，多数人都毫无印象！因为大部分时间，我们都忽视着周围的人群，同样也被忽视着！

然而，这些“巨星们”，无论在什么地方、什么情境中，他们觉得身边的人无时无刻都在关注着自己，怀疑人家是不是都在讨论自己。他们非常害怕成为别人注意的中心，特别害怕在别人面前出丑，因为这对于他们来说简直就是和天塌下来一样大的事情！

“不知道为什么，迎面走来的每一个人都要瞟我一眼，难道我长得很丑吗？这样搞得我真的很不舒服，我很紧张。好像四处的人都在看着我、讨论我，我到底做错了什么，还是我有什么与众不同的？现在我很害怕去人多的场合了，很不自在，甚至会呼吸困难……”

“我为了参加学校的唱歌比赛，准备很久。我知道自己胆子很小，但是很想突破一下，可是我最终还是失败了。台下的时候明明唱得很好，可是一上台就一句也唱不出来，大家都在哄笑，好丢人啊！后来感觉学校的同学都在议论我，每次走在操场上，大家就在我背后指指点点，现在走在街上，感觉陌生人都会嘲笑我……”

“在公共卫生间小便时一定要等到旁边没人，或者到一个单独的小隔间，否则我就尿不出来。因为如果有人，我就会感觉他们偷窥我，我很紧张也很害羞……”

以上是来自“巨星”们的自述，虽然他们害怕的场所不同，但是他们因为某一不愉快的经历就一直耿耿于怀，害怕再次出现在同样或者类似的场景中，因为会感觉到人们都在对他那件“大事情”念念不忘。

这可不仅仅因为他们是害羞，而是在自我认知上发生了错误，产生了心理障碍。他们患了社交恐惧症！同样是到街上或其他公共场所，正常人不会有太大的“收获”，而社交恐惧症患者则带回了无限的来自陌生人的“批评”“愤怒”等，尽管大多是他们自认为的。

生活中，很多我们看来很平常的事情，在社交恐惧症患者看来简直是天大的事情！

比如，有的女士死都不愿意自己出去逛街，因为总觉得这样自己好像暴露在所有人的目光下，浑身不自在，焦虑不安；比如，坐公交车这样连小朋友都敢做的事情，对他们来说都很困难。再害羞的人也不会连些日常的事情都敢做吧！

普通群体中有高达13.3%的人在一生中会有某种程度的社交恐惧症，使得社交恐惧症成为一种最常见的心理障碍。男女患该病的比例基本持平——1.4：1。

很多人以为缺乏交际能力就是患了社交恐惧症，这是错误的！首先，有些社交恐惧症患者如演讲恐惧症是可以正常与人交往的；此外，虽然的确有些社交恐惧症患者无法与人正常交往甚至接触，但这并非其原本就无社交能力，而是因为某些原因而导致其对人与人之间的接触产生了恐惧。患社交恐惧症的人害怕直视别人的眼睛，而且担心他们的某些个人特征比如脸红、口吃、体味被别人指责，因此感到焦虑、恐慌不安！

姗姗，大学毕业进入某知名外企的小白领，本该是很多人羡慕的生活，而她却患上了社交恐惧症。

虽然爱美之心人人有之，但是姗姗却对于自己的外在过分地在意。因为一次恋爱的失败，姗姗觉得男朋友之所以抛弃自己，就是因为自己打扮不够漂亮，并且严重地打击了她的自信心。从此以后，她每天都精心打扮一番才能安心出门。她也特别在意别人对自己的评价。

姗姗为人随和，和同事的关系也很好。有一次，姗姗穿了一件碎花裙子遭到了同事的玩笑似的嘲讽，这深深地伤害了姗姗的自尊心，并将她那早已脆弱如薄纸的自信心击得粉碎。姗姗痛苦地忍受到下班，回家后就立刻把裙子剪碎扔掉。这种压力越来越大，姗姗每天一出门，就觉得大家都在盯着自己看，而且都在嘲讽自己的外表，渐渐地，开始不愿也不敢出门，害怕去人多的地方！

小女孩莉莉，在课堂上偶尔一次发言不顺利，可能是结巴或者停顿，可能由于长得漂亮，遭到了班级男同学们的一阵故意的嘲笑。然而对于一向很好强的莉莉来说，这个痛苦一下被钉入心中，每每发言都和这次一样糟糕，而且愈演愈烈，在课堂上不能回答任何问题。后来虽然私底下与家人、朋友之间却不存在无法交流的障碍，但是出门后不能去商店买东西，因为无法与营业员交流，也无法在公共场合和陌生人交流。

这是一种因“习得性无助”而导致的社交恐惧症。习得性无助，是指因重复的失败或惩罚而形成的一种对现实的无望和无可奈何的行为、心理状态。

关于“习得性无助”的发现，又和狗有关，但不是巴普洛夫的狗。这一次，是美国心理学家塞利格曼的狗。塞利格曼 1967 年在研究动物时，他用狗做了一项经典实验。实验是这样的，有点不是很人道！起初，他把狗关在笼子里，然后旁边有人按蜂音器，只要蜂音器一响，就用难受的电击刺激狗，狗关在笼子里逃避不了电击，只好做困兽状，上蹿下跳，屁滚尿流。多次实验后，先把笼门打开，再按响蜂音器，但并没有给电击。然而，狗不但不逃，而且倒在地开始呻吟和颤抖。这种本来可以主动地逃避却绝望地等待痛苦来临的行为，就是习得性无助。

再回到社交恐惧症来，一个人偶然一次或者几次体会到社交的创伤，但自己被当时产生的痛苦所困扰，多次强化暗示后便有可能对以后类似的痛苦产生“习得性无助”。

塞利格曼

从上述的这些例子中可以看得出，社交恐惧症并不像大家认为的只是人际关系问题那么简单，社交恐惧症会严重地影响患者的工作和生活，如果不接受治疗的话，它将会成为一种慢性的、终生的疾病，几乎没有改善或者恢复的可能。

这类社交恐惧症患者主诉与别人见面时不能正视对方，自己的视线与对方的视线相遇就感到非常难堪，以至于眼睛不知看哪儿才好。患者一味注意视线的事情，并急于强迫自己稳定下来，但往往事与愿违，不能集中注意力与对方交谈，谈话前言不搭后语，而且往往失去常态。有的学生患者在上课时，总是不能自已地去注意自己旁边的同学，或总感到旁边的同学在注意自己，结果影响到上课，并给自己带来无比的痛苦。

社交恐惧症患者普遍偏年轻，大部分集中在 16 岁至 25 岁之间。之所以年轻人容易患上社交恐惧症，主要有两大方面原因：首先，是网络时代导致人与人面对面交流减少。有很多交流都是通过网络、电话来完成，长时间便形成依赖，逐步变成不愿乃至不能接受面对面交流；其次，是性格影响。现在的 80 后、90 后人群都比较自我，且都是独生子女，自理能力比较差，凡事以自我为中心，不善于换位思考，稍稍和他人发生争执便会产生极大的挫败感，更不用说主动与对方进行沟通，久而久之便会在社交问题上出现障碍。

怕见陌生人的“害羞鬼”

对于具有社交恐惧症的病人中，有些病人病前人格相对健全，恐惧是在强烈的创伤性处境下发生的，如前面提到的姗姗和小女孩莉莉。然而有另一个极端是病人有人格障碍，从小害羞、怕见人，他们多数就会成为社交恐惧症患者中的怕见陌生人的“害羞鬼”。

你可能会有疑问，很多小朋友见到陌生人都会害羞，难道都是社交恐惧症？你先别着急，咱们好好来了解一下这群特殊的“害羞鬼”。

首先，你说的没错，除了一些特别开朗自信的小朋友喜欢主动与陌生的叔叔阿姨打招呼，多数小朋友都会很害羞、腼腆地躲在爸爸妈妈背后，弱弱地喊一声叔叔或者阿姨好。而有的小朋友不仅仅只是害羞，甚至有些恐慌，打死也不肯叫人，甚至会哭泣。在儿时这类特殊的人可能还不是那么明显化，因为在大人看来，他们只是胆小害羞，年纪小、不懂事而已，但是随着年龄的渐渐增长，你就会发现他们的与众不同了！

小美自小父母就在外打工，和外婆一起生活。小美从小就是个很没有安全感的小孩，也很害羞，每每外婆让她叫人的时候，就会躲在外婆背后。由于外婆怕自己的孙女受欺负，很少让她出去玩，常常关在家里，小美自己的胆子也特别小，不喜欢出门，也不喜欢和人接触。后来上了学也很内向，不敢回答问题，也不怎么和同学、老师说话。除了学校的同学、老师和外婆，小美几乎不和任何人来往，每当出门都是低头不敢看别人。如果有陌生人主动和她说话，她会立刻紧张害怕起来，脸火烧火燎的感觉，心跳加快，大量出汗，根本无法张口说话，更不敢看对方。自己这种傻傻的表现更让她觉得自己是个怪人，进而更加自卑，尽量让自己避免与陌生人接触。

外婆不知道小美这是得了社交恐惧症，还笑自己的孙女是个大家闺秀！随着年纪渐渐长大；小美从不喜欢出门到不敢出门，从不敢看陌生人、不能和他们说话，到只要有陌生人出现在视野里，就开始紧张不安，立刻逃离！如今，已经步入花季的小美，本该好好享受友谊甚至是青涩的爱情的时候，却只能一个人孤独地躲在家里！

现在知道害羞和社交恐惧症的区别了吧：你有人家“害羞”吗？

“我会害怕见到陌生人，有时候只要是陌生人经过我的身边，我都会感到紧张，我享受和熟人以及亲人在一起的感觉，那样我才不会紧张。但是只要是和陌生人在一起，我就会变得沉默和内敛，我会觉得不自在，甚至害怕。而且这种害怕陌生人的习惯导致我对未来的高中生活充满了恐惧，因为上高中后意味着将接触更多的陌生人，而且我比较宅，不喜欢出门，出门看见大街上一个个不认识的陌生人我会产生深深的恐惧，

就想着快点逃离。”这是来自一名初三学生的自述。

他们害怕自己在别人面前出洋相，害怕被别人观察。与人交往，甚至有陌生人在身边，对他们来说都是一件极其恐惧的事情。这种人一到青春期，社交恐惧便明显起来，往往并没有什么确定的诱因，多数和成长环境有关，例如，过于保护孩子，对孩子缺乏信任，缺乏情感支持；过度关注孩子服饰是否整洁和言谈举止是否得体；控制孩子进行社会交往，从而妨碍了他们学习社交技巧来控制自己对社会的恐惧等。

我们再来看一个病例：

由于父母对孙倩要求极严甚至苛刻，她从小性格内向、胆小、孤僻。小学时一次孙倩的考试成绩不理想，父亲就让她重做生题，她不想做还哭闹，父亲就怒气冲天地将笔甩到她脸上，笔尖刺伤了她的脸，鲜血直流。这件事让孙倩至今记忆犹新，想起来还是很害怕。父母很正统、很古板，对孙倩的禁忌很多，父亲认为女孩子在外蹦蹦跳跳、打打闹闹是不正经的，还容易上坏人的当，所以除了学校和家，孙倩很少在外玩耍。

不愉快的经历，不仅仅来自父母。孙倩一向很好强，所以学成绩十分优秀，一直是老师眼里的好孩子，对她要求也就更加严苛。一次提问没答好，老师当众批评她、挖苦她，她难过得直流眼泪。孙倩从小就不怎么和男孩子来往，由于学习小组，她和一个男孩子走得比较近，于是同学们都拿他们开玩笑，说他们在恋爱。孙倩感到很羞耻。后来这玩笑话传到父亲的耳朵里，父亲大发雷霆，大骂孙倩不要脸等羞辱的话，从此孙倩再也不和任何男生说话。再就是大一时，同室一位同学 A 家境不好，孙倩就经常主动帮助她，可这样反而伤了那位同学 A 自尊似的，同学 A 不但不领情，反而时常挑剔她、指责她、刁难她，故意当她的面和其他同学亲亲热热，冷落她、孤立她。这使孙倩委曲极了、难过极了。她恨自己，自责自己是不受欢迎的人。

不知不觉地孙倩就怕和人接触了，愈来愈害羞了。她认为自己是个怪人。渐渐地，她把自己封闭起来，从不多与人说话，与人讲话时不敢直视，尤其是异性，眼睛躲闪，像做了亏心事，一说话脸就发烧，低头盯住脚尖，心怦怦跳，身上起鸡皮疙瘩，好像全身都在发抖。

讲到孙倩这个病例，我们发现，孙倩除了怕见陌生人，还特别对异性感到恐慌，这就要引出另一种社交恐惧症——异性恐惧症。在社交恐惧症中，还有一类人群，他们平时都和正常人一样，可以在公共场所自由出入，与人交往也很舒畅，但前提是这些人必须是和自己一个性别。如果是和异性打交道，尤其是陌生的异性，那就会恐惧起来！

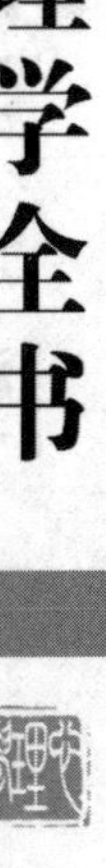

这一类社交恐惧症患者比较隐秘，因为他们多数还是可以正常生活的，但在感情方面就会遇到很大的困难。虽然他们也有着强烈地得到异性爱与被爱的渴望，然而由于自己根本无法与异性接触，就更别提谈恋爱了，那简直就是要他们的命。

家住县城的小丽，从小父母离异。由于其爸爸有外遇而导致家庭破裂，妈妈常常把气撒在跟着她生活的小丽身上，动不动就责骂小丽不要脸、贱人等。只要小丽和男生说话被妈妈看见，就会招到妈妈莫名其妙的辱骂。由于自己的婚姻失败，小丽妈常常灌输小丽这样的思想：男人都不是好东西，不要理他们，他们会害你的。渐渐地小丽越来越讨厌男生，不和男孩子往来，尽量躲他们远远的。“中学时，见到男女生之间的往来很反感。慢慢地自己也敢和男生单独相处，但有男生和自己说话，就会立刻紧张，不敢直视对方，像做了亏心事。心怦怦跳、气促，肌肉起鸡皮疙瘩，全身都在发抖、出汗。很想控制自己这种不正常的反应，可是越是想不要这样傻，自己表现得越差。”小丽自述道。小丽就医后确诊为神经症——社交恐惧症。

神经症即神经官能症，是一组非精神病功能性障碍。是一种心因性精神障碍，以人格因素、心理社会因素为主要致病因素，但非应激障碍，是一组机能障碍，障碍性质属功能性，非器质性。

大多数人认为，这种过度的“害羞”是女性的天性。因为一些正值青春期的女生，一方面有着正常的与异性接触的愿望；另一方面已经内化了的有关两性交往的“羞耻感、道德意识”有意无意地使你批判自己的想法，抑制自己的欲望。因此，常常处在一种是否与异性交往的心理冲突之中。而害怕、羞于见男生这种病态反而减轻了这种冲突。从心理学上讲，身体的“症状”是内心冲突的“改头换面”。

当出现对人的恐惧反应后，便批评、督促自己该怎样怎样，控制自己不要怎样怎样，这就产生了一种暗示、强化“症状”的作用。再加之愈感到“不自然”“狼狈”“难堪”，头脑中就愈多地出现“想象观念”。这进一步导致了自我感觉恶化。如此恶性循环，“症状”便日益严重了。在这种想改变又未能改变、想摆脱又无力摆脱的困境中，早年的负性心理印痕被激活了，与现实问题交织在一起，产生了综合作用导致心理障碍的产生。

其实，有些纯爷们儿也会有这种“异性害羞”恐惧症。回想一下，班级里是不是有些男生总是很酷的样子，不爱搭理女生。其实，在这里面就隐藏着“害羞鬼”。他们由于过度在乎别人特别是异性对自己的看法，其实他们有些自卑，害怕在异性面前出丑，被异性否定，因此不敢与异性接触，常以高傲的假面对待异性。如果一旦遭受到恋爱的挫折，就很容引发这种异性社交恐惧症。

一相亲就逃跑的“逃跑哥”，今年32岁，至今未婚，亲朋多次安排相亲，但是逃跑哥一见到女方，就开始发抖、面红耳赤，撒腿就跑。朋友便给他起了个逃跑哥的外号。你可能在想，一个大爷们看姑娘还不是美差事，跑什么啊！怎么比姑娘还害羞！逃跑哥，还真就是很“害羞”，不对，应该说是恐慌、焦虑。家人和朋友曾怀疑他喜欢同性，所以才用这种方式逃避，为了证明自己是个正常的爷们，逃跑哥在家人的陪同下就诊，证实自己并非性取向问题，而是患了社交恐惧症。

问其病因就要回忆一下过去了。小时候，逃跑哥去邻居姐姐家玩，结果被好奇的姐姐们脱了裤子，一个无心的恶作剧给逃避哥幼小的心理留下阴影。中学的时候，他喜欢隔壁班的一个女孩子小S，一向很胆小的逃跑哥苦于自己不敢表白，就和兄弟说了这事。在兄弟们的怂恿和陪同下，逃跑哥终于大着胆子向女孩表白，结果不但被女孩拒绝，还羞辱一番。害的逃跑哥当众出丑，无地自容。

自那以后，他再也不敢靠近女孩子，在女孩子面前也总是很自卑，觉得没有人会喜欢自己。见到女生就紧张，尤其是自己喜欢的女孩子在场的时候；害怕与女性接触，什么面红耳赤、紧张颤抖、说话结巴等这些该有的病症逃跑哥都有啦，哪怕是自己的女上司。由于自己一直无法正常与女性接触往来，也就一直没有谈恋爱。

看了这么多病例，不难发现，这类社交恐惧症患病病因多是和自身的生活环境和成长经历有关。研究表明，社交恐惧症多与童年时期的某个行为印痕有着直接的关系。其中不良的教养方式是恐惧障碍发生的重要原因。病患的父母较正常人的父母对子女缺乏情感温暖、理解、信任和鼓励，但有过多的惩罚、拒绝和过度保护；父母的严厉、惩罚，会使孩子变得胆怯、小心翼翼，在社会中过分担心自己的言行，唯恐遭人指责；父母、老师对其的批评、否定也会使其个性变得自卑、自我否认、内向而逃避社交，或者过分注重自己的言行举止。

表情奇怪的脸

半夜里，女生宿舍的洗手间传了一声惨叫……这不是鬼故事，而是一位女大学生在自毁面容。花季女孩自毁面容！是自虐狂吗？

当然不是。这位自残的女孩，是某名校大二学生小夏，学习成绩优异的小夏，在同学眼里一直是个很乖巧、很内向的孩子，有点孤僻，不太喜欢参加集体活动，总是一个人闷闷地学习。殊不知，小夏是自卑：“不知道为什么，我的表情很奇怪，总是不自觉地斜眼看人、嘴角上扬，给人家一种不舒服的感觉，大家一定都觉得我是个怪人，性格奇怪，也不爱理我。但是，我内心很孤独和痛苦，于是我就拼命地学习，但是学习成绩好了，同学们还是不喜欢我。我也想和别人一样和好朋友一起玩，和自己心仪的男生谈恋爱。可是这样的我是没人喜欢的。我一和别人说话，就怕自己的表情让人反感，可是我也是努力控制，表情越奇怪，甚至还会不自觉地笑或者脸部抽搐。我无法忍受这种痛苦了，干脆毁了这张惹人讨厌的脸。”

一个人陷入对自己的排斥几乎是一种无解的心理困境，这种困境会激发一种强烈的神经症冲突，甚至想要逃跑。小夏这种因为担心自己的表情给别人带来反感而害怕与人接触的情况，也是社交恐惧的一种。

很多女孩子都会比较在乎自己的外貌和别人对自己的评论，但是这种关注是在一个合理的范围内，一旦超过了这个度，就会因为心理矛盾和压力，进而产生心理障碍。有个女同学在和别人开玩笑时，听别人说自己的脸长得像一副假面具，从此便对自己面孔越加注意，不知如何是好，整天惶恐不安，无法专心上课，最后甚至不愿见人了。

有的患者认为自己笑时是一副哭丧相，有的患者则认为自己眉毛、鼻子长的像病态的样子……

再来看一个患者的自诉：“不知道什么时候开始，和别人交谈时有时就会表现出很不自然、很尴尬的表情，其实我都知道没什么好不自然的，可就是做不到随心所欲地表现出来。后来越发的严重了，经常和人说话时不能控制自己的情绪与表情。明明谈到有趣的话题，要笑的时候却笑得很僵硬、很不自然。开始笑的时候很正常，当笑过之后就有些尴尬了；在别人说话的气势压住我的时候，让我无言以对的时候，就莫名地有种变脸色的感觉，其实也不是真的不高兴，不知道为什么就想变脸，不想让别人看到，想压制，结果就弄出尴尬表情。现在的我，甚至当我遇到知道我这种情况的人，就开始紧张，不停地不由自主地看对方的眼睛，表情也开始变得很不自然，特别是眼睛，控制不住地酸和不自然，感觉自己的表情很扭曲。”

值得注意的是，这一类社交恐惧症患者内心痛苦、羞耻感、自我否定、自己憎恨的程度，甚至会让资深的心理专家吃惊！

有一位患者，她固执地认为自己的眼睛过大，黑眼球突出，这样子很丑，会被人嘲笑和瞧不起；又认为自己的表情经常是一副生气的样子，肯定会给别人带来不愉快的感觉，她冥思苦想，竟然是用橡皮膏黏住自己的眼角，认为这样就会使眼睛变小，但眼睛承受极大的拉力，非常痛苦，也很难持久，最后，患者下决心动手术。

还有一位患者，他认为自己总是眼泪汪汪，样子肯定很丑，自己一直找不到对象、不能升职都是因为这个原因，竟找医生商量是否能切除泪腺。

一位公务员，他认为自己说话时嘴唇歪斜，自己傻傻的，怀疑别人总是嘲笑自己，自己这样子也不会有什么发展，竟因此而考虑辞职。

一位整容美女，朋友开玩笑时说她的脸整容很僵硬，已经像一副假面具，本来就很注意自己外表的她从此对自己的面孔更加不满意，不知如何是好，最后甚至不愿见人了。

当然，还有我们半夜惊魂的小夏同学，这些惨不忍睹的自残行为，其实都是来自自己对自己过分的关注、错误的定位等造成的心理障碍、社交障碍，进而导致了悲剧的发生。

特殊场合“演讲恐惧症”

每个人的一生中都有过害羞、紧张的经历，比如课堂上回答不出老师的问题、第一次上台演讲……

每个人都应该有过当众发言或演讲的经历，有些人可以侃侃而谈，正常发挥；有的人则会紧张，总想上厕所，表达有些不顺畅，甚至有些颤抖，但是这些都属于正常现象，并非本小节所要和大家探讨的“演讲恐惧症”范畴内，不然真的有点小题大做了。

很多人初次在公共场合演讲多少都会有些紧张，但是随着慢慢地适应，上述的不适反应就会有所缓解。但是有些人则无法控制这种紧张的情绪，而且会越来越紧张，甚至是恐惧，一登上讲台就不自主地发抖，面红耳赤、出汗、心跳、心慌、根本讲不出话。严重的还会呕吐、抽搐、神经末梢充血、晕厥等。

某大学毕业典礼上，一名学生代表发言时突然晕倒。后来得知这位被选为学生代表发言的同学李某，患有“演讲恐惧症”，由于过度紧张而导致晕厥。李同学从小一直学习很好，但是他有个怪毛病，就是一发言就口吃，甚至脑子完全空白，明明知道答案的问题却回答不上来。同学们越是笑他，他越是感到羞愧，上课越害怕老师提问他。因为一直成绩很好，父母也就没当回事。李某自述：“我最害怕的就是换老师，因为新老师不了解他的情况，就会提问他，我就又要出丑了，就算是早已烂熟于心的课文背诵，我也是一个字也说不出。知道自己有这毛病，当被告知要代表学生发言时，真是害怕死了，和老师说过换别的同学，但又不好意思说出自己这个毛病，所以老师就坚持让我发言。紧张得我几乎无法入眠。硬着头皮上了台，可是大脑一片空白，看着下面一双双眼睛，又羞愧又紧张，简直无法呼吸。”

在社交恐惧症中，演讲恐惧症是一种最常见的心理障碍。患者性格多是偏于内向、敏感，过分关注与担心自己的言行及他人对自己的评价，害怕当众出丑。这些人在私

底下做这些事没有任何困难，只有在别人注意的时候，他们的行为才会发生障碍。他们甚至还会一遍一遍地在脑子里重温在公众面前的表现，回顾自己是如何处理每一个细节的，对自己应该怎么做才正确。躯体症状会有面红耳赤、多汗等常见表现，有的还会伴有胃肠道症状、震颤、心动过速。这一类患者的诱发病因并非都与成长环境和家庭教育有关，也有成年以后因为某一事件突然引发的。

来看一位化学老师的就诊记录，以下均称其为求助者。

咨询师："你有什么问题？"

求助者："一年前开始，面对学生上课时感到很紧张，后来就避免教课，但学生或同事到办公室来讨论化学问题也使我很不自在。"

咨询师："是只在大学里才感到焦虑呢，还是和朋友交谈时也是如此？"

求助者："只要谈到化学专业问题时，我便立即感到心跳、口干、手抖，其他场合无所谓。"

咨询师："你说一年前开始，当时有什么特殊情况吗？"

求助者："平时在公开演讲前我虽然比一般人略为紧张一点，还能自己控制住。直到两年前我要上毕业班的课，这课程我比较生疏，虽然充分准备，但上课前与讲课时仍特别紧张，以后的情况越来越坏，在更多的情况下出现紧张，甚至一个学生来讨论化学问题时也是如此。"

咨询师："现在想使用一张焦虑等级测量表来测量你的焦虑程度，表上有0~100单位，0是绝对平静，100是极度焦虑，即惊恐体验。那么你现在焦虑程度大概是多少单位呢？"

求助者："20。"

咨询师："如果是一个学生到办公室来问问题呢？"

求助者："那可能是35。"

咨询师："如果是两个学生一起来呢？"

求助者："35到40。"

咨询师："如是10个学生呢？"

求助者："那将达65~75，因为已经算正规上课了。"

咨询师："面对50个学生上课会感到怎样？"

求助者："上课前可达90，上课时为80。"

咨询师："100个学生面前又怎样呢？"

求助者："最紧张了，备课与上课时都将达95，人数再多也就无所谓了，反正一样。”

咨询师：“除了学生人数外，还有哪些因素影响紧张程度呢?”

求助者：“在听众注意幻灯片、演讲台遮住部分身体时稍感轻松些，课程内容不太重要或随便交谈时也轻松些。讲授时间超过一小时或学生在课堂提问时，感到特别紧张。”

……

“演讲恐惧”潜伏于每一个人的身边，害怕当众讲话、害怕参与表演活动等当众的一些行为活动是非常普遍的现象。但是，这些行为活动却对于个人魅力的展现又十分重要。我们应该积极主动地去克服它，而不是逃避。下面介绍一些自我克服“演讲恐惧”的方法，希望可以帮助大家增强自信，以后能够克服心理恐惧，在众人面前发挥自如!

一是要学会放松。比如调整自己的呼吸，想一些其他的美好的让自己开心的事情，分散自己的注意力。在面对很多双眼睛而感到恐惧时，可以专注地看某一点。告诉你一个小秘密，其实当你在侃侃而谈时，认真的听众也许并不像你想的那样多，有时你的演讲使听众发笑，但多数听众都知道笑的原因是什么，有些听众是看见别人在笑也就跟着笑了。

二是要学会自我鼓励，肯定自己。人都会因其容貌、身材、地位、能力等产生自卑心理。克服这种心理障碍的方法是做强烈的、鼓励自己的暗示，如心中暗示自己“我已做好充分的准备”“我可以做到的”等，都会有很好的效果的。

三是要做最坏的打算，向最好的方向努力。认真地做好事前的准备，但不刻意追求完美，不要给自己过大的压力，允许自己失败。一旦出错，可以微笑缓解一下紧张，默默地告诉自己“我已走到了最恶劣的地步，不会再有更糟的事了”。灵活自如地表现，才能有失败了再来的勇气和信念。

有一部非常精彩的励志电影叫《国王的演讲》，讲述了英国女王伊丽莎白二世的父亲乔治六世国王的故事。这位国王由于患有口吃，十分害怕当众演讲，即使是自己的登基大典也没能顺利完成演讲。然而，1939 年 9 月 3 日，德国政府冲破防线进攻波兰，英、法被迫向德国宣战。乔治六世国王决定向国民发表演讲。在家人的鼓励下、好友兼他的治疗医生的陪伴下，乔治六世背负起国王的使命，坚定信念，鼓起勇气，忘记一切，集中精力，涨红了脸，滔滔不绝地说起来。最终乔治六世国王成功地完成了演讲。播音室的门开了，大家为国王鼓掌，国王得到了臣民们热烈的拥戴。

强迫、焦虑与恐惧

社交恐惧症常常与强迫症和焦虑症交织在一起。

只要有男士在场，Lily 就开始坐立不安起来，不敢直视男士，尽量躲避，如果迫不得已要共处，就会做出一些异常的行为，比如手里要不停地把玩一样东西，脸上有着纠结的表情！但是，千万别误会，Lily 可不是个害羞鬼，不敢接触异性，她只是在克制自己的强迫症，通过把玩一些东西分散自己的注意力，不要让自己做出更夸张的事情——拔掉男人的胡须等。

很多强迫症患者，由于怕自己在公共场所失控，也会在某些场合下过度进张不安，表现出类似于社交恐惧症的症状，如无法专心与人交谈、出汗，甚至由于过度紧张而痉挛等。他们也会为某件出丑的小事而耿耿于怀，反复回顾，猜想别人对自己的嘲笑等。

社交恐惧症患者有时候为了缓解压力也会反复地做同样的一个动作，看上去就像一个强迫症患者一样无厘头，比如有演讲恐惧症患者会一直不停地看向出口。许多病证和表现，往往让人分不清楚，是由于强迫症而重复一个动作，还是因为通过重复一个动作而缓解心理的压力和紧张。有时，强迫症和社交恐惧症会同时出现在一个患者的身上。

小学时因为家长有时忘记关冰箱、关水，霍磊就会帮着关上。后来久而久之，每次看到冰箱、门窗、水龙头、电脑都会检查关了没，而且会反复的，就是刚检查完再去检查，老是不相信已经关好了，出门也老检查门关了没有，口袋里的东西有没有掉。到现在大概已经 5 年多了。他想过办法克制，但还是感觉去检查一下可能会减轻痛苦。有时候因为不去检查而不能做作业，不能好好吃饭，也不能专心听课，有时候和朋友讲话讲到一半就会想去检查些什么。这已经严重影响其正常的生活，渐渐地大家都觉得他是怪人，进而孤立他。

许多强迫症困扰者往往也有人际交往障碍，像霍磊这一类问题，有的将之归为强迫症，有的将之归为社交恐惧症。两者的本质都一样，都是源于心中有强烈的执着。只是社交恐惧症的执着较单一，执着于良好的自我形象、爱面子。但是，强迫症是对来自自身的某种思想、观念或行为不克制地去想、去做；而恐惧症所害怕的客体和环境是来自外界的。霍磊是由强迫症引起了社交障碍。

由于社交恐惧症执着于自己的形象与面子，因此对于别人的评价是非常敏感的，从旁观者处接收到的消极反馈都会激起焦虑水平的提高，并引起生理上的反应，如脸红出汗。因而对于社交恐惧症患者来说，一旦参与社交活动，就会在个人身上出现不断接受消极反馈导致焦虑水平不断提高这个循环过程。

佩佩在初一下学期不知道什么原因得了看老师会怕的病。然后在暑假一直很痛苦，到了初二，看同学也怕，看父母也有点怕。渐渐这种没来由的怕越来越重，使得佩佩无法正常上学。于是父母带她去医院，查结果说是焦虑症。然后吃了些药，好了一段时间。但好景不长，没过多久又发作了，而且更加严重。不仅看人会焦虑，而且眼睛会乱瞄，老是斜斜的，会用余光斜视旁边的人或物。

佩佩很痛苦："我根本控制不了自己的眼睛，坐我左右的同学都感觉我有毛病，老是看我。我也设法不看他们，但是不管怎么样都没法完全看不到他们，好痛苦啊！看老师也是，与同学交流也是，我现在不是不敢看老师，而是看老师会乱瞄，老师也感觉我有点问题，问问题时也都是草草回答。"

虽然焦虑症和恐惧症都以焦虑为核心症状，但两者不同。形成恐惧症的焦虑是有特定的物体或处境所产生的，比如陌生人、公共场所等，为了减轻焦虑将采取回避行为，如拒绝和陌生人说话、尽量不出门等。焦虑症的焦虑是没有明确客观对象和具体观念内容的提心吊胆和恐惧不安的心情，而且没有办法回避。

社交恐惧症患者在参与社会活动过程中，一般都存在三个认知阶段，分别为预先设想、情景当中、事后分析。

我们就来结合姗姗的病例说一说这三个阶段。一般人早上出门会想一会儿吃什么早餐或者祈祷别堵车什么的，而姗姗每天出门前都在害怕，怕别人嘲笑自己，因为非常关注自己的外表，每天都花很多时间精心装扮好才敢出门。这就是第一个认知阶段预先设想的阶段，患者过度关注和担心即将进行的交往活动。

第二阶段情景当中患者过分关注先前被告诫过的行为，甚至自言自语的次数增加。此时患者采用严密的防御措施，如不停地瞥向出口，以确保在着实忍受不了的状况下可以逃脱，或者避免眼神接触，由于过度关注内心体验，交往中的意外事件就会发生（如，忘记对方的名字，转移对焦虑的注意力是发生不合时宜的笑声等）。

第三阶段是事后分析阶段，患者对刚发生的交往活动进行详细的检查。

姗姗总是怀疑别人在看她，在对她的穿着、外表评头论足，而且开始焦虑不安，心情烦躁等，至于自言自语的次数有没有增多这个只有她自己知道了。多数社交恐惧症者，在引起自己不舒服的环境中就会眼神一直游离，而且表现出心不在焉的样子，因为他们在寻找逃离的出口和通道。

正是由于在情景当中的不适，社交恐惧症者内心对形象与面子的执着，因此他们

会反复回顾，带着羞愧感不断地自我批评和懊悔，用一个词来形容就是纠结。所以，如果社交恐惧患者不纠正错误的认知观念，参加一次社会交往活动就会提高他的焦虑水平，增强他对社交环境的恐惧。

社交恐惧症在医学上比较系统的分类可分为赤面恐惧、视线恐惧、表情恐惧、异性恐惧、口吃恐惧。无论哪一种恐惧症，都会因患者的不合适、反常的行为引起自身与周围环境的不适应，因此就会产生心理压力。为了解除这种压力，患者就会进一步增强自身的痛苦感，就越无法自控，就会十分焦虑不安。

赤面恐惧是对人际交往过程中的害羞或脸红过度焦虑而产生的心理恐惧。赤面恐惧症患者感到在人前脸红是十分羞耻的事，即使是因为害羞或者不好意思地脸红，在他们看来也是很丢人的事情。因此由于症状固着下来，非常畏惧面对众人。患者一直努力掩饰自己的赤面，尽量不被人发觉，因此十分苦恼。在与人接触时无法控制地脸红，并且为此感到自己像落入地狱般痛苦不堪，觉得不治好赤面恐惧症状，一切为人处世等都无从谈起。

社交恐惧症的三大疗法

社交恐惧是人类独有的奇妙的现象，在动物世界里看不到这样的现象。如果它们彼此排斥，也多半是为了生存的疆界、领地、食物与配偶，或者喜欢独居的习性。动物这样的排斥是朝外的，社交恐惧却看起来是对某些人的排斥，实质上是朝内的，是自己对自己的排斥。感觉自己在他人眼里不完美、可笑、滑稽，甚至从别人眼里读出自己内心的可耻、卑劣、病态，把他人正常的行为、声音、表情看成是对自己的厌恶、藐视。所以，社交恐惧症是一种认知上的自我否定，那治疗是不是可以从这里入手呢？没错，首先要和大家介绍的就是行为认知疗法。

行为认知疗法，是一组通过改变思维或信念和行为的方法来改变不良认知，达到消除不良情绪和行为的短程心理治疗方法。

社交恐惧症及其焦虑表现将分为心理成分、认知成分和行为成分，是一个三重的理论结构。行为认知疗法主要是从认知角度帮助患者认识到自己的情绪问题源于自己的认知构建方法，进而形成建设性的自我观念，学会用正确、理智的观念。如：“每个人都会犯错”“这样做并没有什么丢人的”等想法来代替“如果我犯了错误，我就是一个笨蛋”等引起焦虑的想法，卸下习得的不现实和非逻辑的准则。

在治疗过程中，将对患者引起恐惧的情况做行为分析，把焦虑的程度按次序排列，建立一个焦虑等级层次。回顾一下化学老师的病例，在这病例中我们看到治疗师就对化学老师进行了焦虑的测评："现在想使用一张焦虑等级测量表来测量你的焦虑程度，表上有0~100单位，0是绝对平静，100是极度焦虑，即惊恐体验"。然后，通过角色扮演法模拟情景，从引起焦虑程度最低的情景到能想象到的最严重的焦虑程度的情景进行系统脱敏法治疗。

系统脱敏法，又称交互抑制法，是由交互抑制发展起来的一种心理治疗法，当患者面前出现焦虑和恐惧刺激的同时，施加与焦虑和恐惧相对立的刺激，从而使患者逐渐消除焦虑与恐惧，不再对有害的刺激发生敏感而产生病理性反应。

下面举例来看一下系统脱敏法治疗的咨询过程。

咨询师开始对李同学进行治疗前的介绍与引导：

"我们已经谈了你在上数学课之前和课上感到非常紧张不安，有时你甚至想逃课。但你认识到你并不是一直对数学课感到紧张，你对数学课的这种感觉是逐渐形成的。有一个叫作系统脱敏法的治疗程序可以帮助你化紧张为轻松，最终上数学课将不再是令人紧张的事。这个方法已经成功地帮助许多人消除了对某一情境的恐惧。在脱敏治疗中，你将学习如何放松。你放松了以后，我会让你想象上数学课的一些事情——从不太有压力的情况开始，逐渐接触更大的压力。当我们不断这样进行时，轻松将取代焦虑，数学课将不再令你紧张害怕。你还有什么不明白的吗?"

求助者："没有了。"

咨询者："好，那我们开始。我们谈到数学课的一些情景时你感到焦虑不安。能具体谈一下吗?"

求助者："嗯，上课前，只要想到不得不去上课就会使我烦躁。有时晚上也会感到不安，尤其是考前复习时，这种感觉就非常强烈。"

咨询者："好。你能列举出在数学课的哪些情境下感到焦虑吗?"

求助者："考试时总会紧张。有时当我遇到了难题，去请教老师时也会紧张。当然，还有老师叫到我回答问题时候我也会紧张。"

咨询者："很好。我记得你从前对自由发言也感到紧张。"

求助者："是的，也害怕。"

咨询者："然而这些情境在其他课上并不使你紧张不安，是吗?"

求助者："是的。而且事实上，我在数学课上的感觉从没有像最近一年这样坏过。我想部分的原因是由于临近毕业带来的压力。我的老师让我不知所措，上课的第一天就被他弄得惊慌失措，而且我总是对数字有一种恐慌。"

咨询者："看来你的恐慌一部分是针对你的老师，而还可能有一部分是由于希望得到较好的毕业成绩。”

求助者：“是的，虽然我知道我的成绩不会太差。”

咨询者：“好，你认识到虽然不喜欢数学而且为之担心，但你还是会以较好的成绩毕业。”

求助者：“不会比中等差。”

咨询者：“我希望这星期你能做一件事。你能否列一个清单，说明发生了哪些关于数学和数学课的事情使你感到紧张？写下有可能使你焦虑的、有关数学和数学课的所有事情。”

求助者：“好的。”

咨询者：“另外，早些时候你说过，有时与父母相处也会有这种感觉，所以在你改变了对数学课的焦虑之后，我们还将考虑你与父母相处的情境对你的影响。”

咨询后构建刺激等级，一般刺激等级例证（各个项目按时间来安排）：

A. 你的教授在上课的第一天宣布一个月后将进行第一次考试。你知道这一个月会很快过去的。

B. 考试前一个星期，你坐在教室里，教授提醒考试的日期。你意识到你还有许多东西要在这一个星期里学习。

C. 你坐在教室里，教授说考试将在下一次上课时——两天以后进行。你意识到还有许多书没读。

D. 考试前一天，你在自习室学习。你不知道自己掌握的知识是否像班上其他同学那样多。

E. 考试的前一天晚上，你在自己的房间学习。你想到这次考试成绩占期末总成绩的三分之一这一事实。

F. 考前的深夜，你复习完了功课，上床睡觉。你躺在床上在头脑中回忆所学的内容。

G. 考试这天清晨，你一起床，头脑中就闪过“今天考试”这一念头。你想知道昨天晚上和以前记住的东西在考试时还能回忆起多少来。

H. 考试前一小时，你最后再翻一翻自己的笔记。你开始有一点头晕——甚至有一点恶心。你想要是自己还有更多的时间复习该有多好。

I. 课前 15 分钟，你走向教室。此时你意识到这次考试是多么重要，你希望自己不要交白卷。

J. 你走进教学楼停下来喝一杯水，然后走进教室。你向周围看一看，发现大家都在笑。你认为他们很自信，而且他们比你准备得好。

K. 教授来得晚了一点儿。你坐在那儿等老师来发卷，你猜想考试的内容会是什么。

I. 教授已经发下了考卷，你得到了自己的卷子。你的第一个念头是题量太大，你怀疑自己能否将考卷做完。

M. 你开始做考卷的第一部分，有一些问题你没有把握。你花了些时间考虑，继而发现周围的人都在刷刷地写。你跳过那些题目向下答题。

N. 你看了看表，时间只剩下 25 分钟了，你觉得自己在第一部分耽误的时间太多。你想到如果答不完卷子你会得多少分。

O. 你尽量快地继续答考卷，偶尔会担心时间不够用。你瞟一下手表，只剩下 5 分钟了，你还有许多题没做。

P. 考试时间到了，你还有些题目空着。你再次因为这次的成绩占总成绩的三分之一而担心。

咨询师通过诱导求治者缓慢地暴露出导致神经焦虑的情境，并通过心理的放松状态来对抗这种焦虑情绪，从而达到消除神经症焦虑习惯的目的。在心理治疗时应从能引起个体较低程度的焦虑或恐惧反应的刺激物开始进行治疗。一旦某个刺激不会再引起求治者焦虑和恐惧反应时，施治者可向处于放松状态的求治者呈现另一个比前一刺激略强一点的刺激。如果一个刺激所引起的焦虑或恐惧状态在求治者所能忍受的范围之内，经过多次反复的呈现，他便不再会对该刺激感受到焦虑和恐惧，治疗目标也就达到。最后再通过指定作业，在疗程之外的实际社会情景中使用治疗中学到的技巧。

无论是团体、家庭或者个体治疗，都要包括基于以上三个部分的技巧指导、心理支持以及防止复发的防御计划。

认知疗法就先讲到这里，下面要请出一位非常有名的神经症患者——森田正马。

森田出生在日本高知县农村的一位小学教师的家庭里，由于父亲对子女要求很严格，尤其对长子森田正马寄托着很大的期望，从很小就教他写字、读书。森田 5 岁就被父亲送上小学，放学回家，父亲便叫他读古文和史书。10 岁时，晚间如背不完书，父亲便不让他睡觉。

学校本来功课就很多，学习已经够紧张了，回家后父亲又强迫他背这记那，使森田渐渐地开始厌倦学习。每天早晨，他又哭又闹，缠着大人不愿去上学，用现在的话说，就是“学校恐惧症”。

12 岁时森田仍然患有夜尿症，这使他十分苦恼与自卑。由于长期的精神压力和社交恐惧，他 16 岁时患头痛病并常常出现心动过速，后来还被诊断有神经衰弱。

命运因一次小误会而发生了颠覆性的改变。

大学一年级时，因农忙，森田先生的父母两个月忘记了寄生活费，他误以为是父母不支持他上学，感到很气愤，甚至想到当着父母的面自杀。但是，森田很快就放弃了那个愚蠢的念头，而是暗下决心，努力学习，要出人头地。

在这时期，森田不顾一切地拼命学习，把所有的心思都放在学业上，什么治疗、吃药等事情统统抛到一边。工夫不负有心，森田先生取得了意想不到的好成绩，而且神经衰弱等症状也奇迹般地消失了。

这件事着实让森田又惊又喜，于是他开始专研神经症的治疗，将当时认为治疗神经症比较有效的各种方法：安静疗法、作业疗法、说理疗法、生活疗法等进行实践验证，取其有效成分，再融合自己的痛苦体验经历合理组合，提出自己独特的心理疗法——森田疗法理论。

这是一种顺其自然、为所当为的心理治疗方法，具有与精神分析疗法、行为疗法可相提并论的地位。森田根据患者症状把神经质症分成三类：普通神经质症、强迫神经质症、焦虑神经质症（社交恐惧症被归属于这一类）。森田认为发生神经质的人都有多疑的心理。他们对身体和心理方面的不适极为敏感，而过敏的感觉又会促使其进一步注意体验某种感觉。如此，感觉和注意就出现一种交互作用。森田称这一现象为“精神交互作用”，认为它是神经质产生的基本机制。

社交恐惧症者总是怀疑别人过度关注自己，对事、对人、对已过分敏感、追求完美等。常把自己正常变化如心跳快些等误认为病态，并集中精神注意这些表现，从而出现焦虑和紧张，使不适的感觉进一步增强，导致各种主见症状越来越明显。森田疗法与认知疗法恰恰相反，它不但没有去纠正患者的现有认知，而是告诉病患要接受社交中的“胆怯、紧张、心理不安”这一既定事实，不再把其当作身心异物加以排斥，不再关注体察心理症状，而是要带着紧张、胆怯像正常人一样交往，顺其自然，使症状在不知不觉中消失！

三大疗法的最后一个疗法，是大家非常熟悉的催眠疗法，其治疗方法是精神分析师通过言语暗示或催眠术使病人处于类似睡眠的状态，使求治疗者的意识范围变得极度狭窄，借助暗示性语言，挖掘病人心灵或记忆深处的东西，看你是否经历过某种窘迫的事件，试图寻找到发病的根源，以消除病理心理和躯体障碍的一种心理治疗方法。

除了行为认知疗法、森田疗法与精神分析疗法三大疗法外，社交恐惧症还有许多治疗方法，如和系统脱敏法有异曲同工的暴露疗法，这种疗法是让患者暴露于引起社交恐惧的各种不同的现实刺激情境中，如害怕去公共场所，就带其去商场等公共场所；害怕见异性，就安排其与异性接触等。在暴露期间要有目的、有步骤地使病人产生严重的焦虑反应，鼓励患者坚持到焦虑缓和为止。

心理剧治疗，常运用在后期的恢复和中期的治疗。在传统的方法基础上，通过角色扮演，运用超个人心理学的方法，治疗内在的伤害，同时开发自身的潜能和智慧，达到自我治疗与恢复。

此外，还有借助音乐舒缓患者压力，使其在音乐里将内在的情绪发泄，将潜意识的东西调动出来的音乐治疗法。

总之，不管什么方法，只要能治好病，就是好方法！

第十六章　梦境心理学

一、梦的真面目

意识与潜意识的关系

潜意识具有无穷的力量，它隐藏在心灵深处，能够创造魔术般的奇迹。爱默生说："在你我出生之前，在所有的教堂或世界存在之前，潜意识这种神奇的力量就存在了。这是一个伟大永恒的真实力量，是生命运动的法则，只要你牢牢抓住这个能改变一切的魔术般的力量，就能够治愈你心灵的创伤，愈合你身体的伤痛，摆脱心中的恐惧，摆脱贫穷、失败、痛苦和沮丧。你所要做的一切就是将自己的精神、情感与你所期待的美好愿望结合为一体，富有创造力的潜意识会为你做出安排。"

意识与潜意识具有相互作用，意识控制着潜意识，潜意识又对意识有重要影响。

有这样一个有趣的事例：有位大使与人交谈时，他的一位侍者总在一旁侍候。后来，这位侍者得了神经方面的病，不得不住院治疗。在医院中，侍者居然与病友大谈政治、外交，还提出了许多深刻的见解。大使为之震惊，深为自己埋没了这样一位人才而愧疚，决定任命他为秘书。不料，侍者病好后，再问他有关政治、外交方面的问题时，他竟一无所知。

侍者的表现说明了意识对潜意识的制约作用。侍者在大使与人交谈的过程中，听到了许多政治、外交方面的观点，这些信息都贮存到了他的潜意识中。平时，由于意识的控制，这些认识一直埋藏在大脑深处，难以显现。而当他患病，意识处于迷糊状态时，那些贮存在大脑深处的潜意识开始活跃，于是便与病友大谈起了外交、政治。可当意识恢复正常后，潜意识就又被牢牢地控制住了。这时，再问他政治、外交方面的事情，他就不可能轻易发表见解了。

潜意识的神奇力量被许多伟大的科学家、诗人、歌唱家、作家和发明家深刻了解。

歌剧男高音卡鲁索有一次突然怯场，因为害怕，他的喉咙开始痉挛，无法再唱了。

还有几分钟就要出场了，他感到恐惧，大滴汗水从脸上淌了下来。他浑身发抖地对自己说："他们要嘲笑我了，我无法唱了。"他到后台对着那里的人大声说："小我要把大我掐死。""滚出去，小我！大我要唱歌啦！"如此这般后，潜意识回应了他，他镇定地走上台，结果唱得好极了，全场为之轰动。

在这里，大我指的就是潜意识中的力量和智慧。心理有两个层次，一个是有意识的，符合理性的；一个是潜意识的，不符合理性的，卡鲁索显然知道这一点。

意识如同船长，在驾驶台上工作，他指挥船的方向，对机舱的操作员发布命令。机舱的人根据命令操作各种仪表等，他们不用管船向哪个方向行驶，只要执行命令就行。如果船长用他的罗盘发出错误的指令，船就会触礁，操作员只能服从命令，别无选择。船长是船的主人，他发布命令。

同样，你的意识就是你身体、你的周围环境以及你所从事的一切事务的主人。你的意识向你的潜意识发布命令，因为你的意识能做出判断，接受认为是合理的事情。当你的理性（小我）充满恐惧、担忧、焦急的时候，你的潜意识（大我）会以恐惧、绝望等影响你的意识。当出现这种情况的时候，你要像卡鲁索那样，坚定地对非理性的我说："请安静一下，我能控制你，你必须听我的指挥，你（这个小我）不准乱说乱动。"

你每天都在你的潜意识中根据你的思维习惯播种，所以你身体和你的环境所收获的就是你在潜意识中所播下种子的果实。意识和潜意识代表心理的两重性，人的心理好比是一个花园，你就是心灵的园丁。

如果你说："我不喜欢吃樱桃。"如果你无意中喝了樱桃汁，你就会觉得不舒服。因为你的潜意识对你说："主人（意识）不喜欢。"这一个例子很好地说明了意识和潜意识之间的区别和各自的工作方式。如果你说："如果晚上我喝咖啡，我会在夜里 3 点醒来。"因此，一旦晚上喝咖啡，你的潜意识就会暗示你，好像在说："主人想让你晚上睡不着觉。"你的潜意识每天 24 小时不停地工作，不断地为你效劳，将你习惯思维的果实呈现在你的面前。

心理、精神、意志这些东西最奇妙，看不见，也摸不着，似乎它们本身没有一丝一毫的实际力量。但是，你只要恰当地运用它们，充分掌握激发它们的技巧和方法，借由它们来影响潜意识，就能发挥出你想象不到的巨大的力量，创造出奇迹。

潜意识大师摩菲博士说过："我们要不断地用充满希望与期待的话，来与潜意识交谈，于是潜意识就会让你的生活状况变得更明朗，让你的希望和期待实现。"只要你不去想负面的事情，而选择有积极性、正面性、建设性的事情，你就可以左右你自己的命运。

梦与潜意识的关系

研究人员认为，梦主要是由潜意识控制的。潜意识是和意识相对的概念。意识在医学、心理学及哲学界有着不同的观点，但一般认为，意识或者心灵，它涉及心理现象的广泛领域，既无处不在，也深奥莫测。意识是人脑所特有的反映内部和外界客观现实的机能，也是人在清醒时对自我和周围事物的觉知状态。

与意识相对而言，无意识则是人未意识到的一切心理活动的总和，是人不自觉的认识和体验的统一，是人脑重要的、辅助性的反映形式，是与语言没有明显联系的大脑皮层中兴奋较弱部位的活动。

潜意识的来源

弗洛伊德认为，精神病与内心被压抑的愿望或观念有关。当受到某种特殊刺激后，这些被压抑的愿望或痛苦就会以不正常的活动形式表现出来，造成精神病。这种被压抑在心灵深处的、平时意识不到的精神活动就叫潜意识。

弗洛伊德

弗洛伊德将“意识”分为三个部分，即意识、前意识、潜意识。

在他看来，前意识里边的东西，只要借助于注意，就可以进入意识。但潜意识里的内容，想进入意识时，就要受到抗拒。

潜意识是每个人的心理活动的源泉，但我们对它的存在又一无所知。这一人类心理的决定性部分没有时间感、地点感和是非感，它像个婴儿一样对法律、伦理和禁忌一无所知，它只知道自己需要什么，若不设法得到满足绝不罢休。这种冲动在每个人的心灵深处造成一个“追求满足”的固定需要，这就是“享乐原则”。

潜意识藏有我们童年的大概记忆，这些是我们以为早已遗忘了的，但实际上还珍藏着；它还包括我们自己感觉到的秘密、怨恨、爱以及某些强烈而原始的热情和欲望。

一般人并不知道自己的身上居然会有这些不道德的观念和欲望。我们醒着的时候，潜意识因素大大地影响与掌控着我们的日常生活，它影响我们思考感觉和行动的方式；在夜间，它又出现在我们所做的梦里。

潜意识里的东西，还可以通过升华的方式出现在意识里，把那些可能是不道德的违反伦理的强烈潜意识愿望和诉求，利用升华作用而以较能接受的形式出现在日常生活当中。梦是通向潜意识的必由之路。

潜意识的特征

潜意识具有原始性。潜意识是人的精神机构中最初级、最简单、最基本的因素。它的产生早于意识和前意识。意识是经过发展而转化了的潜意识，但是并不是所有的潜意识都能成为意识，这取决于外部环境和潜意识本身的性质。

潜意识具有冲动性。由于潜意识的原始性才使得潜意识具有很强的冲动性、活跃性。潜意识的冲动性来自它的原始性，它在人的心理序列居于领先地位，最先在人的心理活动中出现。

潜意识具有非时间性。

潜意识活动具有非道德性。

潜意识具有非语言性。在潜意识或本我中没有思维的概括能力，它的表达主要是借助知觉材料，并无语言参与。

潜意识的心理意义

潜意识会导致人做梦，而潜意识对清醒时的我们又有哪些意义呢？

观察到自我潜意识心灵的存在。梦能够充分显示出人类体验的两分性——意识能力与潜意识能力。在梦中，我们的潜意识心灵比任何时候都更强烈地具有实体感。此时，对潜意识心灵戏剧化呈现出来的产物，我们可以触摸和感受到。

熟悉自己潜意识心灵。因为意识使我们可以和自己做的梦做有目的的交互作用，所以我们就能够对自己的梦境进行仔细的观察和体验。

承认潜意识是我们心灵的伙伴。

接受“自我”和潜意识之间的关系。

梦既是潜意识的思维工具和潜意识思维的成果，通过对梦的解释，就能挖掘出深藏在梦里的潜意识的高度智慧和丰富的信息资源，帮助我们正确地认识问题和解决问题，走出困境。因此，梦境的剖析对于分析心理以及心理调整都具有重要的意义和价值。

潜意识在梦中是怎样体现的

梦在弗洛伊德的潜意识理论中有着举足轻重的地位，梦的研究证明了潜意识活动的丰富性，是研究被压抑的潜意识的最便利方法，梦的研究可视为研究神经病的引线。

梦不完全是一种躯体现象，而是一种不规则的反应的产物或物理刺激所引起的有

意义的心理现象。梦代表一种警告，一种决心，一种准备，代表人的潜意识历程。梦的隐含是一种异常复杂的心理动作，梦的内容的改造是为了满足潜意识的欲望。梦是心灵在睡眠中对前一日或前几日经验的反映，是醒时心理活动的继续。

梦的元素本身并不是原有的思想，而是梦者所不知道的某事某物的化装的代替物。解梦就是利用梦者对这些元素的“自由联想”使它被代替的观念进入意识之内，再由这些观念，推知隐藏在背后的原念。自由联想不仅依赖于解梦者所给予的刺激观念，而且有赖于梦者的潜意识活动，即有赖于当时没有意识到的含有强烈的情感价值的思想和兴趣（即情结）。

梦之所以奇异难解，是由于梦的化装作用，化装的主要动因在于梦的“检查作用”。凡是在梦中较明确的成分之中，出现一种在记忆里较模糊的成分，这便是检查作用的结果。检查作用常用修饰、暗示、影射等来代表真正的意义，而梦的元素中重心的移置和改组则是检查作用的有力工具。可见，材料的省略、更动和改组，是梦的检查作用的活动方式和化装作用的方法。检查作用的本质是自我本能的理性规范对性本能的潜意识冲动加以审查、删略和变形。检查作用和化装作用相互制约，被检查的欲望愈强，化装程度愈大；检查的要求愈严格，则化装愈繁复。化装的功用在于以自我所认可的倾向对夜间睡眠里出现的不道德“恶念”施行检查，即进行内心批判。

梦的工作所回溯的时期往往是原始的或退化的，即退回个体的幼年或种族的初期。幼年的经验在记忆中往往是一个空白，只有通过彻底的分析才能将它们召回。梦的这种倒退作用，不仅是形式的，而且是实质的；不仅将我们的思想译成一种原始的表现方式，而且唤醒了原始的精神生活的特点。这些古老的幼稚的特性，以前曾独占优势，后来却只得退处于潜意识之内。强烈的被压抑的潜意识加上有意识思想的影响，构成了倒退作用的条件。这可视为关于梦的性质的最深刻的了解。

梦是欲望的满足。这是梦的主要性能，这种满足主要指欲望内容的满足，至于某些梦中不快的情感则维持不变。事实上，梦者常常摒斥和指责一些原可产生快感的欲望，这时焦虑就乘机而起，以代替检查作用。焦虑表明被压抑的欲望的力量太大，非检查作用所能制伏。人类的精神生活中颇多“惩罚”倾向，它们强大有力，可视为某些“痛苦”的梦的主因。惩罚本身也不失为一种满足，它满足的乃是检查者的欲望。

一言以蔽之，梦是了解认识潜意识的最重要的途径和渠道。

潜意识具有预测性吗

梦与现实是一对矛盾统一体，二者是密不可分的，离开了梦的现实，将是枯燥而空虚的，梦为现实生活填补了空缺，也帮助人放松了处于紧张状态下的神经；梦的基础来源于现实，离开了现实，梦也将不复存在。

根据事物变化发展的客观规律，事物发展到一定程度后，往后再发生的事会成为一种必然，这种必然原本存在于人的潜意识当中，潜意识是梦的源头所在，梦因此具有预见性。当人们开始着手做一件事时，潜意识就会根据人的本性和种种客观因素对这一事件的发生及其结果做出预测，而人本身并不会真正想到这些，它完全隐藏在潜意识里，不能被人发现，却是真实存在着的。在做梦的时候，这些存在于潜意识里的想法或情景等就会反映在梦境当中。梦醒后的一段时间里，现实世界则有可能发生与梦境相同或类似的事件。

一个学生讲述其初三时的一个梦境。睡前，她在做物理练习题，而临睡前做的最后一道题她并未解出来，由于困倦便沉沉睡去。梦中，她又在做那道物理题，借助了计算器，在就快醒时解出了答案，醒后发现，那道题的正确答案正是她梦到的答案。

该梦者在长时间做同一门功课的题后，思维开始混乱，原本在正常状态下能够解出的题却解不出来了，然而潜意识中存在的智慧却不受影响，于是通过梦的形式传达给梦者。因此，可以看出，潜意识有时也会使梦通过象征的形式向梦者传达信息，所谓梦的预见性实际只是潜意识对现实事物的客观分析的结果。

太过真实的梦会扰乱人的正常思维，使梦幻与现实混淆。生活节奏较快、长期从事脑力劳动的人一天中接触的事物大都是与自己工作有关的，而很多事物也在经历的过程中逐渐进入潜意识中去，而梦者本身并不会感觉到这一点，只有进入梦境之后，这些早已被储存在潜意识中的东西才会被反映出来，而反映在梦中的场景却像自己经历的一个真实事件。梦者醒后一般不会对整个梦记忆得很深，往往在一段时间以后，当回忆某件事或某个细节时，将会分不清到底是梦还是现实。如果这样的情况频繁发生，则会扰乱人的正常思维。导致这种情况的原因在于梦者本身，因为这样的人的生活长期都处于一种固定模式下，很少接触相对新鲜的事物。如此便使潜意识中储存的信息相对单一，便不能构成丰富多变的梦境。梦与现实生活联系十分紧密，使人愉快的梦可以保证人健康积极地度过一整天；与现实太过类似的梦不但不会使人在睡眠中放松自己，反而会增加压力，使人变得消极并且思想受束缚而机械化。

在《梦的解析》一书中，弗洛伊德提出梦是人的欲望的反映，与愿望有关，然而较为现实的（即通过努力可实现的）愿望很少在梦中有所反映，幻想中非现实的愿望则会频繁在梦中得以实现，而且这种愿望必须是长时间存在于人的脑海，而非短暂的冲动。同样，每个人也都不同程度地对某一个或几个事物而感到恐惧，那些使人长时

间感到恐惧的事物也会为梦所反映出来。比如，小孩会经常梦到大灰狼、鬼怪等一些大人常常为他们描述的事物；长期为一种病所折磨的患者则会梦到与自己的病有关的事，而这样的梦常常表现为噩梦。不论是由愿望引起的梦还是由恐惧的事物引起的梦，都经常与现实相反，即反梦。虽然与现实相反，这样的梦却对人有很大的启示作用，尤其由恐惧产生的梦，它往往能揭示梦者自己本身未意识到的缺点与不足，以警示梦者需要改进。

潜意识的内容与它相对应的梦是有因果联系的，因此将潜意识转化为前意识可以控制人不做某个梦。通常潜意识都是不能被人感知的，人并不知道自己的潜意识中有些什么，也无法感知它的存在。而前意识即我们通常所说的意识，人的日常行为、语言等都受它的支配。梦是潜意识的产物，即梦来源于不可感知的潜意识而基本不会以其他形式或途径产生梦。由此可以发现，人类可以控制自己不去做某个梦，办法就是将潜意识中存在的事物转化为前意识，如此便会使一些事物从潜意识里分离出来进入可被感知的前意识，从而切断梦的来源这条途径，使人不会做与这个事物相关的梦了。

一个人每天都要经历很多事情、得到很多知识，如此积累起来，便构成了丰富多彩的人生。然而正是如此，也构成了与现实脱轨的怪梦。目前心理学家已经发现，智者所经历的这种梦比较多，造成这种现象的原因就在于智者拥有多于常人的智慧和更为丰富的人生体验。人的一生所经历到的大部分都会在梦里有反映，经历的事物越多、越丰富，能够被梦反映的也就越多，然而梦者处在睡眠过程中时不具有逻辑思维能力，不能合理有序地将各个事物安排好，只有任凭大脑随机将几个事物联系在一起，这种联系不存在因果、包含与被包含、先行后序等，只是无序地排列。无序排列的事物越多，梦就会越复杂、越离奇，而这些与现实脱轨的怪梦实际上是毫无意义可言的。

解梦需要进入潜意识吗

有一位外国作家，写了一个神秘的故事，故事的梗概是这样的：

主人公是一个水手的儿子。在他很小的时候，他第一次随大人上船去玩。

他伏在甲板上看海，忽然他看见在船后有一条很大的大鱼。他指给别人看那一条大鱼。但是没有人看见这条鱼。

大家想起来一个传说，说海里有一种怪物形状像鱼，一般人看不见。如果一个人能看见它，这就是不祥的，这个人将因它而死。

从此这个人不敢再到海上，不敢再乘船。

但他经常走过海边，每次他走到海边，都能看见这条鱼在海里出现。有时他走在桥上，就看见这条鱼游向桥下。他渐渐习惯了看到这条鱼，但是他从不敢接近这条鱼。就这样他生活了一生。

在他很年老，面临死亡的时候，他终于忍不住了，决定到鱼那里去，看看到底会发生什么。他坐上一条小船，划向海里的大鱼。

他问大鱼："你一直跟着我，到底想干什么？"大鱼回答："我想送给你珍宝。"他看到大量的珍宝。

他说："晚了，我已经要死了。"

第二天，人们发现他死在海上。

作家说，这个故事是从他做过的一个梦中得到的灵感，我们知道，很多故事都是作家的较深层的潜意识的产物，那么，我们将这个故事当作一个梦的例子，来解析一下人类的潜意识。他看见在船后有一条很大的大鱼，他指给别人看那一条大鱼。但是没有人看得见这条鱼。在中国古代，也有类似的说法："察见渊鱼者不祥。"在这里的海是潜意识的象征，海像潜意识一样，浩瀚无边又深不可测，隐藏着无数的奥秘。大鱼就是大海的奥秘，是潜意识中的精神的象征，直觉的象征，大鱼可以看作我们所谓的潜意识中想要的却得不到的事物。

有些人和一般人不同，他们更容易见到自己潜意识中的内容。天才的艺术家就是这样一种人。

如果一个人进入了自己的潜意识，他就注定了不能过一般人的生活。进入潜意识中是有危险的。如果你的潜意识里存在着心理矛盾，你无力解决这样矛盾，又贸然介入太深，你的心理平衡就会受到威胁。精神疾病患者实际上就是进入了潜意识。精神病人会听到我们听不到的声音，看到我们看不到的种种人物鬼怪。而他们把这当成真的存在，不知道这只是一种象征形象而已。精神病人就是"醒着做梦而又把梦当成真的人"。天才的艺术家也说是可以进入潜意识的人，正是在潜意识中他们才获得了那么多新奇的想象。所以天才艺术家很像精神病人，他们和精神病人的区别在于：精神病人已经完全不会和一般人沟通了，艺术家还会；精神病人在潜意识的世界里充满了恐惧等，天才艺术家在潜意识世界如鱼得水。

那个孩子看到别人看不见的鱼，就让大家担心他，如果一个人能看见它，这就是不祥的，这个人将因它而死。这种担心是有道理的，他也可能成了精神病人，也可能成了艺术家，即使成了艺术家，他也可能像许多艺术家一样饥寒交迫，像凡·高一样几乎饿死。

于是，他不敢再到海上，不敢再乘船。

“但他经常走到海边，每次他走过海边，都看见这条鱼在海里出现。有时他走在桥上，就看见这条鱼游向桥下。他渐渐习惯了看到这条鱼，但是他从不敢接近这条鱼。就这样他生活了一生。”也许他从此找了一个一般工作，像一般人一样生活，但是他经常走到海边，体验潜意识和艺术的冲动，也许还玩过艺术，但是他不敢让自己投入大海。

在我们的潜意识里，固然有危险，更有无尽的珍宝。如果那个人早进入它，他也许已经是艺术大师了，而且他的心灵一定可以更丰富了。

我们解梦，就是进入大海。不过，不是自己盲目闯进去，是在解梦技术这一指南针的指导下进入，我们可以没有多少风险，而得到极大收益。

通过梦境了解潜意识的波动

弗洛伊德认为，梦是对愿望的满足，不过，这种愿望在梦中的表现，有时是直接的，有时是间接的，有时则是以相反的形式出现的。有一次，弗洛伊德的一个朋友的夫人，做了一个来月经的梦，这样的梦她过去几乎没有做过，她向弗洛伊德讨教。弗洛伊德告诉她，夫人做这个梦意味着内心深处存在着“有月经就好了”的想法，如果反过来看的话，这个梦可以解释为夫人目前的月经暂时停止了。这位夫人听后惊讶地告诉弗洛伊德，自己正处于妊娠期，她对弗洛伊德的解释异常钦佩。应该说，像这样内心潜意识的欲求，在梦中按其本来面目直接或不很曲折地表现出来的情况，其判断是比较容易的。当然，由于梦的本质和机制十分复杂，许多内容对于人类来说，还是未知世界，所以，难以解释的梦仍然不少，甚至占梦的大多数。但是，按照弗洛伊德的精神分析方法，还是可以解开不少神秘之梦的锁结。

弗洛伊德的助手费兰斯分析一位女性梦见一只小白狗被绞死的梦的例子，曾被许多书引用。费兰斯经过分析后认为，这条小白狗实际上是这位太太所讨厌的妹妹的形象。在分析梦的过程中，这位女性说出了一些情况，她对烹调很擅长，并且有时还亲手勒死鸽子、小鸟等来烹饪，但她绝不认为这是件愉快的事情，所以很想辞去这项工作。当费兰斯问她是否有特别讨厌的人时，她说出了妹妹的名字，并义愤填膺地说起了妹妹对她丈夫“就像训练好了的鸽子一样”，使她十分厌恶。她在梦中勒死小白狗的方法同勒死鸽子的方法实际是一样的，而鸽子、白狗其实都已拟人化了，很可能就是她妹妹的形象。果然这位太太在做此梦之前曾与妹妹激烈争吵，还把妹妹从她房间里赶了出来，骂道：“滚出去，但愿别让狗咬着我的手！”分析到此，女士承认，她确实有过“妹妹死了就好了”的想法，而她的妹妹身材矮小，皮肤白皙，就像小白狗一样。

梦是潜意识得以发泄的最佳场所，有人说："若以梦中的行为做出判罪的依据，那么人人都是罪犯。"这类似的看法其实柏拉图在其名著《理想国》中就有阐释。他认为在梦中"……人们会犯下各式各样的一切愚行与罪恶——甚至乱伦或任何不合自然原则的结合，或弑父，或吃禁止食用的食物等罪恶也不除外，这些罪恶，在人有羞耻心及理性的伴同下，是不会去犯的。"所以，弗洛姆在其著作《梦的精神分析》中说："柏拉图与弗洛伊德一样，把梦当作我们内心无理性野兽天性的表现。"但是，弗洛伊德又认为，人们在梦中也不是完全肆无忌惮的，由于"检察官"或"看门人"的作用，梦境常得经由化装后才能象征性地呈现出来。所以弗洛伊德在《精神分析引论》中说："梦的表面意义无论是合理的或荒谬的、明了的或含糊的，我们都不会理会，这绝不是我们所要寻求的潜意识思想。"

同样的梦境可能因梦境分析者对其显意、隐意及象征意义有不同的理解，其解释的结果也就可能迥然不同，甚至大相径庭。所以心理医生在为被分析者解梦之前都必须对其生活环境、生活习惯、心理状况有个大致了解。对不熟悉的被分析者可通过交谈或自由联想而掌握线索。我们可以科学解梦概括为："解梦者可根据解梦的需要，询问这类梦境的出现是经常的或偶然的，做梦者的体会是什么，做梦者平时对梦是否有兴趣，做梦者生活的顺递，再结合做梦者的性别、年龄、素质强弱、性格、职业、服装、音容笑貌、近期生活状况等方面综合分析，得出结论。"与其说解梦是一门科学，还不如说解梦是一门艺术。正如弗洛姆在《梦的精神分析》中说的："它正如其他任何艺术一样，需要知识、才能、实际操作与耐心。"

梦是潜意识的象征性语言

对梦的解释过程就是对显梦的逆向翻译过程，这个过程与梦者制造梦境的过程相反，是对梦的还原。只有了解梦的制造过程，才能准确地理解梦的心理含义。尽管梦有一个精确的逻辑，用分析还原的方式把梦的显意转化为潜意识的文本即梦的隐意时，其意义具有唯一性。但是，就同一个梦来说，梦的意义却可以进行扩展。梦的精确逻辑与梦的意义的可扩展性两者并无矛盾。因为基于弗洛伊德式的分析还原解梦方法是一种客观层面的解梦，其要义即将梦的内容"打碎"或"拆散"，将其还原为梦者对外部情境或对象的记忆。但在精神分析大师荣格看来，做梦者才是所做之梦的全部原因，做梦者就是全部的梦，所有梦的细节都表现了梦者没有意识到的种种内心矛盾、体验、倾向和看法。

要想通过梦的解释准确聆听心灵深处的声音，必须了解梦的象征意义。梦是潜意识的象征性语言，这种象征通常以图像化的“素材”和“场景”呈现出来，但就象征本身而言并不具备单一的意义，只能根据梦境的具体需要来确定。对梦中出现的各种象征的理解是准确解梦的关键，梦中一般有两种不同的象征类型，即“偶发性象征”和“普遍性象征”。

偶发性象征是一种在象征与所代表的某物之间没有内在联系而只具有某种偶然联系的象征，这种偶然联系往往只有梦者本人才能理解，它与梦者本人的生活事件有直接的关系。例如，某人在某个城市曾经有过一段非常恐惧和沮丧的经历，以至于在以后的日子里当他听到这个城市的名字就会与恐惧的情绪联系在一起，如同他把自已快乐的情绪和另一个让他经历快乐的城市名字联系在一起一样。

普遍性象征是这样一种象征：在特定的文化背景下，象征与所代表的东西（意义）之间具有普遍的内在关联，这种关联深深地根植于人类情绪与情感体验的共同经验中，并为所有人或大多数人所理解。例如，梦中出现的蛇、太阳、水火、河流、桥梁与道路、房屋、车、人们熟知的各种动物、生活中人类共有的某些物品如电视机等，这些象征的心理意义不仅容易理解，而且不同的人对其意义的联想内容基本相同。

下面是一位受困于幼年情节而不能进入恋爱状态的女孩子的一个梦，梦中表达了对爱情充满憧憬与迷惘，梦中使用的象征几乎全部是普遍象征。

一个光线朦胧的时刻，我在像是一个生长着竹林和矮小梅树的寺庙的后花园，有翻墙者（不该进来的人但不是小偷）进来，我想阻止他们，没想到他们人多势众，我骑上一匹高大结实的枣红马一路飞奔，逃离他们的追赶……

梦中的许多事物的象征都能唤起人们共同的心理体验和联想。但尽管属于普遍象征，由于象征具有多重意义，因而象征在某一梦中出现时，其确切意义往往需要补充两方面的资料才能最终决定，一是梦者本人的自由联想资料，二是梦的象征在意义上的关系是否符合梦自身的逻辑结构，因为梦具有精确的逻辑结构，而不是思想碎片的随意拼凑，解梦者须综合考虑这些因素才能对一个梦的完整意义进行准确解读。例如，“寺庙”包含的意义很宽泛，可以指“修身养性的场所”，也可以指“远离尘世的精神世界、单身并压抑的自我、没有异性光顾的身体”等，而在这个梦中，寺庙的准确含义只能解释为“梦者没有异性光顾的身体”，生长着竹林和梅树的后花园则指“隐秘的性器官”和“充满情感期待的内在的精神世界”。这样，“翻墙者为什么不是小偷”也就得到了合理的解释，暗指“强行侵入她身体和隐秘的情感世界的男人”。

所以，无论象征的意义多么的复杂和难以把握，放到特定的梦境中，其意义通常具有单一性或一致性。从这个意义上说，梦具有自身严密的逻辑结构和精确的心理意义，而并非可以随意理解的潜意识语言。偶发性象征与普遍性象征之间并无明显的界限，象征的意义受制于文化与亚文化的差异性，当一个偶发性象征被大多数人理解或者成为大多数人的经验以后，就变成了普遍性象征。一位来访者梦到自己与上司说话，嘴里吐出的却是玉米粒，“玉米粒”的象征意义就难以理解，其实这个象征与“骂人”有关：在梦者的故乡，用粗俗的语言说话的人被称为“玉米棒子”。梦者实际上是在以伪装的方式来表达自己对那位上司的不满。

梦是打开人格最深层的钥匙

在弗洛伊德眼中，梦是一种精神现象，是一种心理活动，是一种愿望实现，是一种清醒状态精神活动的延续。梦并非空穴来风，梦亦非毫无意义，也不是意识昏睡，梦是被压抑的愿望经过伪装的满足。

“梦可以告诉你想隐藏些什么和隐藏的动机，解梦之人要拼接梦，并找出邪恶之源。”这句话是惊悚悬念大师希区柯克 1945 年拍摄的电影《爱德华大夫》中的经典台词。这部心理学领域电影的开山之作，是电影史上第一批以精神分析学为主题的影片之一。蓝色的音乐，萧瑟的寒风，冷漠的石碑，零落的枯枝，黑白的简单色调叙述了一个贯彻弗洛伊德理论的悬念迭生的心理分析故事。

故事发生在一个精神病疗养院，默奇逊院长即将退休，医学界著名的爱德华医生前来继任。新来的爱德华年轻英俊，风度翩翩，身上笼罩着的个性魅力以及学术光环让美丽的女主角心理医生康斯坦丝情愫萌动。然而，之后的相处中，康斯坦丝渐渐察觉到爱德华的异常举动，他忘记自己书中阐述的理论，看见印有黑色竖纹的白色布料会头晕，遇到病人出血几近昏厥……随后，大家得知真正的爱德华医生已经遇难，而来者是伪装的，是一个被某些可怕的事情困扰的失忆症病人——约翰·布朗。约翰忘却了自己的身份，爱德华医生女秘书的供词更使他背负了谋杀的罪名。

康斯坦丝凭着爱与心理学特有的直觉认定约翰不是凶手，她试图用精神分析的方法帮他回忆起隐藏在记忆深处的真相。警察的追捕迫使两人躲避至康斯坦丝的老师阿历克斯家中，正直善良的心理学家收留了他们并帮助康斯坦丝一起治疗约翰，他们希望通过剖析约翰的梦境找到真正的凶手.

约翰的梦是影片的核心剧情，解梦则是剧情高潮，影片多处成功地运用了弗洛伊德的解梦原理，解梦过程的精湛以及梦的解释重组令人拍案叫绝。弗洛伊德认为，梦不像其表面显示的那样只是一堆毫无意义的表象，它是通向潜意识的捷径，是打开人格最深层的钥匙。通过对梦进行分析，可以揭示出被人压抑到潜意识中的过去事件。

人具有两种心理机能：原发过程和继发过程，前者以梦为代表，以凝缩、移置和象征为特点，毫不顾忌时空规范，并用睡眠时满足欲望的幻觉来缓解本能的冲动；后者以日常清醒的思维为代表，严格遵循语法和形式逻辑。

梦是一种象征，每一个象征都是不可忽视的细节，是破译和重组整合的关键。约翰梦中所出现的每一件物品、摆设，每一个人，每一个动作，每一句对话仿佛都具有特定含义。梦由人的意识产生，约翰的梦境与现实息息相关，白色屋顶代表雪山、络腮胡男子代表爱德华医生，与络腮胡赌博时他得到21点纸牌代表纽约21点赌场，呵斥络腮胡滚出他地盘的蒙面男子就是凶手，凶手扔出的变形车胎轮子代表左轮手枪……当把梦境和现实联系起来就会发现那些看似天马行空的梦其实就是现实世界中凶案发生的反照。

谋杀发生在爱德华与约翰滑雪时，为了让约翰彻底摆脱噩梦，康斯坦丝和他来到滑雪场，危急关头，约翰终于忆起儿时情形，摆脱了犯罪情结。原来约翰年幼时与弟弟玩耍，失手把两岁的弟弟从楼门外台阶两旁的滑台上推下去摔死了。适逢寒冬，大雪纷飞，尽管这只是一件意外，但它给约翰幼小的心灵所造成的伤害却是无比震撼而强烈的，从此噩梦开始伴随着他，令他备受心灵的自我谴责与折磨，一直影响了他的童年、青年时代。他心底的内疚感一直存在，尽管事情已过去20多年，似乎一切都已忘记，但两条平行线条（代表着门前的两个滑台）对他仍然起着某种作用，让他莫名地紧张恐惧。

当他与爱德华医生一起滑雪，爱德华忽然被人枪杀，现实中的情境——雪地、白光、滑雪板、笔直滑雪道接近了他潜意识的情绪源，童年的体验和眼前的感受合而为一。那一刻，他意识完全混乱，深信自己就是杀人凶手，为了逃脱“罪责”，他开始扮演爱德华医生的角色，同时仍然无法摆脱潜意识里可怕情境的困扰。警察按约翰提供的线索找到了爱德华医生的尸体，但他仍然无法摆脱谋杀的指控。默奇逊院长一句失言，令康斯坦丝如梦方醒，联系约翰的梦境，整个案件终于水落石出，真正的凶手就是在医院工作了20年、无法接受自己被爱德华接替的默奇逊医生。

电影中解梦被赋予了新的意义，即让有心理障碍的人了解自己潜意识行为产生的原因，通过让他面对自我来克服心理障碍。解梦，找出它的隐义，就能恢复部分潜意识心理内容，并将其置于理性分析中。梦以幻觉和伪装形式表现被压抑的内容，它使不为人承认的愿望获得部分满足。梦的来源是潜意识，意识的愿望只有得到潜意识中相似愿望的加强，才能成功地产生梦。每个梦都是愿望的实现，即以伪装形式表达或满足某种潜意识的欲望。

二、梦与心理学的关系

梦与心理的关系

人的心理活动是神经系统高级部位——脑的功能，而梦则是心理活动的一个方面，并且人白天的一切心理活动都会影响到夜晚梦中的心理活动。因此，梦也是心理活动中必不可少的部分。

人的心理活动是一个十分复杂的大脑生理活动，它最基本的特征之一，就是能够反映人的情绪。情绪是人类最基本的对外界反映的特征之一，它是人类大脑神经生理反应与“意识”整合时产生的。当外界的反应冲动从扣带回向大脑皮质扩展时，心理过程便渗入了情绪色彩。

人白天心理活动中的情绪，在夜晚的梦中也同样反映出来，正如人们常说的“日有所思，夜有所梦”。梦的内容千奇百怪，梦中人义愤填膺，或焦虑不安，或沉浸在幸福甜蜜之中。经过不少科学家长期的研究，一般认为，梦是有一定精神基础和物质基础的。它是人类精神活动的一种方式，是现实生活中内容的折射与反光。

人的心理活动都在梦境中表现出来，只不过这种心理上表现有点经过变形而展现于人的梦中。要研究表明，情绪与梦境有关。例如喜者多梦欢乐愉快；怒者多梦焦躁不安；忧者多梦心绪不宁；悲者多梦凄楚哀怨；惊者多梦惊心动魄、惶恐胆怯；信鬼神者，多梦妖魔鬼怪；梦境杂乱混沌者，心中多不安与担忧。还有一些梦与个人愿望、思想活动有关，这些思维的痕迹已深深地印在脑海里，睡眠时又重新反映出来。

梦可以起到“安全阀”的作用，也就是说，如果在睡眠中，人类机体冲动得到发泄，醒后就会约束自己的言行，能更好地适应现实的困难和处境。如果不让某人在睡眠中做梦，这个人就会在白天表现出异常言行，甚至产生犯罪危害社会的行为。

梦，实际上是自己演给自己看的小品，就像一个人在自己观看电视一样，他总会去找那个自己最喜欢的看，他看的内容多多少少可能与这个观看者有些类似或是他向往的地方，这正是你心理上或心灵中发生反应的结果。一个人可能在自己的梦里找到自己，梦虽然是假的，却不会欺骗你。

人在做梦的时候，大脑皮质是在极低水平下工作的，对事情的分析有时是错误的，记忆中也可能充满着缺陷或残缺不全。所以梦中的自我同现实中的自我有时看起来是分割的，没有连续性。但作为同一个大脑，有的心理学家认为，梦中的自我仍然在关心着白天的事情，不过只是用了不同的方式来看待这个问题而已。人在梦中，是以一种奇特而复杂的生活回忆着他的过去和预演着未来。

所谓发现现在的自己，在心理学上称为自我，也就是意识当中的自己，我们称为“清醒我”。当然，现今心理中的是自我，但是在心理学上，我们所要探测的心灵，比现在这层自我更加深刻。

由于潜意识被压抑在内心深处，被封闭起来，所以平常人们无法发现它。它存在的证据是，当压抑的力量薄弱时，这个无意识的心灵就会来到有意识的世界。人在睡觉时，自我压抑力量较弱，无意识的心灵便容易浮上意识层面。这正是表现在梦里，所以梦是平常自己压抑着的另一面。

梦是一种奇妙的心理现象，虽然身体处于睡眠的状态，但脑海里，却如同清醒般地拼命思考着。现实生活中不可能发生的事情，在梦境里却都有可能实现。虽然是做梦者本身自导自演，观众也仅限于本人，但每一次却仍有新的剧情发展。让人不可思议的是，几乎所有人在起床后不久，就无法完全记得做梦的内容。因此，做梦是否为我们心灵的自身心理生理上的需要，就成为科学家们的研究热点。

另外，研究人员也尝试别的实验，就是把睡到一半的实验者突然叫醒，唯一区别的是，这一次是在他尚未产生梦境便打断其睡眠。同样观察他们在白天的行为，则没有发现较异常的变化。

众所周知，梦是“看”的东西。在清醒时的感情可由言语、动作行为来表现，但在梦中有情感表现，就只能“看”。它常是由欲望、恐惧、爱情、嫉妒、矛盾等因素纠结的部分组成。

人在清醒的时候，常能以较冷静、理性、明确的态度处理自己的感情、压抑自己的行为。但在梦境里，那种抑制力在降低，因而会做出平时不敢想象的行为。因此，梦扮演着将自己心底真实的情感，转化成为一个视觉影像，再传达出来的角色。由于梦境里全然是视觉化的影像，因此，我们则可能通过心理分析着手，来发现“睡梦我”心灵底部的真实意义。

梦的补偿与心理平衡作用

在对梦的研究过程中，人们发现梦具有心理平衡作用。人们平时被压抑的个性会在梦中得到释放，现实中无法实现的愿望也能在梦中得到满足，这在一定程度上能够缓解人们的心理压力。也就是说，梦的心理意义在于补偿，通过梦，潜意识可以指出或补充意识活动的不足，使精神活动更加完善，也更加充实，从而使整个心理功能趋于稳定。

心理学家荣格也肯定了梦的心理补偿作用，这是一种内在的自我平衡调节系统。比如，很多心理医生在临床实践中会发现：幸福的人常做悲伤的梦，闲适的人常做紧张的梦，抑郁的人常做快乐的梦，满足的人常做失落的梦。荣格认为，梦的作用是补偿，如果一个人的个性发展不平衡，当他过分地发展自己的一个方面，而压抑自己的另外一些方面时，梦就会提醒他注意这些被压抑的方面，从而完善、充实人们的精神世界。这样的梦将会有利于人们的身心健康，能使心理及行为更为趋于和谐。

例如，当一个人过分强调自己的强，不表达自己的弱，即他只表现自己的强悍、勇敢的气质，而不承认自己也有温情，甚至软弱的一面时，他也许就会梦见自己置身于某种令人手足无措、异常惊恐的场景里，这种梦境就是对他的个性的平衡。

梦对人脑的调节作用主要表现在两个方面：一方面，舒缓平和的梦境可以帮助人们调节清醒时紧张忙碌的心理状态；另一方面，苏醒时某些不能得到满足的欲望可以在梦中实现。相应的，如果人们无梦或者少梦，那么可能会出现两种情况：一方面，白天的紧张情绪若不能通过做梦得以修复，那么长期紧张的状态会导致人的心理崩溃；另一方面，人们会因为累积过多的难以实现的欲望而饱受折磨。所以，哲学家尼采所说的“梦是白天失去的快乐与美德的补偿”正是对上述理论的精炼概括。

具体来说，由于人在梦中以右脑活动占优势，而苏醒后则以左脑占优势，在机体24 小时昼夜活动的过程中，清醒与睡梦的状态交替出现，可以达到神经调节和精神活动的动态平衡。因此，梦是协调人体心理世界平衡的一种方式，特别是对人的注意力、情绪和认识活动有较明显的作用。

梦是大脑调节中心平衡机体各种功能的结果，做梦也可以维持大脑的健康发育和正常思维的发展。做梦能使脑的内部产生极为活跃的化学反应，使脑细胞的蛋白质合成和更新达到高峰，而迅速流过的血液则带来氧气和养料，并把废物运走，这就使得本身不能更新的脑细胞会迅速更新其蛋白质成分，以准备来日投入紧张的活动。所以，可以说，做梦有助脑功能的增强。

脑中的一部分细胞在清醒时不起作用，但当人入睡时，这些细胞却在“演习”其功能，于是形成了梦。梦给人痛苦或愉快的回忆，做梦锻炼了脑的功能，梦有时能指导你改变生活，还可部分地解决醒时的冲突，将使你的生活更加充实。

做甜蜜的美梦，常常会给人带来愉快、舒适、轻松等美好的感受，使其头脑清醒、思维活动增强，这有助于人的消化和身心健康，对稳定人的情绪、促进和提高人的智慧活动能力、萌发灵感和创造性思维都有所裨益。

上述理论也可以用来解释现实生活中很幸福的人为何常常做糟糕的梦：人的担忧多半来源于消极的自我暗示，总是认为自己现在拥有的东西可能会失去，认为自己随时会“出事”，心理学家把这种自我暗示看看成一种自我预言，因为很多抱有此类想法或经常做这类梦的人最后可能真的会“出事”，但这“事”绝非是梦惹的祸，而是人自身不断重复暗示的结果。所以，改变一个人对梦的解释，在解梦时自己安抚自己，尽量以合理、积极的态度去认识梦境就可以改变梦给人带来的心情。

梦中的自我

自我是一个人潜在意识的原形，现在正被个性发展的需要所叠加。人有一种尽可能排斥兽性和阴影的倾向，然而人格完整的秘密深深隐藏在自我之中。人的潜意识和未来密切相关，做梦者可能第一次在梦中看到一种使之振奋的自我形象，这种形象可能会成为自我完整的个性的象征。

梦境，是你本身自我心灵中的一个舞台，因为心灵中的奥妙只有自己才清楚。做梦的大脑与白天清醒时的大脑是同一个脑子，只不过是有左右脑的区别而已。在这个梦中舞台上，登场人物中可能每个角色都是你所认识的，都是你所熟悉的人。然而，也有完全不认识的陌生人，也有些是曾见过却叫不出名字的人。

重要的是，做梦者是决定谁出场谁不出场的人物，即使是不具任何意义的小角色，也必须由做梦者来决定。换句话说，梦中的登场人物不仅具有深层的意义，而且所演出的或令人惊心动魄，或扣人心弦的故事，大多与个人过去的经历，现在的体验以及对未来的设想有关。

大多数梦都具有一定的象征性和隐喻性，描述了做梦者生活中人际关系的某些重要特色。梦中双关语是重要的信息，而且由于多是视觉双关语，很容易明白。不过有些双关语或隐喻就没有那么简单了，要通过更多的发问才能发现它真正的意义。

隐喻性的思考方式对于了解梦的真正隐含信息有关键的效用。如果你确能欣赏并把隐喻看成一种表现风格，那么你就能比较灵活的了解梦境。当一个人运用智慧解读梦中的隐喻或双关语时，获得的乐趣本身就是梦境体验的收获。心理分析的目的，就在于去发现隐喻与双关语的意义以及梦中象征动作的意义，并利用它们对今天的生活产生积极的影响。

梦是大脑的潜意识和意识两个层面之间的对话——它们很微妙地讲着不同的语言。尽管有意识的大脑可能认为自己已经理解了潜意识在梦中说的话，但事实上它像一位缺乏经验的翻译那样，经常未能准确地理解和解释那些语言真正的含义。为此，我们要想做好自我心理、心灵的翻译，就要深入了解梦的表现形式。

梦境与情绪象征

梦是人的情绪舞台。每当白天的活动结束后，人对这些活动的感受并没有结束，而是留待梦中分解。梦境所表现情绪的好坏，将会影响第二天起床时的心情：是去迎接世界给我们的挑战，还是逃避出现在我们面前的困难呢？

有实验表明，梦以两种方式表达情绪：第一种是渐进式，其中的梦境由一个走向另一个，做梦者在其中总是取得最后的成功，即使是从坏事开始；第二种是重复式，梦境也由一个到另一个，但每一个梦境都有某种相似性，做梦者总是摆脱不掉不愉快的情绪梦。

在白天，我们的情绪可以尽情地表现或发泄，而梦中的我们采用什么手段来表现自己的情绪呢？梦中的情绪是经过了加工的，多采用象征、夸张以及其他方式来表现，虽然与白天的实际情况可能在具体形式上有所区别，但梦中的情绪却和白天的情绪大多在本质上保持着一致性。

另外，还存在另一种情况，某些人在现实生活中可能会有一些不符合自己道德观念的情绪。白天，他们无法把这些情绪正常表达出来，于是便会通过梦境来传达，这些情绪在梦境中有时候可能表现得非常明显，有时候却需要通过隐晦的象征方式。

例如，生活中的酸甜苦辣影响着人们的情绪，人难免会有喜怒哀乐，但是在现实生活中，我们的情绪可能无法得到有效的宣泄。比如，一个人与他人发生矛盾时，可能会争执几句，绝大多数的人迫于外界环境，为了维护自己的形象，虽然生气但可能也只是发发牢骚作罢，但梦境在梦里，他们便可能与人争吵、怒骂甚至打斗，这种愤怒的情绪与白天的怒气是一致的。

再比如，一个人梦见自己的奶奶去世了，她十分悲痛。做梦者在白天确实接到过家人的电话，得知奶奶生病的事实，于是她晚上做了这个梦。正常来说，这个梦可以理解为她担心奶奶会因病去世，如此来看，梦中的情绪反应的应该是她真正的情绪。她因这个梦焦躁不安，即使获知奶奶病情好转之后依然非常痛苦，于是她去向心理医生寻求帮助。心理医生在与她交谈的过程中发现，这个人与她的奶奶关系非常不好，因为一些事情双方积怨很深，所以，在她奶奶还未去世的情况下，她的这个梦可能隐含着她希望奶奶死去的想法，并且她也正是因为意识到了这一点，所以承受着自己对自己的道德谴责，并感觉到不安与焦虑。如此看来，一个人梦中的真正情绪也可能是隐晦的，婉转的，是需要深入挖掘的。

科学家将做梦者梦中的情绪在一定范围内做过记录和统计，主要形式包括这几种：忧虑，包括恐惧、焦虑和迷惑；愤怒和挫败感；悲伤；快乐；激动，包括惊讶。其中忧虑的情绪占绝对优势，比例为40%；愤怒、快乐和激动各占18%；悲伤最少，占6%。所以，梦中的心态64%为消极的或不愉快的（忧虑、愤怒、悲伤），而积极愉快的（快乐），仅占18%。

另外，梦的形成与人们的思想观念和心理状态及体验等心理活动的关系最为密切。根据临床观察，心情平静则梦也平淡宁静；心情紧张不安则梦也恐怖可怕；心情郁闷则多做烦恼的梦。总之，梦常常能够体现梦者的情绪和心态。

梦反映做梦者的矛盾心理吗

内心的矛盾常常出现在一些恐惧的梦或焦虑的梦中。火车就要开了，你急着要赶车，但是就是跑不动。有人追你，你要逃走，但是就是跑不动。恶鬼来了，你想搏击，但是手却抬不起来……这是一种很可怕的感觉。

弗洛伊德早就指出，这种梦反映着梦者内心中的矛盾。

他心灵的一部分想逃脱，想赶上火车，而心灵的另一部分却不想逃脱，不想赶上火车，这时就会出现想跑跑不动的情况。同样，遇见鬼动不了也是因为心灵的另一部分不想动。

总是如此吗？这不敢保证，但是我们遇到的这类梦境总是如此解释。动不了是由于内心矛盾。

例如一个女孩梦见同班一男生持刀冲过来，她想跑却跑不动。为什么，因为她一方面害怕那个男生会“袭击”她，另一方面却又希望他能“袭击”她。

在梦中干什么事总出错也往往反映出内心的矛盾。例如前面引用的荣格所说梦例：一个校长梦见赶火车时，不是这个忘了就是那个丢了。最后好容易出了门路上又走不动。

原因是他内心中有另一个声音告诉他，不要这样急于追逐名利。

有一个女孩，提供了这样一个梦例。“五一”假期中她原想去一男朋友那里参观牡丹花，但终未成行。结果“五一”后她经常梦见自己不远千里去找男友。

总是历经千辛万苦，梦见自己清晰地见到男朋友学校的校门，但不知为什么总见不到他。于是拼命拨电话找男友的寝室。但是男友不是去上课就是在很多人的大操场上踢球，反正就是见不到他。接下来又梦见男友打电话说他来看她，但当她急急忙忙去接男友的时候，却又在约定的地点找不到人了。

这种一直无法见面的梦的意义代表什么呢？这个女孩通过最近的心理变化，找到了梦的答案。她说："我自己急于见到他，向他说明一些误解，所以总是梦见去找他。但我又唯恐见到他，他不能原谅我，不能冰释这些误解，所以梦中无论如何努力总也见不到他，是潜意识中害怕见到他。"

这种又想见又怕见的矛盾，就引出梦见去找但是找不到的情节。

还有一种情况，走不动代表一种否定。弗洛伊德有这么一个例子：

"我因为不诚实而被指控。这个地方是私人疗养院和某种机构的混合。一位男仆出场并且叫我去受审。我知道在这梦里，某些东西不见了，而这审问是因为怀疑我和失去的东西有关。因为知道自己无辜，而且又是这里的顾问，所以我静静地跟着仆人走。在门口，我们遇见另一位仆人，他指着我说'为什么你把他带来呢？他是个值得敬佩的人'。然后我就独自走进大厅，旁边立着许多机械，使我想起了地狱以及地狱中的刑具。在其中一个机器上直躺着我的同事，他不会看不见我，不过他对我却毫不注意。然后他们说我可以走了。不过我找不到自己的帽子，而且也没法走动。"

这个梦中细节的意思，我们已经无法破译。因为弗洛伊德没有说明做梦者当时的具体情况。但是我们仍旧可以看到，这个梦如同一部欧·亨利式的短篇小说，在结尾处突然翻转。在梦的前边，他一直自认无辜，而且仆人也认为他无辜，甚至审查者最后也相信了他无辜。但是，在他可以走了的时候，他的"有罪"却使他走不了了。

因此这梦的意思正是：尽管人人都以为你无辜，你也自以为无辜，但你不是。

说到底这仍是一种内心矛盾，内心中一部分认为自己无辜，而另一部分反对。

费慈·皮尔斯是完型心理治疗的创始人，他发展出优势者对抗劣势者的观念。安·法拉戴在诠解梦的时候，把这些观念做了进一步的发挥，并加入秘密破坏者的观念。

简言之，皮尔斯把我们心中权威命令"应当"做的事，视为优势部分——无懈可击的完美主义者。如果我们凭着冲动，正要做出某些不"该"做的事时，这一部分则会正告我们，将会发生可怕的结局。例如，一个人一方面在用功读书另一方面又想去溜冰。她梦见不去溜冰实在是虚掷宝贵光阴，而做这个梦的那段时间里，她正处于"认真读书"的痛苦冲突中，那优势的部分威胁："如果你胆敢去溜冰，那么未来投身科技领域的生涯规划将付诸流水。"她相信优势部分的命令，也就是说，如果她把精神放在溜冰上，就不可能完美。她很害怕即使稍微心动，随便去溜个冰也将前功尽弃，成为一名不入流的溜冰艺人。她的重要个人需求——让精力与创造力有个宣泄管道，遭到强烈否定。而她人格中的另外部分则化身为劣势者。

而她的心声却说："我要溜冰！"在她远离运动的日子里，这个念头经常出没。一

到晚上，这个劣势部分就以做梦的方式嘲弄她，在冰地上愉快滑行、舞蹈。劣势部分代表着遭到优势部分打压的基本需求，它会自行反抗，甚至以打击优势部分而满足自己。

法拉戴所谓的神秘破坏者，可能是优势部分，也可能是劣势部分，他们以神秘的方式在梦中让我们受挫。如果梦中事情遭受挫折，你可以把这个破坏者拟人化，问他为什么安排暴风雨，把你的车子吹离路面。假如你错过班机，遗失钱包。触不到近在咫尺的人物，那就是秘密破坏者在梦中作怪。如果它对你提出的问题有了回应，而且是用强烈批评性的口吻，要求你应该如何如何；假如你不听，它又警告你将会有如何如何的灾祸。那么可以确定，这是优势部分的夸张演出；正在反映你的生活中的困扰。

反之，如果秘密破坏者语多抱怨，自认受害，摇尾乞求优势部分放它一马，那么，这种抱怨会破坏你的意向，不让你遵守优势部分要求的，正是你的劣势部分。

梦中的心灵感应现象

梦与心灵感应的关系引起了研究者们的浓厚兴趣。很多人都可能曾经有过这样的体验：这个场面或事件似曾相识，可在现实生活中自己并没有这样的经历，其实，这是发生在梦中的体验。

比如，某中年男子病情急险的时候，他远在海南上大学的弟弟，多次来电话询问家中是否有什么事情发生。家里人为了不影响他的学业，告诉他没有什么事情发生，可他觉得心里非常难受，总是觉得家中有什么事情隐瞒着自己，放假后他才知道当时哥哥病重的真相。他说当时心里有一股难以忍受的痛苦，预感到家中有什么重大的事情发生。

诸如此类的案例还有很多，这种现象常发生于有血缘关系的亲人或相爱的情侣之间，在双胞胎之中发生的频率更高。

1960年，约翰先生和他的太太琼斯还在英国工作。一天晚上，琼斯做了一个奇怪的梦：她在房中熟睡，突然听到有人在呼唤自己，她努力使自己清醒起来，分辨出那是她的双胞胎弟弟汤姆的声音，于是她睁开了眼睛，看到汤姆正站在离自己不远的咖啡桌旁，还穿着飞机驾驶员的制服，但令她惊恐的是，汤姆的脸上一片空白，没有眼、耳、口、鼻。琼斯很害怕，正在这时，汤姆的身影摇晃起来，并渐渐地远去，直到毫无痕迹。

琼斯被吓醒过来，很长时间她无法确定那是不是一场梦，直到她的丈夫也醒过来并安慰她。当时，汤姆正在纽约经营包机服务事业。第二天，琼斯赶紧给家里打了一个电话，得知家中并没有什么事情才安心。两年之后约翰和太太回国，琼斯和弟弟聊起了那个梦，没想到汤姆大惊失色，告诉她大概两年前自己确实经历了一次危险的飞行，当时他的双擎飞机的两个引擎都坏了，飞机向下猛冲，在即将坠地的时刻一个引擎突然发动，这才幸免于难。

这就是心灵感应。心灵感应属于超心理学的范围，现代超心理学研究认为，心灵感应有两层意思，一种是预言性的心灵感应，即做了梦，在后来的某时某地竟发现一种现实景象跟该梦中出现的景象一模一样，这种现实景象就是预言性的心灵感应；另一种就是在时间上梦中的景象与现实某处发生的景象完全吻合的心灵感应。

梦的预示作用，其实就是对我们未来生活的一种预演，它让我们先在心理的层面上对未来的生活有一个准备。作为生命运动中的物质性和统一性的客观存在，心灵感应（或心灵传感）现象是与生俱来的，是人自身潜在的智慧，是绝大多数普通人的潜能并非极少数人才有的天赋。而后天的特殊开发，都可以使人们具有这种心灵感应的功能。

一些透视梦在预见或者预示未来事件时很明显，另一些梦则倾向于以象征的、隐晦的形式来表现这种信息。这些梦中确实有特异功能的影子，有时这些信息甚至非常完整，但你常常需要非常仔细认真才能发现它。

曾经有这么一个事例：一个年轻女子做过这样一个梦：她母亲睡在起居室里的一张折叠床上，她则睡在毗邻的一间卧室里的某个位置上，低头看着一位好朋友的尸体躺在那张折叠床上，什么东西都很准确。她和母亲都以同样的姿势站立着。她说："她是我最好的朋友。"

做梦之后刚刚一个月，不幸的事发生了。但是和梦中的情况恰恰相反，那位好朋友没有去世，而她的母亲却在睡觉时心脏病发作去世了。后来她的朋友走进屋子，她们各自站在和梦中一样的位置上——她以同样的声调说出了那句话。

弗洛伊德认为，古老的信念认为梦可预示未来，也是有一定道理的。荣格曾说过："这种向前展望的功能……是在潜意识中对未来成就的预测和期待，是某种预演、某种蓝图或事先匆匆拟就的计划。它的象征性内容有时会勾画出某种冲突的解决……"

梦的预示作用越来越真实地显现在人们的面前，尽管在梦学的悠悠发展史中，人们及一些科学家忽略甚至否定了这种作用的存在，但是，越来越多的心理学家与生理学家在长期的探索中，以无可争议的科学实事和梦例肯定并解释了梦的这种预示作用。

梦的心灵感应的另一个内容就是梦与现实事件发生的"共时性"，也就是说是"有意义的巧合"。

虽然心灵感应的原因尚未查明，但是这一现象还是不难理解的。必定是脑内有一种特殊的感知能力，借助这种能力，人接到了远处人或物发出的信息，并且把这种信息转化成梦。

梦的心灵感应现象常发生在相互关心、熟悉的人之间。曾有国外的研究者发现，心灵感应最明显的是孪生姐妹或姐弟，当其中一方遭到不幸时，另一方常有典型的同样部位的不适感或梦中心灵感应。没有血缘关系的夫妇也会有心灵感应的梦，在长期的身心共同交流的生活过程中，彼此相互产生了心灵上的共鸣，因而会产生梦中的心灵感应。

虽然梦中的心灵感应反映了特异功能的信息，但是有时它又歪曲了这些信息。有象征性的梦中，歪曲的过程甚至更加巧妙。

尽管有许多例子已经表明梦可以预示未来的事或心灵感应，但我们还是应该对这类事抱有求真务实的态度，我们在相信这些神秘体验的事实的同时，要从科学的角度与范畴去解解梦的真正含义，有的目前我们不可能尽善尽美地解说，但我们可以放在以后的历史中，让后来的人们去研究和探索。即使这些神秘的体验真的存在，也不能证明宿命论和有神论的观点。

从目前的科学研究结果来看，梦中的心灵感应是人类的一种自身存在潜能与天赋，它并不是少数人的本事，通过后天特殊的训练与开发（如气功等）是完全可以人人都能达到的。并且梦的预示功能也许就是爱因斯坦所说的四维空间的一种效应，其实质就是人脑的一种潜在功能。若按照中医天人相应的观点来看，这些神秘的体验无非是天人相通、天人相应的一种具体表现罢了，并没有什么神秘性可言。

梦都是自私的吗

梦是大多数时候都有自己在，但是也有少数时候梦里没有自己，好像在讲别人的事。不知你有没有过这种梦。梦里你像看电影一样，看别人在干这干那，或者干脆你就梦见看电影，一大段梦全是电影。

其实那全是在说你自己的事，电影的故事也是在说你的事。十有八九那主人公就是你的化身，当然也可能电影是某一个配角是你的化身，但是那可能性较小。因为谁不愿意做主角啊，在生活中做主角不容易，但是在梦里反正没人和你争，你何必不做主角。

这样说究竟有什么证据呢？当然有，根据就是每次有人讲完这样的梦，解梦师都能找出那个人物实际上是他自己的象征。有人说梦里我不是在看电影吗？怎么同时又成了剧中人？实际上这一点也不奇怪，这就叫“客观地看自己”，是自己的一部分看另一部分，或者，是现在的自己看过去的自己，就好像一个人看自己的录像片一样。你有没有过这种梦，一开始是看电影，看着看着，你变成了电影中的一个人了，如果你有过这样梦，你就应该懂得我的话了。你后来变成的那个人，从一开始就是你自己。电影就是你的内心生活的真实反映。

很多心理咨询师会在热线电话咨询时，经常遇到这种情况；某个人打电话说她的一个朋友有某种心理问题，问应该如何解决。在这种情况下，多数心理咨询师都不会去让那个朋友亲自来，因为谁都不愿承认自己有心理疾病，往往会借“朋友”的名义来掩饰。

解梦师都会自然地询问一些常规的问题，你的朋友年龄多大了？她的家庭是什么样的？她的工作如何？慢慢地，咨询师会随意地省略主语并问一些只有有这个心理问题的人自己才能回答的问题，比如，是不是早晨起来时心情最好？或者，忍不住要不停洗手，那么在外边没有水的地方呢？不洗心里什么感受？这时咨询者就会不知不觉忘了她是在谈“朋友”的事，而渐渐地融入了咨询师所创造的聊天氛围内，一点点说出自己的心事。

梦中由“看电影”变成自己参与，由电影中的人转为自己，这个过程和一开始掩饰自己的身份，在取得信任之后再说出自己的问题的情况是一样的。

有一个女孩子的梦非常具有典型色彩。她和男友恋爱，遭到了父母的反对，于是在梦中，爸爸妈妈被姐姐送到精神病院去了。爸爸把自行车锁弄开，和妈妈，还有“我”一起逃走了。

一开始似乎说的全是爸妈姐三人的事，爸妈被送到精神病院，而逃走时也只需要他俩逃走，为什么突然加上一句“还有我”呢？说穿了，前面用爸妈代表男朋友和自己。被关的毕竟还是她自己。说着说着，梦就把实话说出来了“还有我”。这个梦还是讲自己而不是讲爸妈和姐。

还有些梦，虽然是有自己在场，但所涉及的事，却与自己关系很小，是一些国家大事甚至国际上的事件。例如墨西哥爆发甲流的时候，有人梦见他变身成为记者去写报道。然而，事实上，他一直在担心自己在国外的亲人患上甲流，希望尽早知道消息。写报道是新闻和消息的象征，代表着第一时间的意思。

在梦中，潜意识就是那么自私。我们知道，自私就容易隐藏一些秘密，所以有些梦不要只看表象，这就是梦的象征给我们提出的难题。

梦可以辅助于心理治疗吗

心理治疗又称精神治疗，是以良好的医患关系作为桥梁，运用心理学的技术与方法治疗病人心理疾病的过程。简单地说就是：心理治疗是心理治疗师对人的心理与行为问题进行修正的过程。

心理治疗与精神刺激是相互区分的，是相对立的。精神刺激是用语言、动作给人造成精神上的打击、精神上的创伤和不良的情绪反应；心理治疗则是用语言、表情、动作、态度和行为向对方施加心理上的影响，解决心理上的矛盾，达到治疗疾病、恢复健康的目的。

利用梦进行心理治疗由来已久，在2000多年前的古希腊就已经出现了最早的梦的分析治疗诊所，但是，把“梦”作为心理治疗的素材，把“梦的解析”引人心理学领域，并开创了一种新的心理疗法的是精神分析学大师弗洛伊德。自弗洛伊德创立梦学系统知识以来，运用解梦来进行心理治疗开始得到普及。弗洛伊德首先在心理治疗中给了梦很高的地位，继而荣格又在心理治疗中提到了解梦这一方式的重要意义，今天的心理咨询与治疗中运用的解梦技术和理念多半源自这两位心理学大师。

做梦就像一种自我谈话和自我交流，一个人在梦中经历的具体场景和流露出的情感体验与他在清醒时的自我反省、自我陶醉、自我批评非常相似，因而可以说梦是人类在夜晚沉思的一种特殊方式。人们在梦中梦到的景象，很多是对恐惧、忧闷等心理的反映。通过解梦，找到梦所代表的真正意义，可以找到心理治疗的办法，从而对梦者的情绪进行疏导。

梦可以成为由某种病态意念追溯至往日回忆间的桥梁，然后利用对这些梦的解释来追溯病者的病源，从而实现对患者的治疗。这就是梦与心理治疗的简单关系。

通过解梦解决患者的心中的难题已经日渐得到人们的认可，一些医院甚至准备开设“梦的解析”专科门诊。

前文已经提到的电影《爱德华大夫》是梦治疗的心理学经典案例。影片中康斯坦丝和她的老师正是通过梦治疗的方法成功破解了爱德华大夫被杀之谜。

电影中出现了大量“我来给你解梦，那样你就知道你是谁了”“女人能成为最出色的心理分析专家，但一旦坠入爱河，就可能是一个典型的病人”这类的台词，细节中也显示着弗洛伊德最基础的心理学术语和图解。

临床心理学专家徐光兴博士在他的《解梦九讲——心理咨询与治疗的艺术》一书中具体分析了电影《爱德华大夫》的重要启示，即在梦的心理治疗过程中需要把握住

4个因素。

第一，梦中的活动性质。

梦中出现的所有场景和细节，哪怕是一句话或者一张纸都含有一定的活动性质，在梦的心理治疗或咨询中，一定要注意这种梦境隐含着一种什么样的活动性质。所以，患者必须尽量详细地描述自己的梦境，而解梦者需要仔细聆听、记录，并做出准确的分析。例如在电影《爱德华大夫》中出现了与赌场有关的梦境，这个场景揭示了一种犯罪情结冲动和不可告人的谋杀行为。

徐光兴博士说："对梦的活动性的准确把握可以解解梦的含义，从而揭示当事人内心的矛盾、欲求、需要等，或者象征当事人的人生历程，就如某种'电影'或者剧本的预演或重演。"

第二，梦中的人格特征。

一个人在梦中的性格特征可能与现实中截然相反，还有一些人甚至会出现双重或多重人格。人在梦中出现的与现实背离的人格，可能是当事人自己都未曾发现或拒绝承认的。电影中的约翰便是如此，他时而是著名的心理分析治疗大师，时而是谋杀犯，这两重角色让他精神饱受折磨，痛苦不堪。

第三，梦中的场景。

梦中的场景和环境往往能够表明当事人的文化教养、趣味、家庭状况等生活资料，也可能代表他希望自己拥有的出身或生活环境。通过这一点可以判断当事人的生活状况以及他过去的一些经历。梦中的一些场景虽然可能是虚构的，但里面往往掺杂了他个人的记忆和情感、希望和恐惧等，所以，徐光兴博士认为在梦的心理治疗中还必须注意梦中的情感因素。

第四，梦中的情感因素。

很多人在梦醒之后可能会忘记具体的情节，但大多数人都记得梦中的情感体验，所以当事人表现出的情感特别需要提起注意。

正所谓"梦由心生"，梦境中出现的景象和人物，以及情绪、心态，经常代表做梦者的心灵发展和体验，通过解梦者对解梦系统分析，就能发现梦境的象征性或隐含性意义，从而帮助那些遭遇了心理难题的人找到解决问题的方法。

有关心理的梦例解析

林某一直想当一个作家，他写了很多的作品。28岁的他现在在某公司当经理，可是至今还没有发表过像样的文学作品，但是他还是不断地在写作，最近他做了一个梦，梦境是这样的：

梦中我感觉自己在一家理发店里，有许多人在排队等待理发，这理发店又小又暗，整个场景给人一种像暗黑色油画的感觉，而且显得相当肮脏。在我的前面有两个人排队，他们都坐在我的右边，而且都在埋头看报。理发师却先叫我理发，他好像认识我，我似乎也来过这个理发店。因为还没有轮到我，但是理发师却先叫我理发，我感到有点不好意思和不安，我感觉理发师好像要讨好我，我就走过去坐在椅子上。这时才发现，整个理发店只有我一个人，我前面的镜子很陈旧，镜子上的水银因为潮湿而变得花花的，我根本看不清镜子里的我……后来不知怎么回事，我出去了，沿着街一边走，一边看商店的橱窗，我觉得自己好像在找剪子来剪自己的头发，可是就是没有找到，我似乎听见“嘶嘶”的声音，忽然我对自己说“气球爆开了”。

这个梦境中梦者到理发店理发，理发是一种清理，表示梦者需要整理一下自己的头，这样可以干净、漂亮，但是“这个理发店又小又暗，整个场景给人一种像暗黑色油画的感觉，而且显得相当肮脏”，所谓干净之处不干净，这显然提示着一种挫折，就象征着梦者自己现在的状态，拼命想当作家，但是一直没有发表出像样的作品。本来理发是要排队，自己的前面有两个人，但是理发师却先叫自己理发，自己“感到有点不好意思和不安，我感觉理发师好像要讨好我”，实际上这是一种“自我夸大”，但是梦者坐在椅子上准备理发，却发现面前的镜子里“我根本看不清镜子里的我”，这是进一步地对“自我的否定”，就好像一个孩子要知道自己的形象，他会在镜子面前手舞足蹈地表现自己，这是一种“自恋性的心理状态”，一种童心未泯的象征。后来干脆自己跑到街上去找“剪子来剪自己的头”，就跟一个小孩一样，不让大人来管自己，小孩在大人面前常常说“我自己来做”，这显然是一种退行行为。

梦者又回到了童年，梦境的最后，梦者意识到了自己的问题，自己的理想是很难实现的，所以自己跟自己说“气球爆炸了”，一切希望犹如气球一样破灭了。这个梦境充分体现了梦者的心理幼稚和追求成熟之间的内心矛盾冲突。

三、催眠与解梦

掀起催眠术的“盖头”来

催眠是以人为诱导（如放松、单调刺激、集中注意力、想象等）引起的一种特殊心理状态，其特点是被催眠者自主判断、自主意愿活动减弱或丧失，感觉、知觉发生歪曲或丧失。在催眠过程中，被催眠者遵从催眠师的暗示或指示，并做出反应。以一定程序实施暗示，使接受暗示者进入催眠状态的方法就称为催眠术。

催眠开始于一种暗示感应，它是改变意识控制水平的一组最初的活动。借助它，能使受暗示者对外部的注意力分散减到最小，并只集中在暗示的刺激上，相信自己正进入一种特殊的意识状态。这里，暗示感应包括想象特定的经验，或对事件的反应进行视觉化。重复地进行这种暗示感应活动，会使感应程序暂时固定下来，就像个人生活习惯一样，使受暗示者很快进入催眠状态。典型的暗示感应程序会使人进入深度放松状态。例如，催眠表演给人留下的深刻印象，实际上不在于催眠师的力量，而在于被催眠者的可暗示性。个体之间存在可暗示性上的差异，从根本没有反应到完全有反应。

在我们的日常生活中，是不是经常有这样的事发生呢？当我们聚精会神地看一部电视剧时，会不知不觉地沉浸于剧中情节，心情随主人公的悲欢离合而时喜时悲；有时清晨来到办公室，本来精神飒爽、心情愉悦，过了一会儿却变得烦躁不安；到商场逛街购物，回家一看，有很多东西都是可有可无的，连自己也不知道为什么买了这么多没用的东西，浪费了很多钱……我们对这些现象无不感到莫名其妙。然而，从心理学角度来看，这是人们受到暗示作用的结果。

的确，在现实生活中，当我们被某些东西连续、反复地刺激，尤其是言语的诱导，会使你从平常的意识状态转移到另一种特殊的意识状态，而在这种特殊的意识状态下，将比平常更容易接受暗示。

也有人认为，催眠状态犹如聚精会神做某件事的情景。正如哈佛医学院催眠专家弗雷德·弗兰克所说，催眠术只是将人们分散在各处的精力和思想聚集起来，这并不是处于昏迷状态，也不是处于睡眠状态，而只是像当你聚精会神地沉浸在一项工作中或阅读一本小说时，几乎难以听见别人对你所说的话一样。

生理学是如何研究催眠现象的

目前，在催眠现象的生理学研究方面，由于缺乏足够的实验依据，尽管有不少学者都对催眠的生理机制提出了自己的看法，但到目前为止，对催眠现象的生理学研究仍然处于较低层次的水平上。接下来，我们分别简要介绍 3 个简单、可靠的生理学研究。

巴甫洛夫的研究

巴甫洛夫学派依据高级神经活动学说，从生理学角度对催眠的实质做了较为详细

的解释。

巴甫洛夫认为，催眠是一种一般化的条件作用，把引入催眠状态的刺激语看成是一种条件刺激。巴甫洛夫发现，给关在实验室的狗一种单调重复的刺激，狗也会渐渐入睡或出现四肢僵直。巴甫洛夫认为催眠词也是一种单调重复的刺激，而且是描述睡眠现象的内容，所以催眠词作为一种与睡眠有关的条件刺激，使大脑皮层产生选择性地抑制，也就是从清醒到睡眠过程的中间阶段或过渡阶段，催眠是部分的睡眠。后来对这一观点又有进一步的修正解释，认为催眠状态是注意力高度集中的一种形式，催眠状态下被催眠者只能与催眠师保持单线交往，这种感觉相当集中，好比中心视力集中注视于事物时清晰而精细，而周围的视野区域虽较宽广，但精密度就低且模糊。日常生活中最常见的催眠体验，诸如全神贯注于一本有趣的书刊杂志或倾注于感人肺腑的影片、戏剧时就会失去正常的时空定向，忘却周围的一切。但目前大多数人认为，用这种局部的生理学来解释，尚缺乏令人信服的客观生理指标和针对性的实验依据。睡眠脑电图与催眠状态下的脑电图，仍未取得一致的足够证据以说明催眠是部分的睡眠。

巴甫洛夫

涅甫斯基的研究

苏联生理学家涅甫斯基，对正常人催眠状态时的脑电活动进行了研究。当被催眠者闭眼，刚进入催眠状态时，低振幅的 α 波增高，高振幅的 α 波略为降低或不变，脑电波形出现了 α 波的节律均等状态，故被称为节律均等相。

随着催眠程度的加深，脑电活动会减弱，α 波和 β 波都降低，呈低小的脑电生物曲线，为最小电活动相。在催眠很深的阶段，可出现频率为 4~7Hz 的 θ 慢波。在这一时期，言语暗示和直接刺激会引起催眠梦，使 α 节律恢复和加强。

当被催眠者唤醒后，脑电图仍与催眠前一样，α 波和 β 波都恢复了正常的节律。

脑电波的变化，成为人是否处于催眠状态及其深度的客观指标。

罗日诺夫的研究

罗日诺夫等人对被催眠者在催眠过程中，对言语刺激和直接刺激的反应进行了比较研究。他发现存在着两条规律：其一，随着从较浅的催眠状态过渡到较深的催眠阶段，感应的选择性范围逐步缩小，被催眠者大脑中抑制过程的广度和强度逐步增加。

其二，随着催眠程度的加深，言语作用的生理影响增加了，直接刺激的功能降低了。

随着催眠程度的加深，抑制的强度和广度逐渐增加。由此带来的结果是，随着催眠状态的第一阶段向第二阶段过渡，第二阶段向第三阶段过渡，感应选择性的范围按顺序缩小。

另外，在催眠的第一阶段，当大脑半球皮层的主要细胞群还保持着正常水平的兴奋性时，言语刺激在大多数情况下引起的反应要比直接刺激小。进入嗜睡状态后，对言语作用的反应，大致等同于或略大于对直接刺激的反应。在催眠的第二阶段，对言语作用反应量的增大是反常相次数增多的结果，这就为相当弱的言语刺激建立了良好的基础。

心理学是如何研究催眠现象的

催眠现象除了具有一定的生理基础，还是一种心理现象，因此不少学者从心理学的角度去探讨、解释和研究催眠现象，并提出了一些观点。

暗示是催眠现象的关键所在

暗示是催眠现象的关键所在，它们之间有着紧密的关系。

暗示是个体对外界信息做出相应反应的一种特殊心理现实。

从这个概念出发，暗示的实现总是存在着实施暗示与接受暗示两个方面。之所以说它是特殊的心理现象，因为从暗示的实施一方来说，不是说理论证，而是动机的直接“移植”；从接受暗示的一方来说，对实施暗示者的观念也不是通过分析、判断、综合思考而接受，而是无意识地按所接受的信息，不加批判地遵照执行。

暗示对人体生理活动、心理及行为状态，都会产生深刻的影响。当个体接受暗示后，不但可以改变随意肌的活动状态，而且也可以影响其他肌体的功能。由于这个原因，消极的暗示能使人情绪低落甚至患病或加重症状，积极的暗示能够使个体的心理、行为及生理机能得到改善，增强对疾病的痊愈和康复的信心，达到治疗的目的，从而成为一种治疗方法。

个体接受暗示的能力叫作暗示性。暗示性的高低因人而异，与催眠感受性有密切关系，催眠感受性高的人暗示性也高。

催眠的整个过程和暗示规律之间具有高度的稳定性，也就是说只有催眠师严格按照暗示的规律，催眠才能取得成功，否则就会失败。那么，暗示有哪些规律呢?

第一，暗示的定义。《心理学大词典》上是这样描述暗示定义的：“暗示就是用含蓄、间接的方式，对别人的心理和行为产生影响。暗示作用往往会使别人不自觉地按

照一定的方式行动，或者不加批判地接受一定的意见或信念。”

第二，暗示的种类。按性质可分为积极暗示和消极暗示；按形式分为自我暗示和他人暗示；按对方所处的精神状态可分为醒觉暗示和催眠暗示；按施加暗示者的意图可分为主观暗示和客观暗示。

第三，暗示的生理表现。当个人接受暗示的程度达到最大时，逻辑意识和批判意识的最高机构——大脑皮层基本处于抑制状态，仅剩下某个“警戒点”的部位尚保持兴奋性。

第四，暗示的条件。暗示只有具备一定的条件才能发生作用，这些条件具体包括：催眠师应具有一定的权威性，也就是能让人充分信赖，该权威性的程度与暗示的效果成正比；在被暗示者与施行暗示者之间应具有一个融洽、轻松的心理氛围；催眠师要以含蓄、温和、间接而又坚定的语言与动作等来实施暗示；被暗示者应将注意力高度集中于某一明确的对象。

第五，暗示的障碍。人类具有本能的受暗示性，同时也具有普遍的反暗示性。这种反暗示性可能来源于自我保护的本能、个人的习惯、个性特征以及各种理性的思考，等等，主要表现为个体对暗示刺激具有认知防线、情感防线与伦理防线。暗示能否奏效，取决于能否克服这些防线的阻碍。克服的办法不是强行突破，而是与之取得协调。

催眠过程是受暗示性与反暗示性能量对比的过程。催眠师应用坚定的信心和耐心、反复的语言对被催眠者进行反复暗示，以此促成被催眠者的受暗示性的增加，反暗示性的减弱。同时要求他放松，直到被催眠者完全进入催眠状态为止。

综上所述，可以认为催眠现象本来就是由暗示造成的，从某种意义上说，催眠术就是施行暗示的技术，没有暗示，就没有所谓的催眠。从暗示这一催眠的心理机制入手，可以使我们对催眠现象有一定程度的了解。

第三意识——催眠状态的意识

所谓意识，就是人脑对事物的反映，一般是指自觉的心理活动。能动性、自觉性、有目的性构成了意识的典型特征。人的意识具有第二信号系统，它是中枢神经高度发展的表现。学者们还认为，意识具有两大功能：即意识是主体对客体的一种自觉、整合的认识功能，同时也是主体对客体的一种随意的体验和意识活动的功能。

所谓无意识，通常指不知不觉、没有意识到的心理活动，它同第二信号系统没有联系，不能用语言来表达。无意识也具有两大功能：即无意识是主体对客体一种不知不觉的内心体验功能，也是主体对客体一种不知不觉的认识功能。

催眠状态中人们所持有的心理状态，既不是睡眠时的无意识状态，也不是清醒时的意识状态。它是一种特殊的、变更了的意识状态，我们暂且把它称之为“第三意识状态”。

催眠与睡眠不同，并非处于无意识状态。

首先，在典型的无意识状态中，没有第二信号系统的参与，也不会有完整的、合乎逻辑的言语活动。而在催眠状态中，仍可产生一些具有自觉能动性性质的活动。例如根据催眠师的指令，被催眠者可以流畅地遣词造句，有条有理地说出心中的喜悦与烦忧。

其次，催眠的临床实践表明，在催眠状态中，被催眠者仍有一个警觉系统存在着。这一警觉系统一般不起作用，只是一旦来自外部的指令严重违背了被催眠者的伦理道德观，该系统便立即启动，产生抗拒暗示的效应作用。倘若催眠师的指令严重有悖于被催眠者的人格特征、道德行为规范，或者触动了被催眠者最为敏感的压抑、禁忌时，便会使被催眠者感到焦灼不安，甚至发怒和反抗。例如，曾经有一位催眠师曾下指令要求被催眠者去偷别人的钱包，却遭到一直顺从地被催眠者的拒绝。

这表明，在催眠状态中，人并不是完全无意识的。

为什么说催眠状态中的意识不同于清醒状态中的意识呢？清醒时的意识状态，其典型特征是自觉性、能动性，以及有目的性；而在催眠状态中，尤其是在深度催眠状态中，这些特征几乎荡然无存。关于催眠条件下人的意识不同于清醒时的意识，这是绝大多数心理学家所公认的，这里就不多说了。

综上所述，我们可以确认，在催眠状态中，被催眠者在宏观上是无意识的，即缺乏自觉能动性，意识批判性极度下降；在微观上却是有意识的，即语言能力及警觉系统的存在，等等。催眠状态中人所处的是一种特殊的意识状态。这种状态既有清醒意识的特征，也有无意识的特征，但却不是它们二者中的任何一个。因此，在意识的连续体上，它处于中间的位置，完全可以把它独立出来，而成为科学研究的对象。它兼有二者的成分，但又不是二者的简单相加，更不是只有依托二者才能生存。它有自身的特殊性质，也有其独特的机制，所以催眠状态下的意识属于第三意识。

梦为何会从记忆中悄悄溜走

有人总说自己睡眠很好，从来不做梦，其实事实并非如此，他们只是将自己的梦境遗忘了。

为什么有些人几乎每天早上醒来都记得他所做的梦，而其他一些人则自称一月、一年只记住一次，甚至从未记住过他们的梦？

据研究表明，人们在每晚正常睡觉时，经历的快速眼动周期（做梦周期）的次数并无不同，因而“没有梦的人”同“有梦的人”在实验中被唤醒时几乎有一样多的梦，即梦的活动方面的明显、广泛的差别比梦的频率方面的差别要大得多。

常常有人以为醒得晚的人，比那些通常被一种突然刺激如闹钟唤醒的人更能回忆起梦。事实上正相反：被大声吵闹突然唤醒比被柔和的哨声慢慢唤醒会产生更多的回忆，这表明，在睡着和完全醒来这段时间中，梦很快地消失掉了。因此，被突然叫醒的人比其他慢慢醒来的人更容易抓住梦。

有人认为，梦的回忆与忘却是由梦者熟睡的程度或醒来方式来区别的，但是一个更确切的说法是，这是梦者个性心理学特征的不同表现。根据研究，不善忆梦者在梦中的每秒快速眼动数目要比善忆梦者更多，这表明不善忆梦的人做的梦更加活跃。但是他们的梦却从记忆中溜走了。这其实是因为，不能回忆起梦的人只是不愿记起他们的梦，而他们在日常生活中也习惯避免或拒绝不愉快的经验和忧虑。根据心理测试的数据显示，不能回忆起梦的人，总的来说比能回忆起梦的人更受抑制、更守规矩、更善于自我控制；而能够回忆起梦的人，往往对生活更加忧虑，更容易表现出常见的急躁和不安等感情扰乱。愿不愿正视生活的这种特征，被称为自我觉知（它显示了对人生内在、主观方面的兴趣）。它就是善忆者和不善忆梦者之间的关键区别。

荣格曾对人的性格进行两种分类，外向型性格的人更多地参与外部世界，较少关心内在生活。内向型性格的人精力主要是指向内部的。而梦的回忆的高低是与做梦者各自性格的外向化和内在化的程度紧密相连的。

不能回忆起梦的人“抑制”他们的梦，即他们“有意地”把所有对梦的记忆从有意识的知觉中驱赶出去，因为它们包含了烦恼的思想和愿望。人潜意识中的愿望和进攻性愿望，在清醒时的生活中无法直接表现出来，因为这些欲望与自我设定的道德规范相悖，因此它们只能在梦中寻求替代性的满足。

在梦里，抑制机制普遍而自动地伪装这些不能接受的愿望，以致我们从不觉察它们。然而有时候这种伪装非常浅薄，在这样的情况下，我们使用抑制来驱散所有梦的记忆。从这种意义上理解，不能回忆起梦的人比能够回忆起梦的人更加受抑制。他们比起那些利用梦来达到进一步成长和自我认识的、更勇敢的同伴来，会更多地忘却那导致焦虑的梦生活。

许多不能回忆起梦的人甚至记不住被伪装的梦的原因是，他们害怕深藏的恐惧通过解释的方法被揭示出来。当潜意识不想展现某些人格时，它就会通过梦的抑制表现出来。梦的抑制会发生在醒来之前，或者就在醒来的一瞬间，从而导致这个梦完全被忘掉或者仅仅留下乏味的碎片。

弗洛伊德曾发现他的许多病人在诊所里细述一个梦时会突然停顿，然后回忆起先前忘却的一部分梦境。他认为这些被忘却的片段比能记住的部分更为重要。他写道："常常是当一个病人叙述一个梦时，一些片段完全被忘却了，而忘却的部分却恰好解释了为什么它会被忘却。"

弗洛伊德相信一定程度的压抑会使梦从记忆中消失，但是实际情况也并非完全如此。

因为忘却梦的趋势几乎不可能抵制，即使是那些开放意识和自我意识极强的人也做不到。即使梦在醒来时被暂时地记起了，但是一旦这个人开始打瞌睡，这个梦马上又消失了。虽然快速眼动阶段的证据表明，在一夜中的七八个小时的睡眠时间里，一般人会做四五个梦。但即使是最爱做梦的人，在第二天的早上也无法回忆起四五个梦。事实上这个证据表明，绝大多数的梦从来都不能被记住，只是仅仅留下一些片段而已。

这种梦的忘却应该与大脑的生理机制也有一定关系。证据表明，每次的快速眼动活动都不会持续很长，以致能构成一个强烈的梦记忆痕迹，延续到快速眼动阶段结束之后。

梦从忘记中溜走的步骤，先是变成碎片，后来完全消失。当一个梦者从快速眼动阶段被唤醒时，他几乎总能报告出一个生动的梦。如果他在该阶段结束后五分钟被唤醒，就仅能抓住梦的一些片段。如果过了十分钟被唤醒，梦几乎完全被忘掉了。仅仅依据报告一个梦的话语的数量，就可以见到一种直接的、戏剧性的递减倾向。

因此，很明显，除非梦者在快速眼动阶段被唤醒，否则他很可能忘却在此阶段有过的心理内容。许多日常的回忆可能得自夜间最后一个快速眼动阶段中自发醒来之时，由于我们一般夜间醒来的时间并不长，所以一个自然的忘却过程就发生了。

一个有趣的现象是，那些在临睡前给人的暗示常常会以某种神秘的方式发生作用。例如，人们几乎总是能在没有闹钟帮助的情况下，在一定的时间醒来，只要给自己下达了这样的指令。在一个更广泛的环境中，任何经过心理治疗的人都知道，如果梦者本身希望记住梦境，梦的回忆便会有一定程度的增加，这是通过与导致梦的记忆溜走的自然的生理过程的斗争来激发梦的回忆。这种生理斗争，有时也有利于导致压抑的潜意识的心理过程的斗争。总之，如果你愿意，可以挽留住梦的脚步，虽然，无法将其完全留住。

如何运用催眠法解梦

催眠是以催眠术诱使人的意识处于恍惚状态下的一种现象，处于催眠状态下的人面部表情与人的睡眠状态时的表情类似，可出现暗示性的梦幻觉或梦幻想。催眠状态由于更能接近人类精神恍惚状态，意识显然存在，但自发的意识活动几乎全无，处于万念俱空的心境中，使之对任何暗示都不会感到矛盾，会不加批判地接受，而在清醒状态情况下的人则会对来自任何方面的暗示都带有批判色彩地接受。

与睡眠不同的是，在催眠状态下的人的意识并没有完全消失。他能听懂并接受施术者的暗示，而且当施术者在他处于中浅度的催眠状态向他提问时，他能“迷迷糊糊”的准确回答问题；最后是在不加暗示诱导时，他的听觉、温觉、痛觉等感觉都不会出现反常现象。

在催眠实验研究中，人们发现能使人产生催眠作用的大脑主要是右脑，而人的右脑中恰恰是产生梦境的发源地。

利用催眠术，可以将正常人导入深度催眠状态。这时，给对方一个暗示，他马上就能呈现出做梦样的心理活动，甚至比做梦时的表现更生动。他不但有表情，会哭或笑，而且会配合各种行动和符合理性的语言，一问一答地进行着“梦”——催眠梦。

催眠术能让人真正地做到“白日梦”。这个梦从精神分析的观点去看，显然具有象征性意义。因为，在催眠状态下，人的意志力减弱，监督和防范意识也被减弱了，人们在催眠状态下失去自我批判能力，潜意识的东西当然会溜出来，而表现于被催眠者当时的行为和语言之中，这是与催眠梦的差别。

熟睡时，潜意识的愿望出现在梦境里，而能由做梦者讲出来，让分析家们进行分析。这是一种间接的方法。催眠梦则不然，它能被施术者直接观察到和听到。

催眠术能使人退行，受术者梦游着退行到幼儿时期，这时他做着孩提时的梦，将当时的经验再现出来。这一点在精神分析看来尤为重要，但每个人不太可能都在睡眠梦中重现幼时的经历。

当然幼时的感受会出现在每个人的梦里，只是它早已伪装过了。而利用催眠术退行所得来的知识却不同。它能发挥出超常的记忆力，而将苏醒时被意识认为早已遗忘的事情和感受重新回忆起来，在催眠状态下梦游式地展现在我们面前。

找到了心理矛盾，自然可以通过暗示在患者苏醒以后也能意识到当时的感受，这样一来病症也就没有了。催眠梦是直观的，一目了然于医者面前，重现着往日的经历。它没有伪装，将潜意识的东西直接暴露于我们面前。

当然，有时候来源于意识的抗拒作用相当巨大，所以催眠梦往往以象征性意义展现在我们面前，需要我们做深入细致的分析才能有结果，但不论怎样，催眠梦比从睡眠梦得来的知识更深，也更容易让医者接触到他的过去，起码治疗时间会大大缩短。

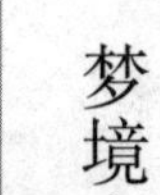

实施催眠解梦的6个步骤

用催眠的方式解梦，需要解梦者让梦者完全信任，并令他进入睡眠状态。那么，需要哪些步骤呢？以下列举一些，以做读者的参考。

1. 询问解疑

了解被催眠者的动机与需求，询问他对催眠既有的看法，答他有关催眠的疑惑，确定他知道催眠时哪些事情会发生并没有不合理的期待。很多时候，催眠师可能要花点时间做个催眠简介，因为大多数人对催眠的了解很少，这很少的了解中又大部分是误解。

2. 诱导阶段

催眠师运用语言引导，让对方进入催眠状态。一般而言，常用的诱导技巧有眼睛凝视法、渐进放松法、想象引导、数数法、手臂上浮法等。

3. 深化阶段

深化即是在诱导放松的过程中进一步入静。这时，可以提醒被催眠者在脑海中重复回忆某句话或某物，或者想象着某种可以使自己大脑平静下来的场面。比如，被催眠者想象着自己处在一个充满人群或商店的大厅中，随即踏上升降梯，飘飘然来到另一个四周安静无人、光线柔和的地方，仿佛这里除了自己以外再无别人。在这里，身体一会儿漂浮，一会儿下沉，直到达到理想的深度。或者，被催眠者想象自己沐浴在毛毛细雨之中，雨珠轻轻地从自己头上往下淋，身体逐渐漂浮起来，若有若无，好似进入美妙的仙境。

4. 指令

指令也就是为达到某一目的而不断地重复某一字句，或者，告诫被催眠者平时想去做而又难以做到的事。比如，被催眠者想减肥，想使自己达到理想的体形和体重。这时，你可以指令被催眠者想象自己站在一面大镜子前，在镜子里，可以见到自己焕然一新的、十分理想的形象，你不断地向被催眠者加重语气："如果我达到了那种理想的体重，会显得更精神、更美丽。一旦我体内的营养够了之后，我就不会再有饥饿感，不再多吃东西了。这样，我就会保持美好的体形和充沛的精力……"然后让其对梦境进行回忆和叙述。通过提问，对梦境进行解析。

5. 苏醒

苏醒就是从恍惚中复苏过来。尽管一般人从恍惚中复苏过来不会太困难，但专家们还是告诫人们，在催眠一开始时，就应想好怎样复苏。可用磁带做催眠、指令、复

苏，或者事先准备好一个闹钟或定时器之类的东西，以免进入“沉睡”。还可以采用自我复苏的方法，心里想着：当我慢慢地从1数到5时，我便会从恍惚中苏醒过来。数1时，我身上的肌肉开始复苏，和清醒时一样；数2时，我就能听到四周的声音；数3时，我的头可以渐渐抬起；数4时，我的头脑越来越清醒；数5时，我便可以睁开双眼，复苏如初了。

6. 恢复清醒状态

当催眠师完成了一次施术活动后，一项必须做的重要工作就是将被催眠者由催眠状态恢复到清醒状态中来。在这一步骤中，需要注意以下一些问题。

无论被催眠者到达何种程度的催眠状态，或者甚至是乍看上去几乎没有进入催眠状态，恢复清醒状态这一步骤都是必不可少的。这一点至关重要。

在使被催眠者恢复到清醒状态之前，必须将所有的在施术过程中下达的暗示解除(催眠后暗示除外)。例如，催眠师若在催眠过程中下达了被催眠者的手臂失去痛觉的暗示，而又不解除，那就会给被催眠者带来很大的麻烦，甚至是不必要的痛苦。

在被催眠者清醒以后，有些人可能会有一些轻微的头痛、恶心的感觉，甚至极少数人还会有一些抑郁等不良反应。一般来说，这些感觉很快就会消失。如一段时间后仍不能消失，催眠师可再度将其导入催眠状态，对上述症状予以解除。

在被催眠者清醒以后，催眠师与被催眠者的谈话中应以下面暗示为主，即暗示被催眠者各方面感觉都很好，不会有什么不适的情况。即使有，也会很快消失。若因催眠师本身自信心不强，反复问被催眠者：“你真的醒了吗？头痛吗？”这种带有高度消极暗示性质的发问，反而会诱发被催眠者的种种不安、恐惧的心理。

催眠的过程就是角色扮演的过程吗

沙宾认为，角色是由催眠师的指示或暗示导演的，根据这些指示或暗示，被催眠者知道该如何扮演这个角色，该如何去行动。沙宾强调，被催眠者并不是有意装扮某种角色去蒙骗别人，而是渐渐地进入角色，全神贯注于某一狭隘的意识领域以致失去现实的自我意识。

他比喻道，一个演员在扮演一个角色时，或哭、或笑，都需要他集中去注意体验这种情感。当他沉浸于这种情感时，就有可能失去自我意识。即便是一般的人们，当他们在看电影或读小说时，也常常会沉溺到故事情景中去，愿意随着制片人或作家的引导去幻想，去体验。

沙宾认为，被试者若想在扮演被催眠者这一角色方面获得成功，主要基于以下5

个因素：

角色知觉，即对催眠师要求体验的角色行为的理解；

自我角色一致，即自己的一些行为方式、思想方法与被催眠者的角色相吻合；

角色期望，即他对自己处于被催眠情境下的角色的期望；

对角色要求的敏感性，即对催眠这一事实的认识，能对催眠师的暗示做出反应；

角色扮演技能，如丰富的想象力。

沙宾以大量的实验研究证实了自己的理论。他对一些擅长演戏的人和不太会扮演角色的人进行催眠，结果表明，那些会演戏的人，能根据催眠师的指令去想象，去体验，将自己沉浸在剧情之中，忘却了自我，表演了催眠师所导演的催眠现象。而另一些不太会表演的人，则难以进入剧情，就不容易做出催眠师所要求的催眠反应。

自20世纪50年代沙宾提出了他的角色理论至今，催眠学家们曾多次重复了沙宾的实验，基本上都能证实他的结论。

因此，催眠的角色理论在整个催眠理论中，占有着重要的地位。

催眠就是唤醒潜意识吗

关于潜意识，弗洛伊德有一个十分形象的比喻，人的心灵即意识组成，仿佛一座冰山，露出水面的只是其中一小部分，代表意识。而埋藏在水面之下的绝大部分则是潜意识，人的言行举止，只有少部分由意识掌控，其他大部分都由潜意识主宰。

意识是指我们理性行为的精神活动，包括逻辑、分析、计划、计算等。而潜意识的功能有：控制基本生理功能（心跳、呼吸）、记忆、情绪反应、习惯性行为，创造梦境、直觉。这些，还只是科学家们目前可以发现到的功能。临床催眠学认为，潜意识有六大功能：本能、记忆、习惯、情绪、能量、想象力。

1. 本能

如对高血压患者进行催眠，给予患者看到红点就会减缓心跳、血压降低等催眠后暗示。当患者清醒后，看到红点就会有如此反应。而在深度催眠中，给予止痛暗示可以确实止痛麻醉。曾有实验给予被催眠者被火烧与被冰冻的暗示，而在被催眠者皮肤上确实出现烫伤与冻伤的痕迹。

2. 记忆

在深度催眠实验中，可以暗示被催眠者忘记自己的名字或生日，而被催眠者会回想不起来自己的名字或生日。而给予回溯的引导，被催眠者可以回想起同年中早已遗忘的事情。著名的案例是来自知名精神科医师米尔顿·艾瑞克森，他帮一位被催眠者催眠，被催眠者竟然回想起二十五年前看过的一本书中的内容，还能准确地说出其页数。

3. 习惯

我们会有意识地学习某些行为，当熟练到某种程度就会进入潜意识中，成为一种习惯反应。如骑自行车，刚开始时可能会注意控制把手与脚蹬，但当熟练到某种程度就会自然而然的反应，不再需要意识的控制。同样的，不良习惯也来自于此，如抽烟、袜子乱丢等也是如此。

4. 情绪

情绪的反应非常快速，且能自由控制，这是属于非理性的部分。情绪可说是一种信息，将心智的信号传达出来以便做出反应。有位女士非常怕狗，原因是幼年时被狗咬过。因此，她看到狗时内在就会立刻传出恐惧的信号，以避免她再度受到伤害。

5. 能量

一般认为人的身体内有一种无形的能量运作，如中国所说的气。而德国医师威尔汉·瑞克早年与弗洛伊德学习心理分析，而后研究人类身体与心智的运作。他认为人的身体中有一种电磁能，称为生物能，此种能量会影响人的心灵与身体机能，而开启了后代生物能分析学派的大门。透过催眠，可进行此种能量的调节，进行身心治疗。

6. 想象力

想象力比知识更有力量！想象力并非理智逻辑所能了解的，属于潜意识的范围。小说、电影、戏剧等，虽然阅读者或观众并非亲身接触，仍然能受到影响，可以说是另一种催眠形态。

潜意识作用说指出，催眠现象的原理在于催眠师设法减弱了被催眠者的意识作用，使被催眠者的潜意识部分显现出“开天窗”的状态，并使被催眠者的潜意识由此“天窗”接纳暗示。也就是说，在催眠状态中，被催眠者被动地接受暗示，主要是其潜意识对催眠师的暗示进行感应，所以没有自觉性与自主性，完全听从于催眠师的命令。若在清醒状态，意识作用占主导地位，潜意识被压抑下去，则不再感应暗示。

潜意识作用说还指出，加强潜意识作用，减弱意识的作用，使被催眠者处于易接受暗示状态的一种最好办法是“节奏刺激”。所谓“节奏刺激”就是指对被催眠者的眼睛、耳朵或皮肤反复做单调的刺激。这样，会使大脑的思考力减弱，从而被催眠者产生精神倦怠、昏昏入睡的状态。并且，这种单调枯燥的“节奏刺激”，仅仅集中于大脑的一部分，而其他部分抑制住了，使大脑的一部分产生兴奋状态，形成“天窗”状态，这样就容易导入催眠状态。

催眠是通过联想发生作用的吗

在英格兰，有人曾做过这样一个有趣的实验。在一次有许多人参加的午餐上，聘请一个有名的厨师，这厨师做出的饭菜不说是十里飘香，也可谓有滋有味。但实验者别出心裁地对做好的饭菜进行了“颜色加工”。他将牛排制成乳白色，色拉（西餐中的一种凉拌菜）染成发黑的蓝色，把咖啡泡成浑浊的土黄色，芹菜变成了并不高雅的淡红色，牛奶弄成血红，而豌豆则染成了黏糊糊的漆黑色。满怀喜悦的人们本来都想大饱口福，但当这些菜肴被端上桌子时，都面对这美餐的模样发起呆来。有的人迟疑不前，有的人怎么也不肯就座，有的人狠狠心勉强吃了几口，恶心得直想呕吐。而另一桌的人又是怎样的呢？同样是这样一桌颜色奇特的午餐，却遇到了一些被蒙住眼睛的就餐者，这桌菜肴很快就被人们吃了个精光，而且人们意犹未尽，赞不绝口。

实验者通过上述实验证明了联想具有很强的心理作用。看见食物的人们，由于食物那异常的颜色而产生了种种奇特的联想：比如吃豌豆联想到吞食腐臭了的鱼子酱……是联想妨碍了他们的食欲。另一桌被蒙住眼睛的客人没有这种异样的联想而仍然食欲大增。那么，什么是联想呢？

联想作用说认为，人们在思考一件事情的时候，必定会由此联想起与此相关的其他事情，客观事物之间的联系会反映在人脑中。而客观事物之间的联系是多种多样的，因而人的联想也是多种多样的。一般来说，联想可分为接近联想、类似联想、对比联想和因果联想。

接近联想就是指人在空间和时间上相接近的事物或现象所形成的联想，如一提起星星，人就容易想起月亮；谈起蓝天，就极易想起白云等，都属接近联想。

类似联想是指从某些事物的特性联想起它可以运用于别的事物的现象。盲文的创造就是类似联想的结果。

对比联想是指将两种对立的现象联系在一起，或一事物由正面想到反面，或由反面想到正面的现象。比如．由黑容易想到白。在寒冷的冬天总想到暖融融的火。

因果联想则是指将在现实中有因果联系的事物联想在一起的心理现象。比如，我们总是说“瑞雪兆丰年”，就是由冬天的大雪联想到明年的丰收的因果联想。

联想作用说认为，催眠的机制在于联想作用。当催眠师向被催眠者暗示说，你的后背上有一只大蟑螂，被催眠者因为联想作用而感应这个暗示，表现出非常惊恐的表情。对于身患疾病的被催眠者，催眠师可先让他产生愉悦的感觉，忘记痛苦，而后暗示他：“你的病已经完全好了，不要担心，你现在就是一个健康的人。”果不其然，被催眠者会因此心情愉悦。催眠的效果取决于联想作用的性质与强烈程度。

催眠完全是心理作用吗

心理作用说由法国人里波首先提出，曾在催眠学界风靡一时，是影响较大的催眠理论之一。心理作用说认为，被催眠者之所以能够在催眠状态中感应到催眠者的种种暗示，主要是因为每个人都有心理感受性。

心理作用学说将人的心理感受性分为两种：外显感受性与内潜感受性。外显感受性是一种表面性、显而易见的心理感受性，这种感受性发挥作用的速度较快，但较微弱，易受个人意志的控制。例如，若对一个女孩子说："你的脸怎么红了？"那女孩子听到此话，本来如雪的皮肤就会泛出红晕。这就是外显感受性在暗示的驱动下发生作用。在清醒状态下，外显感受性对暗示的感应比较少，因为在清醒状态下的人听到暗示后，先把暗示的内容进行一番思索，经过一系列的推理判断之后，才决定是不是接受暗示，这一番思索就是个人意志的作用。

内潜感受性是一种不受个人意志所干扰的、深层的心理感受性，这种感受性发挥作用的速度相对较慢，却相当强烈，其感应的范围与作用的效能也较大而且奇妙。催眠进行的时候，催眠师通过催眠术来减弱个人意志的作用，从而驱动起被催眠者的内潜感受性，这时的被催眠者心无杂念，没有自主活动的机能，完全由内潜感受性发挥作用，此时给予暗示指令，肯定会得到被催眠者的感应，被催眠者会毫不犹豫地按照催眠师的暗示去执行，结果便出现了种种神奇的催眠现象。

因此该学说的主要观点是：任何人的身体内部都有一种被称为"自然倾向"的机能，但这种机能缺乏自主的力量，很容易被他人的观念、意志、教训、暗示等外部刺激所支配，而且只有在这种外部力量的驱动下，"自然倾向"机能才能发挥作用。这种机能就是人的心理感受性。在催眠过程中，催眠师的暗示就是引导这种感受性使其发挥作用的原动力。

第十七章　身心心理学

一、压力并非全是动力，给你的心灵降降压

著名作家奥斯卡·王尔德曾说："简单的就是正确的。"不管你是扔掉一种不必要的东西，还是删除电脑里不用的软件程序，抑或手机中那些不再拨打的号码，在充斥着太多欲望的今天，都是简化生活、降低压力的不二法则。以往人们错误地以为，有压力才会有前进的动力，可如今压力遍地都是，太多人被压力压得喘不过气，太多人因为压力大而患上了心理疾病，就像高血压，一旦血压升到一定程度，必然要引发危险。所以，你的心灵也需要及时降降压。在本章中，就带你一起来学习给心灵降压的方法。

压力影响心理健康

老张现年35岁，是一名公务员，目前在当地民政局上班，工作清闲。两年前结婚，现在有一个一岁半的胖儿子。但最近一年多的时间里，老张总是感到莫名其妙地烦躁，很容易因为一件小事而发怒，心情低落的时候也不允许任何人去烦他，否则他就会恶语相向。按理说，有了孩子应该每天都是幸福满满的才对，可老张就经常提不起精神，和妻子也经常因此而吵架，只有在看到孩子的时候心里才舒坦些。

有一次，他和几个大学死党一起出去吃饭，喝了点酒，便抓住其中一个哥儿们，把心里的苦水全都倒了出来。他说："孩子出生的时候，我就感到自己肩上的压力大了很多，觉得自己再也不是那个可以整天游手好闲的人了。我想给孩子一个更好的成长环境，妻子和儿子，还有渐渐年迈的父母，是我现在努力工作的动力。但是，公务员这份工作让我感到迷茫，我已经不知道该怎么去奋斗了。哥儿们，你说我到底想干吗，怎么就开心不起来呢？……"

大家都笑他身在福中不知福，多少人都梦想着当公务员，挤破了脑袋都要参加国考。更何况老张现在有老婆，有孩子，人生不要太圆满了，怎么还在这里抱怨！

心理学家认为，当一个人长期承受压力，原本冷静、受控制的情绪就会立即绷紧，他会变得易怒和暴躁，甚至还会说出一些伤人的话，尤其是伤害自己的家人。

简单地说，老张是心理健康出现了问题。专业人员分析，公务员是一条从政之路，但从政这条路上却充满了太多不确定性，职业升迁要受到很多不可控制因素的影响，身为公务员确实很容易出现失控感。加上他们接触的人际关系偏于复杂，需要打交道的对象有领导，也有同事，还包括其他不同部门的各类人员，还有各种办事对象。所以，为人处世的方法实在很重要，这是导致老张心理出现危机的原因之一。

而更重要的原因是，老张在自己肩上扛了太沉的重担，他不仅需要尽快转换角色，从之前的一个贪玩的大男孩变成一位有责任感的父亲，还要肩负起养育孩子，支撑整个家庭开销以及赡养老人的责任，可以说是“压力山大”了。

那么，压力过大也会导致心理问题吗？2012 年末，在新奥尔良召开的神经科学学会上，研究人员公布了一项最新研究成果，压力会改变大脑的“电路”，不管是因何种原因引起的压力，一旦导致“电路”变化，就会对人们的心理健康造成长期影响。通常，在与朋友共度闲暇时光时，人们都会产生愉悦感，但一个承受了极端压力的人却难以从中感受到任何乐趣。

另外，压力还会刺激人体释放一种特定的化学物质，对大脑前额皮质，即高级思维中心的功能有极大的破坏性影响。因而，当人们感受到极大压力时，这些化学物质，比如皮质醇和去甲肾上腺素，就会通过抑制人们的思考倾向和增强反应倾向而引发焦虑情绪，人的攻击性也会变强，甚至出现抑郁等心理问题。

医学上研制出一种叫作克他命的麻醉剂，它可以在几个小时之内重新激活受损的神经细胞，对抑郁症状有一定的缓解作用。但是，人们应该意识到，药物不是万能的，要想保持心理健康，远离心理疾病，最根本的方法还是要设法及时地缓解和释放心理压力，不要让过重的生活和工作压力把自己击垮。

你是否有压力型性格

有一对可爱的姐妹花，姐姐叫妮妮，妹妹叫依依。虽然俩人降临地球的时间只相差一个小时，但在她们看来，妹妹就是妹妹，姐姐就是姐姐，姐妹俩十分默契地给自己定了位——姐姐永远都是谦让的那位，而妹妹不管如何无理取闹，总会得到姐姐的包容。

长大后，个性独立的姐姐踏入社会开始工作，妹妹也在同一年毕业，但她没有像姐姐那样马上出去找工作，而是决定回家休息两个月再找工作。或许你已经看到了，妮妮和依依的个性反差是很大的，姐姐自立而要强，妹妹则刚好相反，而这两种反差明显的个性特征也决定了俩人今后的生活状态。

姐姐自从外出工作后就很少回家了，但她还是会经常打电话向妹妹倾诉苦恼。升职、奖金、人际、情感之类的问题给这位年轻的姑娘带来了不小的压力，很多次她都想放弃，但骨子里的要强和追求完美的个性迫使她一次次选择了坚持。最后，努力工作成了她生活中唯一的头等大事。两年后，妮妮升职为部门主管，一年后成功升职为人事总监。

熟悉她的同事都知道，妮妮是个特别拼的女人，她有很强的时间紧迫感，对自己和下属的要求都很高，在与同事相处时，有时候也会表现出咄咄逼人的气势。但上司就欣赏她的这种性格，或许这就是她升职比别人快的主要原因吧！当然，人们不会知道表面无限风光的妮妮，其实内心充满了压抑和焦虑，对未来也带着点迷茫。

再来看看妹妹依依。在家休息两个月以后，依依接受了父母的建议，在市区的一家国企做会计助理，起初她每天都坐公交车回家，和父母住在一起，衣食无忧；后来，就索性搬进了单位公寓，和一群女同事住在一起，那种感觉仿佛还在大学宿舍一样，生活对于她来说简直就是太美好了。

虽然小小的压力偶尔也会冒出来，但每次都是转悠一圈就消失了。姐姐打电话跟她唠叨、诉苦，她总是会用一两句简单而又在理的话安慰姐姐，她常常说："我们姐妹俩就数我没出息了，你很厉害，但有时候也不要太为难自己，你已经很优秀了。"

也许你会从这对姐妹花中看到自己的影子，那么，你是妹妹，还是姐姐呢？细心的人也许早就明白了，其实姐姐和妹妹是两类性格的人，妹妹是知足常乐型，而姐姐则属于典型的压力型性格。

研究发现，大凡优秀的成功人士，譬如一些成功的企业家、高级知识分子，他们身上都有备受外界推崇的性格优点，比如，自立、自信、坚强、勇于接受挑战、追求完美和成就感，有领导能力，有组织和计划性等。

这些个性特征是他们成功的必备要素，但如果站在压力的角度上分析，以上都属于压力型性格，如果没能把握好一个度，就很容易变成压力。换句话说，当压力型性格特质作为一种动力因素驱使人们朝着成功奋进的过程中，一旦过度就演变成了压力，而那些优点也便会转变成缺陷。

比如案例中的妮妮，她要强的个性促使其不愿待在父母身边享受相对"安逸"的生活，而是做了一个女强人。虽然在事业上她比妹妹成功，但其实她并没有妹妹活得快乐和轻松。这些都是因为她有强烈的成就动机，经常给自己制定较高的目标并尝试通过努力工作来实现。

这类人在外人面前是光鲜的、有成就的，但其实只有他们自己知道，很多时候他

们也会因为目标太高而难以实现，或者因为对自己不够满意而产生挫败感。另外，也有不少人有着较强的责任心，于是，会很容易因为一点小事而感到苦闷、纠结；对自己的要求太苛刻，所以总是在工作或生活等方面力求完美，结果休息的时间变少了，自己给自己施加的压力也越来越大了。

总之，压力型性格的表现为：竞争意识、行动迅速、成就型、攻击性（咄咄逼人）、常不耐烦、缺少休息时间、警觉性强、脾气暴躁、易紧张、总感到压抑。

我们了解自己是否有压力型性格的潜质，主要目的还是在于学会自我管理。要想有效减少压力型性格的行为表现，首先得回归到最初的原点，在现有的基础上放慢工作速度，减少制订计划，那些不重要的、不具有优先等级的任务可以直接拒绝或者直接委托给别人。

第二，合理制定目标，降低期望值，可以设定阶段性目标，切忌操之过急。

第三，撕掉原来的作息时间表，重新建立一份更为合理、实际的表格，把锻炼和陪伴家人的任务加进去；还要给整理居室和办公室腾出一些时间，规划好那些容易“失踪”的物品或文件。

第四，消除对他人的敌意。如果你习惯于因一些并不正确的假设而引起担心，进而给自己的内心施加沉重压力的话，那现在就要果断停止了。因为消极的内容总是会引起一系列压力和混乱情绪的，所以，多用积极的设想去引导自己走向阳光，而不是用错误的假设去营造愤怒的心境。

第五，别再用别人的眼光去衡量自己。别人眼中所谓的成功人士，无非就是有钱、有势、有事业。但你有没有问过自己：“为什么一定要按照别人的标准来衡量自己成功与否呢？为什么就不能知足常乐呢？我有必要把自己变成一个超人吗？为什么有些事情会令我如此烦恼？为何我就不能让自己感觉好点呢？”

而那些知足常乐的人未必都是不会工作的人，但他们往往更有实际性目标，有憧憬，有效率，专心而少压力，能够善待自己，关注自身的感觉胜于工作。可见，知足常乐是与自己和平相处，而要想做成功人士，你将比其他人承受更多心理和精神上的巨大压力。

用适合自己的方式来解压

夏梅梅在北京的一家外企公司里上班，今年28岁的她至今单身一人，与父母同住在一起，不愁吃不愁喝，却每天都要听到父母在耳边唠叨，“年纪不小了，该考虑结婚生子了”。而夏梅梅何尝不想早点结婚，看着其他的姐妹们成家生子，天天抱着可爱的娃娃，她都快羡慕死了。

在公司，夏梅梅其实只是一个部门经理，与同事的关系以及如何讨好上司、赢得升职的机会是她一直都在思考的问题。所以，即便她不用像很多北漂族一样为每个月的房租发愁，也无法轻松自在地生活。

夏梅梅最大的乐趣就是购物。名牌服装、包包和首饰，她从来不在这些东西上省钱，高兴了就买，曾经一度刷爆了三张信用卡。父母经常抱怨她花钱大手大脚，但她却不以为然，因为在夏梅梅的心里，刷卡的瞬间，是她最开心、最幸福的时刻，所有的烦恼和压力都被刷走了，那时候的她是自信而美丽的。

除了购物，夏梅梅还是一个游戏高手，她经常躲在自己的房间里用玩游戏的方式来缓解压力，每天下班回家都会玩上一两个小时，但是她从来不因此而熬夜。因为她觉得，熬夜对于一个女人来说就是最致命的“催老”杀手，在还没有遇到真正属于自己的白马王子之前，一定要轻松快乐地活着。

夏梅梅的解压方式是购物和游戏，消费使她看到了最美丽的自己，游戏能够令她暂时忘却压力。虽然非理性消费并不值得提倡，但作为一种解压的方式也可以理解。我们每个人都应该找到适合自己的解压方式，如果你的经济条件并不允许，那么，疯狂购物的后果只会给你带来更大的经济压力；而网络游戏也应当适可而止，过度沉迷只会造成更糟糕的后果。

有一对夫妻前段时间一直在闹离婚，妻子提出离婚的原因是丈夫整日沉迷于网络，家里大事小事一概不操心。后来，俩人分居一个星期后，丈夫给妻子写了一封忏悔信，信中他有史以来第一次向妻子倾吐心声，他说：“我知道我错了，不该如此沉迷网络游戏，但话说回来，我并不是迷恋网络游戏本身，是我的压力真的太大了，我感到自己好像很快就要窒息……只有在网络世界里可以让我暂时忘记压力。”

妻子边看边流泪，她想到丈夫前段时间一直在努力创业，在创业失败后，他一直把自己关在书房里打游戏，天天自暴自弃，不好好吃饭，也不好好睡觉……事实上，网络早已成为现代人解压的方式之一，只不过有些人适可而止，有些人却过度沉迷。

从以上两个例子中，我们可以看到，人们需要解压，但解压的方式一定要正确，也一定要适合自己。

适合都市白领的周末减压法

小莉在上海一家私企上班，虽然周末有双休，但依旧感觉压力很大，不仅要为基本的物质生活打好基础，还要搞好各种各样的人际关系，每个月也要不定期地参加各种应酬。这些都让这个25岁的年轻女孩感到疲惫和厌倦，她常常调侃自己是“压力山大”。

最近，她在网上看到越来越多的网友开始用出门旅行来缓解压力，心动不已，决定加入这个行列。但最终因为缺乏足够的勇气而放弃，比起出门旅行的兴奋感和新鲜感，小莉更担心回来之后所要面对的各种压力。无奈之下，小莉选择了一种简单的"旅行"方法——在周末玩失踪。"失踪"这个词乍一听就能带给她无比的刺激感和新鲜感，"失踪"期间的一切未知经历也充满了吸引力。

说干就干，又到了周末，小莉关掉了手机，换上一身运动装，背着一个登山包，到了一个充满诗情画意的地方，周围是山水环绕，饿了就吃自带的干粮，渴了喝矿泉水，晚上就在附近的旅社休息。后来，她还拉上了闺蜜，两个人开始在野外露营，除了赏风景，聊天，其他的事情一概不做。比起以前的逛街、看电影、买衣服等周末活动，小莉忽然觉得，以前都是增压，哪是减压？现在的方式才真正起到了减压的作用。

随着生活节奏的加快，工作压力的剧增，都市白领常常抱怨自己的生活已经不再属于自己，因为太多时候是人们在迁就工作和生活，该做什么，不该做什么，完全不是自己说了算。时间一长，心理负担也在逐日增加，对于一些上班族来说，要想得到绝对的轻松自在似乎不那么现实。

压力固然普遍，不管是源自工作本身，还是人际关系，或者是家庭、个人，当方方面面的压力一旦积累到一定程度，便会像洪水一样需要采取"泄洪"措施。于是，周末解压法也在悄悄流行，人们用各种解压的方法，力求在周末将积累了一周的压力释放出来，以便以一种轻松的姿态迎来新的一周。

像小莉一样的"玩失踪"的方法其实有利也有弊。利是确实对减压有一定的帮助，大大缓解身心压力，远离了都市的喧嚣，避开了时刻都在释放辐射的电脑屏幕，节奏也就跟着慢了下来，整个人从紧张的状态中抽离，可以说是得到了身心的自由。

弊端在于，这种方式如果时间安排不合理，不能掌握好一个度的话，在新的一周回到工作岗位上以后，人的心是无法迅速安定下来的，加上过度玩闹，精力衰竭，也可能在工作时犯困；而更重要的一点是，"玩失踪"要适度，不要让身边的人担心，出发之前告诉那些可能会在周末找你的人，比如父母。否则，他们如果真急了，打电话报警不是要闹笑话吗？

当然，周末时间除了用"失踪"法来缓解压力，还可以参加集体活动，女性朋友可以去瑜伽班练练瑜伽，如果是不愿意出门的宅男宅女们，可以在家中睡觉，补充睡眠，看看书籍，听听音乐。最好不要做和工作相关的事情，也尽量远离电脑。

心态也影响着你的压力大小

每个人都有属于自己的生活和工作，面对压力，每个人自然都有自己的缓解和释放方式。某上市公司的董事长李总认为，没有时间休息的商人，迟早要倒在钱堆里。李总身边的人总能看到他认真而专注的身影，有时候还加班到深夜，但他的脸上却从未因此而布满乌云，笑起来反而还有一种孩子般的天真。每天不管工作有多累，第二天总是能够精神饱满地出现在员工的面前。

也许人们并不知道，让他重获童真的不是别人，而是他那四岁的儿子嘉嘉。每天看到爸爸回家，他都会兴高采烈地扑上前去，然后指着地毯上的积木说："爸爸，你看，这是我搭建的大桥。"李总此时总会仔细观看一番，然后夸奖道："我儿子真是越来越有设计师的潜质了！"转身时，或许是手舞足蹈的儿子不小心碰倒积木，"大桥"倒了。李总赶紧安慰儿子，生怕他哭闹。"没关系的爸爸，我很快就能建一座桥的。你看……"说着，小手就开始动起来了。

儿子就是这样，永远都不会灰心，也永远没有什么事情能够使他长时间地不开心，遇到他哭闹的时候，只要稍微转移一下他的注意力，他就又恢复了开心的状态。李总闲暇时候也会与儿子一起玩，嘉嘉喜欢把很多积木堆起来，然后一下子将它们推到，接着就仰起小脸蛋开心地笑。有一次，李总也学着儿子，把那些积木堆成一座山，然后再把它们推倒、打散，神奇的是，那一瞬间他感到分外地轻松。

后来，李总在办公室里准备了一套由不同材料制成的小象，每当工作疲惫的时候，他都会站起来围着桌子转几圈，四处移动那些小象，然后再将它们放回原位。在这个过程中，李总的大脑得到了放松，压力也得到了缓解。甚至有时候，他还将办公室里的椅子依次排开，然后从一张椅子上跳到另外一张椅子上去，这种看起来低幼化的游戏，李总玩得津津有味，乐此不疲。因为他意识到，成年人虽然不能像孩子那般无忧无虑，但至少还可以用孩子的视角去看待世界，充满童真的内心世界是不会被压力压垮的。

心态是一种很奇怪的东西，你持有什么样的心态，就有什么样的生活，因为它决定了你如何应对目前的生活和压力。心理学家认为，成年人如果每天都能花十分钟和孩子一起玩耍，会给心理带来不一样的体验。不管是陪孩子堆积木，还是与孩子一起下棋、画画，都会让人体验到身为父母的乐趣，不但增强了幸福感，看待世界的角度也会发生变化。

当然，你也可以尝试着像孩子那样去玩耍，不必担心会显得自己不够成熟。心理学家已经发现，人们用来消遣和解压的方式越低幼化，放松身心的效果就越明显。找准自己的娱乐神经，想怎么玩就可以怎么玩，纯粹为了玩而玩，那样才能享受到无拘无束的乐趣。

心理学家研究发现，有助于缓解压力的心态还有很多，比如感恩。如果你有一颗

感恩的心，那压力就会减轻很多。研究发现，感恩和乐善好施，除了在社会道德层面具有重大意义之外，对心理调节也特别有好处。那些心怀感恩、乐善好施的人总是身心健康，面对负面信息和各种压力也都能够找到化解的最佳途径。

古人云："勿以善小而不为。"一个微小的善意之举，在社交活动中产生的影响是成倍的；更重要的是，它可以促使大脑释放更多的多巴胺，血液中的复合胺也会增多，而这两种物质恰好可以使人在激动和紧张中慢慢平静下来，心情愉悦，压力减轻。

另外，还有类似的"爱""知足"之类的情感心态，都可以刺激脑垂体后叶激素的分泌，该物质的分泌能够帮助缓解紧张的神经系统，降低压抑感，增加人体内各个器官组织的含氧量，脑部与心脏会产生同步电流，增强体内器官运动的效益，好比做了一次康复治疗。

正确对待生活所给的压力

北京某大型超市内发生了抢劫事件，当所有的目光都聚集在抢劫犯和那两位身受重伤的受害者身上时，其实还有一个女孩也受伤了，只不过她受到的伤是心灵上的。作为当时在场的证人，女孩被带到了警局，做了笔录之后便被送了回来。但从那晚开始，女孩就一直失眠，有时候还从噩梦里惊醒。她的脑海里经常跳出当时的画面，当抢劫犯手持利刃朝他对面的顾客刺去的时候，女孩来不及把目光移开，于是，她就那么眼睁睁地看到了抢劫犯脸上狰狞的表情和受害者倒在血泊里的瞬间。

接下来的很长一段时间，女孩都不敢去超市，尤其是发生那起抢劫事件的那家超市。她的工作也暂停了，因为家人觉得她必须要去看心理医生。

"你从这件事中学到了什么？"

"我觉得我再也不能在晚上出门了，即便是人多的地方也未必安全。"

"是的，所幸你不是那个遇刺的人，你现在还很健康。"

"嗯，我是幸运的。但为什么那晚我要出门呢？我不想看到那一幕，太恐怖了！"

"请你把那晚的所有感受都告诉我，好吗？"

女孩迟疑了一下，但还是向心理医生讲述了整个过程。这个讲述的过程让女孩渐渐平静了下来，她开始意识到一些问题，其实并没有自己想象的那么严重。第二天，心理医生找来了她的两个好朋友一起探讨，帮助女孩确信在整件个抢劫事件中所发生的一切行为其实都是正常的，女孩没有必要给自己施加太大的心理压力，并且事件已经发生，作为一个目击者而非受害者，女孩应该吸取经验并用一颗感恩的心来看待这次意外，更重要的是学会如何面对这类危机事件。

事实上，生活中有很多意外对于我们来说都有一定的意义，不管是意外的直接受害者，还是间接受害者，或者是作为旁观者而感受到某种心理体验，最关键的还在于我们是否有能力应对或从中学习应对的方法。生活中与案例类似的相关事件其实很多，而就业、结婚、买房、失恋、离婚等事情也会给人带来或多或少的心理压力，有的人甚至作为旁观者也会产生压力感，比如有些人看多了夫妻分分合合的故事，加上自己曾经也经受过感情挫折，于是，长期的心理压力累积到一定程度，最终患上了恐婚症。

心理学家认为，只有在问题出现时，人们才会切实地去寻找应对策略。这是一种普遍的心理现象，意外事件中出现的压力作为一种积极因素，其实是在扮演着激发人们创造力的角色。好比案例中的女孩，也许亲眼目睹歹徒刺人的情景给她的心理带来了冲击，但如果站在压力的积极层面分析，这次意外未必不是一件好事，因为女孩从这件事中认识到晚上独自出门的风险性。更重要的是，她完全可以从这次意外中学习到相应的自我保护手段，学会应对危机事件的方法。

因此，问题会使我们的生活更加有意义性和目标性，也带给我们宝贵的经验，问题附带的压力一方面是积极的，一方面是消极的，这就看你如何控制这两个方面了。心理学家的建议是，既然压力不可避免，那就坦然地面对它，尽力从中寻找积极有益的一面，以此来完善自身和丰富我们的阅历。

二、不良情绪管理

健康而稳定的心理素质是一切幸福的源泉，而不良情绪无疑是最大的干扰者之一。对于情绪，很多人的第一反应是它的种种不好，但事实上，情绪的奇妙就在于人们如何去看待和管理。你知道一个人的哀伤会为其带来什么吗？怎样看待难过，它才会由一种负面情绪转化为另外一种积极的能量呢？你知道当你被焦虑感和恐惧感控制的时候，其实那是你自己所做的选择吗？你相信愤怒也会爆发出正能量吗？无助感令你抓狂，罪恶感使你无助，你知道如何彻底消除无助感和罪恶感吗？下面就带着这些疑问，翻开本书的第一章吧！

哀伤和难过的力量

娜娜是一只美丽可爱的小猫，美琪是它的主人。在娜娜八个月大的时候就来到了关琪的身边，那时美琪一个人在广州打工，刚毕业没多久的她就发现了生活的巨大变化，同学、朋友渐渐都疏远了，她一度感到悲凉。是这只叫娜娜的小猫给了她一些安慰，在很多个独自下班回家的夜晚，娜娜都是房间里唯一肯等着她的伙伴。

后来关琪搬家了，娜娜也有了个玩伴，是邻居家的小白猫阿达，主人是一个长相

帅气的IT工程师。再后来，娜娜和阿达经常一块溜达，工程师说："它俩一定是恋爱了。要不我们也恋爱吧！"美琪没有答应，也没有拒绝，但从此之后，俩人就经常一起出门，逛夜市。

五年之后，娜娜成了一只可爱的大猫，美琪搬家了，带走了娜娜，阿达还留在工程师的身边。那天工程师笑着送走了美琪，他说："其实我家阿达是从小就被去了势的，所以他这辈子都做不了一只真正的猫了。"美琪假装不在意的样子："我说呢。以后我们还是好朋友吧？"工程师点点头。

离开了工程师，美琪居然没有难过，因为在她心里，除了父母，娜娜才是她永远的亲密伙伴。倒是娜娜看起来好像很忧郁的样子，不像以前那么爱闹了。美琪重新过上了"独行侠"的生活，此时，她也成了酒店人事部门主管。两年后，美琪发现娜娜经常独自蹲在小窝旁边，四处张望。有时候还会在屋子里慢慢地踱着步子，看上去像一个年迈的老人。

美琪抱着娜娜去了医院，兽医的诊断结果是，娜娜失明了。美琪跑遍了整个城市，找到了最有名的宠物眼科专家，希望帮助娜娜恢复视力。医生给美琪开了药，说是很灵，给猫拌在饭里，按时服用就行。一年之后，娜娜果然又是活蹦乱跳的了，美琪高兴坏了，还特地给娜娜举办了一个派对。

但是好景不长，半年之后，娜娜开始整天不吃饭、不喝水，还时不时地发出几声哀鸣。它的舌头因为太久没有进食已经干燥了。兽医诊断后说猫得了癌症，已经没救了，并建议美琪将娜娜留在医院。美琪走后，医生就用一针注射，结束了娜娜的痛苦。

但从兽医院出来之后的美琪似乎也开始和娜娜一样了，她没有任何食欲，请了长假，整天待在家里不想见人；每天夜里都难以入眠，时不时地还号啕大哭一番。这样持续了几个月后，美琪决定去找心理医生。在医生的心理疏导之下，美琪经过一年之久才渐渐好转。

后来，经家里人介绍，美琪认识了一个摄影师，他们经常在假期一起外出摄影、旅行，美琪曾经闭锁的心开始慢慢打开，曾经一度不愿接受任何人的她也在慢慢学习如何去关爱别人。不久之后，美琪就与摄影师结婚了，生活出乎意料的美好，她感叹，因为自己曾经的封闭错过了多少美好的事物啊！她说，要感谢娜娜，是娜娜带给她的哀伤让她学会如何处理情绪，如何去适应周遭千变万化的环境。所以，她再也不会去害怕或者拒绝生活中的难过与哀伤了。

每一个甜蜜的开始都避免不了一个哀伤的结局，即便中间有美好。美琪和娜娜的故事也许很多人都曾经有过，我们或许也有类似的情绪经历，由最初的难过到哀伤，再到后来的治愈，这其实是一种很普遍的情绪体验过程，只不过每个人持续的时间不同而已。

生活中，我们会因为失去而难过，因为受到冷落而痛苦，因为生离死别而哀伤……有的人甚至连短暂的分别都接受不了。其实，仔细想想，很多事情有开始就有结束，有悲伤也有成长，你在得到的同时总会失去，有顺利的时候也会有不顺的时候，这个世界需要我们用一双辩证的眼睛去审视。

同样，难过与哀伤的情绪在给人们带来悲痛的同时，也在磨炼着人的意志力和适应力，这就是心灵的力量，也是负面情绪转化的积极力量。心理学家认为，情绪具有转化作用。难过的情绪经常会和其他的情绪联系在一起，比如愤怒、害怕、羞耻、内疚等，但这些情绪并不完全就是坏的。当一个人在难过的时候，他很可能会很认真地去做一件事情，很珍惜眼前的机会，甚至开始去改变他以往的态度，去努力适应困境并尝试改变现状，这就是难过转化而成的力量。

难过是不需要“承担”任何责任的，我们难过，是因为我们还有羞耻心和责任心，还有怜悯心和内疚感。这会促使我们更加珍惜现有的一切机会，否则难过就会成为一种单纯的负面情绪而对人的心理和生理造成伤害。这就需要我们找到自己难过的理由是什么，被老板炒鱿鱼了、被朋友欺骗了，为什么会难过？因为我们的责任感失去了表现的机会，我们对友情的忠诚失去了价值。

所以，责任感和忠诚是我们内在的宝贵财富，我们难过可以，但难过以后还是要去寻找表现责任感和付出忠诚的地方，比以前更努力上进，更加有责任心，更加珍惜朋友之间的友情，用一个全新的姿态去迎接全新的事物。久而久之，我们就不会再难过了。

哀伤和难过的联系很紧密，可以说难过只是哀伤的初期，当难过发展到一定程度，就会转变为哀伤。最为常见的例子就是挚爱之人或事物的离去，案例中的美琪其实就是一个最典型的例子，娜娜的离去令她陷入难过的情绪之中，然后变成哀伤，以至于不愿见任何人。但最后的情绪转化是向正面发展的，她开始意识到力量的存在，感悟到生活的真谛，千变万化的世界总是需要人去适应，而不是世界来适应我们。

所以，活着的时候就应该好好活着，调整心态，一切的情绪变化都不要去刻意控制和压抑，自然发泄，适可而止。面对失去，如果说哀伤和难过没有用，是不对的，因为它们确实很有用，但需要掌控一个度，也就是适可而止。俗话说，哀莫大于心死，哀伤过度会导致心理问题，也会严重影响身体健康。与其如此，还不如将它们转化成另外一种力量，在悲痛中学会坚强。所以，当我们再次遭到难过和哀伤情绪的困扰时，不妨提醒自己：我为我今天的难过和哀伤感到开心，因为我还可以做得更好，更好地去适应这个千变万化的社会，最终迎来美好的生活。

别被焦虑和恐惧操控

小周是2009年从四川某警校毕业的，后来被分配到农村地区的派出所工作。三年之后，他开始单独处理一些比较复杂的治安案件。有一次，小周在处理一起治安案件的时候，遇到了一些困难。当时村里的群众因为受到个别不法分子的挑唆，对当地民警进行公然辱骂和围攻，还有好几个民警被打伤了，警方发出最后通牒，但依旧不能控制群众激烈的情绪反应。而小周，作为该派出所的主要负责人，看到这种情况时，脑海里一片空白，只是愣愣地站在原地不动，不知所措。大概十几分钟之后，小周才如梦初醒，浑身的衣服已经被汗水浸透了。

这次事件之后，小周就对办案产生了心理阴影，每当轮到他值班时，一听到报警的电话铃声响起来，他就像看到炸弹爆炸一样，顿时紧张万分，陷入恐惧状态，迟迟都不敢接听电话，害怕再有案件发生。随后的大半年里，小周几乎每天都处在焦虑之中，害怕这个，害怕那个，对报警的电话铃声尤其敏感。每当快要轮到自己值班时，他都会在前一天就感到紧张和恐惧。

由于长期被这种焦虑和恐惧的情绪困扰，小周担心自己患上了心理疾病，就找到了心理医生进行咨询。

心理医生听了小周的自述，并在一系列对话之后初步诊断，小周是因为产生了恐惧心理，神经过度紧绷，造成持续性焦虑，需要进行心理调适。

其实，任何人一旦想象到危险情境或自己不能应付的情况时，都会或多或少地产生焦虑和恐惧情绪，这是一种正常反应。适当的心理紧张有助于帮助人们集中注意力，提高工作效率，但如果过度紧张，就成了焦虑和恐惧了。这是不良情绪，属于过度的情绪体验，需要及时调整心理，防止情绪进一步恶化。小周之所以害怕出警，内心焦虑，一方面是因为他所工作的地方要求高，工作突发性过强，而另一方面也是因为小周的心理素质不佳，极度缺乏安全感和自信心。

心理学家认为，当一个人对他周围的环境能够做出合理解释和评估的时候，就不会出现焦虑或恐惧心理；而一旦对周围环境难以做出解释和评估时，焦虑和恐惧的情绪便会产生。小周正是因为无法对报警事件做出准确的评估和判断，才会出现情绪问题。

而当一个人缺乏自信心时，同样会导致以上局面的出现，不但难以对周围环境做出解释和评估，同时也抱有过高的期望值，担心和害怕自己的行为会遭到别人的拒绝或耻笑。这样一来，即便尽力去做了，还是会因为患得患失而产生自卑感，加上以往失败经历的作用，焦虑和恐惧就产生了。

针对小周的情况，心理医生给了他几条建议：

1. 保持良好心态，顺其自然。对于出警之前的紧张情绪不要过分在意，把目标放在眼前该做的事情上，这就需要当事人在发现了自己的不足之处后。采取正确的处理方式，千万不要试图掩饰，将长处一并抹杀，这样只会加剧焦虑和恐惧情绪的恶化。要积极想办法解决问题，顺其自然，保持一种良好的心态，不良情绪就会慢慢消失。

2. 接受焦虑和恐惧。克服焦虑和恐惧情绪的最好办法是经历，即让自己置身于这种情绪体验之中，多次尝试体验之后，便能够慢慢克服恐惧感。这种方法也叫暴露疗法，心理医生建议小周多参加一些警务实践工作，在实践中慢慢适应；多接触各种类型的案件，见多识广，自然就不会有过多的担忧了。

3. 采用系统脱敏法。系统脱敏法又叫交互抑制法，也就是通过诱导当事人暴露在引起自己心理焦虑和恐惧的情境下，再借助心理放松疗法进行治疗，直到消除这种情绪体验。心理医生建议小周针对出警工作中所惧怕的某种情境，首先把自己出警活动中遇到的恐惧对象，按照恐惧的程度由轻到重依次排序，分别想象着自己正在身临其境，一旦出现恐惧就立即停止想象，做全身放松运动。反复尝试训练，将想象和放松交替着进行，直到对该情境不再惧怕为止。小周还可以在出警中跟随比较有经验的老民警，在现场进行抓捕训练，逐步达到治愈恐惧以及焦虑的目标。

4. 平时要加强学习，提升自身综合素质。这也是提升自信心的途径，民警的工作任务随着时代的变化也发生了变化，综合素质不仅仅是知识，更包括实践能力和心理素质。随机性、突发性等工作特点需要民警具备十分强大的心理素质，去适应环境和应对问题。所以，心理医生建议小周，有必要学习一些公安业务知识以及心理学方面的知识，加强情绪调适，提高工作效率。

事实上，小周的例子在人们的日常生活中也很常见，比如有的人会因为上班路上车子坏在半路而焦虑，经历过一次中途抛锚之后的人会特别惧怕再次遇到类似的情况，于是每次坐车时都胆战心惊的。车子只要一停下来，他就认为是车子坏掉了，整个途中他都神经紧绷，过度焦虑，严重时还会出现和小周类似的情况。

这种极度缺乏安全感的内心体验导致焦虑和恐惧，于是每天都是充满危险的。而如果我们反过来想想，是不是每天你所焦虑和恐惧的情况都会发生呢？不是的，是你自己选择了焦虑，选择了恐惧感，而不相信安全；如果你选择相信，选择平和，那你就会舒服很多，而那些不好的情况也根本不会发生。所以，这种情况说是庸人自扰，杞人忧天，一点儿也不为过。

可见，不管是焦虑还是恐惧，都是自找的，是自己选择的。如果感到不安、紧张，往往是越想越不安，越想越紧张，这对事情的结局一点好处都没有，反倒徒增了很多

负面情绪的困扰。一个人如果顾虑太多，想得太多，那就很难做大事；反之，如果什么都不顾虑，也注定做不成事情，适度的紧张感和担忧也有好处，应当适可而止，不然过了这个度就会走向负面，难以正常生活和工作。

我们害怕失去，害怕受到伤害，害怕受到排斥和挤兑，还害怕遭遇意外，然后渐渐演变为恐惧，越恐惧，内心就越焦虑，但是很多事情害怕是没有用的。工作上的表现优劣，我们可以控制，要想更好的表现就要努力，而别人的思想和看法、别人的选择和好恶，甚至天灾人祸，都是我们无法控制的。所以，焦虑和恐惧的存在无可厚非，但我们要学会让自己不受它们的控制，学会调适自己的心理状态。

要学会“轻得失”。一个人如果过分看重得失，那他就会陷入焦虑和恐惧之中，为尚未到来的结果惴惴不安，害怕失败，害怕被人瞧不起，害怕损失太多，或者在得知结果的时候想，如果当初如何，结果会不会更好。这就是过分看重得失导致的焦虑和恐惧感。

要认识到一切都在变化。未来永远是未知的，充满变数，人如果非要和那些处在变化之中的东西较劲，那最后输的必然是人。

焦虑和恐惧也有好处。恐惧是由害怕演变而来的，而害怕其实是一种很自然的反应，适可而止的害怕会让我们更加懂得如何保护自己。因此，害怕的时候，我们可以问问自己为什么感到害怕，找到害怕的对象，否则害怕就会演变为恐惧，进而导致焦虑。

愤怒的正能量

王某出生于新加坡，王某的父亲在20世纪曾经在殖民政府的警察部队里工作，也是当时那里唯一的中国官员，其副业是从老家偷渡人口，但三十多岁就去世了。在战争年代里，王某的母亲为了躲避战争，就带着全家回到了福州老家。然而在途中，她携带的所有财产都丢失了，两个孩子也被迫送人。此后，她一直未能逃脱日本人的管制，直到去世。这个女人一直到死去的时候都依旧保持着美丽和聪颖，并且充满着深深的愤怒。

王某后来成了一名备受尊敬的医生，而他的一生也活在愤怒之中，其中有部分是受到母亲的影响，另外一部分是因为错失了机会并失去自由。因为他的梦想其实是环游世界，在群山中探索奥秘，在科罗拉多河中游泳，但因为现实的原因，他一直未能如愿。唯一一次难忘的游泳经历还是因为要逃脱日军的追捕而游过的一条不知名的河，所以王某内心不免郁郁寡欢，充满不满和愤怒。一直到他年近八十时，才终于看到科罗拉多河，但当时已经行动不便，再也没有机会去游泳。

或许是因为王某的影响，他的儿子对学校、对教育制度充满反感与仇恨，于是，他带着这种情绪体验离开中国，去了美国，然后又离开美国，去了法国，最后离开法国，回到祖国，不断进行尝试，即便失败了还是要尝试。这些经历让他拥有了他的父亲没有得到过的尝试和探索机会，最终完成了自己的梦想。

对于王某而言，儿子的确是幸运的，因为他没有用愤怒把自己困住，而是将愤怒转化成了一种驱动力。他其实就是土豆网的创始人和CEO王微，在讲述这段经历的时候，他就说过自己创立土豆网的初衷就是源自愤怒，一种因才华无处施展而产生的愤怒——很多优秀的作品不能让更多的人看到，很多人都沉溺于那些只能令大脑陷入麻木的电视剧。于是，他开始创新并努力创业，其间克服了无数困难，跌倒了再爬起来，是愤怒给了他最初的驱动力并且始终支持着他在无数次失败之后再重新站起来。

通常人们一提到愤怒，第一反应很可能就是负面情绪，是必定会爆发的、没有理智的疯狂举动，但却很少有人知道，一个充满愤怒的人也能够做到理智的转化，并由此衍生出无数正能量。

上述例子告诉我们，愤怒是一个人前进路上的驱动力。即在困境和阻碍面前，愤怒能够帮助我们去实现预期的目标，但前提是，我们是以一种文明的、理智的方式去从根本上解决问题，将愤怒转化为驱使自己前进、改变现状的动力，使自身感受到一股强劲的力量在体内涌动，而不是一时之间的爆发和运用粗暴的手段去发泄怨气。

当然，愤怒也并不仅仅是一种驱动力，心理学家研究发现，愤怒还具有使人变得乐观、提升人际交往能力、减少暴力、培养自知力等作用。

愤怒令人更加乐观。这种观点似乎不太合理，但研究发现，愤怒的情绪和愉悦的情绪其实在本质上有着共同之处，即两种情绪都趋向于积极乐观。愤怒是因为对眼前的事情感到不满，而你愤怒了，其实也是因为你充满期望，你对眼前之事是用积极乐观的眼光去审视的。因此，愤怒降临时，不妨告诉自己：我很积极乐观，所以才会感到愤怒，既然我积极乐观，那就没有必要纠结于此，我该做出积极的行为，去改变这一切，通过我的努力这些完全可以变得更好。

愤怒可以提升人际交往能力。心理学家认为，一个人被冤枉了，正常情况下他（她）的第一反应都是愤怒，没有人愿意被无端诽谤。但是社会经验时刻都在提醒我们，表达愤怒是极度危险的，于是很多人即便很愤怒，也不愿意表现出来，宁可将愤怒隐藏起来，这种做法最终只会让别人更加误解自己，并为人际关系埋下隐患，特别是在亲密关系中。

研究发现，亲密关系中隐藏愤怒的举动会对双方造成巨大伤害，当一方将自己的愤怒隐藏起来时，另外一方就不会知道自己究竟是哪里激怒了对方，长此以往，双方之间的矛盾和隔阂就会越来越大，越来越深，对这种亲密关系有百害而无一利。因此，学会表达愤怒，并不一定就是言语攻击或者直接摔打东西，而是在寻找解决问题的途径，找到问题的症结。

愤怒使人减少暴力。听起来似乎很不可思议，但我们可以这样想，如果一个人明明心中有愤怒，但就是不肯表现出来，始终闷在心里，那他（她）迟早有一天会一次性爆发，到时候势必会出现身体暴力；而如果愤怒能够及时而恰当地表现出来，对方觉察到愤怒时会过来抚慰，降低愤怒的“温度”，而且愤怒也不会在心中累积，便不会有一次性爆发的机会，这样是不是可以减少暴力行为发生的机会？

愤怒让我们更好地培养了自知力。当然，如果我们知道自己为何发怒，何时发怒以及在愤怒中发现了自己的错误，那么，愤怒就会让我们更加了解自己，进而激发自我改变，学会如何处理愤怒的情绪。

此外，愤怒也是谈判的一项心理策略。研究发现，人们更加容易对愤怒的人做出妥协和让步，而不是和颜悦色的人。因此，在谈判桌上，适度的愤怒情绪也是一种巧妙的心理策略。

但是，这并不是在赋予愤怒合理的身份，不是任何时候、任何形式的愤怒都能够帮助你获得想要的结果。一个愤怒的人会更加积极地去追寻自己想要的东西，而一个开心的人也未必就能够发现自己的错误，愤怒只有在适度与合理的情况下才会有效，因为愤怒本身也具有破坏性。我们在发挥愤怒的正能量时，要认识到愤怒作为一种情绪，它只是我们为解决问题而迈出的第一步，而并不完全是一种情绪的发泄。只有把愤怒控制在一个合理的度之内，把握好分寸，才能发挥其积极作用。

警惕无助感的侵袭

小夏是一个15岁的初中生，这段时间出现情绪低落，意志消沉，记忆力下降的现象，自我评价低。更重要的是，小夏的学习成绩一路下滑，由以前班级前二十名跌到了倒数第二，失去了学习积极性，上课不能专心听讲，老师布置的家庭作业他也完不成。

据了解，小夏是独子，在他10岁时父母就离婚了，法院把他判给了爸爸，但实际上他一直都是和祖母一起生活，可以说父母对小夏的照顾是特别少的，而祖母也因为精力和能力有限，无法给予小夏良好的家庭教育。起初，小夏很上进，想通过努力学习，将来自己做一番事业，他曾想挤进班级前三名，但多次努力后都失败了，最后就干脆破罐破摔，对老师和同学也十分不友好。

发现小夏的问题后，老师很关注，也把情况反映给了他的爸爸和祖母。小夏自己也感到特别苦恼，觉得生活和学习一点意思都没有。好在他们接受了老师的建议，在一个周末的午后去了心理诊所，向心理医生求助。

心理医生认为，小夏因为家庭变故受到打击，没有良好的家庭教育环境，内心特别敏感，所以同学、老师的一些消极评价很容易使他产生挫败感，加上不断努力尝试之后失败的打击，久而久之，小夏就变得烦躁不安，自信心受挫，形成了“我不行，我很笨”之类的消极心理暗示，对自己的能力产生怀疑，一遇到困难就想要放弃，对目前的状态感到无助，想改变但又无力改变，这种心理状态和行为会导致抑郁和焦虑的情绪。

此外，小夏的社会功能受损，表现为与人缺乏交流，喜欢独来独往，没有学习和生活的动力；同时伴有比较严重的习得性无助感，促使其提不起精神，感到自卑和压抑，轻度焦虑。小夏愿意求助心理医生，表明他还具备自知力，对内心的冲突感到痛苦，想改变现状但无能为力，因此排除精神疾病的可能；目前不愿意与人来往，一和人说话就开始脸红、紧张、悲观失落等，影响其正常的学习和生活。心理医生确诊小夏患有习得性无助。

心理医生为小夏制定了一套方案，帮助他恢复自信心。具体的方案是：

采用认知疗法，为小夏分析造成心理问题的根源所在，纠正其以往不合理的认知和观念，让他尽快地从无助和抑郁中走出来，消除烦躁、焦虑、痛苦等负面情绪，增强自信心的同时，彻底赶走无助，最终帮助小夏拥有积极健康的心理状态，完善其人格，找到真正的自我价值所在。

再用行为矫正疗法，让小夏在改变认知和思维模式的基础上，改变以往言行。行为矫正法是采用正负强化的奖惩手段来改变和重塑当事人日常生活中的特定行为的。针对小夏的情况，心理医生建议，老师或家长用口头奖励或物质奖励等方式鼓励、暗示他，使其获得精神上的愉悦和满足。

一段时间以后，小夏的情绪明显开始好转，精神状态也变好了，随着自信心的建立，小夏也很少再感到无助了。

1975 年，心理学家赛里格曼以一群大学生为实验对象做了一项习得性无助的实验。他把学生分成三组，先让第一组的学生听一种噪音，其间学生无论如何都不能使噪音停止；第二组的学生听的也是这种噪音，但他们可以在听的过程中通过自己的努力使噪音停止；第三组学生作为参照组，没有听任何噪音。

一段时间之后，赛里格曼再让这三组学生分别参与第二轮实验。该轮实验的装置是一个“手指穿梭箱”，学生们可以通过把手放在“穿梭箱”的另一侧而让噪音停止。结果实验表明，第一组学生完全不懂得将手放在“穿梭箱”的另一侧，他们宁可一直听着噪音，也没有做任何尝试使其停止；而第二组学生和第三组学生就不同，他们懂得尝试并找到了使噪音停止的方法。

赛里格曼

接下来，赛里格曼又设计了一个实验。他让参加实验的学生把“ISOEN，DERRO”这一组字母进行排序，学生们要想完成这项任务，就必须掌握34251的排列规律，可以组合成“NOISE”和“ORDER”这两个英文单词。实验证明，在上一组实验中，已经产生了习得性无助感的第一组的学生，很难或者根本不能完成这项任务。

实际上，习得性无助指的是有机体在经历过某种学习过程之后，在情感、认知和行为方面出现的一系列消极的心理状态，这也是上述案例中的小夏产生习得性无助感的根源。一个人在经历过一系列挫败或打击之后，失去意志力和战胜困难的勇气，消极面对生活。

具体而言，一个患上习得性无助的人，通常会从以下三个方面处理和思考问题：一是就个人而言，他们会将问题投射到自己身上，针对问题对自己进行内化；二是他们会把问题的影响扩展到生活中的每一个层面；三是他们认为问题是不可改变的。由此一来，这种无助感就会慢慢侵蚀到他们身体里的每一个角落，并且席卷他们生活和学习上的每一件事情。

在我们的日常生活中，很多人都有无助感，大凡有心理问题的人都会感到或深或浅的无助。事实上，针对无助感的治疗方法，除了上述案例中的认知疗法和行为矫正疗法之外，还需要有第三方的帮助。

文某是一个38岁的中年男人，身高1米79，体重120公斤，年近四十却一直没有一份比较稳定的工作，加上长时间待业在家，妻子不满其不求上进，也在最近和文某离了婚，留下一个不到三岁的女儿与文某一起生活。家里还有一个体弱多病的老母亲，母亲微薄的退休金根本不足以支撑家中越来越大的开销。文某一下子感觉到肩上的压力很大，这是他这三十多年来第一次感到无助，以前幽默、喜欢说笑的他也瞬间变得沉默寡言，整天喝酒、睡觉，这样持续了一个星期。女儿有一次生病住院，文某拿出了家中所有的积蓄，但只够住院费的三分之一。为了生活，为了女儿，小文在短暂的消沉之后不得不振作起来，四处打零工挣钱。

但文某一直都很自卑，他虽然不算矮，将近1米8的个子，可体重对他来说一直都是一个难以启齿的事情，他在找工作时，几乎都是因为体重的原因被拒绝。这一次，文某到街道职业介绍所去找工作，职业指导员见他走起路来一副憨憨的样子，忍不住想笑，但还是十分热情地接待了他。和职业指导员说话时，文某总是小心翼翼的，慢吞吞的，显得很不自信。当职业指导员让他填写一份《职业登记表》时，文某也是十分笨拙地看着那张纸，不敢抬头，眼神木讷。好不容易写完之后，指导员发现文某在表格上只是歪歪扭扭地写着自己的初中学历，关于求职意向和自身技能都是空白。

无奈，指导员只好亲自询问。文某粗声粗气地说自己什么脏活、累活都可以干，只要不嫌弃他胖，他一定会好好表现。同时，他还满眼泪花地说了家里的情况，希望得到一个工作的机会。

职业指导员见状，觉得文某很老实，也可以做脏活、累活，就是形象不好。不过，好在不久之后，文某所在的居委会就为文某争取到了一份小区物业的垃圾分类和保洁工作。找到工作后的文某很开心，立马就开始上岗工作了。但是不久之后，文某提出了辞职，理由是文某一个人做两个人的活，实在憋屈。

指导员考虑到文某的情绪问题，就把他叫来谈心，询问他为何没干几天就不做了。文某摘下头上的帽子，露出脏兮兮的脸和长长的头发说："我其实也很想好好干，没有休息日也就算了，但他们总是欺负我，别人的活儿也让我做，我一赌气就不做了。我知道你们给我找这份工作不容易，但我……"说到这，文某再次低下头去，内心再次涌起一股深深的无助感。

职业指导员看出了文某的心思，他建议文某去理个发，换身衣服，挺起腰杆来，不要总是一副憨厚老实又自卑自怜的样子。文某听从了指导员的建议，没多久就又去面试了。这一次，文某像是换了个人似的，说话声音也高亢了，穿着打扮也整洁了，整个人更是精神了。面试中，文某凭借自己对工作的执着、热情和自信顺利通过了，在某停车场做保洁，用人单位对文某的工作表现也很满意。

一年之后，文某在这份工作中找到了自信，也感到了生活和工作的充实，深感过去的三十多年都被自己给浪费了，那缠绕了自己几十年的自卑感和无助感也逐渐消失了。文某打算今后自己做老板，开一家修车铺或者是洗车店，给今后女儿上学做准备。

在这则故事中，文某虽然有很深的自卑感和无助感，但迫于生计，他不得不从事劳动，在他人的帮助和工作的实践中，文某渐渐摆脱了无助，重新找到了自信。其实，身型不应该成为任何人的困扰，更不应该成为职业歧视的依据，只要当事人保持一份良好的心态，自信起来，不要被无助感击垮，就一定会走上生活的正轨。

一个经常感到无力的人很容易患上习得性无助，警惕我们生活中的无助感，一旦发现就要及时调整心态，找到造成无助的原因，然后从根本上解决问题；但在自己做出努力的同时，也需要得到他人的援助和支持，周围人应该给予关怀和照顾，帮助当

事人从无助感中走出来。

清洗罪恶感

肖某最近常常感到苦恼，经常被一股莫名的罪恶感所控制，不能专心做其他的事情。有一回，他不小心说了一句话，想到有可能让父母难过，想打电话给他们道歉，但已经很晚，又害怕打扰父母休息，便一直压抑着这种情绪，彻夜难眠，第二天一大早他就打电话过去道歉，才知道其实父母根本就没放在心上。

还有一回，他在单位和同事一起吃饭时，感觉和小刘比较亲近，而当时旁边还有一个小王，肖某后来就觉得后悔，我为什么当时没有和小王多说话呢？他一定是生我的气了，然后就陷入无限的悔恨和自责之中。第二天他主动和小王搭讪，才知道小王并没有因此而生气。

肖某说，其实他自己也知道每次的担心和罪恶感都有点多余，但他就是会不由自主地被这种罪恶感控制。此前，肖某曾在网上看到某公司员工跳楼的新闻，又看到纽约时报上关于该公司员工工作环境的报道，他发现关于该公司员工跳楼的新闻报道似乎一直都没有间断过，也引起了社会各界的高度关注。

纽约时报就某公司员工在车间工作的情况做了详细报道，揭露了该公司员工的恶劣工作环境。比如车间24小时不间断运转，员工们每周要工作六天，一天的工作时间有时候是12个小时；加上长时间地站立工作，很多员工开始双腿肿胀；更有一些未满18岁的员工。而且他们的居住条件不好，大多都是居住在工厂园区的宿舍楼里，拥挤不堪，以往的跳楼事件就发生在这里……更有一个案例，说的是该公司的一个员工在加工产品时设备突然爆炸，造成该员工身体皮肤几乎全部被灼伤，虽然做了抢救工作，但仍然逃不出死神的魔掌。

肖某看后觉得异常愤慨，他的罪恶感再次迸发，要知道他和女友使用的就是该公司的手机，为此，他感到深深地自责，常常被罪恶感捆绑，他觉得自己对不起该公司的员工，对不起很多人……

后来，肖某无意间在网站上发现了一个联名抵制该公司展品的活动，该活动还呼吁要重视对其员工的保护，肖某果断参与其中，并将自己和女友正在使用该公司产品丢掉，坚决拒绝使用该公司产品，同时也反对身边的人再选购；此外，肖某还一度做出一些疯狂的举动——只要看到有人拿着该公司的产品等，不管认识或不认识，他都会上前讲述该公司员工跳楼的事情，试图让对方放弃购买和使用。他说，自从那次看到报道之后，内心就一直被罪恶感控制着，认为自己有罪，必须通过某些行为进行赎罪，才能获得心安。

肖某的罪恶感很强烈，他会因为生活中的一点小事而感到愧疚，产生罪恶感，感觉自己完全被控制了，难以自拔。罪恶感其实也叫"道德恐怖症"，是一个人有意或无意产生的一些不切实际的想法，或者因为曾经做错过事，担心受到谴责而产生的一种极度不安和耻辱的自我感觉。

罪恶感其实是人类的所有感觉中最为痛苦的一种，一旦被罪恶感控制，就会饱受折磨，产生一系列诸如焦虑、抑郁、愤怒、羞愧等不良情绪。有的人会因为担心伤害了别人而有罪恶感，也有的人会因为自己做了坏事或错事而感到罪恶，感觉胸口有一块大石头，令其无法呼吸、寝食难安，情绪失去控制，似乎整个人就要发疯了一样。

心理学家认为，罪恶感一般分为三个阶段，第一个阶段是个体发觉自己做错了，认为自己有罪过；第二个阶段是认为自己根本不该这样做，完全否定了这件事的正确性；第三个阶段是因为自己做了错事而认定自己就是个罪人，是个低贱的人，导致自我评价扭曲。

在我们的日常生活中，每个人其实都有不同程度的自我牵连倾向，严重时会导致对客观事件的评价和判断完全内化，把所有和自己无关的事情都看作与自己有关。实际上，很多事情也许并没有很严重，只是我们的想象力过于丰富，将其影响力扩大化了。

当一个人的罪恶感越来越重时，便会发展为无助感。事实上，罪恶感的三个阶段之间并没有必然联系，完全是当事人强加于自己。如果错了，承认错误就行了，对于已经做了的事情，再怎么悔恨和自责都没有什么作用，重要的是不要一错再错；然后要学会原谅自己，学习成长，与其总是活在过去的阴影里，不如抬头往前看，更何况许多事情和感觉都是子虚乌有的，我们的感觉不一定正确，对于不正确的自我认知和感觉就要果断地抛弃；最后，要勇敢地面对这种罪恶感。

关于罪恶感的清除方法，心理学中有一个"麦克白效应"，在莎士比亚的著名悲剧作品《麦克白》中，那位杀死了国王的夫人几乎每天晚上都要梦游，并在梦游中不断地擦洗自己的双手，希望能够洗掉心中难以消除的罪恶感。也许很多人会认为，这种做法简直太愚蠢，罪恶感怎么可能用洗手的方式就消除了？但是，美国芝加哥西北大学的一位行为学教授通过实验发现，罪恶感确实能够被"洗掉"。

该教授组织了四项研究调查，分别对一批志愿者进行以探寻罪恶感与清洗自身之间的关系为主题的实验。

在第一项实验中，实验人员把60位志愿者随机分成两组，分别让他们回忆自己过去所经历的一些道德的和不道德的事，并且要尽可能详细地讲述一下当时的情况以及他们的情绪变化。然后，研究人员让他们做一个填字游戏，即在被去掉了几个字母的

单词中重新填写字母，组成一个新的单词，比如“W_ _ H，SH_ _ ER，S_ _ P”。

结果发现，那些回忆了道德事情的志愿者填写的是“WISH，SHAKER，STEP”，这些是与“清洗”无关的词语；而那些回忆了不道德事件的志愿者们填写的则是“WASH，SHOWER，SOAP”，这些是与“清洗”相关的词语。

第二项实验的目的是研究人们心理上的罪恶感是否会引起行为上的“清洗”活动。研究者告诉志愿者说，他们是在参与一项关于笔记和性格的实验研究，要求大家抄写一篇由实验人员提供的小故事，而这些故事基本可以分为两类，一类是助人为乐的故事，一类是损人利己、不道德的故事。然后，研究人员让这些志愿者们做一份调查报告，看看他们在抄写完毕后最想要哪些物品，结果发现，那些抄写了损人利己、不道德的故事的志愿者们明显更想要肥皂、清洁剂等清洁用品。

研究者接着上一个实验进行了第三项研究，即给那些志愿者们提供了一次自行选择小礼物的机会，备选的礼物中有消毒毛巾和铅笔。显然，那些抄写了损人利己、不道德故事的人们更倾向于选择消毒毛巾。

以上三项实验均证明了罪恶感和清洗行为之间的关联，罪恶感促使人们不由自主地想去清洗自己，那么，清洗行为会不会真的能够降低人们的罪恶感呢？

在第四项实验研究中，接受实验的志愿者们被要求讲述一件发生在自己身上的不道德的事情，然后允许其中一部分人洗手，另外一部分人不洗手。结果发现，那些没有洗手的人在接下来报告自己的情绪状态时，都使用了和道德相关的词汇。

当研究人员问及，是否愿意无偿帮助其他人完成另外一项实验研究时，没洗过手的人则更倾向于做无偿帮助。也就是说，那些洗过了手的人会倾向于拒绝，因为他们心中的罪恶感已经得到了补偿，降低或者消除了；没有洗过手的人就因为内心的罪恶感依旧存在，而希望通过帮助他人而获得补偿。

由此可见，罪恶感会促使人们做出一些清洗行为，反过来，清洗行为也确实能够消除一定程度的罪恶感。所以，如果你的心中常常有罪恶感，除了寻求心理医生的帮助之外，还可以通过清洗行为得到补偿，冲澡或者洗手、洗衣服或者洗床单等。在进行该类清洗活动的同时，心灵也得到“清洗”。

三、战胜抑郁与强迫

本章重点分析抑郁症和强迫症两大心理障碍，告诉你引发抑郁症和强迫症的重要原因以及诊断这类心理障碍的标准。如果你有这方面的倾向或者你正在遭受抑郁或强迫的折磨，不妨看看本章为你提供的心理疗法，帮助你早日走出困境。

谁制造了抑郁“病毒”？

在现代社会中，心理疾病已经很普遍了，只是程度不同而已。人类在社会文明的发展下越来越脱离自然的本性，生活节奏加快，精神紧张，信息量也空前增大，社会关系千变万化，公平的理念与不公平的社会现象形成巨大反差等等。心理疾病正是在这些复杂的社会现象中逐渐增多并趋于恶化。下面，我们讲述两种最常见的心理疾病——抑郁症与强迫症。

抑郁症患者的表现及病因

抑郁症是近年来在社会上最为“流行”的一种心理疾病。长期以来，整个社会，甚至是抑郁症患者都对抑郁症这种心理疾病持有一种比较片面，甚至是错误的看法。一提到抑郁，大家就会不约而同地想到“丧失进取心”“个性软弱”“自暴自弃”或“爱好自虐”等。

实际上，医学研究已经证实，抑郁症其实只是一种由大脑某些生物指标改变而引发的疾病，患者通常有常人体验不到的痛苦，旁观者也无法感受其内心的伤痛。有人说抑郁症是一场精神重感冒，也有人说抑郁症才是真正的精神疾病，因为它会严重影响人们的正常生活，比如降低行为能力，改变世界观，摧毁人际关系等。总之，患者会变得不再是原来的自己。

抑郁属于正常的情绪范畴，在某些能够引起我们悲伤和痛苦的事件中，大多数人都有过抑郁的表现和体验，如悲观失落、对任何事物提不起兴趣、避免与任何人发生接触等。但抑郁的情绪和抑郁症是有区别的，抑郁情绪的当事人尚有足够的自尊和自信，即便处在抑郁的状态中，但依然有行为自制力，没有异常行为出现；而抑郁症患者常常对环境不能做出客观、真实的判断，发生偏离社会常规的行为，比如情绪持续低落，感觉绝望，失去兴趣，并不能应对正常的生活和工作，甚至产生结束生命的念头。

关于抑郁症的表现，总结如下：

1. 情感症状：几乎每时每刻都处在悲伤、空虚、情绪低落的状态中，对任何事都提不起兴趣，失去了生活的乐趣。

2. 生理症状：行动迟缓，浑身无力，疲劳，紧张，食欲明显增加或减少，出现睡眠障碍，如失眠或早醒。

3. 心理症状：过度自责，自我评价降低，严重时产生绝望、厌世念头，甚至反复企图自杀。

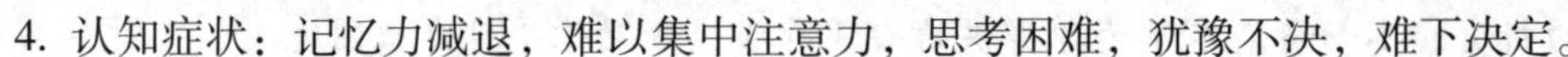

4. 认知症状：记忆力减退，难以集中注意力，思考困难，犹豫不决，难下决定。

以上症状必须是不间断地持续至少两周或两周以上，并且与平时的表现出现非常明显的反差。它们组合在一起，会形成一个恶性循环，即感到疲劳时，做事少；而事情做得越少，就越是自责；越自责，情绪就越低落，抑郁的症状也就越严重，疲劳也会跟着加剧。

很多患上抑郁症的人也想与之抗争，仅存的一点求生欲望使他们坚持与病魔斗争，有的人赢了，而有的人却输了，还有的人是根本不愿抗争，眼睁睁地看着抑郁将自己吞噬。下面将介绍抑郁症患者的病因和心理变化，帮助人们更好地了解抑郁，了解自己。

研究发现，人群中大约有16%的人都会在人生的某个阶段被抑郁困扰，受到抑郁症的侵犯。抑郁症是一种高发的心理障碍，素有“精神重感冒”之称；发病的原因至今尚没有确定的说法，基本都是以显著而持久的情绪（心境）低落、言语动作减少和思维迟缓为主要的临床特征。概括起来，抑郁症是生理、心理、社会（文化）等因素相互作用的结果。普遍被接受和公认的病因有：

1. 遗传因素。通过调查研究发现，抑郁症具有遗传性，和患者血缘关系越近，患病的概率就越大，比如直系亲属患病的概率就远远高于其他亲属。

2. 生理因素。患者体内的去甲肾上腺素、5—羟色胺以及荷尔蒙等生物化学物质出现失衡，因为特定的基因影响，导致整个神经系统的运行失常，生理节律也不能正常调节。因而，在抑郁症的治疗过程中，药物能够在这个环节上帮助调节。

3. 心理因素。这种心理因素主要体现为情绪的失落、无助感以及自我认知的消极定位。这种感觉有点类似于“习得性无助”，当多次遭受挫折而无法摆脱之后，当事人就会产生一种消极认知，认为自己无论怎么努力都无济于事，便干脆不再做任何挣扎。抑郁症患者就倾向于这种心理认知，认定自己就是个失败者，无法控制一切，只能受其摆布，甚至当不好的事情发生时，患者也会将原因归咎于自己。

4. 社会环境因素。法国社会学家涂尔干首次提出引发自杀现象的元凶——社会环境因素。他认为，自杀属于一种社会行为，受社会经济因素的影响较大，在一定的社会环境下，自杀的概率较为稳定。而心理学家经过一系列研究也发现，某些社会事件，譬如明星自杀，都对自杀率有着非常显著的影响。此外，当事人生活遭遇的重大转折或突发事件都有可能导致抑郁的出现。

抑郁症患者的心理变化

有一个轻度抑郁症的患者，她很积极地向医生求助，为了防止抑郁症状的复发和恶化，她一方面进行着自我治疗，一方面在医生的指导下坚持用药物缓解病情，坚持

了四个多月，尽管过程很艰辛，并且刚开始的时候效果也不明显，但一路坚持下来，她的病情已经好转。

俗话说“久病成医”，这个28岁的女孩开始研究起了抑郁症。根据她提供的信息，结合抑郁症的主要特征，这里总结了一些抑郁症患者的心理特征以及心理变化的过程，帮助我们更好地了解抑郁症患者的心路历程。这样才能接受抑郁症并懂得如何去掌控和调节。

首先是抑郁过程中的总体心理感受。

出现身体疲乏的症状之后，本以为只要好好休息，调整作息时间、恢复睡眠就好了；但没想到情况越来越糟，每天根本就睡不着，体力也就谈不上恢复了。这样就一直处在疲劳的状态，提不起精神和兴趣做任何事情。有时候实在累得不行，觉得自己昏昏沉沉即将入眠时，突然一个心悸，又惊醒了，然后就长时间地难以入眠。害怕与朋友接触，短信、电话一概不回不接。似乎有个小鬼守在睡眠的大门口，只要睡意来临，前脚还未踏进去，那个小鬼就会拿着长矛刺过来，睡意就如惊弓之鸟般飞散了。

脑袋里似乎有一大罐铅，沉沉的，思维也变慢了，说话时连嘴唇都变得不听话了，胸口仿佛有一把火在燃烧，没有力气举手、抬腿，就连拿个水杯都变得艰难无比，有时候吃饭手明明已经把饭菜送进了嘴巴里，但却忘记了咀嚼。很多时候都有自杀的念头，关键时刻总是理智将其扼住。

情绪的低落出现周期性的反复发作，难受的时候只能冲进洗手间，打开水龙头，放声大哭，然后哭够了再擦把脸出去，依旧笑脸示人。总是劝自己：坚持，再坚持一下就好了！可事实上，这一点用处都没有，低落的情绪还是时不时地就扑过来。

其次是抑郁症患者在一天之中的心理变化。

早晨。很多抑郁症患者是很晚入睡，早晨四五点钟就醒来，或者更早；甚至还有很多人经历了彻夜未眠的一夜，早晨也谈不上是醒来，而是直接从床上痛苦地坐起来，看着外面的天色，阳光灿烂会令人沮丧，天色阴沉还是会使人难过，然后就不知道自己即将要做什么，感觉这一整天又将是一段煎熬，不想上班或不想见人，于是一个念头闪过：这是最后一天了！

上午。勉强去上班或上学了，但提不起精神，做事也不在状态，听课也听不进去，没有效率——煎熬。

中午及午后。好不容易熬过了一个上午，到了下班或下课时间，该吃饭了，但吃饭又是一种煎熬，勉强吃一点；午饭后似乎精神会稍稍好一点，心理上也没有很多压力了，这种心理转变是极其缓慢的，没有任何外在因素，完全是患者的一种心理感受，

早晨起床时的那种生不如死的感觉也渐渐淡化了。

下午至黄昏。下午四五点至黄昏这段时间，精神状态会很好，身体的疲乏感也稍稍减轻了，对事情也产生了一点兴趣，开始想与人交流，并且会主动去找些事情做。

晚上。晚饭后也许是这一天中最好的时候了，似乎所有的阴霾都被驱逐殆尽，交流过程中根本不会被视为抑郁症患者，简直与正常人一样。

睡前。躺在床上之后，开始想很多事情，包括担心睡不着，害怕明早又会早醒，恐惧早晨醒来之后的心情，拒绝迎来第二天等。于是，反反复复的担忧和恐惧，焦虑情绪再起，这是第二天抑郁的前兆。

抑郁与现代网络

抑郁症被公认是一种心理疾病，并且是真正的疾病。有研究者发现，当代社会之所以会成为抑郁的高发阶段，其中很大一部分原因是因为网络。从一个人上网的习惯模式中可以大概看出些东西，尤其是心理健康方面的问题。

为了研究有抑郁症状的人在上网模式上的表现，或者说是抑郁症是否与上网模式之间存在关系，研究者观察了一群有抑郁症状的大学生，发现他们总是在强迫式地接收和发送邮件，观看许多视频，并花费大量的时间玩网络游戏，当然也包括网络聊天；有的人甚至一整天都待在电脑前，在不同的应用之间频繁转换。后来，研究者对这群大学生进行了为期一个多月的追踪调查。

研究的最初，这群大学生中有30%的人伴随一些抑郁症状，譬如情绪低落，精力难以集中，焦虑过度等。但这并不能说明他们都患上了抑郁症，只能说明，有10%到40%的大学生在不同的时期都会出现抑郁症状，并且那些有抑郁症状的大学生和那些没有抑郁症状的大学生相比，上网的模式也存在很大的差异性。

当然，研究还不能证明，究竟是抑郁引起了这种上网模式，还是因为不同的上网模式导致了抑郁——网络和一个人的情绪是否存在一定的关联。

有些抑郁症患者或许会选择玩游戏或看视频的方式去逃避情绪上的伤痛，而游戏也会在某种程度上提高患者的情绪，未尝不是一种健康的逃避方式；还有不少社交上的困扰需要依靠网络聊天或频繁收发邮件的方式去缓解。有抑郁症状的人在上网时，经常在不同的应用中迅速地、不停地切换，实际上也是注意力难以集中的表现，但这种短暂的注意力集中或许可以帮助他们改善自身的心理状况。

由此可见，从上网的模式上观察，我们至少可以洞察一个人是否具有抑郁倾向；反过来，上网模式也在一定程度上对有抑郁症状的人起到缓解、调节的作用。当然，过度上网对病情是没有丝毫好处的，甚至还会导致病情恶化。

走出抑郁的阴霾

1. 驱除愤怒

有研究发现，抑郁或许来自当事人对自己的不满和愤怒。试想，当我们对外界的种种感到不满甚至愤怒时，却因为各种条件的限制而无法及时发泄，这个时候有些人就会把这种情绪转向自己。常常有一些处在抑郁状态的人，心中明明很不爽，但不知道该如何表达，也许他们根本不知道自己是对别人愤怒，结果自己就成了被攻击和贬低的对象。如果这种情况得不到缓解和消除，长此以往，抑郁的症状就会越来越严重。

实际上，愤怒只不过是一种情绪。我们在生活中经常要应对很多种情绪，所以它本身并非特别严重，只要学会表达和发泄愤怒的方法和途径，就可以了。

关于表达愤怒情绪的途径，什么是适当且有效的，这个很关键。通常情况下，愤怒不可肆无忌惮地发泄，因为那会伤害到其他的人，但如果只是将这种愤怒压在心底，它就永远不会消失，而总是试图以各种形式爆发出来，比如抑郁、头昏等。所以，发泄愤怒情绪要找到一条适当而有效的途径。

第一，在心里问问自己：我是否有所期待？究竟希望对方做点什么？而我想通过愤怒来表达什么？愤怒的背后往往潜藏着某种欲望，我们之所以愤怒，是因为对对方有所期望，而这期望却与现实存在差异。我们的期望没有实现，这种落差就导致了愤怒情绪的出现。此时，如果我们表达这种情绪的方式是：劈头盖脸地将对方骂一顿，然后转身走人，对方见我们如此，谁还乐意再顺从我们的意愿？这其实是与我们最初的期望相悖的。所以，当愤怒产生时，不妨将我们最初的期望直接表达出来，和对方进行协调沟通。

第二，再问问自己：我是真的对他（她）感到愤怒了吗？原因是否正如我所说的？心理学家发现，引发愤怒情绪的对象有时候和愤怒的发泄对象并不一致。也就是说，有时候我们愤怒的真正原因并非如我们自己所说，而是另有因由，但对方却不幸地成了我们发泄的“替罪羊”。

第三，基本的需求和欲望得不到满足，也会衍生愤怒。我们是对全世界都不满，还是只对某个人、某件事感到不满？某个情境或许令我们感到深深的伤痛和无助，但我们会去责备这种情境吗？如果感觉到周围没有人关心你，没有人爱你，觉得只身一人、孤独无依，生活里没有快乐和爱的话，解除愤怒的最好方式是寻找获得爱与快乐的途径，而这种愤怒越是发泄，就越是令你痛苦。

第四，愤怒有时候源自爱和感激。这类积极的情感往往也会促使我们产生愤怒的情绪。比如，你因对方的某个举动而生气，感到不可遏制的愤怒，但依然能够感觉到

自己仍在爱着对方，那这种愤怒往往是因为爱得深切。此时，应该换个角度表达，将愤怒演变为爱的方式发泄出来。此外，没有安全感和不自信同样也会引发愤怒，不妨尝试使用积极而有效的表达方式，这会提高我们的自尊感。

第五，当我们是因为成了别人愤怒的“替罪羊”而感到愤怒时，可以试着问问自己是否一定要接受这种安排，一定要因此而感到难过吗？答案是不必，这样你就成不了那只“替罪羊”。

第六，不要用愤怒去掩饰自己受伤的事实。这种方式很高傲，但我们受到的内伤也会很大。我们其实不必为了面子一定要去与对方斗个你死我活，这种斗争所产生的情绪刺激便是愤怒。生活中，无论让我们感到愤怒的原因是什么，都不要盲目地将其放大，我们要做的是解决矛盾和问题，而不是一定要在气势上获得胜利。

第七，学会记录愤怒。可以用一个小本子，把我们在不同情境下所产生的不同程度的愤怒记录下来，这样有助于理清愤怒的各种类别，分析在何种情境下适合表达愤怒，如何表达等。有些时候，我们的愤怒只是一时冲动，属于短暂的愤怒，使用一些小技巧就足以发泄；但也有部分愤怒属于长期积怨的结果，这就需要尝试使用不同的方式去解决了，比如直接告诉对方你是因为什么而生气的，或者自己寻找一种有效的排解渠道，如挤压橘子、拍打沙包、跑步、在无人的地方大喊大叫等。而不管采取何种形式，都不要运用暴力或者是口头辱骂，因为这样不仅不会使愤怒消减，还有可能带来更多的愤怒和伤害。

第八，当你不想用其他形式发泄愤怒时，不妨拿起你的笔，准备一张纸或一个本子，像记录各种愤怒时那样，将对方的种种不是全部写下来，心里想象着这是写给那个使你愤怒的对象的，或者是投给某个报社的，把内心的愤怒情绪尽可能细致地发泄在纸上，必要的时候你还可以大声念出来，直到火气全消为止。

第九，当愤怒产生时，也不要担心和害怕，更不能压抑。抑郁症患者最忌讳的就是过度压抑自己，那只会令自己变得更加抑郁。这时候用合理的方式发泄就行了，比如数数法、转移注意力等。如果你坚持使用有害的方式发泄愤怒，那就另当别论了，此时愤怒或许还会酿成一桩悲剧。

第十，就事论事。令你愤怒的是某件事而不是某个人，这样去想就会好很多。在愤怒过后，可以试着去分析那些令自己愤怒的真正原因是什么，必要时可以找一个朋友（最好是持中立态度的人），将你心中的感受如实说出来，让对方帮你分析和清理。当真正找到了那些总是能够令我们愤怒的源头时，也就找到避开愤怒的途径了。同时，还帮助我们将愤怒的能量转换为重建自我的动力。

总之，及时地排解和表达愤怒有助于心理健康，也是减少抑郁、降低抑郁症发病率的有效途径之一。愤怒情绪的最佳发泄方式要以适合自己为主，也是值得我们每个人去研究的问题之一。需要注意的是，假如在表达愤怒的过程中，你没有很好地控制自己，或者因为你的愤怒而给别人造成了伤害的话，也不要过分自责，因为这只会令你变得更加压抑，心理学家建议，此时最好的办法是拿出你刚才愤怒时的魄力来，去向对方道歉。

2. **勇敢做自己**

研究发现，大部分患有抑郁症的人都害怕做自己，他们不敢满足自我的要求，忽略自我价值，反而处处以他人为中心。所以，要想摆脱抑郁，有必要重新找回做自己的勇气。

（1）抑郁性人格的成因和表现。

如果你谦虚，愿意无私地服从和配合别人，依赖、附属，恐惧变成一个独立的自己，甘愿被人摆布，甚至质疑自我的能力，没有安全感和归属感，富有同情心且感同身受，害怕被抛弃，恐惧分离……实质上，以上性格的核心特质就是不敢做自己，不愿满足自我的要求，而一味地忽略自己。

强烈的依赖感促使其追求与他人之间最佳的亲密感，越是亲密无间，他（她）的内心就越安全。如果是恋人之间，最好是那种“你中有我，我中有你”的感觉。为了追求这种亲密感，他（她）会倾尽所有去付出；但一旦距离产生，他（她）便会感到无措，有被抛弃的感觉。这种疏远和离开对他（她）来说也意味着将要失去，那即将面临的就是孤独和落寞。

为了挽回形势，他（她）会竭尽所能地去依附对方，满足对方的所有要求，也会通过提供避风港，给予关爱和照顾的方式，让对方来依附自己。不管何时何地，只要他（她）能感觉到自己不会被抛弃，就是安全的。遇到双方意见不一致的情况时，即便他（她）极其不情愿，也依旧要维持好“和平”……总之，这种性格特质被心理学家称为“抑郁人格”，最显著的表现就是不敢做真正的自己。

研究发现，这种人格受孩童时期的环境影响，尤其是受母亲的影响居多。一般情况下，母亲的两种言行表现会促使抑郁人格的形成，一是冷酷的拒绝，二是过分的宠爱。

如果孩子总是遭到母亲的残酷拒绝，那在他（她）的心里就会产生一种卑微的念头，认为自己是那么的多余，甚至就是一个累赘。他渴望与母亲亲近，却一次次地遭到拒绝，内心的罪恶感也就渐渐萌生。即便日后不再做出尝试，但那种卑微感已经形成，他更愿意将自己包裹起来，把最真的自己封存起来，不再提出要求，只是服从和依附。

如果孩子受到母亲的过分宠爱，无论是在精神上还是在生活上，都给予其无微不至的照应，久而久之，孩子会失去自我发展的机会和能力，也就失去了建立独立个体的意识，慢慢地就养成了依附的习惯。当然，随着年龄的增长，尤其在青春期，这种独立意识会逐渐复苏。在该阶段里，独立意识会站出来做出反抗，在反抗的过程中自然会遭到母亲的打压。他（她）也会由此而产生一种负罪感，逃不出母亲的宠爱，最终也就不想再逃了。

由此可见，具有抑郁特质的人格在幼年时期就埋下了根基，以他人的需求为主题，处处以他人为中心才是最正确的选择的这种思维模式一直贯穿在他（她）的生活中，最终迷失自我，不敢表达真实的自己。

在爱的相处模式中，抑郁人格的人爱对方的方式更甚于对方爱自己，也即“我爱你，但这与你无关”，而亲密行为才是换取其内心充分的安全感和归属感的根源。为了获取爱，他（她）可以放弃任何东西，包括自己的爱好，时间一长这些爱好连他（她）自己都忘记了。不能集中精力做一件事，也很难记住一些东西，于是就觉得自己不够聪明，甚至陷入自责。

心理学家发现，这类人表面上没有任何攻击性，因为他们几乎把所有的不满和愤怒都转向了自己。他们希望周围的人开心，但也妒忌那些能够得到很多东西的人；这种妒忌并不会直接显露，而是被转化成道德层面的东西。接触过这类人的人们都知道，他们常常用十分深邃的目光、忧郁的眼神，沉默地传达一种十分隐蔽的攻击——使对方深感自责。当然，他们是不会忘记惩罚自己的，反复惩罚自己的后果就是陷入焦虑和抑郁。

（2）如何尝试做自己？

了解了抑郁人格产生的缘由和表现之后，也就大致清楚了改善这种人格特质的途径。勇敢地表达自己，做真实的自己，大胆地去满足那些发自内心的需求，不要把别人当作生活的重心，敢于大声拒绝。

第一，我们要知道，每个人都是一个独立的个人，任何关系都是建立在相对独立的基础上的，不存在任何依附。人类虽然不能摆脱群体过独居生活，但这并不意味着我们不能独处，人际关系不是靠依附和顺从就能够长久维系的。注重自我发展，才是获取永恒的健康人际模式的最佳途径。别人喜欢你，不是因为你为其做了什么或放弃了什么，而是认为你是值得喜欢、值得交往的。你独具个性的人格魅力才是吸引对方与你交往的关键。

第二，我们不需要去取悦任何一个人。当你真正获得独立意识和独立人格之后，便会立马发现，很多人都喜欢独立的你，而不是那个只懂得一味取悦他人的你。你要为他人着想，这是善解人意，但不能过分放弃自身利益，更不能超越限度。俗话说得好，“物极必反”，任何超过限度的事物都会朝着相反的趋势发展，结果总是事与愿违的。

最后，去尝试一下吧，把以上认知全部化作行为，问问自己“我想要的究竟是什么？我做这件事是否会得到我想要的？还是只是因为那是别人想要的?”当你意识到那并非你的需求时，果断地告诉自己：“我不该如此牺牲自我!”当你这样做了，你会发现，事实上那些真正喜欢你的人并不会因此而躲避你，反而更加喜欢你了。假设有人悄悄离开了你，那只能说明他（她）一直都在利用你，利用你的这种特质去满足自己的要求。身为一个成年人，你也应该知道，他们并非真正意义上的朋友，走了又何妨?重要的是，你最终会觉得很轻松，状态很好。

3. 赶走抑郁的心理练习

练习一：及时做好心理强化工作，撇开抑郁偏见

否定自己，这是有抑郁情绪或患有抑郁症的人最常见的一种心理。心理学家建议，做好自我强化，有助于缓解这种否定情绪，帮助抑郁症患者更好地找回自信。

很多患有抑郁症的人对抑郁症存在一定的偏见，这会给其带去双重痛苦，越来越难以面对现实。甚至抑郁症患者自身的消极情绪和行为还会不断加剧病情，结果是反其道而行之。要知道，抑郁的成因有很多，是多种因素综合作用的结果，而单一事件往往是抑郁症发病的导火索。所以，在日常生活中应该不断地做心理强化工作，及时强化自己的积极情绪与行为，减少抑郁的成分，直到其最终消失。

（1）坚持进行正常的日常活动。

抑郁症患者并非完全不能从事工作，如上班、做家务等日常事务依旧可以进行。但如果患者因为抑郁停止一切活动，对病情是一点好处都没有的，只会增加其无助感和自责感。所以，只要还能坚持就坚持吧，这样才不会使情绪更加低落。

（2）及时地肯定自己。

无论这一天你（抑郁症患者）做过哪些事情，都要及时地给予自己肯定，千万不能处处为难自己，不触及消极的东西。有条件的话，还可以写日记，把美好的东西都记在日记里，每天坚持，生活便不会枯燥。

（3）切忌向周围的人谈起消极的话题。

抑郁最忌讳的就是消极的东西，自己不要提及，周围有人提及，要立即理智地站起身离开。

（4）给自己制定符合实际的计划。

睡觉前考虑一下明天的计划，也可以写在日记本上，但计划不要高于实际，超出你的能力范围，但也不能过低，能够给自己增加自信的计划最好。

练习二：用“轨迹法”回忆幸福往事

研究发现，如果抑郁症患者能够远离消极情绪，被积极情绪充分感染，会有效地改善低落心境，通过自我肯定的具体细节缓解抑郁症状。而这种方法就是借助引导患者唤起一些积极、正面的记忆。

英国医学研究委员会认知和脑科学小组博士蒂姆·达格利什及其同事认为，“轨迹法”能够帮助抑郁症患者顺利地回想起很多美好的事情。这种“轨迹法”原本是人们用以加强记忆的一种方法，即将记忆中的生动画面和一些具体的标志联系起来。“轨迹”也就是位置或地点，当事人只需要选取一条自己熟悉的路线，再将这条路线中出现的路标按顺序记录下来，在练习记忆的时候就可以把需要记忆的事物依次放在路标处。这样一来，人们只要能够回想起那条熟悉的道路上依次出现的标志，就可以顺利地记住需要记忆的东西。

实验也对该发现进行了验证——英国医学研究委员会认知与大脑科学分会的心理学家就“轨迹法”进行了实验，通过帮助抑郁症患者回忆起幸福的往事，进而改善抑郁情绪。主要的方法是：抑郁症患者需要回想曾经发生过幸福事件的地点，再把需要回忆的东西和类似的地点联系在一起，然后在回想起某些具体的地点时，自然回忆起那些幸福的往事。

实验的过程中，抑郁症患者被分成两组，第一组被要求运用“轨迹法”建立与其记忆有关的联系，第二组作为参照组，被要求使用“排练法”进行联想训练，即依据相似性进行类似记忆的搜索。这些接受实验的患者都按照各自的方法进行了回忆，并且尽力地回想起十五种正面的记忆。

结果显示，运用“轨迹法”联想幸福往事获得的积极情绪，要比使用“排练法”的效果更好，抑郁症患者的情绪也较快地得到了缓解。

练习三：培养积极心态

可见，积极的情绪是帮助抑郁症患者早日康复的宝贵财富。由此，心理学家呼吁抑郁症患者尽己所能地培养乐观积极的心态。

研究发现，抑郁症患者的思维模式一般都有三大特征，即稳定性、内在性和概括性。稳定性是指，患者总是认为无论自己怎么努力，事情都已改变不了了；内在性是指患者的自责，将很多错误的原因都归咎于自己；概括性指的是患者的抑郁情绪会影响到生活的方方面面。但这并不是说，具有以上特质的人就一定是个抑郁的人。

环境的无助和内心的无望是导致抑郁的重要原因。容易感到无望的人总是在想着自己即将面临重大的、无法避免的不幸，自己无法控制，也得不到他人的救助，当不好的事情发生时，他们也总是会得出关于自己的、不好的结论，比如“我真没用，我实在没有任何价值!”，如果这件不好的事情在不久以后和另外一件事有联系，他们也会认为后者是由前者引发的。这些其实都是悲观者的心态，乐观的人几乎不会让自己陷入抑郁的情绪。

既然如此，那就从现在起，拿起纸笔记录下你生活中的好事情，然后告诉自己“这件好事也有我的功劳，如果没有我，说不定还没有这么完美”“这件好事会在将来带来更多的好事，更多的好运，是我让这件好事发生的”。相信不久，消极心态就能得以扭转，并朝着积极的方向发展。

练习四：避开抑郁的思想误区

20 世纪 70 年代，美国宾夕法尼亚大学医学院精神病学教授阿罗·T·贝克组织了一个情绪研究小组，他们由抑郁症患者的情绪背后的认知入手，进行深入研究，发现患者容易在情绪认知方面出现紊乱，认为当患者在感到抑郁或焦虑时，其实是在使用一种非逻辑性的、消极的思维模式进行思考，这就不可避免地要陷入思想误区，采用一种自己打压自己的方式行动。由此，他们提出了认知疗法，以此来帮助患者更好地认识自己，了解自己思想误入的禁区，进而更好地改善情绪，找到缓解抑郁的心理途径。

（1）完美主义误区。

抑郁症患者善于用一种十分极端的、黑白分明的形式去评价自己。好就要最好，不好就干脆彻底抛弃；得到的如果不是全部，那就全部不要。这种思想其实是基于完美主义之上的，这令他们恐惧一切错误带来的不完美，甚至偏激地认为自己一无是处，忽略掉了很多美好的部分。

其实，这个世界上哪有绝对完美的人或事？完美是不存在的，如果过分执着地去追求，结果只会令自己更加沮丧，一直抑郁下去。因为你的很多观念和现实都不能完全吻合，导致你对自己失去信心。

（2）摒弃消极的思维定式。

很多抑郁症患者总是倾向于把某些不够好的、中性的，甚至是积极的事物或体验演变为坏的、贬义的、消极的认知。这是一种贬损积极的行为，会令很多美好的东西面临毁灭，而一直促使患者怀有这种贬损心态的，其实还是对自己的过低评价。

（3）斩断情绪推理的链条。

某些情绪在抑郁症患者看来会成为某种真理的证据，比如，这些患者感觉到自责，于是他们会推论出自己一定是做了很多伤天害理的事情，或者感到自己浑身乏力时，就断定自己需要回到床上。心理学家认为，这种推论完全是一种错误逻辑，但却存在于患者的几乎所有的症状中。

克服这种心理的最好方法是：把它们全部扭转过来，当你感到自己全身乏力，于是推论出自己要回到大床上时，不要顺从，而是坚持去做一些事情，结果会证明你的推论完全是错误的——当你坚持去拖地板或逛街后，你的状态反而变好了。

（4）别再过度概括。

抑郁症患者会将认知加以扭曲，特别是在遭遇到短暂性的失落时，很多人会认为这种失落是长久的，并告诉自己以后再也不要如何如何。在消极情绪方面，抑郁者是最擅长做过度概括的，他们往往因为一时的失意而让其波及全部事物。

此外，当你在某一情境中摘取了一个消极的片段，并透过该片段断定整个事件都是消极的，也是过度概括的表现。比如，患者可能会在生活中听到某句令自己不满的话，于是他（她）便会认为："这个世界上的人就是这样现实！无情而又残忍。"其实，如果放在他（她）还没有得抑郁症之前，听到同样的一句话，他（她）最多只会认为是对方冷酷，而不会波及全人类。这是因为抑郁症患者是用一颗消极的心去看待一切，所以一切就都会变得消极。因此，如果你想克服抑郁，就别再过度概括，别再用一种消极的眼光去看待全世界了。

（5）不要把所有罪责都归咎于自己。

责任归己化，这是抑郁症患者的一个最明显的心理特征。无论是否有依据，抑郁症患者都会把一切不好的事情的原因归结在自己身上，深深谴责自己。但想过没有，你是否有这么重要呢？是否有如此大的影响力呢？其实，我们每个人都没有想象中那么重要，别人也并不会甘愿受我们的摆布和控制，某件事情即便与我们有点关系，我们也并不一定就是直接因素。所以，别再把那些无关的责任都揽在自己身上了，这种"一厢情愿"式的包揽罪责，只会令自己更加痛苦。

（6）不要用"应该"去要求别人。

如果你认为自己"应该"如何，会起到一定的激励作用，但这种"应该"如果应用在别人身上，通常都会感到失望，无形中给自己造成压力。比如，你如果认为"我的家人应该是最能够体谅我的人，我的爱人也应该是最爱我的人"。可实际上，他们并没有做到你期望中的"最体谅"和"最爱"，此时你的心里势必会觉得很委屈，甚至充满怨恨。

生活中，这种用"应该"去要求别人的做法常常给我们带来情绪上的冲击，因为你的行为标准在现实中并没有得到实现，此时的"应该"或"不该"都会令你讨厌自己，甚至觉得羞愧、歉疚；一旦其他的所有人都达不到你的标准时，你便会感到痛苦。这是抑郁情绪的起源，源自对外界的不满意，如果你想改变这种局面，最好是降低自己的标准，别再用"应该如何如何"去要求别人了，否则，你将永远被他人的表现控制着情绪。

（7）撕掉标签。

研究发现，当一个人因某人所犯的错误而为其贴上标签时，就意味着某种敌意的出现；而当一个人给自己贴上标签时，无疑是在打击和否定自己。

你因为别人的一个错误而为其贴上了消极标签，那就代表你为自己建立了一个消极情绪的“发源地”。你用这个“标签”去审视他（她）的一切行为，永远都不会感到满意，久而久之，双方之间就会出现矛盾。

如果你基于个人所犯的一个错误而给自己贴上了标签，那就意味着你给自己创造了一个完全消极的自我形象，你也会开始用这个标签来形容和介绍自己。要知道，你的自我永远不可以和你所做的任何事情画等号，你如此片面地用一个错误去断定自己，实在是一种极端的行为，它会使你最终真的变成那样的人，也会加剧你的悲观情绪。所以，不管是给别人贴上消极的标签，还是给自己贴，都不是明智之举。

（8）不要做毫无根据的猜测。

抑郁情绪的产生可以只是因为一个假设性的幻想，也可以是一些毫无根据的预测。

如果你假设有些人不喜欢你，虽然你没有去尝试检验一下，但心里已经对此深信不疑了，最后内心衍生出一种消极情绪，不断地给自己打击和消极暗示。在这个过程中，抑郁症患者成功地把假想变成了情绪上的一种真实体验。

假如你感觉到某件不幸的事情即将发生，并把它当成一个已经发生的事实的话，那么，内心的感受也将会沿着这个方向发展，直到你真实地感受到不幸带来的痛苦。

这两种情况都会在抑郁症患者的心理上产生极大的冲击，比如，日常生活中，有些患者会在发短信给友人却久久得不到回应时感到崩溃，猜测对方是怎么了，是自己什么时候做了什么过分的事情，还是对方已经决定和自己绝交了……种种猜测汇合在一起，导致患者陷入抑郁情绪，甚至决定再也不去找对方了。但事实证明，对方只是因为手头上有事要处理，没有来得及回复，或者根本就没有收到短信。结论是，在这个过程中产生的所有心理折磨都是毫无依据的。

练习五：逃离灰暗领域，寻求希望

患者情绪上的抑郁体验大部分来自绝望，感觉身处灰暗地带，难以自拔，抬头又寻找不到光明和希望，每一天都会变成煎熬和折磨。乐观的人为什么永远如此开心和积极向上？那是因为他们对自己、对未来有期待，他们看到的永远都是明媚的天空。所以，引导抑郁症患者脱离灰暗地带、看到光明很关键。下面是心理学家给抑郁症患者的一些建议：

（1）接受现实，建立积极的自我认知。计划永远赶不上变化，别轻易给自己下定

论，即便你已经知道自己患上了抑郁症，也不要担心和恐惧，要相信自己完全有能力战胜心理障碍；更不要总是贬低自己，你没有那么差，想想从前的你，那么多优点和吸引人的地方，为了你更好地认识自己，现在就拿出纸笔，一一列出你的优点，记录下每天发生的可爱的、有趣的事情。经常看看窗外，那些阳光灿烂的日子，难道你不想出去走走吗？你曾经和爱人（亲人、好友、孩子等）一起出游的日子是那么快乐和幸福……

（2）告诉你最亲近的人。得知自己有了抑郁倾向或患上了抑郁症时，千万不要一个人独自承担，坦白地告诉你身边的人，不要担心这会影响你们的关系，因为你要相信他（她）也希望你好，向他（她）求助吧！也给自己一个精神依靠，你们一起努力赶走抑郁，必要时一起去向心理医生求助，并积极配合治疗，相信不久就会找回从前的自己。

（3）对自己表达理解。你要去了解一些抑郁的知识，正确认识自己目前所处的状态。当被抑郁情绪困扰而不能正常完成任务时，千万不要责备自己或感到愧疚，对自己好点，安慰并理解你自己。

（4）为自己创造一个希望。世界很大，有抑郁症的其实并不是你一个人，它也不是不治之症。很多名人，比如林肯、丘吉尔、著名主持人崔永元等，他们也都有过抑郁的经历，在一段艰辛的与病魔抗争的历程中，他们不是都获得了成功吗？所以你要对自己有信心，给自己一个希望。

练习六：树立积极信念，做好应对病情反复的准备

研究发现，在重度抑郁症患者中有80%的人会面临病情复发的挑战，有一半的人抑郁症发作的次数都在四次或四次以上。因而，如果你是重度抑郁症患者，首次治疗取得了成效后，也不要就此放松警惕，既要做好充分的心理准备，又要在复发之前的这段时间内，把自己的生活状态调整到最好。

（1）积极培养兴趣爱好。病情好转之后，患者会感到生活的颜色都变得不一样了，再也不是以前的灰暗状态了。为了保持这种好状态，不妨为自己培养一些积极的兴趣爱好，多做一些有意义的、积极的事情，让心情每天都维持在愉悦状态，自然就把抑郁的情绪拒之门外了。

（2）继续维持药物治疗，对未来病情发作的情况做好准备。对于重度抑郁症患者来说，在病情首次得到控制以后，如果立即停止用药，抑郁很可能会很快复发。因为失去了药物的作用后，身体分泌的神经化学物质不足以维持自身平衡，导致病情出现反复。因此，千万不要自行做决定，应该在医生的许可下停药。此外，还要积极调整心态，正确认识病情，对将来会出现的病情反复做好准备，从第一次的发病中总结

经验。

(3) 在抗抑郁的历程中重新认识自我。研究显示，大学生群体自杀现象的背后潜伏的一个最大的凶手，就是抑郁。综合分析该群体的特征会发现，他们正处在生理和心理的转变时期，在以往的生活和学习环境中，并未接触到很多现实问题，那时他们只要关心学习成绩就可以了。但在大学时期就不同了，各种各样的考验纷至沓来，对于一部分心理素质脆弱、还没有做好转变准备的大学生来说，情绪上的起伏会更大。

但抑郁的情绪其实也未必完全是坏事，反倒可以帮助患者迅速看清自我，建立自我同一性，并最终形成“我就是我，原本的我”的认知状态。因此，经历过一次抗抑郁历程的人们就更加应该明白，你就是你，是不一样的你，为你的人生树立一个目标，让真实的你重新拥有美好生活。

4. 寻求身边人的帮助

实际上，关于抑郁症，不仅患者本人存在心理偏见，连其身边的人都会产生一种无奈和厌烦，因为他们不理解，为什么一件并不重要的事情在别人那里没有任何影响，却偏偏就对“他”产生了如此严重的影响。或者在某些相同的生活环境下，或者面对类似的一件事，有的人不会抑郁，而有的人却很容易就变得抑郁。所以，人们很难理解“他（她）”为什么会是这个样子。

抑郁是一种旁人很难看清和理解的心理疾病，更多的是一种很容易令人生厌的行为。旁观者也许只看到他们过分的悲伤和压抑，却难以体会到那种刻骨铭心的病痛。开始时，他们或许会表示理解和同情，但时间长了，他们便会提出质疑：现在是不是应该振作起来了?! 总是这个样子有什么用? 殊不知，这只会给抑郁症患者施加更多的压力。

心理学博士 Debroah Serani 建议，如果你的身边有抑郁症患者，请一定要善待他们，给予其精神上的支持：

(1) 给予最好的陪伴。抑郁症患者身边的人可能难以忍受很多微不足道的问题被放大，不理解他们心里究竟在想什么，有时候甚至开始朝他们发脾气。事实上，抑郁症患者需要的最好支持就是亲人、朋友的陪伴，哪怕一句话都没有，只要能够传递关怀，让他们明白“我很在乎你，请你一定要快点好起来”，或者“我明白你很痛苦，但一定要坚强，因为我会一直陪着你”，诸如此类的信息会令他们感到自己还有价值，感到无限温暖。

(2) 不要指责。抑郁症患者本身对自己就常常自责，如果这个时候身边的人再去“火上浇油”，无异于给患者施加更强烈的刺激。因而不要用“你别这么敏感!”或“你怎么能这么小心眼?”之类的话去责备他们，更不能小看那些痛苦。

（3）别试图激将。我们在生活中往往会使用激将法去激发一个人的斗志，或者说服对方接受自己的意见，但这种方法对抑郁症患者没有用，而且还会加重他们的抑郁情绪。

（4）最好不要盲目提建议。我们常常会在朋友向我们诉苦时，送上一大堆的意见和安慰的话，这虽然是基于友情的善意举动，但很大一部分原因还是他们让我们产生了同情和怜悯之心。所以，我们也就迫不及待地想要以一个强者的身份为其出谋划策。

面对抑郁症患者，我们同样会产生同情和怜悯，即便他们自身也需要指导，可这些指导会令其感到更加羞耻和无助。如果我们真的想给予帮助，与其提意见，不如反过来问问对方："我怎么做会使你好受一点呢？"这样的问法会使对方找到向我们寻求帮助的契机，得到应允后再提出意见，就不会产生不好的结果了。

（5）不要轻易地表达理解。"我理解你的感受"或者"我感同身受"，这样的话在平时当然会产生很不错的效果，但在面对抑郁症患者时，最好不要轻易说，除非我们也曾有过类似的痛苦。如果直接表达这样的感受，对方只会开始回避，并逐渐远离你。

（6）切忌批评。心理学家认为，抑郁症患者要比正常情况下敏感许多。所以，任何带有指责或批评意味的话语对他们来说都是一枚炸弹，他们会放大，甚至想得很严重。比如，你如果建议说："你不要总是想那些不开心的事，事情总有好的一面，你怎么不想想那些美好的呢？"这句话看似没有问题，但它的潜台词会被患者理解为"是我自作自受，明明有选择的机会，而我却放任自己选择绝望"，在他们的情绪和思想中又是一个不小的打击。

（7）注意细节。抑郁症患者在日常生活中其实存在着一种很矛盾的心理，他们既觉得自己没用、没有价值，时时不忘指责自己，但同时又很期待得到关注和关爱，身边的人的一举一动他们或许都看在眼里，只是嘴上不说罢了，比如，做一桌全是他（她）爱吃的饭菜，每天送上一句温馨的提醒，节日里送一张自制的小卡片等，虽是小事，但意义非凡。因此，有些话作为他们身边的人即便不能轻易说，但可以用实际行动去证明，去表达自己的感情，让抑郁症患者在无声的行动中感受到我们的关爱，这其实比直接说出来要好得多。

（8）尽力去理解抑郁的感受。如果身边的人能够了解一些关于抑郁的病痛、周期、症状等知识，便能够更好地做好陪伴的准备。我们已经介绍过，抑郁症患者并不是一整天都是抑郁的，他们的情绪有一个变化的周期，一般在下午、傍晚，直到临睡前这段时间会好很多，最难熬的是早上。所以，当我们看到患者在某个时间段内精神很好，笑嘻嘻地似乎又回到了从前，也不要武断地认为他们已经不再抑郁了，或者在他们早晨感到难熬和无助的时候，做个沉默的陪伴者……要知道，抑郁的某些症状旁人一时之间是看不出来的。了解了这些，方能认识到抑郁症状的不可预测性。

（9）耐心很重要。如果你已经决定了要陪伴你身边的某个抑郁症患者，那在一开始就要做好心理准备，因为这确实需要很大的耐心。心理学家认为，耐心是对患者最好的支持。越耐心就意味着我们将要给予的关爱时间越长，意味着对方感受到的支持和关怀就越多越深刻。无论何时，我们都需要用耐心去向对方传递这样一种信号，即不管你将持续多久，也不管你要接受什么样的治疗，反正从开始到结束，这期间的种种困难和艰辛都有我的陪伴。这种信号会使对方感到安心和安全，同时也传达了患者所急需的正能量——希望。

（10）必要时引导其向心理医生求助。对于重度抑郁症患者来说，光靠心理调节可能还不够，必须寻求医生的帮助。药物的治疗效果加上心理的引导，对缓解病情会有很大的帮助。但很多抑郁症患者都忌讳求医，担心自己被贴上“精神病”的标签，而作为他们身边的人，我们要做的是正确地引导，纠正其思想偏见，积极协助他们求医。

匪夷所思的强迫行为

1.“始终如一”的人

生活中其实常常会有这样一种人：他们几乎每天吃饭都去同一家餐馆，点同一种饭菜，从未更换过，有时候去吃饭前会告诫自己：今天要换一家餐馆，换一种口味的饭菜，结果到做决定时，又不由自主地选择了同一家餐馆、同一种饭菜。于是，身边的人会问：“其他饭馆的菜也挺不错的，你怎么不去？”或者：“你老是吃同一个口味的饭菜，不腻吗？就算你觉得不腻，但也要讲究营养均衡啊！”但他们就是喜欢，只要那家餐馆不变，他们就可以永远坚持下去。

事实上，不只是吃饭，平时逛街他们也会去同一个地方，去固定的几家服装店选衣服，款式也是千年不变的样子。如果这家店里刚好还有鞋子、手提包、围巾等，那他们会全部在这家店买了。周围的朋友又感到奇怪了，“你怎么不去别家看看？最近出了很多新款式呢！”但他们还是摇摇头：“懒得去，我就是喜欢这家的。”更夸张的是，他们会一个星期坚持穿同一件衣服，同事们感到诧异：“这也太夸张了吧！”其实，他们只是在不知不觉中就买了五套同一种款式、同一种颜色的衣服，然后在一周里轮换着穿。

对于以上的情况，有人很难理解，喜欢一样东西就必须坚持那么久吗？何况在现代社会，每天都有不同的、各种各样的新鲜事物出现，连饭菜都是要变着花样做顾客才喜欢呢，衣服的款式就更不用说了。但他们为什么就能够这样“始终如一”？

事实上，这是强迫倾向的一种表现。心理学家认为，每个人其实都会有不同程度的强迫倾向，在对外界环境的适应过程中，内心总有个声音在说："要这样，别那样"或者"你应该这样"。而在现实生活中，有些人明明已经走到了楼下的公交站，却还是不放心似的查看自己是否忘记带手机和钥匙了，或者直接返回去查看大门是否已锁好，窗户是否已关好，煤气是否已彻底关掉等等。

研究发现，如果有一堆杂乱无章的纸屑摆在有强迫倾向的人面前，他（她）会变得焦虑不安，没有办法专心做事，一定要将其按顺序捋好放置后，才稍稍安下心来。以上其实都是具有强迫倾向的人的行为表现，程度轻微、持续的时间也不长，不会引起严重的情绪障碍，均属于正常的行为表现，而非真正患上了强迫症。

生活中类似的现象还有很多，比如有的作家搞创作，非要有一包巧克力和一罐啤酒的陪伴，必须要戴上耳机，让耳边萦绕着曼妙的旋律，以上条件缺一不可，完全具备了就会文思泉涌，灵感无限；有的上班族一坐在电脑前就打瞌睡，一天里非要喝上一杯拿铁，才能神采奕奕……实际上，这些看似一个人的习惯，其实都是一种强迫思维，一种心理上的强迫性依赖。

2. 你有没有手机强迫症？

国外有很多研究机构纷纷针对手机进行了研究，结果发现它除了具备众人皆知的强大通信功能以外，还在一步步地威胁着人类的生活质量和身体健康状况。此话怎讲？

原来，根据英国的一家调查机构提供的数据显示，已有60%的年轻人和37%的成年人表现为"对手机高度上瘾"；其中有60%以上的智能手机用户，即便在睡觉时也要拿着手机玩一会儿才能入睡，30%以上的智能手机用户会在外出时不断地查看自己的手机。他们对智能手机的依赖度和需求度已促使他们认为：离开了手机，他们就会与世界（包括亲朋好友）失去一切联络。而美国的一项研究也指出，每一个智能手机用户平均每天都必须查看手机34次，频率最高时可达每十分钟查看一次。

这就是所谓的"智能手机强迫症"。那些拥有智能手机的用户经常会下意识地开机、查看短信、刷微博或玩游戏等，但每次查看手机都不会超过30秒，其间仅仅是解锁，再打开手机里的某一个应用程序，然后再关闭屏幕而已。

心理学家研究发现，如果人类过度地依赖智能手机，长此以往会降低其思维能力和思考动力；与此同时，还将渐渐丧失利用休闲时间放松身心的意识。尤其是在如今智能手机强大功能的诱惑下，曾经的书本全部变成了电子书，浏览网页、QQ聊天、看电影、网购等等，也都变成随时随地可以进行的活动了。只要有WIFI存在的地方，智能手机的强大功能就从未被忽视过。

但这些强大功能的诱惑力却促使人们渐渐忽略了自身健康，将玩手机误认为是放松身心的方式之一，却不知道长时间地盯着手机屏幕会使眼睛酸胀，产生颈部、手臂肌肉的疲劳，甚至受损；也许会有人认为，反正一时半会儿还睡不着，玩玩手机说不定就容易入睡了，但殊不知越玩手机就越难以进入深度睡眠，导致入睡时间延长，严重的情况则是导致轻度神经衰弱。因此，为了健康考虑，还是应该离智能手机远一点。

有心理学家研究指出，沉迷手机、具有手机强迫倾向的人其实是因为内心缺乏安全感。智能手机是现代科技发展的必然结果，代表着科技发展方向，但它在带给人类正面影响的同时，不可避免地要产生负面作用；沉迷在手机世界里的大多数年轻人，都会忽略身边的很多人与事，导致人与人之间的正面沟通和交流减少，反而是网络交流更多了。从心理学的角度看，这种完全沉浸于网络和手机构成的虚拟世界中，同那种反复翻看手机的表现，其心理实质是一样的，即内心缺乏安全感，表现为情绪上的焦虑不安。

在心理学中，强迫症的主要表现是：明知没有必要这样做，可就是没有办法控制。有智能手机强迫倾向的人或许根本就不知道自己在如此频繁地使用手机，或者他们大多知道自己没有必要总是查看手机，但有些时候就是没有办法控制，看上去俨然成了一种下意识的习惯。当然，这里面并不排除有虚荣心理的作用，比如在人人都玩着手机的场合。以上更多的是为了满足心理的需求，而非真正意义上的强迫症。

3. 晚睡强迫症

在心理学上，晚睡强迫症是因受到强迫思维的困扰而难以入眠；同时它也是睡眠障碍的一种，如果站在健康的角度来看，它和手机强迫症一样影响人体健康。

有晚睡强迫症的人是对睡眠有恐惧感，或者是在睡前产生强烈的兴奋感，生活中会有反复强迫“不睡”的思想观念，也带有轻度焦虑。不过，这类人的行为能力并未出现下降的情况，而且自制力也非常好，更多的是知道自己应该睡了，不然会很痛苦，但就是无法摆脱焦虑或难以抑制神经上的兴奋状态，最终导致迟迟无法入睡。

比较典型的表现是，明明已经很累了，但还是要坚持打游戏或逛网站，有的人是看书、看电影等，没有什么重要的事情，但就是不愿睡觉。心理学家将其视为“拖延症”的一种。

常见的症状有：

(1) 白天忙着工作，晚上忙着放松。

对于上班族而言，白天在单位忙着工作，就盼着早点回家好好放松一番，但晚上的时间往往并不足以让他们彻底放松，比如吃饭、上网、洗澡、玩游戏等，一放松就到了凌晨一点或两点，直到实在坚持不住了，才不得不睡觉；第二天在闹钟声中再次开始一天的单位生活，双眼都是血丝，每次犯困的时候都警告自己：“今晚一定得早点睡了”，但一到晚上还是不由自主地“放松”到一两点。

（2）12点之前无精打采，12点之后神采奕奕。

也有不少人会在12点之前感到疲惫，觉得做什么事情都没有效率，比如有些从事文字工作的人，但只要到了某个时间段，他们做事就会效率加倍。于是，在最困的时候他们往往强迫自己不要睡觉，而在最应该休息的时间段里又倍感精神；可实际上，他们白天也有工作，夜里要忙到三四点，早上还是要按时起床上班，如此循环，只能令其感到万般无奈。好多次白天困意袭来时，也非常后悔自己睡得太晚了，但当天晚上他们还是无法控制自己。

（3）“夜猫子”生活成为习惯。

工作、生活所迫，为了缓解压力、打发时间等种种因素，导致现代年轻人养成了晚睡的习惯。心理学家认为，当熬夜变成了习以为常的事情，人们非要等到身体支撑不住时才恋恋不舍地入睡，这其实正是强迫症的一种表现。

从身体健康的角度分析，不规律的睡眠习惯实在有害健康，由此引发的一系列心理压力也会导致人的免疫力降低，内分泌失调，容易被感冒袭击，患肠胃感染等疾病；此外，长期熬夜还会导致失眠、健忘、焦虑、易怒等症状。

美国国家健康研究中心指出，熬夜是向自己的健康进行的一场赊债赌博，而筹码就是人们的睡眠。那么，晚睡究竟会给人带来哪些伤害呢？

心理学家指出，睡眠是仅次于健康饮食与体育锻炼的直接影响人体健康及寿命的一大关键因素。有时候也许仅仅是多睡了一个小时，我们得到的并不只是更加充沛的工作精力，还有挽救我们生命的机会。生物节奏研究专家发现，睡眠的不足会积聚累加，最终导致健康系统崩溃，有些癌症和肥胖症其实都与晚睡有关系。长期熬夜的人和坚持早睡早起的人相比，前者比后者患癌症的概率要高出好几倍。因为熬夜使睡眠节奏发生紊乱，影响了细胞的正常分裂，进而促使细胞突变，产生癌细胞。

对于强迫症的诊治，专家建议的方案是“暴露不反应”，譬如让一个有洁癖的人去触摸脏东西，坚持不让他洗手，由此衍生的焦虑情绪会在半个小时后自然消失。在这个方法中，患者可以学到一些改变强迫行为习惯的小技巧。

（1）试着和自己说话。如果晚上到了睡觉的时间，你明明知道确实可以睡觉了，并且身体和大脑也在警告说：“该休息了！”但依旧有另外一个声音在呐喊：“不能睡，你还要去看看微信里是否有留言……”或者“再等会儿，你还可以再逛逛论坛……”此时，你应该清楚地知道：这是强迫症，晚睡强迫症正在迫使你进行强迫性思考。

于是，试着和自己说话：“这不是我的本意，我不能让强迫症左右我的睡眠时间。”如此一来，便可以增强你对强迫思想与行为的抵制。需要注意的是，这种方法要长期坚持，因为强迫症往往是人的心理问题，一次两次是不能彻底解决的。

(2) 转移注意力，加强抵制。如果你知道自己的某些行为属于强迫症状，可以先把焦点转移到别的事情上去，哪怕是短暂的几分钟也可以；然后再找到特定的抵制方式。比如在睡前喝杯热牛奶、洗个热水澡等，只要是有助于促进睡眠的方法均可，关键是要适合自己。

当你即将昏昏入睡，大脑又开始说“不能睡……”时，一定要冷静地告诫自己，那是强迫症在作怪，你可以将它视为你坚决要反抗的对象，它的话或指令，你坚决不能接受，否则你就会变成它的奴隶。

(3) 坚持采取以上方法，终会迎来胜利的一天。心理学家认为，当你意识到强迫症的存在并坚持与之抗争时，就意味着你已经接纳了强迫症，接下来最好是轻视它。告诉自己：那只是一个可笑的想法，我怎么可能不睡？太可笑了，你以为这样就可以强迫我吗？当你一天天坚持下来，慢慢地就会发现自身行为的改变，进而逐渐恢复到比较正常的作息时间。

解读“强迫症”

1. 强迫症及其临床表现

说到现在，我们已经对生活中的强迫行为有了一定的了解。不管是始终如一的选择，还是手机强迫症、晚睡强迫症，都是日常生活中较为宽泛的说法。那在心理学上，严格意义的强迫症是什么呢？

有一位邹姓中年男子，他最近迫不得已前去求助心理医生，并向医生讲述了一些关于自己的强迫表现。他说自己在做事情时总是犹豫不决，一个决定必须前前后后、反复思考几十遍，才能下决心，有时候甚至还需要更多的时间。有些念头在他的脑子里反复出现，明知没有必要，却总是不由自主地去想。

由此，近两年来他都感觉特别的痛苦。工作时经常会因为脑子里忽然冒出来的念头而分散注意力，总要把这个念头解决掉，才有心思工作，为此他没少被批评，甚至炒鱿鱼。最近准备考研，他拿起书本来往往看了半天，一个字都没记住，而那些不该记的他却记得非常牢固，为此他常常自责，内心感到十分焦虑不安。

有一次，他在公交车上不小心踩到了一位年过六旬的老人的脚，深感愧疚，一遍遍地重复对不起，老人表示没关系，但他还是在距离老人下车地点两站的地方下车，四处寻找老人，后悔自己道歉不够诚意，应该买点东西到对方家里诚恳致歉，越是这样想，心里就越是难以平静……

还有很多次，他在新闻上看到煤气爆炸、大桥断裂的事故，于是他就开始天天担心自家煤气爆炸，为此他得反复检查煤气，看开关是否正常，有时候明明煤气已经关

了，他睡到半夜还是要起身查看，反反复复核实；走在大桥上时，他会想大桥突然断裂的场景，自己是直接坠落而亡，还是会被一辆疾驰而过的轿车给轧到……

这些想法让他在过桥时胆战心惊，常常伫立不前，目光凝滞……还有一次，他在公司楼道里不小心碰掉了一块瓷砖，为此他耿耿于怀，心心念念想寻找那块瓷砖的主人。为此，他还在楼道张贴启事，说自己碰掉了一块长 21.5 厘米、宽 19.8 厘米、厚 2.6 厘米的瓷砖，还在启事中说明自己不是有意的，希望得到谅解等。后来值班人员告诉他："瓷砖属于物业管理，现已经修理好，请不必放在心上，下回注意就好。"他对值班员千恩万谢……医生诊断认为，邹先生的一系列行为表现均属于强迫症状。

强迫症是一种以强迫症状为主要临床表现的神经症，如强迫观念和强迫行为，患者一般都能够意识到该观念或行为的不必要，但却不能自控，即有意识的自我强迫和反强迫两者并存，当两者发生冲撞时，患者就会感到异常焦虑和痛苦。在我国，强迫症患病率为 0.3%，在精神科门诊中占有 0.1%至 2%的比例，发病年龄普遍在 16 至 30 岁之间，男性比女性发病率要高，脑力劳动者居多。

那么，强迫症究竟有哪些临床表现呢？有强迫观念、强迫思维、强迫情绪、强迫意向以及强迫动作与行为等基本症状表现，也可以是以其中的某一种为主或几种并存。

（1）以强迫观念和强迫思维为主。比如强迫怀疑、强迫联想、强迫回忆、强迫穷思竭虑等。强迫怀疑，是指患者对自身言行的正确性产生了怀疑并反复求证，即便心中明知没有必要，但依旧难以摆脱此类行为，比如在签名时反复核实是否出错，递交上去后还是忧心忡忡，甚至要求拿回来核实等；在填写账号时也对一连串的数字没有信心，生怕写错等。强迫联想，是指患者在看到某一句话或一个词语时，脑海中产生了一种观念，便不自主地联想到另外一些句子、词语或观念。强迫回忆，是指患者对经历过的一些事件念念不忘，并在大脑中反复上演，难以摆脱，尤其是对某些恐怖画面的反复回忆，会增加患者的焦虑。强迫穷思竭虑，是指患者对生活中的某些常见现象进行类似于刨根问底的追问，反复思考根源，明知毫无意义，却忍不住。

（2）强迫情绪是患者产生的一些没有必要的情绪反应，比如担忧和反感，甚至是厌恶等。

（3）强迫意向，这是患者在内心产生的一种对违背自己意愿的行为和动作的强烈心理冲动，明知没有任何必要，却依旧难以自持。

（4）强迫动作与行为，这是由患者的强迫观念引起的一种不受控制的顺应行为，希望能够减轻强迫观念引发的焦虑情绪，比如强迫检查、强迫询问、反复清洗、强迫性仪式动作等，像我们常说的出门前反复锁门，触碰过不干净东西后反复洗手等。强迫仪式性动作或行为还会导致行为迟缓，比如有的患者会在阅读时反复阅读某页的第一行，导致难以往下阅读等。

当然，这里始终强调的一点是，患者明知某些行为没有必要，但却难以自控，这说明患者对自己的强迫症状是有一定的自知力的，即患者能够意识到强迫观念和冲动是源自自我，而并非外界。

强迫症其实是以强迫观念和强迫行为为主要特征的神经症，临床类型分为强迫观念和强迫行为两大类。而强迫观念是强迫症的最常见，也是最核心的主导症状，几乎每一位患者都有强迫观念，由观念进而衍生出许多强迫行为。

了解了强迫症的临床表现，我们很有必要对强迫症的诊断标准做一下了解。我国心理学界认为，确诊强迫症需要符合以下四个条件：

第一是症状标准，需要符合三点：

(1) 全完符合神经症的诊断标准，并且以强迫症状为主，至少应该包括强迫观念和强迫行为中的一种，或者是两者的混合模式。

(2) 患者的强迫症状均来自自己的内心，而非被外界所强加。

(3) 强迫症状反复出现，患者意识到自身行为毫无意义，但自己无法控制，因而感到十分苦恼，甚至造成精神上的困扰和痛苦，患者试图抵抗，却无法成功。

第二是严重标准：患者的社会功能受损。

第三是病程标准：患者症状持续三个月或三个月以上。

第四是排除标准：排除其他精神障碍的继发性强迫症状，比如抑郁症、精神分裂症或恐惧症等；还须排除脑器质性损伤，尤其是基底节病变的继发性强迫症状。

2. 强迫症病因何在

关于强迫症的发病原因，现有研究还不足以下定论，但实际上已有大量事实证明，强迫症与患者的个性特征、遗传因素、生活中的不良习惯、应激事件等均有很大关系，特别是在个性特征方面，强迫症患者中绝大多数人都有完美主义人格，主要表现为：沉默内敛、优柔寡断、谨小慎微、墨守成规、追求完美等。正因为有这些个性因素作为基础，具有完美主义人格的人群就成了强迫症的高发人群，但也有部分患者并不具备这类性格特征。

除了性格，还有遗传因素。研究发现，在强迫症患者的直系亲属中，焦虑障碍发病的概率要明显高于对照组，但患强迫症的概率并不比对照组高；如果把患者的直系亲属中具有强迫症状但并未达到强迫症诊断标准的人包含在内的话，则患者组父母的强迫症状危险率为15.6%，明显高于对照组。而强迫症患者的亲属中，患有焦虑障碍、强迫性人格障碍等疾病的概率也要明显高于对照组。这一系列的研究均为强迫症的遗传性提供了依据。

另外，还包括社会心理因素的作用。如生活和工作环境的变更，要求当事人迅速适应，处境艰难，当事人担心遭遇意外以及生活中的种种应激事件的刺激等，这些会促使患者将焦虑情绪和某一特定的心理事件关联起来，并做出一些仪式行为以缓解该情绪，进而导致一系列仪式动作的重复，循环往复的强迫行为就形成了。某些思维与观念原是为了缓解焦虑而生，但最终却导致认知方面的强迫观念。

破除“强迫魔咒”

一旦确诊为强迫症，就要积极进行治疗。在治疗方面要考虑药物治疗和心理治疗两大途径。药物治疗需要按照医生的安排进行，而在本节中，我们将就心理治疗进行具体探讨。

心理治疗指的是临床医师在语言或非语言方面和患者之间建立一种良好的医患关系，然后再运用相关心理学和医学的知识去引导患者克服和纠正一些不良的生活习性、情绪障碍、认知偏见等。心理治疗一方面要依靠医师，而更多的还是要依靠患者自身进行积极的心理调节。这里需要注意，强迫症状和强迫症并非一个概念，前者病情较轻，并不需要药物治疗，而后者就相对严重了。而不管病情是轻是重，心理治疗都是其中不可或缺的关键环节。在这一点上，患者也可以学着做自己的心理医生，积极地为自己做心理疏导。

1. 克服强迫症的暴露疗法

暴露疗法也被称为满贯法，要求患者具备较为坚强的意志力、迫切求治的动力。在方法正确并具备坚持不懈的信心与决心的前提下，有望不使用药物治疗，并且效果良好，有根治的可能性。

暴露疗法一般是采用想象或者是模拟的形式，让患者直接进入到一种令其恐怖和焦虑的现实或类似的场景之中，这样就可以直接与导致其恐怖和焦虑的对象进行正面接触了。接下来就要做到“不逃避”，坚持一段时间之后，这种恐惧感与焦虑感就会自行消退。比如，患者可以运用想象的方式在大脑中不断上演某种令自己感到极度恐惧的场面，此时还可以配合外界黑暗环境、恐怖声音的刺激等，以加强这种恐惧感的体验。

患者在这个过程中，不管有多么焦虑和恐惧，都不能做出堵耳朵、闭眼睛、大声喊叫、反复洗涤等强迫行为。当最恐惧的事情逐渐淡化，形势转好后，患者的焦虑感和恐惧感也就随之消失了。患者会在这个过程中逐渐学会控制强迫行为，并对强迫行为逐一加以克服，渐渐消除在中断强迫行为时出现的心理不适应症状。具体步骤如下：

（1）患者自身必须深刻了解强迫症的想法和行为。选择一种强迫行为，然后认真回顾这种强迫行为发生的全过程，再重点想象，如果自行对强迫行为加以控制，内心会产生什么样的不安以及要如何忍耐，阻止这种强迫行为的重复出现。这个过程可以帮助患者了解自己当下的困扰主要是来自强迫观念还是强迫行为。该过程要坚持至少半个小时以上，刚开始时，可以选择强迫行为中程度较轻的行为，然后再逐渐加大程度。

（2）患者与自己对话。告诉自己："这并不是我自己，而是强迫症在作怪！"认识到那些强迫观念是没有丝毫意义可言的，是大脑发出的错误讯号。此外，患者有必要对反复检查、清洗等行为为何有着巨大的行为驱动力深刻理解，如果心中明明知道"反复检查没有必要"或"根本不需要洗那么多次手"，那为什么还要听从大脑的指令呢？对这些原因进行深刻剖析，认识到自己无法摆脱的根本原因，便能够促使患者增强意志力以及强化对强迫行为的抵抗力。

（3）尝试转移注意力。当患者想象自己正身处某种强迫行为中时，可以尝试着用转移注意力的方法去中断强迫行为的实施。别小瞧了转移注意力的作用，哪怕是短短的几分钟，都会产生非凡的意义。患者可以选择某种特定的行为去代替强迫性洗手或反复检查行为，比如日常生活中的跑步、上网、看电影、听音乐、看书等，这种特定的行为必须是自己比较感兴趣的。

在该阶段中，患者可以给自己制定一些规则。心理学家建议的是，采取 15 分钟法则，即当强迫观念出现时，等待 15 分钟后再做反应。开始尝试时可以给自己 5 分钟的时间，5 分钟后再去做强迫性洗手或反复检查行为的代替行为，如听音乐、跑步等；而在这 5 分钟的时间内，患者的大脑中要重复前两个步骤的内容，五分钟一到，就开始去做听音乐、跑步等令自己感兴趣的代替行为。

5 分钟是刚开始时候的训练目标，一段时间以后可以渐渐地向 15 分钟靠近；随着不断地训练，你会发现时间也在逐渐延长，慢慢向 20 分钟和 30 分钟趋近。在这个阶段中，患者一定不要去做大脑强迫你做的事情，而是坚定地做自己选择的事情，强迫性冲动会因为你的延迟而逐渐降低，直至消失。

此外，还要养成记录的习惯，将自己每一次的成绩都记录下来，看看有没有进步。如果出现退步现象也不用着急，切忌再去追求完美，给自己多一点鼓励，哪怕只有一点点的进步也要给自己一定的奖励。这样有助于克服训练初期出现的不良心态，建立自信心，并且帮助患者清楚地了解自己取得的成就，成就越多就意味着成效越大，信心越足。

在以上三个步骤中，第一步是患者根据现有强迫症的知识，认清自身行为的本质——是一种心理疾病，是大脑发出的错误指令，进而认识到自己不应该服从，加强对强迫行为的抵制。然后在“转移注意力”的训练中，患者就可以做到延迟强迫行为，并以某个特定的活动代替它，最终达到降低强迫性观念和强迫性冲动强度的目的。

2. 接纳疗法——阻止回避行为

强迫症患者应该深刻认识到自己的强迫观念和行为是强迫症状，要想克服强迫症，必须消除对强迫症状的紧张、焦虑和恐惧之感，要摆脱和成功抵御强迫观念的影响。“顺其自然”的接纳疗法就是为了帮助患者打破强迫症的恶性循环而设计的。

心理学家认为，强迫症之所以出现，是因为患者在与强迫症状做对抗，不允许它们出现，这其实是在反复暗示自己产生了强迫症状。此时，患者表面上是在强迫自己“不强迫”，但其实却是在强迫自己去“强迫”。因此，专家建议强迫症患者要对自己的一些症状采取“不理会”“不害怕”“不反抗”的态度，然后顺其自然地去接纳症状的存在，进而重塑个性，树立自信心，培养良好的心理素质，改善人格结构，用积极、果敢、乐观的思维方式应对一切。

顺其自然的接纳疗法和暴露疗法是两种近乎相反的方式。暴露疗法要求患者在强迫症状出现时采取延迟纠正的方式，用特定活动替代强迫行为，达到阻断强迫行为实施的目的；而顺其自然的接纳疗法，是需要患者及其家属接受强迫症状，不抵制，极度焦虑时也不要过分与强迫症状相对抗。患者可以去做，一旦焦虑得以缓解，要马上从事别的活动，以此转移注意力，反复多次，强迫症状就会得到有效改善。

暴露疗法和接纳疗法的共通之处是，患者必须找到适合自己的、富有建设性的活动方案，最好是自己感兴趣的事情，以此代替强迫行为。在接纳疗法中，患者不仅要在强迫行为停止后立即从事替代行为，还要在平时多做有意义、有利于建立自信心的事情，扩展兴趣爱好，在生活中体验美好，锻炼自己勇于面对困境的心态，培养解决问题而非逃避问题的能力。

（1）不理会。患者对强迫症状采取不理会的态度，使之不能引起患者的焦虑情绪，如此反复，强迫症状便会自行消退。就像小时候有一种叫作“人来疯”性格的孩子，你越是对其行为表现出在意，他就会越来劲；但当你对其视而不见时，他渐渐也就觉得没意思，久而久之就自己乖乖地待在一边了。这种应对“人来疯”的策略也可以拿来应对强迫症状，当患者对其不加重视，甚至不屑地忽略它时，强迫症状也就“自觉”地告辞了。

（2）不害怕。患者在强迫症状即将或已经出现时，不害怕才不会产生焦虑的情绪。要知道焦虑是引起强迫症状恶性循环的一大重要因素。没有焦虑，强迫症状也就失去了它的威力。患者可以在心里暗示自己：来就来吧，有什么大不了的，我不怕你，看你来了能做什么？然后患者需要勇敢地接受强迫症状，不要期望强迫症状会在这种心理暗示中立即消失，它需要一段时间，而你只需要做到不害怕就可以了。真的做到了不害怕，就不会再采取抵制的态度，接纳疗法才会收到成效。

（3）不抵制。患者在做到不理会、不害怕之后，才能完全做到不抵制，即在强迫症状面前顺其自然，按照正常的行为习惯行事，坚持日常活动，做自己该做的事情，比如继续工作、看书、听课，当患者的心思全部投入到了工作和学习中时，强迫症状就达不到它的目的了。顺其自然不是放任自流，而是要求患者不要刻意想着要怎么去抵制和消除那些症状，只要不让强迫症状干扰到当前的生活和工作规律即可。

3. 松弛疗法——让身体改变情绪

心理学认为，一个人的心情主要反映在“情绪”和“身体”这两个方面，如果能够做到改变“躯体”状态，那么“情绪”也会随之改变。“躯体”的反应受自主神经系统控制的“内脏内分泌系统”的影响，这一过程很难被随意操控。但它还受到随意神经系统控制的“随意肌肉反应”的影响，而后者是完全可以通过人们的意念加以控制的。换句话说，人们可以通过意识控制“随意肌肉系统”，然后再间接地操纵“情绪”，进而达到借“躯体”控制“情绪”，唤起轻松、愉悦心情的目标。这就是松弛疗法的基本原理。

（1）肌肉放松法。

最好能有一间敞亮、舒适的房间，患者坐在一张单人沙发上，或者其他比较舒适的椅子上，依次按照以下步骤进行训练：

①深吸一口气，尽力保持约15秒；然后缓慢地吐出气流，稍停顿片刻，再重复以上动作2次。

②伸出双臂、握紧拳头，注意感受手上的力量，用力握紧，坚持15秒钟，然后再放松，彻底摊开手掌，好好享受一下放松之后的感觉，比如轻松或温暖等。这些其实都是你放松之后的身心状态。享受一番后，停顿一会儿，将以上练习再做一次。

③接下来，渐渐将你的双臂彻底放松下来，尽量达到最佳的放松状态，再用力弯曲并绷紧双臂肌肉，保持大约15秒钟，保持的过程中感受一下双臂肌肉的紧张感；接着，就开始缓慢地放松下来，直到恢复最初的放松状态，这时候要好好享受一下放松之后的感觉，和刚才的紧张做一下对比。停顿一会儿之后，将该训练再做一次。

④做完了双臂的放松练习，下面就是双脚的练习了。首先，将你的双脚放松，找到最佳的放松状态，接着，再慢慢紧张起来，脚趾紧扣地面，用力扣紧，保持大约15秒钟，感受该过程中的肌肉紧张感；之后再渐渐地放松双脚，直到恢复最初的放松状态，享受紧张过后的松弛。停顿一会儿，将该练习重复一次。

⑤双脚放松练习做完，接着做小腿部位的放松练习。先将脚尖使劲向上翘起，脚

后跟随之压紧地面，小腿部位肌肉紧绷，保持该姿势大概 15 秒钟，体验一下小腿肌肉紧绷的感觉；之后再渐渐放松下来，直到恢复原来的放松状态，仔细体验紧绷感之后的轻松。停顿一会儿，再将该练习重复一次。

⑥接下来是大腿肌肉的放松练习。首先放松大腿部位的肌肉，再将脚后跟向前向上移动，大腿肌肉随之紧绷起来，保持大概 15 秒钟，这个过程中还是要尽量体验一下大腿肌肉紧绷时候的身心感受；接着可以缓慢地进入放松状态，停顿一会儿，再将该动作重复一遍。

⑦现在开始做头部的放松练习。首先皱起额头肌肉，渐渐紧起来，然后保持紧皱的状态 15 秒钟左右，最后再慢慢放松，恢复之前的状态。停顿一会儿，再转动眼球，由上开始向左边，到下边，再到右边，加快转动的速度再来一遍；紧接着，反方向再转动一次，加快速度，停下来后慢慢放松。停顿一会儿，开始用舌头顶住你的上腭部位，使劲顶起，保持 15 秒钟，之后再渐渐放松下来。再停顿一会儿，开始收紧下巴，使劲收紧，保持 15 秒钟，再渐渐放松。以上训练完毕后，可以稍做休息，然后重复一次。

⑧现在，将躯干上的肌肉群彻底放松，接着做扩展动作，即向后方扩展双肩，尽力向后，保持好这个姿势大约 15 秒，再慢慢地放松，恢复原来的姿势。停顿片刻后，再来一次。

⑨两遍扩展动作做完之后，接着做提肩动作，即尽量使双肩向上提升，接近你的耳垂位置，保持该姿势大约 15 秒钟，再渐渐放松下来。停顿片刻后，重复一次。

⑩现在开始将双肩向中央部分缩起，用劲收缩，保持 15 秒，再慢慢放松下来。停顿一会儿后，再做一次。

⑪抬起双腿向上，尽力弯腰，保持 15 秒钟后，再放松下来。停顿一会儿之后，重复一次。

⑫使臀部肌肉紧张起来，保持大约 15 秒，然后可渐渐放松。稍停片刻后，将该动作重复一次。

以上动作全部练习完毕后，患者可休息一段时间，然后再全部重复练习一次。

（2）意念放松法。

意念放松法还是要求患者坐在一张舒适的单人沙发上，或者以一种比较舒适的姿势靠在沙发靠背上，依次做以下动作：

①闭上双眼，静默。

②现在开始集中注意力于头部，紧紧咬住牙关，最好是使两边的面颊感到紧绷，片刻之后慢慢松开牙关。此时，患者会感觉到咬牙的肌肉产生了松弛感。再逐一地将

头部各部位肌肉都放松下来。

③现在把注意力全部集中到脖颈部位，让脖颈肌肉渐渐紧张起来，直到感到很酸、很痛、很紧，然后再慢慢放松肌肉。

④现在开始把注意力转移到双手上，用力握住拳头，直到患者感到手发麻、有酸痛感为止，然后再慢慢放松下来，恢复到原来的状态。体验这个过程中紧绷和放松感觉之间的差异。

⑤现在把注意力集中在胸部，深吸一口气，不要呼出去，保持1~2分钟再吐出去。重复这个动作两三次，直到让胸部感到舒畅为止。

⑥下面患者就可以依次做肩膀部位、腹部、腿部等各个部位肌肉的放松练习，让全身都进入放松状态。

（3）有氧运动练习。

所谓有氧运动是指快步走、跑步、骑自行车、游泳、爬山、滑雪等运动。专家认为，有氧运动是最有利于患者调节情绪、改善性格的一种方式，长期坚持有氧运动会令人身材健朗，并且在无形中完善个人性格特征，潜移默化地改善强迫人格。

（4）心理暗示练习法。

强迫症患者有时候会用一些奇怪的想法去暗示自己，无形中就增加了焦虑情绪。心理学家建议，患者可以采用积极的心理暗示，比如告诉自己："我不害怕""我不担心，不紧张，再坚持一下就会好起来了"等。这种自我暗示有助于缓解紧张情绪，帮助患者找回积极的心理感受。

总之，在克服强迫症的训练中，患者要做的不仅是锻炼自己的心志，不能服从强迫的冲动去做出某些行为，同时还要深信那只是大脑的一种误导。运用我们介绍的以上几种方法，学着与强迫症状相处，用温和的方式去改变强迫症状的身心反应。相信患者只要坚定信心，最终都能够获得自由！

四、告别病态心理

你知道家庭环境和父母的管教方式会引发心理问题吗？自私、压抑、怀旧、虚荣、空虚、贪婪……这些普遍存在于人类内心深处的病态心理到底是如何发生、如何影响人们的正常工作和生活的？我们将在本章中详细介绍摆脱以上病态心理的技巧。

别种下心理病根

1. 陪读的背后

家长陪读在中国已经很普遍了，孩子在外地读书或者距离家比较远，家长为了节省时间，索性带着孩子在学校附近租房，然后包揽一切事务，孩子只要专心读书就行。我以前就听过一则陪读的故事，母亲为了让儿子考上好的大学，从孩子读高一开始就一直陪读，这位小伙子在母亲的悉心照料下，自然省去很多时间，学习成绩似乎也有所提升。

但实际情况远非这么简单，小伙子在高三上学期出现了严重的厌学情绪，开始无精打采，人际关系变差，并且不能忍受批评和指责，否则就大发雷霆。学习成绩也开始下滑，最后他索性不去上课了，每天瞒着母亲去网吧打游戏。几天之后，这位用心良苦的母亲才从老师的口中得知儿子已经好几天没去上课了。

这则故事的结果是，母亲给儿子办了休学，带他回家了。与此同时，家人也发现儿子性情大变，经过咨询才知道，儿子出现了心理问题，需要做专业的心理治疗，方可恢复健康，否则即便再回到学校，也很难参加高考。

按理说，母亲为了儿子更好、更专心地学习，创造一些良好的学习条件和环境是没有错的，也是无可厚非的，甚至很多母亲都是以夫妻分居、放弃工作等为代价的。但现实情况却并不尽如人意。原因是什么呢？有关专家分析，这种“中国式陪读”遵循“万般皆下品，唯有读书高”的传统观念，再加上父母们的攀比、从众心理，陪读的本质已经发生了变化，并与科学教育理念相悖。

但也不排除陪读成功的例子，孩子顺利考上了大学，上了大学后才知道，原来孩子什么都不会做，甚至还要去努力克服依赖心理，才能安心上大学。所以，专家认为“中国式陪读”其实是一把双刃剑，其中的弊端明显大于利。很多教育专家经过调查得知，有家长陪读经历的孩子产生心理问题的概率，要远远大于没有陪读经历的孩子；特别是依赖性过度的陪读，会给孩子的心理造成不良影响，容易出现依赖型人格，自信丧失，人际关系变差，社会适应不良等，严重时还会造成厌学和逆反情绪。

可见，表面上看来，陪读是为孩子的学习着想，但实际上却成了孩子们成长的绊脚石。如果再深层次分析，家长并不可能陪着孩子一辈子，他们总有单飞的一天，而在家长的过度关照下，孩子的翅膀还来不及生长，就要到外面去应对林林总总的社会生活。因此，家长如果能够早点让孩子心理“断奶”，学会独立自强，不仅是明智之举，更是长远之策。

当然，外界的媒体、学校等也要注意，不要总是散布诸如“不能让孩子输在起跑线上”的类似言论，加重家长的心理负担和焦虑心理；而家长也要理智看待陪读，根据具体情况和现实意义分析判断，究竟什么样的学习环境和生活状态才最有利于自家孩子的成长和学习，更不能过分偏重学习。要知道，孩子在读书时代的一个重要任务固然是学习，但独立意识的成长与健康的心理状况也同样重要，因为现实已经向人们发出警告，仅仅只是学习好，还不足以在社会上立足。

父母是孩子最好的老师，这是一直以来公认的观点。成年人有自己的工作，孩子也有自己的任务，各司其职其实就是最好的示范。家长在工作之余尽力为孩子营造一个和谐、融洽的环境，再在精神上给予一定的支持和奖励，都可以潜移默化地影响和引导孩子吸取正能量，而并不一定要陪读。其中不断激发孩子的内在驱动力，挖掘其自主潜能，才是最重要的长远之计。那种大小事全部包揽的做法，会令孩子失去成长必经的过程，剥夺他们的自主权，影响健康心理发育。

2. 独生子女是人格障碍的高危人群

独生子女是父母唯一的希望，是他们独一无二的宝贝，所以整个家庭几乎将所有的期望都放在独生子女的身上；但这些独生子女也因此而背负了许多压力，有的甚至因无法承受而出现个性偏差。

心理和行为问题在独生子女中已经越来越普遍，他们有优厚的物质生活基础，更有聪颖的大脑，但就是在个性方面表现出反常。曾经有统计显示，在我国大约3.4亿17岁以下的未成年人里面，最少有3000万人存在各种学习、情绪以及行为等方面的障碍；调查还显示，中小学生患上心理障碍的概率在21.6%到32%之间，比较明显的是人际关系、情绪不稳以及学习这几个方面的问题。

据武汉市心理医院危机干预热线的统计表明，近几年来，拨打心理咨询热线的咨询者中，人格障碍倾向越来越多，几乎占到全部咨询者的25%左右，并且大多数都是独生子女。

廖某是一所名牌大学的研究生，刚毕业没多久。他长相俊朗。他的父母都是生意人，父亲还是一家上市公司的老总，虽然父母在他读初二那年办了离婚，但在外人看来，廖某依旧十分幸福。可以说，廖某自小就生活在一个物质条件十分优越的家庭中，同学、老师都认为廖某很幸福，再加上他的学习也一直拔尖，所以大家对他的未来都持有十分乐观的态度。可是，廖某最后却在一家餐馆里洗碗打杂。

起初，廖某是瞒着家里的，但细心的母亲还是发现了端倪，因为廖某每天晚上回家身上都带有一股异味，而且衣着也十分邋遢。后来在母亲的盘问下，廖某才承认实情。大家知道这件事后，纷纷咂舌，没想到条件这么好的一个年轻小伙子居然去餐馆里做起了小工。但廖某的解释却很简单，也令其母心酸，他说："我除了还能打打杂，其他的工作我都不会。"最后，在父母的压力下，廖某辞职了，但父亲给他介绍了好几份工作，他都不愿再去尝试了，还说之前在单位已经被很多人奚落，不想再去丢人。

家人当然很无奈，辛辛苦苦培养儿子读大学、考研究生，但毕业后他居然跑去打杂，月薪才几百块，确实令这两位老人家痛心。后来，他们想到了心理咨询，当母亲将儿子的情况一五一十地告诉医生后，心理医生很确定地告诉他们，廖某患有自卑型、回避型综合人格障碍症。

该种人格障碍症的诱因是家庭环境，其中双亲的离婚事件可能是一个关键诱因，廖某自认为生活在一个离异家庭中很让人瞧不起，因而开始自卑，加上自己没有兄弟姐妹，他内心的压抑也只好自己消化，并转化为发奋读书的动力，期望用优异的学习成绩赢得他人的尊重；虽然他在同学和老师的面前还是很亲和，但自卑的情绪已经越来越严重，并且极度缺乏安全感，甚至想把自己封闭起来，不愿与人交流，回避人际交往。

与廖某有类似经历的一个17岁小伙子江某生在一个高级知识分子家庭，江某也很争气，从小就听话，学习成绩非常优异。父母因此对他宠爱有加，江某想要的父母都无一例外地设法满足。不过，因为工作原因，父母在学习方面对江某的管束和关心较少。

17岁的江某在去年以十分优秀的成绩考进了当地的一所寄宿制重点中学。刚入学时江某很努力，学习成绩也保持良好。但在高一下半学期，江某的父母就接到了江某班主任的电话，说江某在学校不好好上课，还扰乱课堂秩序，甚至经常逃课去上网。班主任几次找他谈话，都被江某顶了回去，他称自己有自己的学习方法，不需要旁人指指点点。

父母得知详情后，尝试找他谈话，江某的态度很坏，还顶嘴说："你们都一样，没多大出息，还在这里管教我，将来我肯定比你们强上几百倍！"好在江某的学习成绩并没有因此出现下滑。一年之后，江某因为成绩优异，被国外的一家中学招去了。国外的生活令江某很受挫，再加上国外的评分制度与国内的差异，江某的学习再也无法像以前那般优秀。随后，一连串的问题接踵而至，最后江某不得不独自一人，没有朋友。

强忍着读完了一个学期，江某在回国度暑假的途中"失踪"了，父母知道他已经过了海关，但始终没有江某的音信。半年之后，江某和家人取得了联系，但还是不肯和父母见面，还说自己现在很好；又过了半年，江某主动回家了。但江某变得沉默寡言，沮丧自闭，不愿和任何人交流，与父母的对话也仅限于三句话，超过三句他就开始不耐烦，转身走人。

父母很着急，无奈之下，只好托人找了一位心理医生，给儿子做了一次心理分析。医生告知，江某有十分明显的自恋倾向，根据目前的表现分析，江某患有自恋型人格障碍。后来，在父母苦口婆心的劝解和安慰下，江某才勉强同意接受心理治疗。

一位青少年心理辅导负责人曾发现，在他们接收的患者中，有80%以上的孩子的心理问题都出在家庭和父母身上。可以说，孩子出现的一系列心理问题都可以大致地反映出其家庭问题以及父母的教育方式，甚至还包括父母的心理问题。

其中对孩子的心理健康影响最大的几个因素是：父母对孩子不管不问或者极少过问、父母对孩子的期望值过高、父母关系恶劣，而这些因素在独生子女的家庭中影响更大。有研究还发现，在父母的过分溺爱中长大的孩子，容易患上自恋型、依赖型人格障碍；父母如果比较强势或双方关系紧张，孩子很容易出现回避型、冲动型人格障碍。

另外，也有大量调查研究证实，人格障碍通常是在孩子15岁之前就已开始成形，而18岁之前的人格障碍都是不稳定的。所以，早期教育对孩子的影响非常重要，家长应该留意并预防孩子人格障碍的形成，以便及时采取矫正措施。那么，家长如果发现孩子有人格障碍的倾向，要如何采取及时的干预措施呢？

青春期的孩子大多试图用自己的思想去取代家长们的观念，此时的人格障碍倾向表现得较为明显，是心理辅导和采取干预措施的最佳时期。如果心理辅导及时，干预措施正确合理，90%的孩子的人格障碍会出现明显的好转，60%的孩子在成年之后便可完全恢复健康心理。

而就干预措施而言，家长们主要可以从以下两个方面入手：其一是家庭环境与教育方式的转变，逐渐剔除以往不和谐的家庭氛围和不良的教育方法，力求为孩子创造一个和谐、美好的家庭环境；其二是家长要及时与老师进行沟通，合理地、有针对性地提出要求，让老师积极开展学习之外的娱乐活动，加强学生之间的交流，完善人际关系等，在教授知识的同时，也要重视培养学生的健康人格。

如果人格障碍在成年后依旧存在，或者有些人格障碍在成年后才出现，那在治疗方面的难度就比较大了，需要进行长期的、稳定的心理疏导和矫正治疗，方可治愈。

长期压抑滋生病态心理

巡警陈某在翡翠湖景区巡逻时，听到一阵阵从湖心传过来的喊声："我对不起爸爸，对不起妈妈……"喊叫声一直在湖面上飘荡。陈某警觉不妙，从声音和语气判断，当事人的情绪异常，便立即奔向湖边，发现距离岸边五六十米远的湖中央位置，有一个人影在不停地拍打水面。当时虽然天色已经较晚，但湖边还零零星星有几个人，只

不过大家都没有当一回事儿，也有人说，不久前看到一个小伙子下水了，之后就没见他上岸。因为担心湖中心的年轻人的安危，巡警陈某便大声向对方喊话，希望他赶紧游上岸，不要做傻事；与此同时，陈某一行人也在争取时间，一面向湖中央投射远光灯为其照明，一面找到景区管理方，要求其以最快速度打开景区的所有景观灯。紧接着，另外一名巡警也找来了救生圈，绑好了安全绳，准备前往湖中心施救。这期间，湖中心的年轻人一直在不间断地高声喊叫，不断发出自责的声音。

最后，巡警因为安全绳不够长，便联系了消防部门，还拨打了120急救电话。不过，好在小伙子还比较理智，也许最后是因为喊累了，他开始朝向湖对岸游去，从他的位置游到对岸距离较近，也比较节省体力。巡警见状赶到对岸，检查其身体状况，发现并无大碍。问及为何深夜还在湖中心不回家时，小伙子犹豫了一下，才将事情的原委告诉了巡警。

原来，这位小伙子姓李，今年才20岁，还在读大学。前段时间因为学习和人际关系方面的原因，他一直很郁闷，找不到朋友倾诉，他只能独自一人来到湖心发泄情绪。李某最后表示，自己原本就是想到湖里让自己清醒一下，发泄发泄情绪，但没想到因为周围太黑暗了，所以他一度迷失了方向，好在他会游泳，有了方向就可以自己上岸了。

不过，细心的巡警还是觉得李某没有完全说实话，因为他在岸边丢下了书包，如果仅仅只是想下水发泄情绪，为何连衣裤、鞋帽都不脱，就径直下水了？或许事情的背后还另有隐情。

这场看似闹剧的事件，让李某的家人和老师都多了个心眼。在老师眼里，李某平时很低调，很少见他与同学们一起出行，基本每次见他都是一个人，一个人去上课，一个人去食堂吃饭；而在李某的母亲看来，儿子在家还是很乖的，经常帮忙做家务，但就是不喜欢和家人谈心，也从来不在他们面前抱怨什么。

但实际上，李某如果不是极度心理压抑，又怎么会深夜一个人跳进湖心呢？专家认为，李某必须及时缓解压力，找到正确的倾诉和发泄途径，不能再继续压抑下去，否则后果将不堪设想。

在一个人受挫后，把一些不被自己接受的冲动或念头统统抛在记忆之外，并在不知不觉中压抑到潜意识里，推迟满足需要的时间，或者是主动将自己的不幸和痛苦忘掉，以便轻松地去迎接下一次的考验，进而起到暂时避免焦虑、紧张和冲突的作用。表面上看来并没有什么不妥，但那些被抑制的负面情绪却没有得以消除，而是变成了一种潜意识，让人的心态和行为变得消极，甚至古怪起来。也就是说，压抑其实是一种病态社会心理，和自私一样具有危害性。

下面就让我们一起来了解一下，究竟压抑有哪些行为表现以及压抑都有哪些危害和特征，正在遭受压抑的人要如何及时地做好心理调适。

首先，关于压抑的行为表现及其危害性，心理学家认为，挫折和压抑两者之间基本互为因果关系。各个年龄段的人都有可能存在一定程度的压抑心理，个体的压力和挫折令其产生自卑、沮丧、自我封闭、焦虑、孤僻等病态心理和行为，如此循环，压抑感也会更加强烈。压抑的行为表现及其危害性主要有以下几种：

1. 抑郁情绪。产生抑郁情绪的人会感到忧心忡忡、失眠、注意力难以集中、性格孤僻、不合群，甚至开始自我封闭。这类人常常感觉不到自身价值的存在，对前途备感渺茫。

2. 优柔寡断。意志力薄弱，缺乏主见，做事常犹豫不决，没有自信。

3. 厌倦情绪。对生活失去信心，做事效率低下，对任何事情或人都打不起精神，总是一副懒懒的样子，成就动机急剧下降，不愿意承担社会工作与义务。

4. 躯体化焦虑。长期压抑的人会出现明显的焦虑感，并以躯体不适的形式表现出来，譬如肠胃不适、头疼等；也有些人会将这种焦虑情绪发泄在食物上，常常暴饮暴食，结果引发肥胖症。

5. 社交障碍。不愿与人打交道，懒得说话，表情呆板或敏感多疑等，都会给人际交往带来影响。

6. 改向行为。消极的思想和情绪会转化为一种潜意识，而这种潜意识又会以动机的形式表现出来，形成某种行为的驱动力。那些被压抑的情绪或思想最终会以改头换面的方式"爆发"出来，譬如上述例子中的李某，在学习和社交上产生的负面情绪让他觉得愧对父母，但又无法在父母面前表达或发泄，只好压抑下去，并最终独自一人选择在湖里发泄对父母的自责和惭愧之情。

其次，压抑心理的特征主要有内向性、消沉性和潜意识性。内向性主要是指当个体开始与外界发生冲突时，个体的反应不是与之进行积极的沟通和调节，而是选择逃避和退缩，回到自己的主观世界之中，自我约束和自我克制，以求获得安宁。而消沉性是指那些被压抑下去的情绪并未真的消除，还隐藏在潜意识里，使人越来越消极，越来越没有精神，失去最初的动力，变得不知所措。潜意识性即是说那些被压抑的消极情绪转化而成的潜意识力量，变成驱动行为的内在思想动机。

最后，一个人如果对自己的思想、行为长时间进行过多的压抑，势必会导致心理和行为发生异常。所以，压抑心理必须要消除，当事人需要找到一个正确的缓解压抑情绪和克服压抑心理的调节方法。而在介绍调节方式之前，我们也有必要对压抑心理的成因做进一步的探讨。

研究发现，压抑心理的产生是外界因素和个人心理因素共同作用造成的。单就外界因素而言，主要有以下三大原因：

一是当事人受到的约束过多。在当今社会，行为规范是每个人都必须遵守的，这也是约束个人行为的一大标准。但内心压抑的人遭受的约束可能更多，比如家庭的过高期望、学校的管束和纪律规范、工作单位的严格要求等，这些约束同时作用，会给当事人造成不小的心理压抑和负担，加上这些情绪很难及时得到处理，便会导致其越来越压抑。

二是人际关系不佳或紧张。有部分人很重视友谊，喜欢人与人之间有近距离的心灵交流，但有时不可避免有摩擦产生，或者得不到他人的真心接纳，也或者是多年好友关系出现紧张等。一系列疏远的人际关系令其社交需求得不到满足，自信心下降；多年的好友关系出现紧张，会导致当事人精神和社会方面的需求难以获得满足；人际关系处处受挫，都会引发挫败感和孤独感，而当事人无力改变，只好采取回避的形式自我消化。

三是工作量繁重或学习任务过重。工作和学习是伴随人一生的活动，小时候要学习，长大后要工作，而人们在从事这些活动时所取得的成绩是与其能力相适应的，如果个体期望很高，却不能取得理想的成绩，心里难免就会有落差。如果长期面临这种情况，内心的焦虑和挫败感得不到及时清理和正确的发泄，就会越来越压抑，学习成绩或工作效率也会因此而下降。

了解了压抑心理的成因，我们就要从以下几个方面重点着手调节，做好心理调适工作。

1. 给自己列一份简短的清单。关于任务，我们可以尝试着给自己制定完成任务的计划，但切忌贪多，在一份计划书中如果满满都是你的目标，那就很难按时完成了，完不成反而会给自己徒增许多压力。所以，从现在开始，不要贪多，每天坚持做到两件或三件事即可，一个星期积累下来也不少。

2. 每次只做一件事。如果你试图在一个时间段内完成多项任务，那是不大可能的，不仅做不好，压力也会很大，注意力也难以集中。所以，当你意识到现在需要做某件事时，那就专心去做，不要企图用两只手端起四只碗。

3. 做不完也不要太苛求。在你的清单里有那么两三件事情是今天的目标，但你发现生活有时候并非如我们预期的那么顺利，会有很多干扰因素。当你因此而受到影响，没有能够完成这些任务时，也不要过分苛责自己。你没做，世界不会毁灭，太阳明天还是会照样升起，所以，根本没有必要如此严格要求自己。

4. 避开令你压抑的灰色空间。这里的灰色空间是指工作、学习和生活的混淆地带，

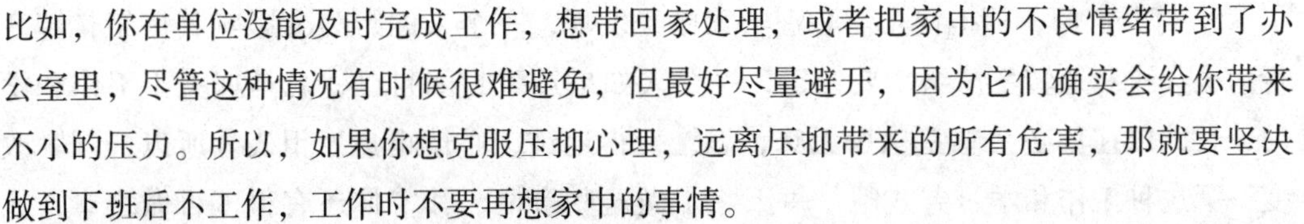

比如，你在单位没能及时完成工作，想带回家处理，或者把家中的不良情绪带到了办公室里，尽管这种情况有时候很难避免，但最好尽量避开，因为它们确实会给你带来不小的压力。所以，如果你想克服压抑心理，远离压抑带来的所有危害，那就要坚决做到下班后不工作，工作时不要再想家中的事情。

5. 充分享受当下。避开了灰色地带后，也千万不要再去思前想后，心不在焉，这样就不能做好眼前的事了，比如工作时就好好工作，在家休息时就好好休息，多与家人聊天，尽情享受闲暇时候的轻松。也就是说，当你全身心地投入到你正在做的事时，集中精力从事当下的任务，你会体验到来自心灵深处的愉悦感。

6. 早点出门。每天出门上班或上课，大多数人基本上都要经历一段路程，浪费一段时间在路上，但有的时候汽车拥堵，你不得不迟到了，或者你在路上因为买早餐耽误了时间，这些都有可能导致你迟到，压力也就在无形中加大了。所以，为了更轻松一点，你不妨早点出门，路上的时间虽然有点长，但因为时间充裕，你也不至于过于匆忙。试一下，一段时间以后，你肯定会感到压力减轻了不少。

此外，不妨按照以下建议试着改变一下自己的思维或习惯。

1. 转变以往看待世界和社会的观念。这个社会上没有绝对的好与坏，更没有绝对的光明或阴暗，所以，不要完美主义，更不能把社会想象得过于理想化。你应该允许有一些不公的现象出现，也应该允许有人天生“命好”，这些外在的因素不应该成为阻碍你开心和积极起来的理由。

2. 全面正确地看待自己。没有人会比你更了解自己，所以，你应该相信自己的能力，哪怕有人提出质疑和否定，他们并不了解你；此外，你要接受来自身边的亲人和好友的鼓励和肯定，相信自己可以做到更好，有自信的人是永远不会落后的。

3. 积极从事富有建设性的活动。压抑会使人变得没精神和懒散，你越是任由其发展下去，便越会无精打采，情绪也会更加压抑。所以，现在不妨行动起来，去做一些可以提高你的积极性的事情，重新想想你的兴趣爱好，然后列出一份工作、学习、娱乐、消遣等活动的清单，并在做这些事情时充分享受其中的乐趣，找回自信心。

4. 坚持锻炼。心理学家发现，很多精神压抑的患者都会借助体育锻炼去缓解心理的疲劳感，出了一身汗，浑身上下便会倍感清爽，似乎毛孔全部被打开了，内心的压抑感也随之被释放，可谓是获得了身心的彻底放松。所以，如果你还没有体育锻炼的习惯，那不妨从现在开始为自己制定一套锻炼身体的计划，用跑步、散步、骑自行车或登山等体育运动赶走焦虑和压抑的情绪。

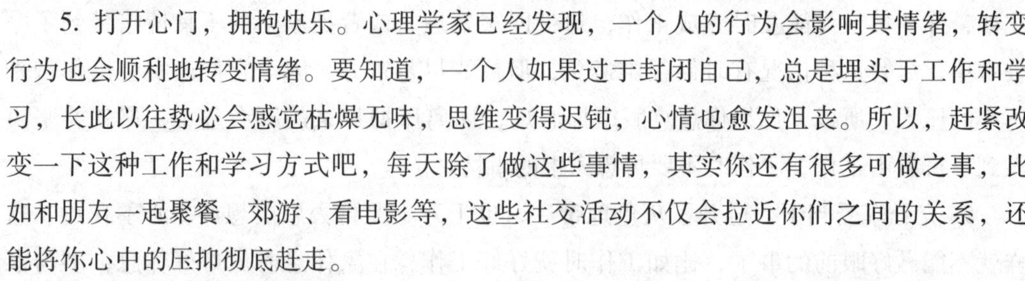

5. 打开心门，拥抱快乐。心理学家已经发现，一个人的行为会影响其情绪，转变行为也会顺利地转变情绪。要知道，一个人如果过于封闭自己，总是埋头于工作和学习，长此以往势必会感觉枯燥无味，思维变得迟钝，心情也愈发沮丧。所以，赶紧改变一下这种工作和学习方式吧，每天除了做这些事情，其实你还有很多可做之事，比如和朋友一起聚餐、郊游、看电影等，这些社交活动不仅会拉近你们之间的关系，还能将你心中的压抑彻底赶走。

6. 回归大自然。大自然有一种很神奇的力量，比如当一个满腹心事的人面对高山、大海时，他（她）会顿时释怀；一个忧心忡忡的人一旦走进丛林，感受一下那属于自然界的静谧时，便会顿觉身心舒畅；有时候哪怕就是那么一声鸟鸣，都会令整个人为之一振。所以，真的感觉很郁闷时，不妨去公园走走。有条件的话，最好是去田间地头走一走，或者在河边、竹林中待一个小时，全身心地投入到大自然的怀抱里去，对压抑心理的调适会起到非常好的作用。

怀旧也是一种“心理病”

1. 人人都会怀旧

当下，怀旧俨然已成为一种再正常不过的人类反应和社会学现象了，很多成年人在追忆着小时候的美好时光，年近半百的人也开始默默悼念自己逝去的青春年华，人们的怀旧似乎不再局限于个体对自身的一种回忆，还是一种对流年似水的感叹。怀旧除了鲜明的个人特征之外，还带有很普遍的社会意义。

许多媒体针对怀旧心理推出以怀旧为主题的影视大碟或音乐专辑，大多会深入人心，比如，电影《山楂树之恋》一经播出，就触动了许多观众的心，其中的爱情故事也被大家誉为“最干净的爱情”。男女主人公一个真挚，一个单纯，纯美得令人羡慕，令人怀念那个虽然贫穷但充满理想的年代。

电影《山楂树之恋》海报

所以，每当人们看到荧幕里的清纯形象时，总是不禁要为之感动，为那些逝去的往昔而感慨，但一回眸，却发现身边的清纯已经不再，社会再也无法变得如同最初那般清澈，美好童话中的琉璃球落地粉碎。

怀旧，其实是一种心理需求，甚至已演变为一种文化。那么，怀旧究竟是什么？它是如何在不知不觉中潜入人们的大脑的？怀旧起源于希腊语中的 nostos 与 algia 两个词，前者有“返回家园”之意，后者有“痛苦”的意思，即渴望回到家乡的一种痛苦的状态；后来被引入病理学，最初表示的是思乡之病，也包括抑郁情绪，甚至还有自毁等极为负面的情绪；再后来，怀旧就逐渐脱离了医学范畴，走进社会。与此同时，怀旧的含义也有了更为广泛的延伸，不仅成了具有个人特征的意识，还成为社会的一种文化趋势。

怀旧心理之所以产生，有一定的社会因素，普通的、正常的怀旧心理是每个人都要经历的生命历程，并没有十分特定的人群和年龄区分，是一种比较稳定的心理倾向。但在人到中年或退休之后这段时期表现更为明显，尤其是在某些过渡阶段尤为强烈，怀旧心理在这个阶段会给人带来安慰和情感支持，更快地从恐惧感中寻找到安全感和掌控感。站在社会学的角度分析，人们在经历一些重大人生转变的当口时，需要有怀旧心理的保护，用过去的那份感知来唤起原来的自己，可以说是人类自我感知不可或缺的一部分。

此外，在如今生活节奏不断加快的年代里，怀旧往往给人舒适和亲切之感，成了人们内心深处的庇护所，抚慰着那些焦躁不安的情绪。

当然，怀旧也有一定的心理因素。怀旧本身就是一种心理现象，在怀旧里，人们感知着过去的甜蜜和温馨，甚至放大着以往的美好，有些不由自主的幻想成分，给人心灵上的愉悦和满足。正因为怀旧怀的总是美好的，而不是噩梦，所以人们才如此愿意怀旧。

因此，怀旧在一定程度上是一种情感记忆，而并非认知记忆，即便其中也有悲伤或失落等负面情感，但总体上还是正面情绪居多，是个体借怀旧将那些不愉快的因素加以过滤，并获得自我认同的不断强化的一个过程。

心理学家研究发现，怀旧其实还隐含着一种“退行”心理，即一种心理防御机制。也就是说，当人处在矛盾和转变之中时，或即将面临冲突时，怀旧是一处“避风港”，使心灵获得保护。这里的冲突指的是来自外界或个人自身，比如自我与现实的冲突，或者是自己的本能同道德与良心之间的矛盾等。

也有研究证实，怀旧是一种积极的心灵正能量，适当的怀旧可以使人更加善良。当怀旧给人带来积极的心理能量时，人们会在社会关系中找到自我的归属感，启动与启发人类的正面情绪和正面行为，令人的心灵更为纯净和富有同情心，更加愿意帮助他人。

2. 病态怀旧不可取

怀旧心理人人都有，但任何事都要有一定的限度，正所谓过犹不及，怀旧也是如此。一个人一旦借怀旧去否定现在和将来，使自己陷入悲观、厌世的负面情绪之中，就开始走上病态怀旧之路了。

所谓病态的怀旧，即是与正常的怀旧背道而驰、令人陷入病态的一种怀旧心理和行为现象。那么，我们该如何衡量和理解这种病态怀旧心理呢？

其一，紧抓过去，回避现实。有病态怀旧心理的人总是过分地依恋过去的种种经历，而忽视甚至是回避现在的社会和环境。比如他们会保存大量旧服饰、旧报纸，给孩子取旧时代小孩的名字；对过去的恋人恋恋不舍，十几年后重逢旧情复燃，不顾各自有家有室，便冲动地再次“牵手”；还有的人对过去的老同学、老乡有着特殊的感情，十分热衷于组办同乡会、联谊会等，反感结交新朋友，导致在单位或圈子里人际关系极差。

其二，追忆过去，沉浸在悲伤中难以自拔。由于过分看重过去取得的种种成绩，而将所有的奖品或勋章都保存完好，这也无可厚非，但他们却经常挖出陈年旧事，回忆当年的辉煌经历，感叹今日辉煌不再，相比之下落差过大，造成严重的失落感，陷入这种悲哀的感慨之后难以自拔，不能全身心去做其他的事情，整日萎靡消沉。有的人甚至还经常不厌其烦地向身边的人复述当年的“英勇事迹”，表达对现状的不满等。

总之，病态怀旧心理有不合时宜、对社会存在偏见、回避现实的特点。不合时宜也就是有病态怀旧心理者在装束、言语、交友方式等方面都停留在以前，而不适应当前的社会环境；对社会的偏见认识是病态怀旧心理者的一个心理定式，在思想观念上极度保守，而对新生的事物却完全看不惯，采用极端的批判思想看待一切新生事物。以上两点决定了病态怀旧者的逃避行为，因不满现状又无力改变，就只好采取逃避的形式。

我们应该清楚地认识到，病态怀旧心理无法给人以积极的正能量，取而代之的是一系列失落、恐惧、抑郁、焦虑、愤怒、抱怨，甚至厌世等消极的负面情绪，令人无法活在当下，享受生活，总是喋喋不休地谈论过去。

关于病态怀旧心理的成因，心理学家研究认为，主要受以下因素的影响：

（1）社会的变迁。病态怀旧心理受社会因素影响较大，因为社会的变迁，社会的阶层和结构发生了很大的变化，社会资源和利益的重新分配组合令当事人的社会地位和经济利益受到严重冲击，使其产生极大的心理落差。面对如此突变，他们无力改变，又不能及时而正确地调整心态，去积极应对生活中的各种挑战，更无法勇敢地面对改变之后的生活局面。于是，就渐渐退缩，用回避和怀旧的形式去表达内心深处的遗憾。

（2）个体原本的生活环境解体，无法适应新的社会生活环境。正是因为社会的变迁，所有个人原本的生活环境自然要随之发生变化。但有部分人根本无法适应这样的转变，导致异常心理的产生，对社会抱有偏见，认为今日已远远不如往昔，过去的东西越是无法抓住，他们就越是放大它们的美好，对眼前的一切都难以做出客观的评价。

可见，怀旧作为一种记忆和心理安慰的手段，会令人产生久违的满足感和充实感，但对于一些并不懂得该如何善待怀旧情结的人来说，怀旧就会演变为一种病态，影响正常的生活和工作，成为精神中沉重的感情牵绊。人不能总是活在过去，病态怀旧心理需要进行及时调适。

3. 病态怀旧心理的自我调适方法

（1）努力适应现在的生活。有句话说得好，"如果你改变不了世界，那就改变自己"。既然生活已经发生了变化，那就接受吧，因为谁也没有足够的能力去改变这一切，但依旧有很多人活得非常开心和自在。所以，不必较真，过去即便美好，但毕竟已过去，既然如此，何苦一直纠结呢？从现在起，积极参与到现实生活中去，客观看待和评价时代的潮流和改变，顺应社会的变迁；多参加朋友的聚会，尤其是新结识的同事，要用客观的眼光去评价他们，给自己多一些机会去了解和认识新生事物，也许你会在其中发现另外一种美好。

（2）尝试在现实生活和过去的生活之间寻找最佳的契合点。前面我们已经介绍了一部分怀旧心理的好处，如果你的怀旧会给你带来积极的正能量，那便是正常的怀旧，现在你要达到的目标就是做到正常的怀旧。这就需要你在过往与现实之间找到一个最佳的契合点。比如，在不忘记老朋友的前提下，积极结识新的朋友。

（3）充分发挥怀旧心理的积极能量。努力在怀旧的同时寻找令自己平心静气、宁静平和的心理感受，以此减少消极的悲观情绪。每次怀旧一旦触及失落心理，就立马打住，长此以往，对减轻病态怀旧心理有一定的帮助。

精神空虚是谁的错？

彭某是某地方政府的一名处级干部，现在已经50多岁，家庭圆满，工作稳定。但最近一年间，他经常觉得人生没啥意思，精神时常抑郁，还经常失眠，感到空虚无聊，总是不知道自己要做什么和人生有什么意义。

年过半百的他喜欢感叹时光，觉得自己走进了人生的黄昏阶段：首先在外貌上，他真心感叹"岁月是把杀猪刀"，不仅脸上已经布满了皱纹，连头发都花白了，走起路来也很难挺直腰杆，就连身边的人也开始一个劲儿地说："老头子""老同志"，甚至

连邻居家的小孩都喊他“爷爷”了！

彭某觉得很无奈，心中生出无限感慨，又有许多畏惧，无从表达，内心的空虚感也更重了。不仅如此，彭某自称身体已经一年不如一年了，总觉得身体使不上劲儿，妻子每次都会提醒他说：“你当心点儿！”这句话令他心里难受，从前可没听她这么提醒过自己，如今几乎是每天都要重复这句，他深知这句话并非多余，但彭某就是接受不了。

在工作方面，彭某现在虽然还是一个处级干部，但每次公司在人事方面做调整时，他都胆战心惊。自己是“提拔嫌老，退休嫌早”的尴尬年龄，每天按时按点地上班，要做的不外乎就是借“调研”提点小意见，不提不行，提多了又担心别人嫌烦。于是就开始怠慢下来，三天打鱼，两天晒网。但这种自由散漫的工作，彭某一下子根本适应不了，心里便更烦了，越是烦躁，就越是无所适从和空虚。

彭某的变化被老伴看在眼里，有一次，两人闲聊，老伴便劝他找心理医生看看，或许有点帮助。于是，彭某走进了一家心理诊所，将自己的情况向心理医生叙述了一番。

心理医生听完彭某的自述，认为他的表现属于心里空虚，主要是由于精神支柱丧失、错误观念或生活发生变化而引起，主要体现在畏老怕老，对周围的一切都持怀疑和否定态度，已经达到了神经质的程度，所以他才会出现失眠和精神不振的现象，是一种比较严重的病态心理，需要及时、准确地治疗，否则将会演变为精神疾病。后来，心理医生根据彭某的情况为其制定了一套心理治疗方案，并辅以药物治疗。

心理学认为，空虚心理其实就是一种百无聊赖、精神世界空白、缺乏信仰和寄托的心理现象，甚至有的人还沉溺于各种各样的娱乐消遣，打牌、泡吧，整天过着花天酒地、醉生梦死般的生活。

导致这种空虚心理出现的主要原因有社会和个人两大方面的因素。首先在社会方面，一是社会精神支柱的失效。由于社会精神支柱的消失，使得个体暂时失去了社会信仰，失去了积极心理暗示的来源，让人变得失去进取的动力，而无所适从和茫然。精神支柱能够给人积极的心理暗示，从而激发人们积极进取，但社会总是不以人的意志为转移的，理想的社会模式往往被那些捉摸不定的形态所代替，令人难以适应，在这种情况下，个体很容易出现精神支柱崩溃的现象。

二是个人价值被抹杀。如果青少年总是受制于严厉的管教，成年人长期得不到社会的认可和肯定，或者年老者不能适应自身的转变以及子女不愿赡养等，都会导致个人价值遭受抹杀。

三是社交模式的畸形转变。现实生活中，不管是儿童还是青少年，抑或是中年人、老年人，每个人都需要社交，都需要沟通和友谊，并且在交往中要求遵守平等、志趣相投等原则，否则极易造成一方心理上的不平衡。而在如今的社会环境中，由于政治、地位、经济等方面的悬殊，沟通的矛盾不可避免地出现了。

有钱有权的人往往是孤独的，他们还会把较强的商品意识带到人际交往中去，造成自身难以与他人建立、维护以往的平等友谊；当然，还有些人会将自己装扮成一副强者的模样，自己有难处也不愿被外人看见，并羞于启齿，在聊天谈心时也躲躲藏藏，只能把烦恼放在内心深处，孤独感和空虚感也就越发强烈了。

在个人方面：

一是自我贬低较严重，自信心匮乏。人们各自生活经历的不同造成自我评价存在高低差异。也许是从小不幸的经历，父母早逝或离异等问题，都会造成一个人产生自轻自贱的认知评价，认为自己从来都得不到关怀和温暖，身份低贱，进而加剧了茫然和空虚心理。

二是对社会现实以及人生价值缺乏正确的认识。空虚的人总是对社会存在以偏概全的认知，把自己的个人利益与之对立起来，当个人利益与社会利益发生冲突时，往往忽视社会利益而选择个人利益。而一旦个人利益得不到满足时，便感到绝望，甚至万念俱灰，加剧空虚心理。

三是精神需求难以得到满足。现代社会，个体生存的物质需求和生理需求基本上都能够得到满足，但社会需求和精神需求往往就比较难。有些人付出了努力，但还是达不到预期的目标，便感到沮丧和绝望，严重时还会失去往日的斗志，变得百无聊赖。

那么，一个人如果有空虚心理，会出现什么样的行为表现呢？这些行为又会导致哪些危害呢？

空虚心理的行为表现及危害主要有以下几点：

1. 否定一切。这种否定行为在青少年人群中比较常见，主要表现为反抗、怠慢、蛮横、见异思迁、冷漠等心理现象，不但否定外界的一切，还否定自己。心理学家汤姆·利尔茨认为，儿童在向青少年时期转化的过程中，对外界的关心已逐渐减弱了，主要的关注转移到自己的内部世界。此时，向内部转移是由青少年内在的本能萌动引发，从而落入一种被称为“暴力性的不安世界”之中，即“否定阶段”，在行为上属于“虚无主义”。

2. 迷失方向。精神空虚、情绪低落、紧张、意志力薄弱的人，缺乏根据自身情况做出决定并采取行动的能力。他们不能把握事物发展的客观规律，容易受环境的影响，受到某些不良暗示的摆布等，比如很多空虚的人会选择去酗酒、赌博，甚至开始吸毒等。

3. 空虚心理是一种富贵病。空虚心理多在一些“大款”或“富豪”身上出现，因

为特殊的家世或身份给他们带来很多意料之外的烦恼，为了排遣，只好采取在刺激中寻找欢乐的方式。

4. 空虚心理也是混日子的一种表现。空虚心理让一个人变得随大流，并且得过且过，没有理想，每天百无聊赖地混日子，不思进取。

可见，空虚心理是一种病态社会心理，需要及时加以调适。心理学认为，空虚心理如果不是很严重，可以自行做一些心理调适；如果比较严重，要像本节中的彭某一样征求心理医生的意见，并按照心理医生的建议加以治疗。在本书中，向大家提供一些自我调适的小方法：

1. 客观、现实地认识社会存在。正确看待社会的多元化和复杂化特征，看待社会发展的方向要全面，不要以偏概全，要看到主流。也就是说，要认识到社会有积极的一面，也有消极的一面，关键在于你怎么去看，用什么样的眼光去看。

2. 加强意志锻炼。挫折在所难免，逆境也无法拒绝，我们要学会接受和面对，而不是不堪一击。所以，在日常生活中要坚持意志力的锻炼，提高战胜失败和挫折的心理承受力，坚持做到能够在逆境中成长和成熟。在顺境中也不仅仅停留在经济追求的层次上，而是要更加关注精神富足等更高层次的追求，提升把握自身命运与行为的能力。

3. 学习榜样人物。日常生活里，可以多看一些名人传记类的读物，以加强自勉，从中感悟生命的奥秘所在，了解现实与理想之间不可避免的差距，化解消极心态，建立积极的心态。

4. 用音乐陶冶情操。音乐是舒缓神经的一大利器，具有严重空虚心理的人可以选择音乐疗法。

5. 积极参加社会实践。积极参与到社会实践中，培养多种多样的兴趣爱好，让生活不再一成不变，不再单调和乏味，久而久之，便能够赶走空虚。

欲壑难填为哪般

法国人丹尼·狄德罗是18世纪欧洲轰轰烈烈的启蒙运动的代表人物之一，是当时赫赫有名的思想巨人。他才华出众，编撰出世界首部《百科全书》，另外在文学、艺术、哲学等领域都有卓著的贡献。

一次，一个友人赠送给他一件酒红色的长袍，这件衣服质地精良、做工考究、图案高雅，深得狄德罗的喜欢。于是，狄德罗便穿上了它，还把之前的旧长袍丢弃了。不久之后，狄德罗身着华贵的长袍在书房里来回走动，越发觉得周围的一切都和这件长袍不搭配，办公桌的陈旧让他觉得不顺眼，风格上也格格不入。于是，狄德罗决定把书桌换掉，还叫仆人到市场上买一张与那件长袍相搭配的办公桌。

新的办公桌买回来之后，狄德罗开始神气十足地审视自己的书房，结果马上又发现了一个问题，那墙上的挂毯看起来很吓人，针脚太粗了，和这件长袍以及这张办公桌一点儿都不搭配，于是他又命仆人换掉了挂毯。但是没多久，狄德罗又发现椅子、书架、雕像、闹钟等等摆设似乎都显得不搭调，狄德罗就一件件换掉，等到差不多将所有的东西都更换了一遍之后，狄德罗自得极了，他似乎已经拥有这个世界上最豪华、完美的书房了。

丹尼·狄德罗

擅长哲思的狄德罗忽然发现，这一切的起因皆源自那件长袍，“我是被那件袍子给胁迫了啊！”狄德罗幡然醒悟，就因一件长袍，为了使得周围的事物与其协调，更换了这么多的物件。后来，狄德罗写了一篇文章——《丢掉旧长袍之后的烦恼》。

两年之后，美国人格兰特·麦克莱肯读到这篇文章，他读后感慨颇多，觉得文章中的故事就是一个很典型的例子。故事揭示的是消费品之间协调统一的文化现象，格兰特·麦克莱把这一现象用狄德罗的名字加以命名，称为“狄德罗效应”。

不过，“狄德罗效应”也具有其更深层次的心理学含义，揭示了人类在潜意识中追求一种和谐统一的心理，在相互关联的事物上追求搭配的完美，并且永无止境，所以“狄德罗效应”也叫“搭配效应”，反映的是生活中普遍存在的现象，是人根据自己的能动意识，刻意协调环境、适应环境的一种行为举动。也就是当人们拥有了一件新的物品后，不断添置、更换与其相配套的物品，以此来追求并达到心理上的某种满足感和平衡感的一种现象。

实际上，“狄德罗效应”也向我们揭示出另一种现象，那就是人类的欲望是无止境的，很多烦恼均来自欲望，无欲无望便可无烦恼，可天下的人谁没有欲望？没有的时候拼命地想要去追求、去争取，等到拥有之后就开始不珍惜，还想着更好的，似乎得不到的永远都是最好的。这就是人类的欲望。俗话说“欲壑难填”，欲望的坑是深不见底的，想要得到的越多，就越加不会满足。

从前有一个农夫上山砍柴，途中在悬崖边救起一只翅膀受了重伤的天使。等到天使的翅膀痊愈后，告诉农夫自己是上天派到人间的天使，善良的农夫救了她，为了报答，可以满足农夫的三个愿望。农夫很高兴地将这个消息告诉了自己的妻子，她是个很精明能干的女人，这次难得的机会当然不能错过。于是，她教农夫告诉天使说，我

们想要一屋子的金银财宝，于是天使满足了他们。但农夫和他的妻子却没有因此感到满足，他们找到天使说，还需要一望无边的良田，天使帮他们实现了这个愿望，并且说，现在你们只剩下一个愿望可以满足了。

农夫和妻子躺在广阔无边的田地上，一边美美地享受着，一边在想着最后的一个愿望：后来还是妻子想到了，农夫再次按照妻子的嘱咐，向天使提出了最后一个愿望："我们现在就是希望以后，我们可以想要什么就能够得到什么。"这句话说完，农夫就看见那一望无际的田地消失了，那满屋的珠宝也不见了。"怎么这样?!"农夫与妻子悲愤至极，痛斥天使不遵守约定。

天使说："人的欲望真的是漫无边际的，当欲望无法控制地自我膨胀，膨胀到一定程度时便会毁灭人心，你们一再任由欲望膨胀，不但不加以控制，还想要让自己今后的所有欲望全部得到满足，这会让你们更加疯狂，直到最终被欲望毁灭。如今我看在农夫救过我命的面子上，必须及时帮助你们，在你们被欲望毁灭之前救回你们。"

现实生活中，我们追逐尚未拥有的东西，等到拥有之后就想要更好的，忘记了最初的想法和那些单纯的意念，变得难以自足、贪婪、好胜，而随着欲望的加深，有几个人是真正感到快乐的呢？所以，合理追求你想要的，得到后就好好珍惜，不要让那无止境的欲望浇灭了最初的理想。